# Informatik und Automatisierung

Band 1

K. Fuchs-Kittowski
H. Kaiser
R. Tschirschwitz
B. Wenzlaff

Akademie-Verlag
Berlin

*Informatik und Automatisierung*

*Band I*

Klaus Fuchs-Kittowski
Horst Kaiser
Reiner Tschirschwitz
Bodo Wenzlaff

# Informatik und Automatisierung
# Band 1

*Theorie und Praxis der Struktur und Organisation der Informationsverarbeitung*

THEORIA CUM PRAXI

AKADEMIE-VERLAG · BERLIN 1976

Erschienen im Akademie-Verlag, 108 Berlin, Leipziger Str. 3—4

Lizenznummer: 202 · 100/346/76
Gesamtherstellung: VEB Druckerei „Thomas Müntzer", 582 Bad Langensalza
Einbandgestaltung: Rolf Kunze
Bestellnummer: 752 498 7 (6197/I) · LSV 0335
Printed in GDR
DDR 48,— M

# Vorwort

Wenn die Verfasser hier eine primär gesellschaftswissenschaftlich orientierte Einführung in die Grundprobleme der im Entstehen befindlichen allgemeinen Informatik geben, so sind sie sich der Schwierigkeiten eines solchen Unterfangens bewußt. Obwohl in den letzten Jahren umfangreiche Erfahrungen bei der Anwendung der elektronischen Datenverarbeitung in den vielfältigsten Bereichen des gesellschaftlichen Reproduktionsprozesses gesammelt werden konnten, so gibt es dennoch recht wenig Literatur, die sich die theoretische Verallgemeinerung der grundsätzlichen Zusammenhänge zwischen der automatisierten Informationsverarbeitung einerseits und der rationellen und effektiven Gestaltung komplexer Informationssysteme in den verschiedensten Anwendungsgebieten des gesellschaftlichen Reproduktionsprozesses andererseits zum Ziel stellt.

Angesichts dieser Situation haben wir uns entschlossen, die Ergebnisse unserer Überlegungen zu den aufgeworfenen Grundproblemen in systematischer Form zur Diskussion zu stellen. Die stürmische Weiterentwicklung des theoretischen Denkens auf dem Gebiet der effektiven EDV-Anwendung erfordert breite Kommunikation.

Mit den Rechnern der dritten Generation werden umfangreiche technische Potenzen für die Rationalisierung gesellschaftlicher Informationsverarbeitungsprozesse in den Dienst unserer Gesellschaft gestellt. Mit dem höheren technischen Niveau wachsen gleichzeitig die Voraussetzungen dafür, daß neue inhaltliche Aufgabenstellungen mit Erfolg in Angriff genommen werden können. Wenn man berücksichtigt, daß das Tempo der Bereitstellung moderner Technik gegenwärtig das Tempo der Rationalisierung der Projektierung und Programmierung von EDV-Anwendungssystemen sowie das Tempo der Erschließung qualitativ neuer Anwendungsgebiete bei weitem übertrifft, so wird verständlich, warum sich gegenwärtig in vielen Ländern die Aufmerksamkeit bei der Entwicklung umfassender theoretischer Konzeptionen auf die inhaltlich-organisatorischen Probleme der Informationsverarbeitung konzentriert, deren Beherrschung für die Erzielung von Rationalisierungseffekten immer wesentlicher wird. Aus diesem Grund betrachten wir das theoretische und praktische

Anliegen der Informatik als Untersuchung der Struktur und Organisation von Informationsprozessen unter Berücksichtigung der Integration automatisierter Informationsverarbeitungssysteme in die verschiedenartigsten gesellschaftlichen Arbeitsprozesse.

Der Bedarf an rationalisierten Informationsverarbeitungssystemen ist mit der sich ständig vertiefenden gesellschaftlichen Arbeitsteilung sprunghaft gewachsen, weil die leitungsmäßige Beherrschung komplex verflochtener Prozesse nicht nur den Umfang der erforderlichen Informationsverarbeitung vergrößert, sondern auch die Anforderungen an Präzision und Tempo der Informationsverarbeitungsprozesse gewachsen sind. Insbesondere führt die Erhöhung der Intensität einer effektiveren Nutzung von materiellen, finanziellen und personellen Ressourcen der Produktion zu der Forderung, die gesellschaftlich bedingten Informationsverarbeitungsprozesse wesentlich zu verbessern.

Ein Hauptaspekt, der sich durch alle Argumentationen hindurchziehen wird, ist das Zusammenwirken von semantischen und syntaktischen Informationsverarbeitungsprozessen, nicht aber die bloße Ersetzung von bisher menschlichen Informationsverarbeitungsprozessen durch maschinelle. Die komplizierte Dialektik der Einheit und Gegensätzlichkeit semantischer und syntaktischer Informationsverarbeitungsprozesse erfordert, nicht nur theoretisch geeignete Differenzierungen und Klassifizierungen von Informationsverarbeitungsprozessen vorzunehmen, sondern besitzt insofern unmittelbar praktische Bedeutung, als die Konzipierung von automatisierten Informationsverarbeitungssystemen immer nur als ein Beitrag zur Gestaltung eines rationellen und effektiven Gesamtinformationssystems angesehen werden kann. Es geht einfach darum, die Funktion eines automatisierten Informationsverarbeitungssystems im Rahmen eines Anwendungssystems zu bestimmen. Daraus ergeben sich zwangsläufig die Möglichkeiten, aber auch die Grenzen automatisierter Informationsverarbeitungssysteme. Gegenwärtig sind die statischen Formen der Kopplung von automatisierten Informationsverarbeitungssystemen mit den durch die schöpferische geistige Tätigkeit des Menschen gesteuerten Informationssystemen vorherrschend. Die Gebiete der EDV-Anwendung und die Bereiche der menschlichen Informationsverarbeitung liegen gewissermaßen nebeneinander und werden durch feste Ein- und Austrittspunkte miteinander verknüpft. Es ist ein wesentliches Anliegen der vorgelegten Arbeit zu zeigen, daß so aufgefaßte automatisierte Informationsverarbeitungssysteme die tatsächlichen Rationalisierungsmöglichkeiten gesellschaftlicher Informationsverarbeitungsprozesse nur in begrenzter Weise ausschöpfen. Wir sind demgegenüber zu der Überzeugung gelangt, daß die Rechner der dritten Generation den Übergang zu dynamischen Formen der Kopplung von formulierten und neu zu formulierenden Aufgabenstellungen für die Datenverarbeitung und ihrer effektiven Realisierung ermöglichen, ohne daß völlig neuartige programmierungstechnische Grundlagen entwickelt werden müßten. Ziel ist dabei, die Vorzüge und Leistungsfähigkeit der semantikgesteuerten menschlichen Informationsverarbeitung mit der Leistungsfähigkeit der strukturverarbeitenden Maschine zu einem hocheffektiven Gesamtsystem zu verbinden.

Die effektiven Erfordernisse zur Qualifizierung und Rationalisierung der Leistungs- und Leitungsprozesse, wie sie den neuen gesellschaftlichen Entwicklungsbedingungen entsprechen, führten in den Ländern der sozialistischen Staatengemeinschaft unter Führung der Sowjetunion zu einer Konzeption, die unter dem Namen Automatisierte Systeme zur Leitung bzw. Steuerung (ASU) gesellschaftlicher Arbeitsprozesse zusammengefaßt wird. Diese Konzeption ist mit der effektiven Nutzung der Datenverarbeitungstechnik eng verbunden und bestimmt damit auch die strategische Grundlinie der EDV-Anwendung für die nächsten Jahre. Die ASU-Konzeption sieht ein hierarchisch gestuftes Gesamtsystem vor, das hinsichtlich der EDV-Anwendung durch folgende Hauptziele gekennzeichnet ist:

a) Im Zusammenhang mit theoretischen und praktischen Bemühungen der Vervollkommnung und Weiterentwicklung von Leistungs- und Leitungssystemen sollen vor allem die Informationsverarbeitungsprozesse sowohl geordnet und organisiert werden als auch effektive automatisierte Informationsverarbeitungssysteme als Bestandteil vervollkommneter Leistungs- und Leitungssysteme entworfen und eingeführt werden. Durch die Vermeidung der Mehrfacherfassung von Informationen durch die Einführung einheitlicher Nomenklaturen und die Beschränkung der Informationsverarbeitungsprozesse auf die Gewinnung der wesentlichen Kennziffern soll das automatisierte Informationsverarbeitungssystem zu einem modernen und leistungsfähigen Bestandteil des nach Gesichtspunkten der Effektivität organisierten Gesamtsystems werden.

b) Insbesondere die Entscheidungsvorbereitung und Entscheidungsfindung erfordert die Bereitstellung verarbeiteter und vorverarbeiteter Informationen in einem solchen Umfang, wie sie zur Beherrschung der Prozesse notwendig sind, die von diesen Entscheidungen beeinflußt werden. Gleichzeitig ist zu berücksichtigen, daß der objektive Verflechtungsprozeß innerhalb und zwischen den Volkswirtschaftszweigen sowie zwischen den zweiglichen und territorialen Leistungs- und Leitungsprozessen an Umfang stetig zunimmt. Schon jetzt wirft die leitungsmäßige und organisatorische Beherrschung dieser Verflechtungsprozesse Probleme eines abgestimmten Informationsaustausches auf, denen die künftigen Leitungssysteme, die sich der automatisierten Informationsverarbeitung bedienen, besser Rechnung tragen sollen.

Aus den genannten Gründen ist die Realisierung der ASU-Konzeption mit den vielfältigsten theoretischen und praktischen Fragen der Analyse und Synthese von Informationsverarbeitungssystemen verbunden, die vor allem hinsichtlich ihrer Funktion, zur besseren Beherrschung gesellschaftlicher Prozesse beizutragen, bestimmt werden müssen. Inhalt und Struktur der Informationen und Informationsverarbeitungsprozesse im Rahmen der Leistungs- und Leitungsprozesse selbst, aber vor allem auch im Rahmen der Verflechtungsprozesse, erfordern eine einheitliche Vorgehensweise und Bestimmung der Grundkennziffern und Daten.

Wenn man berücksichtigt, daß sich nicht nur innerhalb eines Landes, sondern auch in den sozialistischen Ländern als Ganzes unterschiedliche Leitungsstrukturen und Arbeitsorganisationen herausgebildet haben, wird man ermessen können, wie kompliziert die Probleme der Durchsetzung einer einheitlichen Primärorganisation und der Entwicklung nachnutzungsfähiger organisatorischer und informationeller Typenlösungen zu bewältigen sind. Allein die Durchsetzung einer einheitlich orientierten Aus- und Weiterbildung, einheitlicher Projektierungs- und Programmierungsverfahren sowie einer über die Grenzen eines sozialistischen Staates hinausreichenden Verbindlichkeit der Dokumentation impliziert die wissenschaftliche Diskussion über theoretische Grundvorstellungen zur Informatik, die als eine primär gesellschaftswissenschaftliche Disziplin die Brücke zwischen der Vervollkommnung und Verbesserung von Leistungs- und Leitungssystemen einerseits und der effektiven EDV-Anwendung andererseits zu schlagen vermag.

Aus den genannten Gründen erscheint uns eine Diskussion zu den Grundfragen der allgemeinen Informatik ein unmittelbarer und direkter Bestandteil der ideologischen und wissenschaftlichen Realisierung der ASU-Konzeption selbst zu sein. Bevor konkrete EDV-Anwendungsgebiete unter dem Aspekt gesellschaftlicher Effektivität erschlossen und projektiert werden können, ist es unseres Erachtens unabdingbar, das Wesen von Informationsverarbeitungsprozessen in ihrem Kontext zu analysieren und zu untersuchen, um die Möglichkeiten und Grenzen der Automatisierung von Informationsverarbeitungsprozessen und der Integration von automatisierten Informationsverarbeitungsprozessen in gesellschaftliche Gesamtprozesse verstehen zu können. So gesehen ist unser Beitrag nicht als ein spezielles ASU im Rahmen einer ASU-Hierarchie aufzufassen, sondern als theoretische Reflektion einer Reihe von Grundfragen der Struktur und Organisation der Information überhaupt.

Die gesellschaftliche Effektivität der EDV-Anwendung wird sowohl durch die theoretisch zu begründenden optimalen Zielstellungen für die Einsatzvorbereitung als auch durch die Leistungsfähigkeit der automatisierten Informationsverarbeitungssysteme bestimmt, die schrittweise in die Praxis übergeführt werden, um auch durch Teillösungen bereits wirksame Rationalisierungseffekte erzielen zu können. Zu beiden Aspekten der Effektivität wollen wir durch unsere Arbeit beitragen. Die Untersuchung der Art und Weise der Entstehung und Nutzung von Datenverarbeitungsaufgaben im Rahmen komplexerer Informationsverarbeitungsprozesse ermöglichte uns hierbei eine Differenzierung der automatisierten Informationsverarbeitungssysteme in bezug auf ihre Struktur und Funktion und damit eine Präzisierung der unterschiedlichen Zielstellungen für eine hocheffektive EDV-Anwendung. Dadurch erhalten auch die scheinbar rein abstrakten Analysen und Klassifizierungen der semantischen und syntaktischen Informationsverarbeitungsprozesse sowie der Problembearbeitung eine unmittelbar praktische Bedeutung. Wenn hierbei eine Reihe neuer und ungewohnter Begriffe eingeführt wird, so liegt das in der Sicht begründet, unter der die Autoren die Probleme der effektiven EDV-Anwendung in den Kontext der geistigen Tätigkeit des Menschen stellen. Dem zweiten Aspekt der Effektivität wird dadurch Rechnung getragen, daß nicht nur gefordert wird, die EDV-Anwendung auf den neuen Bereich der Problembearbeitung auszudehnen (Programmgenerierung für unvorhersehbare nichtschematische — einmalige — Datenverarbeitungsaufgaben), sondern daß gleichzeitig die Realisierbarkeit solcher dynamischer automatisierter Informationsverarbeitungssysteme nachgewiesen wird. Wir beschäftigen uns nicht nur in Forschung und Lehre mit den Problemen der Datenverarbeitung, sondern haben gleichzeitig in der Praxis begonnen, ein System zu realisieren, das in ständiger Konfrontation zwischen theoretischen Erwägungen und praktischen Bedingungen und Voraussetzungen mehr und mehr Gestalt angenommen hat.

Aus ersten Überlegungen, die wir vor Jahren auf Konferenzen und in Diskussionen in kleinerem Kreis dargelegt haben, sind heute zu Forschungskomplexen zusammengefaßte wissenschaftliche Problemstellungen geworden, mit deren Lösung mehrere Wissenschaftlerkollektive befaßt sind. Internationale Kontakte und Formen der kooperativen Zusammenarbeit (vor allem mit der Sowjetunion) haben uns in unserer Absicht bestärkt, die bisher erarbeiteten Ergebnisse einem breiteren Leserkreis zugänglich zu machen. Ohne die intensive Diskussion der entwickelten Ideen im Bereich „Systemgestaltung und automatisierte Informationsverarbeitung" der Sektion Wissenschaftstheorie und -organisation und im Organisations- und Rechenzentrum der Humboldt-Universität zu Berlin wäre der gegenwärtig erreichte Erkenntnisstand nicht möglich gewesen. Darüber hinaus schulden wir vielen Fachkollegen innerhalb und außerhalb der Humboldt-Universität Dank für ihre Anregungen und kritischen Hinweise, insbesondere Herrn Prof. Dr. S. Apelt und Herrn Dr. J. Kelsch. Ebenso danken wir Herrn K. Lemgo, Herrn E. Mühlenberg,

Herrn G. Klatt und Frau R. Zeplin für die gewährte Unterstützung. Unseren Frauen sagen wir besonders herzlichen Dank für ihr Verständnis und die vielfältige Unterstützung während der Entstehung dieser Arbeit.

Für die gewährte Unterstützung bei der schreibtechnischen Fertigstellung des Manuskripts danken wir Frau C. Jäger. Desgleichen möchten wir dem Akademie-Verlag Berlin für die verständnisvolle und zuverlässige Zusammenarbeit danken, insbesondere Herrn Dr. Mussler und den Lektoren Herrn Dr. Zwingenberger und Herrn Egel.

Berlin, 1975

# Inhaltsverzeichnis

# 1. Automatisierung, Rationalisierung und Information

Mit der Entwicklung von Wissenschaft und Technik, speziell im Zusammenhang mit der Rationalisierung und Automatisierung materieller und geistiger Prozesse, entstand ein Problemkreis, der offensichtlich nicht nur von großer praktischer, sondern auch von besonderer weltanschaulich-philosophischer, erkenntnistheoretisch-methodologischer, soziologischer wie auch wissenschaftstheoretischer Bedeutung ist.

Rationalisierung und Automatisierung stehen in engem Zusammenhang mit der komplexen Entwicklung der sozialistischen Gesellschaft. Hieraus ergeben sich die vielfältigsten Aspekte der Bestimmung des Wesens und der Funktion der sozialistischen Rationalisierung und Automatisierung. In Theorie und Praxis erweist sich mehr und mehr der politische Aspekt der Schaffung einer menschenwürdigen Gesellschaft mit hoher Arbeitsproduktivität als der primäre Ausgangspunkt für die Bewertung von Rationalisierungs- und Automatisierungsproblemen. Konkretisiert wird die allgemeine politische Zielsetzung für die sozialistische Rationalisierung und Automatisierung durch die sozialistische Wirtschaftspolitik, die auf der Grundlage einer Berücksichtigung der konkreten wirtschaftlichen Entwicklungsbedingungen Umfang und Tempo der Rationalisierungs- und Automatisierungsmaßnahmen präzisiert, wobei das Gesetz der proportionalen Entwicklung der Volkswirtschaft als ein wichtiges Kriterium fungiert. Unter den heutigen Bedingungen der sich ständig vertiefenden Integration in den Ländern der sozialistischen Staatengemeinschaft und insbesondere mit der Sowjetunion werden für die Wirtschaftspolitik neue Maßstäbe gesetzt und vor allem neue Möglichkeiten der gesellschaftlichen Gesamtentwicklung erschlossen.

Davon abgeleitete Aspekte der sozialistischen Rationalisierung und Automatisierung sind die Bewußtseinsentwicklung und die Qualifizierung der Werktätigen, um sich die aus den Rationalisierungs- und Automatisierungsmaßnahmen ergebenden neuen Technologien und Organisationsformen beherrschen und bewußt gestalten zu können.

Aus der Vielfalt dieser hier nur angedeuteten Hauptaspekte wollen wir uns im folgenden auf die Bedingungen und Voraussetzungen beschränken, unter denen technologische Abläufe überhaupt rationalisierbar und automatisierbar sind. Die genaue Analyse dieser Fragestellung wird uns befähigen, eine solche Differenzierung menschlicher Tätigkeiten vorzunehmen, wie sie für das Verständnis der Integration rationalisierter und automatisierter Operationen in die komplexen Arbeitsprozesse zweckmäßig ist. In diesem Zusammenhang orientieren wir insbesondere auf die Funktionen geistiger Tätigkeiten, um die allgemeinen Grundlagen für eine gesellschaftswissenschaftlich ausgerichtete Informatik sichtbar machen zu können. Hierbei geht es um die Frage nach den Beziehungen zwischen Mensch und Automat vor allem unter dem Aspekt der jeweils spezifischen Leistungsfähigkeit von Mensch und Automat in ihrem Zusammenwirken im Arbeitsprozeß. Diese Frage ist ein wesentlicher Teilaspekt der allgemeinen Frage nach den Beziehungen von Mensch, Wissenschaft und Technik.

In den nachfolgenden Ausführungen dieses Kapitels untersuchen wir die Spezifik menschlicher Tätigkeit unter dem Aspekt der Integration automatisierbarer Operationen in den komplexen menschlichen Arbeitsprozeß. Es werden die Möglichkeiten und Grenzen der Automatisierung menschlicher Tätigkeiten deshalb zuerst herausgearbeitet, um zu verdeutlichen, daß nicht nur die Ersetzungsfunktion der Technik angesprochen ist, sondern aus der Sicht der organisatorischen Einheit des komplexen menschlichen Tätigkeitsgefüges damit stets eine Neusetzung bzw. Modifikation von menschlichen Tätigkeiten verbunden ist. Diese besonders für die Automatisierung herausgearbeitete Feststellung trifft prinzipiell ebenso für die der Rationalisierung zugänglichen menschlichen Handlungsabläufe zu. Obwohl die Möglichkeiten der Rationalisierung die Potenzen der Automatisierung aus organisatorischer Sicht als einen Spezialfall — wie wir zeigen werden — einschließen, handeln wir zunächst den Problemkreis der Automatisierung ab, um einmal das für das folgende erforderliche Begriffsinstrumentarium bereitzustellen und um andererseits deutlich werden zu lassen, daß wir Rationalisierung und Automatisierung nicht in ihrer vollen, alle gesellschaftlichen und spezialwissenschaftlichen Belange berücksichtigenden Breite darstellen können.

Wir beschränken uns auf die Probleme der Struktur und Organisation menschlicher Tätigkeiten unter besonderer Berücksichtigung der Potenzen des Automaten zur Realisierung einer effektiven Mensch-Maschine-Kombination sowie der diesbezüglichen gesellschaftlichen Möglichkeiten und Auswirkungen.

## 1.1. Automatisierung formalisierbarer Tätigkeiten

Zunächst soll der Gegenstand der Automatisierung, speziell für die Automatisierung im Bereich geistiger Prozesse, genauer bestimmt werden.

Um der jeweils spezifischen Leistungsfähigkeit von Mensch und Automat gerecht zu werden, gilt es, einer unberechtigten Ausweitung der Einsatzmöglichkeiten uns heute zur Verfügung stehender Automaten einerseits und einem zu engen Verständnis dieser Möglichkeiten andererseits entgegenzuwirken. Gegenüber den Erscheinungen des Technikpessimismus und des Technikmythos ist deutlich zu machen, daß sich die Möglichkeiten des Einsatzes heutiger Automaten auf solche materiellen und geistigen Prozesse beschränken, die sich formal beschreiben lassen, daß aber ihr Einsatz heute dennoch nicht, wie oft noch angenommen wird, allein auf die Lösung sich immer in gleicher Weise wiederholender Aufgaben eingegrenzt bleibt, sondern der Automat auch zur Lösung einmalig auftretender Aufgaben eingesetzt werden kann.

Das klare Verständnis der notwendigen Beschränkung auf formalisierbare Operationen und Erkenntnisse, daß der Einsatz des Automaten zur Unterstützung des Menschen auch auf die Lösung einmalig auftretender Aufgaben erweitert werden kann, führt zu dem Problemkreis, den wir als dynamisch automatisierte Informationsverarbeitung bezeichnen. Bei automatisierten Systemen in der materiellen Produktion ist die automatische Steuerung relativ einmaliger Produktionsprozesse stets mit einer leistungsfähigen automatisierten Informationsverarbeitung dieser Art verbunden. Im Bereich geistiger Tätigkeiten ist die Lösung einmaliger Informationsverarbeitungsaufgaben ein Bestandteil des allgemeinen Prozesses der Problembearbeitung und -lösung, wobei die Nutzung von Automaten zur Unterstützung derartiger Prozesse die dynamische Informationsverarbeitung zwingend erfordert, wie nachfolgend ausführlicher dargelegt wird.

Wir halten derartige Untersuchungen für unbedingt erforderlich, denn die mit der Automatisierung von Informationsprozessen direkt und indirekt zusammenhängenden Probleme haben sich als weitaus komplizierter erwiesen, als dies noch vor einiger Zeit von vielen auf diesem Gebiet praktisch wie theoretisch arbeitenden Fachleuten angenommen wurde. Erfahrungen und Erkenntnisse, die in den letzten Jahren insbesondere aus praktischen Arbeiten gewonnen wurden, haben übersteigerte Erwartungen und Zielsetzungen hinsichtlich der Möglichkeiten der Automatisierung von Informationsprozessen korrigiert. Diese Entwicklung führte zu einer sachlichen und nüchternen Einschätzung organisatorisch und technisch möglicher sowie ökonomisch effektiv realisierbarer Zielsetzungen bei der Automatisierung von Informationsprozessen. Insbesondere zeigte sich, daß die im Rahmen der Einsatzvorbereitung für elektronische Datenverarbeitungsanlagen bisher konzipierten und entwickelten EDV-Anwendungssysteme zwar weitgehend Rationalisierungseffekte bei der Informationsverarbeitung mit Massendatenverarbeitungscharakter brachten, jedoch den komplizierten Forderungen nach rationeller Informationsverarbeitung im Problembearbeitungs- und -lösungsprozeß, wie zum Beispiel in der Leitungstätigkeit, nicht gerecht zu werden vermochten. Die Bewältigung gerade dieser Probleme in der Praxis und Theorie wird jedoch gefordert: „Wir sind bestrebt, die EDV in den Prozeß der sozialistischen Rationalisierung einzuordnen und auf solche Gebiete zu konzentrieren, durch die ein Beitrag zur Erhöhung der sozialistischen Produktion und zur Senkung des Aufwandes für Leitungs-, Planungs- und Verwaltungsaufgaben erreicht wird."[1]

### 1.1.1. Gegenstand der Automatisierung materieller und geistiger Tätigkeiten des Menschen

Charakteristisch für die gegenwärtige Etappe der wissenschaftlich-technischen Revolution — in gewisser Weise ihr konzentrierter Ausdruck[2] — ist die Einführung komplexer Automatisierungsmittel zur Unterstützung der körperlichen und geistigen Tätigkeit des Menschen. Für das theoretische Verständnis dieser Einschätzung müssen unseres Erachtens zunächst folgende Thesen in den Mittelpunkt der weiteren Betrachtung gestellt werden:

— Die Objektivierbarkeit menschlicher Tätigkeit ist eine notwendige, wenn auch nicht hinreichende Bedingung für ihre Formalisierbarkeit.
— Gegenstand der Automatisierung sind allein die formalisierbaren menschlichen Operationen.
— Jeder Automatisierungsakt bedeutet die dialektische Einheit von Ersetzung und Neusetzung bzw. Modifikation menschlicher Tätigkeiten.

#### 1.1.1.1. Die Objektivierbarkeit menschlicher Tätigkeiten

Die Besonderheit des Menschen besteht darin, daß er in einem langen geschichtlichen Prozeß sich und die Natur nach seinen sich ebenfalls entwickelnden, gesellschaftlich determinierten Zwecken verändert.[3] Dieses aktive und schöpferische Verhältnis zu seiner natürlichen und gesell-

[1] Hager, K., Sozialismus und wissenschaftlich-technische Revolution, Berlin 1972, S. 24.
[2] Hager, K., Sozialismus . . . , a. a. O., S. 26.
[3] Vgl. Marx, K., Das Kapital, Bd. 1., in: Marx/Engels, Werke (im folgenden: MEW), Bd. 23, Berlin 1962, S. 192.

schaftlichen Umgebung bestimmt den Charakter seiner körperlichen und geistigen Tätigkeit. Die objektivierbare Seite dieser Tätigkeit, in der der Mensch als neuartige „Naturkraft“[4] seinem Arbeitsgegenstand gegenübertritt, zeigt sich vor allem darin, daß die als besonders erfolgreich erkannten zweckgerichteten produktiven Tätigkeiten eindeutig fixiert und somit in gleicher Weise wiederholbar werden. Objektivierbare Tätigkeiten können in einem Lernprozeß auch von anderen angeeignet und in der gewünschten Weise erneut praktiziert werden. Die Objektivierbarkeit produktiver menschlicher Tätigkeiten ist die Grundlage für die Möglichkeit der planmäßigen Gestaltung des arbeitsteiligen Reproduktionsprozesses.

Die Entwicklung der Technik hat unter dem Aspekt einmal die Funktion, solche objektivierten menschlichen Tätigkeiten maschinell nachzubilden, und zum anderen jene, auch aus der Entwicklung des menschlichen Arbeitsprozesses heraus erforderlich werdende neue objektivierbare Tätigkeiten von vornherein durch die Entwicklung geeigneter Maschinen bzw. Automaten zu übernehmen.

Die objektivierten menschlichen Tätigkeiten sollen im folgenden als *Operationen* bezeichnet werden in Gegenüberstellung zu den *Handlungen*, die vom subjektiven Anteil hinsichtlich des Inhaltes und der Form der Tätigkeit geprägt sind. Weil in den Handlungen die Persönlichkeitsstruktur des Handelnden als immanenter und wesentlicher Bestandteil der Tätigkeit in Erscheinung tritt, kann von der Subjektivität dieser Art menschlicher Tätigkeit nicht abstrahiert werden (zum Beispiel Einfluß der Lehrerpersönlichkeit auf die konkrete Gestaltung des Unterrichtsablaufs). Die wesentliche Eigenschaft der Operationen im Unterschied zu den Handlungen ist dagegen die volle Objektivierbarkeit des Systems von Wirkungen, die von den Menschen und durch sie auf ihren Arbeitsgegenstand und die Formen des gesellschaftlichen Zusammenwirkens übertragen werden. Operationen sind somit sachbezogene Äußerungen der von den einzelnen Menschen realisierten objektiven gesellschaftlichen Schöpferkräfte des Menschen. Handlungen dagegen sind darüber hinaus Vergegenständlichungen individueller Schöpferkräfte des Menschen, in denen sich diese Individualität unverwechselbar äußert und daher das Wesen dieser Art menschlicher Tätigkeit prägt. Dennoch sind Handlungen nicht nur subjektiv, sondern sie sind mit Operationen durchsetzt. Die Handlung als Ganzes trägt aber zunächst den Stempel der Individualität des tätigen Menschen. In der Dialektik der Gesellschaftsentwicklung erfolgt nun ständig die Umwandlung und dadurch Verallgemeinerung von Hand-

[4] Marx, K., Kritik des Gothaer Programms, in: MEW, Bd. 19, Berlin 1962, S. 15; derselbe: Das Kapital, Bd. 1., a. a. O., S. 192.

lungen zu Operationen (durch die Objektivierung individueller Erfahrung im gesellschaftlichen Arbeitsprozeß = gesellschaftliche Selbstverwirklichung des Menschen) und die Handhabung von Operationen in Handlungen (das heißt individuelle Aneignung des gesellschaftlichen Wesens des Menschen als individuelle Selbstverwirklichung oder Persönlichkeitsentwicklung).

### 1.1.1.2. Die Formalisierbarkeit von Operationen

Wir haben im Vorangegangenen zwischen materiellen und geistigen Operationen unterschieden. Daraus folgt, daß bei der Untersuchung der Formalisierbarkeit von Operationen zweckmäßiger Weise die Differenzierung der Operationen berücksichtigt werden muß.

Formalisierbar sind materielle Operationen dann, wenn sie als ein System von Wirkungen natürlicher Kräfte auf einen Arbeitsgegenstand wissenschaftlich-technisch so detailliert mit Hilfe mathematisch-logischer Modelle beschrieben werden können, daß sie als gesetzmäßiger Ablauf hinreichend genug bekannt sind, um sie im Prinzip technisch nachbilden zu können. Die menschlichen Operationen zugrunde liegende Spezifik der Wirkungszusammenhänge wird gewissermaßen durch ihre wissenschaftlich-technische Erklärung verallgemeinert. Die Formalisierbarkeit der materiellen Operationen ist somit eine Verschärfung der Objektivierbarkeit menschlicher Tätigkeiten, weil die Wiederholbarkeit der Operationen jetzt auch unabhängig vom Menschen durch rein technische Prozesse gewährleistet werden kann. Die Erkenntnis der Wirkungszusammenhänge ermöglicht neuartige Kombinationen und Abläufe von Elementarwirkungen in Abhängigkeit von der vorgegebenen Funktion, die eine Maschine als Träger des rein technischen Prozesses realisieren soll. Zur wirklichen Übernahme der materiellen Operationen durch einen Automaten mag es durchaus technische Details geben, die im einzelnen technologisch noch nicht beherrscht werden, so daß die Konstruktion einer derartigen Maschine zu einem gegebenen Zeitpunkt noch nicht möglich ist. Dies heißt, daß die Technologie zur Herstellung eines Automaten, der den betreffenden wissenschaftlich-technisch beschriebenen Vorgang realisiert, noch nicht beherrscht wird. Die Geschichte der Technik zeigt jedoch vielfältig, daß formalisierbare Operationen im Verlaufe der nachfolgenden Zeit durch technische Mittel ausgeführt werden konnten.

Die wissenschaftlich-technische Beherrschung der den Operationen zugrunde liegenden Wirkungszusammenhänge ist somit eine notwendige Voraussetzung für die Automatisierung der entsprechenden Operationen, wobei die eindeutige und durchgängige wissenschaftlich-technische Beschreibung der Wirkungszusammenhänge als die Formalisierbarkeit der materiellen Operation bezeichnet werden soll.

Der Begriff der Formalisierbarkeit materieller Operationen unterscheidet sich wesentlich von der Formalisierbarkeit geistiger Operationen, denn geistige Operationen als informationsverarbeitende Prozesse erweisen sich (im Sinne der Automatisierung der Informationsverarbeitungsprozesse) nur dann als formalisierbar, wenn die der Verarbeitung zugrunde liegenden Operationen den Charakter von Daten tragen und die Operationen vollständig und sprunglos durch Algorithmen (im Sinne der Turingmaschine) beschreibbar sind.

### 1.1.1.3. Die Automatisierbarkeit von Operationen

Eine zusammenfassende Darstellung der produktiven Tätigkeiten des Menschen zur Bestimmung des Gegenstandes der Automatisierung zeigt Abbildung 1, wobei der im Schema bereits enthaltene Aspekt des Verhältnisses von Routine- und Nichtroutinetätigkeit in bezug auf die Automatisierbarkeit von Operationen später dargelegt wird. Dem Automaten können nur Operationen übertragen werden, die sich in der dargelegten Weise aus den produktiven materiellen und geistigen Tätigkeiten des Menschen heraus vergegenständlicht haben, sich im materiellen Substrat widerspiegeln. Dieser Prozeß der Umformung menschlicher Tätigkeiten in ein System von Operationen, die von einem Automaten ausgeführt werden können, vollzieht sich ständig und unendlich. Was sich heute als eine neue Erkenntnis, eine schöpferische Leistung darstellt, kann schon morgen eine formalisierte Operation sein, die nach der Beherrschung einer entsprechenden Technologie einer Maschine übertragen werden kann. Zugleich entstehen jedoch immer neue Anforderungen an die schöpferische Tätigkeit des Menschen.

Damit wird die Funktion der Technologie im Rahmen der Entwicklung der Produktivkräfte herausgestellt, deren Anliegen es ist, „den Produktionsprozeß in seine(n) konstituierenden Phasen zu analysieren und die so gegebnen Probleme durch Anwendung der Mechanik, Chemie usw., kurz der Naturwissenschaften zu lösen . . “[5]. „Ihr Prinzip“, so fährt Marx fort, „jeden Produktionsprozeß, an und für sich und zunächst ohne alle Rücksicht auf die menschliche Hand, in seine konstituierenden Elemente aufzulösen, schuf die ganz moderne Wissenschaft der Technologie. Die buntscheckigen, scheinbar zusammenhangslosen und verknöcherten Gestalten des gesellschaftlichen Produktionsprozesses lösten sich auf in bewußt plan-

[5] Marx, K.: Das Kapital, 1. Bd., a. a. O., S. 485.

mäßige und je nach dem bezweckten Nutzeffekt systematisch besonderte Anwendungen der Naturwissenschaft. Die Technologie entdeckte ebenso die wenigen großen Grundformen der Bewegung, worin alles produktive Tun des menschlichen Körpers, trotz aller Mannigfaltigkeit der angewandten Instrumente, notwendig vorgeht, ganz so wie die Mechanik durch die größte Komplikation der Maschinerie sich über die beständige Wiederholung der einfachen mechanischen Potenzen nicht täuschen läßt."[6] Indem die Technologie vom einzelnen Individuum abstrahiert, legt sie mit den objektivierbaren Tätigkeiten zur Gestaltung effektiver Produktionsprozesse den Grund zur Integration des Individuums in den Produktionsprozeß wie auch zur Ersetzung bestimmter seiner Funktionen und deren erneuter Integration auf höherer Ebene. Damit verändern sich ständig die technischen und organisatorischen Grundlagen der Produktion, womit Veränderungen der Funktionen des Arbeiters und der gesellschaftlichen Kombinationen des Arbeitsprozesses[7] einhergehen.

Gerade diese für unsere weitere Diskussion besonders wichtige Tatsache wird bisher meist ungenügend beachtet. Jede Stufe neuer technischer Entwicklung verlangt aktiv und bewußt vollzogene neue geistige und körperliche Tätigkeiten. Das Niveau der Denktätigkeit und Bewußtheit des erkennenden Subjekts muß sich ständig quantitativ und qualitativ erhöhen.

### 1.1.2. Die Dialektik der Ersetzung und Neusetzung menschlicher Tätigkeiten

Der Übergang zu kybernetischen Maschinen schafft die technische Voraussetzung für die komplexe Automatisierung formalisierbarer körperlicher und geistiger Operationen. Die Entwicklung von der Sequenzmaschine (numerisch gesteuerte Werkzeugmaschine, programmgesteuerter Rechenautomat) bis zu den adaptiven Maschinen bzw. den lernenden Automaten führt zu einer neuen Stufe der Ersetzung, Modifikation und Neusetzung menschlicher Arbeit. Dies ist ein Prozeß grundlegender qualitativer Veränderungen der Produktivkräfte. Es ist eine neue Stufe der Einheit von Erkenntnis und Veränderung der Natur — wie sie sich in der Industrie verwirklicht. Dabei ist charakteristisch, und dies soll hier besonders hervorgehoben werden, daß es jetzt nicht mehr um eine systematische Anwendung der Naturwissenschaften geht, sondern insbesondere um die Entwicklung neuer Tätigkeiten (die durch den Einsatz

[6] Ebenda, S. 510.
[7] Vgl. ebenda, S. 511.

dieser Automaten notwendig werden) und die Konzipierung neuer Organisationen, um ein höheres Niveau der arbeitsteiligen gesellschaftlichen Produktion zu realisieren.

Es geht also nicht nur — wie die Automation oftmals gesehen wird — um eine Ersetzung von bisher durch den Menschen ausgeführten Tätigkeiten, sondern um das viel komplexere Problem der Konzipierung und gesellschaftlichen Realisierung neuer Tätigkeitsprofile und Organisationsstrukturen infolge der Automatisierungsmaßnahmen. Damit wird die Automatisierung nicht nur ein rein technisches Problem, sondern vor allem ein Problem der Gesellschaftsentwicklung. Alle Spielarten des Technizismus reduzieren die Automatisierung auf die Beherrschung und Anwendung rein technischer Prinzipien, deren Konsequenzen für die Gesellschaftsentwicklung als unabänderliche Gegebenheit hinzunehmen seien, das heißt, technische Entwicklungen werden gegenüber der gesellschaftlichen Entwicklung als primär angesehen.

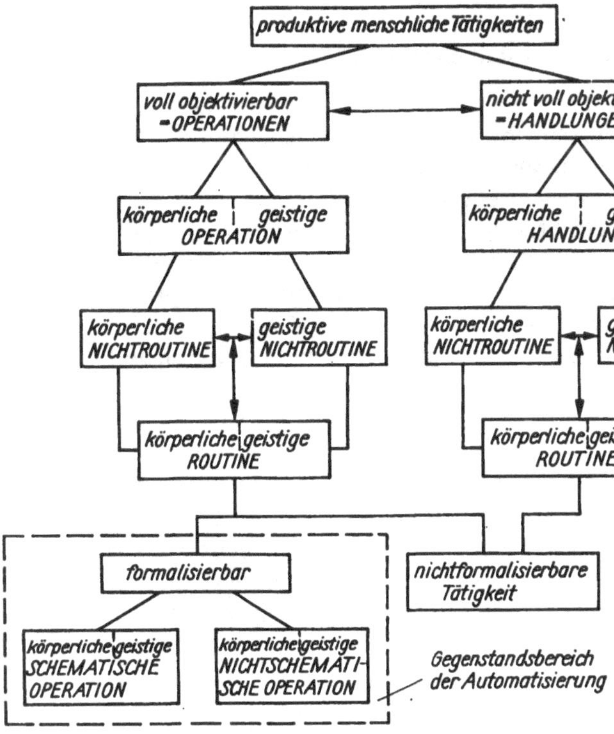


Abb. 1: Zur Struktur produktiver menschlicher Tätigkeiten unter dem Aspekt ihrer Automatisierung (nach: Deutsche Zeitschrift für Philosophie, Sonderheft 1973)

Aus dem Schema „Zur Struktur produktiver menschlicher Tätigkeiten unter dem Aspekt ihrer Automatisierung" (Abbildung 1) wird die überragende Stellung der Gesamtheit produktiver menschlicher Tätigkeiten und ihre Entwicklungsdialektik für die gesellschaftliche und individuelle Entfaltung jedes Menschen deutlich. Zwar verändert sich durch den Einsatz von Automaten diese Struktur ständig dadurch, daß formalisierbare Operationen an Automaten abgetreten werden, doch andererseits werden gerade deshalb eine Reihe neuer menschlicher Operationen und Handlungen erforderlich, um die automatisierten Operationen wiederum in den gesellschaftlichen Arbeitsprozeß auf höherer Stufe integrieren zu können.

Die Automatisierung führt also
— zu einer Intensivierung der Entwicklungsdialektik menschlicher Tätigkeiten,
— zu einer Beschleunigung der Umsetzung von Handlungen in Operationen und
— zur Konzipierung und Einführung immer wieder neuer Operationen in der Gesamtheit der menschlichen Tätigkeiten.

Diese intensivierte Entwicklungsdialektik äußert sich einerseits in wachsenden Anforderungen hinsichtlich der Aneignung der Totalität gesellschaftlicher Produktivkräfte[8] und andererseits in den wachsenden Möglichkeiten zur Umsetzung individueller schöpferischer Erfahrungen in gesellschaftliche Operationen (= Intensivierung der schöpferischen Selbstvergegenständlichung der individuellen Fähigkeiten und Fertigkeiten des Menschen im gesellschaftlichen Arbeitsprozeß als produktive Seite seiner Persönlichkeitsentwicklung). Insofern stellt die Automatisierung eine Komponente der Intensivierung der gesellschaftlichen und individuellen Entwicklungsprozesse des Menschen dar.

### 1.1.3. Die Stufen der Ersetzung menschlicher Tätigkeiten

Wenn folglich auch der Prozeß der Automatisierung nicht nur aus der Sicht der Ersetzung bestimmter, bisher dem Menschen vorbehaltener Funktionen gesehen werden kann, so ist diese Ersetzung menschlicher Operationen doch ein wesentlicher Ausgangspunkt. Der Entwicklungsprozeß läuft über die Anwendung des Werkzeuges zur Einsetzung der klassischen Maschine, die vor allem dadurch gekennzeichnet ist, daß die Energie zur Ausführung der Operationen nicht mehr vom Menschen aufgebracht

[8] Vgl. Marx, K., Engels, F., Die Deutsche Ideologie, in: MEW, Bd. 3, Berlin 1972, S. 68.

zu werden braucht und damit die Operationen in quantitativer Hinsicht (Möglichkeiten der Anwendung größerer Operationsenergien) und auch qualitativer Hinsicht (größere Genauigkeit und exaktere Wiederholbarkeit gleichartiger Operationen) weiterentwickelt werden. Der Übergang von der klassischen Maschine zum Automaten ist vor allem dadurch gekennzeichnet, daß nicht nur menschliche durch maschinelle Kraft ersetzt wird, sondern die durch geistige Operationen des Menschen erfolgende Steuerung von Operationsabläufen selbst in ständig wachsendem Umfang der Maschine übertragen wird. Der Automat ersetzt also sowohl körperliche als auch geistige menschliche Tätigkeiten. Es ist damit eine qualitativ neue Stufe der Ersetzung und — wie wir hier besonders hervorheben wollen — auch der Neusetzung einschließlich der Modifikation von Operationen des Menschen im gesellschaftlichen Arbeitsprozeß erreicht. Die automatisierten Operationen sind in diesen Arbeitsprozeß selbst wieder geeignet zu integrieren.

Auf dem Wege der Automatisierung werden meist zwei Stufen unterschieden:

— *Einführung von Sequenzmaschinen*, zu denen numerisch gesteuerte Werkzeugmaschinen und der programmgesteuerte Rechenautomat gezählt werden,
— *Einführung adaptiver Maschinen*, d. h. technischer Systeme mit Zügen der Selbstorganisation im Sinne des formalisierten Lernens.[9]

Wir wollen im weiteren deutlich machen, daß es erforderlich ist, darüber hinaus eine dritte Stufe der Automatisierung zu berücksichtigen, die immer deulicher hervortritt:

— *die Stufe des generierenden Dialogs zwischen Mensch und Maschine* (vgl. dazu Abbildung 2).

Diese Stufe ist dadurch gekennzeichnet, daß die Maschine entsprechend den Anforderungen des Nutzers in der Lage ist, neue Datenmengen zu bilden (automatisierte datenorganisatorische Funktion) und Verarbeitungsprogramme aus elementaren Programmfunktionen (Bausteine) zu erstellen (Organisationsfunktion der Programmgenerierung), um auf diese Weise den gewünschten Verarbeitungsprozeß zu realisieren.

Die Integration automatisierter Operationen in den arbeitsteiligen gesamtgesellschaftlichen Prozeß erfordert die Entwicklung zweckmäßiger Kopplungen zwischen menschlichen Handlungen und Operationen auf

[9] Vgl. Klaus, G., Maschinen — Automaten — Kybernetik, in: Wissenschaft und Fortschritt, 9/10/1960. — In Anlehnung an ihn auch neuere Arbeiten von W. Hacker, W. Skell und W. Straub, in: Arbeitspsychologie und wissenschaftlich-technische Revolution, Berlin 1968.

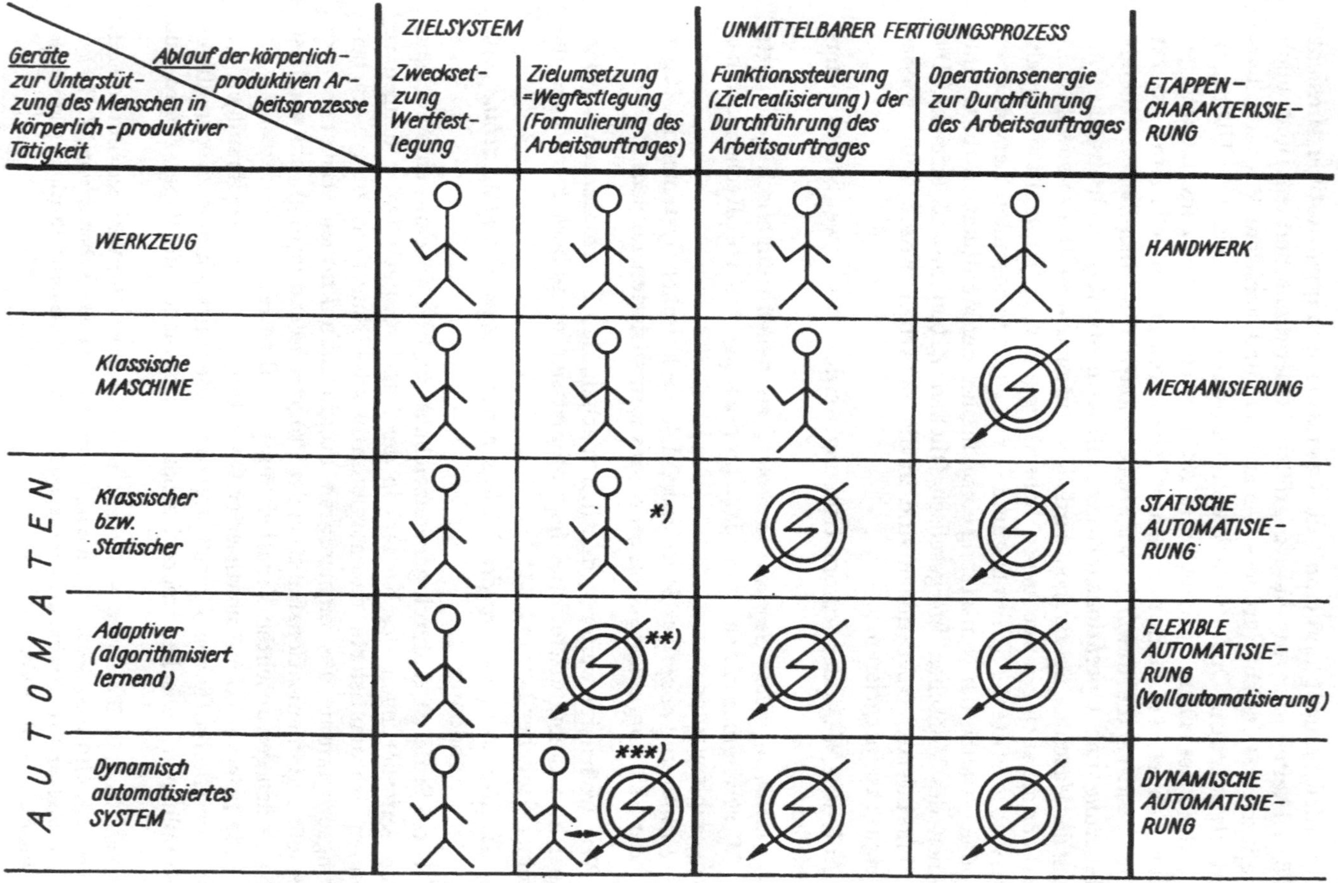


Abb. 2: Stufen der Ersetzung menschlicher Tätigkeiten (nach: Deutsche Zeitschrift für Philosophie, Sonderheft 1973)

Legende zu Abb. 2:

*Zwecksetzung, Wertfestlegung*: **Fixierung des Zweckes der körperlich-produktiven Tätigkeit, Grundlage für die Bewertung der spezifischen körperlich-produktiven Tätigkeit; *Zielumsetzung*: Bestimmung des Weges zur Realisierung des Zieles; das Verhältnis von Weg und Ziel ist relativ; Aufgabe ist die Formulierung des Arbeitsauftrages für die körperlich-produktive Tätigkeit, d. h. Steuerung der Funktionssteuerung; *Funktionssteuerung*: Steuerung des Arbeitsablaufes, d. h. der Elementaroperationen des technischen Systems, mit dessen Hilfe der Arbeitsauftrag ausgeführt wird; *Operationsenergie*: Quelle des Energieaufwandes zur Realisierung der Elementaroperationen**

**Anmerkungen:**

***) Die Funktion des Automaten ist statisch determiniert, d. h., er ist nach seiner Einrichtung durch den Menschen auf *eine* seiner möglichen Funktionen *festgelegt*.**

****) ‚algorithmisiert lernend' bedeutet, daß eine implizit oder explizit vorher fixierte endliche Potenz von Möglichkeiten für die *selbsttätige Formulierung* eines Informationsverarbeitungsauftrages ausgebildet ist und *eine der Möglichkeiten* entsprechend der Umweltsituation *durch den Automaten gesteuert aktiviert wird*. Wenn die Anforderungen über die in der ausgebildeten Potenz enthaltenen Möglichkeiten hinausgehen, *versagen* diese Automatentypen.**

*****) Aus der Beschränktheit gemäß *) resultiert, dort, wo es erforderlich ist, die schöpferische Aktivität des *Menschen einzubeziehen, um eine höhere Potenz der Formulierug* von Informationsverarbeitungsaufgaben zu ermöglichen; dynamische Automatisierung.**

der einen Seite und automatisierten Operationen auf der anderen Seite. Dort, wo ganze Komplexe automatisierter Operationen zu in sich geschlossenen Produktionsabläufen zusammengefaßt werden können, ist eine Vollautomatisierung des betreffenden Fertigungsablaufes möglich. Der so automatisierte Fertigungsprozeß wird als Ganzes in die Gesamtheit menschlicher Tätigkeit einbezogen. Handelt es sich hierbei um die automatisch realisierbare variable Zielumsetzung auf Grund von wissenschaftlich-technisch beschreibbaren Parameterschwankungen solcher Faktoren, die den Fertigungsablauf determinieren, so ist die Anwendung von adaptiven Automaten erforderlich. Voraussetzung dafür ist, daß die Bedingungen des formalisierbaren Lernens für die Beherrschung des zu automatisierenden Prozesses erfüllt sind (vgl. Abschnitt 6.3.5.).

Ist hingegen die variable Zielumsetzung unumgänglich, weil sie aus dem Charakter des Prozesses selbst folgt, ohne daß gleichzeitig auch die vorgenannten Bedingungen eines formalisierten Lernprozesses erfüllt werden können, so ist die Automatisierung nur als Mensch-Maschine-Kommunikation möglich. Das heißt, der komplexe Fertigungsablauf ist durch eine unauflösbare Kopplung zwischen menschlichen Tätigkeiten und maschinellen Operationen gekennzeichnet. Es handelt sich hierbei also nicht um einen technisch neuen Automatentyp, sondern um eine *qualitativ neue Form der Organisation der Nutzung von Automatenpotenzen*. In der Regel wird diese Form der Automatisierung, die wir als dynamisch automatisiertes System bezeichnet haben, noch ungenügend theoretisch reflektiert und in die Betrachtungen einbezogen.

Betrachtet man die Spalte 1 der Abbildung 2, so kann man feststellen, daß fast alle Autoren darin übereinstimmen, daß die Zwecke der Automatenoperationen letzlich immer vom Menschen gesetzt werden. Unterschiedliche Auffassungen gibt es jedoch hinsichtlich der Bewertung der Zeilen 4 und 5 dieses Schemas. Die Vollautomatisierung mit Hilfe adaptiver Systeme kann und darf unseres Erachtens nicht immer das allein anzustrebende Endziel der Automatisierung sein. Wird allein danach gefragt, welche Funktionen des Menschen der Automat ersetzt, wird man vielleicht dazu verleitet, in der bisher höchsten Form der Ersetzung durch adaptive Automaten auch die höchste Form des Mensch-Maschine-Systems zu sehen. Wir halten diese Einschätzung für verkehrt, weil die variable Einbeziehung automatisierter Operationen in einen komplexeren Kreis organisierter menschlicher Tätigkeit eine höhere Stufe der Nutzung technischer Potenzen im Rahmen des gesellschaftlichen Arbeitsprozesses darstellt. Das widerspiegelt sich vor allem in den dynamischen Formen der Kopplung zwischen menschlichen und maschinellen Operationen und damit einer unmittelbareren und direkteren Einbeziehung maschineller Operationen in das Gesamtgefüge individueller und gesellschaftlicher Tätigkeiten des Menschen. Diese Kopplung bewirkt gewissermaßen eine unmittelbare Potenzierung menschlicher Handlungen durch die direkte Einbeziehung maschineller Operationen, ohne jedoch die Dynamik menschlicher Tätigkeiten zu beeinträchtigen. Die Gefahr einer Unterordnung des Menschen unter die Maschine ist gegenstandslos, weil die automatisierten Operationen ein durch den Menschen an beliebiger Stelle einbeziehbares Hilfsmittel seiner Tätigkeit sind.

### 1.1.4. Die Entwicklungsdialektik menschlicher Tätigkeiten unter dem Aspekt der Integration automatisierter Operationen

Sobald sich der Mensch dieser objektiv möglichen Vergrößerung seiner Potenz zu schöpferischen Handlungen bewußt geworden ist, ist die automatisierte Operation im Mensch-Maschine-Dialog ein nicht mehr nur abgespaltener und gesellschaftlich vergegenständlichter Teil menschlicher Schöpferkraft, sondern zugleich auch ein integrierter Bestandteil der Entwicklungsdialektik menschlicher Tätigkeiten. Der Mensch wird sich in einem viel umfassenderen Sinn seiner Rolle als ‚Naturkraft' bewußt, weil es keine schematisch verlaufenden Abgrenzungen für die Kombination menschlicher und maschineller Operationen zu komplexen Tätigkeiten gibt.

Diese Entwicklungsdialektik wurde von Marx wie folgt formuliert: „Es ist nicht mehr der Arbeiter, der modifizierten Naturgegenstand als Mittelglied zwischen das Objekt und sich einschiebt; sondern den Naturprozeß, den er in einen industriellen umwandelt, schiebt er als Mittel zwischen sich und die unorganische Natur, deren er sich bemeistert. Er tritt neben den Produktionsprozeß, statt sein Hauptagent zu sein. In dieser Umwandlung ist es weder die unmittelbare Arbeit, die der Mensch selbst verrichtet, noch die Zeit, die er arbeitet, sondern die Aneignung seiner eignen allgemeinen Produktivkraft, sein Verständnis der Natur und die Beherrschung derselben durch sein Dasein als Gesellschaftskörper — in einem Wort die Entwicklung des gesellschaftlichen Individuums, die als der große Grundpfeiler der Produktion und des Reichtums erscheint."[10] Weiter heißt es bei Marx: „Die Arbeit erscheint nicht mehr so sehr als in den Produktionsprozeß eingeschlossen, als sich der Mensch vielmehr als Wächter und Regulator zum Produktionsprozeß selbst verhält. (Was von der Maschinerie, gilt ebenso von der Kombination der menschlichen Tätigkeiten und der Entwicklung des menschlichen Verkehrs.)"[11]

Dieser häufig in Zusammenhang mit der Entwicklung der wissenschaftlich-technischen Revolution zitierte Grundgedanke von Marx wurde unseres Erachtens jedoch in der Vergangenheit oftmals sehr einseitig interpretiert. Im Vordergrund stand allein die Hervorhebung des Heraustretens des Menschen aus dem unmittelbaren Fertigungsprozeß durch die immer umfassendere Ersetzung menschlicher durch maschinelle Operationen. Marx weist jedoch selbst darauf hin, daß das nur der äußerliche Aspekt des eigentlich vor sich gehenden Prozesses der Vergesellschaftung individueller Tätigkeiten ist. *Dadurch, daß der Mensch aus dem unmittelbaren Fertigungsprozeß heraustritt, tritt er viel unmittelbarer und direkter in die Komplexität des gesamtgesellschaftlichen Reproduktionsprozesses* hinein. Daran zeigt sich der gesellschaftliche Charakter seiner Tätigkeit unvermittelt auch in seiner individuellen Tätigkeit selbst. Marx sieht folglich die Ersetzung menschlicher durch maschinelle Operationen nur als Ausgangspunkt für die „Aneignung seiner eignen *allgemeinen* Produktivkraft", die zum „großen Grundpfeiler der Produktion und des Reichtums" wird. Durch die Integration der maschinellen Operationen in die individuellen Tätigkeiten des Menschen — vor allem im Rahmen des Mensch-Maschine-Dialogs — erfolgt die unmittelbar produktiv werdende Aneignung all jener vergegenständlichten Schöpferkräfte der menschlichen Gesellschaft, die zu diesen automatisierten Operationen geführt haben.

Eine für die Zukunft typische Form der Automatenanwendung ist zum Beispiel die unmittelbare Bereitstellung gesellschaftlicher Erkenntnisse und Erfahrungen durch den Aufbau von universell nutzbaren

[10] Marx, K., Grundrisse der Kritik der politischen Ökonomie, Berlin 1974, S. 592 f.
[11] Ebenda, S. 592.

Datenbanken mit einem großen Reservoir an Daten und Verarbeitungsalgorithmen. Durch die Nutzung dieser Potenzen für die individuelle Entscheidung und Tätigkeit erfolgt gewissermaßen eine anonym bleibende Einbeziehung von geistigen Leistungen vieler anderer Menschen, die sich in den Potenzen dieser Datenbank vergegenständlicht haben. Umgekehrt werden die Beiträge des Individuums bei ihrer Übernahme in die Datenbank wiederum für alle anderen unmittelbar zugänglich. Damit wird ein Kommunikationszusammenhang zwischen den Menschen realisiert, den es bisher in diesem Ausmaß und dieser Qualität nicht gegeben hat.

Insofern ist diese allgemein gewordene Produktivkraft in Form der automatisierten Operationen im Mensch-Maschine-Dialog ein untrennbarer Teil der individuellen menschlichen Tätigkeit geworden. Eine produktive individuelle Tätigkeit auf einem hohen Niveau der Automatisierung ist nicht mehr denkbar, wenn sie nicht zugleich eine Vielfalt automatisierter Operationen in den Rahmen der individuellen Tätigkeiten einbezieht.

Die Eingliederung der automatisierten Operationen in die Gesamtzusammenhänge der menschlichen Tätigkeiten besitzt jedoch nicht nur die gekennzeichneten Auswirkungen auf die individuellen Tätigkeiten, sondern zugleich auch Auswirkungen auf die Weiterentwicklung der Organisationsstrukturen, die für das zweckmäßige Zusammenwirken der Menschen untereinander und — unter Einbeziehung der automatisierten Hilfsmittel — im gesamtgesellschaftlichen Reproduktiosprozeß erforderlich sind.

Durch die anwachsende Komplexität der menschlichen Tätigkeiten infolge ihrer variablen und unmittelbaren Verkopplung mit maschinellen Operationen entstehen immer wieder neue Probleme der rationellen Organisation, die das Zusammenwirken individueller Tätigkeiten effektiver gestalten sollen. Diese Tendenz, die informationelle Steuerung komplexer werdender individueller Tätigkeiten effektiv zu realisieren, bedingt einen Prozeß der ständig wachsenden Selbstregulierung individueller Tätigkeiten im Sinne der bewußten Einordnung in gesellschaftliche Erfordernisse in dialektischer Einheit mit funktionsfähigen Organisationsmechanismen der Integration individueller Tätigkeiten in zweckgerichtete gesellschaftliche Prozesse.

Daraus folgt, daß auch die organisatorische Beherrschung komplexer Tätigkeiten als einer der wesentlichen Aspekte der „allgemeinen Produktivkraft" des Menschen in die Gesamtheit individueller Tätigkeiten integriert werden muß, um die intensivierte Persönlichkeitsentwicklung als lediglich andere Seite der unmittelbarer werdenden Entfaltung des gesellschaftlichen Wesens des Menschen ansehen zu können. Daraus ergeben sich weitreichende Probleme der gesellschaftlichen und wissenschaftlich-technischen Erziehung des Menschen und seiner Bildung, die in all ihren Konsequenzen hier nicht diskutiert werden können.

Zusammenfassend läßt sich also feststellen, daß bei der Integration automatisierter Operationen in den Prozeß gesellschaftlich organisierter Tätigkeiten mit jeder *Ersetzung* menschlicher durch maschinelle Operationen auf jeweils neuer Ebene die Neusetzung und *Modifikation* menschlicher Tätigkeiten einhergeht. Dies macht sowohl die Inhalte und Formen menschlicher Handlungen und Operationen vielfältiger und reicher, als auch Inhalt und Formen gesellschaftlicher Organisationsstrukturen effektiver. Diesen Prozeß hatten wir als *Intensivierung* der menschlichen Entwicklungsdialektik gekennzeichnet und damit zugleich deutlich zu machen versucht, daß die Automatisierung als konzentrierter Ausdruck der wissenschaftlich-technischen Revolution primär einen Entwicklungsprozeß der menschlichen Gesellschaft darstellt und deshalb nicht nur technisch-organisatorisch, sondern vor allem hinsichtlich ihrer gesellschaftlichen Bedeutung im Rahmen der allgemeinen Dialektik von Produktivkräften und Produktionsverhältnissen gesehen werden muß.

Die durch die Automatisierung bedingte Veränderung des Charakters der Arbeit zeigt sich somit — wenn man die gesetzmäßigen Tendenzen dieses Prozesses kennzeichnen will — in dem unmittelbar gesellschaftlichen Wesen individueller Tätigkeiten. Solange der Mensch Hauptagent des unmittelbaren Produktionsprozesses ist, ist der Mensch in Teilprozesse eingeschlossen und daher nur mittelbar durch entsprechende Organisationen und die Mitwirkung an ihrer Gestaltung in den gesamtgesellschaftlichen Reproduktionsprozeß integriert. Tritt er jedoch infolge der Automatisierung mehr und mehr neben den unmittelbaren Fertigungsprozeß, so wird seine Tätigkeit im gleichen Maße unmittelbarer und direkter in den Leistungs- und Leitungsprozeß der gesellschaftlichen Produktion integriert werden können, wie die Produktionsverhältnisse der Gesellschaft die Voraussetzungen dafür bieten. So gesehen, trägt die Automatisierung zur Verschärfung des Klassenwiderspruchs im Imperialismus dadurch bei, daß gerade die Entfaltung des gesellschaftlichen Wesens des Menschen in Einheit mit dem unmittelbar gesellschaftlichen Charakter individueller Tätigkeiten unter den Bedingungen des Privateigentums an den Produktionsmitteln behindert und gehemmt wird.

### 1.1.5. Die Automatisierung informationsverarbeitender Tätigkeiten

Durch die vorangegangenen Überlegungen zur detaillierten Bestimmung des Gegenstandes der Automatisierung materieller und geistiger Operationen sollte gezeigt werden, wie die Abspaltung und erneute Integration formalisierter materieller und geistiger Operationen zu höheren Formen der Persönlichkeits- und Gesellschaftsentwicklung führen bzw. sie erfordern. In diesem Zusammenhang ist gleichzeitig deutlich geworden, daß das Niveau der Automatisierung weitgehend vom Niveau der Automatisierung der Informationsverarbeitungsprozesse abhängt. Insbesondere ermöglicht die Beherrschung dynamischer automatisierter Informationsverarbeitungssysteme die Konzipierung von solchen komplexen Automatisierungsmaßnahmen, die es gestatten, menschliche Fertigkeiten und Fähigkeiten in Kombination mit maschinellen Operationen zu einem besonders hohen Effekt zu bringen, weil das gerade die variable Einbeziehung automatisierter Operationen in das Gefüge menschlicher Tätigkeiten die Potenz gesellschaftlicher Produktivkräfte nachhaltig erweitert. Dieser Zusammenhang klingt ebenfalls in dem bereits zitierten Grundgedanken von Karl Marx an, wenn er sagt, daß der Mensch durch „sein Verständnis der Natur und die Beherrschung derselben . . . die Entwicklung des gesellschaftlichen Individuums . . . der große Grundpfeiler der Produktion und des Reichtums“[12] wird. Die Informationsverarbeitung erweist sich auf einem bestimmten Niveau der komplexen Automatisierung von körperlichen und geistigen Operationen als eine unmittelbare gesellschaftlich produktive Tätigkeit des gesellschaftlichen Individuums, wobei die Gesellschaftlichkeit des Individuums — wie bereits gezeigt wurde — gerade in diesen informationsverarbeitenden Prozessen zur Geltung kommt, da das Heraustreten des Menschen aus dem unmittelbaren Fertigungsprozeß bedeutet, daß er vorwiegend als „Regulator und Wächter“ tätig wird.

Gegenstand der Automatisierung von Informationsprozessen ist allein die Verarbeitung von Daten auf der Grundlage von Algorithmen im Sinne der Abarbeitung mathematisch-logischer Verfahren. Daraus folgt: Die Verarbeitung von Deskriptionen (vgl. Abschnitt 3.2. und 3.5.) ist nicht automatisierbar.

Im Gegensatz zu dieser These wird oft nur die Algorithmisierbarkeit von Informationsverarbeitungsprozessen als Bedingung für die Automatisierung dieser Verarbeitungsprozesse angesehen. Eine solche Auffassung unterschätzt die Probleme, die dem Informationsbegriff selbst zugrunde liegen. Unseres Erachtens ist die Bedingung der Formalisierbarkeit eines Informationsverarbeitungsprozesses nur dann gegeben, wenn sowohl die Informationen, die verarbeitet werden sollen, als auch die Verfahren, nach denen dieser Verarbeitungsvorgang erfolgen soll, einer besonderen Bedingung unterliegen: Die Informationen müssen Daten und die Verarbeitungsverfahren Algorithmen sein.

[12] Ebenda, S. 593 f.

## 1.2. Rationalisierung und Automatisierung

### 1.2.1. Gegenstand der Rationalisierung

#### 1.2.1.1. Automatisierung als Teil der Rationalisierung

Über Rationalisierung ist schon viel geschrieben und gesprochen worden, aber meist ohne ihren Gegenstand genauer zu präzisieren. Die menschliche Arbeit rationell zu gestalten, wird heute in fast allen Bereichen menschlicher Tätigkeit als notwendig angesehen. Bekanntlich kommt das Wort ‚Rationalisierung' von dem lateinischen Wort ‚ratio' (Vernunft). Durch die Rationalisierung soll eine vernünftige, überlegte Arbeitsweise ermöglicht werden, um die bestmögliche Leistung mit dem kleinstmöglichen Aufwand an physischer und psychischer Kraft, an personellen, materiellen, finanziellen und informationellen Ressourcen zu erzielen.

Durch die sozialistische Rationalisierung kann also erreicht werden, daß die Fonds intensiver genutzt, die Arbeitsproduktivität erhöht und die Kosten gesenkt werden. Wie wir deutlich machen wollen, ist die sozialistische Rationalisierung eng mit dem Einsatz moderner automatisierter Informationsverarbeitungsanlagen verbunden, hat sie in vielen Fällen die Schaffung effektiver EDV-Anwendungssysteme zur Voraussetzung. Dies gilt für die Erhöhung der Effektivität der materiellen wie auch der geistigen Produktion. Wir können auf keinem Gebiet, auf dem es um die Erhöhung der geistigen Leistungsfähigkeit des Menschen geht, auf dieses leistungsfähige Hilfsmittel, das in seinen Möglichkeiten erst am Anfang seiner Entwicklung steht, verzichten. Es gilt jedoch, den Platz der EDV im Rahmen der sozialistischen Rationalisierung richtig zu sehen. Hier soll deutlich gemacht werden, daß der Gegenstand der Rationalisierung allein die objektivierbaren rationalen Handlungen (Operationen) sind.

Entsprechend unserer vorangegangenen Differenzierung der menschlichen Tätigkeit in Handlungen und Operationen, der Bestimmung der Operation als voll objektivierbare Tätigkeit und der klaren Eingrenzung des Gegenstandes der Automatisierung auf formalisierbare Operationen, erweist sich der Gegenstand der Rationalisierung als umfassender. Gegenstand der Rationalisierung sind nicht nur die formalisierbaren Operationen, sondern alle Operationen, die sich bei rationalen Handlungen ergeben. So kann allein schon aus theoretischen Überlegungen durch eine klarere Bestimmung des jeweiligen Gegenstandes deutlich gemacht werden, daß die Automatisierung nur als ein Teil der umfassenderen sozialistischen Rationalisierung verstanden werden kann.

Wir betrachten bewußt (und wie sich aus einer Differenzierung der menschlichen Handlungen auch noch genauer theoretisch begründen läßt) die Automatisierung als einen Teil der sozialistischen Rationalisierung und nicht, wie oftmals üblich, als ihre höchste Stufe.

Die Bestimmung der Automatisierung als höchste Stufe der Rationalisierung verabsolutiert die formale Rationalität, die, wie bei der Operationsforschung typisch, die höchste Form der Rationalität erreichen läßt, aber nur im Rahmen des Gültigkeitsbereiches dieses Modells, das erst wieder eine Interpretation erfahren muß, wenn es mit der Wirklichkeit konfrontiert wird. Hinter der Formulierung der Automatisierung als höchste Stufe der Rationalisierung verbirgt sich weiterhin die Konzeption der Vollautomatisierung, des Perfektionismus, die glaubt, die gesamte objektive Realität auf ein Ensemble formalisierter Mechanismen reduzieren zu können.

Bei der Rationalisierung geht es nicht nur um rationelle Operationsabläufe, sondern auch um die Schaffung einer vernünftigen, zweckmäßigen Organisation objektivierbarer, zielgerichteter materieller und geistiger menschlicher Tätigkeiten. Gegenstand der Rationalisierung sind die vernünftigen bzw. rationalen objektivierbaren Handlungen. Wenn man sich bewußt macht, daß es auch andere Handlungstypen gibt, so ist damit auch die Grenze der Rationalisierung bestimmt. Gegenstand der Rationalisierung können also nicht beliebige menschliche Handlungen sein, sondern nur die objektiv rationalen Handlungen. Dieser Handlungstyp ist zu unterscheiden von den subjektiv rationalen Handlungen, die andere sinnhafte Formen des menschlichen Handelns darstellen. Sie sind nicht objektiv vernünftig. Erscheinungsformen des letzteren Handlungstypes sind affektuelles, instinktives oder konservativ gebundenes Handeln. Weiterhin gibt es rein emotionale und inkonsistente Handlungsfolgen.

### 1.2.1.2. Handlungstypen

Um herausarbeiten zu können, welche Handlungen Gegenstand der Rationalisierung sind, müssen wir uns zunächst eingehender mit den Typen der Handlungen beschäftigen. Als Gesichtspunkt für die Differenzierung von Handlungen nach Typen soll ihr Bezug zur Rationalität von Handlungsabläufen gewählt werden, um die Rationalisierungsmöglichkeiten präziser erkennen zu können.

Die Handlungen lassen sich unter diesem Gesichtspunkt in prärationale, rationale und irrationale gliedern (siehe Abbildung 3).

*Prärational* ist eine Handlung dann, wenn sie auf die Bereicherung des rationalen Systems von wissenschaftlichen Erkenntnissen und Erfahrungen hinzielt, ohne daß man bis ins letzte reichende Gründe für das im Werden begriffene Neue anzuführen vermag. Die prärationale Handlung stößt somit in Neuland vor, erschließt vom Rationalen noch

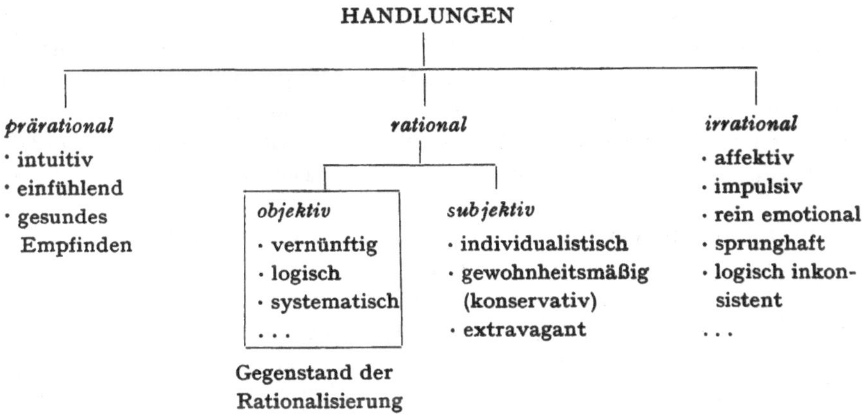


Abb. 3: Differenzierung der Handlungen

nicht oder nicht umfassend genug eroberte Gebiete, und ist durch ihr Suchen nach neuen Wegen gekennzeichnet. Die prärationale Handlung steht somit nicht im Gegensatz zur rationalen Handlung. Hegel nannte diese Phase der menschlichen Auseinandersetzung mit der Umwelt das Bemühen, etwas, was als richtig empfunden wird, auf den richtigen Begriff zu bringen. Die prärationale Handlung ist daher eine intuitive und eingehende Auseinandersetzung mit den Widersprüchen und Grenzen der bestehenden Ergebnisse und Erfahrungen. Das Neue wird zunächst nur vermutet, doch ist man überzeugt, daß rationale Wege zur Begründung des Neuen gefunden werden können und müssen. Die prärationale Handlung läßt sich gewissermaßen vom gesunden Empfinden und Gefühl der Vertiefungs- und Verbreitungsmöglichkeiten des bereits rational Erschlossenen leiten. Prärationales Handeln ist somit eine Vorstufe des rationalen Handelns. Es kennzeichnet eine spezifische Form der menschlichen schöpferischen Aktivität in der geistigen Auseinandersetzung mit der Umwelt. Man unterscheidet hier zwischen schöpferischer Tätigkeit, die Neues konstituiert und nach rationellen Wegen des konstituierenden Neuen sucht, und der anderen Form der schöpferischen Aktivität, nämlich der Realisierung von Handlungszielen durch die zweckdienliche Wahl geeigneter — aber im Prinzip bereits existierender — Verfahren, wobei die jeweils vorliegenden konkreten Bedingungen berücksichtigt werden müssen.

Die *rationalen Handlungen* gliedern sich in objektive und subjektive rationale Handlungen.

„Objektiv" meint hier, daß die spezifische Art der Bestimmung der Zusammenhänge, die für die zu erreichende Zielstellung vorliegen, gesellch aftlich allgemeingültig beurteilt werden können. Ein in diesem Sinne von der Vernunft geleitetes Handeln, daß sich bewußt, zielgerichtet, logisch und systematisch auf die Auswahl solcher Wege bezieht, die zum Ziel führen, nennen wir objektiv rationales Handeln. Die Rationalisierungsmöglichkeiten dieser Art des Handelns beziehen sich auf die Erreichung hoher Leistungen bei möglichst geringem Aufwand. Damit ist gleichzeitig das Ziel von Rationalisierungsmaßnahmen bestimmt.

Menschliche Handlungen sind aber oft nur subjektiv rational. Bei objektiver Rationalität ist der Handelnde in der Lage, seine Umwelt objektiv richtig und den gesellschaftlichen Bedürfnissen entsprechend zu beurteilen. Dadurch wird die objektiv rationale Handlung durchsichtig, weil durch Verwendung allen verfügbaren Wissens nachvollziehbar. Ein objektiver Beobachter solcher objektiv rationalen Handlungsakte begreift und versteht, worum es dem Handelnden geht. Es kann somit zumindest mit einer bestimmten Wahrscheinlichkeit auf das angestrebte Ziel des Handelnden schließen. Bei den subjektiven rationalen Handlungen ist das anders. Objektivierungs- und Subjektivierungsziel fallen auseinander. Der Handlungsakt kann ohne Verständnis des subjektiven Ziels nicht als vernünftig begriffen werden. Der Beobachter würde sich anders verhalten und, soweit er seine Verhaltensweise mit der allgemeinen gesellschaftlichen Norm identifiziert, dieses Verhalten in der Regel als verfehlt beurteilen. Beim subjektiv rationalen Verhalten handelt es sich somit um eine individuelle Art der Situationsbewertung und eine sich daraus ergebende Entscheidung für die Handlungen. Dazu gehören ebenfalls nicht mehr zeitgemäße, nur noch aus der Gewöhnung erklärbare, meist nicht bewußt reflektierte Verhaltensweisen, die den objektiven Erfordernissen eines richtigen Handelns nicht mehr gerecht zu werden vermögen. Dieser Konservativismus, die Scheu vor dem Neuen und Ungewohnten, ist ein nicht zu unterschätzender Faktor bei der Durchsetzung neuer Technologien, Organisationsformen und Denkweisen. Die subjektiv rationale Handlung steht somit nicht direkt im Gegensatz zur objektiv rationalen Handlung, sondern ist durch eine prinzipiell überwindbare Differenz zur rationalen Handlung gekennzeichnet. Die Ursache dafür ist entweder, daß das subjektiv Rationale gegenüber dem objektiv Rationalen zurückgeblieben ist, oder, daß es ihm vorauseilt, ohne sich bereits als gesellschaftlich anerkannt manifestieren zu können. Von der prärationalen Handlung führt somit ein gerader Weg zur subjektiven Rationalität, die um ihre gesellschaftliche Anerkennung ringt.

Die *irrationalen Handlungen* stehen im Gegensatz zu den objektiven und subjektiven rationalen Handlungen. Sie entziehen sich daher einer rationalen Beurteilung, weil sie in der Regel rein emotional, impulsiv und affektiv sind. Sie sind gewissermaßen die Ausnahmesituationen des sonst normalen individuellen Verhaltens. Die Ursache dafür liegt oft in psychischen Überforderungen des Individuums, dem es unmöglich wird, den vorliegenden Bedingungen entsprechend zu reagieren. Solche irrationalen Handlungen sind Faktoren, die die rationale Gestaltung der zwischenmenschlichen Beziehungen beeinträchtigen. Bei vielen auftretenden Situationen haben wir zwar noch Verständnis für das Fehlverhalten, weil wir die besondere Situation berücksichtigen, in der sich das handelnde Individuum befindet, vermögen jedoch solche Handlungsakte, wenn sie im Gegensatz zur objektiven Rationalität stehen, nicht zu akzeptieren.

Wir sehen also, daß im Gesamtstrom menschlicher Tätigkeiten nicht nur rationale, sondern auch präationale und irrationale Handlungen enthalten sind. Wenn wir nun die Grenze der Rationalisierung bestimmen wollen, so müssen wir die Besonderheiten dieser Typen von Handlungen berücksichtigen. Aus den dargelegten Gründen wird ersichtlich, daß primär die objektiv rationalen menschlichen Handlungen Gegenstand von Rationalisierungsmaßnahmen sein können. Dabei muß man sich darüber im klaren sein, daß die Rationalisierung menschlicher Handlungen Auswirkungen auf alle Typen menschlichen Handelns hat. Rationalisierungsmaßnahmen müssen daher stets begleitet sein von Erziehungs- und Bildungsaktivitäten, um irrationale Handlungen einzuschränken, die zurückbleibende nur subjektive Rationalität auf das Niveau der objektiven Rationalität zu heben und Bedingungen für präationale Handlungen zu schaffen, um die schöpferischen Aktivitäten der im gesellschaftlichen Arbeitsprozeß stehenden Menschen zu fördern (vgl. Abb. 4). Rationalisierung

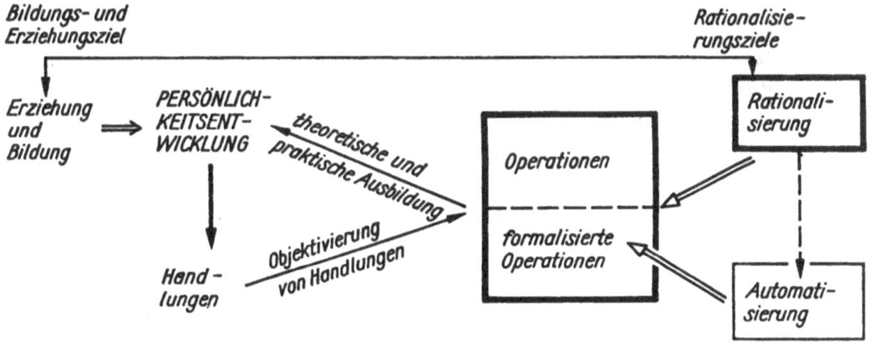


Abb. 4: Wechselwirkung zwischen Rationalisierung und Erziehungs- und Bildungsinhalten

bedeutet somit nicht Einengung der schöpferischen Aktivitäten, sondern Freisetzung von Kapazitäten der Menschen zu schöpferischen Tätigkeiten, indem die objektiv rationalen Handlungen mit dem geringstmöglichen

Aufwand ausgeführt werden. Die Berücksichtigung prärationaler Handlungen sowie der subjektiven Rationalität, die in vielen Verhaltensweisen anzutreffen sind, erfordert ein hohes Maß an einfühlendem Verständnis für die Menschen, die in die Rationalisierungsmaßnahmen einbezogen sind. Insofern stehen an der Spitze von Rationalisierungskonzeptionen nicht allein Wirtschaftlichkeitsüberlegungen. Die Rationalisierung ist nur ein Mittel, eine Gesellschaft zu gestalten, in der die Individuen ihre körperlichen und geistigen Fähigkeiten im Dienst der Gesellschaft voll entfalten können.

### 1.2.1.3. Struktur der Tätigkeit

Die menschliche Tätigkeit ist immer zielstrebig. Die Zielbestimmung einer Handlung muß daher als ein Strukturelement der Tätigkeit selbst begriffen werden (vgl. Abb.5). Die Zielbestimmung allein kennzeichnet jedoch die Tätigkeit noch nicht. Die eigentlichen aus der Zielbestimmung resultierenden Handlungsakte, die der Zielrealisierung dienen, gehören genauso zur Tätigkeit. Diesen Handlungsakten liegt sowohl die Berücksichtigung und Nutzung der vorhandenen Bedingungen als auch die Wahl einer bestimmten Technologie zugrunde. Wir wollen dieses Strukturelement der Tätigkeit die Zielrealisierung nennen. Die Zielrealisierung setzt sich in der Regel aus einer Vielzahl von einzelnen Handlungsakten zusammen. Daher müssen solche Handlungsakte aufeinander abgestimmt werden. Wenn ein arbeitsteiliger Tätigkeitsvollzug vorliegt, so erfordert diese Abstimmung eine quantitative und termingerechte Regelung der einzelnen Handlungsakte unter Berücksichtigung der ihnen zugrunde liegenden Technologien. Dieses System von Regelungen wird als Organisation des Tätigkeitsvollzugs bezeichnet. Die Organisation enthält somit die Konzipierung der Zielumsetzung in einer Reihe von aufeinander abgestimmten Handlungsakten und die Kontrolle ihrer termingerechten Ausführung. Diesen Aspekt, den jede Tätigkeit besitzt, wollen wir als Zielsetzung bezeichnen, womit das dritte Strukturelement der Tätigkeit charakterisiert ist.

Um diese Strukturelemente weiter zu differenzieren, muß man berücksichtigen, ob sie überhaupt bzw. innerhalb welcher Grenzen sie objektivierbar sind oder nicht und unter welchen Bedingungen und Voraussetzungen sogar eine Formalisierung erreicht werden kann. Das Ergebnis dieser Differenzierung wird in Abbildung 5 dargestellt.

Die nicht voll objektivierbare Zielbestimmung wird in Übereinstimmung mit dem allgemeinen Sprachgebrauch als Motivation einer Tätigkeit bezeichnet. Wenn die Motivation voll objektivierbar, das heißt gesell-

| Struktur-element der Tätigkeit | Charakter | | | |
|---|---|---|---|---|
| | nicht voll objektivierbar | voll objektivierbar | formalisierbar: allgemein ⇒ | automatisierbar in bezug auf Informations-prozesse (EDV) |
| Ziel-bestim-mung | Motiv | Ziel-stellung | Ziel-funktion | Operations-forschungs-modelle |
| Ziel-umsetzung | spontane Organisation | bewußte Organisation | programmierte Organisation | Daten- und Programm-organisation |
| Ziel-realisierung | intuitiver (einfühlender) Handlungs-vollzug | technologisches Verfahren | technologisches Programm (Algorithmus) | Technologie der Daten-verarbeitung |

Gegenstand der Automatisierung

Gegenstand der Rationalisierung

Abb. 5: Differenzierung der Tätigkeiten unter dem Aspekt ihrer Rationalisierbarkeit

schaftlich rational nachvollziehbar ist, sprechen wir von einer Zielstellung. Die Zielstellung entspricht der objektiv adäquaten Erfassung von Erfordernissen und leitet eine Reihe objektiv rationaler Handlungsakte ein.

Wenn die Zielstellung durchgängig formalisierbar ist, dann sprechen wir im Sinne der Operationsforschung von einer Zielfunktion. Die Formalisierbarkeit ist notwendige Voraussetzung für die Automatisierung. Die mathematische Modellierung und Zielstellung, die in der Zielfunktion ihren Ausdruck findet, wird jetzt zur Grundlage für die Anwendung der Datenverarbeitung, um optimale Ziele zu ermitteln.

Wenn die Zielumsetzung, das heißt die zu lösenden organisatorischen Aufgaben, für einen Tätigkeitsvollzug nicht voll objektivierbar ist, sprechen wir von einer spontanen Organisation. Es gibt gewissermaßen keine durchgängig objektiv rationalen Gründe für die Auswahl dieser oder jener organisatorischen Maßnahmen. Grundlage der spontanen Organisation ist die Motivation für die Tätigkeiten, um deren Realisierung es geht. Spontane Organisation geht dann in bewußte Organisation über, wenn die Prozesse der Abstimmung und Koordinierung von Handlungsakten selbst als objektiv rationale Aufgaben faßbar sind. Die bewußte Organisation ist die typische Form für den gesellschaftlichen Arbeitsprozeß. Sie unterstellt objektiv rational handelnde Menschen, die die jeweils eintretenden konkreten Bedingungen, unter denen die Handlungsakte zu vollziehen sind, richtig einzuschätzen vermögen, um den arbeitsteiligen Gesamtprozeß mit hohem Effekt zu gewährleisten. Wenn die Kriterien und Prinzipien für die Abstimmung, Koordinierung und Kontrolle von Handlungsakten durchgängig formalisiert werden können, sprechen wir von einer programmierten Organisation. Die programmierte Organisation ist für die vielfältigsten Formen der automatischen Fertigungssteuerung charakteristisch. Der programmierten Organisation entspricht im Rahmen der Datenverarbeitung die Daten- und Programmorganisation. Die Bedingungen der maschinellen Informationsverarbeitung erzwingen programmierte Organisationsformen, um die eigentliche automatisierte Technologie der Datenverarbeitung überhaupt realisieren zu können. Hier zeigt sich auch ein gewisser Unterschied zwischen der allgemeinen in Betrieben und Einrichtungen realisierten Organisation und den sehr entscheidenden Forderungen an die Organisation für die Teilgebiete, die der Automatisierung unterworfen werden sollen. Dieser Zusammenhang wird von vielen im unmittelbaren Arbeitsprozeß Stehenden nur einseitig als Komplizierung und Einschränkung bewährter Formen der bewußten Organisation gesehen. Es bedarf einer intensiven Erklärung dieser Zusammenhänge im Rahmen der organisatorischen Einsatzvorbereitung von Automatisierungsmaßnahmen, um die subjektive Bereitschaft der Beteiligten für die Schaffung einer programmierten Organisation herbeizuführen.

Wenn die Realisierung Handlungsakte einschließt, die nicht voll objektivierbar sind, so heißt das mit anderen Worten, daß die an dieser Stelle tätigen Menschen nicht austauschbar sind. Die Spezifik ihrer Handlungsakte ist nur bedingt gesellschaftlich nachvollziehbar. Sie prägen den besonderen Stil der Handlungsakte und damit die Zielrealisierung (zum Beispiel virtuose Beherrschung bestimmter nicht objektivierbarer Fertigkeiten im Handwerk, in der Produktion, in der Kunst und in der Entscheidungstätigkeit der Arzt-, Leiter- und Erziehungspersönlichkeiten). Die Zielrealisierung durch die nicht voll objektivierbaren Handlungsakte soll intuitiver bzw. einfühlender Handlungsvollzug genannt werden. Wenn die Handlungsakte voll objektivierbar sind, sprechen wir von einem technologischen Verfahren, das den Handlungsakten zugrunde liegt. Den Terminus Verfahren verwenden wir in Analogie zum Algorithmus. Im Gegensatz zum Algorithmus ist jedoch ein Verfahren nicht durchgängig formalisierbar. Seine Beherrschung erfordert semantisches Verständnis.

Wenn das Verfahren durchgängig formalisierbar ist, tritt an die Stelle des technologischen Verfahrens ein Ablaufprogramm. Die Datenverarbeitung ist ein spezieller Anwendungsfall für durchgängig formalisierbare technologische Abläufe.

### 1.2.2. Typen der Rationalität

Die Rationalisierung kann auf alle drei Strukturelemente der Tätigkeit bezogen werden. Der Bezug von Rationalisierungsmaßnahmen auf jeweils ein Strukturelement wird Typ der Rationalisierung genannt. Sie umfaßt folglich die Rationalisierung von Zielbestimmungen, die Rationalisierung von Realisierungsakten und die Rationalisierung der Koordinierung von Handlungsakten.

#### 1.2.2.1. Rationale konzipierende Entscheidung

Der Terminus „konzipierende Entscheidung" soll bedeuten, daß eine Handlungskette vorbereitet wird, deren Handlungsakte zur Erreichung der Zielstellung führen. Hierbei muß man berücksichtigen, daß die Struktur der Tätigkeiten sowohl für einfache als auch für komplexe Tätigkeiten gilt. Bei einer komplexen Tätigkeit erfordert bereits die Zielbestimmung ihrerseits eine Reihe von Tätigkeiten, deren Ergebnisse der Zielbestimmung dienen. Jede dieser einzelnen Tätigkeiten besitzt nun selbst wieder eine Zielbestimmung, eine Zielumsetzung und Zielrealisierung. In diesem Falle ist die Zielbestimmung der einzelnen Tätigkeit aus der Zielbestimmung der komplexen Tätigkeit abgeleitet. Es ergibt sich somit eine ganze Hierarchie von Zielen für miteinander zusammenhängende Tätigkeiten. Der Terminus „konzipierende Entscheidung" ist somit abhängig vom Komplexitätsgrad der zugrunde gelegten Tätigkeit. Konzipiert werden jeweils die Zielumsetzung und die Zielrealisierung. Es wird dabei oft übersehen, daß die Entscheidung nicht eine einstellige Relation (Entscheidung wofür), sondern eine zweistellige Relation ist (Entscheidungen wofür, bezogen auf eine definierte Tätigkeit). Die Entscheidung als zweistellige Relation impliziert tätigkeitsbezogene Entscheidungshierarchien. Charakteristisch für die rationale konzipierende Entscheidung ist, daß man versucht, sich die Konsequenzen verschiedener Handlungsalternativen zu verdeutlichen, um dann eine solche Handlungskette auszuwählen, von der man sich eine günstige oder sogar die günstigste Wirkung verspricht. Die Auswahl der Zielsetzung und damit einer Handlungskette erfolgt auf der Grundlage von Wertungen. Dabei wird oftmals angenommen, daß die aus der Sicht der Wertung beste Zielstellung ausgewählt wird. Es ist jedoch nicht so, daß immer ein Optimum gefunden werden kann. Eine rationale Handlung wäre dann nur diejenige, die mit Hilfe eines sogenannten Operationsforschungsmodells erklärt werden kann. Ein solches Modell nimmt an, daß die Handlungsalternativen an einem formalisierten Wertmaßstab gemessen und auch die Entscheidung formalisiert getroffen werden kann. Wir sind dann wiederum im Bereich der formalisierten Operationen. Die Gleichsetzung von Rationalität und Operationsforschungsmodell ist aus verschiedenen Gründen zu eng. Insbesondere wäre man dann gezwungen, eine Handlung als noch nicht rational anzusehen, wenn der Handelnde seine Entscheidung nicht zu formalisieren vermag.

Die Operationsforschung, der es um die Anwendung mathematischer Forschungs- und Lösungsmethoden auf Entscheidungsprobleme geht, ist also ebenfalls nur als ein Teil der Rationalisierung zu verstehen.

Die Tätigkeit des Operationsforschers ist auf den umfassenden Bereich der objektivierbaren Handlungen gerichtet, wobei geprüft wird, wie weit sich diese objektivieren und formalisieren lassen. Die kennzeichnende Methode der Operationsforschung ist die Entwicklung eines mathematischen Modells des untersuchten Systems. Dabei wird die Messung solcher Faktoren wie Zufall, Erwartungswahrscheinlichkeit, Risiko und Wirksamkeit einbezogen, mit denen die Ergebnisse verschiedener möglicher Strategien, Entscheidungsvarianten und Maßnahmen vorausgesagt und verglichen werden. Die Operationsforschung stellt sich vor allem das Ziel, die Leitung gesellschaftlicher Prozesse bei der wissenschaftlichen Bestimmung von Strategien und Handlungen zu unterstützen.

Sowohl die formalisierbare als auch die nichtformalisierbare konzipierende Entscheidung besitzt zwei Aspekte: den technologischen und den organisatorischen Aspekt.

Der technologische Aspekt der Entscheidung bewirkt die Auswahl zweckmäßiger Technologien und bezieht sich somit auf den Inhalt der einzelnen Aspekte.

Der organisatorische Aspekt dagegen unterstellt rationelle Handlungsakte und zielt auf das geeignete Zusammenwirken dieser Handlungsakte.

Organisatorische Entscheidungen haben folglich die Struktur (zweckmäßige Gliederung der Handlungskette in Handlungsakte) und den Ablauf von Handlungsfolgen zum Gegenstand (termingerechtes Zusammenwirken der Handlungen).

#### 1.2.2.2. Rationale Technologie

Die Effektivität der Produktion beruht heute wesentlich auf einer wissenschaftlich begründeten Umwälzung der Produktionsmethoden. Daher ist die komplexe sozialistische Rationalisierung nicht allein eine Angelegenheit von Entwicklungsingenieuren, Neuerern, von Wissenschaftlern und Konstrukteuren, sondern insbesondere auch von Technologen.

Die Ökonomie der Produktion beruht auf rationeller Technologie. Das, was der Technologe versäumt, kann der beste Rationalisator kaum noch ausgleichen, denn moderne Technologie ist ja nichts anderes, als ein nach dem Maßstab der Ökonomie der Zeit konsequent durchrationalisiertes Produktionsverfahren.

„Die Technologie", schrieb Karl Marx, „enthüllt das aktive Verhalten des Menschen zur Natur, den unmittelbaren Produktionsprozeß seines Lebens, damit auch seiner gesellschaftlichen Lebensverhältnisse und der ihnen entquellenden geistigen Vorstellungen."[13]

Die Rationalisierung ist primär auf die Entwicklung einer rationalen Technologie gerichtet. Diese ist jedoch nur ein Element des Arbeitsprozesses, denn erst wenn sie in ein rationelles organisatorisches Gefüge und ein rationelles System der Entscheidungsvorbereitung und -findung für die geeignetsten technologischen und organisatorischen Lösungen eingebettet wird, kann sie effektiv werden. Darum enthalten Rationalisierungsmaßnahmen, die sich vorrangig auf die Technologie konzentrieren, immer auch folgende Aspekte: Welche Konsequenzen ergeben sich daraus für eine zweckmäßige Organisation und in welcher Weise kann das System der Entscheidungsfindung für optimale Zielstellungen verbessert werden?

### 1.2.2.3. Rationalität der Organisation

Allein auf Erfahrungen und guten Willen aufbauend, läßt sich eine rationelle Organisation gesellschaftlicher Tätigkeiten nicht gestalten. Eine solche Gestaltung ist nur möglich, wenn die Rationalisierung auf wissenschaftlich fundierten Methoden fußt und durch entsprechende Hilfsmittel unterstützt wird.

Rationelle Gestaltung der Organisation der menschlichen Tätigkeiten heißt also, Struktur und Ablauf des Zusammenwirkens von Handlungsakten günstig zu beeinflussen, die den gestalteten Prozessen innewohnenden Gesetzmäßigkeiten zu berücksichtigen und günstige Entwicklungsbedingungen zu schaffen.

Geht es um die rationelle Gestaltung der Organisation der gesellschaftlichen Tätigkeit des Menschen, so ist die Erkenntnis entscheidend, daß eine konkrete Organisationsstruktur nicht von den Produktionsverhält-

[13] Marx, K., Das Kapital, Bd. 1., a. a. O., S. 39 Anm. 89.

nissen, speziell den Eigentumsverhältnissen, losgelöst gesehen werden kann, da der Charakter der Produktionsverhältnisse sowohl die allgemeinen sozialen Ziele, als auch die spezifische Funktion der Organisation der Tätigkeiten bestimmt.

Daher sprechen wir von der sozialistischen Rationalisierung. Dies macht auch deutlich, daß sich die Organisation der gesellschaftlichen Tätigkeit nicht allein auf ökonomische Ziele und Prozesse reduziert. Es geht bei der sozialistischen Rationalisierung vielmehr um die Intensivierung der Produktion und daher zugleich um die Entwicklung der menschlichen Schöpferkräfte.

Der Wirkungsgrad eines Systems der Organisation der menschlichen Tätigkeiten hängt davon ab, inwieweit alle im System wirkenden Kräfte und Bezüge koordiniert oder harmonisiert, neue Gedanken aufgenommen und für die weitere Entwicklung des Ganzen fruchtbar gemacht werden können. Ausgehend von dem marxistisch-leninistischen Verständnis des Wesens des Menschen und einer ihm entsprechenden sozialistischen Lebensweise, wird deutlich, daß die komplexe sozialistische Rationalisierung den Werktätigen nicht aufgezwungen werden kann und wird, sondern Ausdruck des Zwecks der gesellschaftlichen Arbeit selbst ist.

Die von den sozialistischen Leitern getroffenen Entscheidungen in bezug auf die gesellschaftliche Entwicklung und den wissenschaftlich-technischen Fortschritt reduzieren sich nicht auf die formale Rationalität einer auf der Grundlage von Extremalmodellen errechneten wissenschaftlich-technischen Entwicklungstendenz plus materiell-technischer und finanzieller Möglichkeiten des Betriebes.

Im Sozialismus verfehlt jede technische Umstellung, jede rationelle Organisation menschlicher Tätigkeiten ihren Sinn, wenn sie nicht einhergeht mit der Vorbereitung der Menschen auf die neuen Produktionsbedingungen, mit ihrer Qualifizierung, mit der sinnvollen Arbeitskooperation und der Berücksichtigung der umfassenderen menschlichen Probleme. Auch im Sozialismus vollzieht sich die wissenschaftlich-technische Revolution nicht ohne einschneidende Veränderungen im Leben jedes Einzelnen. Wichtig dabei ist die Erkenntnis, daß sich Rationalisierung und Entfaltung der menschlichen Persönlichkeit nicht gegenseitig ausschließen, wie sehr oft befürchtet wird. Im Gegenteil, indem die Routineprozesse besser koordiniert werden und mit höherer Produktivität ablaufen, kann mehr Zeit gewonnen werden, um sich besser „die Totalität der gesellschaftlichen Produktivkräfte anzueignen“ (Marx) und auf dieser Grundlage neue Stufen der Selbstvergegenständlichung und Selbstverwirklichung des Menschen vorzubereiten. Rationalisierungsmaßnahmen können daher ohne bewußte Beteiligung der davon Betroffenen nicht durchgeführt werden.

# 2. Information und Informatik

## 2.1. Grundrichtungen zur Bestimmung der Information

Prozesse der Informationsaufnahme, der Informationsübertragung, der Informationsspeicherung und Informationsverarbeitung vollziehen sich in den verschiedensten Bereichen der objektiven Realität. Mit den dabei auftretenden Problemen beschäftigt sich daher heute ein großer Kreis von Wissenschaftlern auf den verschiedensten Gebieten und unter den unterschiedlichsten Gesichtspunkten und Aspekten.

So wird Information aus philosophischer Sicht oder unter dem Gesichtspunkt einer bestimmten Einzelwissenschaft, aber auch unter dem Gesichtspunkt der Quantität wie auch der Qualität untersucht.

Für das Verständnis der Information und verschiedener Informationskonzeptionen ist die Unterscheidung verschiedener Aspekte der Information wichtig. Mit der Unterscheidung des syntaktischen, semantischen und pragmatischen Aspekts wird, wenn auch mit etwas anderer Nuancierung, dieselbe Dreiteilung, die Morris[1] und nach ihm Carnap[2] für das Studium der Semiotik (als der allgemeinen Theorie von den Zeichen und Sprachen) vorgeschlagen haben, auf die menschliche Kommunikation und durch entsprechende Erweiterung auch auf die Biokommunikation übertragen.[3]

Für das Verständnis der Information als eines allgemein-wissenschaftlichen Begriffes war ihr physikalisches Verständnis im Zusammenhang von Entropie und Information wichtig. Dieser wichtige Zusammenhang von Entropie und Information wurde vor allem von Szillard[4], Brillouin[5]

[1] Vgl. Morris, Ch., Foundation of the Theory of Signs, in: Otto Neurath, Rudolf Carnap und Charles W. Morris: International Encyklopaedia of Unified Science, Band I, Nr. 2, Chicago 1938, S. 77–138.

[2] Vgl. Carnap, R., Introduction to Semantics, Cambridge 1942.

[3] Vgl. Tembrock, G., Biokommunikation — Informationsübertragung im biologischen Bereich, Berlin-Oxford-Braunschweig 1971.

[4] Vgl. Szillard, L., Über die Entropieverminderung in einem thermodynamischen System bei Eingriffen intelligenter Wesen, in: Z. Phys., 53/1929.

[5] Vgl. Brillouin, L., Science and information theory, New York 1956.

und Wiener[6] untersucht. Ihre Arbeiten ergeben, daß die Information und Entropie unter formal-strukturellem Gesichtspunkt in engem Zusammenhang miteinander stehen. Der Zusammenhang wird durch die Tatsache hergestellt, daß die Entropie ein Maß des Grades an Unordnung ist und der Informationsgehalt eines Systems ein Maß des Grades der Ordnung: „. . . Das eine ist einfach das Negative des anderen“[7], schreibt Wiener.

Entsprechende Ausführungen finden wir auch bei Schrödinger zur Erläuterung des Begriffs „negative Entrophie“. Er schreibt: „. . . die Enropie ist in Verbindung mit dem negativen Vorzeichen selbst ein Ordnungsmaß.“[8]

Der Begriff Entropie wurde zuerst in der Physik, speziell in der Thermodynamik, definiert. Unter Entropie wird hier der Grad der Unordnung bzw. des Chaos verstanden. Entropie ist das Maß der Unbestimmtheit, die in einem physikalischen System herrscht. In dem Bemühen, ein Maß für die Informationsmenge zu finden, kam Shannon zu einer Formel, die mit dem mathematischen Ausdruck für die Entropie in der statistischen Physik übereinstimmt.

Der Zusammenhang zwischen der physikalischen Entropie und der Information als Begriff der Wahrscheinlichkeit wird aber nicht von allen Physikern als korrekt angesehen. Auch viele von der Mathematik herkommende Informationstheoretiker gehen der Beziehung zum physikalischen Entropiebegriff aus dem Wege. Speziell die Arbeit von Szillard ist durch Jauch[9] und seine Mitarbeiter stark kritisiert worden. Andere Autoren sind jedoch der Meinung, daß ein solcher Zusammenhang zwischen Entropie und Information besteht (vgl. Costa de Beauregard und Tribus)[10], aber zum Beispiel für Probleme der Biologie noch zu simpel ist und erweitert werden müßte (vgl. M. Eigen[11]). Eine solche Erweiterung steht jedoch noch aus.

Die philosophische Diskussion um den Informationsbegriff wurde wesentlich von der Erörterung solcher Probleme beeinflußt. Die Diskussion über das Wesen der Information im Rahmen der Philosophie führte zu verschiedenen Konzeptionen und Standpunkten. Hier soll nur auf einige

[6] Vgl. Wiener, N., Kybernetik — Regelung und Nachrichtenübertragung im Lebewesen und in der Maschine, Düsseldorf-Wien 1963.

[7] Ebenda, S. 38.

[8] Schrödinger, E., Was ist Leben? München 1951, S. 104.

[9] Vgl. Jauch, B., in: Helv. Phys. Acta 1972.

[10] Costa de Beauregard, O., Tribus, M., in: Helv. Phys. Acta 1974.

[11] Eigen, M., Selforganization of Matter and the Evolution of Biological Macromolecules, in: Die Naturwissenschaften, 10/1971.

Standpunkte hingewiesen werden, wie sie im Bemühen um ein wissenschaftliches Verständnis gegenwärtig vorgetragen werden. Hier treten insbesondere Konzeptionen hervor, die die Information im Zusammenhang mit Vielfalt[12], Struktur, Ordnung und Organisiertheit sehen. Hier wäre unter anderen zu nennen: Gluškov[13], Morozov[14], Weizsäcker[15], Zeman[16], Ursul[17].

Viele Autoren weisen darauf hin, daß Information nicht schlechthin als Maß der Struktur und Ordnung zu verstehen ist, sondern zugleich als Maß der Einhaltung der Strukturiertheit, Ordnung und Organisation gegenüber den unterschiedlichsten Einwirkungen auf das System (zum Beispiel Kolman[18], Novik[19], Pawlow[20], Tarassenko[21], Ukraincev[22]).

Weiterhin versucht man, zu einem Verständnis der Information im Zusammenhang mit dem Problem der Umwandlung von Möglichkeiten in Wirklichkeit zu gelangen.

Information ist dann genau das, was die realisierte Möglichkeit spezifiziert, was die inhärenten physikalischen Grundgesetze nicht unbedingt mplizieren.

Dieses Verständnis der Information, das sie mit den philosophischen Kategorien Möglichkeit und Notwendigkeit verbindet, versucht sie in unser Naturverständnis einzuordnen und fällt nicht mit unserem gewöhnlichen Begriff von Information zusammen (Akčurin[23], Fuchs-Kittowski und Günther[24]).

12 Vgl. Ashby, W. R., An Introduction to Cybernetics, London 1957.

13 Gluškov, V. M., Myšlenie i kibernetika, in: Voprosy filosofii, Moskau, 1/1963, S. 36.

14 Morozov, K. E., Filosofskie problemy teorii informacii, in: Filosofia estestvoznanija, Moskau, 1/1966.

15 Weizsäcker, C. F., Die Einheit der Natur, München 1971.

16 Zeman, J., Kibernetika i filosofija, in: Filosofija i estestvoznanie, Moskau 1965.

17 Ursul, A. D., Information — eine philosophische Studie, Berlin 1970.

18 Kolman, E., Über philosophische und soziale Probleme der Kybernetik, in: Kybernetik und Praxis, Berlin 1963.

19 Novik, I. B., Negentropija i količestvo informacii, in: Voprosy filosofii, Moskau 6/1962.

20 Pawlow, T., Die Widerspiegelungstheorie, Berlin 1973.

21 Tarassenko, F. S., K opredeleniju ponjatija „informacija" v kibernetike, in: Voprosy filosofii, Moskau 4/1963.

22 Ukraincev, B. S., O vozmožnostjach kibernetiki v svete svojstva otobraženija materii, in: Filosofskie voprosy kibernetiki, Moskau 1963.

23 Akčurin, I. A., Teorija elementarnych častic i teorija informacii, in: Filosofskie problemy fiziki elementarnych častic, Moskau 1964.

24 Fuchs-Kittowski, K., Günther, K., Probabilistische Gesetzmäßigkeit, Selbstorganisation und Evolution, in: Philosophische und ethische Probleme der Molekularbiologie, Berlin 1974.

Viele Autoren bestimmen das Wesen der Information im Zusammenhang mit der Kategorie der Widerspiegelung. Information wird dabei verstanden als objektiver Inhalt der Widerspiegelung, als widergespiegelte strukturelle Vielfalt der objektiven Realität, als Ordnung und Organisiertheit der Widerspiegelung (Metzler[25], Ursul[26], Fuchs-Kittowski[27], Novik[28], Štoff[29]) und — darüber hinausgehend — als Wirkung der Widerspiegelung (Franz[30], Knijenburg[30]). Das Verständnis der Information im Zusammenhang mit der Widerspiegelungsproblematik geht von der Tatsache aus, daß Information letztlich nur in bezug auf einen Empfänger zu sehen ist.

Man hat die Aktivität des Empfängers, seine Reaktion auf den Widerspiegelungsinhalt entsprechend seiner Systemspezifik und Umweltsituation zu berücksichtigen. Dies führt dann weiter zu der Einsicht, daß die Informationsquelle nicht völlig mit dem Widerspiegelungsinhalt zu identifizieren ist (vgl. Franz, Knijenburg).

Der Zusammenhang von Information und Widerspiegelung ist sicher nicht der einzige mögliche Gesichtspunkt. Zu einem vertieften Verständnis des Wesens der Information gelangt man ebenfalls im Zusammenhang mit den Kategorien Notwendigkeit und Zufall und, wie noch deutlich zu machen ist, vor allem im Zusammenhang mit den Kategorien Struktur und Funktion.

Doch ist der Zusammenhang von Information und Widerspiegelung sicher einer der tragenden Gesichtspunkte insbesondere bei marxistischen Philosophen, die von der dialektisch-materialistischen Widerspiegelungstheorie ausgehen.

Bei der Bestimmung des Wesens der Information gehen wir davon aus, daß die Information in ihrer Funktion für das informationsaufnehmende oder -erzeugende System an die Stelle der Wirkung tritt. Dieser Sachverhalt läßt sich für biologische Systeme besonders anschaulich nachweisen, insbesondere wenn man die Fähigkeit eines organisierten Systems zur Informationserzeugung untersucht. Während physikalische Objekte

25 Metzler, H., Information in kybernetischer und philosophischer Sicht, in: Deutsche Zeitschrift für Philosophie, 4/1962.

26 Ursul, A. D., Information — eine philosophische Studie, Berlin 1970.

27 Fuchs-Kittowski, K., Probleme des Determinismus und der Kybernetik in der molekularen Biologie, Jena 1976.

28 Novik, I. B., Negentropija i količestvo informacii, in: Voprosy filosofii, Moskau, 6/1962.

29 Štoff, V. A., Modell und Erkenntnis, Berlin 1969.

30 Franz, P., Knijenburg, A., Entwicklung, Widerspiegelung und Information. Vortrag, gehalten auf dem Kolloquium „Philosophische Probleme der Evolution" der Polnischen Akademie der Wissenschaften, Warschau 1973 (unveröffentlicht).

der direkten und unmittelbaren Wirkung ausgesetzt sind, die die Umgebung auf sie ausübt, verfügt ein organisiertes System über die spezifische Fähigkeit, diese Wirkungen zunächst abzubilden und auf diese Weise in systeminterne, in Form von Funktionen auftretende Wirkungen umzusetzen. Die abgebildete Wirkung tritt als Information in Erscheinung. Sie ist die untrennbare Einheit von Bedeutung (Repräsentation der Wirkung) und Funktion in der Hierarchie der Lenkung und Regulierung des Systemverhaltens.

Die Informationserzeugung erweist sich somit als eine Art Überzeugungsmechanismus, der die direkten Wirkungskettungen aufhebt und die kausale Notwendigkeit in die finale Determination der Entwicklung des organisierten Systems überführt.

Eine Wesensbestimmung der Information sollte daher zunächst mit einer genauen Abgrenzung der reinen Wirkung von der Art und Weise der Umsetzung solcher Wirkungen in systeminterne Funktionen beginnen. Die präzisen Unterschiede zwischen Wirkung und Information, die in letzter Zeit auch in der Physik sehr lebhaft diskutiert werden, sind unseres Erachtens der Ausgangspunkt für ein theoretisch richtiges Verständnis der Information. Dabei taucht die Frage auf, warum Wirkungen auf Informationen abgebildet werden müssen, um jenen deutlich erkennbaren größeren Freiheitsgrad organisierter Systeme, auf Umweltbedingungen in spezifischer Weise zu reagieren, realisieren zu können. Die Ursache hierfür sehen wir in einer qualitativ neuartigen Form der Abbildung, die nicht Elemente und Elementbeziehungen des einen Systems Elemente und Elementbeziehungen des anderen Systems zuordnet, sondern unaufhebbar komplexen Systemwirkungen eine Klasseneinteilung zugrunde legt und jede einzelne Klasse als Singularisierung der Komplexwirkung betrachtet, der dann eine Bedeutung zugeordnet wird. Singularisierung der Komplexwirkung bedeutet hierbei, daß gewissermaßen eine Vereinzelung der Wirkung, eine Reduzierung des Komplexen auf Einzelnes erfolgt, wodurch das Komplexe selbst wieder handhabbar gemacht wird.

Bei der Betrachtung von Naturzusammenhängen wird meist unterstellt, daß zwischen den physikalischen Objekten Wechselwirkungsrelationen als Element-Element-Beziehungen primärer Ausgangspunkt für das Verständnis des kausalen Verhaltens der physikalischen Objekte sind. Eine genauere Analyse zeigt aber, daß die Elementarisierung der Wirkungsbeziehungen der Objekte bereits eine relativ hohe Abstraktionsstufe darstellt, die unbewußt die Erzeugung von Informationen und das Operieren mit Informationen bereits unterstellt. Am Beispiel der Gravitation konnte Einstein nachweisen, daß die wechselseitige Anziehung von Massepunkten durch die metrische Strukturierung des Raumes vermittelt wird, die ihrerseits dem Einfluß der Massen unterliegt. Während die analytische

Behandlung bereits des Dreikörperproblems als Element-Element-Beziehungen nur noch zu Näherungslösungen führt, vermag eine reale Masse inmitten eines Systems von Tausenden anderer Massen die sich daraus ergebende Determination für seine aus der Gravitation resultierende Bewegung direkt und unmittelbar umzusetzen. Offensichtlich konstituiert das System der wirkenden Massen eine komplexe metrische Strukturierung des Raumes, die ihrerseits die konkrete Bewegung jedes einzelnen Massepunktes determiniert. Die Massen stehen also nicht direkt miteinander in Wechselwirkung, sondern leisten Beiträge zur Herausbildung der metrischen Raumstruktur. Die Verallgemeinerung dieses Beispiels führt zu einem Systemmodell, in dem jedes Element mit der komplexen Gesamtstruktur des Systems in Wechselwirkung steht und somit die Beziehungen der Elemente untereinander erst durch die komplexe Struktur des Systems vermittelt werden.

Wenn man davon ausgeht, daß für die physikalischen Objekte dieser Art der Konstituierung von Systemen charakteristisch ist, so folgt daraus zwangsläufig, daß die Bildung von Informationen in einem organisierten System als Abbildung von Wirkungen primär nicht Element-Element-Beziehungen zum Gegenstand haben können. Die Ersetzung einer Wechselwirkung zwischen der komplexen Struktur eines Systems und einem Element durch eine Element-Element-Beziehung ist bereits das Ergebnis der Informationserzeugung. Die Eliminierung der Komplexwirkung macht die Systemstruktur — wenn auch nur näherungsweise — durchsichtiger und ermöglicht, das Zustandekommen von Systemzuständen operationell handhabbar zu machen. Mit dem Übergang zur Informationserzeugung liegen die möglichen klassifizierten Systemzustände potentiell nebeneinander und können durch Informationsverarbeitung, das heißt Verknüpfung von Informationen zu neuen Informationen, für das Verhalten des organisierten Systems antizipiert werden. Insofern erweist sich das Verhalten eines organisierten Systems nicht nur als Antwort auf eine aktuelle Komplexwirkung der Umwelt, sondern als Berücksichtigung des Zusammenhangs, der diesen auftretenden Komplexwirkungen zugrunde liegt. Aus dem zeitlichen Hintereinander des Wirkungsflusses wird auf Grund der informationellen Widerspiegelung der Umwelt ein räumliches Nebeneinander von systeminternen Strukturelementen, deren Zustände die Gesamtheit der möglichen Umwelteinwirkungen symbolisieren. Da — wie wir zu zeigen versucht haben [31] — die informationelle Abbildung zur lenkenden und regulierenden Funktion für das Systemverhalten wird, an dem die

[31] Vgl. a. Fuchs-Kittowski, K., Wenzlaff, B., Zur Differenzierung der Information auf verschiedenen Ebenen der Organisation lebender Systeme, in: Informtion und Widerspiegelung — IV. Kühlungsborner Kolloquium, Berlin 1976.

Leistungsfähigkeit der informationellen Abbildung der Umwelt zu messen ist, kann die Spezifik der der informationellen Abbildung zugrunde liegenden Klasseneinteilung nicht isoliert von der Selbsterhaltung und Ent wicklungstendenz des organisierten Systems betrachtet werden. Die Rückkopplung der finalen Determination des organisierten Systems, seine sogenannte teleonomische Verhaltensweise mit der Fähigkeit des Systems zur informatorischen Abbildung der Umwelt, präzisiert die für das System notwendige Differenzierung der Umwelteinwirkungen und damit Umfang und Qualität der im System erzeugten Informationen. Je höher der Grad der Organisiertheit eines Systems, um so komplexer und differenzierter ist seine Befähigung zur Informationserzeugung und -verarbeitung.

Die Vermutung, daß die Information die Reduzierung des komplexen auf Einfaches (Singularisiertes) zum Gegenstand hat, ermöglicht die Anwendung dieses Modells auf die Information selbst. Die Menge von auf einer bestimmten Niveaustufe potentiell bildbaren Informationen bildet in der Regel selbst ein komplexes System. Die Erzeugung weiterer Informationen erfolgt unter direktem und unmittelbarem Einfluß der Gesamtheit der bereits gebildeten Informationen und ist somit intern als Komplexfunktion des Zusammenwirkens der erzeugten Informationen zu sehen. Wenn aber Systeme von Informationen selbst wieder komplexe Strukturen bilden und die Beziehungen zwischen einzelnen Informationen durch ihre Beziehungen zur komplexen Gesamtstruktur vermittelt werden, kann die Informationsstruktur zum Gegenstand für die Informationserzeugung auf einer darüberliegenden Ebene als Singularisierung informationeller Komplexstrukturen betrachtet werden. Auf diese Weise ergibt sich ein hierarchisch gestuftes System der Informationserzeugung und -verarbeitung. Die detailliertere Untersuchung solcher Qualitätsebenen der Informationserzeugung soll im Abschnitt 2.2. genauer dargestellt werden.

Mit den Qualitätsebenen der Information hängen die Niveauebenen organisierter Systeme zusammen. Während wir bisher die Information nur als Abbild von Umweltwirkungen betrachtet haben, muß auf höheren Ebenen der organisierten Systeme der Informationsaustausch zwischen diesen Systemen berücksichtigt werden. Der Informationsaustausch vermittelt die bereits singularisierten Wirkungen der Umwelt und ermöglicht somit die direkte und unmittelbare Übertragung von Erfahrungen, die organisierte Systeme in Auseinandersetzung mit der Umwelt gesammelt haben. Der Informationsaustausch konstituiert miteinander kommunizierende Systeme, die sich durch den wechselseitigen Zusammenhalt ihrer Elemente gemeinsam gegenüber den direkten Umwelteinwirkungen abgrenzen und die Bedingungen der Umgebung für eine Entwicklung der organisierten Systeme nutzen. Der Informationsaustausch zwischen organisierten Systemen auf einem verschiedenen Entwicklungsniveau erfordert Differenzierungen, die in Abschnitt 2.3. beschrieben werden.

Im Abschnitt 2.4. soll dann ausführlicher die Widerspiegelungsproblematik untersucht werden. Von Widerspiegelung soll im Unterschied zur bloßen Auswirkung von Umwelteinflüssen erst dann gesprochen werden, wenn Strukturveränderungen, die in einem organisierten System vor sich gehen, durch die äußeren Einwirkungen „reproduziert" werden. Entscheidend ist hierbei, daß diese Strukturveränderungen Grundlagen für die Ausbildung von Funktionen darstellen, die die Lenkung und Regulierung des Verhaltens der Systeme determinieren. Erst wenn sich in einem System eine solche finale Determination oder — genauer gesagt — teleonomische Verhaltensweise entwickelt, wollen wir von Information und Informationsverarbeitung sprechen. Die Widerspiegelung als eine allgemeine Eigenschaft in bestimmter Weise organisierter Systeme muß daher unseres Erachtens in die Erzeugung von Eindrücken und die Bildung von Informationen differenziert werden, wie im einzelnen dargelegt werden soll.

## 2.2. Struktur und Bedeutung der Informationen

### 2.2.1. Relativierung von syntaktischer Struktur und Bedeutung von Informationen

Jede Information besitzt eine Struktur und eine Bedeutung. Darin widerspiegelt sich die Erkenntnis, daß Bedeutungen keine selbständige Existenz besitzen. Die Struktur ist somit gleichsam die materielle Hülle der Bedeutung.

Die Struktur einer Information kann insofern zum Träger einer Bedeutung werden, als sie auf etwas anderes als die Struktur selbst hinweist, das heißt einen Abbildungsprozeß vermittelt, der gleichzeitig eine Reduktion der für die Darstellung der Information erforderlichen Mittel einschließt. So gesehen könnte man die Bedeutung als eine Rationalisierung des Erfassens einer Information durch den Empfänger ansehen. Die Strukturierungsmöglichkeiten verkörpern eine bestimmte Potenz an Differenzierungsmöglichkeiten und somit eine bestimmte Menge an unterschiedlichen Bedeutungen. Diese Mengen an Bedeutungen können nun selbst wiederum als Strukturelemente aufgefaßt werden, mit deren Hilfe wesentlich mehr darauf aufbauende Bedeutungen gebildet werden können.

Dieser Zusammenhang zwischen Struktur und Bedeutung einer Information zeigt, daß die Bildung verschiedener Ebenen der Struktur und Bedeutung von Informationen möglich ist (vgl. Abbildung 6). Die Struktur einer Information verkörpert die syntaktische Darstellung der jeweiligen Information. Auf der untersten Ebene trägt die Strukturierung von Signalen die Bedeutung, Zeichen zu symbolisieren. Den möglichen Strukturzuständen des Trägers der Information werden eindeutig Zeichen zugeordnet. Die Strukturzustände des Signals weisen somit auf die Bedeutung hin, die sie besitzen, nämlich syntaktische Darstellung von Zeichen zu sein.

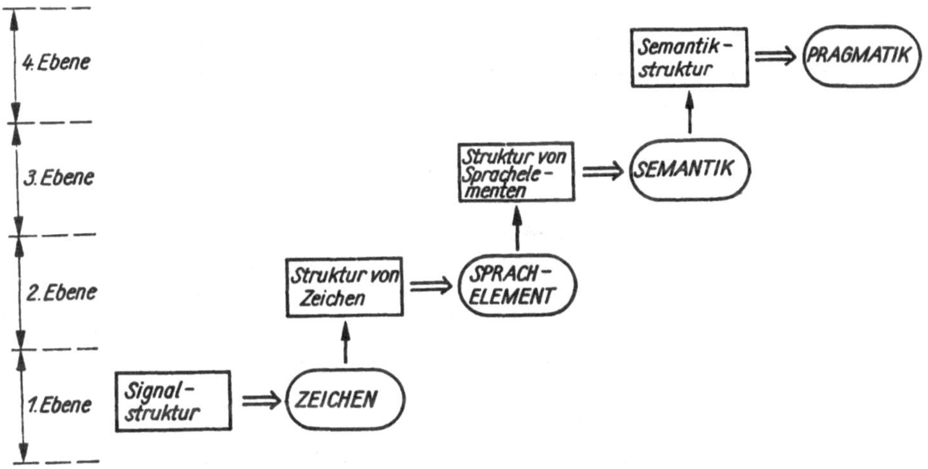


Abb. 6: Ebenen des Verhältnisses zwischen Struktur und Bedeutung der Information

Auf dieser neuen Ebene des Operierens mit Zeichen tragen nun Zeichenstrukturen selbst wieder Bedeutung, weil ihnen Sprachelemente zugeordnet werden. Einer spezifischen Zusammenstellung von Zeichen zu einem Wort (Zeichenreihe) wird ein einziges Element eines neuen Systems zugeordnet. Die Elemente menschlichen Denkens sind beispielsweise nicht die Buchstaben, sondern die Begriffe, deren syntaktische Darstellung durch Zeichenreihen erfolgt. Die Strukturierungsmöglichkeiten von Sprachelementen stellen jetzt wieder eine höhere Potenz gegenüber der Strukturierungsmöglichkeit von Zeichen dar. Diese dritte Ebene der Information, auf der der Struktur von Sprachelementen eine Bedeutung zugeordnet ist, verkörpert die Semantik. Wir wollen darunter in diesem Zusammenhang eine spezifische, im menschlichen Kommunikationsprozeß vorherrschende Form der Bedeutung verstehen.

In der Literatur findet man häufig eine Identifizierung der Termini Bedeutung und Semantik. Diese Ausweitung des Semantikbegriffs auf beliebige Formen von Bedeutungen, die in diesem gestuften Prozeß auftreten, erschwert das Verständnis für die notwendigen Differenzierungen der Bedeutung einer Information. Das ist der eigentliche Grund dafür, daß wir nur für solche Informationen den Terminus Semantik zur Bezeichnung ihrer Bedeutung verwenden, deren syntaktische Darstellung durch eine bestimmte Struktur von Sprachelementen erfolgt.

Auch die Semantik kann ihrerseits als ein Strukturelement aufgefaßt werden. Es handelt sich hier gewissermaßen um Gedanken und Ideen, die in ihrer spezifischen Konstellation, das heißt als eine spezifische Struktur, eine darüber hinausweisende Bedeutung besitzen. Die ihnen zugeordnete Bedeutung ist die Pragmatik. Die Pragmatik verkörpert differenzierte Verhaltensklassen und bestimmt somit die Reaktionsfähigkeit des Menschen. Sie determiniert seine Tätigkeit, sein Verhalten und seine Persönlichkeitsentwicklung. Die Pragmatik besitzt deshalb ein höheres Niveau gegenüber der Semantik, weil das Verhalten des Menschen differenzierter ist als sein intellektuelles Begreifen von Sachzusammenhängen. Es wäre gewissermaßen ein zu schwerfälliges Modell, wollte man Tätigkeit und Verhalten des Menschen auf die syntaktische Darstellung dieser Verhaltensweisen reduzieren. Dieser Umstand widerspiegelt sich in der häufig beobachteten Tatsache, daß es einem Menschen oft schwerfällt, die Differenziertheit menschlichen Verhaltens genau zu erklären, das heißt eineindeutig auf eine Semantik abzubilden.

Jede Ebene der Information erschließt somit neue Freiheitsgrade für die Differenzierung des informationellen Verständnisses objektiver Gegebenheiten und ihrer Umsetzung in Reaktionsweisen.

Struktur und Bedeutung einer Information erweisen sich auf Grund der oben genannten Überlegungen als relativ, das heißt beziehen sich in konkreter Weise aufeinander und können ihren Platz vertauschen. Eine Bedeutung wird auf einer höheren Ebene selbst wieder zu einem Strukturelement, zur syntaktischen Darstellung von Bedeutungen der nächsthöheren Ebene. Diese Relativität von Struktur und Bedeutung wurde unseres Erachtens oftmals übersehen. Dadurch werden die Struktur und die Bedeutung einander zu absolut gegenübergestellt.

Die Relativität von Struktur und Bedeutung bringt es im Informationsaustausch mit sich, daß der Sender einen Prozeß der gestuften Umformung der zu übermittelnden Information in eine Signalstrukturierung durchführen muß. Das erfordert beispielsweise, die beabsichtigte Semantik (Übermittlung eines Gedankens) zunächst in eine Struktur von Sprachelementen zu überführen, diese Sprachelemente dann als Zeichen darzustellen, um schließlich die einzelnen Zeichen in die Struktur von Signalen zu codieren. Hierbei erwartet der Sender, daß im Empfänger ein adäquater umgekehrter Prozeß zur Erkennung von Zeichen, der Interpretation der Zeichenkette als Sprachelemente und des Begreifens der Sprachelemente als Sinn von Aussagen erfolgt.

Wir bezeichnen die erste und zweite Ebene des Verhältnisses von Struktur und Bedeutung von Informationen als syntaktische Informationsverarbeitung (vgl. Abbildung 7). Die Wahl dieses Terminus hat eine zweifache Begründung. Einmal ist die Struktur von Signalen und die Struk-

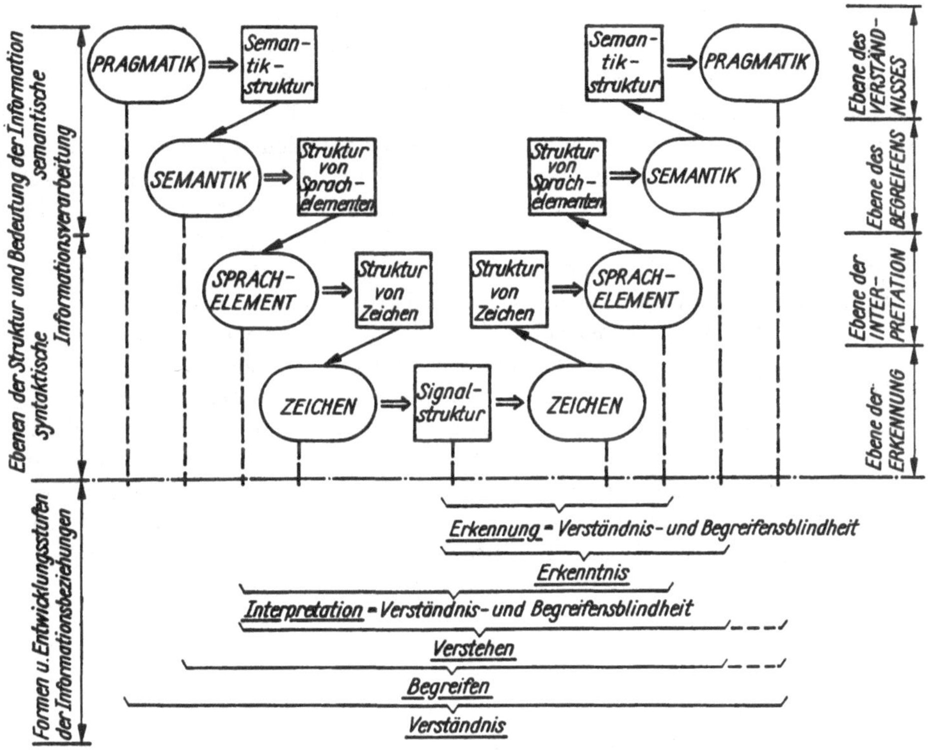


Abb. 7: **Zusammenhang von Ebenen des Verhältnisses von Struktur und Bedeutung mit der Sender-Empfänger-Relation**

tur von Zeichenketten in ihrem Aufbau so überschaubar, daß formalisierende Wissenschaftsdisziplinen hinreichende Algorithmen für die Zuordnung von Bedeutungen zu Strukturen auf beiden Ebenen bereitgestellt haben, so daß die hiermit verbundenen Informationsverarbeitungsprozesse selbst als durchweg formalisierbar und automatisierbar unterstellt werden dürfen. Zum anderen sind diese beiden Ebenen der alleinige Gegenstand der maschinellen Informationsverarbeitung.

Im biologischen Bereich sind die zur Informationsverarbeitung befähigten Systeme lediglich in der Lage, Signalen Zeichen zuzuordnen und diese Erkennung der Bedeutung von Signalen für die Steuerung nutzbar zu machen bzw. auf höheren Entwicklungsstufen des Tierreichs Zeichen zu strukturieren und diese Zeichenstrukturen dann als Träger von Bedeutungen zu interpretieren. Auf dieser Grundlage ist es möglich, in Lernversuchen bestimmten hochentwickelten Tieren die Bedeutung von Zeichen und Zeichenstrukturen beizubringen. Die dabei erzielten Lernergebnisse werden dann jedoch fälschlich als semantisches Verständnis interpretiert. Das würde jedoch voraussetzen, daß die den Zeichenstrukturen zugeordneten Bedeutungen selbst wieder als Strukturelemente aufgefaßt werden können, deren Kombinationen Bedeutungen auf höherer Ebene tragen. Wir vertreten die Auffassung, daß der Mensch im Laufe seines gesellschaftlichen Entwicklungsprozesses befähigt wurde, die Bedeutung von Zeichenstrukturen als Sprachelemente zu interpretieren und diese Sprachelemente zur bewußten Verständigung, das heißt für die Formulierung von darauf aufbauenden Bedeutungen, zu verwenden.

Aus diesem Grunde bezeichnen wir die dritte und vierte Stufe des Verhältnisses von Struktur und Bedeutung von Informationen als semantische Informationsverarbeitung. Das Bindeglied zwischen semantischer und syntaktischer Informationsverarbeitung bilden die Sprachelemente und ihre Strukturierung. Die syntaktische Informationsverarbeitung reicht bis zur Darstellung der Struktur von Sprachelementen, zum Beispiel beim Listenausdruck von Ergebnissen der Datenverarbeitung, für den zum Verständnis des Menschen Sprachelemente verwendet werden. Die Datenverarbeitungsanlage vermag aber dieser Struktur von Sprachelementen nicht mehr eine Bedeutung zuzuordnen. Ihre Fähigkeit reduziert sich auf die Interpretation von Zeichenstrukturen als Sprachelemente.

Die menschliche Informationsverarbeitung geht über die syntaktische Informationsverarbeitung hinaus, obwohl die syntaktische Informationsverarbeitung nach wie vor Grundlage der semantischen Informationsverarbeitung bleibt. Sie ordnet den Ergebnissen der syntaktischen Informationsverarbeitung neue Bedeutungen zu, betrachtet sie also lediglich als syntaktische Darstellungen von etwas, was darüber hinausweist.

Von besonderem Interesse ist das Problem der Adäquatheit zwischen Sender und Empfänger von Informationen. Unter Adäquatheit soll hier verstanden werden, daß die Befähigung zur Informationsverarbeitung sowohl beim Sender als auch beim Empfänger die gleichen Ebenen des Verhältnisses von Struktur und Bedeutung der Information umfaßt. Besitzt der Sender die Befähigung zur semantischen Informationsverarbeitung, der Empfänger jedoch nur die Befähigung zur syntaktischen Informationsverarbeitung (zum Beispiel im Verhältnis Mensch-Tier), so besitzt der Empfänger eine „Blindheit“ gegenüber pragmatischen und semantischen Informationen des Senders. Es ist somit eine Illusion, wenn jemand glaubt, sich mit seinem Hund unterhalten zu können. Der Empfänger muß die eintreffenden Signale als Zeichenstrukturen mit einer Bedeutung interpretieren. Dieser Interpretation entsprechend, können dann den Strukturen Verhaltensweisen des Empfängers zugeordnet werden. Es ist daher für einen zur semantischen Informationsverarbeitung befähigten Sender nur sillvoll, syntaktische Informationen an einen Empfänger zu übermitteln, der lediglich zur syntaktischen Informationsverarbeitung befähigt ist. Auf diesen Zusammenhang werden wir später bei der Behandlung der Mensch-Maschine-Kommunikation ausführlicher zurückkommen (Abschnitt 7.1.).

Interessant ist der umgekehrte Fall, daß der Empfänger zu höheren Formen der Informationsverarbeitung befähigt ist als der Sender. Die dabei auftretenden Kombinationsmöglichkeiten ergeben verschiedene Grundformen der Sender-Empfänger Relation in Hinsicht auf ihre Befähigung zur Informationsverarbeitung auf verschiedenen Ebenen.

Zusammenfassend läßt sich der Zusammenhang zwischen den verschiedenen Ebenen von Struktur und Bedeutung der Information bei der Sender-Empfänger-Relation wie folgt veranschaulichen: Ein Mensch beabsichtigt, einem anderen sein Verhalten zu erklären. Er erwägt dabei Gedanken, formuliert diese Gedanken in Sätzen und übermittelt dem anderen Laut- oder Schriftsymbole. Dabei ist er davon überzeugt, daß bei dem anderen, der die gesprochenen Worte hört, nun der umgekehrte Prozeß abläuft, daß dieser die Worte in Bedeutungen umsetzt, die Bedeutungen zu einem Geflecht verbindet und auf diese Weise einen Informationsinhalt von der Absicht des Senders erhält. Da die konkreten Bedingungen, unter denen die Mitteilung erfolgt, der eigene Erfahrungsschatz, der von dem anderen in das Verständnis der übermittelten Bedeutungen einfließt, nicht mit völliger Präzision zur Reproduktion der ursprünglichen Absicht des Senders im Empfänger führen kann, entsteht im Empfänger je nach dem Grade seines Einfühlungsvermögens ein mehr oder weniger treffendes Abbild der ursprünglichen Absichten des Senders. Je besser sich die miteinander im Informationsaustausch stehenden Menschen kennen, aufeinander eingestimmt sind, um so größer und präziser wird das Verständnis des Empfängers für den Sender. Dieses Spannungsverhältnis von Absicht und im Empfänger reproduzierter — das heißt verstandener — Absicht ist nicht nur negativ zu werten, sondern führt zu größeren geistigen Aktivitäten des Senders, sich verständlicher auszudrücken, die Denk- und Verhaltensweise des Empfängers besser zu berücksichtigen, um sich ganz darauf einzustellen. Seitens des Empfängers führt die Erfahrung, etwas nicht genau verstanden zu haben, zur Anregung, aufmerksamer und selbstkritischer gegenüber dem eigenen inneren Modell der Umwelt den Prozeß der geistigen Aneignung der Außenwelt zu führen, wobei er sich die Auffassungen und Denkweisen anderer Menschen aneignet und zum Bestandteil seiner eigenen Beurteilungsgrundlagen macht. Die semantische Informationsverarbeitung führt somit nicht nur zum Informationsaustausch, sondern auch zur Entfaltung sozialer Bindungen zwischen den Individuen und zum Bewußtsein, Bestandteil einer Gemeinschaft zu sein. Darin zeigt sich, daß das gesellschaftliche Wesen des Menschen und seine Bewußtheit über diesen Sachverhalt sein pragmatisches Verhalten steuern.

### 2.2.2. Zusammenhang zwischen Struktur- und Bedeutungspotenzen

Das herausgearbeitete Prinzip der Relativität von Struktur und Bedeutung auf verschiedenen Ebenen der Information beinhaltet, daß — aufwärts gerichtet — geeigneten Verbindungen von Strukturelementen einer Ebene Bedeutungen zugeordnet werden. Diese Bedeutungen werden auf der nächst höheren Ebene als Strukturelemente aufgefaßt und in der Weise erneut miteinander gekoppelt, daß ihnen wiederum Bedeutungen zugeordnet werden. Durch diesen Mechanismus wird deutlich, daß durch die Beherrschung der Bedeutungen einer Ebene — nun abwärts gerichtet — eine große Komplexität von Strukturen beherrscht wird. Somit steuern Bedeutungen einer Ebene die Strukturen der darunterliegenden Ebene, die wiederum als Bedeutung eine entsprechende Steuerungsfunktion bezüglich der jeweils niedrigeren Ebene ausüben.

Aufwärts gerichtet ergeben sich durch die Ausschöpfung der Kopplungsmöglichkeiten der Strukturelemente jeweils beträchtliche Potenzen zur Fixierung von Bedeutungen, die ihrerseits wieder als Ausgangspunkt für die Kopplung von Strukturelementen zur Codierung von Bedeutungen der nächsthöheren Ebene dienen. Abwärts gerichtet bedeutet die Auswahl einer Bedeutung in einer höheren Ebene die Beherrschung jeweils ganzer Strukturkomplexe darunterliegender Ebenen. Dieses Phänomen charakterisierten wir als Bedeutungssteuerung der niederen durch die höhere Ebene. Diese Darstellung stellt die Potenzen zum Beispiel der pragmatischen Informationsverarbeitung heraus und die durch sie ausgelösten umfangreichen Steuerungsmechanismen.

Diese Darstellung verdeutlicht noch ein weiteres Grundprinzip der Codierung, das besagt, daß es stets darum geht, mit einem möglichst geringen Aufwand an Strukturebenen vielfältige Bedeutungen zu codieren, denn die Codierung verfolgt hauptsächlich den Zweck, „den Wirkungsgrad der

Übertragung zu vergrößern"[32] wobei in der Regel ein diskretes Vorgehen angesprochen wird. Die Kopplungsmechanismen der Strukturelemente können im Konkreten durchaus vielfältiger Natur sein. Die der Nachrichtentechnik wie auch den Digitalrechnern zugrunde liegenden Prinzipien nutzen kombinatorische Vorgehensweisen. Anhand dieser Prinzipien zeigen wir nachfolgend die jeweils ebenenabhängige Potenz der Strukturcodierung von Bedeutungen.

| Art der Kombination | Charakter der Elementezusammenstellung | |
|---|---|---|
| | ohne Wiederholung | mit Wiederholung ($W$) |
| Variation $V$ (mit Berücksichtigung der Anordnung) | $V_u^k = \frac{u!}{(u-k)!}$ | $WV_u^k = u^k$ |
| Kombination $C$ (ohne Berücksichtigung der Anordnung) | $C_u^k = \frac{u!}{(u-k)!\,k!}$ | $WC_u^k = \frac{(u+k-1)!}{(u-1)!\,k!}$ |

Abb. 8: Anzahlen möglicher Kombinationen und Variationen von Strukturelementen

Der Kombinatorik liegt die Verwendung diskreter Zustände zur Verkopplung von Elementen zu Strukturen zugrunde. Eine Zusammenstellung von $k$ Elementen aus einer Menge von $u$ gegebenen Elementen wird Kombination $k$-ter Ordnung bzw. Klasse (in bezug auf Zeichenreihen auch als Länge bezeichnet) genannt. Die sich jeweils ergebende Anzahl von Elementen $k$-ter Ordnung hängt ab vom Charakter der Kombination (vgl. Abbildung 8. Damit ist die Anzahl eine Funktion der Anzahl der zu kombinierenden Elemente ($u$), der Ordnung ($k$) sowie des Charakters der Elementezusammenstellung ($W$): $A = A(u, k, W)$.

Die Gesamtzahl der Kombinationen oder Variationen ergibt sich durch Summation über alle Ordnungen bzw. Klassen. Sei $K_{u\lambda}^{\mu}(\lambda)$ die Anzahl der Kombinationen der Ebene $\lambda$, $\lambda > 1$, von $\mu_\lambda$ Elementen der $\mu$-ten Klasse, $\mu = 1, \ldots, k_\lambda$, dann ist

$$A(\lambda) = \sum_{\mu=1}^{k_\lambda} K_{u\lambda}^{\mu}(\lambda)$$

die maximale Anzahl der Kombinationen von $u_\lambda$ Elementen der Ebene $(\lambda - 1)$ bis zur Länge $k_\lambda$. Damit ergibt sich folgende Rekursionsformel für

[32] Vgl. Špataru, A., Theorie der Informationsübertragung-Signale und Störungen, Berlin 1973.

die Anzahl der Elemente von Kombinationen der Ebene ($\lambda + 1$) in bezug auf die Ebene $\lambda$:

$$A(\lambda + 1) = \sum_{\mu=1}^{k_{\lambda+1}} K^{\mu}_{A(\lambda)}(\lambda + 1) .$$

Die sich ergebende Potenz soll anhand von Variationen mit Wiederholung allein zur 2. Klasse für 2 Elemente, das heißt $A(1) = 2$ veranschaulicht werden:

$$\begin{aligned} A'(2) &= {}^{W}V^{2}_{2} = 2^2 = 4 \\ A'(3) &= 16 \\ A'(4) &= 256 \\ A'(5) &= 65536 . \end{aligned}$$

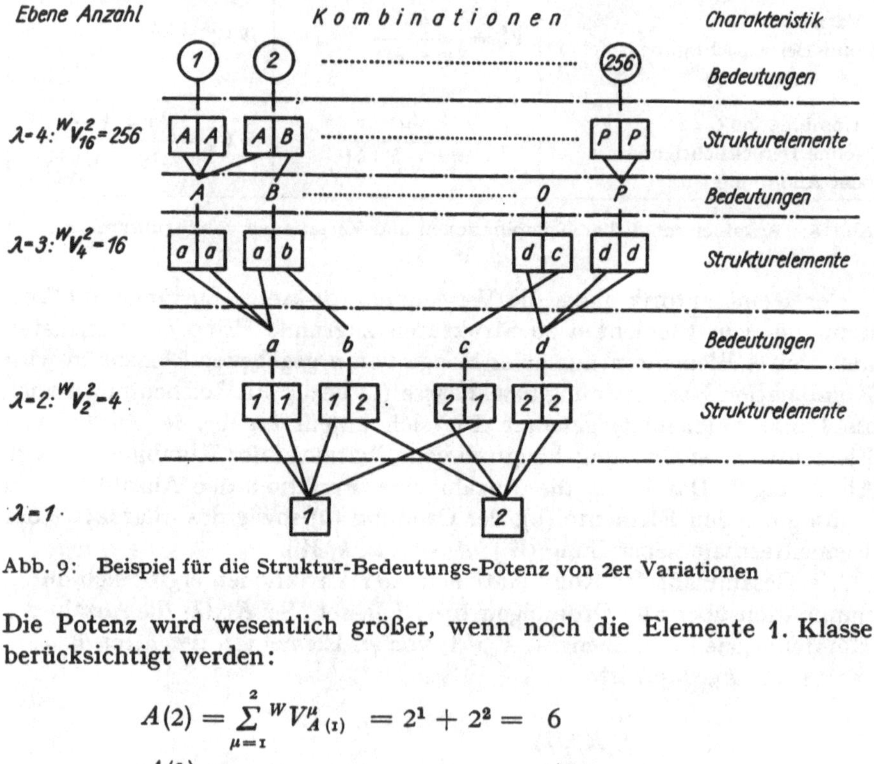


Abb. 9: Beispiel für die Struktur-Bedeutungs-Potenz von 2er Variationen

Die Potenz wird wesentlich größer, wenn noch die Elemente 1. Klasse berücksichtigt werden:

$$\begin{aligned} A(2) &= \sum_{\mu=1}^{2} {}^{W}V^{\mu}_{A(1)} = 2^1 + 2^2 = 6 \\ A(3) &= 42 \\ A(4) &= 1\,806 \\ A(5) &= 3\,263\,442 . \end{aligned}$$

In der Regel werden durch eine Bedeutungsebene jedoch nicht alle der formal möglichen Kombinationen von Strukturelementen ausgeschöpft, das heißt nicht alle formal möglichen Kopplungen von Strukturelementen werden mit Bedeutungen belegt (man vergleiche beispielsweise nicht belegte Bitkombinationen bei Maschinenschlüsseln bzw. die nicht genutzte Bedeutungspotenz von Zeichenreihen unseres Alphabets in der Sprache).

Auf ein Phänomen muß hingewiesen werden: Sofern auf einer Ebene nicht alle Möglichkeiten der Verkopplung ausgenutzt sind, bedeutet die Hinzunahme eines einzigen neuen Strukturelementes das Erschließen einer Vielzahl von konkreten Kombinationsmöglichkeiten auf den darüber liegenden Ebenen. Als Demonstration dafür möge der Vergleich der oben angegebenen Beispiele dienen, worin der Unterschied von $A'(\lambda)$ und $A(\lambda)$ durch die zusätzliche Berücksichtigung jeweils der Variationen $(k = 1)$-ter Klasse auf allen Ebenen für die Kombinationsmöglichkeiten der nächsthöheren Ebene entsteht. Sind jedoch die Kombinationspotenzen einer Ebene ausgeschöpft, so bedingt dies auch eine Erweiterung der darunterliegenden Aufwendungen für die Codierung, weil durch die Hinzunahme neuer Strukturelemente neue Kombinationsmöglichkeiten erst erschlossen werden müssen.

Die Potenzen der Zeichenkombinationen unserer Schriftsprache mit 26 zugrunde gelegten Zeichen und einer durchschnittlichen Wortlänge von 6—10 Zeichen ergeben sich zu

$$\sum_{\mu=6}^{10} {}^{W}V_{26}^{\mu} = \sum_{\mu=6}^{10} 26^{\mu} = 26^{6}(1 + 26^{1} + 26^{2} + 26^{3} + 26^{4}) \approx 10^{14} .$$

Diese hohe Potenz ist keineswegs ausgeschöpft. Die diesen Zeichenkombinationen entsprechenden Bedeutungen sind ihre Funktion als Sprachelemente, die selbst wieder als Strukturelemente dienen, indem ihnen eine Semantik zuordenbar ist. Damit wird die enorm große Potenz menschlichen Denkens bereits auf der untersten Syntaxebene des Denkens sichtbar. Da die Semantik selbst wieder zur Struktur für die Pragmatikebene wird, werden die pragmatischen Bedeutungen, selbst wenn nur ein Bruchteil der Kombinationsmöglichkeiten in den dazwischenliegenden Ebenen ausgeschöpft wird, unüberschaubar groß.

Aus diesen Überlegungen heraus und ausgehend von der Tatsache, daß Automaten allein zur Strukturverarbeitung befähigt sind, müßten die Automaten zur Beherrschung derartiger kombinatorischer Potenzen über technisch überdimensionale Speichermöglichkeiten und prinzipiell neue Aufruf- und Verarbeitungstechnologien verfügen, um die Leistungspotenzen menschlicher Informationsspeicherung und -verarbeitung nachvollziehen zu können, zumal jede Beherrschung hierarchisch höherer Ebenen die volle Beherrschung der Potenzen der niederen Ebenen voraussetzt.

Eine entwickelte Sprache verfügt über rund 100000 Sprachelemente, auf die Semantik abgebildet werden kann, das heißt die als Syntaxelemente genutzt werden. Aus diesen werden die Aussagen als Kombination von Begriffen gebildet, die erst die Informationen darstellen. Damit ergeben sich an Bedeutungen für Sprachelemente, wenn etwa 10 Sprachelemente (das heißt die Begriffe) eine Aussage konstituieren, bei Variationen mit Wiederholung

$$V_{10^5}^{10} = \frac{10^5!}{(10^5 - 10)!} \approx (10^5)^{10} = 10^{50}$$

Möglichkeiten.

Wir wissen nicht, wieviel von diesen formal gegebenen Möglichkeiten im menschlichen Denken tatsächlich genutzt werden und wie die Mechanismen der Bildung und Nutzung beschaffen sind. Schöpferisches Denken bedeutet Erschließung neuer konkreter Bedeutungen im Rahmen dieser Potenz. Das innere Modell eines Menschen erweist sich unter diesem Aspekt als eine konkrete Struktur von Bedeutungen und die Fähigkeit, diese Bedeutungsstruktur bei der Informationsaufnahme, -analyse und -verarbeitung anzuwenden, um zu einem Verständnis neuer Informationen zu gelangen. Dabei wird die ursprüngliche Bedeutungsstruktur des inneren Modells qualitativ und quantitativ erweitert.

In diesem Sinne spricht man in der Literatur häufig auch vom Wert der Information für den jeweiligen Empfänger. Wertlos sind Informationen, die zu keiner Bereicherung der im Empfänger bereits vorhandenen Bedeutungsstruktur führen, wobei eine gewisse Redundanz und Bestätigung zur Festigung des erarbeiteten inneren Modells in dieser Funktion wieder entsprechende Bedeutung erlangt.

Bei dieser Fassung des inneren Modells ist die Dialektik von Allgemeinem und Besonderem zu beachten. Die Grundstrukturen der inneren Modelle der miteinander in Kommunikation stehenden Menschen müssen übereinstimmen, damit die Voraussetzung des Verständnisses gewährleistet ist. Unter Grundstruktur ist hierbei die Verwendung annähernd gleicher Bedeutungen für Sprachelemente und die Anerkennung allgemeiner objektiver gesetzmäßiger Zusammenhänge (wissenschaftliches Weltbild) zu verstehen, wodurch die Bildung konkreter Bedeutungsstrukturen gesteuert und bewertet wird. Die konkrete Realisierung dieser allgemeinen Grundstruktur in jedem einzelnen Menschen ist von seinem Bildungsstand, der konkreten Geschichte seiner individuellen Existenz und den daraus gewonnenen Erfahrungen abhängig. Insofern tritt die allgemeine Grundstruktur des inneren Modells (Mensch als gesellschaftliches Wesen) stets konkret in Erscheinung und ist durch Besonderheiten charakterisiert, die das jeweilige Individuum als Einzelnes auszeichnen. So wie aufgrund der Potenzen der spezifischen Kombination von Erbinformationen jeder Mensch physisch vom anderen verschieden ist, so ergibt sich durch eine Potenz für die Bildung von Bedeutungsstrukturen eine noch wesentlichere Unterscheidung der Menschen in ihrem Denken, was eben die Persönlichkeit des Individuums ausmacht.

Eine Konsequenz der Dialektik von Allgemeinem und Besonderem bezüglich des inneren Modells ist die, daß Veränderungen der Grundstruktur des inneren Modells gesellschaftlich relevante neue Erkenntnisse widerspiegeln, während sowohl die Aneignung der Grundstruktur des inneren Modells als auch die Ausbildung der darauf aufbauenden spezifischen Bedeutungsstrukturen die Entwicklung des Menschen als Individuum kennzeichnen.

Die Shannonsche Informationsdefinition als Maß der Ungewißheit für die Auswahl aus einer Menge von möglichen Ereignissen muß unseres Erachtens in Relation zu den Struktur- und Bedeutungsebenen der Information angewandt werden. Der Informationsgehalt beispielsweise einer Aussage (3. Ebene) ist deshalb nicht angebbar, weil wir die Zahl der das innere Modell bildenden Semantikstrukturen nicht kennen. Aus der Potenz dieser Bedeutungsstrukturen ist aber ableitbar, daß Aussagen über die Wirklichkeit einen sehr hohen Informationsgehalt besitzen müssen.

Man darf weiterhin annehmen, daß durch die Eingliederung neuer Bedeutungsstrukturen in das innere Modell der Informationsgehalt auch der übrigen Elemente des inneren Modells ständig wächst.

Wir hatten an anderer Stelle bereits auf die Fähigkeit menschlichen Denkens zur Analogiebildung hingewiesen, womit zum Ausdruck gebracht werden sollte, daß Informationen nicht singulär aneinandergereiht werden, sondern ein zusammenhängendes System bilden und daher in ständiger Wechselwirkung miteinander stehen.

## 2.3. Formen und Qualitätsstufen der Informationsbeziehungen

In der umfangreichen Literatur zum Informationsbegriff wird sehr klar zwischen dem Informationsinhalt und dem Träger der Information unterschieden. Es herrscht Einigkeit darüber, daß die Informationsübertragung ein materieller Prozeß ist, weil ein Informationsaustausch ohne materiellen Träger undenkbar ist.

Viel wesentlicher als diese Unterscheidung zwischen Informationsinhalt und Informationsträger scheint uns jedoch die Differenzierung der Informationsrelationen zu sein, die zwischen Empfänger und Sender hergestellt werden.

Die Sender-Empfänger-Relation enthält als immanenten Bestandteil den Informationsübertragungskanal (vgl. Abbildung 10), der dadurch gekennzeichnet ist, daß jede Information als Strukturierung eines physikalischen Trägers dargestellt werden muß, um vom Sender zum Empfänger gelangen zu können. Als Strukturelemente werden entweder Signalfolgen, denen umkehrbar eindeutig Zeichen eines Alphabets zugeordnet werden, oder diese Zeichen selbst verwendet.

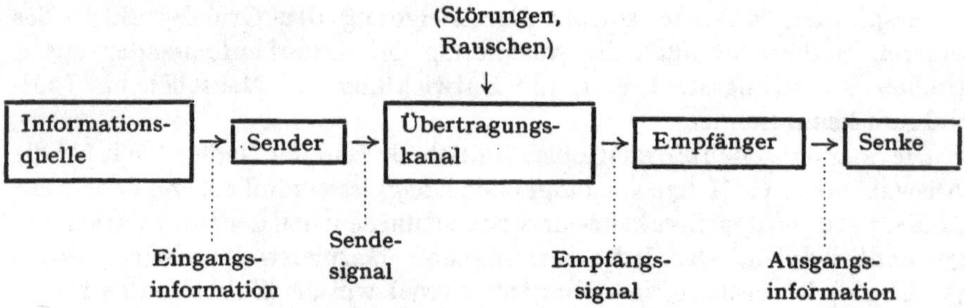


Abb. 10: Informationsübertragungskette (Kanalmodell)

Die Information als eine Sender-Empfänger-Relation enthält sowohl Eigenheiten des Senders in bezug auf den Empfänger und Eigenheiten des Empfängers in Rückbeziehung auf den Sender. Daraus ergibt sich das in Abbildung 11 dargestellte Schema für die Grundklassen der Informationsbeziehungen zwischen Sender und Empfänger.

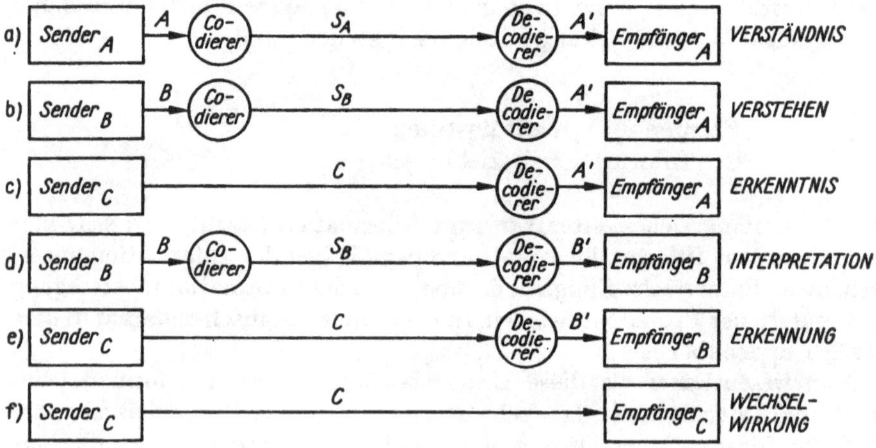


Abb. 11: Typen der Sender-Empfänger-Relation

In dieses Schema wurden die reinen Wirkungen aufgenommen, wobei davon ausgegangen wird, daß im Empfänger die eintreffenden Signale aus der Umwelt Informationen über die Objekte erzeugen, von denen diese Signale ausgehen. Obwohl es in diesem Falle keinen eigentlichen Sender im vorher genannten Sinne gibt, macht der Empfänger das signalstrahlende Objekt zu einem Quasi-Sender. Das Objekt strahlt lediglich nichtcodierte Signale aus, die weder eine syntaktische noch eine semantische Bedeutung tragen und sich daher nicht an einen bestimmten Empfänger richten. Man könnte die von den Objekten ausgestrahlten Signale auch als ungerichtete oder ungezielte, bedeutungsleere Signale bezeichnen. Dennoch kündet die dem Signal aufgeprägte Struktur von einer Eigenschaft des betreffenden Objektes. Sie trägt quasi eine Information für einen solchen Empfänger, der im Rahmen von Beobachtungen und Experimenten in der Lage ist, aus der Struktur des Signals Rückschlüsse auf Eigenschaften und Gesetzmäßigkeiten des Objektes zu ziehen. Daß die vom Objekt ausgehenden Signale zu Informationen über das Objekt werden können, hängt in diesem Falle einzig und allein von der Fähigkeit des Empfängers ab.

Bei der Sender-Empfänger-Relation ist auf Grund der oben genannten Erwägungen zu differenzieren nach dem, was vom Sender abgestrahlt wird, und dem, was im Empfänger erzeugt wird (vgl. Abbildung 12). Der Sender

| Sender | Empfänger | | |
|---|---|---|---|
| | semantische Information | syntaktische Information | Wirkung |
| semantische Information | VERSTÄNDNIS einer gegebenen Information des Senders | | |
| syntaktische Information | VERSTEHEN einer gezielten syntaktischen Information (= Absicht) des Senders | INTERPRETATION einer syntaktischen Information des Senders | |
| Wirkung | ERKENNTNIS über eine objektive Eigenschaft des Senders | ERKENNUNG einer objektiven Eigenschaft des Senders | WECHSELWIRKUNG zwischen Objekten |

Abb. 12: Formen und Qualitätsstufen der Informationsbeziehung

vermag entweder eine semantische Bedeutung ($A$) zu übermitteln, oder eine syntaktische Bedeutung ($B$), oder ein bloßes Signal ($C$), das heißt eine ungerichtete Wirkung. Dem Empfänger stehen bei der Decodierung der eintreffenden Signale gleichermaßen nur diese drei Möglichkeiten der Informationsgewinnung zur Verfügung (symbolisiert mit Empfänger $A, B, C$), wenn man als Grenzfall die Wirkungsrelation, die Wechselwirkung, in das Schema aufnimmt.

Wenn ein Sender eine semantische Information ($S_A$) gibt, setzt er einen Empfänger voraus, der die Fähigkeit des Verständnisses besitzt (Abbildung 11, a). Insofern ist der Austausch von semantischen Informationen nur zwischen Menschen möglich.

Ein Sender, der syntaktische Informationen ($S_B$) ausstrahlt, kann sich an einen Empfänger richten, der bei der Aufnahme dieser syntaktischen Information systemintern eine semantische Information erzeugt. In diesem Falle sprechen wir vom Verstehen dieser gezielten syntaktischen Information des Senders (Abbildung 11, b).

Wenn der Empfänger jedoch nicht zu semantischer, sondern lediglich zu syntaktischer Informationsverarbeitung befähigt ist, so erzeugt er nach der Decodierung des Trägersignals eine syntaktische Information (Interpretation), die er entsprechend seinem systeminternen Mechanismus in eine Strukturverarbeitung umsetzt. Der Austausch von syntaktischen Informationen zwischen Systemen (vgl. Abbildung 11, d) ist charakteristisch für die Maschine-Maschine- bzw. Mensch-Maschine-Kommunikation und biologische Steuerungs- und Regelungsprozesse. Die Mensch-Maschine-Kommunikation wird unserer Meinung nach fälschlich als Informationsaustausch zwischen Mensch und Maschine in der gleichen Weise verstanden, wie der Informationsaustausch zwischen Menschen, weil die Differenzierung von auf semantischer und syntaktischer Ebene liegenden Bedeutungen übersehen wird. Die Mensch-Maschine-Kommunikation unterscheidet sich nur insofern von der Maschine-Maschine-Kommunikation, weil der Mensch beabsichtigt, maschinelle Leistungen in den Gesamtprozeß seiner semantischen Informationsverarbeitung als Rationalisierungsmittel einzubeziehen. Er überantwortet der Maschine formalisierbare semantische Informationen, vollzieht also eine Abbildung semantischer auf syntaktische Informationsstrukturen und schafft somit die Voraussetzung für die Realisierung maschineller Strukturverarbeitungsprozesse (syntaktische Informationsverarbeitung). Die dabei erzielten Ergebnisse werden dann rückübersetzt in semantische Informationen, so daß — verkürzt gesehen — der Eindruck entstehen kann, daß die Maschine dem Menschen einen Teil seiner semantischen Informationsverarbeitungsprozesse abgenommen hat, sie also gewissermaßen Partner des Menschen geworden ist.

Über die Erkenntnis eines reinen Signals als Information über das entsprechende Objekt in einem zu semantischer Informationsverarbeitung befähigten Empfänger (Abbildung 11, c) haben wir bereits gesprochen.

Die gesellschaftliche Beherrschung der Naturkräfte, das heißt die Entwicklung der Produktivkräfte, basiert auf der Aufdeckung objektiver Gesetzmäßigkeiten und Zusammenhänge (Aufdeckung des Wesens der Naturobjekte), wobei die Praxis das Kriterium der Wahrheit ist. Hierin wurzelt der „Stoffwechselprozeß des Menschen mit der Natur" (Marx).

Trifft ein reines Signal auf ein lediglich zu syntaktischer Informationsverarbeitung befähigtes System (Abbildung 11, e), so erfolgt eine systembezogene Bewertung des Signals in Form einer Zuordnung zu einer spezifischen Klasse von Umwelteinwirkungen, für die systemeigene Reaktionsweisen vorgebildet sind. Insofern erfolgt eine (syntaktische) Erkennung einer objektiven Eigenschaft des Senders, der eine systemspezifische Reaktion nachfolgt. Die Voraussetzung hierfür ist, daß das betreffende System über eine Organisation verfügt, die die Fähigkeit besitzt, die Wirkung der Umwelt für die Reproduktion und möglicherweise sogar die erweiterte Reproduktion des organisierten Systems zu nutzen. Es handelt sich hier um den Stoffwechselprozeß des zu syntaktischer Informationsverarbeitung befähigten Systems mit der Umwelt, die als Grundlage für die Befähigung zur Selbstorganisation angesehen werden muß. Die Aufnahme und Verarbeitung sowohl syntaktischer Informationen als auch von reinen Signalen ist charakteristisch für biologische Systeme. Vom Menschen geschaffene künstliche Systeme, die lediglich zur Aufnahme und Verarbeitung syntaktischer Informationen befähigt sind, nicht aber zum Stoffwechselprozeß mit der Umwelt, besitzen nicht die Fähigkeit der Selbstorganisation. Maschinen sind auf bestimmte syntaktische Informationsverarbeitungsprozesse hin konstruiert, durch die sie gesteuert werden können. Zur Aufnahme von reinen Signalen sind sie nicht befähigt.

Die Physik hat die Aufdeckung der Gesetzmäßigkeiten des, wie Hegel und Marx sagen, blinden Wirkens der Naturkräfte zum Gegenstand, das heißt die Wechselwirkung (Abbildung 11, f). Die Leninsche These, daß die Widerspiegelung eine allgemeine Eigenschaft der Materie sei, kann unter diesem Gesichtspunkt als Befähigung materieller Objekte zur Herausbildung von organisierten Systemen interpretiert werden. Gegenwärtig zeichnen sich interessante Fragestellungen ab, die dahin gehen, die Analyse der Wechselwirkungsproblematik so weit voranzutreiben, daß verständlich wird, auf Grund welcher Eigenschaften und Mechanismen sich Organisationseffekte überhaupt herausbilden können. Dadurch wird gewissermaßen der Anschluß zwischen der modernen Physik und der modernen Biologie hergestellt. Über Ansatzpunkte in dieser Richtung ist man zur Zeit noch nicht hinausgekommen. Es ist jedoch zu erwarten, daß Erkenntnisse gewonnen werden, die in dieser Hinsicht unser Naturbild wesentlich präzisieren und vertiefen werden.

Die oberhalb der Diagonale der Abbildung 12 verbleibenden Sender-Empfänger-Relationen sind deshalb unmöglich, weil der Empfänger in keinem Falle auf einer niedrigeren Qualitätsstufe der Informationsbeziehungen stehen kann als der Sender. Ein einzig und allein zur syntaktischen Informationsverarbeitung befähigtes System vermag natürlich nicht, semantische Informationen zu verstehen und zu verarbeiten. Man könnte sagen, daß eine Informationsblindheit gegenüber solchen vom Sender ausgestrahlten Informationen besteht, die die Qualitätsstufe des Empfängers übersteigen. Positiv ausgedrückt wird deshalb auch von der Systemadäquatheit, das heißt von der Vergleichbarkeit von Sender und Empfänger bei der Informationsverarbeitung, gesprochen. Ein auf einer bestimmten Qualitätsstufe stehendes System ist stets in der Lage, die auf gleichem und auf niedrigerem Niveau liegenden Informationen eines Senders aufzunehmen, zu interpretieren und zu verarbeiten.

Wenn man diese Zusammenhänge berücksichtigt, läßt sich die Abbildung auch in folgender Weise verstehen: In dem rechts unten als Wechselwirkung gekennzeichneten Verhältnis zwischen Sender und Empfänger widerspiegelt sich ein reines Objekt-Objekt-Verhältnis auf der Grundlage der ihnen wesenseigenen Wirkungszusammenhänge. Dieses Objekt-Objekt-Verhältnis ist Gegenstand der Physik.

In der mittleren Spalte wird unter informationellem Aspekt das Verhältnis zwischen organisierten Systemen gekennzeichnet, für die bereits immer komplexer werdende Formen der syntaktischen Informationsverarbeitung charakteristisch sind (zum Beispiel Erbinformationen zur Steuerung der Reproduktion organisierter Systeme). Die Differenzierung dieser organisierten Systeme zu immer höheren Formen syntaktischer Informationsverarbeitung, die bereits hierarchisch gegliedert sein können, kennzeichnet die Gegenstände der biologischen Forschung. In der Bionik werden Zusammenhänge dieser Blickrichtung mit der Gestaltung effektiver technischer Systeme sichtbar, wobei aus der Biologie gewonnene Erkenntnisse über Steuerungs- und Regelungsmechanismen technisch nachgebildet und für die Konstruktion entsprechender Maschinen angewendet werden. Wir hatten bereits darauf hingewiesen, daß die vom Menschen geschaffenen Maschinensysteme mit biologischen Systemen bestimmte Formen der syntaktischen Informationsverarbeitung gemein haben können, sich jedoch durch die fehlende Selbstorganisation, das heißt den fehlenden Stoffwechselprozeß mit der Umwelt, von den biologischen Systemen grundlegend unterscheiden.

In der linken Spalte widerspiegeln sich die Fähigkeiten der gesellschaftlichen Organisation zu den vielfältigen Formen der Informationsverarbeitung, die die Grundlage für die Beherrschung sowohl der blinden als auch der organisierten Naturkräfte darstellen. Die Sender-Empfänger-Relation, die in der Abbildung links oben dargestellt wird, verkörpert die Wirkung der Menschen aufeinander im gesellschaftlich-organisierten Produktions- und Lernprozeß. Sie ist die Grundlage für die Differenzierung und Entwicklung der gesellschaftlichen Organisation. Die naturwissenschaftliche Forschung (das heißt vor allem die moderne Physik und die moderne Biologie) muß zu zeigen versuchen, wie durch die weitere Differenzierung der Befähigungorganisierter Systeme zu syntaktischer Informationsverarbeitung Ansatzpunkte für die Entwicklung höher organisierter Systeme entstehen, die darüber hinaus auch zu semantischer Informationsverarbeitung befähigt sind. Diese Untersuchungen werden gegenwärtig vor allem im Rahmen der Neurophysiologie betrieben, um die natürlichen Mechanismen der höheren Nerventätigkeit aufzudecken.

Umgekehrt gibt es jedoch ebenfalls Untersuchungen, die von der Fähigkeit zu semantischer Informationsverarbeitung ausgehen und zu ergründen versuchen, unter welchen Bedingungen und in welchen Grenzen semantische Informationsverarbeitungsprozesse auf syntaktische abbildbar sind. Wir haben diese Informationsverarbeitungsprozesse als die formalisierbaren gekennzeichnet, die für unsere Untersuchungen deshalb von so entscheidender Bedeutung sind, weil die Maschinensysteme, denen diese Informationsverarbeitungsprozesse überantwortet werden sollen, ja nur zur syntaktischen Informationsverarbeitung befähigt sind. Es ist nicht Aufgabe der Informatik, die prinzipiellen Möglichkeiten der Abbildung semantischer Informationsverarbeitungsprozesse auf syntaktische zu analysieren. Mit dieser Aufgabe beschäftigen sich gegenwärtig die moderne Sprachtheorie und spezielle Disziplinen der modernen Psychologie.

Die Informatik geht davon aus, daß es nichtformalisierbare semantische Informationsverarbeitungsprozesse gibt, in deren Rahmen auch die formalisierten Informationsverarbeitungsprozesse wieder eingegliedert werden. Sie untersucht somit lediglich die Bedingungen und Methoden für den Formalisierungsprozeß als die notwendige Voraussetzung für die Automatisierung von Informationsverarbeitungsprozessen.

Es gibt aus den Reihen der Psychologen und Arbeitswissenschaftler begründete Hinweise dafür, daß die semantische Informationsverarbeitung als Ganzes nicht auf die syntaktische Informationsverarbeitung reduzierbar ist. Der semantischen Informationsverarbeitung liegt vor allem die Fähigkeit zugrunde, bei der Informationsaufnahme und -interpretation den Gesamtzusammenhang zu berücksichtigen, in dem diese Information steht und der ihr eine spezifische nuancierte Bedeutung verleiht. Dieser Gesamtzusammenhang, in dem eine Information steht, wird von verschiedenen Aspekten her bewertet und gewichtet, wobei Abstraktionsprozesse und Klassifikationen eine Rolle spielen. Mitunter wird an dieser Stelle auch von einer extremen Funktion des menschlichen Gehirns zur Analogiebildung gesprochen, weil die bereits vorhandenen Informationen mit der neu hinzugekommenen verglichen werden, ohne daß es sich hierbei um einen echten linearen Vergleichsprozeß handelt.[33]

Wir können gegenwärtig diese Analogiefunktion menschlichen Denkens nicht verstehen, weil keinerlei Mechanismen bekannt sind, die man für diese Art des Vergleichens ansetzen könnte.

Diese Erwägungen, die gegenwärtig zur Begründung der Unaufhebbarkeit der semantischen Informationsverarbeitung angeführt werden, stehen dennoch nicht im Gegensatz zu den Bemühungen, semantische Informationsverarbeitungsprozesse — soweit es nur irgend geht — zu formalisieren, das heißt auf beherrschbare Strukturen abzubilden. Wichtig ist in diesem Zusammenhang nur, daß diese Bemühungen nicht überschätzt werden und als der einzige Weg zur wissenschaftlichen Aufhellung semantischer Informationsverarbeitungsprozesse angesehen werden dürfen. Die praktischen Belange der Datenverarbeitung erfordern die Berücksichtigung des Zusammenhangs zwischen semantischen und syntaktischen Informationsverarbeitungsprozessen.

Wir werden bei der Darstellung des Zusammenhangs zwischen Widerspiegelung und Information die Auffassung vertreten, daß Informationen der objektivierbare Anteil von Widerspiegelungsprozessen sind. Insofern sind die im Schema als Verstehen und Erkenntnis klassifizierten semantischen Informationsverarbeitungsprozesse als objektivierbar unterstellt worden. Die semantische Informationsverarbeitung ist insofern noch reichhaltiger, weil sie darüber hinausgehend auch zur Erzeugung von Eindrücken über Eigenschaften von Objekten bzw. Absichten eines Informationssenders führt. Die subjektbedingten Eindrücke, die aus der unvollständigen Decodierung oder Interpretation von eintreffenden nichtcodierten Signalen resultieren, verkörpern gewissermaßen das subjektive Verhältnis des Empfängers zum Sender. Anstelle einer objektiv begründeten Erkenntnis tritt damit zunächst der Eindruck über einen Sachverhalt, das heißt eine Vermutung der Existenz einer Eigenschaft des Senders im Falle der Analyse von reinen Signalen. Es bedarf in der Regel erst der Überprüfung der Eindrücke mit Hilfe des im inneren Modell von der Umwelt konzentrierten Wissens über objektive Sachzusammenhänge und möglicherweise experimenteller Prüfungen, um zu einer objektivierbaren Erkenntnis zu gelangen. Anstelle des Verstehens, das heißt der objektivierbaren Beurteilung der Bedeutung einer übermittelten Information, tritt zunächst eine Mutmaßung über die Absicht des Senders. Aus dem täglichen Leben wissen wir, wie

[33] Vgl. Dworatschek, S., Managementinformationssysteme, Berlin (West) 1971, S. 82.

schwer es mitunter ist, genau zu verstehen was der Sender eigentlich gemeint hat, wenn er uns eine Information zusendet. Das hängt vor allem damit zusammen, daß die Bedeutung von Begriffen im Zusammenhang mit dem gesamten Bedeutungsgefüge all jener Begriffe steht, über die in jeweils individuell unterschiedlichem Ausmaß verfügt wird. Die Bedeutungsanalyse einer uns erreichenden semantischen Information sollte in der Regel auftretende Mißverständnisse so gering wie möglich halten. Aus diesem Grunde wird sich der Empfänger im menschlichen Dialog beim Sender häufig rückversichern, wie die semantische Information eigentlich gemeint war, indem er sein Verständnis der eingegangenen semantischen Information nun seinerseits dem Sender zur Überprüfung anbietet. Die vorher behandelten Vorteile der semantischen Informationsverarbeitung sind offensichtlich mit diesen Nachteilen einer — in der Regel — Nichtidentität von gesendeter semantischer Information und im Empfänger erzeugter semantischer Information erkauft. Dennoch verstehen sich die Menschen natürlich im wesentlichen recht gut und verfügen über eine außerordentlich differenzierte Empfindsamkeit gegenüber Bedeutungsunterschieden.

Diese subjektiven Aspekte des Bemühens um die Erzeugung objektivierbarer Widerspiegelungsinhalte im Empfänger sind unseres Erachtens nicht Gegenstand der Informatik als Wissenschaft und werden daher im weiteren nicht detaillierter untersucht, da sie vor allem Gegenstand psychologischer Analysen sind. Die Information muß jedoch die Besonderheiten der semantischen Informationsverarbeitung berücksichtigen, sie in die Klassifizierung von Informationsverarbeitungsprozessen aufnehmen, um automatisierte Informationsverarbeitungssysteme wirksam in gesellschaftliche Organisationen eingliedern zu können.

## 2.4. Information und Widerspiegelung

Wir hatten die Information als den objektivierbaren Widerspiegelungsinhalt gekennzeichnet und damit die Information als Bestandteil eines allgemeinen Sender-Empfänger-Verhältnisses bestimmt, das wir als Widerspiegelung bezeichnen. Die Widerspiegelung als ein Sender-Empfänger-Verhältnis ist sowohl durch die Ebene der Struktur und Bedeutung der Information gekennzeichnet, die den Sender charakterisiert, als auch durch den Widerspiegelungsinhalt, zu dessen Erzeugung der Empfänger befähigt ist.

Wir wollen die vom Sender ausgehenden Informationen bzw. Wirkungen als Widerspiegelungsquelle bezeichnen, während die vom Empfänger aufgenommenen Informationen bzw. Wirkungen Widerspiegelungsinhalt genannt werden sollen. Gemäß der Klassifizierung in semantische Informationsverarbeitungsprozesse, syntaktische Informationstransformationen und in reine physikalische Wirkungen gliedern sich sowohl die Widerspiegelungsquellen als auch die Widerspiegelungsinhalte in diese drei Grundtypen, die der Übersichtlichkeit halber mit *A* (semantisch), *B* syntaktisch) und *C* (Signalwirkung) bezeichnet werden sollen (vgl. Abbildung 13).

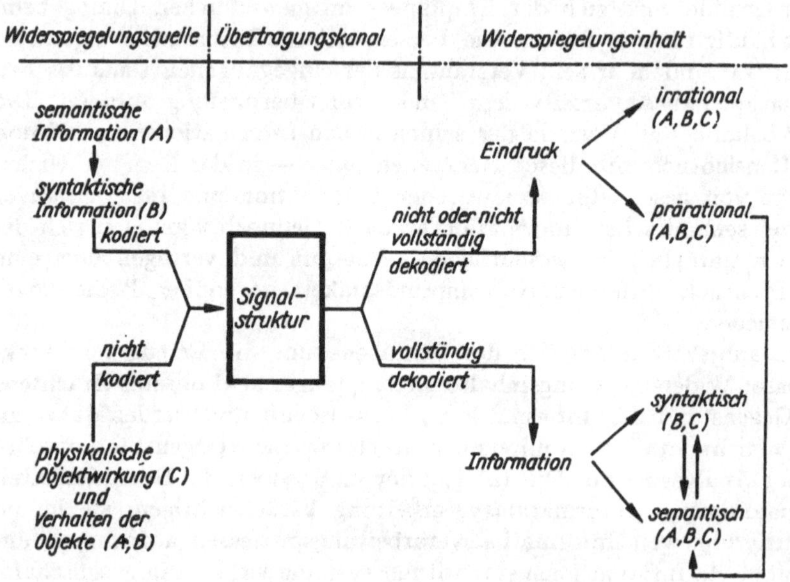


Abb. 13: Erzeugung von Widerspiegelungsinhalten (Eindrücke und Informationen)

Alle von einem Sender ausgehenden Informationen oder Wirkungen gelangen nur durch die Signale zum Empfänger. Im Falle des Vorliegens von Informationen besitzen die Signale eine definierte Signalstruktur, die die Codierung der übertragenen Information ermöglicht. Bei der Aufnahme der Information erfolgt zunächst eine Decodierung der Signalstruktur und mitunter — über mehrere Bedeutungsebenen hinweg — die Erzeugung einer Information. Im Falle einer Wirkung gelangen nichtcodierte Signale zum Empfänger, die nach einer entsprechenden Analyse unter bestimmten Bedingungen im Empfänger ebenfalls zur Informationserzeugung führen können.

Die von einem Sender ausgehenden Informationen bzw. Wirkungen führen jedoch nicht in jedem Falle im Empfänger zur Erzeugung einer Information. Der Widerspiegelungsinhalt kann auch die Form eines Eindrucks annehmen, den wir als nicht voll objektivierbare Widerspiegelung gekennzeichnet haben. Der Eindruck als im Empfänger erzeugter Widerspiegelungsinhalt kann sowohl ein irrationaler als auch ein prärationaler sein (vergleiche Abschnitt 1.2.).

Der Eindruck ist maßgeblich durch den Typ der Widerspiegelungsquelle bestimmt. Wenn beispielsweise ein Sender semantische Informationen übermittelt, die infolge von Unterschieden zwischen den inneren Modellen des Senders und des Empfängers nur unvollständig decodiert werden können (nicht auf der Ebene der Signalstruktur-Zeichen, sondern auf der Ebene des Übergangs von syntaktischen Informationen zu semantischen Informationen), so vermag der Empfänger nur einen Eindruck zu erzeugen, durch den die Widerspiegelungsquelle nicht als semantische Information abgebildet wird. In diesem Falle handelt es sich um einen prärationalen Eindruck, weil durch Vervollständigung des inneren Modells des Empfängers ein Begreifen und Verständnis der vom Sender gemeinten Information durchaus möglich ist. Wenn dagegen bei der Übermittlung einer semantischen Information zum Beispiel Tonfall oder andere äußere Umstände bei der Erzeugung des Widerspiegelungsgehaltes eine Rolle spielen, kann es zu irrationalen Eindrücken über die Absicht der Widerspiegelungsquelle kommen.

Wenn die Widerspiegelungsquelle vom Typ *A* ist, nennen wir die entstehenden Eindrücke im Empfänger als auf *A* bezogen. Wenn irrationale Eindrücke zur Auslösung von Handhabungen führen, so sind diese Handlungen ebenfalls irrational, weil sie nicht durch Informationen gesteuert sind.

Ist die Widerspiegelungsquelle vom Typ *B*, so entstehen in einem zu semantischer Informationsverarbeitung befähigten Empfänger (Typ *A*) Eindrücke, die wiederum in irrationale und prärationale untergliedert werden können, und semantische Informationen, die den Charakter des Verstehens besitzen.

Ist die Widerspiegelungsquelle vom Typ *C*, das heißt, werden nur physikalische Wirkungen durch nichtcodierte Signale übertragen, so vermag der zu semantischer Informationsverarbeitung befähigte Empfänger auf der Grundlage von Experimenten zur Erzeugung semantischer Informationen vom Charakter einer Erkenntnis zu gelangen bzw. durch Beobachtungen zu Eindrücken, die sich wiederum in irrationale und prärationale untergliedern lassen.

Neben den vom Sender des Typs *A* oder *B* ausgehenden Informationen gibt es auch von dort ausgehende Signale, in denen das Verhalten abgebildet wird, bei denen kein gemeinsames Grundalphabet zwischen Sender und Empfänger besteht (nichtcodierte Signale). Dieses Verhalten ist ungezielt, das heißt, es ist nicht auf einen speziellen Empfänger orientiert; es ist jedoch beobachtbar, wie alle Objekte der Wirklichkeit beobachtbar sind. In diesem Falle wird im Empfänger durch Beobachtung nichtcodierter Signale über das Verhalten ein Eindruck erzeugt, wobei hier ebenfalls irrationale und prärationale Eindrücke unterschiedenwerden können.

Die prärationalen Eindrücke von semantischen Informationen, von syntaktischen Informationen, von physikalischen Objektwirkungen, vom Verhalten eines Menschen oder vom Verhalten eines nur zu syntaktischer Informationsverarbeitung befähigten Tieres sind immer nur Vorstufen für die Erzeugung entsprechender semantischer Informationen. Wenn die Widerspiegelungsquelle selbst eine Information darstellt, so liegt es an der Unvollständigkeit der vom Empfänger vorgenommenen Decodierung, der zum Eindruck führt. Ist die Widerspiegelungsquelle eine Wirkung, werden also Strukturen von Wirkungsübertragungen erfaßt, so sind die vom Empfänger aufgenommenen Signale nicht codiert. Daraus folgt, daß

| | Typ der Widerspiegelungsquelle | Charakter des Übertragungskanals | | Art der Informationsaufnahme |
|---|---|---|---|---|
| INFORMATION | semantisch (A) | definierte Signalstruktur | codiert | unvollständige Decodierung |
| | | | | vollständige Decodierung |
| | syntaktisch (B) | definierte Signalstruktur | | unvollständige Decodierung |
| | | | | vollständige Decodierung |
| WIRKUNG | physikalische Wirkung (C) | Signal (als Struktur der Wirkungsübertragung) | nicht codiert | Beobachtung |
| | | | | Experiment |
| | Verhalten (A) | Signal (als Struktur der Wirkungsübertragung) | | Beobachtung |
| | Verhalten (B) | Signal (als Struktur der Wirkungsübertragung) | | Beobachtung |

Abb. 14: Widerspiegelung als Sender-Empfänger-Verhältnis unter Berücksichtigung der Grundtypen von Widerspiegelungsquellen und -inhalten

der Widerspiegelungsinhalt nicht direkt in Form einer Information erzeugt werden kann, sondern zunächst nur die Form eines Eindrucks annimmt.

Ein Empfänger vom Typ *B* ist grundsätzlich nicht in der Lage, Widerspiegelungsinhalte in Form von semantischen Informationen bzw. auf dieser Stufe stehenden präratonalen Eindrücken zu erzeugen. Der Widerspiegelungsinhalt reduziert sich daher auf irrationale Eindrücke bzw. syntaktische Informationen mit dem Charakter einer Interpretation, wenn die Widerspiegelungsquelle selbst eine syntaktische Information ist. Im Falle der Aufnahme von Wirkungen, das heißt von nichtcodierten Signalen, vermag ein Empfänger vom Typ *B* lediglich irrationale Eindrücke bzw. syntaktische Informationen mit dem Charakter einer Erkennung zu erzeugen. Das nichtcodierte Verhalten eines Senders vom Typ *B* führt zu irrationalen Eindrücken.

<table>
<tr><th colspan="4">Typ des Widerspiegelungsinhaltes</th></tr>
<tr><th colspan="2">Typ A</th><th>Typ B</th><th>Typ C</th></tr>
<tr><td rowspan="2">Eindruck</td><td>irrational (A)</td><td rowspan="3"></td><td rowspan="3"></td></tr>
<tr><td>prärational (A)</td></tr>
<tr><td colspan="2">Begreifen und Verständnis<br>(semantische Information (A))</td></tr>
<tr><td rowspan="2">Eindruck</td><td>irrational (B)</td><td rowspan="2">Eindruck<br>irrational (B)</td><td rowspan="3"></td></tr>
<tr><td>prärational (B)</td></tr>
<tr><td colspan="2">Verstehen<br>(semantische Information (B))</td><td>Interpretation<br>(syntaktische Information (B))</td></tr>
<tr><td rowspan="2">Eindruck</td><td>irrational (C)</td><td rowspan="2">Eindruck<br>irrational (C)</td><td rowspan="3">Wechselwirkung</td></tr>
<tr><td>prärational (C)</td></tr>
<tr><td colspan="2">Erkenntnis<br>(seman tischeInformation (C))</td><td>Erkennung<br>(syntaktische Information (C))</td></tr>
<tr><td rowspan="2">Eindruck</td><td>irrational (A)</td><td rowspan="2"></td><td rowspan="2"></td></tr>
<tr><td>prärational (A)</td></tr>
<tr><td rowspan="2">Eindruck</td><td>irrational (B)</td><td rowspan="2">Eindruck<br>irrational (B)</td><td rowspan="2"></td></tr>
<tr><td>prärational (B)</td></tr>
</table>

Abb. 14, Teil 2

Handelt es sich beim Empfänger um ein nicht mehr zur Informationsverarbeitung befähigtes System, so reduziert sich der gesamte Widerspiegelungsinhalt auf die reine Wechselwirkung. Dieser Grenzfall der Widerspiegelung wird im allgemeinen nicht mehr zur Widerspiegelung gerechnet. Wir haben ihn lediglich wegen der Symmetrie von Sender und Empfänger in das Schema aufgenommen. Die Wechselwirkung ist deshalb auch als Grenzfall der Widerspiegelung anzusehen, weil genetisch gesehen aus miteinander in Wechselwirkung stehenden Systemen organisierte Systeme entstehen, die die Fähigkeit der Erzeugung und Aufnahme von Informationen besitzen.

Zusammenfassend (vgl. Abbildung 14) kann man sagen, daß sich Widerspiegelungsinhalte in Eindrücke und Informationen gliedern, wobei die Klassifizierung der Informationen und Eindrücke im Rahmen des Sender-Empfänger-Verhältnisses die Typen der Widerspiegelungsquelle bzw. der Widerspiegelungsinhalte berücksichtigen muß.

## 2.5. Information als ein gesellschaftliches Verhältnis

Das System, in dem die Information steht, erweist sich immer als ein System von Verhältnissen. Je nachdem, welche Verhältnisse als die bestimmenden, als die primären, anerkannt werden, gliedern sich die Systeme in verschiedene Klassen.

Es scheint zunächst selbstverständlich zu sein, daß die Information in ihrem Verhältnis zur Erkenntnisentwicklung des menschlichen Individuums gesehen wird. Die Informationen ermöglichen dem Individuum die Orientierung in der Umwelt und sind damit das Fundament für die Erarbeitung von Zielstellungen für zweckgerichtete Tätigkeiten. Die Ergebnisse seiner Tätigkeiten werden wiederum durch Informationsaufnahme kontrolliert und zeigen somit, inwieweit es das Individuum verstanden hat, die objektiv wesentlichen Informationen zu gewinnen und diese richtig zu verarbeiten.

Von diesem Gesichtspunkt aus erscheint der semantische und pragmatische Aspekt der Information ausschließlich subjektbezogen zu sein.

Solche Problemstellungen wie „Wert einer Information“ kennzeichnen in typischer Weise das Verhältnis der Information zum Erkenntnisstand und zum Handlungspotential des Individuums. Die vorrangige Untersuchung der Information als Sender-Empfänger-Beziehung und als Informationsaustausch zielen auf die jeweils individuellen Akte von Informationsprozessen und macht sie zu dem wesentlichen Ausgangspunkt für theoretische Untersuchungen.

So muß uns deutlich werden, daß der Arbeitsprozeß ein gesellschaftliches Verhältnis ist, das frei von den Zufälligkeiten und konkreten Erscheinungsformen der Individualakte ist, durch die er sich verwirklicht. Insofern existieren diese Verhältnisse unabhängig vom Willen und Bewußtsein der Menschen als Individuen. Ähnlich existiert die Information als ein gesellschaftliches Verhältnis unabhängig von den Individualprozessen des Informationsaustausches, obwohl es sich in ihnen verwirklicht. Die Information als ein gesellschaftliches Verhältnis abstrahiert gewissermaßen von den Zufälligkeiten und individuellen Bedeutungen, die diese Individualprozesse besitzen mögen. Die Sender-Empfänger-Relation beispielsweise löst sich zu einem objektivierten gesellschaftlichen Informationsverarbeitungssystem auf und symbolisiert nur noch die Art und Weise, in der dieser gesellschaftlich bedingte Informationsverarbeitungsprozeß konkret in Erscheinung tritt. Die Sender-Empfänger-Relation ist somit eine abgeleitete Relation und kein primärer Ausgangspunkt. Damit soll keineswegs gesagt werden, daß die Untersuchungen dieser Beziehungen gegenstandslos werden. Wie der Mensch als Individuum Gegenstand der Medizin, der Psychologie und anderer Disziplinen bleibt, so stehen natürlich auch die Informationen in einem erkennbaren Zusammenhang mit der Tätigkeit der miteinander kommunizierenden Individuen. Die richtige Einordnung dieser gesetzmäßigen Zusammenhänge in gesellschaftliche Gesamtzusammenhänge ist nur dann möglich, wenn die Information als ein gesellschaftliches Verhältnis in ihrer determinierenden Funktion verstanden wird, gegenüber der die Aufnahme und Verarbeitung von Informationen in Individuen sekundär ist.

Die Entwicklung von Systemen zu höher organisierten Formen enthält stets die Fähigkeit zu differenzierter Informationsaufnahme und -verarbeitung. Dieser Differenzierungsprozeß zu höheren Formen der gesellschaftlichen Organisation erfolgt vor allem in Form des Anwachsens der gesellschaftlichen Potenz zu vermehrter Informationsaufnahme, -speicherung und -verarbeitung.

Hieran wird erkennbar, daß die Information als ein grundlegendes gesellschaftliches Verhältnis den individuellen Informationsakten übergeordnet werden muß, um die Entwicklung des Menschen als informationsverarbeitendes System in seinem ganzen Umfang verstehen zu können. Die grundlegende Aufgabe ist somit, die Informationspotenz des gesellschaftlichen Wesens des Menschen zu erweitern, um Voraussetzungen für differenziertes Handeln zur Veränderung der Welt zu menschlichen Zwecken zu schaffen.

Die Systemadäquatheit der Information als ein grundlegendes gesellschaftliches Verhältnis zielt also darauf, die Struktur und Funktion von gesellschaftlichen Informationsverarbeitungssystemen zu untersuchen. Moderne derartige Systeme enthalten informationsverarbeitende Maschinen, deren Potenz die Fähigkeit der Gesellschaft wesentlich erhöht. Wie Maschinen und Automaten im Produktionsprozeß die physischen Fähigkeiten des Menschen potenzieren, so erweitern die Computer als Werkzeuge des Geistes die geistigen Fähigkeiten des Menschen, wenn man es versteht, die Computer in das Gesamtsystem gesellschaftlicher Informationsverarbeitungsprozesse zu integrieren.

So wie der Einsatz von Maschinen und Automaten in der Produktion eine entsprechende Produktionsorganisation erfordert, um maschinelle und menschliche Operationen in zweckmäßiger Weise zu kombinieren, so erfordert der Einsatz von Computern ebenfalls eine zweckmäßige Organisation der informationsverarbeitenden Tätigkeiten des Menschen.

Um die maschinellen Operationen in die menschlichen Operationsabläufe der Informationsverarbeitung sinnvoll eingliedern zu können, muß man die Spezifik der Operationen detailliert untersuchen. Überhaupt ergibt sich die Aufgabe, die Struktur und Organisation von Informationsverarbeitungsprozessen als geeignetes Zusammenwirken von menschlichen und maschinellen Operationen zum Gegenstand einer wissenschaftlichen Theorie zu machen.

Diese Theorie, die in einigen Ansätzen bereits existiert, soll Informatik genannt werden. In der Informatik wurden bisher vorrangig die technisch bedingten Aspekte des Computereinsatzes analysiert, wie beispielsweise die Analyse der technischen Potenzen von Automaten und Maschinen immer der Gestaltung einer Produktionsorganisation vorausgeht. Jedoch ist heute der Zeitpunkt herangereift, die gesellschaftliche Eingliederung von maschinellen Informationsverarbeitungsprozessen in die Gesamtstruktur geistiger Tätigkeiten theoretisch umfassend zu untersuchen, weil Datenverarbeitungsanlagen in großem Umfang zum Einsatz gelangen, ohne daß ein genügender geistiger Vorlauf für die dazu erforderliche „Produktionsorganisation" besteht.

Der Effekt des Einsatzes von Datenverarbeitungsanlagen hängt in noch viel größerem Umfang von der Integration in das Gesamtsystem geistiger Tätigkeiten ab, als es bei der Automatisierung körperlicher Tätigkeiten der Fall ist.

Das hängt vor allem damit zusammen, daß die Datenverarbeitungsanlagen außerordentlich variable, weil programmgesteuerte Funktionen besitzen und daher in vielfältigster Weise in den Rahmen geistiger Tätigkeiten eingegliedert werden können. Je zweckmäßiger daher das System der informationsverarbeitenden Prozesse organisiert wird, um so höher wird der Effekt sein, den man mit dem Einsatz von Computern erreichen kann.

Bedauerlicherweise haben weder Leitungswissenschaft noch Kybernetik theoretisch hinreichende Konzeptionen entwickeln können, die Richtlinien für die Gestaltung effektiver Informationsverarbeitungssysteme anbieten. Insofern wächst in den letzten Jahren das Bedürfnis nach einer Theorie der Informationsverarbeitung und der Gestaltung von zweckmäßigen Informationsverarbeitungssystemen (Informatik). Das Verständnis für die Struktur und Organisation der Informationsverarbeitung in ihren einfachsten Elementen ist die Voraussetzung dafür, die Struktur und Organisation von Informationssystemen analysieren und gestalten zu können. Die direkte und unvermittelte ganzheitliche Betrachtung von Informationssystemen erweist sich hierbei als relativ ungeeignet, weil zur Projektierung solcher Systeme die präzise Gestaltung ihrer Elemente und das Zusammenwirken dieser Elemente beherrscht werden muß.

## 2.6. Konzeptionen zur Bestimmung der Information

### 2.6.1. Differenzierung der theoretischen Betrachtungsweisen der Information

Die Information ist in ihren unterschiedlichen Zusammenhängen und Aspekten Gegenstand der Theorienbildung geworden. Wir unterscheiden hierbei insbesondere drei Ansätze zur theoretischen Beschreibung von Informationszusammenhängen.

Grundlage und Ausgangspunkt war die Shannonsche Theorie der Übermittlung und Interpretation codierter Signale, in der Literatur meist schlechthin als Informationstheorie bezeichnet. Wie wir in den vorangegangenen Abschnitten zu zeigen versucht haben, wird durch die Shannonsche Theorie nur die erste Ebene des Zusammenhangs von Struktur und Bedeutung zum Gegenstand der Theorie gemacht, weshalb die Bezeichnung „Informationstheorie" übertrieben sein dürfte.

Aufbauend auf dieser Shannonschen Theorie der Übermittlung und Interpretation codierter Signale entwickelte sich die Theorie der Bedeutungsstruktur syntaktischer Informationen, die man auch als mathematische Theorie formalisierbarer Informationen bezeichnen könnte. Die Bedeutungsstruktur syntaktischer Informationen ist deshalb der mathematischen Behandlung zugänglich, weil die Zusammenhänge zwischen der Struktur einer Information als Zeichenkette oder als Struktur von Sprachelementen auf Extensionalitätsbereiche (rein formale Strukturen) abbildbar und somit einer strukturalistischen Betrachtung zugänglich sind. Durch die mathematischen Theorien formalisierter Informationen wird eine relativ exakte Beschreibung des Informationsgehalts syntaktischer Informationen möglich.

Die mathematischen Theorien unterscheiden sich im wesentlichen durch die zugrunde gelegten mathematischen Grundmodelle, die auf die Erklärung der syntaktischen Information angewandt werden. Im folgenden Abschnitt wollen wir einen Überblick über den erreichten Stand und die Vielfalt der theoretischen Ansätze zur Aufklärung der Beobachtungsstruktur syntaktischer Informationen geben. Hierbei ist zu berücksichtigen, daß im Rahmen dieser Informationstheorien häufig von der Semantik der Informationen gesprochen wird, weil man beabsichtigt, Maße für die Bedeutung von Informationen zu entwickeln. Auf Grund der gezeigten Differenzierung der Bedeutung von Informationen auf den verschiedenen Qualitätsstufen der Information möchten wir schon an dieser Stelle darauf hinweisen, daß die mathematischen Theorien zwangsläufig auf die Bedeutungsanalyse formalisierbarer Informationen eingegrenzt sind, weil Bedeutungsstrukturen auf den höheren Qualitätsebenen der Information, die wir als Semantik und Pragmatik bezeichnet hatten, nicht meßbar sind. Die Postulierung sogenannter Möglichkeitsfelder für semantische Bedeutungen ist daher unseres Erachtens praktisch gegenstandslos. Die im Rahmen dieser mathematischen Theorien entwickelten Begriffsbildungen und Verfahren reichen bei weitem nicht aus, um die Struktur und Organisation von Informationsverarbeitungsprozessen zu analysieren und zu beschreiben.

Für die Gestaltung rationeller Informationsverarbeitungssysteme unter Nutzung von Datenverarbeitungsanlagen scheint es jedoch notwendig zu sein, theoretische Ansätze zu entwickeln, die vor allem die gesellschaftliche Funktion der Information und der Informationsverarbeitungsprozesse beschreiben. Diese Theorie der Struktur und Organisation von Informationsverarbeitungsprozessen ist nicht als Weiterentwicklung der Theorie der Bedeutungsstruktur syntaktischer Informationen zu verstehen, sondern als Differenzierung und Klassifizierung realer Informationsverarbeitungsprozesse im Sinne einer gesellschaftswissenschaftlich orientierten Theorie. Auch hier wird vom semantischen Inhalt der Informationen abstrahiert, jedoch die semantischen Informationen in ihrer Funktion bei der Konzipierung und Realisierung von Informationsverarbeitungsprozessen in Rechnung gestellt. Um den Zusammenhang zwischen semantischen und syntaktischen Informationsverarbeitungsprozessen herauszuarbeiten, werden die Strukturelemente, aus denen sich die Semantik einer Aussage zusammensetzt, so weit herausgearbeitet und präzisiert, daß ein vertieftes Verständnis über Inhalt sowie Möglichkeiten und Grenzen der Abbildung von Informationsverarbeitungsprozessen auf syntaktische Informationsverarbeitungsprozesse sichtbar gemacht werden kann. Diese Theorie der Struktur und Organisation von Informationsverarbeitungsprozessen, die in ihren Grundzügen in den Kapiteln III bis V behandelt werden soll, ist unseres Erachtens eine allgemeinere und für die Datenverarbeitungspraxis wichtigere Grundlage als die Theorie der Bedeutungsstrukturen syntaktischer Informationen. Dennoch wollen wir zunächst, bevor wir die Informatik in diesem allgemeineren Sinne diskutieren werden, die verschiedenartigen theoretischen Konzeptionen zur Interpretation der Bedeutungsstrukturen syntaktischer Informationen überblicksmäßig darstellen.

### 2.6.2. Struktur- und Bewertungsmaße syntaktischer Informationen[34]

Der auf die syntaktische Ebene eingeschränkte Informationsbegriff ist Ausgangspunkt für die Entwicklung von Struktur- und Bewertungsmaßnahmen für die Information. Die quantitative Seite der Information wird durch die Komplexität einer Struktur bzw. durch die sie erzeugende Strukturveränderung erfaßt. Die Bestimmung des Informationsgehaltes kann zum Beispiel durch wahrscheinlichkeitstheoretische (Shannon[35]), kombinatorische (Hartley[36], Kolmogorov[37]), topologische (Rashevski[38], Mowshowitz[39]), algorithmische (Kolmogorov[40], Chaitin[41], Thiele[42]) Methoden erfolgen.

[34] Bei der Gestaltung dieses Abschnitts wurden Arbeiten zum Dissertationsentwurf von Bernd Groß, Forschungsstudent an der Sektion Wissenschaftstheorie und -organisation der Humboldt-Universität zu Berlin, genutzt.

[35] Shannon, C. E., Weaver, W., A Mathematical Theory of Communication, Urbana (Ill.) 1949; Shannon, C. E., A Mathematical Theory of Communication, in: Bell System Technic Journal, 27/1948.

[36] Hartley, R. V. L., Transmission of information, in: Bell System Technik Journal, 27/1948.

[37] Kolmogorov, A. N., Tri podchoda k opredeleniju ponjatija „količestvo informacii", in: Problemy peredači informacii, Bd. 1, Teil 1, 1965.

[38] Rashevski, N., Life, Information Theory and Topology, in: The Bulletin of Mathematical Biophysics, Chicago, Bd. 17, 3/1955.

[39] Mowshowitz, A., Entropy and the complexity of Graphs, in: The Bulletin of Mathematical Biophysics, Bd. 30, 1968.

[40] Kolmogorov, A. N., Neskol'ko teorem ob algoritmičeskoj entropii i algoritmičeskom količestve informacii, in: Usp. mat. nauk, Bd. 23, 2/1968.

[41] Chaitin, G. J., Information-Theorie Computational Complexity, in: IEEE Trans. on Inf. Theory, II, 20/1974.

[42] Thiele, H., Einige Bemerkungen zur Weiterentwicklung der Informationstheorie, in: Informatik 1972, Nova Acta Leopoldina NF, Bd. 37/1, Nr. 206.

### 2.6.2.1. Informationskonzeptionen auf der Grundlage der Wahrscheinlichkeitstheorie

Bei der Betrachtung dieser verschiedenen Informationskonzeptionen erweist es sich als günstig, zwischen dem Anwendungsgebiet der Theorie und den mathematischen Methoden der Theorie, den Informationsmaßen, zu unterscheiden (vgl. Bar-Hillel[43]). So erweist sich zum Beispiel der mathematische Apparat der Shannonschen Theorie als anwendbar in Informationskonzeptionen, welche die Ereignisse und deren Wahrscheinlichkeiten unterschiedlich interpretieren. Man erhält verschiedene Informationskonzeptionen, wenn die Wahrscheinlichkeit

a) statistisch (Shannon[44])
b) logisch (Carnap[45], Bar-Hillel[46], Kemeny[47], Hintikka[48]),
c) subjektiv (Charkewitsch[49], Bongard[50], Weiss[51]),
d) als Situationswahrscheinlichkeit (Ackoff[52], Šrejder[53], Harrah[54])

interpretiert wird, wie Franz[55] herausgearbeitet hat.

Zu a): Im Mittelpunkt der Diskussion um den Informationsbegriff aus syntaktischer Sicht steht meist die Shannonsche Informationstheorie. Betrachtet man diese Theorie, so zeigt sich, daß dort nur die Wahrscheinlichkeit, mit der ein Zeichen aus einem Zeichenvorrat auftritt, berücksichtigt wird. Durch Shannon war ein für viele praktische und theoretische Probleme nicht nur der Nachrichtentechnik, sondern insbesondere auch der modernen Biologie und Psychologie sowie der Sprachwissenschaft in

[43] Bar-Hillel, Y., An Examination of Information Theory, in: Language and Information, Reading (Mass.)-Palo Alto-London-Jerusalem 1964, S. 291.

[44] Shannon, C. E., A Mathematical Theory of Communication, a. a. O.

[45] Carnap, R., Logical Foundation of Probability, Chicago 1950.

[46] Bar-Hillel, Y., An Examination of Information Theory, a. a. O.

[47] Kemeny, J.G., A New Approach to Semantics, in: Journal of Symbolic Logic, Bd. 21, 1956.

[48] Hintikka, J., Pietrainen, J., Semantic Information and inductive Logic. Aspects of inductive Logic, Amsterdam 1966.

[49] Charkewitsch, A. A., Über den Wert der Information, in: Probleme der Kybernetik, Bd. 4, Berlin 1964.

[50] Bongard, M., Über den Begriff der „nützlichen Information", in: Probleme der Kybernetik, Bd. 6, Berlin 1966.

[51] Weiss, P., Subjektive Unsicherheit und subjektive Information, in: Kybernetik, 5/2/1968.

[52] Ackoff, R. L., Towards a Behavioral Theory of Communication, in: Management Science, Bd. 4, 1958.

[53] Šrejder, J. A., Ob odnoj modeli semantičeskoj teorii informacii, in: Problemy kibernetiki, Bd. 13, 1965.

[54] Harrah, D., Communication: A Logical Model, Cambridge (Mass.) 1967.

[55] Franz, P., Knijenburg, A., Entwicklung, Widerspiegelung und Information, a. a. O.

bestimmter Hinsicht nützliches Maß der Information entwickelt worden. Die Anwendung dieses Maßes erfaßt jedoch nur die syntaktische Ebene und nicht die von den Sprachelementen getragene Semantik und noch viel weniger die pragmatische Funktion semantischer Information. Dies läßt sich jedoch zur Wahrscheinlichkeitstheorie des Auftretens von Ereignissen überhaupt verallgemeinern. Die klassische Informationstheorie wurde, wie gesagt, im Zusammenhang mit Problemen bei der Übertragung von Informationen in der Nachrichtentechnik entwickelt. Hier war es möglich, von der Bedeutung der Information und ihrer Nützlichkeit für den Empfänger zu abstrahieren. Für ihre Fragestellung sind Begriffe wie Code, Kanäle, Kapazität, Rauschen, Redundanz und andere statistische Eigenschaften der Sprachen charakteristisch. Diese Probleme sind syntaktischer Natur und haben nichts mit der Bedeutung der Symbole zu tun.

Zu b): Heute gibt es nun, ausgehend von der Shannonschen Theorie, eine Reihe von Versuchen, bestimmte Seiten der von ihr bisher nicht erfaßten Aspekte auch zu berücksichtigen. Es wurde versucht, dies durch die Einführung von Bewertungskoeffizienten in die Shannonsche Formel zu erreichen, wobei hier nur auf die Arbeiten von G. Schulz[56] sowie M. Belis und S. Guiasu[57] verwiesen sei. G. Schulz gewinnt eine Präzisierung der „semantischen" Information auf der Grundlage des statistischen Wahrscheinlichkeitsbegriffes und der Shannonschen Formel und schlägt eine Definition der bewerteten Informationsentropie vor. Heute wird intensiv daran gearbeitet, Maße zu entwickeln, welche den als Struktur aufgefaßten semantischen Aspekt der Information berücksichtigen (Theorie der Bedeutungsstruktur syntaktischer Informationen). Hier ist vor allem auf die 1952 von Carnap und Bar-Hillel[58] entwickelte Theorie, in der ein semantisches Informationsmaß vorgeschlagen wird, hinzuweisen.

In der Konzeption von Carnap und Bar-Hillel[59], die von Kemeny[60] und von Hintikka[61] weiterentwickelt wurde, ist die Einführung der

[56] Schulz, G., Informationsentropie mit Bewertung, Wissenschaftliche Zeitschrift der Humboldt-Universität, Math.-Nat. Reihe, Bd. XX, Berlin 1971.

[57] Belis, M., Guiasu, S., A quantitative-qualitative measure of information in cybernetic systems, in: IEEE Trans. on Inf. Theory, II, 14/1968.

[58] Bar-Hillel, Y., Carnap, R., An Outline of a Theory of Semantic Information, in: Technical Report, Massachusetts Institute of Technology. Research Laboratory of electronics, 247/1952.

[59] Bar-Hillel, Y., Carnap, R., Semantic Information, in: Brit. J. Phil. Science, Bd. 4, 14/1953.

[60] Kemeny, J. G., A New Approach to Semantics, in: Journal of Symbolic Logic, Bd. 21, 1956.

[61] Hintikka, J., The varities of information and scientific explanation Logic, in: Logic, Methodology and Phil. of Science, Bd. 3, Amsterdam 1967/68.

logischen Wahrscheinlichkeit als Grad der Bestätigung einer Hypothese wesentlich. Diese Konzeption wurde im Zusammenhang mit Untersuchungen zur Logik der wissenschaftlichen Forschung entwickelt und angewandt.

Für diese Theorie der semantischen Information nutzen Carnap und Bar-Hillel den Shannonschen Grundgedanken des Zusammenhangs von Information und Wahrscheinlichkeit. Dabei wird jedoch die Wahrscheinlichkeit anders interpretiert. Geht es bei Shannon um die statistisch bzw. um die axiomatisch durch Kolmogorov definierte Wahrscheinlichkeit, so geht es bei Carnap und Bar-Hillel um die logische bzw. induktive Wahrscheinlichkeit. Aufbauend auf diesem Verständnis der Wahrscheinlichkeit[62], werden Maße der „semantischen" Information definiert. Dabei wird davon ausgegangen, daß der Inhalt eines Satzes bzw. einer Hypothese als die Klasse der aus der Menge möglicher Zustandsbeschreibungen ausgeschlossenen definiert werden kann. Durch die Bestätigung einer Hypothese wird die Gesamtheit der Möglichkeiten eingeschränkt, und damit erfolgt eine Auswahl. Je größer die von der Hypothese hervorgerufene Auswahl, desto größer ist ihr „Inhalt" oder, besser, ihre Auswahlfähigkeit.

Es ist deutlich, daß diese Informationskonzeptionen auf dem Begriff der Wahrscheinlichkeit aufbauen. In der weiteren Entwicklung wurden Versuche unternommen, bestimmte Seiten des semantischen Aspekts der Information auch durch Konzeptionen zu erfassen, die nicht auf dem Wahrscheinlichkeitsbegriff beruhen.

Zu c): Im Rahmen der Verwendung statistischer Begriffe wurde eine Reihe „pragmatischer" Informationskonzeptionen und Informationsmaße entwickelt. In diesem Zusammenhang seien hier nur Charkewitsch[63], Bongard[64], Ackoff[65], Miles[66] und Klix[67] genannt.

Hierbei steht häufig die Präzisierung des pragmatischen Wertes, der Nützlichkeit und Effektivität der Information mit Hilfe des Begriffes Ziel im Vordergrund.

Der pragmatische Wert einer Information erweist sich dann als dreistellige Relation, welche die Information, den Empfänger und das

[62] Vgl. Carnap, R., Logical Foundation of Probability, Chicago 1950.

[63] Charkewitsch, A. A., Über den Wert der Information, in: Probleme der Kybernetik, Bd. 4, Berlin 1964.

[64] Bongard, M. M., Über den Begriff der „nützlichen Information", a. a. O.

[65] Ackoff, R. L., Towards a Behavioral Theory of Communication, a. a. O.

[66] Miles, W., The Measurement of Value of Scientific Information, in: Operations Research, in: Research and Development; proceedings of a conference at Case Institute of Technology, Hrsg. B. V. Dean, New York-London 1963.

[67] Klix, F., Information und Verhalten, Berlin 1971.

entsprechende Ziel umfaßt. Der Wert einer Information wird durch ihren Beitrag zur Erreichung dieses Zieles bestimmt. Wird also vorausgesetzt, daß der Empfänger ein Problem zu lösen hat, dann kann der Wert einer Information quantitativ darin gesehen werden, wieweit ihn diese Information zur Lösung des Problems geführt hat. Dabei wird, wie Steinbuch[68] deutlich macht, die Struktur des Nachrichtenempfängers (einschließlich Bewertung) und seine Außenwelt als bekannt vorausgesetzt.

Es sei hier auch noch das spieltheoretische Herausgehen an die Bestimmung des Nutzens der Information von Gavurin[69], Stratonovič[70] und Grišanin[71] erwähnt.

Zu d): Schließlich seien im Zusammenhang mit der Entwicklung von Maßen für die semantische und pragmatische Ebene der Information solche erwähnt, die auf dem Begriff der subjektiven Wahrscheinlichkeit beruhen. Hier sind insbesondere die Arbeiten von Frank[72] und Weiss[73] zu nennen. In Abänderung des Ansatzes von Weiss betrachtet Klix[74] die subjektive Unbestimmtheit auf pragmatischer Ebene. Hierbei stellen auch die Formeln von Bongard und Shannon Spezialfälle dar. Auch hier bildet die Wahrscheinlichkeit die Grundlage für ein solches allgemeines Informationsmaß.

Wir konnten bisher zeigen, daß sich durch die Verallgemeinerung des Shannonschen Ansatzes die Anwendungsmöglichkeiten der Informationstheorie wesentlicher weitern ließen. Es zeigte sich jedoch in der weiteren Entwicklung, daß durch die Zugrundelegung des Wahrscheinlichkeitsbegriffes eine grundsätzliche Schranke gegeben ist; denn damit wird einmal die Semantik bzw. Pragmatik einer Information auf ein abstraktes, rein extensional aufgefaßtes Wahrscheinlichkeitsfeld abgebildet, wodurch man die eigentliche Semantik oder Pragmatik nicht erfaßt, und zum anderen wird immer die Existenz zufälliger Objekte vorausgesetzt. In vielen Bereichen der objektiven Realität wird Information jedoch nicht zufällig erzeugt bzw. gewonnen, ist also kein Wahrscheinlichkeitsfeld gegeben,

68 Vgl. Steinbuch, K., Modellentwürfe für Erkennen und Problemlösung, in: Biologische Modelle, Nova Acta Leopoldina, Bd. 33, Leipzig 1968.

69 Vgl. Gavurin, M. K., O cennosti informacii, in: Vestnik LGU, serija matematiki, mechaniki i astronomii, Bd. 4, 19/1963.

70 Vgl. Stratonovič, R. L., O cennosti informacii, in: Techničeskaja kibernetika, 5/1965.

71 Vgl. Grišanin, B. A., Učet stoimosti informacii v teorii cennosti informacii, in: Cestija Techničeskaja kibernetika, 1/1967.

72 Frank, H., Kybernetische Analysen subjektiver Sachverhalte, Hamburg 1965.

73 Weiss, P., Subjektive Unsicherheit und subjektive Information, in: Kybernetik, 5/2/1968.

74 Vgl. Klix, F., Information und Verhalten, Berlin 1971, S. 314 f.

Daraus ergab sich die Notwendigkeit zur Schaffung von Informationskonzeptionen, die nicht auf dem Wahrscheinlichkeitsbegriff beruhen.

### 2.6.2.2. Informationskonzeptionen ohne Wahrscheinlichkeit und weitere Überlegungen

Die Entwicklung von Informationskonzeptionen, die sich nicht auf den Wahrscheinlichkeitsbegriff gründen, führten auch zu einem anderen Verständnis der Information. So hebt Kolmogorov hervor, daß Information ihrem Wesen nach kein speziell wahrscheinlichkeitstheoretischer Begriff ist.[75] Auch Steinbuch weist darauf hin, daß es falsch wäre anzunehmen, daß es Informationen nur dort gibt, „wo man ein Wahrscheinlichkeitsfeld angeben kann"[76]. Diese Erkenntnis führte zu Informationskonzeptionen ohne Verwendung der Begriffe der Wahrscheinlichkeit.

Zu diesen Informationskonzeptionen ohne Verwendung des Begriffs der Wahrscheinlichkeit können folgende Methoden zur Bestimmung des Informationsgehaltes gerechnet werden:

a) die kombinatorische Methode,
b) die topologische Methode,
c) die algorithmische Methode.

Zu a): Die kombinatorische Methode wurde (aufbauend auf der Formel von Hartley) durch Shannon und Kolmogorov entwickelt. Hierbei kann der Informationsgehalt eines Objektes, einer Menge unter anderem als Logarithmus der Anzahl der Elemente bestimmt werden. (Wie Kolmogorov zeigte[77], lassen sich ohne Verwendung des Begriffs der Wahrscheinlichkeit solche Begriffe wie „bedingte kombinatorische Information" und einige der Shannonschen Theorie ähnliche Bezeichnungen formulieren.)

Zu b): Von Rashevski[78] wurde 1955 der Begriff der topologischen Information eingeführt. Dieser Bestimmung liegen Problemstellungen der theoretischen Biologie und Anwendung der Graphentheorie zugrunde. Die topologische Information ist als Maß der Kompliziertheit von Strukturen (Graphen) definiert. Dabei wird von dem Gedanken ausgegangen, daß die Komplexität eines Organismus durch die Unterscheidbarkeit seiner einzelnen Strukturelemente gemessen werden kann. Auf der Grundlage sol-

[75] Vgl. Kolmogorov, A. N., Problemy teorii verojatnostej i matematičeskoj statistiki, in: Vestnik AN SSSR, 5/1965, S. 95.

[76] Vgl. Steinbuch, K., Mensch und Maschine, in: Informatik 1971, Nova Acta Leopoldina NF, Bd. 37/1, Nr. 206.

[77] Vgl. Kolmogorov, A. N., Tri podchoda k opredeleniju ponjatija „količestvo informacii", in: Problemy peredači informacii, Bd. 1, Teil 1, 1965.

[78] Rashevski, N., Life, Information Theory and Topology, a. a. O.

cher Begriffsbildungen läßt sich zum Beispiel der topologische Informationsinhalt molekularer Strukturen berechnen (vgl. R. Laue[79]).

Inhaltlich ist die Information als Einheit von Struktur und Funktion zu sehen. Im Zusammenhang mit der Entwicklung der topologischen Informationskonzeption wurde gezeigt, daß jede biologisch relevante Information an spezifische Strukturen gebunden ist, die bestimmte Funktionen realisieren.

Eine noch tiefere Sicht der Dialektik von Struktur und Funktion wird jedoch durch die Erkenntnis verdeutlicht, daß die Funktion in der Tat nur in der durch die Information organisierten Struktur möglich ist, daß Information aber andererseits nur über die realisierte Funktion ihre Bedeutung erhält. So hebt M. Eigen hervor: „‚Funktion' kann nicht in organisierter Form auftreten, solange nicht ‚Information' vorhanden ist, andererseits erhält diese Information ihren Sinn erst durch die Funktion, für die sie codiert ... ‚Information' ist in diesem Zusammenhang ... mehr als bloß ein ‚Strukturkorrelat der Funktion' ..."[80].

Hier wird schon auf molekularer Ebene, im Bereich der Natur das deutlich, was nachher im gesellschaftlichen Bereich immer klarer hervortritt, daß es die Funktion ist, die der Information ihre Bedeutung gibt, daß es die Bedeutung ist, die über die Struktur hinausweist, sie in weitere Zusammenhänge einordnet, so daß wir Informationen nur als ein Verhältnis verstehen können.

Wird der Versuch unternommen, die Information in verschiedenen Bereichen der objektiven Realität mathematisch zu erfassen, so können heute im wesentlichen nur gewisse strukturelle Seiten der Manigfaltigkeit der objektiven Realität erfaßt werden. Es wird jedoch erforderlich, die von der Struktur bedingte Funktion und insbesondere auch die dialektische Wechselbeziehung von Struktur und Funktion mit zu berücksichtigen.

Struktur und Information stehen in einem engen Zusammenhang. Information kann nicht auf Struktur reduziert werden. Daraus ergibt sich nach dem Gesagten jedoch, daß nicht jedes beliebige Strukturmaß schon als ein Informationsmaß angesehen werden kann.

Zu c): Der algorithmischen Methode liegt die Vorstellung zugrunde, daß die Komplexität eines Systems bzw. einer Struktur auch als Maß notwendiger erzeugender bzw. genetischer Information verstanden werden kann.

[79] Laue, R., Die „topologische Entropie" von Molekülen, in: Physikalische Grundlagen der Medizin, Abhandlung aus der Biophysik, Leipzig, 6/1966.

[80] Eigen, M., Selforganization of Matter and the Evolution of Biological Macromolecules, in: Naturwissenschaften, 10/1971, S. 465ff., S. 517; siehe auch: Informatik, Nova Acta Leopoldina, Bd. 37/1, Nr. 206, Leipzig 1972, S. 173 bzw. S. 218.

Dabei wäre davon auszugehen, daß ein solcher erzeugender bzw. genetischer Informationsgehalt (die Spezifität einer Struktur) aus der Summe der Entscheidungen bestimmbar ist, die notwendig sind, um eine bestimmte Struktur aufzubauen. Was qualitativ als Information bezeichnet werden kann, ist demnach der Bauplan für die Struktur; es ist das, was die Anordnung der Bauelemente in der Struktur festlegt.[81] Ein solcher Bauplan ist als Einheit von Struktur und Erzeugungsfunktion anzusehen und damit auch im Sinne obiger Begriffsbestimmungen als Information — speziell als erzeugende bzw. genetische Information — aufzufassen.

Demzufolge ist es möglich, Maße für die Kompliziertheit einer Struktur mit Hilfe der Kompliziertheit ihrer Beschreibung (Bauplan) zu bilden. Dies ist der Hintergrund der Grundgedanken des Kolmogorovschen Ansatzes, wonach die Kompliziertheit eines Objektes durch die Länge des Algorithmus erfaßt wird, welcher dieses Objekt erzeugt. Damit kommen wir zu einer weiteren wichtigen Informationskonzeption, die im folgenden noch kurz charakterisiert werden soll.

Unter Nutzung der Algorithmentheorie und insbesondere der Theorie der rekursiven Funktionen wurde 1965 von Kolomogorov[82] die algorithmische Methode zur Bestimmung des Informationsgehaltes vorgeschlagen. Diese Konzeption, deren zentrale Begriffe Objekt, Erzeugung und Aufwand sind, ist nicht nur für die Präzisierung des Informationsbegriffes in der Biologie, sondern insbesondere auch für verschiedene Fragestellungen der automatisierten Informationsverarbeitung (zum Beispiel im Zusammenhang mit Speicherkapazität und Rechenzeit) besonders wichtig. Der Vorteil dieses Ansatzes ist, daß der Informationsbegriff hier mit Hilfe des Wahrscheinlichkeitsbegriffes bestimmt ist und damit auf streng determinierte Objekte anwendbar wird. Dies können Texte, biologische Strukturen und anderes sein. Information in diesem Sinne erscheint auf als Beseitigung von Unbestimmtheit, aber diese Unbestimmtheit unterscheidet sich wesentlich vom Begriff der statistischen Unbestimmtheit der Shannonschen Theorie. Gegenwärtig wird sehr intensiv an der Weiterentwicklung und Anwendung dieser Konzeption gearbeitet[83], auch unter Verwendung der Automatentheorie.[84]

[81] Vgl. Fuchs-Kittowski, K., Probleme des Determinismus und der Kybernetik in der molekularen Biologie, Jena 1976.

[82] Vgl. Kolmogorov, A. N., Tri podchoda k opredeleniju ponjatija „količestvo informacii", a. a. O.

[83] Vgl. Zvonkin, A. K., Levin, L. A., Složnost konečnych objektov i obosnovanie ponjatij, informacii i slučajnosti s pomoščju teorii algoritmov, in: Usp. mat. nauk, Jg. 25, 6/1970.

[84] Vgl. Thiele, H., Zur Definition von Kompliziertheitsmaßen endlicher Objekte, in: Klix, F., Organismische Informationsverarbeitung, Berlin 1974.

Schließlich sei noch kurz auf die axiomatische Definition von Ingarden und Urbanik[85] ohne Verwendung des Begriffes der Wahrscheinlichkeit hingewiesen. Aufbauend auf dieser Definition läßt sich eine mathematische Konzeption entwickeln, welche die Shannonsche Theorie, wie auch die Maße von Rashewski, Schulz und anderen als Spezialfälle enthält.[86]

Ebenfalls wurde versucht, semantische Informationskonzeptionen ohne den Begriff der Wahrscheinlichkeit zu entwickeln. Hier sind insbesondere die schon erwähnten Auffassungen von Wells und Šrejder zur semantischen Information zu nennen, wie auch die von Harrah auf der Grundlage der logischen Pragmatik entwickelte Konzeption der Kommunikation.

Bei einem weiteren Weg zur Bestimmung spezieller pragmatischer Informationsmaße wird davon ausgegangen, daß in speziellen Systemen die Prozesse der Informationsaufnahme und -verarbeitung als zwei aufeinanderfolgende Abbildungen verstanden werden können. Dem entsprechen dann zwei aufeinanderfolgende Bewertungen.

Bei der ersten Abbildung wird die erhaltene Information auf die Kenntnis des Empfängers abgebildet, und es erfolgt eine Veränderung der Kenntnisstruktur des Empfängers über seine Umwelt. Über diese Strukturveränderung wird der sogenannte semantische Wert einer Information bestimmt.

Wenn sich eine Veränderung der Vorkenntnisse des Empfängers vollzieht, so erfolgt eine weitere Abbildung, und zwar auf die Menge der dem Empfänger bisher zur Verfügung stehenden Verhaltensweisen.[87] Aus dieser Veränderung der Möglichkeiten für verschiedene Verhaltensweisen läßt sich der pragmatische Wert der Information in bezug auf die Vorkenntnisse bestimmen.

Die erste Abbildung, von der hier gesprochen wird, ist durch die Konzeption von Šrejder näher zu charakterisieren.

Für die weitere Diskussion ist die Erkenntnis wichtig, daß in der Nachrichtentechnik, von der die Shannonsche Theorie ausgeht, Information codiert übertragen und mit Hilfe gegebener Strukturen (Tabellen oder Funktionen) decodiert wird. Die Mittel zur Decodierung werden als gegeben vorausgesetzt. In Wirklichkeit (insbesondere natürlich im Rahmen der menschlichen Kommunikation) muß jedoch die Fähigkeit des Empfängers, die Information aufzunehmen, zu interpretieren (bei syntaktischer Infor-

85 Vgl. Ingarden, R. S., Urbanik, K., Information without Probability, in: Colloquium mathematicum, Bd. 9, 1/1962.

86 Vgl. Groß, B., Information ohne Wahrscheinlichkeit — Gedanken zum Informationsbegriff, Diplomarbeit, Sektion Mathematik der Humboldt-Universität, Berlin 1973.

87 Vgl. Klix, F., Information und Verhalten, Berlin 1971.

mationsverarbeitung) und zu verstehen (bei semantischer Informationsverarbeitung), berücksichtigt werden.

So erfaßt die Shannonsche Formel nur die mögliche Information, aber nicht die tatsächlich vom Empfänger aufgenommene bzw. verstandene Information.

Die Fähigkeit des Verstehens ist aber abhängig von dem Vorwissen, von der im Empfänger bereits vorhandenen Information. Zur Charakterisierung dieses Vorwissens führt Šrejder den Begriff des Thesaurus $\Theta$ ein. Die durch den Thesaurus charakterisierte, bereits vorhandene Information I bestimmt die in einem Text in bezug auf $\Theta$ enthaltene semantische Information.

Die verstandene Information $I(T, \Theta)$ wird als „Grad der Veränderung des Thesaurus unter Einwirkung des Textes $T$" definiert. Diese Veränderung erfolgt durch einen von $T$ bestimmten Operator. Verfügt der Empfänger nur über eine minimale Vorkenntnis, so ist er nicht in der Lage, die erhaltene Information zu verstehen. Das Verstehen von Information setzt Information voraus. Verfügt der Empfänger über maximale Vorkenntnisse, so daß er nichts Neues erfährt, dann erfolgt keine Thesauruserweiterung. Die semantische Information erreicht ihr Maximum bei einem dazwischenliegenden Wert.

Zu ähnlichen Gedanken und Darstellungen gelangten E. und C. v. Weizsäcker[88]. Sie führten die Begriffe Erstmaligkeit und Bestätigung ein und machten deutlich, daß immer beides erforderlich ist: „Wo keine Erstmaligkeit ist, da ist nach Shannon, aber auch pragmatisch, keine Information. Wo keine Bestätigung ist, da ist auch keinerlei Verstehen, nicht einmal irgendeine feststellbare Wirkung möglich, also auch keine Information. Entsprechend wird man sagen können, daß sehr wenig Erstmaligkeit oder sehr wenig Bestätigung nur sehr wenig Information zulassen." Es wird also deutlichgemacht, daß nach Shannon der Begriff der Information an den der Neuigkeit gebunden ist, daß es jedoch gilt, den Zusammenhang von Neuigkeit und Bestätigung zu berücksichtigen. E. v. Weizsäcker schreibt: „Von Shannon haben wir gelernt, daran wollen wir festhalten, daß ohne Neuigkeit keine Information zustande kommt. Ob wir allerdings Information mit dem Maß an Neuigkeit (begrifflich) identifizieren dürfen, haben wir soeben infrage gestellt."[89]

[88] v. Weizsäcker, E., v. Weizsäcker, C., Wiederaufnahme der begrifflichen Frage: Was ist Information?, in: Informatik 1971, Nova acta Leopoldina, Bd. 37/1, Nr. 206.

[89] v. Weizsäcker, E., Unterschiede zwischen genetrischer und Shannonscher Information, in: Philosophische und ethische Probleme der modernen Genetik, Berlin 1972, S. 162.

Wir halten in der Tat die Komponente der Bestätigung in der Information für ebenso essentiell wie die Neuigkeit, auf die Shannon hingewiesen hat. Die Dialektik dieser korrelativen Begriffe bzw. dieses Gesetzpaares Neuheit und Bestätigung ist wesentlich für das Verhältnis der Information.

Dieser im Prinzip richtige Grundgedanke berücksichtigt jedoch ungenügend — bzw. unterschätzt — den praktischen Umstand, daß jeder Informationsaufnahme insofern die Erstmaligkeit, auch bei Wiederholung der gleichen Information, nicht abgesprochen werden kann, weil die jeweils konkreten äußeren und inneren Bedingungen, unter denen die Informationsaufnahme erfolgt, sich zeitabhängig ändern. Weiterhin besitzt die Bestätigung ein kontinuierliches Spektrum, das bis zu vagen Eindrücken hinunter reicht, und die Wechselbeziehungen zwischen noch nicht objektivierten Widerspiegelungen (Eindrücken) und objektivierbaren Widerspiegelungen (Informationen) noch wenig geklärt sind (vgl. Abschnitt 2.4.).

E. u. C. v. Weizsäcker geht es um den pragmatischen Aspekt der Information: „Die ‚semantische Information‘ entspricht demgegenüber viel mehr dem umgangssprachlichen Sinn von ‚Information‘. Die pragmatische Information schließlich soll nicht nur sinnvoll, sondern auch wirkungsvoll sein (was unseres Erachtens nicht recht zu unterscheiden ist).“[90]

Hier zeigt sich schließlich, daß trotz der Betrachtung der Information unter speziellem Gesichtspunkt die verschiedenen Aspekte der Information in Wirklichkeit immer eine Einheit bilden. Eine Untersuchung des pragmatischen Aspekts setzt die des semantischen, des Widerspiegelungsaspektes, voraus, da das Verhalten wesentlich durch die Widerspiegelung bestimmt ist.

Wenn wir die verschiedenen Informationskonzeptionen betrachten, wie sie durch Untersuchungen der Information aus quantitativer Sicht entwickelt wurden, dann läßt sich generell sagen, daß die strukturellen Informationsmaße Kompliziertheitsmaße und die sogenannten semantischen Informationsmaße strukturelle Bewertungsmaße sind.

Nach der hier aufgezeigten Entwicklung des Denkens ist offensichtlich, daß das an den Strukturmaßen orientierte Verständnis der Information begrenzt ist. Die allein an den Informationsmaßen orientierten Informationskonzeptionen können für die Informatik nur von geringer Bedeutung sein. Diese Erkenntnis setzte sich in den letzten Jahren mehr und mehr durch. So schreibt zum Beispiel Zemanek: „Für die Informatik aber gibt es einen schwerwiegenden Grund, möglichst große Teile so rasch wie möglich vom informalen in den formalen Bereich zu überführen, und das ist der Mangel

[90] v. Weizsäcker, E., v. Weizsäcker, C., Wiederaufnahme der begrifflichen Frage: Was ist Information?, a. a. O., S. 539.

an einem Maß der Information. Shannons Werk ist gut für den Übertragungskanal — angesichts des Addierwerkes jedoch ist die Entropie sinnlos. Ich persönlich nähere mich dem Verdacht, daß es wahrscheinlich ein Maß für Information, wie es sich die Informatik wünschen würde, nicht gibt."[91]

Auch für uns ist der Grundgedanke der Informatik die Untersuchung der Formalisierbarkeitsbedingungen für Informationen und Verarbeitungsprozesse, um die Struktur maschineller und menschlicher Informationsverarbeitung aufzudecken. Daher werden wir im Kapitel III vor allem die Differenzierung und Klassifizierung von Informationen und Operationen in den Mittelpunkt der Betrachtungen stellen.

Bemerkenswert ist weiterhin, daß sich die Ansätze zu einer Theorie der Bedeutungsstruktur syntaktischer Informationen auf Sender-Empfänger-Beziehungen in einem primär individualistischen Sinne reduzieren. Diese Beschränkung auf die Sender-Empfänger-Beziehungen reicht für die wesentliche Fragestellung der Informatik, wie sie sich aus der Gestaltung von Informationssystemen in den verschiedenen Bereichen des gesellschaftlichen Lebens ergeben, nicht mehr aus.

### 2.6.3. Information in ihrem Verhältnis zum informationsverarbeitenden System

Wie schon in der zuvor dargestellten Entwicklung der mathematisch orientierten Informationskonzeptionen deutlich wurde, kann Information letzlich erst in bezug auf einen Empfänger unter Berücksichtigung der Bedingungen ihrer Verarbeitung verstanden werden. Diese Tatsache gewinnt insbesondere im Zusammenhang mit Fragen nach dem effektiven Einsatz automatisierter Informationsverarbeitungsanlagen im gesellschaftlichen Leben besondere Bedeutung. Das erfordert, wie schon angedeutet wurde, ein umfassenderes Verständnis der Information. Es ist offensichtlich, daß in den verschiedenen Wissenschaftsdisziplinen der Begriff der Information in bestimmter Weise interpretiert und entsprechend eingeschränkt verwendet wird.

Die Probleme gesellschaftlicher Informationssysteme können bei einem umfassenderen Verständnis der Information als eines gesellschaftlichen Verhältnisses gelöst werden. Entscheidend ist hierbei die Tatsache, daß die Information dem System adäquat sein muß, in dem und für das sie ver-

[91] Zemanek, H., Informale und formale Beschreibung, in: IBM Nachrichten, Heft 212, S. 280 f.

arbeitet wird. Das erfordert, die Struktur der Information selbst und ihre Organisation für eine rationelle Verarbeitung zu untersuchen. Es gilt jedoch, vor allem auch das informationsverarbeitende System selbst zu untersuchen. Dann zeigt sich deutlich, daß Information nicht undifferenziert betrachtet werden kann, sondern verschiedene Klassen der Information zu unterscheiden sind.

Welche Bedeutung dieser Gesichtspunkt für das Verständnis der Information hat, welchen Charakter die Information hat und welche Konsequenzen sich daraus für ihre Aufnahme, Speicherung und Verarbeitung ergeben, soll zunächst an einem Beispiel aus der Biologie verdeutlicht werden.

Bei den einfachen, entwicklungsgeschichtlich frühen biologischen Systemen sind entsprechend ihrem Bau und ihrer Funktion Stoffkonzentrationen, Strahlungsintensität usw. systemadäqate Informationen. Für den höherdifferenzierten Organismus gewinnen dann räumlich-zeitliche Muster solcher primären biologischen Informationen für die Anpassung zunehmend an Bedeutung. Um komplizierte Signalmuster aufnehmen und verarbeiten zu können, bedarf es der Herausbildung von speziellen Organen und des Zentralnervensystems.

Mit der Herausbildung der Sinnesorgane und des Nervensystems entsteht erst die Voraussetzung für die Widerspiegelung solcher komplexer Beziehungen, da Information nur in bezug auf den Empfänger verstanden werden kann. Ein entsprechend differenziertes Verarbeitungssystem ist also überhaupt die Voraussetzung dafür, daß solche Arten von Informationen auftreten. So erkennen wir in dem quantitativen Sprung vom Einzeller zum Vielzeller und differenzierten Organismus auch die Voraussetzung für eine neue Qualität der Information und ihrer Verarbeitung und Speicherung.

Die Widerspiegelung der Umwelt im systemeigenen inneren Modell erfolgt nun nicht mehr, wie auf molekularer Ebene, in der räumlichen und zeitlichen Ordnung von Molekülen und ihren verschiedenen Zustandsformen, sondern in zunehmendem Maße auch in der räumlichen und zeitlichen Ordung von Zellen und ihren funktionellen Zuständen.

Diese neuen Prinzipien der Informationsverarbeitung und -speicherung erweitern die Speicherkapazität für die Informationen aus der Umwelt, sie ermöglichen, daß solche Signale überhaupt zu Informationen für den Organismus werden können, und erweitern damit seine Anpassungsfähigkeit. Die Erweiterung der Kapazität ist so groß, daß jetzt auch, und das ist insbesondere für die Entwicklung des gesellschaftlichen Wesens Mensch von Bedeutung, die gesellschaftlichen und individuellen Erfahrungen aus der Auseinandersetzung mit der Umwelt aufgenommen und mit zweckmäßigen Handlungsprogrammen verbunden werden können.

Wir sehen also, daß, wenn wir den Informationsbegriff in der Biologie nicht nur unter syntaktischem Aspekt, sondern auch unter dem Aspekt der funktionellen Bedeutung von Informationen betrachten, das informationsverarbeitende System selbst mit seinen Eigenschaften und Fähigkeiten als eine bestimmende Komponente in Erscheinung tritt. Somit erweist sich die Differenzierung der Information nach ihrer Systemadäquatheit als ein außerordentlich fruchtbarer und weiterführender Ansatz.

## 2.7. Zum Inhalt und Anliegen der Informatik

### 2.7.1. Gegenstand der Informatik

Die Informatik als Wissenschaft hat es insbesondere mit der Entwicklung theoretischer Grundlagen zur Darstellung, Umwandlung, Interpretation und Klassifikation der Struktur und Organisation von Informationen und Informationsverarbeitungsprozessen zu tun, um auf dieser Grundlage methodische und theoretische Prinzipien zur Analyse und Gestaltung von Informationssystemen verschiedenster Art zu gewinnen.

Die Informatik als Wissenschaft entwickelt sich insbesondere auf Grund der Notwendigkeit, das Spannungsfeld, welches zwischen dem rein syntaktisch arbeitenden technischen Automaten (als Informationstransformator) und dem zur Informationsvermehrung, zur semantischen Informationsverarbeitung befähigten, schöpferisch tätigen Menschen (als gesellschaftlichem Wesen) besteht, zu überbrücken.

Entwickelt sich die Informatik gerade auf Grund der bestehenden Spannung bzw. Widersprüchlichkeit zwischen der mathematisch-logischen Welt der Ja-Nein-Entscheidungen und der des realen gesellschaftlichen Lebens, in das die Automatisierungstechnik integriert werden soll, so erweist es sich als eine der entscheidenden Aufgaben der Informatik, die Automatisierung als einen Teil der umfassenden Aufgabe der sozialistischen Rationalisierung zu sehen. Im Rahmen der sozialistischen Rationalisierung können wir auf keinem Gebiet, auf dem es auf eine wesentliche Erhöhung der geistigen Leistungsfähigkeit des Menschen ankommt, auf den Einsatz eines so leistungsstarken Hilfsmittels für den Menschen verzichten, wie es die automatisierte Informationsverarbeitung darstellt.

Das gesellschaftliche Leben richtet sich jedoch nicht nach dem EDV-Anwendungssystem (Automat und Programmiersystem), sondern dieses hat dem gesellschaftlichen Leben, dem sozialen Fortschritt zu dienen.

So war eine der entscheidenden Ausgangsthesen für die hier vorgelegte Arbeit, daß es gilt, die These von der Schaffung EDV-gerechter Leitungssysteme umzukehren in die These der Notwendigkeit der Schaffung leitungsgerechter EDV-Anwendungssysteme. Dies war ein Ausgangspunkt, der zu dem Konzept der dynamischen Informationsverarbeitung führte.

Die Informatik als Wissenschaft beschäftigt sich weder mit der Konstruktion und Herstellung der Automaten noch unmittelbar mit der Vielzahl ihrer konkreten Anwendungen, sondern zielt auf die Behandlung abstrahierter Anwendungsfragen, deren wissenschaftliche Analyse theoretische Grundlagen für eine effektivere Lösung vorliegender Aufgaben oder für die Erschließung neuer Anwendungsgebiete bieten kann. Ihre Entwicklung erweist sich insbesondere als erforderlich, um die EDV-Anwendungssysteme in den gesellschaftlichen Zusammenhang zu integrieren, die Automatisierung als Teil der umfassenden sozialistischen Rationalisierung zu verstehen, die Arbeit mit dem Automaten zu vereinfachen, die EDV-Anwendungssysteme den Bedürfnissen der Nutzer anzupassen und nicht umgekehrt. Wir können daher formulieren. *Die Informatik ist die Wissenschaft von der Struktur und Organisation semantischer und syntaktischer Informationsverarbeitungsprozesse und -systeme unter besonderer Berücksichtigung der Möglichkeiten zur Nutzung des Automaten in einer effektiven Mensch-Maschine-Kombination.*

Das Verständnis der Informatik im Sinne von „Computer Science", das auf dem offensichtlich sehr engen Zusammenhang dieser Wissenschaft mit dem Automaten begründet ist, sowie ihr Verständnis im Sinne einer allgemein gefaßten Dokumentationswissenschaft, das sich auf die Bedeutung und Notwendigkeit der Bewirtschaftung wissenschaftlicher Informationen gründet, ist also offensichtlich für das Verständnis der Informatik und für ihre weitere Entwicklung als eigenständige wissenschaftliche Disziplin zu eng. Das Verständnis nur als „Computer Science" führt, wie im weiteren noch zu zeigen ist, zum Technizismus, ist also gerade der hier formulierten Aufgabenstellung entgegengesetzt. Der Problemkreis der Information und Dokumentation erweist sich andererseits aus dieser Sicht nur als ein, wenn auch besonders wichtiges Gebiet der Anwendung.

Um die maschinellen Operationen in die menschlichen Operationsabläufe der Informationsverarbeitung sinnvoll eingliedern zu können, muß man die Spezifik der menschlichen und der maschinellen Operation detailiert untersuchen. Überhaupt ergibt sich die Aufgabe, die Struktur und Organisation der Information und der Informationsverarbeitungsprozesse als geeignetes Zusammenwirken von menschlichen und maschinellen Operationen zum Gegenstand einer wissenschaftlichen Theorie, der Informatik, zu machen.

### 2.7.2. Beziehungen der Informatik zu benachbarten Wissenschaften

Die Beziehungen der Informatik zu anderen Wissenschaften lassen sich hier nur kurz skizzieren, denn eine genauere Bestimmung erscheint uns auf Grund der stürmischen Entwicklung auf diesem Gebiet noch verfrüht. Die Informatik nimmt heute jedoch schon einen wichtigen Platz im Gesamtsystem der Wissenschaften ein. Besonders enge Beziehungen zwischen bestimmten Wissenschaften können sich unter anderem aus einem gemeinsamen Gegenstand ergeben, aus gemeinsamen Forschungsmethoden und/oder einer gemeinsamen historischen Entwicklung. Für eine gesellschaftswissenschaftlich orientierte Informatik im zuvor skizzierten Sinne, als Theorie der Analyse und Gestaltung informationeller Systeme, die sich also speziell die Aufgabe stellt, theoretische Grundlagen zur Darstellung, Umwandlung, Interpretation und Klassifikation der Struktur und Organisation von Informationen und Informationsverarbeitungsprozessen zu entwickeln, um auf dieser Grundlage methodische und theoretische Prinzipien zur Analyse und Gestaltung von gesellschaftlichen Informationssystemen, deren Effektivität durch den Einsatz automatischer Informationsverarbeitungsanlagen erhöht werden soll, zu gewinnen, gibt es naturgemäß eine besonders enge Verbindung zu den Wissenschaften, die ebenfalls ihren Gegenstand mit informationswissenschaftlichen Methoden und Verfahren erschließen, sowie zu den Wissenschaften, die den wissenschaftlichen Vorlauf für die technischen Grundlagen der automatisierten Informationsverarbeitung schaffen, und zu den Wissenschaften, die dazu beitragen können, die Ergebnisse der automatisierten Operationen wieder sinnvoll in den komplexen gesellschaftlichen Reproduktionsprozeß einzugliedern. Die Informatik hat ja gerade die Aufgabe, das Spannungsverhältnis zwischen dem technischen Automaten und seiner gesellschaftlichen Umwelt, zwischen Mechanismus und lebendiger Wirklichkeit, zu überbrücken. Es wären hier also unter anderem zu nennen: die im vergangenen Abschnitt dargestellten mathematischen Informationstheorien, die allgemeine Kybernetik sowie verschiedene Formen ihrer Anwendung (technische Kybernetik, Bio-Kybernetik und Organisations-Kybernetik), die Bionik, die allgemeine System- und Modelltheorie sowie die Kommunikationstheorie, die allgemeine Sprachtheorie und die Semiotik. Spezielle Beziehungen bestehen naturgemäß zu den sogenannten Rechnerwissenschaften und zu den verschiedenen Zweigen der Ingenieurwissenschaften und dann natürlich zur Psychologie und zu verschiedenen Gesellschaftswissenschaften, unter anderen zu den Organisations- und Leitungswissenschaften, zu den Bibliothekswissenschaften, zur Ökonomie, Wissenschaftstheorie und -organisation sowie auch zur Philosophie.

Die Entwicklung mathematischer Informationstheorien und ihre erfolgreiche Anwendung bei der Erforschung verschiedener Bereiche der objektiven Realität, speziell der klassischen Informationstheorie im Sinne Shannons, hat weiterhin zu der Vorstellung geführt, daß sich das Problem der Information allumfassend und erschöpfend durch diese Konzeption behandeln läßt. Die führenden Vertreter der klassischen Informationstheorie haben jedoch selbst auf die notwendige Begrenztheit dieser Theorie aufmerksam gemacht. So schreibt zum Beispiel Brillouin: „Im Augenblick können wir in unserer Theorie kein Element einführen, das etwas über den Wert der Information für den Menschen aussagt. Diese Ausklammerung des menschlichen Elements ist eine sehr ernste Begrenzung, aber sie ist der Preis, den wir bisher dafür bezahlen mußten, daß wir in der Lage waren, dieses System wissenschaftlicher Erkenntnis aufzubauen. Die Beschränkungen, die wir eingeführt haben, ermöglichen es uns, dem Begriff der ‚Information' eine quantitative Definition zu geben und ‚Information' als eine physikalisch meßbare Quantität zu behandeln. Diese Definition kann nicht unterscheiden zwischen einer außerordentlich wichtigen Information und einer beliebigen Nachricht, die für den Empfänger ohne großen Wert ist."[92]

Wie zuvor schon deutlichgemacht wurde, bezieht sich die klassische Informationstheorie nur auf Informationsquellen und Informationskanäle; schon Netzwerke technischer Logik — noch weniger aber Neuronennetze — können mit diesem Informationsmaß nicht betrachtet werden. Information kann und muß gerade im Rahmen der Informatik auch qualitativ betrachtet werden. Die mathematischen Informationstheorien können nicht alle für die Informatik wichtigen Gesichtspunkte berücksichtigen.[93]

In entsprechender Weise hat die Informatik auch enge Berührungspunkte zur Kybernetik, ist jedoch nicht mit ihr identisch oder ein Teil von ihr. Während lange Zeit die philosophische und methodologische Diskussion über das Für und Wider der Kybernetik geführt wurde (und dabei das Schwergewicht der Diskussion bei einer vergleichenden Analyse des menschlichen Denkens mit den Fähigkeiten der sogenannten maschinellen bzw. künstlichen Intelligenz lag), verlagert sich heute die Diskussion von der Frage der Möglichkeiten von Denkoperationen in technischen Systemen auf eine andere Ebene, und zwar hin zur genaueren Untersuchung der effektiven Mensch-Maschine-Kombination. Die Hinwendung zu praktischen Aufgaben ist gegenwärtig besonders charakteristisch. Neben umfangreichen Forschungsarbeiten erfolgt die experimentelle Erprobung

[92] Brillouin, L., Science and information theory, New York 1956, S. XXI.

[93] Vgl. Michajlov, A. I., Černyj, A. I., Giljarevskij, R. W., Informatik, Grundlagen, Teil I, Berlin 1970, S. 48.

verschiedener Varianten automatisierter Informationsverarbeitungssysteme (AIVS). Speziell wird an EDV-Anwendungssystemen zur Unterstützung der Leitungstätigkeit in verschiedenen Bereichen des gesellschaftlichen Lebens gearbeitet.

Damit rücken andere theoretische und methodologische Probleme in den Vordergrund, und zwar insbesondere Probleme der Organisation des Zusammenwirkens von Mensch und Automat, Probleme der Integration der maschinellen Operationen in die menschliche Tätigkeit. Untersucht man die verschiedenen Probleme der Mensch-Maschine-Kommunikationssysteme, Diagnosesysteme, Datenbanksysteme, Kommunikationsnetzwerke, gesellschaftliche Informationssysteme und anderes, so sind Grunderkenntnisse der Kybernetik und Bionik zu berücksichtigen. Zugleich wird der Rahmen dieser Wissenschaften wieder überschritten.

Heute geht es gerade auf der Grundlage der genaueren Untersuchung der Spezifik menschlicher und maschineller Leistungen um eine rationelle Funktionsteilung im Informationssystem. Hieraus entwickelt sich die Informatik.

Die Informatik stützt sich auf die Erkenntnisse der Semiotik, die als allgemeine Theorie der Zeichensysteme und Sprachen in besonders enger Beziehung zur Informatik steht, da sie sich mit den physischen Dingen beschäftigt, die sich dazu eignen, die sachliche zeitliche und örtliche Umwandlung von Bezeichnungen, Bedeutungen und Bewertungen zu ermöglichen, die die wichtigste Brücke zwischen der gesellschaftlichen und der gestalteten natürlichen Umwelt des Menschen darstellt. Von besonderem Interesse ist hier sicher die sich zu einer speziellen Disziplin entwickelnde ökonomische Semiotik. Sie hat die Analyse der für die Leitung der Volkswirtschaft erforderlichen Zeichensysteme sowie die Erforschung ihrer Methodologie zum Gegenstand. Reuß und Maskos schreiben: „Es entsteht also neben der Projektierung und Gestaltung der Informationssysteme eine neue eigenständige Problematik: sind die Zeichensysteme entsprechend dem darzustellenden ökonomischen Sachverhalt optimal gewählt, ist ihre Bedeutung eindeutig, stehen die Zeichen in den richtigen Beziehungen zueinander und welche Nützlichkeit haben die Zeichen in bezug auf die zu übertragende Information für den Empfänger? Letztlich erfordert die Formulierung einer ökonomischen Aufgabenstellung und ihre Übertragung und Berechnung auf einer elektronischen Datenverarbeitungsanlage den Übergang von einem Zeichensystem, von einer Sprache in mehrere andere."[94] Hier wird das Ineinanderübergehen der Aufgabenstellungen der verschiedenen Disziplinen ganz offensichtlich. Die Informatik hat, ausgehend von den auf den verschiedenen Gebieten

[94] Reuß, K.-H., Maskos, H., Vorwort zu: Ökonomische Semiotik, Berlin 1972, S. 8.

verwendeten Mitteln zur Aufzeichnung von Informationen, die Möglichkeiten, Methoden, Verfahren und Algorithmen, den Übergang von einer Sprache in eine andere zu untersuchen und entsprechende Schlußfolgerungen für die Gestaltung informationeller Systeme zu ziehen. Die Informatik wird in starkem Maße selbst Methoden und Erkenntnisse der Semiotik (in ihren drei Bestandteilen: Syntaktik, Semantik und Pragmatik) bei der Erforschung, Analyse und Synthese von Informationssystemen anwenden, zum Beispiel bei der Erforschung und Klassifizierung der qualitativen Zusammensetzung der Information, der Analyse der Struktur des Informationssystems, der Auswahl einer rationellen Struktur des Systems der Datenverarbeitung und anderem.[95]

Für die wissenschaftliche Forschung im Zusammenhang mit dem Bau und der Erhöhung der Leistungsfähigkeit moderner Informationsverarbeitungsanlagen durch Verbesserung der Hard- und Software gibt es in der Literatur heute die verschiedensten Bezeichnungen, wie „Rechnerwissenschaft", „Computer science", „Informationstechnik", „Wissenschaft von der Informationsverarbeitung", „Informatik" und andere.

Nickel schlägt vor, die Informatik als „Wissenschaft der Information und Technik ihrer Verarbeitung" zu verstehen. „Da die Informationsverarbeitung heute fast ausschließlich über den Computer erfolgt, kann man die Deutung des Begriffes Informatik auch am Computer (und am englischen ‚computer science') orientieren durch: Informatik ist die Theorie der Wirkungsweise und Anwendung von Computern. Der Name ‚Informatik' wurde . . . geprägt als Übersetzung des französischen Ausdrucks ‚informatique'."[96]

Nickel sieht zunächst die Möglichkeit zu einem weiteren Verständnis des Begriffs schränkt ihn dann jedoch auf „Computer science" ein. Das entspricht zunächst auch der Entstehungsgeschichte, dieses Begriffs, die von ihm wie folgt geschildert wird: „Wenn ich mich recht erinnere, war es während des von Prof. Lehmann (Dresden. einberufenen III. Internationalen Kolloquiums über aktuelle Probleme der Rechentechnik in Dresden vom 18. 2.—25. 2. 1968, daß dieser Name ‚erfunden' wurde) Während und außerhalb der Tagung wurden die verschiedensten Namen als Äquivalent für das englische ‚computer science' vorgeschlagen, wie etwa ‚Computer-Theorie' und ‚Komputor-Theorie', ‚Theorie der Informationsverarbeitung' ‚Informationstheorie' war schon für ein Spezialgebiet verbraucht) usf. Weil alle die vorgeschlagenen Namen nicht zweckmäßig erschienen (zu lang, nicht eindeutig genug, . . .), einigte man sich schließlich (wenn ich mich recht erinnere beim Frühstück am letzten Morgen der

[95] Vgl. Černjak, J., Die Methoden der ökonomischen Semiotik, in: Ökonomische Semiotik, Berlin 1972, S. 20.

[96] Nickel, K., Die Dualität Hardware-Software, in: Informatik 1972, Nova acta Leopoldina NF, Bd. 37/1, Nr. 206, S. 377f.

Tagung) auf ‚Informatik'. Von einem Germanisten wurde ich darauf aufmerksam gemacht, daß diese Wortbildung falsch sei, korrekt müsse es ‚Informatorik' heißen. Inzwischen hat sich jedoch diese ‚falsche' Bezeichnung nicht nur im deutschsprachigen Raum schon durchgesetzt."[97]

Bei unserem Verständnis der Informatik gehen wir davon aus, daß der Automat nicht Mittelpunkt, sondern ein Hilfsmittel ist.

Ganzhorn schreibt zu Recht: „Man wird wahrscheinlich den deutschen Sprachschöpfern in Zukunft ein großes Kompliment machen müssen, daß sie — ob bewußt oder intuitiv möchte ich dahingestellt sein lassen — der Disziplin, die zunächst als wissenschaftliche Fundierung der Datenverarbeitung gedacht war, einen von dem Begriff ‚Computer' losgelösten Namen gegeben haben. Heute erhebt sich in der Tat die Frage, ob Informatik lediglich die Grundlagenwissenschaft der Datenverarbeitung ist, oder ob nicht der Computer nur eines von vielleicht mehreren Werkzeugen ist, dessen sich die Informationswissenschaft der Zukunft bedient."[98]

Die mit der Entwicklung und Verbesserung der Hard- und Software unmitt elbar verbundenen wissenschaftlichen Arbeiten stellen unseres Erachtens eine selbständige wissenschaftliche Disziplin, die Rechnerwissenschaft dar, die aber zur Informatik in dem von uns definierten Sinne gerechnet werden kann oder zumindest in einer besonders engen Beziehug zu ihr steht; denn es geht ja um die Frage des effektiven Einsatzes der Automaten, der nicht unabhängig von Struktur und Funktion der Anlagen, ihrer Betriebssysteme und den entsprechenden Systemunterlagen gestaltet werden kann. So schreibt Adam: „Der anwendende Informatiker betreibt sowohl die erklärende Kybernetik als auch die gestaltende Bionik, aber nicht ausschließlich als Erbauer und Organisator strukturverarbeitender Maschinen (Hard- und Softwareinformatik). Die Maschine ist lediglich ein Hilfsmittel, um das harmonische Funktionieren großer komplexer Systeme zu unterstützen, und kein ‚Zauberlehrling', der uns in das Schicksal einer Softwaresklaverei hineintreibt. Vielmehr ist es die Aufgabe des Informatikers, die Strukturen und Funktionen integraler Systeme zu untersuchen und solche Systeme (der Forschung, Wirtschaft und Gesellschaft, des Bildungs-, Rechts- und Gesundheitswesens usw.) mit neuen Strukturen und Funktionsweisen nach gesellschaftlichen Zielvorstellungen auszustatten."[99]

[97] Ebenda, S. 378.

[98] Ganzhorn, K., Prinzipien in Rechnerstrukturen, in: Elektronische Rechenanlagen, 6/1973, S. 263.

[99] Adam, A., Informatik — Probleme der Mit- und Umwelt, Köln/Opladen 1971, S. 17.

Hier klingt der für uns zentrale Gedanke an, daß es der Informatik um die Probleme der Integration des Automaten in das gesellschaftliche Leben gehen muß.

Das Algorithmieren geistiger Prozesse, worum es beim Einsatz des Automaten zur Unterstützung der Leitungstätigkeit, der Diagnosefindung, des konstruktiven Entwicklungsprozesses usw. geht, kann sinnvoll nur durch ein tieferes Eindringen in das Wesen der bisher nur vom Menschen ausgeführten Tätigkeiten erfolgen. Dies führt zu engen Berührungspunkten mit der Psychologie. Man braucht genauere Kenntnisse über die Mechanismen menschlichen Denkens und die Spezifik der schöpferischen menschlichen Denkprozesse. Menschliche Denkleistungen (wie Klassifizierung, Verallgemeinerung und Diagnostik syntaktischer Informationen) werden heute schon (soweit Algorithmen dafür gefunden werden) mit gewissem Erfolg auf elektronischen Datenverarbeitungsanlagen realisiert. Wichtig ist hier die Erkenntnis, daß wir uns auch hier allein im Bereich formalisierbarer Operationen bewegen.

Oftmals werden diese formalisierten Diagnose- und Lernprozesse als schöpferisch bezeichnet, und es wird daher auch von „schöpferisch" denkenden Automaten gesprochen. Unseres Erachtens geht es beim Schöpferischen jedoch nicht um die Ausführung komplizierter formalisierter Operationen, sondern darum, solche Denkprozesse anzuregen, neue Verfahren aufzunehmen, das innere Modell zu erweitern, die Information zu vermehren. Für die Informatik ist also gerade wieder dieses Zusammenspiel von formalisierter Operation und schöpferischem Denken des Menschen interessant. Es geht ihr um die Methoden der Speicherung, Vermittlung und Verarbeitung semantischer wie auch syntaktischer Informationen.

In groben Zügen sind damit einige der Wechselbeziehungen zwischen Informatik und anderen Wissenschaften dargestellt worden. Diesen — hier als besonders eng zusammenwirkend charakterisierten Disziplinen — liegen meist wieder andere Wissenschaftsdisziplinen zugrunde. Es zeigt sich, daß sich die Informatik als selbständige wissenschaftliche Disziplin nur in enger Wechselwirkung mit anderen Wissenschaften herausbildet. Die Entstehung einer neuen Wissenschaft an den Nahtstellen vieler anderer Wissenschaften ist ein komplizierter Prozeß, weil die Anwendung ihrer Erkenntnisse in den verschiedensten Bereichen der objektiven Realität (wie zum Beispiel in der Medizin, in der Ökonomie usw.) zu speziellen angewandten Disziplinen führt, die sich nur in enger Verflechtung mit den für diese Gebiete relevanten Wissenschaften entwickeln können. Diese Wechselbeziehungen erfordern die Ausbildung von Wissenschaftlern, die die eine oder andere der sich berührenden Disziplinen beherrschen und einen genügend tiefen Einblick in den anderen Bereich besitzen. Es müssen also Kader ausgebildet werden, die mindestens zwei Spezialgebiete beherrschen und in der Lage sind, die Methoden und Erkenntnisse der Informatik in einer anderen Wissenschaft in Zusammenarbeit mit den dort arbeitenden Spezialisten zur Anwendung zu bringen.

## 2.8. Allgemeine und angewandte Informatik

### 2.8.1. Zusammenhang zwischen Informatik, angewandter Informatik, Anwendungsgebiet und Fachwissenschaft

Wenn von Informatik gesprochen wird, so wird heute meist zwischen allgemeiner und angewandter Informatik unterschieden. Angewandte Informatik bedeutet, daß die Erkenntnisse, Gesetze, Prinzipien und Methoden der allgemeinen Informatik in einem bestimmten Gegenstandsbereich angewendet werden. Die Erkenntnisse, die hierbei gewonnen wurden, tragen in verallgemeinerter Form wieder zur Weiterentwicklung der allgemeinen Informatik bei. Bei der Anwendung der Erkenntnisse in einem konkreten Anwendungsbereich findet eine unmittelbare Verflechtung mit den Erkenntnissen der für diesen Gegenstandsbereich zuständigen Wissenschaft statt. Es ist ganz offensichtlich, daß die EDV-Anwendung in der Medizin an der Oberfläche bleiben muß, wenn sie sich nicht unmittelbar mit der medizinischen Forschung verbindet.[100]

Um automatisierte Informationsverarbeitungssyteme (AIVS) für konkrete Anwendungsbereiche zu entwickeln, bedarf es des organisierten Zusammenwirkens der angewandten Informatik und der angewandten Fachdisziplin bzw. des Anwendungsgebietes. Während die angewandte Informatik in der allgemeinen Informatik ihre theoretische Grundlegung findet und durch anwendungsspezifische Methoden und Verfahren für die Entwicklung leistungsfähiger konkreter Datenverarbeitungstechnologien ergänzt werden muß, besitzt die angewandte Fachdisziplin, zu deren Unterstützung das automatisierte Informationsverarbeitungssystem dienen soll, in der entsprechenden Fachwissenschaft ihre inhaltliche Grundlegung, indem die dort geltenden allgemeinen Gesetzmäßigkeiten und zur Anwendung kommenden Methoden und Verfahren für die Lösung der im Rahmen der angewandten Fachdisziplin gestellten konkreten Aufgabe spezifiziert werden.

[100] Autorenkollektiv, EDV in der Gesundheitseinrichtung; Erfahrungen, Ergebnisse und Entwicklungsaspekte bei der automatisierten Informationsverarbeitung im Krankenhaus, Dresden 1974.

Als Beispiel für den durch die angewandten Disziplinen vermittelten Zusammenhang zwischen der Informatik und einer Fachdisziplin möge die Gestaltung eines rationellen Systems des Herz-Kreislauf-Screenings angesehen werden. Aufbauend auf den medizinischen Ergebnissen der Grundlagenforschung über Herz-Kreislauf-Erkrankungen, werden solche Meßwerte und die zwischen ihnen bestehenden algorithmischen Zusammenhänge ermittelt, die zur praxiswirksamen Massenuntersuchung für die Früherkennung von Symptomträgern von Herz-Kreislauf-Erkrankungen geeignet sind. Die Lösung dieser Aufgabe ist von großer gesundheitspolitischer Bedeutung, weil die Herz-Kreislaufschäden einen sehr hohen Prozentsatz der Erkrankungen überhaupt ausmachen.

Ein effektives Massenuntersuchungssystem erfordert den Einsatz von EDVA und damit die Einführung eines entsprechenden automatisierten Informationsverarbeitunssystems. Während die angewandte Informatik durch die Analyse der Spezifik der hier auftretenden Informationsverarbeitungsprozesse die geeignete Gerätekonfiguration und Programmiersysteme bzw. Programmpakete bereits tellenmuß, steht die angewandte medizinische Herz-Kreislauf-Forschung vor der Aufgabe, ein effektives Organisationssystem für die Erfassung der klinisch relevanten Massendaten und die Auswertung der ermittelten Ergebnisdaten zu schaffen. Die Projektierung und Einführung eines entsprechenden automatisierten Informationsverarbeitungssystems erweist sich somit als das interdisziplinäre Zusammenwirken von angewandter Informatik und angewandter Fachdisziplin.

Dieses Beispiel läßt sich verallgemeinern (vgl. Abbildung 15). Indem die Informatik aus der Klassifizierung von Informationsverarbeitungsprozessen und allgemeingültigen Untersuchungen über Inhalt und Form von Mensch-Rechner-Kombinationen die Grundstrukturen für verschiedene Typen von automatisierten Informationsverarbeitungssystemen ermittelt und allgemeine Methodiken erarbeitet, die der Spezifik dieser Typen angepaßt sind, legt sie praktisch handhabbare theoretische Grundlagen für alle Gebiete der angewandten Informatik.

Die angewandte Informatik bedient sich bei der Analyse des Informationsverarbeitungssystems des Anwendungsbereiches und der Grundsatzentscheidung für den Entwurf eines automatisierten Informationsverarbeitungssystems dieser allgemeinen Erkenntnisse und konkretisiert sie durch die spezifischen Erfordernisse des Anwenderbereiches. Sie steht mit der angewandten Fachdisziplin, für die das automatisierte Informationsverarbeitungssystem zu entwickeln ist, in enger Wechselbeziehung, das heißt sie muß unter informationellem Aspekt den Zielstellungen des Anwenderbereiches Rechnung tragen und daher durch die Kenntnisse über die betreffenden Sachzusammenhänge bereichert werden. Umgekehrt bedarf die für den Anwendungsbereich verantwortliche angewandte Fachdisziplin gewisser Grundkenntnisse der angewandten Informatik ihres Bereiches, um eine moderne Organisation, die die Leistungen des automatisierten Informationsverarbeitungssytems in den jeweiligen Arbeitsprozeß integriert, entwickeln zu können. Das Informationssystem erweist sich somit immer nur als ein Hilfsmittel, um die sich aus den Sachzusammenhängen ergebenden Erfordernisse nach rationellen Technologien und Organisationslösungen realisieren zu können.

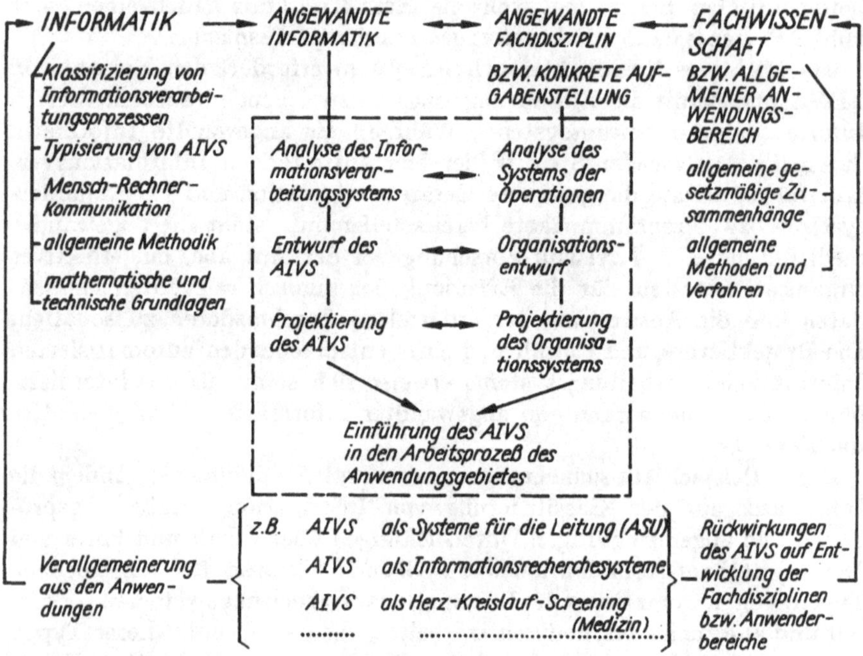


Abb. 15: Zum Verhältnis von Informatik und Fachwissenschaft

Die Einführung eines automatisierten Informationsverarbeitungssystems in den Arbeitsprozeß des Anwendungsgebietes wird somit zu einem Bestandteil des komplexen Sachprozesses, dessen Struktur von reinen EDV-Spezialisten nicht determiniert werden kann und darf, auch wenn ihnen heute vielfach die Verantwortung übertragen wird, weil bei einigen Anwendungsgebieten entsprechende angewandte Fachdisziplinen noch nicht bzw. ungenügend entwickelt worden sind. Das trifft insbesondere für die Entwicklung betrieblicher Informationssysteme zu, weil die sich erst in den letzten Jahren intensiv entwickelnde Leitungswissenschaft noch keine angewandten Fachdisziplinen ausbilden konnte, die in der Lage wären, konkrete Leitungssysteme zu projektieren. Daher wird den EDV-Einsatzkollektiven oftmals die alleinige Verantwortung für die Projektierung und Einführung eines automatisierten Informationsverarbeitungssystems übertragen. Daran ändert auch der Umstand nichts, daß die Leitungskader des jeweiligen Anwendungsbereiches in die Einsatzvorbereitungen einbezogen werden und ihre Verantwortung betont und auch mehr oder weniger gut wahrgenommen wird. Diese in der Praxis anzutreffende Verfahrensweise deutet darauf hin, daß die Leitungskader zur Unterstützung von sachgerechten EDV-Systemen herangezogen werden, nicht aber umgekehrt EDV-Kader zur Unterstützung bei der Gestaltung von zweckmäßigen Leitungssystemen. Darin sehen wir einen Grund dafür, daß die in der Sowjetunion mit Erfolg entwickelte ASU-Konzeption in der EDV-Einsatzvorbereitung vor allem die organisatorische Gestaltung des Leistungs- und Leitungssystems in den Mittelpunkt stellt und damit die Verantwortung der hierfür zuständigen Fachdisziplinen hervorhebt.

Aus den tatsächlich realisierten automatisierten Informationsverarbeitungssystemen in den verschiedensten Anwendungsbereichen gewinnt die Informatik ihrerseits Anregungen zur Vertiefung ihrer wissenschaftlichen Problemstellungen. Die Informatik erweist sich somit als eine verallgemeinerte Anwendungskonzeption für die Integration von EDVA in die verschiedensten Bereiche des gesellschaftlichen Lebens. Andererseits ergeben die eingeführten automatisierten Informationsverarbeitungssysteme Rückwirkungen auf die Entwicklung der Fachdisziplinen bzw. Anwenderbereiche, weil die EDV-Anwendung als ein universelles Hilfsmittel zur Aufdeckung allgemeiner gesetzmäßiger Zusammenhänge eingesetzt wird und dadurch eine Integration in die Methoden und Verfahren der Fachwissenschaft selbst erfolgt. Aus einer auf diese Weise durch die Anwendung der EDV angereicherten Fachwissenschaft erwachsen selbst wieder neue angewandte Fachdisziplinen zur Lösung konkreter Aufgabenstellungen im Sinne der Überführung von Grundlagenerkenntnissen in praktische Technologien. Diese *Verflechtung der Informatik mit den Fachwissenschaften* — vermittelt über ihre Anwendungsgebiete — beschleunigt das Zusammenwachsen der Wissenschaften und ermöglicht und fördert interdisziplinäre Forschungen auf verschiedensten Gebieten unter Anwendung universell nutzbarer moderner Informationsverarbeitungsmethoden. Die Untersuchung dieses Prozesses ist eine der wichtigsten *Aufgaben der heutigen Wisesnschaftstheorie und Wissenschafsorganisation.*

Im folgenden sollen zwei der wichtigsten Gebiete der EDV-Anwendung im Sinne der angewandten Informatik skizziert werden: Information und Dokumentation sowie Leitungs- und Planungsprozesse.

## 2.8.2. Information und Dokumentation

Ein Gegenstandsbereich, der besonders große praktische Bedeutung besitzt und sich durch einige theoretische Besonderheiten auszeichnet, ist die Information und Dokumentation, die sich auf der Grundlage der Bibliothekswissenschaften und des traditionellen Bibliothekswesens entwickelt hat, heute jedoch weitergehende wissenschaftliche Grundlagen einschließt. Die Information und Dokumentation hat vor allem Metainformationen über die in den Dokumenten enthaltenen Informationen zum Gegenstand. Durch zweckmäßige Klassifikation von Informationsmengen der unterschiedlichsten Sachgebiete soll erreicht werden, daß eine Überschaubarkeit und Beherrschbarkeit der gewonnenen und in den Dokumenten niedergelegten Erkenntnisse erreicht wird. Unter der Nutzung von Datenverarbeitungsanlagen bedient man sich dazu der sogenannten Inhaltsdaten (siehe Abschnitt 3.3.3.3.), die auf dem Wege des Indexierens von Dokumenten gewonnen werden.

Neben der Entwicklung geeigneter Klassifikationssysteme (Thesauri), ihrer theoretischen und methodischen Analyse, deren Verallgemeinerung Gegenstand der Informatik als Wissenschaft ist, besitzt die Information und Dokumentation die Aufgabe, auf der Grundlage von zu erarbeitenden Nutzerprofilen über die in den Dokumenten gespeicherten Informationen zu informieren, das heißt die neuen Erkenntnisse an die Nutzer heranzubringen, die diese Erkenntnisse für ihre eigene Tätigkeit benötigen. Auch hierfür sind theoretische Vorarbeiten zu leisten, Methoden zu entwickeln und moderne Techniken zur Anwendung zu bringen.

Die Bemühungen der Information und Dokumentation um die Lösung dieser Aufgaben führen zum Aufbau von Informations- und Faktenrecherchesystemen, die spezielle Datenverarbeitungssysteme darstellen. Diese Systeme unterscheiden sich vor allem durch zwei Besonderheiten von den übrigen Datenverarbeitungssystemen:

— Der Gegenstand der Datenverarbeitung sind Inhaltsdaten (Metainformationen), über die der Zugriff zu den Informationen bzw. Informationsmengen gesteuert wird.
— Die Dateien, die der Datenverarbeitung zugrunde gelegt werden, bestehen aus Objekten (den Dokumenten) mit einer unterschiedlichen Charakteristik, jedem Objekt ist in der Regel eine andere Menge von Eigenschaften (Charakteristika) zugeordnet.

Im Gegensatz dazu wird in den übrigen Datenverarbeitungssystemen mit Dateien gearbeitet, deren Datensätze eine konstante Charakteristik besitzen, das heißt, die einmal definierte Merkmalsmenge gilt für alle Objekte der Datei.

Der Begriff Dokomentation wurde in seinem engsten, ursprünglich nur juristischen Sinn als „Ergebnis der schriftlichen Fixierung von Rechten und Zuständen in gesetzlich festgelegter Form"[101] verwendet und war damit untrennbar mit dem traditionellen Bibliothekswesen verbunden. Dokumentation ist die Erfassung und Speicherung, die Klassifizierung und Auswahl, die Vorbereitung und Nutzung aller Arten von Informationen. Wobei als Dokument zum Beispiel verstanden wurde: Bücher, Filme, Berichte, Landkarten, Lochkarten, Magnetbänder, Oszillogramme.

Aus der Tatsache und aus dem Bedürfnis, nicht nur von dem Dokument Kenntnis zu haben, sondern auch über die in ihm enthaltenen Sachverhalte und Fakten, ergab sich die Notwendigkeit, das Dokument (das Buch) als Informationsquelle anzusehen. Damit trat am Ende der vierziger Jahre der Begriff der „wissenschaftlichen Information" auf.

Weiterhin verlangte der wissenschaftlich-technische Fortschritt, daß nicht nur buchhändlerisch vertriebene Dokumente, sondern auch Forschungsberichte, Kongreßberichte, insbesondere auch Patente, Standards und anderes schnell beschafft und (im obigen Sinne als Informationsquelle verstanden) an die entsprechenden Fachleute vermittelt werden. Der Darstellung des Hauptanliegens der Information und Dokumentation dient das bereits zitierte Werk von Michajlov, Černyj und Giljarevskij. Die Autoren heben hervor, daß das Wort „wissenschaftlich" nicht bedeutet, daß solche Art der Information nur in der Wissenschaft bzw. in der Forschung vorkomme, doch läßt sich nicht verhindern, daß mit einer solchen Bezeichnung dieser Bereich assoziiert wird. Es scheint aber in der Tat angebracht, wie Koblitz im Vorwort dieser Arbeit (S. XII) vorschlägt, den Terminus „Fachinformation" zu verwenden.[102]

Die erste Ausgabe der Arbeit von Michajlov, Černyj und Giljarevskij erschien entsprechend dieser Entwicklung in der Sowjetunion 1956 unter dem Titel „Grundlagen der wissenschaftlichen Information". Es war, wie die Autoren im Vorwort der zweiten Auflage hervorheben, einer der ersten Versuche in russischer Sprache, die Theorie, die Methodik und die Organisation der neuen Wissenschaftsdisziplin darzulegen.

In einem Brief an Michajlov schlug Charkevič vor, die Wissenschaft, die die Information über die wissenschaftliche Information zum Gegenstand hat, mit dem Namen „Informatik" (einer Kombination von Information und Automation) zu bezeichnen.

[101] Michajlov, A. I., Černyj, A. I., Giljarevskij, R. S., Informatik. Grundlagen, Teil 1, a. a. O., S. 32.

[102] Vgl. auch Koblitz, J., Die Stellung der Bibliothekswissenschaft und der Informations- und Dokumentationswissenschaft in der Informationswissenschaft, in: Zbl. Bibl.-Wesen, Leipzig, Bd. 83, 12/1969.

Den letzten Anstoß zur Wahl des neuen Namens gab die Kritik von Dorfmann: „Es wäre logischer, die neue Disziplin, die sich mit den Prinzipien, Methoden und Mitteln der Erfassung, Bearbeitung, Speicherung von Informationen aller Art befaßt, als Informatik zu bezeichnen."[103]

Wenn der Terminus Informatik auch der allgemeineren Wissenschaft in dem oben genannten Sinne vorbehalten bleiben sollte, so ist es doch richtig, sich intensiver mit den theoretischen und praktischen Problemen zu beschäftigen, die vor der modernen Information und Dokumentation stehen. So fordert Engelbert im Sinne der angewandten Informatik den Aufbau einer Informationswissenschaft, die — ausgehend von den Informationsprozessen in den Wissenschaften — die effektive und gezielte Versorgung mit wissenschaftlich-technischen Informationen und den hierbei zu nutzenden technischen Hilfsmitteln zum Gegenstand hat.[104]

Eine solche Informationswissenschaft ist jedoch nicht eine allgemeine Wissenschaft über die Information, sondern über Inhalt und Formen des zweckmäßigen und gezielten Informierens.

### 2.8.3. Leistungs- und Leitungsprozesse in Betrieben und Einrichtungen

Um die relativ komplexe Struktur der angewandten Informatik für Leistungs- und Leitungsprozesse in Betrieben und Einrichtungen durchsichtiger zu machen, wollen wir zunächst an einem Analogiebeispiel das Verhältnis zwischen angewandter Informatik und Anwendungsbereich erläutern.

Nehmen wir an, daß ein Biologe beabsichtigt, für eine Menge von Meßwerten eine statistische Auswertung durchzuführen. Angesichts der umfangreichen Datenmenge empfiehlt sich die Nutzung der EDV. Obwohl in der eigentlichen Grundlagenwissenschaft tätig, fungiert dieser Biologe zugleich als Organisator des Durchführungsprozesses eines Systems von Informationsverarbeitungsaufgaben. Er wendet sich an ein Rechenzentrum und erläutert, in welcher Weise er sich die Auswertung der von ihm ermittelten Meßwerte vorstellt. Wenn seine mathematischen Kenntnisse nicht umfassend genug sein sollten, so wird er im Rechenzentrum

103 Dorfmann, J. G., Recenzija na knigu A. I. Michajlov, A. I. Černyi, R. S. Giljarevskij „Osnovy naučnoj informacii", in: Naučno-techn. inform., 1966, S. 46 ff.

104 Vgl. Engelbert, H., Bevor wir eine „Informationswissenschaft" entwickeln können, müssen wir die Informationswissenschaft aufbauen, in: Informatik, Jg. 20, 1/1973, S. 51; derselbe: Die Informationsprozesse in der Wissenschaft erfordern eine eigene Wissenschaft, in: Die Technik, Jg. 28, 2/1973, S. 81.

möglicherweise auf die Anwendbarkeit aussagekräftigerer Auswertungsverfahren hingewiesen werden. Der EDV-Spezialist (hier Problemanalytiker) steht als Repräsentant der angewandten Informatik (der über ein Reservoir von multivalent nutzbaren mathematischen Modellen verfügt) vor der Aufgabe, universell nutzbare Programmpakete zu entwickeln, die es ihm ermöglichen, diese oder ähnliche Aufgabenstellungen in technologisch rationeller Weise dem Automaten zuzuführen.

In diesem Beispiel sind die Funktionen und die Verantwortung des Fachwissenschaftlers und des angewandten Informatikers klar voneinander abgegrenzt. Die Sachlage wird bereits etwas komplizierter, wenn es um die EDV-Anwendung für einen komplexen arbeitsteiligen Forschungsprozeß geht, wie es zum Beispiel die bereits erwähnte Einführung eines automatisierten Informationsverarbeitungssystems für die automatische EKG-Analyse im Rahmen eines Herz-Kreislauf-Screenings ist.

Hier sind organisatorische Lösungen für die zweckmäßige on-line-Erfassung der Daten und für den praktischen Einsatz und die Entwicklung spezifischer Programme notwendig, die den Erkenntnissen der Herz-Kreislauf-Forschung und den Prinzipien des sozialistischen Gesundheitswesens entsprechen. Um sowohl die technischen und programmiertechnischen Potenzen eines automatisierten Systems voll ausschöpfen zu können, als auch den konkreten Bedingungen der dem Herz-Kreislauf-Screening zugrunde gelegten Zielstellungen voll zu entsprechen, muß ein aus Vertretern beider Disziplinen zusammengesetztes Einsatzkollektiv gebildet werden.

Es ist einleuchtend, daß die Verantwortung für die Durchführung des Herz-Kreislauf-Screenings die angewandte Medizin trägt. Die angewandte Informatik muß allerdings dabei garantieren, daß die Datenerfassungssysteme und die Programmbearbeitung funktionssicher und fehlerfrei arbeiten.

Nach dieser Vorbemerkung wollen wir uns dem Verhältnis zwischen angewandter Informatik und den Leistungs- und Leitungsprozessen in Betrieben und Einrichtungen zuwenden.

Im Prinzip gilt auch hier, daß sowohl der Informationsbedarf als auch die notwendig erscheinenden Informationsverarbeitungsprozesse aus den Sachprozessen selbst abgeleitet werden müssen. Die angewandte Informatik dieses Anwendungsgebietes besitzt weder theoretische noch praktische Grundlagen, um derartige Entscheidungen treffen zu können. Sie hat jedoch zur Entwicklung leistungsfähiger Methoden beizutragen, deren Anwendung die Erfassung des Informationsbedarfs und die Analyse der Informationsverarbeitungsprozesse rationalisiert sowie den Übergang zur EDV-Anwendung ermöglicht.

Da nun, wie bereits vermerkt, im Gegensatz zu allen anderen Gebieten, auf denen sich eine angewandte Informatik in Wechselwirkung mit einer sich verantwortlich fühlenden angewandten Fachdisziplin entwickelt hat, die Leistungs- und Leitungsprozesse in Betrieben und Einrichtungen in der Regel nicht mit Hilfe wissenschaftlicher Verfahren projektiert werden, sondern historisch gewachsen sind und auf Grund rein empirischer Erfahrungen verbessert werden, steht der angewandten Informatik keine sich für die Projektierung eines automatisierten Informationsverarbeitungssystems mit verantwortlich fühlende angewandte Fachdisziplin gegenüber. Die in Frage kommenden Disziplinen, Ökonomie und Leitungswissenschaften, mit ihren Untergliederungen in Spezialbereiche, verfügen nur zum Teil über Entscheidungskriterien und Projektierungsmethoden für die Entwicklung moderner und effektiver Leitungs- und Leistungssysteme.

Die von der angewandten Informatik geforderte Präzision und Detailliertheit der Analyse des zu automatisierenden Informationsverarbeitungssystems kann von der Ökonomie und den Leitungswissenschaften bisher noch nicht erfüllt werden. Daraus ergibt sich in der Praxis oft noch die Übernahme der Verantwortung für die inhaltliche Gestaltung der Leistungs- und Leitungssysteme durch die sogenannten EDV-Einsatzkollektive. Damit wurde ihnen eine Aufgabe übertragen, die die Funktion der angewandten Informatik weit übersteigt. Sich ergebende Mängel in den organisatorischen Lösungen für die Einführung der EDV wurden nun rückwirkend oftmals als negative Konsequenzen der EDV-Anwendung interpretiert, obwohl es sich hier um die Beherrschung inhaltlicher Sachfragen handelt; denn die EDV kann keine andere Funktion haben, als ablaufende Sachprozesse zu unterstützen.

Obwohl diese Problematik der inhaltlichen Gestaltung und Einführung von automatisierten Informationsverarbeitungssystemen für Leitungs- und Leistungsprozesse mit der umfassenden Einsatzvorbereitung für die Rechner der 2. Generation (in der DDR mindestens seit 1966) bekannt ist und durch die Ausbildung von „Organisatoren für ökonomische Datenverarbeitung" sowie von „Wissenschaftsorganisatoren mit einer Spezialisierung auf automatisierte Informationsverarbeitung" berücksichtigt wurde (in anderen Ländern wird eine solche Ausbildung erst gefordert[105]), sind diese ökonomischen und leitungswissenschaftlichen Anwendungsgebiete von vornherein allein als integrierender Bestandteil einer entsprechenden angewandten Informatik angesehen worden.

[105] Vgl. Grochla, E., Betriebsinformatik und Wirtschaftsinformatik als notwendige anwendungsbezogene Ergänzung einer allgemeinen Informatik/Vorschläge zur Verbesserung der akademischen Ausbildung auf dem Gebiet der automatisierten Datenverarbeitung in der Bundesrepublik Deutschland, in: Elektronische Datenverarbeitung, 11/1969, S. 544/548.

Ökonomie und Leitungswissenschaften schienen auf diese Weise von der Verantwortung für die eigenständige Entwicklung angewandter Fachdisziplinen, die unter Berücksichtigung der Möglichkeiten moderner Datenverarbeitungstechnik die Gestaltung von sachbezogenen, leistungsfähigen Organisationssystemen zum Gegenstand haben, entbunden zu sein.

Eine solche Funktionserweiterung der angewandten Informatik durch die Übertragung auch der vollen inhaltlichen Verantwortung für die Gestaltung der Arbeitsbelange bei der Projektierung und Einführung von automatisierten Informationsverarbeitungssystemen für Leistungs- und Leitungsprozesse in Betrieben und Einrichtungen, die bei anderen Formen der angewandten Informatik nicht aufgetreten ist, findet ihre Begründung insbesondere in dem Umstand, daß die in dieser Zeitspanne bereitgestellten automatisierten Informationsverarbeitungssysteme (statische und flexible automatisierte Informationsverarbeitungssysteme, siehe Kap. VI) auf Grund des Entwicklungsstandes der EDV- und Programmierungstechnik die starre Determinierung der Arbeitsprozesse des Anwendungsgebietes erforderten. Es erwies sich daher als vorteilhaft, die Gestaltung der Arbeitsabläufe und organisatorischen Lösungen für Informationsverarbeitungsprozesse, die vom einzuführenden automatisierten Informationsverarbeitungssystem berührt werden, mit der Projektierung des Systems selbst direkt und unmittelbar zu verbinden.

Um die fehlende Sachkenntnis der EDV-Spezialisten in den Einsatzkollektiven zu kompensieren, wurde und wird richtigerweise auf die verantwortliche Mitarbeit von Leitungskadern orientiert.

Der Aufbau von automatisierten Informationsverarbeitungssystemen erfordert notwendig von dem Informatiker neben EDV-Fachkenntnissen auch spezielle Kenntnisse über das jeweilige Fachgebiet, um seinen Bezug zu den Leitungs- und Planungsprozessen zu vertiefen. Das erfordert eine fundierte gesellschaftswissenschaftliche Ausbildung. Mit der Einführung dynamischer automatisierter Informationsverarbeitungssysteme (vgl. Kap. VII) entstehen Voraussetzungen für den Abbau unsachgemäßer Anforderungen an die Informatik. Dynamische automatisierte Informationsverarbeitungssysteme erfordern nicht mehr die strenge Determination von Arbeitsabläufen und bleiben auch bei Änderung der Technologie und Organisationsstruktur des Betriebes bzw. der Einrichtung stabil. Dadurch wird die gleiche Grundsituation hergestellt, die wir in unserem Analogiebeispiel charakterisiert haben. Jeder Mitarbeiter des Leistungs- und Leitungssystems wird als Nutzer eines für die multivalenten Zwecke geeignet organisierten Datenbestandes und Programmiersystems angesehen, so daß beliebige Auswertungswünsche mit minimalem Aufwand befriedigt werden können. Natürlich bleibt das Bemühen, effektive Leistungs- und Leitungsprozesse zu entwickeln, eine wichtige Aufgabenstellung, die jedoch nicht allein in den Verantwortungsbereich der angewandten Informatik fällt.

Die Repräsentanten der angewandten Informatik müssen über soviel Sachkenntnis verfügen, daß sie echter Gesprächspartner und Berater für den Nutzer des dynamischen automatisierten Informationsverarbeitungssystems sein können, von dem vorausgesetzt wird, daß er seine Sachprozesse am besten beurteilen kann. Umgekehrt benötigt der Nutzer nur geringfügige EDV-Kenntnisse, um die Potenzen des dynamischen automatisierten Informationsverarbeitungssystems für seine Arbeitsprozesse einzusetzen.

Zusammenfassend läßt sich feststellen:

— Die angewandte Informatik für Leistungs- und Leitungsprozesse in Betrieben und Einrichtungen integriert zunächst in sich sowohl die Verantwortung für die inhaltliche Gestaltung und Einführung rationeller Arbeitsabläufe als auch die Projektierung eines automatisieten Informationsverarbeitungssystems, weil auf Grund des bisherigen Entwicklungsstandes nur statische und flexible automatisierte Informationsverarbeitungssysteme zum Einsatz gelangen konnten.
— Mit der Einführung dynamischer automatisierter Informationsverarbeitungssysteme können die sich aus der Dynamik der gesellschaftlichen Entwicklung ergebenden Veränderungen von Arbeitsabläufen, Arbeitsinhalten und Organisationsstrukturen berücksichtigt werden, ohne die Stabilität des automatisierten Informationsverarbeitungssystems zu beeinträchtigen.

Damit wird der Aufbau von automatisierten Informationsverarbeitungssystemen für Leitungs- und Planungsprozesse zu einer echten Gemeinschaftsarbeit aller Beteiligten. Die angewandte Informatik für dieses Einsatzgebiet wird sich dadurch nicht mehr von anderen Formen der angewandten Informatik unterscheiden.

## 2.9. Aufgaben der Informatik

Die theoretische Durchdringung von Informationsverarbeitungsprozessen wird durch die Entwicklung der EDV und ihre breite Anwendung in den verschiedenen Bereichen des gesellschaftlichen Lebens zu einem objektiven Erfordernis.

Kennzeichnend für diese Orientierung ist die Eingliederung der Automatisierung von Informationsverarbeitungsprozessen in die Zielsetzung der Gestaltung der sozialistischen Gesellschaft und die Herausbildung solcher Entwicklungswege, die die Realisierung materieller und geistiger

Tätigkeiten des Menschen mit der immer stärker werdenden Entfaltung seiner schöpferischen Fähigkeiten verbinden. Eine entscheidende Triebkraft unserer gesellschaftlichen Entwicklung sind die sich entfaltenden schöpferischen Fähigkeiten des Menschen unter Zuhilfenahme moderner hochproduktiver Technik.

Im Gegensatz zu dieser Orientierung für die theoretische und praktische Entwicklung der EDV steht die EDV-Entwicklung in den kapitalistischen Ländern. In den letzten Jahren wuchs das Unbehagen vieler Theoretiker und Praktiker in diesen Ländern über die gesellschaftsbedingten Einseitigkeiten sowohl der Theorie als auch der Praxis der EDV-Anwendung. So sprechen zum Beispiel diese Theoretiker im Zusammenhang mit den enttäuschten Erwartungen großer Kreise der EDV-Anwender — das betrifft sowohl die erwarteten ökonomischen Effekte als auch die Effekte, die im Hinblick auf die Automatisierung der Führungstätigkeit erwartet wurden — von einer „Vertrauenskrise zwischen Manager und Computer“[106] bzw. von einer „Frustrationsphase“[107]. Ursache für diese Entwicklung sind die von den Monopolinteressen der Hersteller diktierten Entwicklungsrichtungen von Computersystemen, Programmpaketen und EDV-Einsatzkonzeptionen, für deren Nutzung weder gesellschaftliche Interessen im Ganzen noch die Belange der Nutzer oder schöpferisch tätigen Menschen genügend Berücksichtigung finden. Das zeigt sich vor allem darin, daß bei der EDV-Anwendung die Probleme der Perfektionierung des Rechnersystems und der Programmierung verselbständigt werden. Der Nutzer gerät mehr und mehr in Abhängigkeit von projektierten Informationsverarbeitungssystemen, deren Berechtigung er nicht zu überblicken vermag und auf deren Gestaltung er kaum Einfluß hat. Durch einen von den Herstellerfirmen bewußt geförderten Technikmythos wird die Zwangsvorstellung verbreitet, daß diese Art und Weise der EDV-Anwendung — die Umgestaltung der Wirklichkeit im Interesse der Hardware- und Softwarefirmen — unausweichlich sei.

Für die Interessen der Computerfirmen ist folglich die Befreiung vom Ballast der gesellschaftlichen Verantwortung für die zweckmäßige Gestaltung von Informationsverarbeitungssystemen und die Auslegung der Theorie der Datenverarbeitung als „Computer science“ — so wie sie sich vor allem in den USA herausgebildet hat — ein Hauptbestandteil ihrer Strategie.

Die Kompliziertheit der rein technischen und mathematischen Disziplinen, welche die Basis der „Computer science“ bilden, entzieht sich der

[106] Grochla, E., Die Entwicklung computer-gestützter Informationssysteme als Herausforderung an Forschung und Praxis, in: AdL-Nachrichten, 82/73, S. 11.

[107] Ricke, F., Vertrauenskrise zwischen Management und Computer, in: Output, 1. Jg., 3/1972, S. 10.

gesellschaftlichen Kontrolle. Es entsteht auf diese Weise nicht nur eine „Theorie", sondern gleichzeitig eine Ideologie der Interessenvertretung dieser Computerfirmen. Unterstützt wird diese Entwicklung noch durch eine vorwiegend rein mathematisch und technisch orientierte Ausbildungspolitik. Das Unbehagen über diesen Zustand widerspiegelt sich in den letzten Jahren in vielen Einschätzungen von Theoretikern und Praktikern.

Ausgehend davon, daß die „Computer science" ausschließlich technisch-mathematisch orientiert ist und hinsichtlich ihrer konstituierenden Grundlagen nur solche Disziplinen wie den funktionellen Aufbau von Rechenanlagen, physikalische und elektronische Grundlagen der Informatikanlagen, Schaltwerktheorie, Automatentheorie, Kodierungstheorie, formale und algorithmische Sprachen, Systemprogrammierung, Betriebssysteme usw. umfaßt, schreibt zum Beispiel Adam: „Diese puristische Informatik, wie sie von den Nachrichtentechnikern und Mathematikern befürwortet wird, ist im wesentlichen für die Herstellung von Computern geeignet, sie leistet nicht nur Vorschub für eine Softwaresklaverei, in die sich der Gebraucher hineinbegibt, sondern trägt auch zur Mit- und Umweltschädigung bei, indem suboptimal angelegte und nicht systemkonforme Strukturmosaike objektiviert werden."[108]

Adam nennt auch einige Ursachen dieser Entwicklung, wenn er in seinen weiteren Ausführungen davon spricht, daß die der „Computer science" immanente Ideologie „über ein cleveres Marketing der manipulierbaren Gesellschaft[109] aufgenötigt und immer wieder versucht wird, auf dem Wege einer dirigistischen Algorithmierung und dem forcierten Vertrieb standardisierter Maschinenprogramme die geistige Verkarstung und Versteppung unserer Bildungslandschaft voranzutreiben. Privatwirtschaftlich betriebene Computerisierungsmonopole, die den Händen der hierfür verantwortlichen staatlichen Stellen völlig entglitten sind, sollten für die mögliche Fehlstrukturierung westlicher Industriegesellschaften mitverantwortlich erkannt werden."[110]

Obwohl im Sozialismus alle gesellschaftlichen Voraussetzungen für die Entwicklung einer allgemeinen Theorie der Informationsverarbeitungsprozesse gegeben sind, ist — infolge der Kürze der Zeit, die vergangen ist, seitdem Probleme der Datenverarbeitung im Mittelpunkt des Interesses stehen — eine derartige Theorie bisher nicht ernsthaft in Angriff genommen worden. Durch die Überbewertung der Möglichkeiten zur Formalisierung von Informationsverarbeitungsprozessen als Grundlage

[108] Adam, A., Informatik — Probleme der Mit- und Umwelt, a. a. O., S. 10.
[109] Ebenda, S. 12.
[110] Ebenda.

für deren Automatisierung sind — zum Teil auch bei uns — Entstellungen und Disproportionen entstanden,[111] deren Auswirkungen das gegenwärtige theoretische und praktische Konzept zur Schaffung effektiver Informationsverarbeitungssysteme bestimmen. Das zeigt sich vor allem an:

— dem Fehlen eines theoretischen Konzeptes zur Bestimmung der Möglichkeiten und Grenzen zur Formalisierbarkeit von Informationsverarbeitungsprozessen;
— dem Fehlen einer präzisen Bestimmung des allgemeinen Wesens der Information, ihrer Strukturelemente und der Typisierung von Informationsverarbeitungsprozessen;
— dem verfehlten Versuch, Semantikprobleme ausschließlich strukturalistisch zu lösen.

Diese theoretisch unzureichende Durchdringung der Grundfragen der Informatik widerspiegelt sich in der Praxis
— in der Tendenz, die Phase der Datenbereitstellung zu vernachlässigen, die EDV-Anwendung vor allem als algorithmisches Problem zu sehen und allein Softwarepakete an die Stelle komplexer Informationsverarbeitungssysteme zu setzen;
— in der Unterordnung der Betriebsorganisation unter vermeintliche Belange der EDV-Anwendung. Ausdruck findet diese Erscheinung in der These von der EDV-gerechten Strukturierung der Anwendungsbereiche sowie den vor allem an den EDV-Belangen ausgerichteten Integrationsbestrebungen bei Informationsverarbeitungsprozessen;
— in rein praktizistischen Methoden der EDV-Einsatzvorbereitung (puristische, rein mathematisch-programmierungstechnische Theorien und Methoden als die entscheidenden Ausgangspunkte und führenden Disziplinen der EDV-Qualifizierung und -Anwendung);
— in der Tendenz zum Perfektionismus bei der Gestaltung von Informationsverarbeitungssystemen und dem Einzwängen von geistigen Tätigkeiten des Menschen in starre Schemata der Informationsverarbeitung, die oftmals eine situationsgerechte Handlung des Menschen behindern.

Die Entwicklung einer allgemeinen Theorie der Erzeugung, Verarbeitung und Speicherung von Informationen ist ein Grunderfordernis für die effektive EDV-Anwendung.

[111] Vgl. hierzu u. a. Schulz, E., Hauptaufgabe des VIII. Parteitages und Anwendung der EDV, in: Rechentechnik/Datenverarbeitung, 6/1972, S. 6; Thiel, G., Wodurch ist eine höhere Effektivität bei der Einsatzvorbereitung der EDV erreichbar?, in: Rechentechnik/Datenverarbeitung, 1/1972, S. 41 ff.

Ein Hauptanliegen dieser allgemeinen Theorie muß darin bestehen, die praktischen Probleme, die heute vor der Datenverarbeitung stehen, umfassend zu analysieren, sie in den gesamtgesellschaftlichen Zusammenhang einzuordnen und Wege zu Konzeptionen zu weisen, die eine rationelle Gestaltung effektiver EDV-Systeme garantieren. Eine solche theoretische Grundlage für die Praxis der EDV-Anwendung zu entwickeln, ist eine der entscheidenden Aufgaben der Informatik. Sie umfaßt vor allem:

1. Allgemeine theoretische Grundlagen

— zum Verständnis des Informationsbegriffs in seinen verschiedenen Zusammenhängen, Anwenderbereichen, sowie in seinen Aspekten, wie Semantik, Syntax und Pragmatik;
— zur Typisierung von Informationsverarbeitungsprozessen im Zusammenhang mit der Untersuchung des Wesens geistiger Tätigkeiten des Menschen, speziell im Hinblick auf den rationellen Einsatz von Automaten;
— zur Ermittlung rationeller Strategien der Strukturierung sowie des Speicherns und Wiederauffindens von Informationen (insbesondere der Organisation und Struktur großer Informationsmengen).

2. Technische, mathematische und programmierungstechnische Grundlagen der Arbeitsweise der EDVA („Computer science"), wozu unter anderem gehören:

— Automatentheorie,
— Codierungs- und Informationstheorie,
— formale und algorithmische Sprachen sowie
— die Entwicklung von maschinen- und problemorientierten Systemunterlagen.

3. Organisationstheoretische Grundlagen der Gestaltung von Informationsverarbeitungssystemen. Dazu gehören unter anderem unter informationellem Aspekt im Hinblick auf die Nutzung von Automaten

— die Strukturierung von Informationsverarbeitungssystemen,
— die Analyse von Problem- und Entscheidungsprozessen,
— die Analyse von Informationsflüssen und Informationsspeichern,
— Integrationsprobleme von automatisierten Informationsverarbeitungsprozessen in die komplexe menschliche Informationsverarbeitung,
— wissenschaftliche Analyse und Verallgemeinerung spezieller Erfahrungen des EDV-Einsatzes in den verschiedenen Anwendungsgebieten,
— die Methodik des EDV-Einsatzes.

Im Gegensatz zur Anfangszeit der EDV-Anwendung, als Probleme der Entwicklung und Beherrschung der neuen Technik im Mittelpunkt der theoretischen und praktischen Bemühungen um die Herausbildung dieser neuen Disziplin standen, müssen heute unter den Bedingungen eines sehr umfangreichen Einsatzes der EDV in den verschiedensten Anwendungsgebieten der Industrie, der Verwaltung, der Wissenschaft, des Gesundheitswesens usw. die organisationstheoretischen Grundlagen der Gestaltung von Informationsverarbeitungssystemen der zentrale Ausgangspunkt für die Schaffung einer praktisch orientierten Wissenschaft der EDV-Anwendung sein, die man zum Teil schon als angewandte Informatik bezeichnet.

Die Hauptaufgabe einer so verstandenen angewandten Informatik ist die theoretische Durchdringung der praktischen Aufgaben der EDV-Anwendung mit dem Ziel der Gewinnung allgemeiner Prinzipien und Gesetzmäßigkeiten für die Einsatzvorbereitung, um das Wesen der vielfältig projektierten EDV-Systeme zu erfassen und Wege zur sinnvollen Erweiterung der Anwendungsmöglichkeiten der EDV zu erschließen. Solche Anwendungsgebiete sehen wir in der dynamischen Informationsverarbeitung für EDV-unterstützte Problembearbeitungsprozesse. Die theoretische Klassifizierung und praktische Gestaltung solcher Systeme erfordert eine umfassende Analyse von Grundbegriffen der Datenverarbeitung und der Methodik der Einsatzvorbereitung.

Diese angewandten Wissenschaftsbereiche der Informatik erfordern zur rationellen EDV-Anwendung theoretische Grundlagen, die jenseits der eigentlichen Computerprobleme liegen. Das theoretische Verständnis der Information, der Informationsverarbeitung in den verschiedenartigsten Formen organisierter Systeme und der Bedingungen für die Rationalisierung und Automatisierung von Informationsverarbeitungsprozessen impliziert die Grundzüge einer sehr allgemeinen Wissenschaft, die unter einem spezifischen Aspekt bis in die Gegenstandsbereiche der Physik, der Biologie, der Neurophysiologie, der Sprachwissenschaft und vieler anderer gesellschaftswissenschaftlicher Disziplinen hineinreicht.

# 3. Struktur und Klassifizierung von Informationen und Operationen

## 3.1. Semantik und Syntaktik von Informationsverarbeitungsprozessen

Grundlage für das Verhalten des Menschen in seiner Umwelt ist die Speicherung und die Verarbeitung der im Rahmen von Widerspiegelungsprozessen erhaltenen Eindrücke und gewonnenen Informationen über die ihn umgebende Realität. Im folgenden werden die objektivierbaren Anteile dieses Prozesses untersucht (vgl. auch Kapitel I), das heißt, wir fassen die Informationsverarbeitungsprozesse als Ausdruck objektivierbar ergeistiger Prozesse auf, um Aufschluß über die Automatisierungsbedingungen von Informationsverarbeitungsprozessen zu gewinnen.

Aus organisationstheoretischer Sicht ist, wie bereits im Kapitel I im Rahmen der Diskussion der grundlegenden Bedingungen für die Automatisierbarkeit herausgearbeitet wurde, ein Informationsverarbeitungs*prozeß* als Einheit zweier Komponenten zu charakterisieren[1] (vgl. auch Abbildung 16, S. 128):

— des Gegenstandes des Prozesses (als Ausdruck der Zustände) — der *Information* — und

— des Inhalts des Prozesses (als Ausdruck der Umwandlung der Zustände) — der *Operationen*.

Diese beiden Seiten — der informationsorganisatorische und der verarbeitungsorganisatorische Aspekt — konstituieren erst in ihrer Einheit die Qualität des Informationsverarbeitungsprozesses.

Wir betrachten hier die Informationsverarbeitungsprozesse in Hinblick auf ihre Rationalisierbarkeit und Automatisierbarkeit und untersuchen daher zunächst die Formalisierbarkeitsbedingungen für Informationen und Operationen.

Der erfolgreiche Einsatz von Automaten zur Realisierung geistiger Tätigkeiten erfordert es, den Informationsverarbeitungsprozeß stärker aus dem Blickwinkel der Automaten und des Zusammenwirkens von menschlicher und maschineller Informationsverarbeitung zu sehen und dementsprechend zu beschreiben. Der Grund ist einfach der, daß Informationen

[1] Vgl. Philosophisches Wörterbuch, Leipzig 1971, S. 889, Stichwort „Prozeß".

bzgl. der maschinellen Informationsverarbeitung hinsichtlich ihrer Voraussetzungen und Bedingungen ganz anders klassifiziert werden müssen als im Hinblick auf allein menschliche Informationsverarbeitungsprozesse. Analoge Feststellungen gelten für die Operationen.

In diesem Zusammenhang wird es erforderlich, theoretische Grundlagen für Struktur und Organisation von Daten und Operationen zu legen, um auf dieser Grundlage dann die Fragen der Automatisierbarkeit von Informationsverarbeitungsprozessen behandeln zu können.

Ein wesentlicher Ausgangspunkt hierfür ist die Tatsache, daß der heutige Automat als technisches System rein syntaktisch arbeitet, das heißt die Bedeutung einer Information nicht „versteht", sondern allein Strukturverarbeitung betreibt, auf die also der jeweilige Informationsverarbeitungsprozeß geeignet abgebildet werden muß. Man bezeichnet deshalb Datenverarbeitungsanlagen nicht ohne Grund als „strukturverarbeitende Maschinen" oder charakterisiert sie auch als „Zeichenkettenmanipulatoren".

Mit dieser Charakterisierung des Automaten ist gleichzeitig der theoretische Rahmen der Überlegungen abgesteckt und sind die die Automatisierung aus heutiger Sicht begrenzenden Bedingungen umrissen.

Um die Konsequenzen einer derartigen Ausgangsposition zu verdeutlichen, sollen zunächst die Begriffe ‚Syntax' und ‚Struktur' hinsichtlich ihres allgemeinen Bedeutungsinhaltes analysiert werden.

Die logische Syntaktik kann als Teilgebiet der allgemeinen Semiotik betrachtet werden, „bei dessen Untersuchungen vom Menschen, der die Symbole benutzt, und von den Dingen, auf die sich die Symbole beziehen, abstrahiert und nur auf die Struktur von Zeichenreihen, auf die Art und Weise der Beziehungen zwischen Zeichenreihen, des Aufbaus von Zeichenreihen aus einzelnen Zeichen usw. Bezug genommen wird. Ihr Gegenstand ist also die Syntax von (idealisierten — die Verf.) Sprachen... Ein rein syntaktisches System... besteht zunächst aus Zeichen und Zeichenreihen, die sinnfrei sind. Ein solches System entsteht im allgemeinen dadurch, daß in einem semantischen System von der Bedeutung der Zeichen abstrahiert wird und nur die logische Struktur dieses Systems in das syntaktische System eingeht. Die Gewinnung der logischen Syntax... mit Hilfe von bestimmten Abstraktionsschritten hat den Vorteil, daß an die Stelle des Operierens mit Bedeutungen ein Operieren mit ungedeuteten Zeichen treten kann... in Gestalt von Umformungen dieser Zeichenreihen nach den entsprechenden Umformungsregeln... Die Syntax bestimmt demnach alle rein formalen Operationen, die mit den (ebenfalls auf der Basis syntaktischer Formationsregeln gebildeten zulässigen — die Verf.) Ausdrücken einer Sprache vorgenommen werden können... Belegen wir die Zeichen, Relationen usw. eines formalen Systems, einer Syntax mit konkreten Bedeutungen, so erhalten wir eine sog. Interpretation der syntaktischen Struktur. Ein und dieselbe syntaktische Struktur kann die verschiedenartigsten Modelle haben. Darauf beruht letztlich die Tatsache, daß man Zusammenhänge, Beziehungen, Prozesse usw. aus den verschiedenartigsten Bereichen auf elektronischen Rechenmaschinen simulieren kann."[2]

Eine detaillierte Untersuchung der Formalisierbarkeitsbedingungen von Informationen und Operationen ist also insbesondere auch deshalb erforderlich, weil entsprechende Analysen und Begriffsbildungen in der Regel von Spezifika der menschlichen Informationsverarbeitung ausgingen. Es zeigte die Vergangenheit vielfach, daß die vorgenommenen Differenzierungen nicht immer geeignet waren, die maschinellen Informationsverarbeitungsprozesse in ihren notwendigerweise exakten Voraussetzungen und Bedingungen auf diesem Wege korrekt zu beschreiben und dann zum Ausgangspunkt für tragfähige Automatisierungskonzeptionen zu machen.

Typisch menschlich ist die Bedeutungsorientiertheit des ablaufenden Informationsverarbeitungsprozesses. Beim heutigen Automaten liegen jedoch — und das muß man sich konsequent vor Augen halten — die Bedeutungen dessen, was er verarbeitet, außerhalb seiner Funktionsweise. Diese Beziehungen sind nur für den Menschen relevant. Selbst im Rahmen menschlicher Tätigkeiten gibt es schon eine Vielzahl von Ansätzen zu allein struktureller Verarbeitung von Informationen. So arbeitet man zum Beispiel seit jeher in der Rechnungsführung und Statistik insofern „ohne Semantik", wie die Bedeutung der zu verarbeitenden Zahlen durch ein ganz bestimmtes Feld auf einem Formular fixiert ist. Die Informationsverarbeitung reduziert sich hier nur auf die Beziehungen zwischen Zeichen und Zahlen unter Berücksichtigung des jeweiligen Ortes, an dem sie stehen. In der Praxis hat sich also immer eine umkehrbar eindeutige Beziehung zwischen einer bestimmten fixierten Semantik und einem wohldefinierten Ort innerhalb der Struktur herausgebildet, die genutzt wird, um den Verarbeitungsvorgang rein mechanisch, weitestgehend formal durchzuführen. Es wird dabei die Bedeutung umkehrbar eindeutig auf eine fixierte Struktur abgebildet. Damit wird es möglich, Bedeutungsbeziehungen auf Beziehungen von formalen Strukturelementen, das heißt von Positionen innerhalb definierter, zueinander in Beziehung stehender formaler Elemente zu reduzieren. Entscheidend ist in diesem Abbildungsvorgang die umkehrbar eindeutige Zuordnung von exakter Bedeutung und Strukturelementen. Damit ist also auch erstens eine Entscheidung für eine ganz bestimmte Fassung des möglicherweise schillernd gebrauchten Inhalts einer Aussage, zweitens deren für das aufzubauende formale System zeit-

[2] Ebenda, S. 1057f., Stichworte „Syntaktik" und „Syntax".

weise unveränderliche Fixierung sowie drittens eine allein dieser vorgenommenen Fixierung entsprechende Verwendung verbunden, denn die Formalisierung bedingt exakt definierte Grundelemente. Auf diese Weise kann allein garantiert werden, daß bei wiederholter Nutzung der vorhandenen formalen Elemente dann mit Sicherheit

a) dasselbe genutzt werden kann und
b) bei gleicher Ableitung auch dasselbe entsteht.

Die maschinelle Informationsverarbeitung erfordert eine automatisierungsorientierte Klassifizierung von Informationen und Operationen und damit entsprechende allgemeine Kriterien der Automatisierbarkeit, wobei eben nicht primär der inhaltliche Bezug auf verschiedene Sachverhalte — zum Beispiel Leitungsinformation, Leitungsoperation usw. —, sondern die allgemeinen Strukturen von Informationen und Operationen selbst zum Ausgangspunkt genommen werden.

Eine inhaltliche Klassifizierung orientiert auf die wesentlichen Seiten der entsprechenden Anwendungsgebiete und ihre Besonderheiten. Wenn jedoch das Allgemeingültige beliebiger Anwendungsbereiche herausgearbeitet werden soll, wie es für die Automatisierung als solche erforderlich ist, so muß von diesen Spezifika abstrahiert werden. Das gilt insbesondere für die Abbildung von Informationsverarbeitungsprozessen auf strukturverarbeitende Prozesse.

Zur allgemeinen Strukturierung von Informationsverarbeitungsprozessen gehören insbesondere Untersuchungen

- zur Art und Weise der Fixierung von Bedeutungen von Informationen im Rahmen von Formalisierungsprozessen,
- zur Konstanz und Variabilität von Bedeutungen im Verarbeitungsprozeß,
- zu Schlußfolgerungen aus den Strukturierungen in bezug auf Möglichkeiten und Grenzen der Verarbeitung spezifischer Informationsklassen,
- zu Möglichkeiten und Grenzen der Formalisierbarkeit von Umwandlungsprozessen,
- zu Elementen von Umwandlungsprozessen, deren Klassifizierung sowie Möglichkeiten und Prinzipien ihrer Kopplung zu komplexen Operationen.

Das Auffinden und das Verständnis der Semantik während der Verarbeitung ist ein Schlüsselproblem der Infoımatik[3] hervor.

[3] Vgl. Zemanek, H., Informal und formale Beschreibung, in: IBM-Nachrichten, Heft 212.

Diese Blickrichtung, nicht die eine oder die andere *konkrete* Semantik in den Mittelpunkt der Überlegungen zu stellen, sondern die *Semantik als ein strukturelles Element* der Informationsverarbeitungsprozesse zu kennzeichnen, erscheint zunächst als relativ abstrakte Denkweise. Wenn man jedoch bedenkt, daß die Differenzierung von Informationen und Operationen nach ihrer verschiedenartigen Herkunft und Verwendung die Möglichkeiten des Einsatzes von Automaten zur Rationalisierung von Informationsverarbeitungsprozessen nur äußerlich berührt, die Struktur jedoch die für Automaten wesentlichere Seite ist, so erweist sich eine Hinwendung zu Form und Struktur von Informationen und Operationen in bezug auf den Einsatz des Automaten als sinnvoll und auch notwendig. Diese Betrachtungsweise ermöglicht es, von den vielfältigen konkreten Erscheinungsformen des Inhalts zu abstrahieren und in den Strukturierungsproblemen die allgemeingültigen Seiten des Informationsprozesses in bezug auf den Automaten herauszuschälen.

## 3.2. Die Formalisierung von Informationen – Differenzierung in Daten und Deskriptionen

### 3.2.1. Charakterisierung der Informationen als Aussagen

Allen bisherigen Begriffsbildungen zur Informationsdifferenzierung lag in der Regel die menschliche Informationsverarbeitung mit ihren Spezifika zugrunde. Die Praxis zeigte jedoch, daß die bisher erfolgten Differenzierungen nicht immer tragfähig und auch nicht immer geeignet genug waren, die Probleme der Formalisierung der Informationen im Hinblick auf die maschinellen Verarbeitungsprozesse voll zu erfassen. Vielfach war man sich explizit überhaupt nicht bewußt, daß auch die Formalisierung von Informationen als eine Komponente des Informationsverarbeitungsprozesses wesentlich die Automatisierbarkeit mitbestimmt. Man stellte primär die Frage nach der Algorithmisierbarkeit des Verarbeitungsprozesses; das heißt, man überbetonte die Komponente der Umwandlung (Operationen), also den Prozeßinhalt, einseitig. Es wurde aus dieser Sicht heraus die relativ selbständige Bedeutung der anderen Komponente eines Informationsverarbeitungsprozesses, des Gegenstandes der Prozesse (Informationen), für den Gesamtprozeß unterschätzt bzw. man meinte, die Informationsformalisierung wäre automatisch mit der Algorithmenpräzisierung gelöst. Die selbständige Bedeutung einer Formalisierung der Informationen tritt besonders dann hervor, wenn es darum geht, Systeme für im voraus nicht bekannte konkrete Informationsverarbeitungsprozesse zu schaffen, das heißt Datenverarbeitungssyteme zur effektiven Unterstützung der Problembearbeitung und -lösung zu entwickeln.

Dabei handelt es sich um Situationen, bei denen im Prozeß der Projektierung von Datenverarbeitungssystemen nicht nur von einer Menge bekannter, wiederholt in gleicher Weise auszuführender Informationsverarbeitungsprozesse ausgegangen werden kann, sondern die Verarbeitungsprozesse relativ einmalig sind und sich erst im Verlaufe des konkreten Problembearbeitungsprozesses ergeben, der aber möglicherweise durch das Datenverarbeitungssystem unterstützt werden soll. Hier muß man die Frage nach den Formalisierbarkeitsbedingungen und Strukturierungsprinzipien von Informationen unabhängig vom konkreten Informationsverarbeitungsprozeß stellen und geeignete Potenzen im System verankern, um konkrete Informationsverarbeitungsprozesse voll ausbilden zu können.

In bezug auf die Informationen als Komponente eines Informationsverarbeitungsprozesses bedeutet dies, eine Potenz bereits formalisierter Informationen vorliegen zu haben, aus denen entsprechend der konkreten Situation ausgewählt und kombiniert werden kann, um diese Informationen dann durch einen bestimmten Algorithmus miteinander verknüpfen zu können.

In der bisherigen Literatur wurde Information im allgemeinsten Sinn als Aussage, Frage oder Befehl charakterisiert. Nicht nur zur Kennzeichnung der Struktur von Aussagen (Aussagenlogik), sondern auch zur Kennzeichnung der Struktur von Fragen (Interrogativlogik[4]) und Befehlen (Sollsatzlogik) liegen zahlreiche Arbeiten vor.

Der Gegenstand von Informationsverarbeitungsprozessen sind stets Aussagen. Wir werden im weiteren diese Aussagen klassifizieren. Die Befehle besitzen sowohl einen Aussagecharakter (Befehlsaussage) als auch einen Prozeßcharakter, der die Potenz zur Ausführung einer Umwandlungsfunktion, das heißt die Transformation von Aussagen in andere, zum Ausdruck bringt. In ersterer Sicht wird der Befehl auch Gegenstand der Informationsdifferenzierung, in letzteren ist er Objekt bei der Untersuchung von Operationen.

In gleicher Weise weist die Frage einen Doppelcharakter auf, das heißt als Aussage über die Frage als solche und die Frage in ihrer Steuerungsfunktion in bezug auf die Konzipierung und Realisierung von Informationsverarbeitungsprozessen im Rahmen der Problembearbeitung und -lösung. Damit weist die Frage gewisse Ähnlichkeiten mit Operationen auf.

Im Rahmen der umfassenden Untersuchungen der Spezifika der Problembearbeitungs- und -lösungsprozesse unter informationellem Aspekt (Kapitel V) werden wir detaillierter auf die Besonderheiten von Problemen, Fragen und Operationen eingehen und entsprechende Zusammenhänge aufzeigen. An dieser Stelle interessieren also nicht die unterschiedlichen

[4] Vgl. Loeser, F., Interrogativlogik, Berlin 1969.

Qualitäts- und Komplexitätsebenen, sondern allein der Aspekt „Aussage zu sein" steht im Zentrum der jetzigen Untersuchungen. Wir meinen, daß es im Sinne der Widerspiegelungstheorie ausreichend ist, Informationen grundsätzlich als Aussagen über Erkenntnisgegenstände zu erfassen (vgl. Kapitel II).

Aussagen sind eine „grundlegende Form der (durch die Vernunft gewonnenen — die Verf.). . . Erkenntnis, die logisch-abstrakt den Sachverhalt widerspiegelt, daß bestimmten Gegenständen (der Erkenntnis — die Verf.) bestimmte Eingeschaften zukommen und daß zwischen Gegenständen bestimmte Beziehungen existieren."[5] Aussagen sind ihrem Wesen nach also Abbilder von Sachverhalten der objektiven Realität, Mitteilungen über Zusammenhänge zwischen Eigenschaften von Gegenständen und Prozessen. Sie sind ein logisches Gebilde, das einen materiellen oder ideellen Sachverhalt widerspiegelt. Der Terminus „Aussage" beinhaltet weiter, daß diese Widerspiegelung wahr oder falsch sein kann, das heißt, daß der Aussage als solcher ein Wahrheitswert zukommt. „Innerhalb des gesamten Erkenntnisprozesses ist die Aussage diejenige Form der Erkenntnis (Abbildung), der die Eigenschaft der Wahrheit oder Falschheit zukommt."[6] Dadurch wird mit dem Informationsbegriff unseres Erachtens unmittelbar das Problem der Adäquatheit der Widerspiegelung der objektiven Realität in der Erkenntnis verbunden.

Es ist in diesem Zusammenhang festzustellen, daß die Aussagen nicht losgelöst voneinander, sondern in einem mehr oder weniger explizit in sich strukturierten System von Aussagen existieren, was aus dem logisch-abstrakten Charakter der Aussage resultiert. Desweiteren bleibt festzuhalten, „daß jede Aussage in einen grammatikalischen Satz eingekleidet ist, der ihre sprachliche Existenzform darstellt"[7], die ‚materielle Hülle' der Aussage ist, aber nicht mit ihr identisch ist. Sie kann aber auch unter Nutzung der Mittel der modernen Logik symbolisiert dargestellt werden, wenn die entsprechenden Voraussetzungen für deren Anwendung gegeben sind. Es ist für das Verständnis dieses Problems überhaupt und besonders für das folgende wichtig, darauf zu verweisen, daß die logische Aussage nicht mit dem grammatikalischen Satz an sich verwechselt werden darf.

Charakteristisch für eine Information als Aussage ist, daß sie sich

a) auf einen Gegenstand bezieht, das heißt ein bestimmtes materielles oder ideelles Erkenntnisobjekt als Gegenstand der Widerspiegelung aufweist, und

b) den Inhalt der Widerspiegelung zum Ausdruck bringt.

[5] Vgl. Kleines Wörterbuch der marxistisch-leninistischen Philosophie, Berlin 1974 S. 36, Stichwort „Aussage".

[6] Ebenda, S. 36.

[7] Philosophisches Wörterbuch, Leipzig 1971, S. 155, Stichwort „Aussage".

So bieten sich auf diese Weise zwei wesentliche Strukturparameter der Information an, die nachfolgend näher untersucht werden sollen (vgl. insbesondere Absch. 3.3.), um eine vertiefte Klassifizierung von Informationen zu erhalten.

Wir meinen, daß die Gegenstandsbestimmung von Aussagen, wie sie oben umrissen ist, nicht zu eng ausgelegt und zu undifferenziert genutzt werden darf, sondern daß sie einen Ansatzpunkt zum Aufzeigen des Reichtums des Informationsbegriffes bietet. Gegenstände von Aussagen können insbesondere unter dem Aspekt ihrer Bedeutung für die automatisierte Informationsverarbeitung sein:

1. *Unmittelbare* materielle und ideelle *Sachverhalte*

Diese werden als das Zukommen (damit gleichwertig: das Nicht-Zukommen) einer Eigenschaft zu Individuen (das sind Gegenstände, Erscheinungen, Prozesse) oder Klassen von Individuen aufgefaßt. Sie werden als *Sachverhaltsinformationen* bezeichnet und sind die wichtigste und umfassendste Klasse, weil in ihnen eine unmittelbare und direkte Widerspiegelung von Sprachverhalten erfolgt. Wir legen hier Wert auf den Terminus „unmittelbar", weil in der philosophischen Terminologie das, was durch eine Aussage abgebildet, widergespiegelt wird, allgemein als Sachverhalt charakterisiert wird, wir jedoch unmittelbare Sachverhalte als gesonderte Struktur betrachten, innerhalb derer sich wiederum verschiedene Arten unterscheiden lassen. Diesbezüglich formuliert G. Klaus: „Die dialektisch-materialistische Erkenntnistheorie lehrt, daß jede Erkenntnis eine Widerspiegelung der objektiven Realität ist, und zwar direkt oder indirekt. Die Sachverhalte der objektiven Realität werden in Aussagen widergespiegelt. Diese Aussagen können selbst das Objekt einer Widerspiegelung sein. Es ist aber klar, daß Aussagen über objektiv real existierende Sachverhalte von Aussagen über Aussagen unterschieden werden müssen. Die Grundlage für die Theorie der semantischen Stufen ist also die Tatsache, daß das Denken selbst auf verschiedenen Stufen verläuft."[8]

2. *Aussagen*

Damit werden also Aussagen selbst zum Gegenstand von Aussagen, das heißt, als sogenannte *Metaaussagen* werden sie als *Metainformationen* bezeichnet.

Von besonderer Bedeutung sind im Rahmen dieser Klasse für die Informationsverarbeitung vor allem drei Arten von Metaaussagen:

a) Aussagen über den *Ort von Aussagen*,
die als *Ortsinformationen* bezeichnet werden,

[8] Klaus, G., Semiotik und Erkenntnistheorie, Berlin 1974, S. 48.

b) Aussagen über den *Inhalt von Aussagen*, hier bezeichnet als *Inhaltsaussagen*,

c) Aussagen ohne spezifischen Inhalt, sogenannte *syntaktische Formen*. Das sind die *Zeichenketten* oder formalen Daten, die ohne spezifischen Inhalt sind. Ihr Inhalt ist lediglich der, Zeichenkette, strukturierte Menge von Zeichen zu sein und sich auf allein diese spezielle Weise durch die Anordnung der möglichen zulässigen Zeichen in der Kette und ihre Länge unterscheiden zu können. Als derartige Metaaussage wird die Zeichenkette Gegenstand von Hilfsoperationen, da die Zeichen als „materielle, sinnlich wahrnehmbare Gegenstände" aufgefaßt werden.

3. *Operationen*

Hierbei wird die Aussage zur Bezeichnung (oder besser: qualitativen Kennzeichnung) bestimmter Umwandlungsschritte oder von derartigen Schrittfolgen genutzt. Es handelt sich hier um *Befehlsinformationen*.

4. *Fragen*

Das sind Mitteilungen über den Gegenstand und den Inhalt von Fragen, sogenannte *Frageinformationen*.

Eine zusammenfassende Übersicht bietet die Abbildung 16:

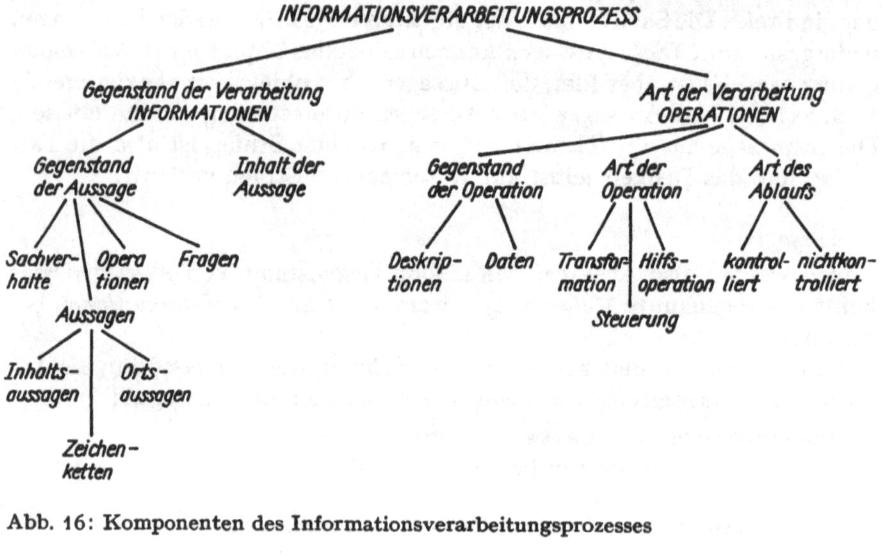


Abb. 16: Komponenten des Informationsverarbeitungsprozesses

### 3.2.2. Grunddifferenzierung von Informationen in Deskriptionen und Daten

Mit der Charakterisierung der Informationen als Aussagen wird Informationsverarbeitung letztlich zur Aussagentransformation und Aussagenverknüpfung. Die Formalisierbarkeit aller Komponenten von Informationsverarbeitungsprozessen ist die Voraussetzung für die Automatisierbarkeit. Bezogen auf die Information bedeutet dies, bestimmte Forderungen an den Charakter der Strukturelemente der Informationen zu stellen. Selbst wenn wir zunächst die prinzipielle Unterscheidung in formalisierte und nichtformalisierte Aussagenverknüpfungen vornehmen, führt uns dies doch nicht grundsätzlich weiter. Wir bleiben in gewissem Sinne an der Oberfläche bei qualitativen Beschreibungen der Zusammenhänge zwischen zu Verknüpfendem und dem Ergebnis der Verknüpfung selbst stehen.

Der objektiv reale Zusammenhang zwischen Eigenschaften von Gegenständen und Prozessen wird im allgemeinen durch die semantische Informationsverarbeitung widergespiegelt. Das ist eine die komplexe Vielfalt der konkreten Bedeutungsnuancen und -zusammenhänge der Eigenschaften der betrachteten Gegenstände und Prozesse situationsbedingt berücksichtigende Form der Aussagenverknüpfung. Es gibt jedoch auch Zusammenhänge zwischen derartigen Eigenschaften, bei denen sich die Bedeutung der ursprünglichen Eigenschaften im Rahmen des Verknüpfungsprozesses selbst nicht ändert, nur exakt definiert modifiziert oder wovon der vielschichtigen Buntheit der Bedeutungsnuancen und -zusammenhänge zugunsten bestimmter Eigenschaftsfixierungen abstrahiert werden kann bzw. bewußt abstrahiert wird. In diesem Falle lassen sich die Zusammenhänge zwischen den Eigenschaften durch die formalisierten Zusammenhänge zwischen ihren Werten (als Ausdruck ihres Zustandes) darstellen. Dies führt zu dem Problemkreis, den G. Klaus und andere als Intensionalität bzw. Extensionalität von Beziehungen zwischen den Gegenständen und Prozessen bezeichnen.[9]

Von ihm werden diese Begriffe wie folgt umrissen:

„*Extensional* nennt man eine Aussagenverbindung, wenn ihr Wahrheitswert nur von den Wahrheitswerten der verknüpften Aussagen, nicht aber von deren Inhalt abhängt. Die *Konjunktion* ist eine solche extensionale Aussagenverbindung. Sie ist genau dann wahr, wenn die beiden durch die Partikel ‚und' verküpften Aussagen *wahr* sind; in allen anderen Fällen ist sie *falsch*. Der Wahrheitswert einer Aussage wird . . . als *Extension* dieser Aussage bezeichnet."[10]

[9] Klaus, G., Moderne Logik. Abriß der modernen Logik, Berlin 1967.
[10] Philosophisches Wörterbuch, a. a. O., S. 360, Stichwort „extensional".

„*Intensional* wird eine Aussagenverbindung dann genannt, wenn die Wahrheit oder Falschheit dieser Aussagenverbindung nicht ausschließlich von der Wahrheit oder Falschheit der verknüpften Aussagen, sondern auch von deren spezifischem Inhalt abhängt."[11] Ein Beispiel ist die Aussagenverbindung der (kausalen) Implikation, deren sprachlicher Ausdruck „p weil q" lautet.

In der modernen wissenschaftlichen Entwicklung ist die Tendenz des Überganges von intensionalen zu extensionalen Zusammenhängen, Bestimmungen usw. zu verzeichnen. So kann im Rahmen von Wissenschaftsdisziplinen, die auf intensionale Bestimmungen verzichten können und mit extensionalen Zusammenhangsdarstellungen auskommen, eine größere Übersichtlichkeit und eine bessere Handhabbarkeit des mathematisch-logischen Apparates, der Extensionalität zur Voraussetzung hat, festgestellt werden. In diesen Bereichen können damit viel besser als in auch intensional zu charakterisierenden Wissensgebieten Datenverarbeitungsanlagen zum Einsatz gebracht werden. Diese Tendenz bedeutet jedoch keinesfalls, daß sich, wie es R. Carnap in seinen Arbeiten zum Ausdruck brachte, alle intensionalen Beziehungen auf extensionale Zusammenhangsdarstellungen reduzieren lassen.[12] Dieser Übergang bedingt Abstraktionen, die sachlich nicht in jedem Fall zulässig (und möglich) sind, womit jedoch die prinzipielle Erkennbarkeit der Welt nicht negiert werden soll. Diese Feststellung zeigt die Begrenztheit der Anwendbarkeit formaler Instrumentarien und die Schärfe der Voraussetzungen, die für deren Anwendbarkeit gegeben werden müssen. Diese Kennzeichnung dient vor allem einer Einordnung der formalen Logik in die umfassendere dialektisch-materialistische Erkenntnistheorie.

Die von uns benutzten Begriffe „extensional" und „intensional" haben darüber hinausgehend noch den konkreten Inhalt, daß bei einer als intensional zu charakterisierenden Informationsverknüpfung eine Verknüpfung von Bedeutungen zu neuen bzw. veränderten, nuancierten Bedeutungen erfolgt, die von der konkreten Situation abhängt. Vom jeweiligen Sachzusammenhang ausgehend, wird in dieser konkreten Situation *eine* der vielen zulässigen Bedeutungsnuancen der Operanden genutzt, was vielfach auf Grund nicht objektivierbarer Kriterien erfolgt. Das bedeutet, daß das Ergebnis in Abhängigkeit von den vielschichtig möglichen konkreten Bedeutungszusammenhängen entsteht. Es ist hinzuzufügen, daß hier kombinatorisches Vorgehen (vielfach schon aus Effektivitätsgründen) versagt. Diese Form ist typisch für die Qualität der Denkleistung des Menschen. Eine Wiederholung eines derartigen Verknüpfungsprozesses wird

[11] Ebenda, S. 533, Stichwort „intensional".
[12] Vgl. Carnap, R., Einführung in die symbolische Logik, Wien 1967.

in der Regel auf Grund der Nutzung wiederum spezifischer, bereits aus dem Denkprozeß heraus modifizierter Bedeutungsnuancen, zum Beispiel anderer Bewertungsschwerpunkte oder auf Grund einer vorangegangenen direkt oder indirekt einen Einfluß ausübenden Verknüpfung, zu neuen, modifizierten Ergebnissen führen.

Bei extensionalen Verknüpfungen kann von den konkreten Bedeutungen abstrahiert werden. Charakteristisch ist daher, daß stets von denselben definierten Bedeutungen ausgegangen wird und daß bei Wiederholung des Verknüpfungsvorganges stets dasselbe Ergebnis entsteht. Es kann daher definierte Strukturverarbeitung auf einer derartigen Grundlage betrieben werden. Wir fassen hier auch Extensionalität etwas weiter, indem wir nicht nur die Verknüpfung von Wahrheitswerten zulassen, sondern quantitative Größen überhaupt unterstellen.

Diesen unterschiedlichen Charakter von Aussagenverknüpfungen muß man unseres Erachtens zugrunde legen (dies wurde von uns stets so aufgefaßt), wenn von den zwei Grundformen der Verarbeitung von Informationen gesprochen wird:

— Verarbeitungsprozesse, bei denen insgesamt die Berücksichtigung intensionaler Zusammenhänge wesentlich ist, so daß von ihnen nicht abstrahiert werden kann und auf diese Weise überhaupt keine Basis für eine durchgängige Strukturverarbeitung gegeben ist.
  Diese Form wird als *semantische* Informationsverarbeitung bezeichnet.
— Verarbeitungsprozesse, die ausschließlich auf extensionalen Beziehungen und der Abbildung dieser Beziehungen auf Strukturen und deren Verarbeitung fundiert sind.
  Diese Form soll als *Datenverarbeitung* bzw. syntaktische Informationsverarbeitung bezeichnet werden.

In der weiterhin benutzten Terminologie sollen diese Unterschiede dadurch zum Ausdruck gebracht werden, daß in den Fällen, wo intensionale Zusammenhänge entscheidend sind, der *beschreibende*, deskriptive Charakter der Strukturelemente der Informationen hervorgehoben wird, während bei allein extensionalen Zusammenhängen die durchgängige Existenz definierter Strukturelemente und entsprechender Bereiche, in denen sie positioniert sind, sogenannte *Extensionalitätsbereiche*, vorausgesetzt wird. Diese Unterschiede werden auch weitgehend in der nachfolgend benutzten Bezeichnung der Strukturparameter ihre Widerspiegelung finden.

Die eine Aussage charakterisierenden Strukturelemente sind:

a) der *Gegenstand* der Aussage und
b) ihr *Inhalt*, der in der Regel (zumindest bezüglich der Aussagen über Sachverhalte) die Eigenschaft des Gegenstandes fixiert und ihren Zustand präzisiert.

Der konkrete Charakter der den Inhalt konstituierenden Strukturelemente und ihre Bedeutung als solche wird durch den jeweiligen Gegenstand bestimmt. Diesen Zusammenhang hatten wir bereits ausgenutzt, um eine erste Unterscheidung der Informationen vorzunehmen (vgl. Absch. 3.2.1.). Die Strukturelemente konstituieren — und das ist wesentlich — erst in ihrer Einheit die Semantik einer Information. Der Bestimmtheitsgrad dieser Strukturelemente insgesamt und damit die Möglichkeit oder Unmöglichkeit einer umkehrbar eindeutigen Abbildung der „Komponenten" der Semantik auf definierte Strukturen (Extensionalitätsbereiche, vgl. oben) bilden den Ausgangspunkt unserer weiteren Informationsdifferenzierung.

Um abbilden zu können, müssen die Urbilder der als Bild auftretenden Strukturelemente präzis vereinbart sein. Sie können also nicht erst im Moment der Nutzung quasi freischöpferisch formuliert, das heißt in ein gleichsam amorphes Gefüge eingegliedert werden, das noch nicht fixiert oder nicht fixierbar ist, also noch keine Struktur an sich ist, aber durchaus Potenzen zur expliziten Strukturierung in sich birgt und die Möglichkeit der Ausbildung einer inneren Ordnung in sich ausdrückt. Die Untersuchung objektiv real existierender Strukturen einerseits und die Ausbildung von Aussagenstrukturen andererseits ist eine der wichtigsten Aufgaben des wissenschaftlichen Erkennens; aber nicht nur des Erkennens, sondern des bewußten und unbewußten Verhaltens des Menschen in Natur und Gesellschaft überhaupt.

Im Erkenntnisprozeß werden ständig derartige Strukturen neu ausgebildet, verändert, ergänzt. Für die Abbildung im heutigen Automaten ist diese absolute Dynamik der Begriffsinhalte usw. nicht nachvollziehbar. Sie müssen dafür in eine fixierbare Struktur eingeordnet sein. (Das heißt jedoch nicht, daß eine einmal fixierte Struktur unveränderlich bleiben muß, aber sie muß relativ stabil angelegt sein. Von Vorteil sind dann derartige Strukturierungen, die ergänzungs- und verbesserungsfähig sind, ohne das gesamte Grundgerüst der Strukturierung des Gesamtsystems selbst in Frage zu stellen. Derartige Strukturformen bezeichnen wir als dynamisch.)

Informationen, für die diese Eigenschaft durchgehend für alle Strukturelemente der Semantik gegeben ist, können als logisch *formalisierbar* charakterisiert werden. Die Formalisierung der Informationen erfolgt also durch die Fixierung aller Strukturelemente der Aussagen. Das bedeutet im einzelnen:

— die Beziehungen der betreffenden Aussagen müssen ausschließlich extensionalen Charakter tragen;

— die Strukturelemente der Semantik sind daher exakt definiert bzw. definierbar;

— die Menge dieser definierten Elemente kann bezüglich jedes Strukturparameters wohlgeordnet werden, das heißt, ist positionierbar und konstituiert damit einen Extensionalitätsbereich.

Wir bezeichnen Informationen, deren Strukturelemente *durchgehend* auf Extensionalitätsbereiche abgebildet sind, als *Daten* und Informationen, bei denen dies *nicht bezüglich aller Strukturelemente* erfolgte bzw. möglich ist, als *Deskriptionen*.

Mit einer durchgängigen Abbildung der Strukturelemente auf Extensionalitätsbereiche ist gleichzeitig die Voraussetzung für die Einsetzbarkeit strukturverarbeitender Systeme gegeben. Gegenstand der Strukturverarbeitung sind die auf Signale abgebildeten Elemente der Extensionalitätsbereiche. Detailliertere Darlegungen zu diesem Abbildungsvorgang (Stufen der Datenstrukturierung) enthält Kapitel IV. Die Beziehungen derartiger Elemente sind per definitionem untereinander rein extensional und daher mit den Mitteln mathematisch-logischer Verfahren beherrschbar.

Mit diesen Überlegungen wurde nochmals deutlich, daß die Bedeutung einer Information sich in der Einheit aller Strukturelemente ausdrückt und ihre umkehrbar eindeutige Fixierung sich in der Positionierung bezüglich aller Strukturelemente widerspiegelt und nicht nur in dem Strukturelement Eigenschaft. Damit ist die Auffassung des semantischen Aspektes losgelöst vom Träger und seiner Struktur unseres Erachtens nur bedingt vertretbar.

Die voranstehenden Überlegungen besagen weiter, daß die Daten stets in einer logisch-systematischen Ordnung auftreten müssen, das heißt, daß Daten nie isoliert voneinander existieren, sondern nur als Elemente einer entsprechenden formal-logischen Ordnung existent sind.

Die Extensionalitätsbereiche, auf die die Abbildung erfolgt, können endliche oder unendliche Mengen darstellen, über denen dann die Strukturelemente variieren, so daß zum Beispiel der Gegenstand als Bestandteil eines Systems von formalisierten Elementen angesehen werden kann und als solcher „Objekt" genannt werden soll. Das Objekt ist somit einer der möglichen Zustände des Strukturparameters an sich (mathematisch klarer: Werte), was den Terminus „Variable" impliziert. So läuft die „Objektvariable" (als spezifischer Strukturparameter einer Aussagenmenge) über der Menge der zugelassenen Gegenstände (=Objekte) des Extensionalitätsbereiches, auf die die Gegenstände der Aussagen abgebildet wurden. Analog zur Objektvariablen können auch für die Strukturelemente des Inhalts derartige Eigenschaften festgestellt werden.

Mit dieser Art der Betrachtung der Informationen ergibt sich zunächst rein formal eine weitere Aufspaltung der bisher erfolgten gegenstandsorientierten Unterscheidung, wie sie die Abbildung 17 zeigt und ausführlicher im Abschnitt 3.3. dargelegt wird.

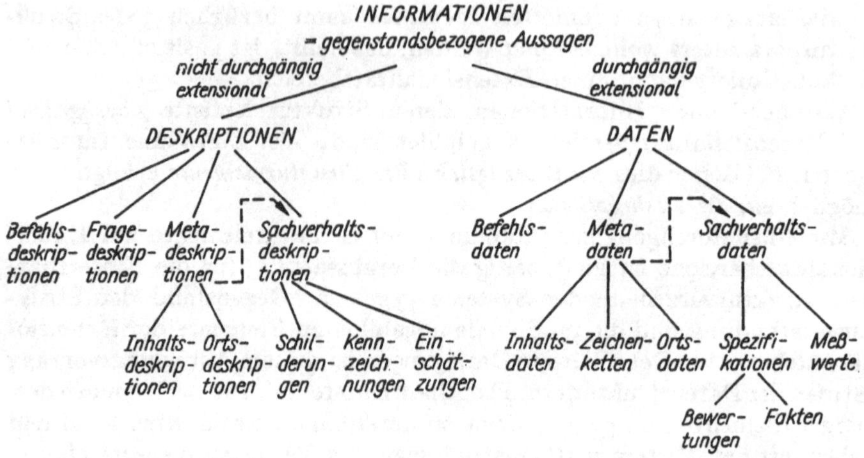


Abb. 17: Grunddifferenzierung der Informationen in Deskriptionen und Daten

## 3.3. Charakterisierung verschiedener Informationsklassen

### 3.3.1. Allgemeine Übersicht

Einen Überblick über die unterschiedlichen Arten der Strukturelemente der verschiedenen Informationsklassen zeigt Abbildung 18. Bei der weiteren Klassifizierung wird so vorgegangen, daß von der Art der Aussage ausgehend zunächst die allgemeine Bedeutung der Strukturelemente des Inhalts dargelegt wird. Daran anschließend wird eine weitere Untergliederung der jeweiligen Klasse vorgenommen. Sie ergibt sich in der Regel durch eine nochmalige spezifische Betrachtung des Charakters der Strukturelemente des Inhalts.

Bei den nachfolgenden Betrachtungen wird grundsätzlich von dem konkreten Trägermedium abstrahiert. Dieser Gesichtspunkt zieht sich durch alle Betrachtungen hindurch. Eine Klassifizierung der Informationen unter diesem Aspekt gegenüber einer differenzierten Betrachtung von Inhalt und Form bzw. Struktur ist nebensächlich, weil die Ergebnisse diesbezüglich für jede der nachfolgend charakterisierten Klassen in der Regel dieselben wären und uns somit keinen spezifischen Erkenntnisgewinn bringen.

### 3.3.2. Sachverhaltsinformationen - Aussagen über Sachverhalte

Für die Strukturparameter dieser Klasse von Informationen ist charakteristisch, daß die Strukturelemente des Inhalts bestimmt werden können als

a) die Eigenschaft des Gegenstandes und
b) der Zustand, in dem sich die betreffende Eigenschaft für den konkreten Gegenstand befindet (Wertgröße).

Diese Sachverhaltsinformationen können gemäß der im Abschnitt 3.2.2. vorgenommenen Grunddifferenzierung in Sachverhaltsdaten und Sachverhaltsdeskriptionen unterteilt werden (vgl. Abbildung 17).

### 3.3.2.1. Sachverhaltsdaten

Sachverhaltsdaten liegen vor, wenn sich alle drei Strukturelemente vollständig auf Extensionalitätsbereiche abbilden lassen. Die Extensionalitätsbereiche stellen — wie bereits erläutert — wohlgeordnete Mengen formaler Elemente dar, auf die die im Formalisierungsprozeß der Informationen definierten drei Strukturelemente der Sachverhaltsaussagen abgebildet sind. Dabei ist bedeutsam, daß ein Verfahren existieren muß, das es gestattet, diese formalen Elemente voneinander in Relation zur definierten Gesamtmenge zu unterscheiden. Die notwendige Voraussetzung dafür ist die Positionierung jedes Elementes im Bereich der formalen Elemente.

Die Eigenschaft stellt das den Charakter der Information bestimmende Strukturelement des Inhalts dar. Die Eigenschaft selbst beeinflußt entscheidend die Möglichkeiten und Besonderheiten der Zustandsfixierung, also den Charakter der Bestimmung der Wertgröße, die den jeweiligen Zustand repräsentiert.

Hier kann in den Beziehungen zwischen Eigenschaft und Zustandsfixierung trotz der Voraussetzung eines extensionalen Charakters der einzelnen Strukturparameter ebenfalls zwischen einem extensional und intensional bestimmten Zusammenhang von Wertgröße und Eigenschaft in dem Sinne unterschieden werden, daß die Fixierung der Wertgröße zusammenhangsunabhängig ist oder nicht. Wir verwenden dann folgende Terminologie zur Bezeichnung der Strukturelemente:

| Charakter des Zusammenhanges | | Eigenschaft | Wertgröße | Bezeichnung der Datenklasse | |
|---|---|---|---|---|---|
| extensional | | Merkmal | Meßgröße | Meßwerte | |
| intensional | { | Charakteristikum | Charakterisierungsklasse | Fakten | } Spezifikationen |
| | | Spezifikum | Spezifikationsklasse | Bewertungen | |

Selbst mit den Ergebnissen einer intensionalen Wertgrößenzuordnung zur Charakterisierung des Zustandes einer bestimmten Eigenschaft von

| Art der der Aussagen | Charakter der Strukturelemente | Strukturelemente: Gegenstand | Strukturelemente: Inhalt | | Bezeichnung der Informationsklassen: allgemein | Bezeichnung der Informationsklassen: weitere Differenzierung | |
|---|---|---|---|---|---|---|---|
| 1 | 2 | 3 | 4 | 5 | 6 | 7 | |
| AUSSAGEN ÜBER SACHVERHALTE | formalisiert | Gegenstand | Eigenschaft | Zustand der Eigenschaft | Sachverhaltsinformationen | Sachverhaltsdaten | |
| | | Objekt | Merkmal | Meßwertgrößen | | | Meßwerte |
| | | | Charakteristikum | Charakterisierungsklassen | | | Fakten |
| | | | Spezifikum | Spezifikationsklassen | | | Bewertungen |
| | nicht formalisiert | Objekt | Charakteristikum/ Spezifikum | intensionale Beschreibung des Zustandes der Eigenschaft | | Sachverhaltsdeskriptionen | Einschätzungen |
| | | | intensionale Beschreibung der Eigenschaft | | | | Kennzeichnung |
| | | intensionale Gegenstandsbeschreibung | | | | | Schilderungen |
| AUSSAGEN ÜBER DEN ORT VON AUSSAGEN | formalisiert | Aussageinformationen | Angabe des Bezugssystems | Ort der Information | Ortsinformationen | Adreßdaten | |
| | | Aussagedaten | logische/physische Speicherstruktur | Adresse | | | |
| | nicht formalisiert | Aussagedeskriptionen | Speicherbeschreibung | Ortsbeschreibung | | Ortsdeskriptionen | |

| 1 | 2 | 3 | 4 | 5 | 6 | 7 |
|---|---|---|---|---|---|---|
| AUSSAGEN ÜBER DEN INHALT VON AUSSAGEN | formalisiert | Aussagenmengen | Inhaltsfestlegung | *) | Inhaltsinformationen | Inhaltsdaten |
| | | | Inhaltscharakteristik | | | |
| | nicht formalisiert | | Inhaltsbeschreibung | | | Inhaltsdeskriptionen |
| SYNTAKTISCHE FORMEN VON AUSSAGEN | formalisiert | strukturierte Menge von Zeichen | *) | *) | formale Daten | Zeichenkette |
| | nicht formalisiert | **) | **) | **) | | **) |
| AUSSAGEN ÜBER FRAGESTRUKTUR | formalisiert | **) | **) | **) | Frageinformationen | **) |
| | nicht formalisiert | Frage | Fragegegenstand | Frageinhalt (= antizipiertes Ziel) | | Fragedeskriptionen |
| AUSSAGEN ÜBER OPERATIONEN | | Operanden | Art der Operation | *) | Befehlsinformationen | Befehlsdaten / Transformationen |
| | formalisiert | Daten | | | | für Hilfsoperationen |
| | nicht formalisiert | Deskriptionen | | | | Befehlsdeskriptionen / Steueroperationen |

Abb. 18: Strukturelemente der Informationsklassen *) nicht sinnvoll **) nicht definiert

Objekten (Charakteristikum bzw. Spezifikum) wird dann jedoch strukturell ebenso gearbeitet wie mit Meßwerten. Allerdings ergeben sich aus dieser Vorgehensweise der Bestimmung der Wertgröße doch eine Reihe von Besonderheiten bezüglich der Möglichkeiten zur Verarbeitung der Spezifikationen, in denen sich dann diese Seite der Eigenschaft entscheidend auswirkt.

Damit können wir bei den Sachverhaltsdaten im Vergleich zu den Sachverhaltsdeskriptionen zumindest bei den Meßwerten eine zweifache Extensionalität feststellen. Sie ist für die Spezifikationen nur eingeschränkt gegeben und fehlt bei den Sachverhaltsdeskriptionen völlig. Dieser Zusammenhang von Eigenschaft und Zustand kann auch noch in einer anderen Hinsicht reflektiert werden, was uns die Möglichkeit gibt, weitere Gemeinsamkeiten und Unterschiede von Merkmalen und Charakteristika bzw. Spezifika deutlich zu machen:

a) Die Bestimmung der Meßwerte ist durchgängig formalisierbar und damit im Prinzip automatisierbar.

b) Die Bestimmung der jeweiligen Charakterisierungs- bzw. Spezifikationsklasse ist zusammenhangsabhängig, das heißt, der Zuordnungsvorgang ist nicht durchgängig automatisierbar.

   Das bedeutet auch, daß die Zuordnung nicht notwendig wie bei den Meßwerten stets zu derselben Wertgröße (hier: Charakterisierungs- bzw. Spezifikationsklasse) führen muß.

   Ein Beispiel dafür wäre die Beurteilung von Leistungen, die von unterschiedlichen Personen durchaus voneinander abweichend erfolgen kann. Ja noc hextremer: es kann dieselbe Leistung von der gleichen Person zu unterschiedlichen Zeitpunkten völlig anders eingeordnet werden. Weitere umfangreiche Beispiele für Spezifikationen enthalten die verschiedenen Arten von Fragebogen.

Aus dieser Unterscheidung läßt sich ableiten, daß es durchaus möglich ist, Meßwerte automatisch zu erfassen. Für Spezifikationen ist eine derartige Möglichkeit nicht gegeben. Auf die Probleme der Erfassung und Differenzierung der Meßwerte soll an dieser Stelle nicht ausführlicher eingegangen werden. Die die Meßwerte betreffenden Fragen der Skalierung werden in Abschnitt 3.4. dargelegt.

Gemäß dem Zeitcharakter der Zuordnung der Werte aus dem Wertevorrat für die Wertgrößen der Meßwerte können diese weiter untergliedert werden in:

a) Konstante Meßgrößen

   Für das konkrete Objekt ist der Wert des betreffenden Merkmals zeitunabhängig festgelegt, ist selbst weitgehend objektspezifisch und variiert nur zwischen den Objekten, um deren Zustand zu kennzeichnen.

b) Variable Meßgrößen
   Der zur Kennzeichnung des Zustandes des betreffenden Objektes angegebene Wert ist zeitabhängig (auch im Sinne einer Zeitintervallabhängigkeit) veränderlich, das heißt, die Meßgrößen sind für das betreffende Objekt zeitlich nicht als konstant feststellbar.

Diese Differenzierung innerhalb der Meßwerte ist deshalb sinnvoll, weil sich dieser Charakter der Meßwerte auch auf das Datenverarbeitungssystem auswirkt, beispielsweise auf die Art der notwendigen Datenpflege, die anwendbaren Verarbeitungsoperationen, die Nutzbarkeit von Merkmalen für datenorganisatorische Maßnahmen sowie auf die Organisationsformen des Verarbeitungssystems.

Während in Verbindung mit den Meßwerten in der Regel ein voll objektivierbares Verfahren für die Zustandsbestimmung der Eigenschaft von Objekten existiert, erweist sich dieser Prozeß der Zustandsbestimmung bezüglich der Spezifikationen als wesentlich komplizierter.
Von einem Charakteristikum [bzw. Spezifikum] wird gesprochen, wenn die entsprechende Eigenschaft des Objektes fixiert ist und gemäß a)—c) auf Extensionalitätsbereiche abgebildet werden kann:

a) Für diese Eigenschaft existiert eine Klasseneinteilung der Zustände (äquivalent den möglichen Werten der Wertgröße eines Merkmals), die sowohl vollständig ist als auch ihrem Inhalt nach eine weitere Differenzierung der gegebenen Eigenschaften darstellt [und für die Spezifika zusätzlich eine Ordnung aufweist];
b) Die Klassen, in die diese Eigenschaft zerlegt wird, sind disjunkt, das heißt, die Zerlegung erfolgt so, daß der Zustand der betreffenden Eigenschaft für ein konkretes Objekt in genau eine der gegebenen Klassen eingeordnet werden kann und keine Überlagerungen (Mehrdeutigkeiten) dabei möglich sind.
c) Es gibt fixierte Kriterien, die die Entscheidung, in welche der zulässigen Klassen ein vorliegender Zustand eines konkreten Objektes einzuordnen ist, unterstützen. Diese Kriterien implizieren in der Regel eine Reihe semantischer Informationsverarbeitungsprozesse und stellen keinen Entscheidungsalgorithmus dar. Andernfalls hätten wir es mit Meßwerten zu tun. Dieser mit semantischer Informationsverarbeitung behaftete Entscheidungsprozeß steht hier anstelle eines durchgängig objektivierten Meßprozesses bezüglich der anderen Gruppe der Sachverhaltsdaten, der Meßwerte.

Im Unterschied zu den Meßwerten existiert bei den Spezifikationen also in der Regel kein extensionaler Zusammenhang zwischen der Eigenschaft (daher nicht Merkmal, sondern Charakteristikum bzw. Spezifikum) und ihrer Klasseneinteilung sowie im allgemeinen auch kein extensionaler Zusammenhang zwischen den Charakteristika. Der intensionale Zusammenhang zwischen Klasseneinteilung und Eigenschaft ergibt sich aus dem Umstand, daß jede einzelne Klasse, in die unterteilt wird, selbst eine Semantik besitzt, die zusammen mit der Semantik des Charakteristikums bzw. Spezifika die Eigenschaftssemantik bildet. Für die Wertgröße bleibt dann lediglich die rein formale Struktur der Klassifizierung, das heißt, in wieviel Klassen zergliedert wird und welche von ihnen dann konkret für das jeweilige Objekt zutrifft.

Der intensionale Charakter des Zusammenhangs zwischen den Charakteristika bzw. Spezifika resultiert in der Regel daraus, daß die Kombination ihrer Wertgrößen eine Kombination der entsprechenden komplexen Charakteristikabedeutungen impliziert und daher das Ergebnis dieser abstrakten Kombinationsfähigkeit der Wertgrößen auf ein unüberschaubares Feld neuer Bedeutungen abbildet, die in der Regel nicht auf Extensionalitätsbereiche abgebildet oder abbildbar sind.

Wenn in einer Datenmenge über Kader die Spezifikationen „Sprachkenntnisse" und „Zugehörigkeit zu gesellschaftlichen Organisationen" im Sinne der Datenverarbeitung kombiniert werden sollen, so hätte es zum Beispiel keinen Zweck, nach einer mathematischen Operation zu suchen, die auf die Wertgrößen dieser beiden Spezifikationen angewendet werden kann — es hätte also beispielsweise keinen Sinn, diese beiden Wertgrößen zu summieren.

Datenverarbeitungstechnisch läßt sich bei den Spezifikationen auch nur eine spezifische Form von Verknüpfungen anwenden, die durch die Bedeutung der Eigenschaft bestimmt werden. In der Regel werden es Verfahren der Statistik sein, zum Beispiel Bestimmung der absoluten oder relativen Verteilung einer bestimmten Objektmenge auf die einzelnen Klassen. Im Gegensatz dazu sind Meßwerte in der Regel immer dann kombinierbar, wenn sie sich auf die gleiche Dimension beziehen. So lassen sich zum Beispiel Kosten für Material, Honorare und Lohn durchaus zu einer Gesamtsumme addieren.

Damit ist eine weitere Besonderheit der Meßwerte in bezug auf die Spezifikationen angesprochen. Die Wertgröße als solche ist eigentlich unmittelbar mit einer Meßskala sowie mit einer Dimension gekoppelt, die aber unseres Erachtens von der direkten Meßgröße abgespalten und dem Merkmal zugeordnet sein sollte, da dies aus der Sicht der Gesamtheit der Daten für das Merkmal an sich eine wesentlichere Komponente ist als für den einzelnen konkreten Wert. In der Praxis des Messens geht man auch dementsprechend vor (vgl. Abschnitt 3.4.).

Diesen Zusammenhang spricht auch Zemanek an, wenn er hervorhebt: „Die *Physik* hat es verstanden, ihre Probleme weitgehend in solche der numerischen Mathematik zu verwandeln. Ihr Mittel dafür ist die Zerlegung der physikalischen Größen in zwei Faktoren: in den numerischen Wert und in die Einheit oder Dimension. Auf diese Weise gelingt es, den semantischen Problemen innerhalb des Computers bei physikalischen Aufgaben praktisch auszuweichen; die Betrachtung und die Prüfung der Dimensionen wird nicht dem Computer überlassen, sondern erfolgt außerhalb."[13] Wie wir gesehen haben, ist dies jedoch nur eine — und, wie wir herausstellten, nicht einmal die wesentlichste — Seite der komplexeren Semantikproblematik in bezug auf die Strukturverarbeitung durch Maschinen. Erneut wird aber dadurch auch noch aus anderer Sicht die Unterscheidung qualitativ verschiedener Strukturelemente des Inhalts motiviert.

Bei den Spezifikationen fehlt eine derartige Vergleichbarkeit hinsichtlich der Dimensionen, weil die Klassen in sich zugleich die Dimension repräsentieren, und die Klasse selbst ist Ausdruck einer ganz spezifischen Semantik. Typische Beispiele dafür kann man unter anderem den Fragebögen für soziologische Untersuchungen entnehmen. Ein Fragebogen zur Promotionsanalyse an der Humboldt-Universität zu Berlin enthält zum Beispiel folgende Frage: „Worin bestehen hauptsächlich die neuen Erkenntnisse?" Hierbei stellt er folgende zehn mögliche Antworten zur Entscheidung:

0 — Aufstellung einer neuen Theorie;
1 — neue Grunderkenntnisse;
2 — neue Thesen als Detaillierung von Grunderkenntnissen;
3 — neue Thesen als Kombination von Grunderkenntnissen verschiedener Disziplinen;
4 — neue Thesen durch Anwendung neuer Methoden;
5 — Quantifizierung bisher qualitativ beschriebener Zusammenhänge;
6 — Interpretation begrenzter Einzelerscheinungen;
7 — Lösung praktischer Probleme durch Angabe konkreter Lösungswege;
8 — Materialerschließung und -zusammenstellung nach bestimmtem Aspekt;
9 — Überblick über Themenprobematik nach bestimmtem Aspekt.

Diese Spezifikationen können als Daten der Datenverarbeitung unterworfen werden. Doch sind hierbei auf Grund der Besonderheiten der Bildung von Spezifikationen nur eingeschränkte formalisierbare Verarbeitungsmöglichkeiten gegeben. Damit treten bei der Auswertung von Spezifikationen in der Regel notwendigerweise zusätzliche semantische Informationsverarbeitungsprozesse auf, die im allgemeinen auf den Ergebnissen der Datenverarbeitungsprozesse mit Spezifikationen aufbauen bzw. in un-

[13] Zemanek, H., Informale und formale Beschreibung, in: IBM-Nachrichten, Heft 212, S. 279.

vorhersehbare Details des Materials eindringen. Das ist bedingt durch die nicht vollständige Zusammenhangsunabhängigkeit dieser Datenklasse. Dies macht insgesamt deutlich, daß in Auswertung des unterschiedlichen Charakters der Aussagen über ein Objekt — selbst in Form vorliegender Daten — die Gewinnung einer komplexen Aussage über ein Objekt nicht mehr ausschließlich Aufgabenstellung der Datenverarbeitung sein kann. Dies wird voll verständlich, wenn man Kaderbeurteilungen und Leistungsbewertungen genau betrachtet.

Die automatisierte Verarbeitung von Spezifikationen (Fakten und Bewertungen) konzentriert sich im wesentlichen auf:

— Bereitstellung von Spezifikationen und Spezifikationenkombinationen zu definierten Objekten;
— Gruppierung von Objekten nach gleichen Zuständen eines als Bezugsbasis ausgewählten Charakteristikums bzw. Spezifikums, zum Beispiel Angabe der absoluten bzw. relativen Häufigkeit einer Zuordnung von Objekten zu einer Spezifikationsklasse;
— Ermittlung von Korrelationen zwischen den Zuständen verschiedener Eigenschaften. Darin können sich dann gesetzmäßige Zusammenhänge zwischen den Charakteristika widerspiegeln.

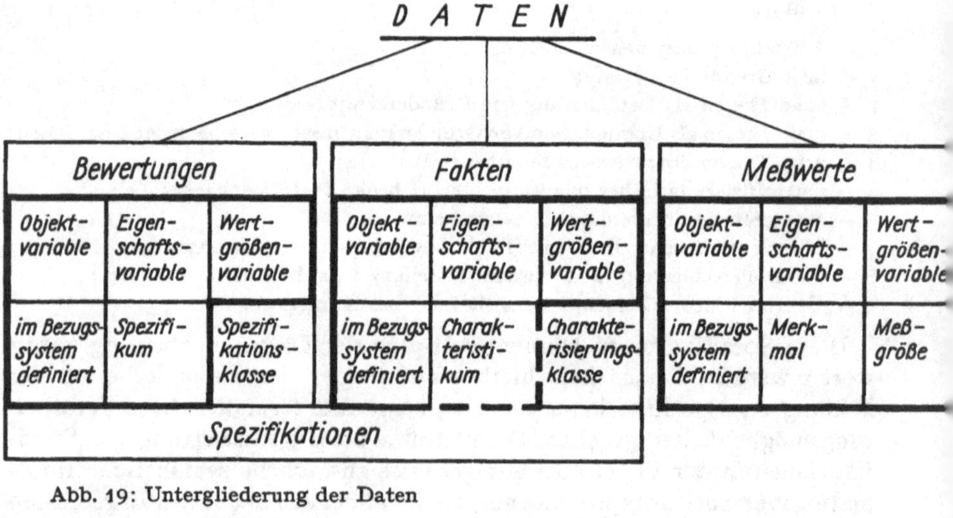


Abb. 19: Untergliederung der Daten

Bei den *Fakten* kennzeichnet das Charakteristikum einen Oberbegriff für die möglichen faktischen Zustände, in denen sich die betreffende Eigenschaft des betrachteten Gegenstandes tatsächlich befinden kann.

Beispielsweise kommt es durch verschiedene Ursachen immer wieder zu Maschinenausfallzeiten. Wenn jetzt eine Klassifizierun der am häufigsten auftretenden Störursachen vorgegeben wird, so genügt es, die Charakterisierungsklasse anzugeben, das heißt zu fixieren, welche der bereits also erkannten Ursachen im betreffenden Fall tatsächlich eingetreten ist.

An diesem Beispiel kann gleichzeitig demonstriert werden, welche Bedeutung die Vollständigkeit einer Klasseneinteilung für eine Eigenschaft hat. Da man in eine Klassifizierung ja nur die häufig wiederkehrenden (und damit erkannten und als wesentlich angesehenen) Störursachen differenziert aufnehmen kann, ist es prinzipiell nicht ausschließbar, daß es darüber hinausgehend Ursachen gibt, die explizit noch nicht als Klasse konstituiert sind. Daher wird nach einer Auflistung der bekannten und häufigsten Ursachen eine Klasse für all jene Ursachen eingerichtet, die bisher noch nicht genannt sind, zum Beispiel die Klasse „sonstige Ursachen", die später durchaus noch weiter differenziert werden kann.

Bei einer Klassifizierung von Eigenschaften für eine Menge von Objekten muß zum anderen berücksichtigt werden, daß für einige Objekte der Menge eine bestimmte fixierte Eigenschaft sinnlos sein kann. So könnte zum Beispiel bei einer Analyse von Promotionsverfahren das Charakteristikum „Anwendung strukturwissenschaftlicher Methoden und Verfahren" für eine bestimmte Dissertation unzutreffend sein, weil die Anwendung derartiger Verfahren und Methoden von der Thematik her grundsätzlich nicht möglich ist. Für derartige Fälle muß das Klassifikationsschema auch offen sein, zum Beispiel die Klasse „entfällt" enthalten. Auch diese Klasse bezeichnet ja den Zustand einer Eigenschaft dadurch, daß diese Eigenschaft einem speziellen Objekt nicht zugeordnet werden kann. Selbst das Ergebnis, daß die Eigenschaft für etwa 20 Prozent der Objekte nicht sinnvoll war, ist für die betrachtete Objektmenge eine durchaus relevante Aussage, da sich diese Eigenschaft für eine andere Teilmenge durchaus als sehr sinnvoll erwiesen hat und insofern auch ein impliziter Vergleich zwischen diesen Objektteilmengen möglich wird.

Ein Grenzfall dieser Betrachtungsweise sind Binärentscheidungen, die sich in der Anwendung durchaus als praktikabel erwiesen haben.

Bei *Bewertungen* dagegen unterstellt das Spezifikum bereits das Vorliegen eines Sachverhaltes in allgemeiner Form. Um den Zustand des Sachverhaltes genauer zu kennzeichnen, müssen in diesem Zusammenhang bewertende Einschätzungen des Sachverhaltes vorgenommen werden, wozu eine Bewertungsskala vorgegeben werden muß, die wiederum eine differenzierende Klasseneinteilung ermöglicht.

Während bei den Fakten an Hand der vorgegebenen Kriterien in der Regel eine weitgehend objektivierbare Einteilung in bzw. Zuordnung zu Klassen möglich ist, wird bei den Bewertungen die Subjektivität bei der

Datenbildung stets ein mehr oder minder zu berücksichtigender Faktor bleiben müssen. Um eine möglichst große Objektivität auch bei derartigen Bewertungen zu erreichen, wurden insbesondere für solche Fälle, die weitreichende und schwerwiegende Konsequenzen nach sich ziehen können, Methoden und Verfahren entwickelt, die subjektiven Einflüsse des Einzelnen weitgehend zu beseitigen. Diese Vorgehensweisen werden als Expertenschätzungen bezeichnet.

Die Vorgehensweise der Expertenschätzung besteht darin, daß von verschiedenen Personen — den Experten — unabhängig voneinander Bewertungen vorgenommen werden, die dann unter Zuhilfenahme von statistischen Verfahren auf ihre Objektivität (Vergleichbarkeit) geprüft und zu einer Gesamtbewertung weiter verdichtet werden.

Neben diesen angeführten „Nachteilen" besitzen die Bewertungen den Fakten gegenüber auch verschiedene Vorteile. Diese sind vor allem darin zu sehen, daß die für die einzelnen Eigenschaften spezifischen Bewertungsskalen hinsichtlich der zu bildenden Klassen formal vereinheitlicht werden können. Jede Bewertungsskala besitzt zwar ihre eigene Bedeutung, die sie von der anderen Bewertungsskala unterscheidet (intensionaler Zusammenhang zwischen derartigen Eigenschaften). Doch diese Bedeutung geht ja explizit in die Datenverarbeitung nicht ein. Es bleiben also nur die Skalenwerte, die als solche auf eine vereinheitlichte, allgemeine formale Skala abgebildet werden können.

Dieser Zusammenhang widerspiegelt sich bei den Verfahren der Expertenschätzung darin, daß beispielsweise nach vorgegebenen Kriterien eine bestimmte Anzahl von Punkten vergeben wird. Für alle Bewertungen läßt sich daher eine einheitliche formale Bewertungsskala definieren, die genügend differenziert gestaltet werden kann, so daß alle speziellen Anforderungen durch eine solche Skala erfüllt werden können. Das vereinfacht von der formalen Seite der Informationsverarbeitung her gesehen die Handhabung von Bewertungen.

Als Beispiele können Bewertungen von Forschungsthemen und Forschungsergebnissen, Beurteilungen von Kadern sowie Einschätzungen von Situationen angesehen werden.

Die Charakteristika bzw. Spezifika können jeweils noch weiter in *absolute* und *relative* unterteilt werden.

Als *absolut* soll ein Charakteristikum bzw. Spezifikum dann bezeichnet werden, wenn die Eigenschaft, über deren Zustand informiert wird, mit guter Näherung von der Gesamtheit der übrigen Eigenschaften des betrachteten Gegenstandes isolierbar ist. Das Charakteristikum bzw. Spezifikum erweist sich hier als weitgehend unabhängig von den übrigen Aussagen über diesen Gegenstand.

Bei den Fakten bezieht sich diese Kennzeichnung auf die Unabhängigkeit der faktischen Kennzeichnung des Gegenstandes in bezug auf eine Eigenschaft. Bezüglich der Bewertung handelt es sich um die Unabhängigkeit des angelegten Bewertungsmaßstabes von anderen Bewertungsmaßstäben, die in bezug auf andere Eigenschaften auf den gleichen Gegenstand anwendbar sind.

*Relativ* werden sie dann genannt, wenn die Angabe von Fakten bzw. Bewertungen auf der Grundlage einer bestimmten betrachteten Eigenschaft für sich genommen keine zufriedenstellende Kennzeichnung des Gegenstandes ermöglicht, weil gleichzeitig andere Eigenschaften und die ihnen zugeordneten Zustände zum Vergleich herangezogen werden müssen. Darin zeigt sich ein unauflösbarer Zusammenhang zwischen den Eigenschaften, dessen Vernachlässigung die Charakteristika bzw. Spezifika in ihrer spezifischen Bedeutung entwertet.

Im praktischen Berichtswesen treten häufig Mischungen von Fakten und Bewertungen auf, das heißt, Fakten repräsentieren mitunter Bewertungen und Bewertungen werden wie Fakten weiter verwendet und verarbeitet. In der Regel liegen diesem Umgang mit Informationen unreflektierte Begriffsverwirrungen zugrunde, die sich insbesondere für die Leitungsinformationen ungünstig auswirken können. Dennoch soll nicht verkannt werden, daß die Grenzen zwischen Fakten und Bewertungen mitunter sehr schwierig zu bestimmen sind. Diese kritische Situation erklärt sich unseres Erachtens in erster Linie aus der Handhabung von Fakten und Bewertungen in der Praxis. Hier bilden Fakten gleichzeitig die Grundlage für bewertende Einschätzungen, weil alle Maßnahmen, insbesondere Leitungsmaßnahmen, von Menschen realisiert werden müssen, deren politisch-ideologische Haltung, Motivation und Bereitschaft zu den verschiedenartigen Aktivitäten Grundelemente des (zu leitenden) Prozesses darstellen.

Alle Zielstellungen für die Veränderung von Fakten resultieren aus Bewertungen dieser faktischen Zustände und bedingen Änderungen von Bewertungsmaßstäben und damit zum Beispiel die Erziehung von Menschen, das heißt, sie beeinflussen deren Motivation. Dieser untrennbare Zusammenhang rechtfertigt unseres Erachtens aber keineswegs die Verwechselungen bzw. Vertauschungen der Rolle von Fakten und Bewertungen.

In einem Informationssystem beispielsweise, in dem keine klare Unterscheidung von Fakten und Bewertungen praktiziert wird, besteht die Gefahr der Entstellung von Informationen. Die Auswirkungen auf das Berichtswesen sind hierbei von nicht zu unterschätzender Bedeutung. Derjenige, der einen Bericht über seinen Verantwortungsbereich zu geben hat, trifft eine solche Auswahl von Fakten und wählt solche Formen ihrer Beschreibung und Zusammenstellung, daß er annehmen darf, die von der den Bericht empfangenden Leitung praktizierten Bewertungen von faktischen

Zusammenhängen derartig berücksichtigt zu haben, daß der Bereich, für den der Berichtende die Verantwortung trägt, in einem besonders günstigen Licht erscheint. Diese bekannten Erscheinungen der „Färbung von Berichten" macht sie im Grunde genommen für weitere Auswertungen und als Basis für notwendigerweise darauf aufbauende Leitungsmaßnahmen unbrauchbar. Die Ursachen hierfür sind in der Vermengung von Fakten und Bewertungen zu suchen. Aus diesem Grunde muß eine Leitung in jedem Fall bemüht sein, eine klare Unterscheidung von Fakten und Bewertungen in dem Bereich, für den sie die Verantwortung trägt, durchzusetzen; nur so kann sie eine unverfälschte Analyse der wesentlichen Fakten der eigenen Einschätzung zugrunde legen. Diese Einschätzung ist dann wieder mit der Bewertung derselben Fakten aus der Sicht der berichtenden Stelle zu konfrontieren. Dadurch werden erst klare Prinzipien des Meinungsaustausches über Bewertungen möglich, weil dann niemand seine eigenen Bewertungen hinter angeblichen Fakten — und umgekehrt — verbergen kann.

Innerhalb der Daten kann unter einem anderen Gesichtspunkt nach dem Charakter der die Wertgröße repräsentierenden Größe unterschieden werden[14]:

1. nominale Werte
   Größen, die dem Charakter von Nominalzahlen entsprechen, beispielsweise Geburtsdatum, Betriebsnummer. Diese Werte werden im wesentlichen als Identifizierungskennzeichen bzw. Zuordnungsrelationen verwendbar sein. Sie sind also keine eigentlichen Rechengrößen, sondern die durch sie charakterisierten Merkmale können zur Gegenstandsidentifizierung dienen, sie sind zum Beispiel Sortiergrößen.
2. ordinale Werte
   Größen, die den Charakter von Ordinalzahlen tragen. Damit wird in dem Wertebereich dieser Wertgröße eine ganz bestimmte Ordnungsrelation eingeführt, zum Beispiel Vertraulichkeitsgrad von Dokumenten, Endemarkierungen in Speichern und anderes mehr. Die Angabe eines derartigen konstanten Wertes erzeugt einen Schnitt, eine Klasseneinteilung, im betreffenden Wertebereich der Wertgröße.

Aus dem unterschiedlichen Charakter der Werte resultiert auch deren unterschiedliche Einbeziehungsmöglichkeit in die Verarbeitung, das heißt, sie determinieren auch für sie spezifische Verarbeitungsprozesse.

In entsprechender Weise lassen sich die zeitlich variablen Werte von Wertgrößen der Daten auf

[14] Wolkow, J. E., Das System der Leitung der Gesellschaft und seine Entwicklung im Prozeß der Formierung kommunistischer gesellschaftlicher Verhältnisse, Dissertation, Moskau 1970.

3. kardinale Werte
abbilden, das heißt auf Kardinalzahlen, mit denen dann geeignet gerechnet werden kann, und auf die passende mathematisch-logische Verknüpfungsverfahren angewandt werden können.

Damit wird deutlich, welche Bedeutung Skalierungsverfahren und deren unterschiedliche Typen auf Daten und ihre Verarbeitungsmöglichkeiten haben (vgl. Abschnitt 3.4.).

### 3.3.2.2. Sachverhaltsdeskriptionen

Sofern der durchgehend extensionale Charakter aller drei Strukturelemente der Sachverhaltsinformationen und somit deren durchgängige umkehrbar eindeutige Abbildung auf Extensionalitätsbereiche nicht gegeben, nicht möglich oder nicht ausgebildet ist, sprechen wir von *Deskriptionen*. Diese sind dann Gegenstand allein semantischer Informationsverarbeitung. Es sind hier also stets intensionale Momente zu beachten, auf Grund derer dann eine maschinelle Strukturverarbeitung nicht möglich ist. Es ist zwar möglich, Deskriptionen maschinell zu speichern und ihre Träger für semantische Informationsverarbeitungsprozesse bereitzustellen (was auch noch maschinell erfolgen kann, wie es automatisierte Informations- und Dokumentationssysteme praktizieren, vgl. Abschnitt 3.5.). Sie selbst aber sind nicht maschinell verarbeitbar. Umfangreiche Beispiele für Deskriptionen ergeben sich aus Berichten, Analysen, Gutachten usw., in denen die entsprechenden Sachverhalte formuliert sind.

Es ist möglich, die Deskriptionen weiter zu untergliedern (vgl. Abbildung 20). Als Gliederungsgesichtspunkt wird dabei der Formalisierungsgrad der Strukturparameter der Sachverhaltsinformationen gewählt. Formal betrachtet, wären hier alle Kombinationen der beschriebenen Strukturparameter möglich. Jedoch auf Grund der prinzipiellen Objektbezogenheit und des engen Zusammenhanges der Strukturelemente des Inhalts wählen wir hier für die weitere Differenzierung der Deskriptionen eine stufenweise Abschwächung des Formalisiertheitsgrades der Strukturparameter der Sachverhaltsinformationen:

a) *Einschätzungen*
sind Informationen, die zwar eine extensionale Gegenstands- (Objekt) und Eigenschaftsbestimmung (Charakteristikum/Spezifikum) aufweisen, wobei jedoch eine intensionale Beschreibung des Zustandes dieser Eigenschaft erfolgt. Diese Gegebenheiten liegen zum Beispiel im Rahmen einer freien Charaterisierung einer Leistung (= definierte Eigenschaft) eines Kaders (= definiertes Objekt) vor.

b) *Kennzeichnungen*
sollen die Informationen genannt werden, bei denen eine extensionale Gegenstandsbeschreibung (Objekt) vorliegt, jedoch sowohl eine intensionale Eigenschaftsbeschreibung wie auch eine intensionale Beschreibung des Zustandes dieser Eigenschaft vorgenommen wird.
Als Beispiel kann die freie Beurteilung eines Kaders (= definiertes Objekt) angeführt werden.

c) *Schilderungen*
charakterisieren Informationen, die als Sachverhaltsaussagen auf keinerlei Extensionalitätsbereiche abgebildet wurden bzw. abbildbar sind. Es handelt sich bei ihnen um jeweils intensionale Gegenstands-, Eigenschafts- und Zustandsbeschreibungen zur Formulierung der betreffenden Sachverhalte.

Beispielsweise geht es in dieser Deskriptionenklasse um die Darlegung von Ereignissen oder Vorgängen, wo über einen erst in diesem Zusammenhang verbal beschriebenen Gegenstand irgendwelche Eigenschaftsmitteilungen erfolgen, die also selbst noch nicht exakt definiert und in explizit definierte Strukturen eingebettet sind, das heißt, wo die Strukturparameter ausschließlich amorphe Gebilde darstellen.

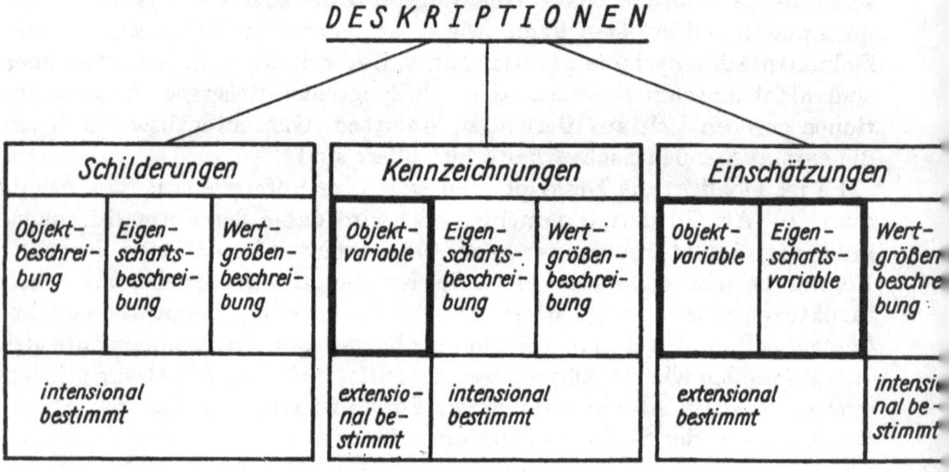


Abb. 20: Differenzierung von Sachverhaltsdeskriptionen

### 3.3.2.3. Zum Verhältnis von Sachverhaltsdaten und Sachverhaltsdeskriptionen

Der Zusammenhang zwischen den Deskriptionen und Daten spielt eine große Rolle für das Verständnis des Erkenntnisfortschritts und der Wissenschaftsentwicklung. Diese Bemerkungen gelten generell für das Verhältnis von Daten und Deskriptionen, aber insbesondere in bezug auf Sachverhaltsinformationen.

Solange Bereiche der Wirklichkeit unter neuen Aspekten Gegenstand der Erkenntnis sind, ist die Anwendung von Deskriptionen und damit ausschließlich der semantischen Informationsverarbeitung unumgänglich. Je tiefer wir in die Sachzusammenhänge eindringen, den Gegenstandsbereich und die wesentlichen Eigenschaften der untersuchten Sachverhalte präzisieren, um so mehr wachsen die Voraussetzungen, unsere Aussagen über die Sachverhalte zu systematisieren und teilweise auf Extensionalitätsbereiche abzubilden, wenn bestimmte Bedingungen, beispielsweise die Ersetzung der Zustandsbeschreibung durch Wertgrößenbestimmung, erfüllt werden können, um die Deskriptionen in Daten umzuwandeln. Andererseits erfolgt ständig eine Einbeziehung von Daten in die semantische Informationsverarbeitung; beispielsweise als Ausgangspunkt von Analysen usw. (vgl. Abschnitt 3.6.).

Um eine größere Objektivierbarkeit und Rationalität von Informationsverarbeitungsprozessen zu erreichen, greift man überall dort zu Daten als Aussagen über Sachverhalte, wo die Bedingungen für die Überführung von Informationen in Daten gegeben bzw. schaffbar sind.

Die Verwendung von Deskriptionen in semantischen Informationsverarbeitungsprozessen ist im Rahmen der menschlichen Kommunikation zwar charakteristisch, behält aber nur solange ihre ausschließliche Berechtigung, wie eine Verwendung von Daten nicht möglich oder nötig ist. Überall dort, wo gleichartige Informationen im Rahmen der Kommunikation in den verschiedensten Varianten wiederkehren, wächst das Bedürfnis (und die Möglichkeit) nach einer Systematisierung und Klassifizierung als erstem Schritt der Überführung von Deskriptionen in Daten und damit auch das Bestreben nach einer Verallgemeinerung individueller Erkenntnisse.

### 3.3.3. **Metaaussagen**

Metaaussagen sind zwar gegenüber den Aussagen kein grundlegend neuer Zusammenhang. Sie weisen jedoch strukturell einige Besonderheiten auf, die es uns angeraten erscheinen lassen, sie gesondert zu betrachten.

Die Aussage wird hier selbst zum Gegenstand der Aussage. Dies kann unter den verschiedensten Aspekten erfolgen:

### 3.3.3.1. Sachverhaltsaussagen, über die selbst wieder Aussagen gemacht werden

Hier liegt der in Abschnitt 3.3.2. behandelte Fall auf höherer Ebene vor. Es zeigt sich hier die Relativität des Gegenstands- und Eigenschaftsbegriffs in dem Sinne, daß das, was in dem einen Zusammenhang Eigenschaft eines Gegenstandes ist, selbst zum Gegenstand wird, von dem Eigenschaften untersucht werden. Damit zeigt sich eine gewisse Rekursivität bzw. hierarchische Stufung der Sachverhaltsinformationen, die für den Erkenntnis prozeß selbst charakteristisch ist und sich damit notwendigerweise auch im Informationsbegriff entsprechend widerspiegelt. Es ergeben sich somit unter den strukturellen Gesichtspunkten unserer Betrachtungen keine neuen Sachzusammenhänge gegenüber den Darlegungen in Abschnitt 3.3.2.

### 3.3.3.2. Aussagen über den Ort von Aussagen — *Ortsinformationen*

Aus dieser Sicht werden Informationen als Inhalte bestimmter Speicher- oder Trägermedien aufgefaßt.
Dabei kann wieder je nach dem Charakter der Strukturelemente in

a) Adreßdaten und
b) Adreßdeskriptionen

untergliedert werden.

Das Strukturelement „Gegenstand" kann entweder als Deskription oder Datum gegeben sein. Die den „Inhalt" der Metainformation konstituierenden Strukturelemente sind im Falle der Ortsinformation gegeben durch die Angabe

a) des *Bezugssystems*, in das die Information — und das können ja sowohl Daten als auch Deskriptionen sein — eingegliedert wird sowie
b) des *konkreten Ortes*, an dem die betreffende Information auf dem angegebenen Speichermedium besteht.

In dem Falle, daß es sich um Adreß*daten* handeln soll, ist zu fordern, daß eine entsprechende logisch-physische Speicherstruktur angegeben ist und daß eine Adresse fixiert wurde, auf Grund derer das Feld, in dem das betreffende Datum steht, exakt angesprochen werden kann. Die Speicherstruktur bestimmt die möglichen Werte der Adreßdaten, das heißt das System der zulässigen Adreßwerte auf der Grundlage des geeignet strukturierten Speichermediums. Die Adresse selbst kann — wie in der Praxis der Datenverarbeitung üblich — unterschiedliche Formen haben: numerisch bzw. symbolisch, absolut oder relativ.

Bezüglich der Ortsdeskriptionen ist festzuhalten, daß das Bezugssystem durch eine Speicherbeschreibung bestimmt wird. In bezug auf diese Speichermitteilung kann dann eine Beschreibung des Ortes erfolgen, an dem die betreffenden Informationen auffindbar sind.

### 3.3.3.3. Aussagen über den Inhalt von Aussagen — *Inhaltsinformationen*

Die Aufgabe der Inhaltsinformationen ist es, eine zusammenfassende Charakterisierung von Aussagenmengen zu ermöglichen. Auf diese Weise wird zum Beispiel eine bessere Überschaubarkeit von größeren Aussagengesamtheiten ermöglicht. In der Zusammenfassung von Aussagenmengen und deren Charakterisierung durch eine Inhaltsinformation ist also ein bedeutsamer Rationalisierungseffekt für die menschliche Tätigkeit zu sehen. Damit wird die Inhaltsinformation zur *Charakteristik* einer Menge von Gegenständen mit unter Umständen einer Vielzahl unterschiedlicher Eigenschaften im Sinne eines klassifikatorischen Vorgehens in einer umfassenderen Gesamtheit, denn die Inhaltsinformation ist ja als Einzelerscheinung allein zur Charakterisierung einer Aussagenmenge nicht sinnvoll. Der Rationalisierungseffekt tritt dann ein, wenn große Aussagenmengen unter verschiedensten Gesichtspunkten gegliedert und gruppiert werden können und müssen. Dann ist es sinnvoll, diese unterschiedlichen Charakteristiken insgesamt als System von Inhaltsinformationen abzuheben und als solche zu verselbständigen.

Typische Beispiele für ein System von Inhaltsinformationen sind unter anderem Referate wie auch Indexierungen von Dokumenten in Informations- und Dokumentationssystemen, Schlagwortverzeichnisse in Büchern oder von Karteien.

Inhaltsinformationen sind also dadurch charakterisiert, daß sie die zwei folgenden Strukturelemente aufweisen:

a) den *Gegenstand*,
   der hier gebildet wird durch gegebene Aussagenmengen, und
b) die *Inhaltsfestlegung*,
   die unterschiedlich untergliedert werden kann in
   - Inhaltscharakteristika für den formalisierbaren Fall dieses Strukturelementes und
   - Inhaltsbeschreibungen, sofern keine Formalisierung erfolgte.

Die Inhaltsinformation ist somit (im gewissen Sinne) eine Aussage über die verallgemeinerte Eigenschaftsstruktur des betrachteten Gegenstandes (= Aussagenmenge). Die Inhaltsfestlegung selbst kann erfolgen durch

1. einfache Ausdrucksmittel
   Diese sind dadurch charakterisiert, daß sie den Inhalt als solchen unmittelbar wiedergeben. Sie stehen im wesentlichen als Elemente zur Inhaltscharakterisierung unzerlegbar nebeneinander, bilden eine Ganzheit.
   Die Ausdrucksmittel sind für die Verwendung gleichberechtigt. Sie sind zum Beispiel (im Falle der Formalisierbarkeit) Punkte (Elemente) einer Skala.
2. zusammengesetzte Ausdrucksmittel
   Für sie ist im Gegensatz zu den einfachen Ausdrucksmitteln charakteristisch, daß sie sich aus mehreren Elementen zur Inhaltsfestlegung aufbauen. Sie stehen nicht beziehungslos nebeneinander, sondern stellen erst in ihrer Einheit und wohldefinierten Verknüpfung die Inhaltsfestlegung dar.
   In dieser Gruppe kann formal weiter untergliedert werden in:
   2.1. semantische Hierarchien
   Hier werden die verschiedenen Elemente durch Prinzipien der Unter- bzw. Überordnung sowie Nebenordnung in Relation zueinander gebracht.
   Beispiele dafür sind Beziehungen von Ober- und Unterbegriffen, Assoziationen, graphentheoretische Baumstrukturen und anderes mehr.
   2.2. logische Verknüpfungen
   Hier sind Inhaltselemente gegeben, deren Zusammensetzung gemäß logischer Verknüpfungen erfolgt. Ein Beispiel für normierte logische Verknüpfungen stellen die durch Thesauri gegebenen Möglichkeiten dar.

Die Inhaltsangaben dienen in der Regel dazu, die Informationen, deren Inhalt sie angeben, geeignet zu systematisieren und auf diesem Wege zu organisieren, damit diese dann zweckmäßig und rationell ausgewählt und der weiteren Verarbeitung durch den Menschen oder gegebenenfalls durch eine Maschine zugeführt werden können.

Die Inhaltscharakteristik kann — wie eingangs deutlich wurde — gegeben werden durch

a) Daten (in formalisiertem Fall) bzw.
b) Deskriptionen (für den nicht formalisierbaren Fall).

Es muß jedoch darauf aufmerksam gemacht werden, daß ein entscheidender Unterschied zum Charakteristikum bzw. Spezifikum in bezug auf die Sachverhaltsaussagen besteht. Der Gegenstand von Inhaltsinformationen ist eine Aussage*menge*, und es wird durch die Charakteristik eine *verallgemeinerte Eigenschaft* einer Aussagenmenge mitgeteilt. Es wird durch die Charakteristik rationell über eine Vielzahl konkreter Objekte informiert, deren konkrete Eigenschaftenstrukturen verallgemeinert wurden.

Die Aufgabe dieser in der Charakteristik fixierten Eigenschaften auf höherer Ebene ist zu sehen in

a) der Schaffung einer Übersicht über Mengen von Aussagenmengen,
b) der Kenntlichmachung wesentlicher Seiten der jeweiligen Aussagenmengen in Relation zu den anderen Mengen,
c) der dadurch geschaffenen Vergleichbarkeit der Aussagenmengen untereinander, die ja auf dieser Ebene selbst als „verallgemeinerte Objekte" aufgefaßt werden können.

Es wird die konkrete Aussagenmenge auf eine für die jeweilige Gesamtheit im Gesamtzusammenhang der anderen Aussagenmengen wesentliche Aussage reduziert. Die Charakteristik beruht also in der Regel auf der Basis einer intensionalen Abbildung der Aussagenvielfalt auf relativ wenige Aussagenelemente, die in der Regel typisiert, standardisiert und formalisiert sind. Ein Beispiel für einen solchen Abbildungsvorgang stellt das Indexieren von Dokumenten dar.

Von besonderer Bedeutung sind Inhaltsdaten von Deskriptionen, die es dann gestatten, Deskriptionenmengen besser zu überschauen, in ihnen maschinell zu selektieren und die Deskriptionenträger für die weitere Verarbeitung durch den Menschen rationeller bereitzustellen. Hier widerspiegelt sich direkt die Aufgabenstellung der EDV-Unterstützung von Prozessen der Informationen und Dokumentation. Gleichzeitig verdeutlicht sich hiermit auch der von uns an verschiedensten Stellen bereits angesprochene Unterschied zur Datenverarbeitung. In Hinblick auf die Vorgehensweise bei der Inhaltsfestlegung gelten, wie oben schon angedeutet, analoge Überlegungen wie für Spezifikationen, so daß wir daher von Charakteristiken des Inhalts sprechen.

Die Inhaltsdaten bedingen eine grundlegende andere Dateistruktur für die betrachtete Objektmenge als die Sachverhaltsdaten. Da in der Regel jedes Objekt durch eine andere Inhaltscharakteristik gekennzeichnet ist, unterscheiden sich die Objekte durch Unterschiede in der Charakterisierung ihrer Eigenschaftsstruktur, das heißt ihres Inhalt. Elemente der Inhaltsfestlegung sind die einzelnen exakt definierten Charakteristiken, zum Beispiel Deskriptionen oder ähnliches, die ihrerseits aus einer definierten Gesamtmenge ausgewählt und nach bestimmten Regeln miteinander verkettet werden. Ein Inhaltsdatum ist somit eine für das Objekt spezifische Kombination von Inhaltselementen aus der definierten Gesamtmenge. Die Besonderheit der die Inhaltsdaten bildenden Charakteristiken ist also darin zu sehen, daß sie extensional verknüpfbar sind.

Die Datenverarbeitung auf der Grundlage von Inhaltsdaten besteht darin, daß einzelne, durch logische Operatoren miteinander verknüpfte formalisierbare Inhaltselemente als Ausgangspunkt genutzt werden, um herauszufinden, welche Inhaltsdaten mit geforderten Metaangaben zu Objekteigenschaften teilweise oder vollständig übereinstimmen bzw. ob dies nicht der Fall ist. Aufgrund dieser Operationen erfolgt in der Objektmenge ein Prozeß der maschinellen Teilmengenbildung unter Ausnutzung der Inhaltsdaten. Die Charakteristiken für die Inhaltsdaten zerfallen im Falle logischer Verknüpfungen hinsichtlich ihrer Verwendung weiter in zwei Gruppen:

- Deskriptoren zur Festlegung des Inhaltes und
- Kennzeichendaten zum Fixieren bibliographischer Angaben, zum Beispiel Angaben zum Autor, zur Sprache, zum Verlag usw.

Diese letzteren Daten unterliegen selbst keiner unmittelbaren Verarbeitung, sondern dienen der zusätzlichen Kennzeichnung des Objektes mit dem Ziel einer späteren Identifikation der physischen Träger der Informationen.

### 3.3.3.4. Syntaktische Formen — *Zeichenkettendaten*

Unter rein formalen Gesichtspunkten können auch in gewissem Sinne „inhaltslose“ Strukturen betrachtet werden, die als Zeichenkettendaten bezeichnet werden sollen. Dabei wird allein die Strukturbetrachtung in den Vordergrund gestellt. Da dies der Fall ist, sind Diskussionen über entsprechende Deskriptionen nicht zweckmäßig.

„Das Zeichen selbst verweist stets auf etwas von ihm selbst Verschiedenes, das heißt auf ein Objekt, eine Beziehung usw., das bzw. die es bezeichnet.“[15] Die Zeichenkette ist selbst eine endliche Aneinanderreihung von bestimmten Grundzeichen einer Sprache. Für die maschinelle Informationsverarbeitung im Sinne der Strukturverarbeitung ist der operative Sinn vorrangig von Bedeutung, das heißt, daß die syntaktischen Regeln für den Gebrauch der Zeichen bekannt sind. Die Existenz eines eidetischen Sinns (das heißt, daß die Bedeutung oder das Designat bekannt sind) impliziert zwar stets die Gegebenheit des operativen Sinns, jedoch muß ein Zeichen keineswegs einen eidetischen Sinn aufweisen bzw. dieser braucht nicht expliziert bekannt zu sein, von ihm kann also abstrahiert werden, wenn es über einen operativen Sinn verfügen soll.[16]

[15] Philosophisches Wörterbuch, a. a. O., S. 1175, Stichwort „Zeichen“.
[16] Vgl. ebenda.

Damit kann jede Information, die als Einheit von Inhalt, Struktur und Träger angesehen werden muß, auch als reine Struktur betrachtet werden, also in extremer Weise als Zeichenkette aufgefaßt und als solche zum Objekt einer Strukturverarbeitung gemacht werden. Das geschieht überall dort, wo reine Formfragen bestimmend sind, zum Beispiel bei Hilfsoperationen, etwa Transporten, formallogischen Vergleichen, wie Sortieren, Mischen usw., oder auch Identifikationen.

Zeichenkettendaten kann man auch auf Grund des allein formalen Charakters des als Aussage einzigen „Strukturelementes" als rein formale Daten ansehen.

Für die Datenverarbeitungspraxis stellen Zeichenketten auf Grund der möglichen Existenz eines eidetischen Sinns der Zeichen einen ersten, äußerst unvollkommenen Schritt zur Formalisierung des Informationsinhaltes dar. Es geht hier zunächst um den Namen von Objekten, Merkmalen, Charakteristika bzw. Spezifika und Wertgrößendarstellungen. Während in den vorgenannten Datenklassen die Semantikelemente der Information vollständig gemäß ihrer Spezifik auf Extensionalitätsbereiche abgebildet wurden, findet bei Zeichenketten eine solche Abbildung explizit nicht statt. Die Zeichenketten sind — wie oben deutlich wurde — selbst eine semiotische Darstellung der Bedeutung, eine Art Abbildung des Inhalts auf eine spezifische Zeichenfolge (als Ausdruck ihres eidetischen Sinns). Der scheinbare „Vorteil" einer Einsparung von Extensionalitätsbereichen erweist sich in der maschinellen Verarbeitung dieser Zeichenketten — soweit es überhaupt möglich ist — als Erhöhung des Aufwandes bei den Verarbeitungsprozessen. In der Regel greift man daher auch nur dann zur Darstellung von Daten durch Zeichenketten, wenn aus bestimmten Gründen die Angabe definierter spezifischer Extensionalitätenbereiche unmöglich, noch sehr kompliziert oder nicht notwendig ist.

Wenn beispielsweise in einer Kundendatei Platz gelassen werden soll für neue Kunden, könnte man im Prinzip auf die Vergabe einer Kundennummer überhaupt verzichten und an die Stelle der Objektnummer den Namen des Kunden als Zeichenkette setzen. Beim Aufsuchen des entsprechenden Datensatzes muß die Maschine in diesem Fall die vorgegebene Datei auf den Kundennamen sequentiell durchsuchen. In der Datenverarbeitung werden meist Kundennamen und -nummern gemeinsam verwendet, um sowohl zusätzlich Kontrollmöglichkeiten für das Auffinden des richtigen Datensatzes zu haben, als auch die Zeichenkette selbst mit den Ergebnisdaten zu koppeln, um den Empfänger eine semantische Interpretation der Ergebniswerte zu erleichtern. In ähnlicher Weise werden zum Beispiel in den Datenbeschreibungstafeln die Merkmalsnamen ausgeführt, um im Datenverarbeitungsprozeß die semiotischen Darstellungen der Semantik mit den eigentlichen Datenverarbeitungsprozessen verkoppeln zu können und um dem Nutzer eine Hilfe zu geben, sich im formalen System zu orientieren.

Von besonderer Bedeutung ist auch die Anwendung von Zeichenketten für die Wertgrößendarstellungen in der Information und Dokumentation. In einer Datei mit variabler Datensatzstruktur lassen sich auf diese Weise Kurzreferate über den Inhalt von Büchern zusätzlich als reiner Text ergänzen.

Insgesamt sind die Verarbeitungsmöglichkeiten von Zeichenkettendaten gegenüber den anderen Datenklassen noch wesentlich stärker eingeschränkt. Es handelt sich hierbei vorwiegend — wie wir bereits erläuterten — um die verschiedenen Hilfsoperationen, die jedoch im Rahmen des gesamten Verarbeitungsprozesses von großer Bedeutung sind (vgl. Abschnitt 3.6.).

### 3.3.4. Aussagen über Operationen — Befehlsinformationen

Mit dieser Klasse von Informationen wird unseres Erachtens eine wesentliche Seite der modernen Entwicklung der Rechentechnik reflektiert, die für die Anwendung von Digitalrechnern von entscheidender Bedeutung ist: das Prinzip der Programmsteuerung von Digitalrechnern, wie es durch J. von Neumann entwickelt wurde. Mit diesem Prinzip ist die Gleichstellung von Aussagen über Elementaroperationen von Rechnern und von Daten, die von diesen Elementaroperationen verarbeitet werden, verbunden. Indem Befehlsworte, die in ihrer eigentlichen Funktion der Auslösung und Steuerung von Operationsabläufen dienen, den Daten gleichgestellt sind und wie diese in einem gemeinsamen Speicher stehen, kann mit Befehlsinformationen ebenso wie mit Daten manipuliert werden. Damit erschließt sich ein großes Spektrum an relativ einfachen Möglichkeiten zur direkten Beeinflussung der Steuerungsmaßnahmen von Automaten. Dieselbe Bedeutung haben auch die nichtformalisierten Befehlsinformationen, allerdings wird dieser Zusammenhang nicht immer voll bewußt. Gerade bei den Operationen tritt die Einheit von eidetischem und operativem Sinn von Informationen besonders charakteristisch zutage, wie er bei G. Klaus in bezug auf Zeichen innerhalb eines Systems von Zeichen herausgearbeitet wurde. Unsererseits möchten wir diese Zusammenhänge auf die Informationen geeignet erweitert wissen.

Aus eidetischer Sicht hat die Befehlsinformation den Charakter einer Aussage über den durch die Operation vollziehbaren kontinuierlichen Ablauf. Demgegenüber orientiert der operative Sinn auf den konkreten Ablauf der Operation und ihre Steuerung. Aus dieser Sicht heraus ist das zweifache Auftreten der Operation im Rahmen der strukturellen Untersuchung von Informationsverarbeitungsprozessen zu verstehen (vgl. Abbildung 16, S. 128).

Die Strukturparameter einer Operation im Sinne einer Befehlsinformation, das heißt aufgefaßt als Aussage, lassen sich aus der begrifflichen Charakterisierung einer Operation als „materieller oder ideeller Prozeß, der in der Anwendung eines Operators (materielle oder geistige Einwirkung) auf einen Operanten materieller oder ideeller Art besteht“[17] unmittelbar ableiten:

a) Als Gegenstand der Einwirkungen können die Operanten vom Charakter her sowohl Daten als auch Deskriptionen sein, die als Inhalte von Speicherstrukturen bzw. geeignet beschriebenen Speichermedien aufgefaßt werden müssen.
b) Der Inhalt der Operation ist charakterisiert durch die Art der Operation, da auf diese Weise die Art der unmittelbar aufeinanderfolgenden Einwirkungen bestimmt wird. Diese Einwirkungen können, wie noch ausführlicher beschrieben wird (vgl. Abschnitt 3.6.), in Transformationen, Hilfs- und Steueroperationen untergliedert werden.

Damit können unter dem bisher stets betrachteten Formalisierungsgesichtspunkt die Befehlsinformationen wiederum in Befehls*daten* und Befehls*deskriptionen* jeweils für (das heißt zur Auslösung von) Transformationen, Hilfs- und Steuerungsoperationen unterschieden werden.

### 3.3.5. Aussagen über (die Struktur von) Fragen — Frageinformationen

Während die Operationen kausal bestimmte Abläufe charakterisieren, initiiert eine Frage als solche in der Regel einen final bestimmten Informationsverarbeitungsprozeß, denn die Frage stellt eine sogenannte strategische Steuerung für Operationsabläufe dar (vgl. Abschnitt 3.6. und Kapitel V), also für Operationenfolgen, die erst im Ergebnis der Beantwortung der Frage ausgebildet werden. Aber die Frage zeigt auch einen Doppelcharakter. Wie bei den Operationen „zerfällt“ die Frage in die Darstellung des Frageinhaltes (= Aussage über die Frage) und den Informationsverarbeitungsprozeß, der durch die Frage ausgelöst wird und in dessen Ergebnis die Antwort auf die Frage entsteht (Steuerungsfunktion für Informationsverarbeitungsprozeß). In der Regel ist dieser Informationsverarbeitungsprozeß, den die Frage initiiert, noch nicht ausgebil-

[17] Ebenda, S. 808 f., Stichwort „Operation“.

det, so daß folglich diese strategische Steuerung als solche zum Zeitpunkt der Fragestellung nicht automatisierbar ist.

Um die Strukturelemente der Frageinformation angeben zu können, müssen einige Details zur Frage vorweggenommen werden, die im Kapitel V ausführlicher dargelegt sind. Als Aussagestruktur verfügt die Frageinformation selbst notwendigerweise über einen Gegenstand, das ist die Frage selbst. Der Aussageinhalt wird dargestellt durch den Frageinhalt, das heißt das antizipierte Ergebnis des (in der Regel) zu konzipierenden Informationsverarbeitungsprozesses.

Frageinformationen treten in ihrer eigentlichen strategischen Steuerungsfunktion für Informationsverarbeitungsprozesse ausschließlich als Fragedeskriptionen auf. Die oben angegebenen Strukturelemente sind nicht formalisierbar. Das würde sonst bedeuten, daß alle möglichen Fragen, das heißt ihre Strukturelemente, vollständig erfaßt und auf Extensionalitätsbereiche abgebildet sein müßten, was aber den Charakter der Frage als solcher grundlegend widersprechen würde, so daß es Fragedaten im eigentlichen Sinne des Wortes nicht gibt.

Allerdings gibt es „Pseudo"fragen in dem Sinne der Aufforderung, eine Operation auszuführen. Beispiele dafür sind Prüfungsfragen. Damit erhält die Frage den Charakter einer Aufforderung zur Ausführung einer Kausaloperation. Auch die Formulierung „der Automat beantwortet Fragen" ist in gleicher Weise zu sehen und bedeutet eigentlich nur die Auslösung einer geeignet zu identifizierenden Operationenfolge, das heißt, diese Fragen dienen der Beschreibung von Realisierungsoperationen, und derartige Fragen sind von der realen Wirkung her identisch mit Befehlen, nur etwas anders „verpackt."

Damit unterscheiden sich die Deskriptionen einer Realisierungsoperation und eine Befehlsdeskription lediglich durch die Form. Man kann Fragen dann grundsätzlich unterscheiden in

1. Fragen mit nur auf die Realisierung von Informationsverarbeitungsprozessen ausgerichtetem Ziel (Fragedeskription mit dem Inhalt einer Realisierungsoperation);
2. Fragen, die auf die Konzipierung von Informationsverarbeitungsprozessen ausgerichtet sind (Fragedeskription mit dem Inhalt einer Konzipierungsoperation).

## 3.4. Daten und Skalen

### 3.4.1. Formalisierung von Wertgrößen

Um Informationsverarbeitungsprozesse zu rationalisieren, werden alle Möglichkeiten genutzt, die Aussagen (Informationen) als Daten darzustellen bzw. häufig in der gleichen Art verwendete Deskriptionen in Daten zu verwandeln. Das Bedürfnis nach Systematisierung und Klassifizierung von Deskriptionen ist stets ein erster Schritt in Richtung der Überführung von Deskriptionen in Daten. Die Daten hatten wir bezüglich ihrer Wertgröße in Meßwerte und Spezifikationen unterschieden. Diese Einteilung beinhaltet unterschiedliche Verfahren der Formalisierung der Wertgrößendarstellung. Die Formalisierung der Darstellung von Wertgrößen (Bestimmung eines Wertebereichs) und der Relationen, die zwischen den Wertgrößen des gleichen Objekts zu verschiedenen Zeiten bzw. verschiedener Objekte zur gleichen Zeit bestehen, ist die Skalierung. Skalierung bedeutet folglich die Bestimmung eines geeigneten Extensionalitätsbereichs, auf den die eigenschaftsbezogenen Wertgrößen einschließlich ihrer Relationen abgebildet werden.

Bei den Sachverhaltsdaten sind die möglichen Zustände einer Eigenschaft der Gegenstand der Skalierung als einer speziellen Form der Formalisierung von Aussagen. Es hängt vom Charakter der Eigenschaften selbst ab, in welchem Umfang die Zustände dieser Eigenschaft formalisiert werden können. Während bei den Meßwerten eine vollständige Formalisierung möglich ist, weil jedem der auftretenden möglichen Zustände auf der Grundlage eines objektiven und eigenschaftsunabhängigen Verfahrens ein Meßwert zugeordnet werden kann, ist diese Vorgehensweise bei den Spezifikationen nicht möglich. Bei den Spezifikationen bleibt die zu bildende Aussage über das Objekt eine qualitative Aussage. Die Eigenschaft, die dem Objekt zugeordnet wird, kann nur differenziert, nicht quantifiziert werden. Für die wesentlichen Differenzierungsmöglichkeiten der Eigenschaft werden daher durch einen Klassifizierungsprozeß Wertgrößen gebildet, deren Wertebereich nicht eine zusätzliche quantitative Seite der Eigenschaft selbst repräsentiert, sondern eine nähere Bestimmung und Differenzierung der Grundbedeutung der Eigenschaft kennzeichnet. Die Spezifik der zugrunde gelegten Eigenschaft besteht hier also darin, daß sie sich klassifizieren läßt. Die Bildung von Charakterisierungs- bzw. Spezifikationsklassen ist eine Art Quasiquantifizierung der Eigenschaft, eine homomorphe Abbildung verschiedener Eigenschaftsnuancierungen, die bei einem Objekt zu verschiedenen Zeiten bzw. bei verschiedenen Objekten zu gleicher Zeit auftreten, auf ein und dieselbe Klasse. Es hängt vom Stand des Eindringens der Erkenntnis in das Wesen der Objekte ab, wie feingliedrig dies vorgenommen werden kann und muß, um Aussagen über das Objekt zu differenzieren. Vom praktischen Gesichtspunkt ist die erforderliche Tiefengliederung der Klassen vom Verwendungszweck der Aussagen abhängig. Nahe beieinanderliegende Aussagennuancierungen werden identifiziert, wenn kein Erfordernis besteht, sie als verschiedene Aussagen zu unterscheiden. Dadurch ist eine Konzentration auf das Wesentliche möglich, eine Art Abstraktionsprozeß von unwesentlichen Nuancierungen, die die konkreten Eigenschaftszustände auszeichnen.

Insofern ist auch die Klassifizierung ein Bestandteil der Systematisierung und Rationalisierung der Bildung und Verwendung von für das Objekt wesentlichen Aussagen. Die Skalierung der Wertgrößen unterstellt bei den Spezifikationen diesen bereits vollzogenen Klassifizierungsprozeß. Die Charakterisierungs- bzw. Spezifikationsklassen selbst sind die Elemente, die auf einen Extensionalitätsbereich abgebildet werden.

Da in der Regel zwischen den Klassen keine quantifizierbaren Relationen bestehen, werden hier nur bestimmte Skalentypen zur Anwendung kommen, wie später noch ausführlicher gezeigt werden soll.

Bei der Skalierung sind zwei verschiedenartige Problemkreise zu berücksichtigen. Die Skalierung unterstellt bereits die Existenz von Skalen, das heißt von überhaupt möglichen Relationen, die für formale Elemente von Extensionalitätsbereichen zugelassen sind. Weiterhin muß man verschiedene Skalentypen unterscheiden.

Die Skalierung erweist sich also als Auswahl eines solchen Skalentyps, dessen Potenz an Beziehungsrelationen den wirklichen Beziehungen zwischen den Wertgrößen angemessen ist. Die Entscheidung für einen Skalentyp widerspiegelt die Formalisierungsmöglichkeiten der jeweils betrachteten Wertgrößen.

Die Entscheidung für einen Skalentyp ist jedoch nur der erste Schritt der eigentlichen Skalierung. Die im Skalentyp bereits formal vorgebildeten Relationen zwischen den Elementen müssen nun als Wertgrößenrelationen interpretiert werden. Es erfolgt also eine Belegung formaler Relationen durch konkrete Wertgrößenrelationen. Nur die belegten Relationen besitzen somit einen eigenschaftsbezogenen Sinn, während weitere Relationsmöglichkeiten aus der Relationenpotenz des Skalentyps unberücksichtigt bleiben. Die durch den Skalentyp angebotenen Relationsmöglichkeiten führen in der Regel zur Überprüfung des tatsächlichen Beziehungsreichtums zwischen den Wertgrößen und regen die Hypothesenbildung an.

Die Skalierung ist somit ein *Prozeß der Auswahl eines dem Wesen der Wertgrößen adäquaten Skalentyps sowie eine Interpretation der Relationen*, die für den ausgewählten Skalentyp allgemein definiert sind. Die Interpretation der Relationen des entsprechenden Skalentyps findet ihren konkreten Ausdruck in der Abbildungsvorschrift, die für die Wertgrößen entwickelt wird. Bei den Spezifikationen sind darin Kriterien für die Einteilung bestimmter Sachverhalte in Klassen eingeschlossen, während bei den Meßwerten in der Regel allgemeingültige Vorschriften für die Meßdurchführung zur Anwendung gelangen.

### 3.4.2. Skalentypen

Es gibt vier Skalentypen:

— Nominalskalen,
— Ordinalskahlen,
— Intervallskalen,
— Verhältnisskalen,

Die *Nominalskala* ist durch eine isomorphe Abbildung der Wertgrößenelemente auf die Menge der natürlichen Zahlen bzw. die Menge der Buchstaben eines Alphabets gekennzeichnet. Die Wertgrößen sind durch reine Unterscheidbarkeit gekennzeichnet (syntaktische Identifizierung). Die Aussage, die darin besteht, daß für ein bestimmtes Charakteristikum (Eigenschaft) die Wertgröße einen bestimmten Wert angenommen hat, bedeutet ja nur, daß eine bestimmte Spezifizierung der Eigenschaft vorgenommen wurde und diese Spezifizierung für das Objekt zutrifft. Die Beziehung zu den anderen Wertgrößen reduziert sich dadurch auf den disjunkten Charakter der Klasseneinteilung. Jede Wertgröße symbolisiert damit, daß ein bestimmter eingetretener Sachverhalt in diese und nur in diese Klasse gehört. Es wird ausgeschlossen, daß er gleichzeitig auch in eine andere Klasse gehören könnte.

Das Charakteristikum ist also selbst in $n$ disjunkte Kategorien eingeteilt. Diese Kategorien der Charakterisierungsklassen können beispielsweise auf die ersten $n$ natürlichen Zahlen oder die ersten $n$ Buchstaben eines Alphabets abgebildet werden (Abbildungsvorschrift).

Der Sinn der Anwendung einer Nominalskala besteht darin, Häufigkeitsverteilungen zu regeln. Zum Beispiel zerfallen die Schüler einer Klasse hinsichtlich ihrer Leistungen in einem Unterrichtsfach in die Gruppe der Schüler mit sehr guten, guten, befriedigenden, ausreichenden oder ungenügenden Leistungen. Diese Einteilung ist deshalb disjunkt, weil keinem Schüler in einem konkreten Zusammenhang gleichzeitig zwei verschiedene Noten zugeordnet werden können.

Hieraus folgt, daß die Einteilung in Charakterisierungsklassen irreflexiv, symmetrisch und intransitiv ist. Es wird also nur eine paarweise Unterscheidbarkeit der Charakterisierungsklassen gefordert. Das kann nur durch folgende Matrix veranschaulicht werden (wobei $A_i$ = Wert der Eigenschaft A des Objektes $i$, $1 \leq i \leq n$):

| | $A_1$ | $A_2$ | ... | $A_n$ |
|---|---|---|---|---|
| $A_1$ | $=$ | $\neq$ | ... | $\neq$ |
| $A_2$ | $\neq$ | $=$ | ... | $\neq$ |
| .... | ..... | ..... | ..... | ..... |
| $A_n$ | $\neq$ | $\neq$ | ... | $=$ |

Bei der *Ordinalskala* wird eine isomorphe Abbildung der Wertgrößen (Spezifikationsklassen) auf die Menge der natürlichen Zahlen bzw. die Menge von Buchstaben eines Alphabets gefordert. Dabei wird eine Reihen folge der Objekte aufgestellt. Zur Bildung der Reihenfolge werden komparative Begriffe verwendet (Topologisierung), bei denen neben der Unterscheidbarkeit noch eine Rangfolge definiert werden kann. Die formale Darstellung einer Rangfolge ist die Größer-Kleiner-Relation. Deshalb müssen die rangbildenden Unterschiede zwischen den Wertgrößen irreflеasymmetrisch und transitiv sein. Bei der Rangbildung kann zwischen subjektiven und objektiven Kriterien unterschieden werden.

Dieser Skalentyp ist gegenüber Transformationen invariant (ausgenommen die monotonen Transformationen).

Die Eigenschaften dieses Skalentyps können in folgender Matrix veranschaulicht werden:

| | $A_1$ | $A_2$ | ... | $A_n$ |
|---|---|---|---|---|
| $A_1$ | $=$ | $<$ | ... | $<$ |
| $A_2$ | $>$ | $=$ | ... | $<$ |
| .... | ... | ... | ... | ... |
| $A_n$ | $>$ | $>$ | ... | $=$ |

Bei der *Intervallskala* wird eine isomorphe Abbildung der Wertgrößen in die Menge der reellen Zahlen (oder in die Menge der Punkte einer Geraden) gefordert. Den Wertgrößen werden Intervalle zugeordnet. Voraussetzung für die Bildung einer Intervallskala ist, daß als Maßeinheit ein Einheitselement sowie ein willkürlich wählbarer Nullpunkt existieren. Es werden also abstandsbildende Unterschiede verwendet, wobei die Abstandsverhältnisse gegenüber affinen Transformationen invariant sind. Wenn

$x' = a + bx$, wobei $a, b$ reell und $b \neq 0$, dann gilt

$(x_1 - x_2) / (x_3 - x_4) = (x'_1 - x'_2) / (x'_3 - x'_4)$.

Nur die Meßwerte können dieser Art von Skalierung unterworfen werden. Meßwerte sind zum Beispiel die Körpergröße, die Temperatur, die Kosten usw. Die Abbildungsvorschrift wird auch Meßvorschrift genannt, während der jeweilige Zuordnungsprozeß von Wertgröße und Skalenwert das Messen darstellt.

Kriterium für die Meßbarkeit von Wertgrößen mit Hilfe von Intervallskalen ist die Existenz einer konstanten und objektiv reproduzierbaren Maßeinheit (Einheitselement).

Nicht alle Eigenschaften eines Objektes besitzen einen quantitativen Charakter, der die Voraussetzung für den Meßwert darstellt. Viele Wertgrößen lassen sich nur qualitativ bestimmen und unter bestimmten Bedingungen in Charakterisierung bzw. Spezifikationsklassen gliedern.

Bei der *Verhältnisskala* wird das Verhältnis eines Wertes zu einem Intervall bestimmt. Der existierende Nullpunkt hat einen empirischen Sinn. Im übrigen gelten die gleichen Eigenschaften wie bei der Intervallskala.

Beim Messen unterscheidet man zwischen fundamentalen, abgeleiteten und assoziativen Messungen. Für das fundamentale Messen möge die Längenmessung als Beispiel dienen. Diese bildet den Ausgangspunkt für das gesamte Größensystem der Physik. Aus diesen Grundgrößen und deren Grundeinheiten lassen sich alle anderen Größen und deren Einheiten auf Grund von physikalischen Gesetzen ableiten, zum Beispiel kann die Dichte durch das Messen der Länge und des Volumens gemessen werden. Allerdings kann die Dichte von Flüssigkeiten auch direkt mit dem Hydrometer gemessen werden. Unter assoziativem Messen wird die Messung einer unabhängig gemessenen fundamentalen oder abgeleiteten Größe, die mit einer anderen Größe gesetzmäßig verbunden ist, verstanden. So wird zum Beispiel die Temperatur als Funktion der Längenmessung eines Stoffes assoziativ gemessen.

Unter dem Gesichtspunkt der Skalierung können die Daten unterteilt werden in

— Häufigkeitszahlen,
— Rangplätze,
— Meßwerte.

Aus den bisherigen Ausführungen wurde deutlich, daß die extensionale Abbildbarkeit der Aussagen von den Häufigkeitszahlen in Richtung der Meßwerte zunimmt. Daten mit dem Charakter von Meßwerten lassen sich in der Regel als Fakten bzw. Bewertungen nutzen, so können Meßwerte durch die Bildung von Spezifikationsklassen in Rangplätze überführt werden: Der untersuchende Arzt benötigt häufig nur die Aussage, ob der Patient Untertemperatur, Normaltemperatur oder Fieber hat. In anderen Fällen ist der Temperaturverlauf selbst (Meßwerte) wesentlich. Der Zusammenhang zwischen den Skalentypen und den Darstellungsverfahren für die Wertgrößen ist in Abbildung 21 zusammenfassend dargestellt.

Skalierungsverfahren sind für die unterschiedlichsten Anwendungsfälle entwickelt worden.[18]

Da die EDVA nur eine endliche Zahlendarstellung zuläßt, werden die reellen Zahlen durch rationale Zahlen angenähert. Die dabei erreichte Genauigkeit ist im allgemeinen ausreichend, da bei der Meßwerterfassung

[18] Vgl. Esser, U., Skalierungsverfahren, in: Methoden der marxistisch-leninistischen Sozialforschung, Hrsg. W. Friedrich, Berlin 1971; Sixtl, F., Meßmethoden in der Psychologie, Weinheim 1967; Gutjahr, W., Die Messung psychischer Eigenschaften, Berlin 1972.

ohnehin die verschiedensten Fehlerquellen berücksichtigt werden müssen und Meßwerte in der Praxis nicht mit einer übermäßigen Genauigkeit gefordert werden. Die praktische Messung und Rechnung führt also immer nur zu rationalen Zahlen.

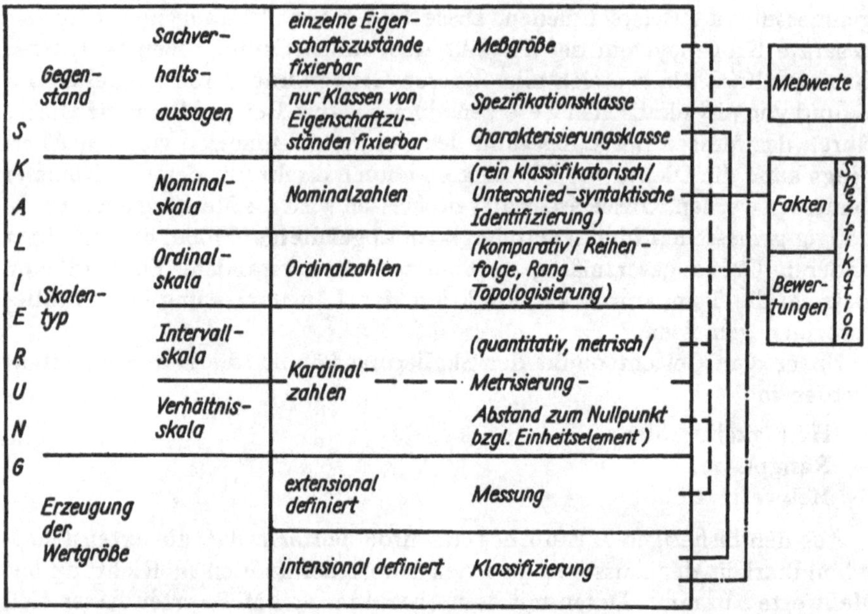


Abb. 21: Zusammenhang von Sachverhaltsdaten und Skalen

## 3.5. Konsequenzen der Differenzierung der Informationen für die Gestaltung von Informationssystemen

Im Rahmen der verschiedensten Arbeitsprozesse treten in der Regel alle Arten von Informationen auf, so daß man nicht pauschal von *der* Automatisierung von Informationsprozessen sprechen kann.

Die Proportionen zwischen den einzelnen Arten von Informationen werden durch die Spezifik des jeweiligen Anwendungsbereiches bestimmt.

Eine Berücksichtigung verschiedener Arten von Informationen ist deshalb besonders wichtig, weil neben den grundsätzlichen Fragen der Automatisierbarkeit von Informationsverarbeitungsprozessen und den entsprechenden Auswirkungen auf die Informationen sowohl die Methoden der Erfassung des Informationsbedarfs als auch die möglichen Methoden und Verfahren der Bearbeitung und Bereitstellung voneinander recht verschieden sind. Ein undifferenziertes Herangehen verwischt wesentliche Unterschiede und berücksichtigt nicht die Möglichkeiten und Grenzen bestimmter organisatorisch-technischer Lösungen. Die sich aus einer Informationsdifferenzierung ableitenden Unterschiede sind bei der bisherigen Gestaltung von Informationsverarbeitungssystemen vielfach ungenügend berücksichtigt worden, so daß die fehlerhafte Vorstellung eines strukturell einheitlichen Informationsverarbeitungssystems genährt wurde.

In den vorangegangenen Ausführungen wurden die Informationen zunächst in Daten und Deskriptionen untergliedert. Dabei haben wir auch herausgestellt, daß insbesondere im Rahmen der semantischen Informationsverarbeitung des Menschen sowohl Daten als auch Deskriptionen eine Rolle spielen. Man könnte „eine Zwischenform", die „an Deskriptionen gebundenen Daten", einführen. Sie haben als solche praktische wie theoretische Bedeutung, denn sie spielen in der praktischen Informationsnutzung sowie für das Verständnis des Erkenntnisfortschritts eine große Rolle. Im Rahmen der Untersuchung der Wirklichkeit ist eine semantische Informationsverarbeitung unumgänglich — es treten uns somit stets Deskriptionen entgegen. Mit dem Erkenntnisfortschritt wachsen einerseits die Voraussetzungen, Aussagen zu systematisieren und teilweise auf Extensionalitätsbereiche abzubilden, das heißt, Deskriptionen in Daten umzuwandeln. Dies kann beispielsweise durch Überführung von Zustandsbeschreibungen in Wertgrößenbestimmungen erfolgen. Die Möglichkeit einer solchen Überführung wird durch die Skalierungsverfahren eröffnet. Andererseits erfolgt im jeweiligen Arbeitsprozeß eine ständige Einbeziehung von Daten in die semantische Informationsverarbeitung, zum Beispiel als Ausgangspunkt von Analysen usw. (vgl. Abbildung 22).

Auf Grund der Differenzierung der Informationen in Deskriptionen und Daten werden bei den Informationsträgern ebenfalls Deskriptionenträger und Datenträger unterschieden. Beispiele für Datenträger sind entsprechende Urbelege, Lochkarten, Magnetkarten, Drucklisten usw. Als Deskriptionenträger können unter anderem Bücher, Dokumente, Patente, wissenschaftliche Abhandlungen usw. angesehen werden. Hinsichtlich des Zieles ihrer Verwendung in Informationsverarbeitungsprozessen kann auf Grund des unterschiedlichen Charakters der jeweiligen Informationsklasse festgestellt werden, daß die Zielstellung der Verwendung von Datenträgern vorwiegend auf die unmittelbare Verarbeitung der Daten im Rahmen syntaktischer Informationsverarbeitungsprozesse ausgerichtet ist. Die Verwendung von Deskriptionenträgern ist auf das Identifizieren des jeweiligen Trägers ausgerichtet, auf dem bestimmte Deskriptionen enthalten sind, um diese in die semantische Informationsverarbeitung einzubeziehen.

Beide Arten von Trägern können als Informationsträger maschinell lesbar sein. Wenn die Datenverarbeitung maschinell durchgeführt werden soll, müssen die Datenträger dafür notwendigerweise maschinell lesbar sein, damit die Strukturverarbeitung erfolgen kann. Deskriptionenträger jedoch in jedem Fall maschinenlesbar zu gestalten ist unrationell, da man sie vielfach lediglich nach ihrem Inhalt ordnen und geeignet identifizieren möchte, um sie dann der nichtmaschinell erfolgenden semantischen Informationsverarbeitung zugänglich zu machen, für die ja sowieso die maschinenlesbare Darstellung in eine geeignete visuelle Form überführt werden muß. Die sich hier ergebende Frage ist, inwieweit der Prozeß der Ordnung und Identifikation von Deskriptionenträgern geeignet durch die Nutzung von Datenverarbeitungsanlagen rationalisiert werden kann. In diesem Zusammenhang wird wiederum die Funktion der Inhaltsdaten deutlich (vgl. Abschnitt 3.3.3.3.). Es genügt hierbei, die Inhaltsdaten maschinell lesbar zu gestalten, um im Ergebnis ihrer Verarbeitung denjenigen oder diejenigen Deskriptionenträger aus der geeignet geordneten Menge von Deskriptionenträgern herauszufinden, der bzw. die Deskriptionen mit entsprechender Inhaltscharakteristik enthalten. Es erweist sich also nicht das Speichern und Wiederauffinden als primär, sondern das Entscheidendere ist das Identifizieren des Inhaltes der jeweiligen Informationsträger und die Entwicklung geeigneter (im Falle großer Deskriptionenträgermengen: automatisierter) Mechanismen zur Identifikation der jeweiligen Träger. Entscheidender als die unmittelbare physische Bereitstellung der Deskriptionen ist im Sinne der logischen Beherrschung des Deskriptionenfonds die Mitteilung der betreffenden Dokumente usw. Als davon abgeleitet — quasi als zusätzlicher Service — ist die Mitteilung der Signatur, das heißt des Ortes des Deskriptionenträgers (also der entsprechenden Ortsinformationen, insbesondere von Ortsdaten) bzw. die unmittelbare Textauslieferung anzusehen.

Das ist das Aufgabengebiet der Informationsrecherchesysteme (IRS), die aus zwei Grundkomponenten bestehen:

a) der Menge von organisierten Deskriptionenträgern, die jeweils nicht notwendig maschinell lesbar sind.
   IRS mit maschinell lesbaren Deskriptionenträgern erweisen sich gegenwärtig in ihrem Aufbau als sehr aufwendig. Die Organisation der Deskriptionenträger erfolgt auf der Grundlage eines definierten Systems von Inhaltsdaten, in der Regel auf der Basis von Thesauri zur Bildung der Inhaltscharakteristiken der Deskriptionenträger (Indexieren).
b) der Verarbeitung von Inhaltsdaten zum Zwecke der Identifikation von Deskriptionen auf den jeweiligen Trägern.

Sofern diese Verarbeitung der Inhaltsdaten maschinell erfolgt, erweist sich das IRS als ein ein spezifisches Datenverarbeitungssystem enthaltendes Informationsverarbeitungssystem. Vielfach wird jedoch eine derartige

Verarbeitung von Inhaltsdaten mit Deskriptionenverarbeitung identifiziert, was aber sachlich unzulässig ist. Eine Identifikation bedeutet zum einen ein Verwischen der Unterschiede zwischen Daten und Deskriptionen, zum anderen eine Gleichsetzung von IRS und Datenverarbeitungssystemen und somit eine Fehleinschätzung der Potenzen der IRS.

In diesem Zusammenhang ergibt sich eine vertiefte Sicht der Maschinenlesbarkeit von Informationen. Sie ist zwar eine Voraussetzung für die maschinelle Verarbeitbarkeit von Informationen, aber nicht mit ihr identisch. Damit tritt der gegenwärtig bei der Betrachtung der Automatisierbarkeit von Informationsverarbeitungsprozessen gern in den Vordergrund gestellte Gesichtspunkt etwas in den Hintergrund. Er verliert aber keineswegs seine zur Zeit noch große Bedeutung, insbesondere in Hinblick auf die Fragen der Datenerfassung für die maschinelle Verarbeitung. Dieser Engpaß der Datenverarbeitung muß weiterhin im Blickfeld der Verbesserung von technischen und organisatorischen Lösungen bleiben, sollte aber nicht in bezug auf die Klärung der theoretischen und praktischen Voraussetzungen für die Automatisierung von Informationsverarbeitungsprozessen überzeichnet werden. Entscheidend ist, unter welchen Bedingungen Informationsverarbeitungsprozesse formalisiert und automatisiert werden können und welche Möglichkeiten sich daraus für die Gestaltung konkreter Informationsverarbeitungsprozesse ableiten lassen. Dabei dürfen Unterschiede in den Zielen, Möglichkeiten, Anforderungen und Realisierungsweisen der Arbeit mit Daten bzw. Deskriptionen nicht verwischt werden. Sie sind bei den Maßnahmen zur Gestaltung bzw. Rationalisierung der verschiedensten Informationssysteme gebührend zu berücksichtigen und je nach der Spezifik der Informationsströme einzusetzen.

Ein gegenwärtig im Brennpunkt der Anwendung der Informationsverarbeitung stehender Arbeitsprozeß ist der Leitungsprozeß. Angewandt auf diesen Prozeß ergeben unsere vorangegangenen Überlegungen, daß auch hier qualitativ unterschiedliche Informationsströme zu beachten sind. Es läßt sich davon ebenfalls nur ein Teil der anfallenden Informationsverarbeitungsprozesse automatisieren. Dazu sind jeweils gemäß der Spezifik der Informationsströme unterschiedliche Typen von automatisierten Informationsverarbeitungssystemen einzubeziehen. Am Beispiel der Leitung sollen an Hand der für Analysen, Berichte und Entscheidungsvorbereitung notwendigen Informationen derartige Informationsströme aufgezeigt werden (vgl. Abbildung 22).

Die Untergliederung der Informationen in Daten und Deskriptionen kann hinsichtlich der Aktualität und Langlebigkeit von Informationen weitergeführt werden. Das führt bei den Deskriptionen zu den „aktuellen, relativ kurzlebigen Prozeßdeskriptionen“ (zum Beispiel aktuelle Tagesinformationen) und zu den „relativ langlebigen Deskriptionen mit großem

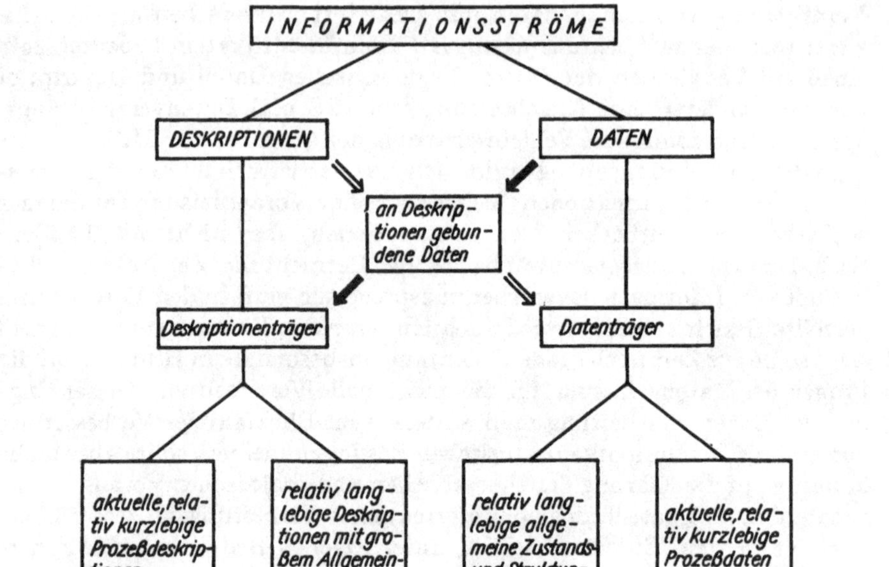


**Abb. 22: Informationsströme für die Leitungstätigkeit unter dem Aspekt des Einsatzes von EDV-Systemen**

Allgemeinheitsgrad" (zum Beispiel wissenschaftlich-technische Informationen sowie Zustands- und Strukturdeskriptionen). Die Daten untergliedern sich analog in „aktuelle Prozeßdaten" und „langlebige allgemeine Zustands- und Strukturdaten", wofür sich bereits aus der Bezeichnung die vielfältigsten Beispiele ableiten lassen. Diese Differenzierung in aktuelle und langlebige Informationen ist abhängig von der Leitungsebene sowie dem betreffenden Teil des Reproduktionsprozesses. Ebenso bestimmen diese Faktoren wesentlich die Proportionen zwischen den einzelnen Teilströmen von Informationen.

Die konkrete Informationsverarbeitung erweist sich somit als eine anwendungsbereichsspezifische Mischung von Deskriptionen- und Datenverarbeitung mit entsprechenden Informationsträgerbereitstellungen. Zur effektiveren Gestaltung dieser Verarbeitungs- und Bereitstellungsprozesse kann das gesamte Spektrum der Rationalisierungsmittel — von der effektiven Karteiorganisation bis hin zur Nutzung von Datenverarbeitungsanlagen und automatisierten Informationsrecherchesystemen — angewendet werden.

Im Hinblick auf die Organisationslösungen der einsetzbaren Datenverarbeitungssysteme ist zu unterscheiden zwischen statischen, flexiblen, adaptiven und dynamischen automatisierten Informationsverarbeitungssystemen, deren Spezifika in Kapitel VI dargelegt werden. Herauszustellen ist in diesem Zusammenhang, daß ihnen unterschiedliche Prinzipien der Datenstrukturierung und Datenorganisation sowie der Organisation von Verarbeitungsprozessen zugrunde liegen. Damit wird eine unterschiedliche Leistungsfähigkeit des jeweiligen Typs des automatisierten Informationsverarbeitungssystems in Hinblick auf seine Anpassungsfähigkeit an veränderliche Umweltsituationen angesprochen.

Überlegungen zur Automatisierungswürdigkeit im Rahmen der verschiedenen herausgearbeiteten Informationsströme unter Einbeziehung der Möglichkeiten der unterschiedlichen Typen von automatisierten Informationsverarbeitungssytemen ergeben:

a) Deskriptionen können maschinell nicht verarbeitet werden. Der Einsatz von Informationsrecherchesystemen ist allein im Rahmen der relativ langlebigen Deskriptionen mit großem Allgemeinheitsgrad rationell. Informationsrecherchesysteme sind keine automatisierten Deskriptionenverarbeitungssysteme, sondern spezielle Datenverarbeitungssysteme zur Verarbeitung von Inhaltsdaten über Deskriptionenmengen. Sie ermöglichen eine rationellere Deskriptionenträgerbereitstellung für semantische Informationsverarbeitungsprozesse. Das Wesentliche des IRS ist nicht die Automatisierbarkeit des Speicherns und Wiederauffindens von Deskriptionenträgern, sondern die Rationalisierung der Identifikation der einer spezifischen Inhaltscharakteristik entsprechenden Deskriptionenträger, auf deren Grundlage dann erst die Informationsbereitstellung erfolgen kann, die als solche nur in besonderen Fällen automatisiert erfolgt.

Anstelle Deskriptionenmengen durch Inhaltsdaten zu charakterisieren und über Inhaltsdatenverarbeitung Deskriptionenträger in oben dargelegtem Sinne zu identifizieren, wie es im Rahmen von Deskriptionenrecherchesystemen erfolgt, können auch Datenmengen in gleicher Weise behandelt werden. Es können Listen von Daten (zum Beispiel Fakten über die Anzahl von EDVA-Installationen in einzelnen Ländern in bestimmten Zeiträumen) durch entsprechende Inhaltsdaten charakterisiert werden. Derartige Datenzusammenstellungen können durch Verarbeitung der jeweiligen Inhaltsdaten aufgefunden werden. Die durch Inhaltscharakteristiken gekennzeichneten Daten können selbst gespeichert und im Ergebnis des über die Inhaltsdatenverarbeitung erfolgenden Identifikationsprozesses auch maschinell bereitgestellt werden. Wir bezeichnen diese Form als Faktenrecherchesysteme. An die Bereitstellung der Daten auf diesem Wege können dann unmittelbar Datenverarbeitungsprozesse angeschlossen werden. Die Voraussetzung dafür ist aber, daß es sich um Datenmengen handelt, denen Inhaltscharakteristiken zugewiesen wurden. Die Datenmengen (z. B. Tabellen) werden zunächst auf Grund der spezifischen Verarbeitung von Inhaltsdaten identifiziert und in einem weiteren Schritt als Daten maschinell verarbeitet. Die dafür erforderlichen Programmiersysteme sind in ihrer Gestaltung recht aufwendig.

In diesem Zusammenhang ist hervorzuheben, daß der Zugriff zu den gespeicherten Daten im Rahmen der Faktenrecherchesysteme über die Verknüpfung von Inhaltsdaten erfolgt, während dies im Rahmen der eigentlichen Datenverarbeitungssysteme auf der Grundlage der Datenstrukturierung erfolgt. Derartige Faktenrecherchesysteme erweisen sich somit ebenfalls als eine spezifische Form von Datenverarbeitungssystemen.

Die mit dem sachgebietsorientierten Programmiersystem AIDOS[19] angebotenen Möglichkeiten erschließen die Bereitstellung von Deskriptionen und Datenmengen durch die maschinelle Verarbeitung von Inhaltsdaten.

Ein automatisiertes Informationsrecherchesystem, wie zum Beispiel AIDOS, ist daher nur im begrenztem Umfang in der Lage, die vielfältigen Prozesse der Informationsbereitstellung und -verarbeitung für die Leitung zu bewältigen, da durch dieses System einmal nur ein Teil der für die Leitungstätigkeit relevanten Informationen erfaßt werden kann und zum anderen mit den Deskriptionen selbst keine automatisierte Verarbeitung realisiert wird. Was im Rahmen von Informationsrecherchesystemen als Datenverarbeitung charakterisiert werden kann, ist die *Verarbeitung* von Inhalts*daten* über Deskriptionen und Datenmengen zum Zwecke der Identifikation der jeweiligen Deskriptionen- und Datenträger.

b) Für die Daten leiten sich zwei Grundprinzipien der Organisation von Datenmengen für die Realisierung von Informationsverarbeitungsprozessen ab, die auch unmittelbar mit dem Charakter der auf diesen Organisationsformen aufbauenden Aufgaben gekoppelt sind.

[19] Vgl. z. B. Rechentechnik/Datenverarbeitung, 1. Beiheft 1972.

Für schematische Aufgaben, die bekannt sind und als solche in gleicher Weise als komplexe Operationen wiederholt werden, wird ein *Datenflußmodell* als Blockschaltbild des konkreten aufgabenbezogenen Datenflusses entwickelt. Darauf aufbauend, werden die Informationen entsprechend logisch und physisch formalisiert. Für das Datenflußmodell ist die Orientierung auf den konkreten Verarbeitungsprozeß und die spezifischen Belange des Verarbeitungsprogrammes das determinierende Organisationsprinzip der Datenmenge.

Die Realisierung nichtschematischer Aufgaben, die relativ einmalig und zum Zeitpunkt der EDV-System-Projektierung unbekannt sind, kann nicht von einem derartigen Datenflußmodell ausgehen, da die Basis seiner Konstituierung nicht gegeben ist. Hier ist die Schaffung einer Potenz zur Ausbildung beliebiger aufgabenbezogener konkreter Datenmengen gefordert. Das bedeutet den Aufbau eines allgemeinen *Datenbestandes*, aus dem heraus dann der für die jeweilige nichtschematische Aufgabe spezifische konkrete Datenfluß organisiert werden kann. Damit ist der Datenbestand zwar unabhängig von konkreten Aufgaben aufzubauen, muß es aber ermöglichen, für beliebige (im Rahmen der organisierten Potenzen) nichtschematische Aufgaben eines Problemfeldes die erforderlichen Datenmengen zur Verfügung zu stellen.

Eine Datenflußorganisation führt zu aufgabenspezifischen Dateien, in denen die Gestaltung der Beziehungen zwischen den Daten von den Belangen der einzelnen Aufgabe abhängig ist. Damit bedingt in der Regel jede Aufgabe die Ausbildung konkreter Datenmengen, deren Strukturierung von der jeweiligen konkreten Semantik der eingehenden Daten direkt abhängig ist. Eine derartige auf konkrete Aufgaben bezogene Grundlage existiert für den Aufbau von Datenbeständen nicht, so daß hier keine unmittelbar von der konkreten Semantik der in den Datenbestand eingehenden Daten abhängige Strukturierung zugrunde gelegt werden kann, sondern lediglich eine jeweils prinzipiell unterscheidbare Semantik zugrunde gelegt wird, die dann im Rahmen einer Belegung konkretisiert wird. Diese Probleme werden im Kapitel IV ausführlicher behandelt werden.

Damit beinhalten Datenflußmodell und Datenbestand jeweils unterschiedliche Organisationsprinzipien und bedingen jeweils unterschiedliche organisatorische Lösungen im Datenverarbeitungssystem. Das methodische Herangehen an den Aufbau von automatisierten Informationsverarbeitungssystemen muß differenziert werden, und man kann somit auch nicht von einer schlechthin einheitlichen Methodik der Datenverarbeitungsprojektierung sprechen. In unserem gegenwärtig betrachteten Zusammenhang impliziert dies unter anderem die Forderung nach einer Differenzierung der Methoden der Erfassung des Informationsbedarfs für einerseits schematische und andererseits nichtschematische Aufgaben, da sowohl der Ausgangspunkt für die Bestimmung, wie auch die Organisationsform der dabei erzielten Datenmengen unterschiedlich sind. Hinzu kommen Unterschiede in den Anforderungen an die systeminternen Organisationsfunktionen des jeweiligen Typs des automatisierten Informationsverarbeitungssystems (vgl. Kapitel VI).

Die für schematische Aufgaben charakteristische Datenflußorganisation ist vorwiegend nutzbar für die Verarbeitung „aktueller Prozeßdaten" im Rahmen der vielfältigsten Massendatenverarbeitungsprozesse, zum Beispiel für die operative Prozeßplanung, -durchführung und -kontrolle. Ihre Ergebnisse gehen zum Teil auch in den Bestand „langlebiger Prozeßdaten", zum Beispiel als Aggregationen, Kumulativa usw., ein. Die diesbezüglichen Anforderungen werden von statischen bzw. flexiblen automatisierten Informationsverarbeitungssystemen realisiert.

Der Datenbestand ist die Basis für eine Unterstützung der Problembearbeitung und -lösung, das heißt die Automatisierung der Generierung und Abarbeitung nichtschematischer Aufgaben. Sie erfordern die Möglichkeit der Bildung beliebiger Kombinationen aus den im Bestand organisierten Daten im Rahmen eines dynamischen automatisierten Informationsverarbeitungssystems. Im Rahmen der Gestaltung von Datenverarbeitungssystemen erweist sich der Aufbau einerseits statischer bzw. flexibler automatisierter Informationsverarbeitungssysteme für die Massendatenverarbeitung (schematische Aufgaben) und andererseits dynamischer automatisierter Informationsverarbeitungssysteme für die Unterstützung der Problembearbeitung und -lösung in den Proportionen als notwendig, wie sie für den jeweiligen Einsatzbereich charakteristisch sind.

Zusammenfassend soll nochmals deutlich gemacht werden, daß die Realisierung automatisierter Informationsverarbeitung für einen bestimmten Anwendungsbereich im allgemeinen den Aufbau eines in sich inhomogenen Systems qualitativ unterschiedlicher Bestandteile bedeutet und somit differenzierte Gestaltungsmethoden Anwendung finden müssen, wie dies in der Abbildung 22 am Beispiel der Informationsströme für die Leitungstätigkeit verdeutlicht ist, in deren Rahmen sowohl automatisierte Informationsrecherchesysteme als auch qualitativ unterschiedliche Datenverarbeitungssysteme anwenderbereichsspezifisch einzusetzen sind.

## 3.6. Struktur und Klassifizierung der Operationen

### 3.6.1. Gesichtspunkte für die Klassifizierung von Operationen

Wir hatten die Informationsverarbeitung als das Zusammenwirken von Operationen und Informationen gekennzeichnet (vgl. Abbildung 16). Nachdem wir uns in den vergangenen Abschnitten ausführlicher mit dem Charakter der Information beschäftigt haben, wollen wir uns nun der Kennzeichnung der Operation zuwenden.

Operationen sind objektivierbare Handlungen oder Tätigkeiten, wobei vor allem der technologische Aspekt der Tätigkeit in den Blickpunkt rückt. Auf der Grundlage der im ersten Kapitel dargestellten Überlegungen gliedern sich die Operationen in die formalisierbaren und die nichtformalisierbaren Operationen.

Für die automatisierte Informationsverarbeitung sind vor allem die formalisierbaren Operationen von Interesse. Die durchgängige Formalisierbarkeit eines Informationsverarbeitungsablaufes wird auch als Algorithmierbarkeit bezeichnet. Während die Algorithmen jedoch nur eine Sammlung von syntaktisch präzisen Regeln und Vorschriften zu ihrer Anwendung darstellen, ist die Operation der Ablauf dieses Prozesses selbst. Dabei müssen die vielfältigen Bedingungen beachtet werden, unter denen dieser Prozeßablauf vor sich geht.

Bereits bei der Klassifizierung der Informationen kamen wir nicht umhin, die Operationen als Informationen aufzufassen, die den gleichen Bedingungen unterliegen wie andere Daten auch (Aussagen über Operationen). Dabei wurde sichtbar, daß zwischen der Information über eine Operation und dem Prozeß der Operationsdurchführung unterschieden werden muß. Die Operation als Information ist gewissermaßen die vergegenständlichte Form, mit der sie in Funktion tritt und auf andere Informationen wirkt.

Die Operation als Information ist somit eine Art Selbstdarstellung ihres Wesens und gleichzeitig der gegenständliche Ansatzpunkt für ihre Wirkung als Prozeß, in dem andere Informationen verändert werden.

Die Operation als Prozeß steht somit in einem gewissen Zusammenhang mit der Operation als Information. Im Prozeßcharakter der Operation enthüllt sich zugleich der grundlegende Unterschied der Operation zu allen anderen Arten von Informationen. Nur die Operation vermag eine verändernde Wirkung auf Informationen zu erzielen. Man könnte sie daher auch als die aktive Seite der Bildung von Informationszusammenhängen bezeichnen. Wir werden später die Prozeßphasen der Operation und ihre Bedeutung für den Zusammenhang von Operationen detaillierter kennzeichnen.

Die Operation hat in bezug auf Informationsverarbeitungsprozesse eine konzipierende und eine realisierende Funktion. Realisierende Operationen ermöglichen die Durchführung eines Informationsverarbeitungsprozesses. Hierbei wird unterstellt, daß der durchzuführende Informationsverarbeitungsprozeß definiert worden ist. Da der Informationsverarbeitungsprozeß selbst nur im Zusammenhang mit bestimmten Zielen und Absichten steht, dient er immer einem vorgegebenen Zweck. Der durchzuführende Informationsverarbeitungsprozeß trägt daher seinen Sinn nicht in sich selbst, sondern ist nur Bestandteil einer zielstrebigen Tätigkeit. Es muß daher Operationen geben, die zweckentsprechend Informationen und Realisierungsoperationen zu solchen Ketten von Verarbeitungsprozessen zusammenstellen, wie sie dem gesetzten Ziel für diese Verarbeitungsprozesse entsprechen. Diese Art von Operationen soll in bezug auf die durchzuführenden Informationsverarbeitungsprozesse konzipierende Operationen genannt werden.

Die Konzipierung von Informationsverarbeitungsprozessen ist oft selbst wieder ein kompliziertes Gefüge von Informationsverarbeitungsprozessen. Im Rahmen der von ihrer Funktion her konzipierend wirkenden Operationen können durchaus realisierende Operationen gleichsam als Unterstützungsoperationen eingebettet sein. Die Gesamtheit dieser der Konzipierung dienenden Informationsverarbeitungsprozesse führt zu einem Ergebnis, das gewissermaßen über sich selbst hinausweist, indem eine neue Kette von abzuarbeitenden Informationsverarbeitungsprozessen erzeugt wird.

Der konzipierende bzw. realisierende Charakter von Informationsverarbeitungsprozessen erweist sich daher als relativ. Wenn man jedoch berücksichtigt, daß die maschinelle Informationsverarbeitung nur Realisierungsfunktionen von Informationsverarbeitungsprozessen zum Gegenstand hat, (und maschinell realisierbare konzipierende Informationsverarbeitungsprozesse ebenfalls lückenlos formalisierbar sein müssen) ergibt sich die Notwendigkeit, realisierende und konzipierende Funktionen von Informationsverarbeitungsprozessen sorgfältig zu unterscheiden. Die Leistungsfähigkeit der menschlichen Informationsverarbeitung beruht vor allem auf der Reichhaltigkeit außerordentlicher rationeller konzipierender Operationen, wobei die Mehrzahl solcher konzipierender Operationen nicht formalisierbar ist. Die Ursache dafür sehen wir darin, daß die Lenkung menschlicher Informationsverarbeitungsprozesse auf einer Bedeutungsebene der Informationen erfolgt, die wesentlich über der Ebene der syntaktischen Informationen liegt. Formalisierbarkeit von konzipierenden Operationen, das heißt strategischen Steuerungen für Informationsverarbeitungsprozesse, ist nur dann gegeben, wenn sich der Steuerungsmechanismus eineindeutig auf die Ebene der syntaktischen Informationen abbilden läßt.

Selbst die menschliche Routinetätigkeit, die oft oberflächlicherweise als Gegenstand für Automatisierungsmaßnahmen angesehen wird, erfolgt in der Regel über Steuerungsmechanismen, die sich nicht eindeutig auf die Ebene syntaktischer Informationen abbilden lassen. Die im Routineprozeß auftretenden Entscheidungen (Auswahl geeigneter Operationen unter Berücksichtigung der konkret vorliegenden Situation) enthalten somit nichtformalisierbare Informationsverarbeitungsprozesse.

Die konzipierenden Informationen sind in der Regel pragmatik- und semantikgesteuerte Operationen (semantische Informationsverarbeitungsprozesse). Sie führen oft über mehrere Hierarchieebenen letztlich zur Konzipierung von Informationsverarbeitunsprozessen, die nur noch eine realisierende Funktion besitzen. Auf diese Zusammenhänge werden wir im Rahmen der Darstellung von Problembearbeitungs- und -lösungsprozessen im Kapitel 5 zurückkommen.

Die konzipierenden Operationen stehen in engem Zusammenhang mit der Funktion der Frage. Die Fähigkeit der Menschen, Fragen zu stellen, ist nur ein anderer Ausdruck für seine Befähigung zur Ausbildung konzipierender Operationen. Dadurch besitzen auch die Fragen im Rahmen der Informationen eine Sonderstellung. Ausgenommen davon sind lediglich die Pseudofragen, die Aufforderungen darstellen reine Realisierungsoperationen auszuführen (zum Beispiel Prüfungsfragen).

Ein weiterer Gesichtspunkt für die Klassifizierung von Operationen ist ihre Differenzierung nach Hierarchieebenen. Auf der untersten Ebene der Operationen stehen die sogenannten Elementaroperationen. Sie sind gewissermaßen (wie etwa die Atome) die nicht weiter zerteilbaren Einheiten, wenngleich diese Einheiten selbst noch aus Strukturelementen zusammengesetzt sind, die für sich genommen jedoch nicht mehr den Charakter von Operationen tragen. In der Regel versteht man unter Operationen jedoch nicht diese elementare Einheit, sondern eine ganze Kette oder Folge von Elementaroperationen. Operationen, die sich aus Elementaroperationen zusammensetzen, sollen einfache Operationen genannt werden. Solche einfachen Operationen können nun wiederum, gewissermaßen als Makrobausteine, zur Bildung von komplexen Operationen herangezogen werden. Auf diese Weise ergeben sich Hierarchieebenen der Operationen. Insbesondere für die Analyse komplexer Systeme von Informationsverarbeitungsprozessen ist es wichtig, die Hierarchieebenen der hier wirkenden Operationen zu erkennen und zu beschreiben.

Neben den Hierarchieebenen von Operationen unterscheiden wir weiterhin die sich über alle Hierarchieebenen hinweg erstreckenden Operationstypen. Auf Grund der allgemeinen Struktur einer Operation wird zwischen Transformationsoperationen, Hilfsoperationen und Steuerungsoperationen unterschieden (vgl. Abbildung 16).

## 3.6.2. Struktur der Operationen

### 3.6.2.1. Allgemeine Struktur der Operation

Wir unterscheiden drei Strukturelemente der Operation (vgl. Abbildung 23):

— Operationsgegenstand,
— Operationsart,
— Operationsablauf.

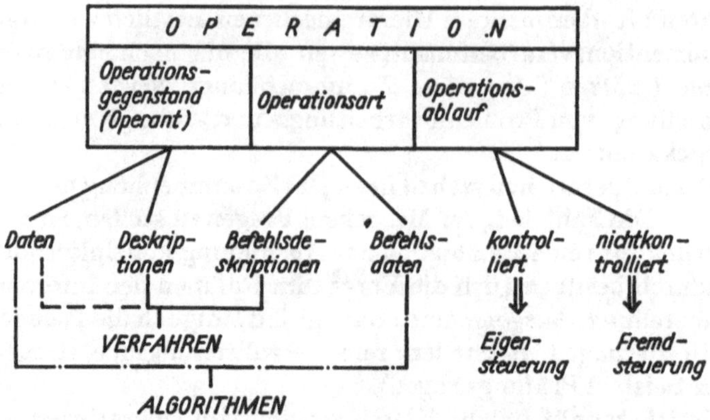


**Abb. 23: Allgemeine Struktur der Operation**

Jede Operation besitzt einen *Gegenstand,* auf den sie sich bezieht. Nach dem Charakter dieses Gegenstandes lassen sich die Operationen untergliedern in:

— Transformationen,
— Hilfsoperationen,
— Steuerungen.

Gegenstand der Transformationen sind Aussagen, die sich — wie wir gesehen gaben — in Daten und Deskriptionen untergliedern lassen.

Gegenstand der Hilfsoperationen sind Zeichenketten. Es handelt sich hierbei um Operationen, die sich nicht auf den Inhalt dessen beziehen, was die Zeichenketten symbolisieren, sondern um Operationen, die auf die Zeichenketten als solche angewendet werden. Beispiele solcher Hilfsoperationen sind der Informationstransport, Operationen zur Wiederauffindung von Informationen, Vergleichsoperationen, die sich lediglich auf die Anordnung der Zeichen in der Zeichenkette beziehen. Hilfsoperationen sind also rein syntaktische Manipulationen mit Zeichenketten.

Steuerungen sind Operationen, die Operationen zum Gegenstand haben, genauer gesagt, Befehlsdaten bzw. Befehlsdeskriptionen. Diese Art der Verflechtung von Operationen kann erst im Zusammenhang mit den übrigen Strukturelementen der Operationen voll verstanden werden, auf die im weiteren eingegangen werden soll.

Das zweite Strukturelement der Operation ist die Kennzeichnung der *Operationsart.* Die Operationsart konkretisiert die Spezifik der Operation, der der Gegenstand unterworfen werden soll.

Das dritte Strukturelement der Operation kennzeichnet die *Art und Weise des Operationsablaufes,* das heißt die konkrete Form der Operationsrealisierung.

Der Ablauf der Operation ist durch fünf Phasen gekennzeichnet:

Die erste Phase, die sogenannte *Wartephase* der Operation, besteht darin, daß die Operation formuliert ist, die Operationsdurchführung aber noch nicht begonnen wurde.

Die zweite Phase, die *Auslösephase*, kennzeichnet den Beginn der Operationsrealisierung.

Die dritte Phase, die *Operationsdurchführung*, beinhaltet den Ablauf der Operation im eigentlichen Sinne des Wortes, das heißt die Operation als Prozeß.

Die vierte Phase des Operationsablaufs ist die *Beendigung des Operationsprozesses* und damit die Fixierung der Operationsergebnisse.

Die fünfte Phase ist wiederum eine *Wartephase für die* bei der Operationsdurchführung erzielten *Ergebnisse*.

Jede Operation bedarf nach ihrer Fixierung zur Umwandlung der ersten in die zweite Phase einer Auslöseoperation. Wir werden später sehen, daß diese Auslöseoperation zu einer anderen Hierarchieebene gehört als die Operation, die ausgelöst wird. Wir können weiter feststellen, daß die Phase der Operationsdurchführung durch die Einwirkung übergeordneter Steuerungsoperationen beeinflußt werden kann. Liegt eine solche Steuerung des Operationsablaufes vor, die sich als Wirkungsweise einer anderen Operation erweist, sprechen wir von einem *kontrollierten* Prozeßablauf. Andernfalls kontrolliert sich die Operation in ihrem Ablauf gewissermaßen selbst, das heißt, es findet keine außerhalb dieser Operation liegende Kontrolle oder Beeinflussung des Ablaufes statt.

Wird die Ebene der Elementaroperationen als 0-te Ebene angesehen, dann vermögen auf dieser Ebene liegende Steuerungsoperationen lediglich die Auslösung und Beendigung der Elementaroperationen (Transformations- oder Hilfsoperationen) auszuführen. Sollen Elementaroperationen zu ganzen Folgen zusammengeschlossen werden (einfache Operationen der 1. Komplexitätsebene), so bedarf es einer auf dieser Ebene liegenden Steuerungsoperation, die nun ihrerseits auf die elementaren Steuerungsoperationen einwirkt und sie somit kontrolliert. Wir wollen diesen Tatbestand durch die Symbolik $S^{(1)} \Downarrow S^{(0)} = S_1^{(0)}$ darstellen bzw. allgemein für beliebige Ebenen: $S^{(\nu)} \Downarrow S^{(\nu-1)} = S_1^{(\nu-1)}$, wodurch die Rekursivität dieses Zusammenhangs deutlich wird (vgl. Abbildung 24).

Wenn keine besonderen Operationen existieren, die die Operationsdurchführung kontrollieren, sprechen wir in diesem Sinne von einer *nichtkontrollierten* Prozeßdurchführung. Das bedeutet natürlich keineswegs, daß in diesem Falle der Prozeßablauf chaotisch erfolgt, sondern einzig und allein durch die Art der Operation selbst festgelegt ist. Die Spezifik der nichtkontrollierten Operationsdurchführung besteht darin, daß der Prozeß der

Operationsdurchführung nicht unterbrochen werden kann, sondern als ein sich selbst steuernder Ablauf aufgefaßt werden muß. Im Gegensatz dazu ist ein kontrollierter Prozeßablauf dadurch gekennzeichnet, daß er an bestimmten signifikanten Stellen unterbrochen werden kann, um zu einem späteren Zeitpunkt fortgesetzt zu werden. Die Auslösung und Fortsetzung des unterbrochenen Prozesses erfolgt ebenfalls durch die externe Steuerungsoperation.

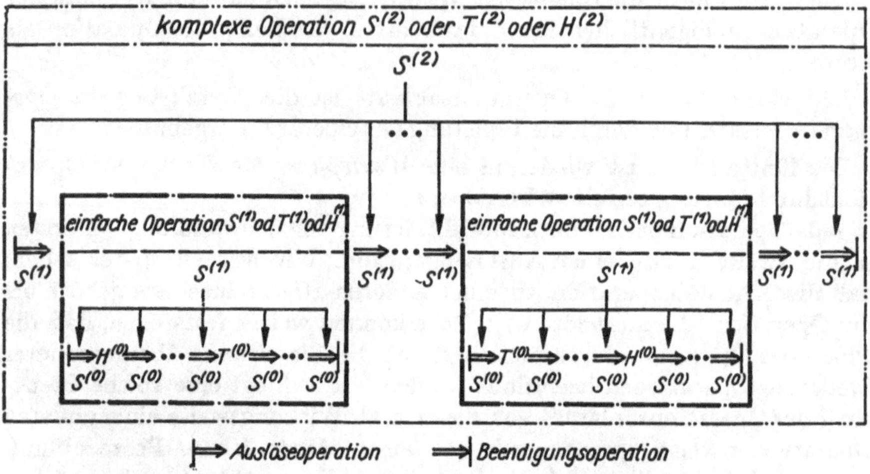


Abb. 24: Komplexitätsebenen der Operationen

An dieser Stelle wird deutlich, daß sich Steuerungen auf den Prozeßablauf von Operationen beziehen und daher die Befehlsfolge, die den Prozeßablauf kennzeichnet, Gegenstand der Steuerungsoperationen ist.

Wie in den allgemeinen Bemerkungen zur Struktur der Operationen angedeutet, wollen wir im folgenden die drei Grundtypen der Operationen näher kennzeichnen.

### 3.6.2.2. Elementaroperationen

#### 3. 6. 2. 2. 1. Struktur der Transformation

Wie bereits skizziert, sind die Informationen als Aussagen der alleinige Gegenstand dieser Operation. Die Informationen gliedern sich in die Aussagedaten und die Aussagedeskriptionen. Als Operationsart kommen alle konkreten Operationen in Betracht, denen Aussagen unterworfen werden können, um neue Aussagen zu erzeugen.

Vorrangig wird es sich um Sachverhaltsinformationen handeln, die einem Transformationsprozeß unterworfen werden. In Betracht kommen aber auch die Befehlsinformationen, die Transformationsoperationen unterzogen werden können, um aus vorliegenden Befehlsinformationen veränderte Befehlsinformationen zu erzeugen. Da Befehlsinformationen auch Gegenstand von Steuerungsoperationen sein können, ist die Transformation von Befehlsinformationen von der Einwirkung auf Steuerungsoperationen zu unterscheiden.

Bei der Operationsart unterscheiden wir danach, ob die Operation durch Befehlsdaten gekennzeichnet werden kann oder ob es sich um Befehlsdeskriptionen handelt, das heißt, daß die Operationsart in irgendeiner Weise beschrieben werden muß. Ähnlich wie bei den Aussagedaten setzen Befehlsdaten einen Formalisierungsprozeß voraus. Dieser Formalisierungsprozeß besteht darin, daß alle Befehle, denen Elementaralgorithmen entsprechen, aufgelistet werden und damit die Abbildung auf einen Extensionalitätsbereich ermöglicht wird. Jedem Element dieses so aufgefaßten Extensionalitätsbereichs entspricht dann genau ein konkreter Befehl. Das Befehlsdatum ist gewissermaßen die Nummer des Befehls auf der Befehlsliste.

Wenn der Gegenstand der Transformation durch Daten gekennzeichnet werden kann und sich die Operationsart durch ein Befehlsdatum angeben läßt, handelt es sich um einen *Algorithmus* (im Sinne der Turing-Maschine), der die Transformation von Eingangsdaten in Ergebnisdaten bewirkt. Ist die Operationsart nicht durch ein Befehlsdatum, sondern durch eine Befehlsdeskription charakterisiert, handelt es sich um ein Transformations*verfahren* für die Umwandlung von Aussageinformationen (Daten und Deskriptionen) in andere Aussageinformationen (Daten oder Deskriptionen).

Die Transformation einer Menge von Daten in eine andere Menge von Daten mit Hilfe von Befehlsdaten wird als Aufgabenabarbeitung bezeichnet.

Die Transformation von Daten oder Deskriptionen nach einem Verfahren, das durch Befehlsdeskriptionen charakterisiert ist, soll als Argumentation bezeichnet werden. Es handelt sich hierbei um Formen allgemein akzeptierter semantischer Informationsverarbeitungstechniken, mit deren Hilfe die transformierten Aussagen aus den Eingangsinformationen abgeleitet werden. Die Argumentationen begründen gewissermaßen, wie aus den Eingangsinformationen die Ergebnisinformationen, die im weiteren Thesen oder Hypothesen genannt werden sollen, entstehen. Uns erscheint der Terminus Argumentation deshalb besonders geeignet, weil in der philosophischen Beweistheorie die Argumentationen nach den verwendeten semantischen Verarbeitungsverfahren klassifiziert werden können.[20]

Die Struktur der Transformation führt daher zur Klassifizierung dieser Operation in Transformationsalgorithmen zur Ermittlung von Ergebnis-

[20] Vgl. Philosophisches Wörterbuch, a. a. O., S. 109, Stichwort „Argumentum".

daten (Aufgabenabarbeitung) und Transformationsverfahren zur Erarbeitung von Argumentationen zur Erzeugung von Thesen und Hypothesen aus Daten und Deskriptionen. Die Informationstransformationen (Algorithmen und Verfahren) sind weiterhin hinsichtlich ihres Ablaufs in kontrollierte und nichtkontrollierte zu differenzieren.

Zur Struktur der Transformation siehe Abbildung 25.

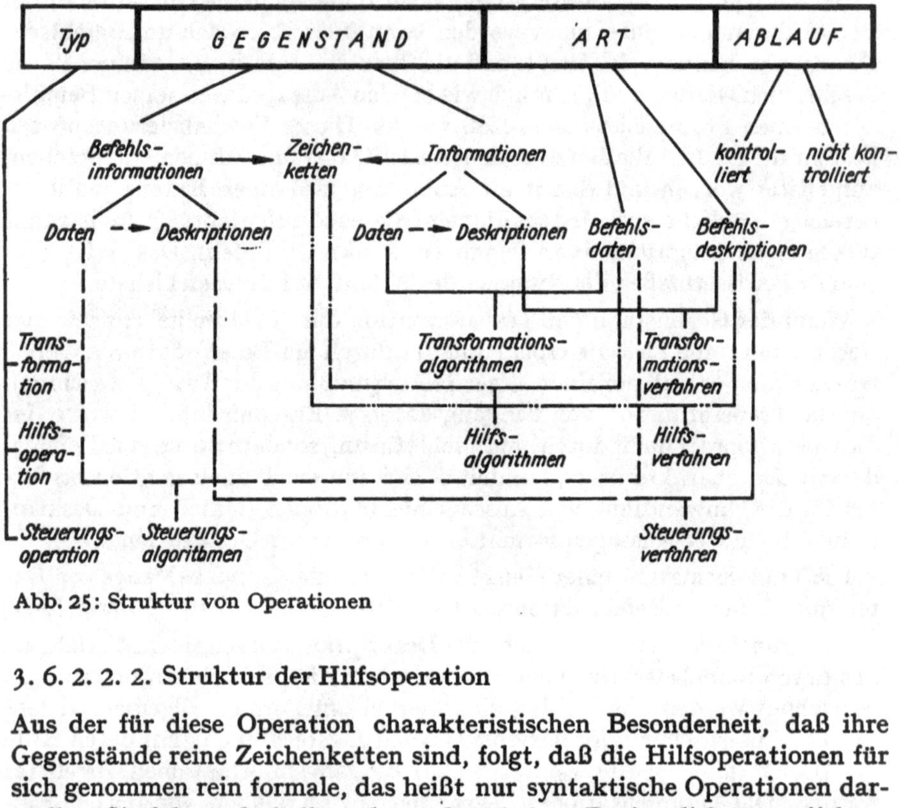


Abb. 25: Struktur von Operationen

### 3. 6. 2. 2. 2. Struktur der Hilfsoperation

Aus der für diese Operation charakteristischen Besonderheit, daß ihre Gegenstände reine Zeichenketten sind, folgt, daß die Hilfsoperationen für sich genommen rein formale, das heißt nur syntaktische Operationen darstellen. Sie führen deshalb zu besonders hohen Rationalisierungseffekten für die Informationsverarbeitung, weil die allgemeingültigen und daher gleichartigen formalisierbaren Bestandteile jeder konkreten Art von Informationsverarbeitung auf diese Weise verselbständigt und vom menschlichen Informationsverarbeitungsprozeß abgespalten werden können. Auf Grund der Tatsache, daß jede Information auf einem Informationsträger dargestellt werden muß, wobei die Elemente der Darstellung aus einem Alphabet genommen werden müssen, ergibt sich zwangsläufig eine formale Vergleichbarkeit aller Informationen. Hierbei handelt es sich nicht um einen Vergleich ihrer Semantik, sondern um einen Vergleich der syntaktischen

Struktur der Zeichenkette. Dieser allgemeine Zug jeder Information kann nun für Verarbeitungsprozesse sinnvoll genutzt werden.

Die Operationen, die nur die reine Syntax von Informationen zum Gegenstand haben, sind deshalb Hilfsoperationen, weil sie das eigentliche Ziel jeder Informationsverarbeitung, die Informationstransformation, nur unterstützen. Als Operationsart kommen alle konkreten Operationen in Frage, die auf Syntaxstrukturen anwendbar sind.

Die Operationsart ist wiederum durch Befehlsdaten bzw. durch Befehlsdeskriptionen gekennzeichnet. Wie bei den Transformationen lassen sich somit Algorithmen und Verfahren für Hilfsoperationen unterscheiden, die selbst wiederum kontrolliert oder nichtkontrolliert in ihrem Prozeßablauf sein können. Bei Datenverarbeitungsanlagen werden die grundlegenden Hilfsoperationen in der Regel vom Betriebssystem ausgeführt.

### 3.6.2.2.3. Struktur der Steuerung

Die Besonderheit der Operationssteuerung besteht darin, daß sowohl der Operationsgegenstand als auch die Operationsart durch Befehlsdaten bzw. Befehlsdeskriptionen gekennzeichnet sind. Die Steuerung setzt also eine andere Operation voraus, die gesteuert werden soll. Genauer gesagt, es erfolgt ein gezielter Eingriff in den Prozeßablauf (vgl. dazu: Phasen der Operation).

Auch die Steuerungsoperationen besitzen selbst einen Prozeßablauf, auf den wiederum gezielt eingewirkt werden kann. Insofern können auch die unter der Operationsart auftretenden Befehlsdaten bzw. -deskriptionen Gegenstand einer darüberliegenden Steuerungsoperation sein.

Es können Steuerungsalgorithmen und Steuerungsverfahren unterschieden werden. Steuerungsalgorithmen sind durch Daten für den Operationsgegenstand und die Operationsart gekennzeichnet, während Steuerungsverfahren als Operationsgegenstand sowohl Daten als auch Deskriptionen, als Operationsart jedoch Deskriptionen aufweisen. Nach ihrem eigenen Operationsablauf unterscheiden wir wiederum nichtkontrollierte und kontrollierte Steuerungen.

Neben den vorangehend genannten Hilfsoperationen werden bei Datenverarbeitungsanlagen auch grundlegende Steuerungsoperationen durch die Betriebssysteme realisiert.

### 3.6.2.3. Hierarchie der Operationen

Aus der dargelegten Struktur der Operation läßt sich zwangsläufig die Existenz von Operationshierarchien ableiten (siehe Abbildung 24). Auf unterster Ebene stehen die Elementaroperationen. Sie können miteinander verkettet werden. Keine der auf gleicher Stufe befindlichen Operationen vermag jedoch in den Prozeßablauf einer anderen, auf gleicher Stufe stehenden Operation einzugreifen, denn dazu wäre ja erforderlich, daß die Befehlsdaten bzw. -deskriptionen Gegenstand dieser Operation werden.

Auf der darüberliegenden Ebene stehen alle jene Operationen, die in den Prozeßablauf der darunter liegenden Operationen gezielt eingreifen können. Das so entstehende System wiederum nebeneinander liegender Operationen kann nicht seine eigenen Prozeßabläufe beeinflussen. Dazu wären Steuerungsoperationen notwendig, die auf einer darüberliegenden Ebene anzuordnen sind.

Die Analyse eines Gesamtsystems von vorliegenden Operationen ermöglicht folglich eine Einteilung dieser Operationen in Hierarchieebenen. Dieser Gesichtpunkt ist für die Analyse und Gestaltung von Informationssystemen von großer Bedeutung.

### 3.6.2.4. Die einfache Operation als ein System von Elementaroperationen

#### 3.6.2.4.1. Charakterisierung der einfachen Operation

Bei der Behandlung von Elementaroperationen wurden die elementaren Schritte gekennzeichnet, aus denen letztlich jeder Informationsverarbeitungsprozeß zusammengesetzt ist. Unter diesem Aspekt besitzt die Elementaroperation für sich genommen noch keine Funktion, weil sie noch nicht als Bestandteil eines Systems erkennbar wurde. Operationen sind nicht nur aufeinander folgende Schritte eines Verarbeitungsprozesses, sondern gezielte Verarbeitungsprozesse. Die Zielstellung für einen Verarbeitungsprozeß erfordert die Zusammenstellung einer solchen Folge von Elementaroperationen, die hinreichend geeignet erscheint, die Zielstellung des Verarbeitungsprozesses zu realisieren. Insofern besitzt diese Folge von Elementaroperationen Systemcharakter, weil sie als Ganzes eine Funktion zu erfüllen hat. Deshalb erscheint die Operation unter diesem Aspekt selbst als ein System, dessen Elemente die Elementaroperationen sind. Die Struktur des Systems wird durch die Reihenfolge der abzuarbeitenden Elementaroperationen bestimmt. Die Struktur der Operation realisiert also ihre Funktion.

Wir sprechen dann von einfachen Operationen, wenn diese so gekennzeichnete Folge von Elementaroperationen genau eine Funktion besitzt, die die Anzahl und Reihenfolge der Elementaroperationen insoweit festlegt, wie in der Kybernetik ganz allgemein ein Zusammenhang zwischen Funktion und Struktur eines Systems gefordert wird. Es zeigt sich, daß für einfache Operationen drei Grundfunktionen charakteristisch sind:

— Transformation,
— Hilfsprozeß,
— Steuerung.

Diese Funktionen beziehen sich auf einen Informationsverarbeitungsprozeß, besitzen also eine andere Bedeutung als die Strukturelemente der Elementaroperation.

Die genannten Funktionen der einfachen Operationen werden dadurch realisiert, daß die verschiedenen Klassen von Elementaroperationen so zusammengefügt werden, daß diese geforderte Funktion erfüllt werden kann. Eine einfache Operation mit der Funktion der Informationstransformation besteht daher nicht nur aus Elementaroperationen mit dem Charakter von Transformationsregeln, sondern schließt auch Elementaroperationen mit dem Charakter von Hilfsoperationen und Steuerungen ein. In diesem Falle haben die elementaren Hilfsoperationen und Steuerungsoperationen jedoch nur die Aufgabe, die Aufeinanderfolge von Transformationsregeln zu vermitteln und somit den Ablauf der Transformation zu ermöglichen. Eine Kette von Transformationen enthält beispielsweise zwangsläufig dazwischen gelagerte Transportoperationen, Vergleichsoperationen und Steuerungen für die Abarbeitung der einzelnen Elementaroperationen. Genauso enthält beispielsweise eine Operation mit der Funktion einer Steuerung elementare Hilfsoperationen der unterschiedlichsten Art sowie Transformationsregeln.

Die Doppelbedeutung von Transformation, Hilfsoperation und Steuerung auf der Ebene der Elementaroperationen und der Ebene der einfachen Operation (dort als Funktion der Operation) weist auf eine gewisse Rekursivität des Operationsbegriffs hin. Das zeigt sich vor allem darin, daß die Operationen hierarchische Systeme bilden.

Während die Elementaroperationen Regeln für die Informationstransformation, die Ausführung eines elementaren Hilfsprozesses bzw. einer elementaren Steuerung implizieren, die im Ergebnis ihrer Anwendung zu Termen führen, wird die Realisierung der Funktion einer einfachen Operation durch einen Algorithmus gekennzeichnet, der zu Ergebnisdaten führt. Dieser Zusammenhang besteht für den Fall, daß die Elementaroperationen, aus denen sich die einfache Operation zusammensetzt, formalisierbar sind. Wenn die Elementaroperationen nicht formalisierbar sind, handelt es sich um Beschreibungen für die elementaren Transformationen, Hilfsprozesse oder Steuerungen, die im Ergebnis ihrer Anwendung wieder zu Deskriptionen führen (vgl. die Abbildungen 26 und 27).

Die einfache Operation mit der Funktion der Transformation führt durch die geeignete Zusammenstellung nichtformalisierbarer Elementaroperationen zu einem Argument, dessen Ergebnis eine Schlußfolgerung ist, die aus den Eingangsaussagedeskriptionen gezogen wird und somit den Charakter von Ergebnisdeskriptionen trägt. Das Argument symbolisiert somit in Analogie zum Algorithmus ein Verfahren der semantischen Informationsverarbeitung, das auf die Eingangsdeskriptionen angewendet wird. Soweit das

| Art der Operation | Charakter der Operation | |
|---|---|---|
| | formalisiert | nichtformalisiert |
| Transformationen | Transformationsregeln ⇒ Terme | Transformationsbeschreibungen ⇒ Deskriptionen |
| Hilfsoperationen | Regeln für die Manipulation mit Zeichenketten ⇒ Zeichenketten | Beschreibungen für die Manipulation mit Zeichenketten ⇒ Zeichenketten |
| Steuerungen | Steuerungsregeln | Steuerungsbeschreibungen |

Abb. 26: Struktur und Ergebnisse von Elementaroperationen

Argument als beweiskräftig akzeptiert wird, können die Ergebnisdeskriptionen als logisch konsistente Ableitungen aus den Eingangsdeskriptionen angesehen werden. Beim Algorithmus ist die schrittweise Umformung der Eingangsdaten nach den formalisierten Transformationsregeln, so-

| Art der Operation | Charakter der Operation | |
|---|---|---|
| | formalisiert | nichtformalisiert |
| Transformationen | Transformationsalgorithmus ⇒ Ergebnisdaten | Argument ⇒ Schlußfolgerungen (Ergebnisdeskriptionen) |
| Hilfsprozesse | Algorithmus zur Manipulation mit Zeichenketten ⇒ Zeichenketten | Verfahren zur Manipulation mit Deskriptionen oder Zeichenketten ⇒ Deskriptionen bzw. Zeichenketten |
| Steuerungen | Steuerungsalgorithmus | Eingriffe (in den Ablauf von Operationen) |

Abb. 27: Struktur und Ergebnisse von einfachen Operationen

weit sie richtig gehandhabt wurden, selbst der Beweis für die Richtigkeit der Ergebnisdaten. Algorithmus und Argument sind folglich die beiden möglichen Wege der Umformung von Eingangsinformationen in Ergebnisinformationen. Die Funktion der Operation ist die Realisierung dieses Weges.

### 3.6.2.4.2. Die einfache Transformation

Ausgangspunkt für diese Operation ist das Vorliegen einer Menge von Eingangsinformationen und einer Zielstellung für ihre Transformation. Von diesen Voraussetzungen ausgehend, wird nach einer Folge von Elementaroperationen gesucht, die diese Transformation zu realisieren in der Lage ist und damit die gegebene Zielstellung erfüllt. Bei der Auswahl geeigneter Elementaroperationen zur Realisierung der Operationsfunktion zeigt sich ein systembedingter Zusammenhang zwischen den Elementaroperationen, der durch die Operationsfunktion hergestellt wird. Die Elementaroperationen werden zu Elementen eines funktionsfähigen Systems dadurch, daß diesen Zusammenhängen Rechnung getragen wird. Das zeigt sich anschaulich in der Herausbildung einer solchen Reihenfolge der Elementaroperationen, daß ein geschlossener Prozeßablauf für die schrittweise Verarbeitung der Eingangsinformationen ermöglicht wird, wobei dieser Ablauf in Abhängigkeit von erzielten Zwischenergebnissen gemäß der Funktion des Systems gesteuert werden muß.

Die Besonderheit der einfachen Operation mit dem Charakter der Transformation besteht also darin, daß Aussageinformationen und die Zielstellung einer Verarbeitung den Ausgangspunkt für den Aufbau der Operationsstruktur als Folge von Elementaroperationen darstellt.

### 3.6.2.4.3. Die einfache Hilfsoperation

Während bei der Transformation Aussageinformationen den Ausgangspunkt bilden, wird bei Hilfsprozessen mit reinen Zeichenketten gearbeitet. Auch Zeichenkettenmanipulationen erfordern in der Regel die Anwendung einer Folge von Elementaroperationen, insbesondere des Transports, des Vergleichs und der Transformation von Zeichenketten. Bei einer Folge von Elementaroperationen treten weiterhin Probleme der Prozeßablaufsteuerung auf, weshalb in diese Operation ebenfalls elementare Steuerungsoperationen eingegliedert werden müssen. Die elementaren Transformations- und Steuerungsoperationen sowie möglicherweise weitere elementare Hilfsoperationen unterstützen lediglich die Funktion des Hilfsprozesses und ermöglichen seine Realisierung. Bestimmend für die Struktur der Operation als eine Folge von Elementaroperationen ist die jeweils konkrete Zielstellung für die Zeichenkettenmanipulation.

### 3.6.2.4.4. Die einfache Steuerungsoperation

Gegenstand der einfachen Steuerungsoperation sind einfache Transformationen und Hilfsprozesse bzw. elementare Steuerungsoperationen, die in der Folge von Elementaroperationen anderer Operationen enthalten sind. Sie wirken somit auf elementare Steuerungsoperationen ein und vermögen dadurch, den Ablauf anderer Operationen zu beeinflussen (Auslösung und Unterbrechung). Steuerungsoperationen regeln also den Operationsablauf der von ihnen beeinflußbaren Operationen. Die Folge von Elementaroperationen, durch die eine einfache Steuerungsoperation gekennzeichnet wird, enthält wiederum Elementaroperationen mit dem Charakter von Transformationen und Hilfsprozessen. Diese Elementaroperationen ermöglichen wiederum nur die Realisierung der Funktionen der Operation. Bei einer Steuerung sind beispielsweise Befehle zu transportieren, zu identifizieren, zu vergleichen und zu transformieren, um das Ziel der Steuerung zu realisieren. Insofern ist auch die einfache Steuerungsoperation eine Folge verschiedenartiger Elementaroperationen. Den Zusammenhang von einfachen Steuerungsoperationen mit anderen einfachen Operationen und mit elementaren Steuerungsoperationen zeigt die Abbildung 24.

### 3.6.2.5. Die komplexe Operation

Elemente der komplexen Operation sind die einfachen Operationen. Daraus folgt, daß die Funktion einer komplexen Operation zwar wiederum eine Transformation, einen Hilfsprozeß oder eine Steuerung kennzeichnet, diese Funktion jedoch nicht unvermittelt durch Folgen von Elementaroperationen realisiert wird, sondern durch die Funktionen der einfachen Operationen, aus denen sie sich zusammensetzt. Hier entsteht das Problem einer Funktionshierarchie, weil die Elemente einer hierarchisch-komplexen Funktion wiederum Funktionen sind.

Im Prinzip gelten für den Zusammenhang zwischen der Funktion der komplexen Operation und ihren Elementen die gleichen Überlegungen, die im Zusammenhang mit den einfachen Operationen bereits erörtert wurden. Anstelle von Elementaroperationen, die zu Folgen zusammengesetzt werden, um die Funktion der einfachen Operation zu realisieren, werden jetzt Folgen von einfachen Operationen zusammengefügt, um der Funktion der komplexen Operation gewissermaßen in Großblockbauweise (Makrostruktur) Rechnung zu tragen.

Im Falle der Formalisierbarkeit der komplexen Operation handelt es sich um das Zusammenfügen von Algorithmen zu einem Programm, das die Funktion der komplexen Operation erfüllt. Ist die Funktion der komplexen Operation eine Informationstransformation, so führt das Programm zu Ergebnisdaten. Ist die Funktion der komplexen Operation eine Steuerung, so ist das Programm eine Art Betriebssystem zur Ablaufsteuerung von Programmen mit anderer Funktion.

Im Falle der Nichtformalisierbarkeit der Operationen ist das Ergebnis einer komplexen Transformationsoperation eine Menge von Schlußfolgerungen in Form von Thesen und Hypothesen, die auf dem Wege einer Argumentation aus den Eingangsinformationen (Daten und Deskriptionen) erzeugt worden sind. Nichtformalisierbare Hilfsprozesse in Form einer komplexen Operation führen zu einer Menge von Hinweisen und Richtlinien für die Erarbeitung von Argumentationen. Ist die Funktion einer nichtformalisierbaren komplexen Operation die Steuerung, entstehen als Ergebnis Anweisungen, die den Ablauf der Erarbeitung von Argumentationen beeinflussen.

Den Gesamtzusammenhang zwischen der Formalisierbarkeit von Operationen auf den verschiedenen Komplexitätsstufen sowie die dabei erzielbaren Ergebnisformen der Operationsdurchführung zeigen die Abbildungen 28 und 29.

### 3.6.3. Wirkungszusammenhänge von Steuerungsoperationen

Die Operationen $T$, $H$ und $S$ mögen auf $n$ Komplexitätsebenen definiert sein, $v = 0, \ldots, n$, wobei mit $v = 0$ die Elementaroperationen gemeint sind.

Die Struktur der Operation ergibt sich als geordnete Folge von Operationen der $(v-1)$-ten Komplexebene:

$$\left.\begin{matrix} T^{(v)} \\ H^{(v)} \\ S^{(v)} \end{matrix}\right\} = f(T^{(v-1)},\ H^{(v-1)},\ S^{(v-1)})\,.$$

$f$ bedeutet hier eine bestimmte Kette von konkreten $T$, $H$ und $S$.

Im Falle der Einwirkung von Steuerungsoperationen auf eine der Operationen findet eine direkte und unmittelbare Einwirkung auf die Steuerungsoperationen ($\Downarrow$ als Symbolisierung der Einwirkung) in der $(v-1)$-ten Ebene statt.

$$S^{(v)} \Downarrow \left\{\begin{matrix} T^{(v)} \\ H^{(v)} \\ S^{(v)} \end{matrix}\right. = f(T^{(v-1)}, H^{(v-1)}, S^{(v)} \Downarrow S^{(v-1)})$$

| Art der Operation | Charakter der Operation | |
|---|---|---|
| | formalisiert | nichtformalisiert |
| Trans-formationen | Programme zur Datentransformation ⇒ Ergebnisdaten | Argumentation ⇒ Schlußfolgerung (als These und Hypothese) |
| Hilfsprozesse | Hilfsprogramme ⇒ Zeichenketten | Hinweise und Anleitungen zur Erarbeitung von Argumentationen bzw. Eingriffen ⇒ Deskriptionen |
| Steuerungen | Steuerprogramme | Anweisungen |

Abb. 28: Struktur und Ergebnisse von komplexen Operationen 1. Stufe

wobei $S^{(v)} \Downarrow S^{(v-1)} = S_1^{(v-1)}$. Es erfolgt eine veränderte Steuerung des Ablaufs der Operation auf der $(v - 1)$-ten Ebene (1. Variation der Steuerung $S^{(v-1)}$).

Daraus ergibt sich die Hierarchie von Steuerungsoperationen, die ein immer komplizierter werdendes System der Rückwirkung von Steuerungen auf die auf niedrigeren Ebenen liegenden Steuerungen konstituiert:

$$S^{(1)} \Downarrow S^{(0)} = S_1^{(0)}$$
$$S^{(2)} \Downarrow S^{(1)} = S_1^{(1)} \Rightarrow S_1^{(1)} \Downarrow S_1^{(0)} = S_2^{(0)}$$
$$S^{(3)} \Downarrow S^{(2)} = S_1^{(2)} \Rightarrow S_1^{(2)} \Downarrow S_1^{(1)} = S_2^{(1)} \text{ usw.}$$
$$S^{(v)} \Downarrow S^{(v-1)} = S_1^{(v-1)} \Rightarrow \dots \Rightarrow S_{v-1}^{(1)} \Downarrow S_{v-1}^{(0)} = S_v^{(0)}$$

$S^{(v)}$ wirkt somit auf alle darunter liegenden $S^{(\mu)}$ $(0 \leq \mu < v)$, wobei $S^{(\mu)}$ eine $i$-te Variation erfährt $(i = v - \mu)$. Die durch $S^{(v)}$ beeinflußten

| Art der Operation | Charakter der Operation | |
|---|---|---|
| | formalisiert | nichtformalisiert |
| Trans-formationen | Verarbeitungs-programme ⇒ Ergebnisdaten | Abhandlungen (System von Argumentationen) ⇒ Schlußfolgerungen (als Thesen und Hypothesen) |
| Hilfsprozesse | Betriebssystem | Richtlinien und Kriterien zur Erarbeitung von Argumentationen zur Ablaufsteuerung komplexer Operationen |
| Steuerungen | | |

Abb. 29: Struktur und Ergebnisse von komplexen Operationen 2. Stufe

Steuerungsoperationen nehmen damit die allgemeine Form $S_i^{(\mu)}$ an, wobei $\mu$ die Komplexitätsebene und $i$ die Variation der Steuerung angibt.

Wenn es ein hierarchisches System von Steuerungen (komplexes Gefüge von Steuerungsalgorithmen und Steuerungsverfahren im Sinne von Eingriffen, Anweisungen usw.) gibt, dann gelten folgende gesetzmäßige Beziehungen:

- Jede Steuerung ist Ablaufsteuerung der eigenen Ebene oder wird direkt und unvermittelt allein auf Steuerungsoperationen der nächst niederen Hierarchieebene, nicht aber auf Transformationen und Hilfsoperationen dieser niederen Ebene angewandt. Sie bewirken damit eine Veränderung (Variation) der Steuerungen der nächst niederen Ebene.
- Die Steuerung auf der Ebene der Elementaroperationen kann dadurch potentiell so oft beeinflußt (variiert) werden, wie es darüberliegende Steuerungshierarchien gibt.
- Erfolgt eine Beeinflussung von einer höheren Ebene auf eine niedere, so kann keine der dazwischenliegenden Ebenen übersprungen werden, ohne das bestehende Gefüge der Steuerungsoperationen auf diesen dazwischen liegenden Ebenen zu verändern. Diese Veränderung des Gefüges führt im Ergebnis dazu, daß die einwirkende Steuerungsoperation nach der Veränderung unmittelbar darüber liegt.
- Ein kontrollierter Ablauf der Operation setzt die Existenz mindestens einer darüber liegenden Ebene von Steuerungsoperationen voraus.

### 3.6.4. Wiederholbarkeit von Operationen als Ausdruck technologischer Rationalität

Es ist eine allgemeine Tendenz, Operationen, die häufig wiederkehren, dadurch zu rationalisieren, daß man sie formalisiert. Diese Vorgehensweise ist auch bei der Rationalisierung von Informationsprozessen zu beobachten. Die jahrtausendealten Traditionen der Mathematik haben uns daran gewöhnt, die formalisierbaren Bestandteile geistiger Operationen von den nichtformalisierbaren zu trennen und gesondert zu untersuchen und zu systematisieren.

Mit der Anwendung der Datenverarbeitung treten neue Möglichkeiten, aber auch neue Aufgaben für die Formalisierung von Informationsprozessen in den Vordergrund. Wir haben bereits gezeigt, unter welchen Bedingungen Informationen formalisierbar sind. Für die Formalisierung von Informationsverarbeitungsprozessen müssen natürlich auch die Operationen, die auf die formalisierten Informationen wirken, der Formalisierung in Form der Bildung von Algorithmen zugeführt werden. Die Formalisierung der Informationen wird unseres Erachtens ungenügend berücksichtigt. Im Mittelpunkt steht meist lediglich die Frage nach der Formalisierbarkeit der geistigen Operationen. Der Formalisierungsprozeß gilt in der Regel bereits als abgeschlossen, wenn man ein durchgängiges System von Algorithmen zur Informationstransformation aufgestellt hat.

Der Rationalisierungseffekt der Formalisierung besteht darin, daß die formalisierten Elemente eines Informationsverarbeitungsprozesses wiederholt Verwendung finden. Ein anschauliches Beispiel dafür sind Programme (Systeme von Verarbeitungsalgorithmen), die auf eine Menge definierter Daten wiederholt angewendet werden.

Unter Berücksichtigung der Komplexitätsebenen von Operationen ist die Wiederholbarkeit von Operationen in gleicher Weise zu differenzieren in

— Aufgabenwiederholung (unveränderte Wiederholung komplexer Operationen);
— Aufgabenvariabilität bzw. Aufgabenmodifizierung (variable Verkettung von einfachen Operationen zu neuen komplexen Operationen);
— Aufgabengenerierung (variable Verkettung von Elementaroperationen zu einfachen Operationen als Bausteine für komplexe Operationen).

Diese Dreiteilung der Wiederholbarkeit von Informationsverarbeitungsprozessen kann auch als statisch, flexibel bzw. dynamisch bezeichnet werden, wobei den Bezugspunkt für diese Einteilung die letztlich zu bildenden Operationen darstellen.

Die Wiederholbarkeit ist dann als statisch zu charakterisieren, wenn komplexe Operationen nicht aus Operationen der darunterliegenden Komplexitätsebenen zusammengesetzt werden können, sondern als unteilbares Ganzes zum Gegenstand der Programmierung werden.

Einen gewissen Spielraum für die Bildung neuer komplexer Operationen bietet die flexible Wiederholbarkeit. Sie basiert auf einer definierten Menge von einfachen Operationen, den sogenannten Typenelementen oder Programmbausteinen. Das gewählte Programmiersystem erlaubt die beliebige Verkettung einfacher Operationen durch die Eingliederung sogenannter Schnittstellen bzw. Ein- und Austrittspunkte in das zu entwickelnde Programm für die komplexe Operation. Dieses Prinzip der flexiblen Wiederholbarkeit kennzeichnet die Vorgehensweise bei der Entwicklung von sachgebietsorientierten Programmiersystemen (SOPS-Methodik).

Diese Aufgabenvariabilität ist im allgemeinen für die Anpassung eines Systems von sachbezogenen einfachen Operationen an statische komplexe Operationen („Problemvariabilität", die von den Besonderheiten der jeweiligen Struktureinheit abhängt) ausreichend. Für die Automatisierung nichtschematischer Aufgaben, wie sie bei Problembearbeitungs- und -lösungsprozessen auftreten, besitzt die Wiederholbarkeit vorgefertigter einfacher Operationen nicht mehr die erforderliche Potenz für die Bildung beliebiger komplexer Operationen. Um die erforderliche Dynamik zu erzielen, muß ein Programmiersystem entwickelt werden, das auch die elementaren Operationen in beliebiger Weise zu verketten in der Lage ist, wobei die elementaren Operationen natürlich relativ sind, das heißt die einfachsten Programmelemente symbolisieren, die der zugrunde gelegten Programmiersprache entsprechen. Das Zurückgreifen auf die Elementaroperationen ist deshalb notwendig, weil immer wieder neue Informationskombinationen gebildet werden müssen, für die Verarbeitungsprozesse entsprechend der Problemstellung definiert werden. Die sich hieraus ergebenden Konsequenzen für die Datenstrukturierung werden in Kapitel IV diskutiert werden.

Die Aufgabengenerierung ist somit durch eine höhere Form der Flexibilität für die Bildung komplexer Operationen gekennzeichnet, als das für die Aufgabenvariabilität der Fall ist, weil auch die einfachen Operationen selbst wieder variiert werden können und die Wiederholungselemente die Elementaroperationen selbst werden. Während bei der Aufgabenvariabilität in der Regel ein einziges Mal die Generierung einer dann konstant bleibenden komplexen Operation erfolgt, wird bei der dynamischen Wiederholbarkeit die Generierung einer komplexen Operation über die Generierung bzw. Nutzung einfacher Operationen zu einem Normalfall der Programmerstellung.

Diese Ausführungen machen deutlich, daß der undifferenzierte Gebrauch des Begriffs Wiederholbarkeit für Informationsverarbeitungsprozesse, den man meist in der Literatur findet, unzweckmäßig ist. Neben der Wiederholbarkeit von ganzen Aufgabenkomplexen gibt es auch die wiederholte Verwendung von formalisierten Elementen zur Generierung von Programmen für die automatische Abarbeitung von vorher nicht bekannten Aufgaben. Diese Interpretation der Wiederholbarkeit besitzt für Problembearbeitungs- und Problemlösungsprozesse eine entscheidende Bedeutung.

Bei der Aufgabenwiederholung und Aufgabenvariabilität geht der Formalisierungsprozeß von einem System definierter schematischer Aufgaben aus.

Bei der Aufgabengenerierung, für die die Wiederholbarkeit der Elementaroperationen zur Bildung von Verarbeitungsprogrammen die Grundlage ist, geht man nicht von einem vorher definierten Aufgabengefüge aus, auf das hin die Datenstrukturierung erfolgen könnte. Die Strukturierung der Daten muß vielmehr so erfolgen, daß die Funktionsweise des Systems unabhängig von den speziell zu lösenden Aufgaben realisierbar ist. Das erfordert eine andere Auffassung vom Wesen der Formalisierung von Aussagenmengen (vgl. Kapitel IV).

## 3.7. Bedeutungsebenen der Information und Verarbeitungsmethoden

Die bisherige Analyse führte uns zur Differenzierung der Verarbeitungsmethoden in Algorithmen und Verfahren (vgl. Abbildung 30). Unter Berücksichtigung der Bedeutungsebenen der Information ergibt sich eine weitere Spezifik der Verarbeitungsmethoden (vgl. Abbildung 31).

| GEGENSTAND DER OPERATION | OPERATIONSTYP | FORMALISIERT | NICHTFORMALISIERT |
|---|---|---|---|
| Informationen | Transformation | Transformationsalgorithmus<br>Gegenstand: Daten | Transformationsverfahren<br>Gegenstand: Deskriptionen und Daten |
| Zeichenketten | Hilfsoperation | Hilfsalgorithmus<br>Gegenstand: formale Daten (Zeichenketten) | |
| Befehlsinformationen | Steuerungsoperation | Steuerungsalgorithmus<br>Gegenstand: Daten | Steuerungsverfahren<br>Gegenstand: Deskriptionen |

Abb. 30: Charakter von Operationen

Auf der ersten Bedeutungsebene stehen Probleme der Erkennung von Signalstrukturen im Mittelpunkt. Die Signalstrukturen tragen die Bedeutung von Zeichen. Folglich sind die auf dieser Ebene zur Anwendung kommenden Verarbeitungsmethoden die Codierungs- und Decodierungsalgorithmen.

Da jeder Informationsaustausch einen derartigen Signalkanal benutzen muß, hängt von der Zuverlässigkeit der Codierungs- und Decodierungsalgorithmen die informationelle Kopplung von Systemen ab. Auf dieser Bedeutungsebene der Information müssen Mehrdeutigkeiten in der Zeichenerkennung ausgeschlossen werden, weil sonst die Interpretationsmöglichkeiten einer aufgenommenen Information keinerlei Präzision gewährleisten.

Aus diesem Grunde finden wir auf dieser Ebene keine Codierungs- oder Decodierungsverfahren, das heißt semantisch gesteuerte Methoden zur Verschlüsselung und Entschlüsselung von Zeichen bzw. Signalstrukturen, sondern einzig und allein eineindeutige, rein syntaktische Codierungs- und Decodierungsmethoden, die wir Algorithmen genannt haben.

Auch auf der zweiten Bedeutungsebene der Information werden nur algorithmische Verarbeitungsmethoden der Interpretation von Zeichenstrukturen als Sprachelemente angewandt. Wenn mit diesen als Sprachelemente interpretierten Zeichenstrukturen wiederum rein syntaktisch operiert werden kann, sprechen wir von Transformationsalgorithmen, Algorithmen für Hilfprozesse bzw. Steuerungsalgorithmen. Die rein syntaktische Verarbeitung von Sprachelementen setzt ihre Formalisierbarkeit voraus, das bedeutet, daß die Informationen als Daten und die Verarbeitungsmethoden als syntaktische Umformungsregeln (Algorithmen) vorliegen müssen. Wenn diese Eigenschaften unterstellt werden dürfen, sprechen wir auch von syntaktischen Informationen und syntaktischen Informationsverarbeitungsprozessen (Datenverarbeitung).

| EBENEN DER STRUKTUR UND BEDEUTUNG DER INFORMATION | VERARBEITUNGSMETHODEN | | | | Charakter der Informationsverarbeitung |
|---|---|---|---|---|---|
| | formalisiert | | nichtformalisiert | | |
| | Gegenstand | Algorithmen | Gegenstand | Verfahren | |
| Ebene der ERKENNUNG von Signalstrukturen als Zeichen und der Transformation von Zeichen und Signalstrukturen | Signalstrukturen, Zeichenketten | Kodierungs- und Dekodierungsalgorithmen | | | syntaktisch |
| Ebene der INTERPRETATION von Zeichenstrukturen und der Umformung syntaktischer Informationen | Daten (syntaktische Informationen) | nur Realisierungsoperationen als Transformation Hilfsoperation Steuerungsoperation | | | |
| Ebene des BEGREIFENS der Semantik der Struktur von Sprachelementen und der Verknüpfung von semantischen Informationen | | | Deskriptionen [und Daten] (semantische Informationen) | überwiegend Realisierungsoperationen als Transformationsverfahren, Hilfsverfahren, Steuerungsverfahren | semantisch |
| Ebene des pragmatischen VERSTÄNDNISSES und der Verbindung pragmatischer Bedeutungen zu neuen Bedeutungen | | | Semantikstrukturen | überwiegend Konzipierungsoperationen als Zielvorstellungen Entscheidungssteuerungen | |

FORMALISIERUNG

Abb. 31: Operationen auf verschiedenen Ebenen der Struktur und Bedeutung der Information

| EBENEN DER STRUKTUR UND BEDEUTUNG DER INFORMATION | ENT-SCHEIDUNGS-EBENEN | ZIELVOR-STEL-LUNGEN | ZIELFIN-DUNG |
|---|---|---|---|
| Ebene des pragmatischen VERSTÄNDNISSES und der Verbindung pragmatischer Bedeutungen zu neuen Bedeutungen | pragmatische Entscheidungs-steuerung und Realisierungs-operationen | | |
| Ebene des BEGREIFENS der Semantik der Struktur von Sprachelementen und der Verknüpfung semantischer Informationen | semantische Entscheidungs-steuerung und Realisierungs-operationen | | |
| Ebene der INTERPRETATION von Zeichenstrukturen und der Umformung syntaktischer Informationen | syntaktische Entscheidungs-steuerung und Realisierungs-operationen | | |
| Ebene der ERKENNUNG von Signalstrukturen als Zeichen und der Transformation von Zeichen in Signalstrukturen | Informations-bereitstellung und syntaktische Erkennungs-operationen | | |

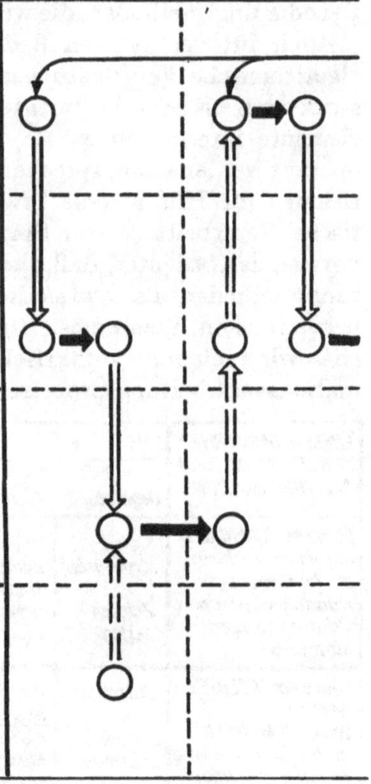

Abb. 32: Zusammenwirken von Konzipierungs- und Realisierungsoperationen auf den verschiedenen Ebenen der Struktur und Bedeutung der Information bei einem Problembearbeitungsprozeß

Auf der dritten Bedeutungsebene der Information werden den Strukturen von Sprachelementen Bedeutungen zugeordnet, deren Spezifik wir die Semantik der Information genannt haben. Die Verknüpfungsmöglichkeiten der Semantik von strukturierten Sprachelementen sind nicht durchgängig auf rein syntaktische Operationen in der Struktur der Sprachelemente abbildbar, nicht durchgängig formalisierbar. Deshalb gibt es auf dieser Ebene neben den formalisierbaren Operationen auch nichtformalisierbare Semantikoperationen, die wir Verfahren genannt haben. Die Nichtformalisierbar-

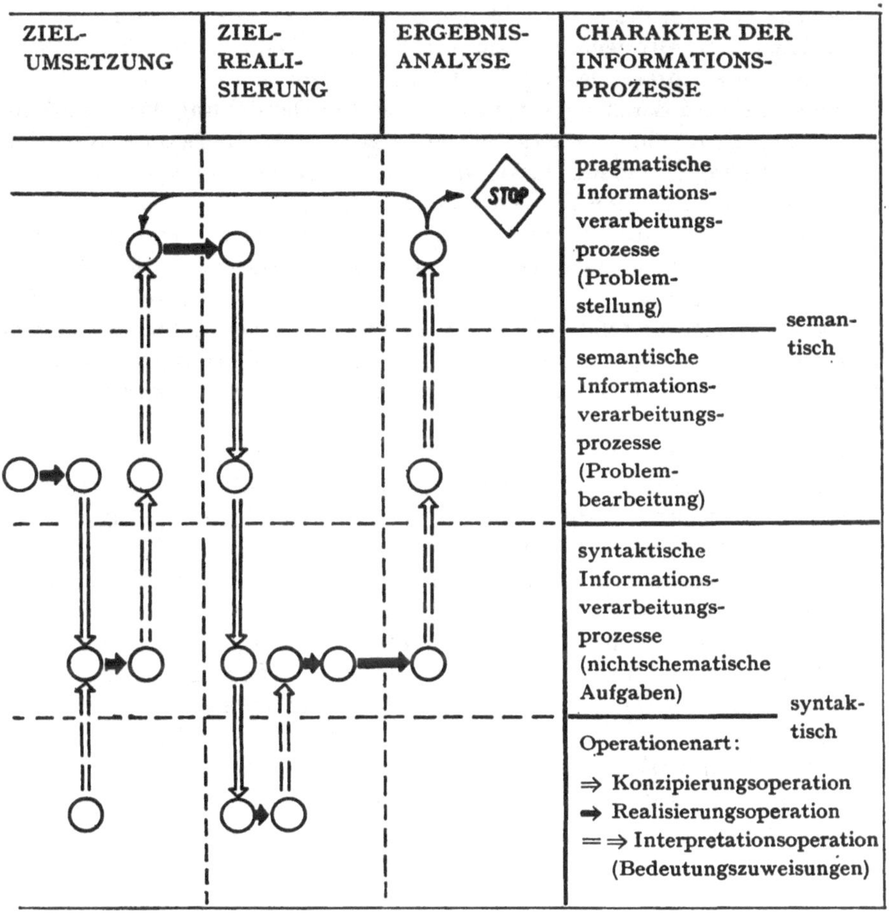


keit bezieht sich hierbei sowohl auf die Informationen selbst (Deskriptionen) als auch auf die Art und Weise der Verarbeitung von Deskriptionen zu neuen Deskriptionen, also die Operationen, die wiederum in Transformationen, Hilfsprozesse und Steuerungsoperationen gegliedert werden können.

Die auf dieser Ebene zur Anwendung kommenden Verfahren tragen den Charakter von Realisierungsoperationen, dabei wird die Zielstellung für die Umwandlung von vorliegenden Deskriptionen in neue Deskriptionen vorausgesetzt.

Je tiefer man in die gesetzmäßigen Zusammenhänge zwischen den Deskriptionen eingedrungen ist und zur Systematisierung der Sachgebiete übergeht, die durch Deskriptionen beschrieben werden, um so mehr wachsen die Voraussetzungen zur formalisierten Darstellung dieser Zusammenhänge. Es ist ein erklärtes Ziel der Wissenschaft, die Beschreibung der Zusammenhänge zwischen Deskriptionen auf Umformungsregeln für Daten abzubilden, um auf diese Weise die Verfahren für die Informationsbearbeitung durch Algorithmen zu ersetzen. Mit dem Übergang zur algorithmischen Darstellung von Sachzusammenhängen wird die Erfassung dieser Zusammenhänge exakt nachvollziehbar und unabhängig von der Fähigkeit des informationsverarbeitenden Systems zur semantischen Informationsverarbeitung. Diese Unabhängigkeit ist deshalb von Bedeutung, weil die Fähigkeit zur semantischen Informationsverarbeitung das konkrete innere Modell voraussetzt.

Auf der vierten Bedeutungsebene der Information werden Semantikstrukturen pragmatische Bedeutungen zugeordnet. Die Informationsverarbeitung in dieser Bedeutungsebene, das heißt die Verknüpfung semantischer Bedeutungen zu neuen Bedeutungen, ist durch die Konzipierung von Semantikstrukturen gekennzeichnet, die den verknüpften Pragmatikbedeutungen entsprechen. Deshalb finden wir auf dieser Ebene vorwiegend die konzipierenden Operationen für semantische Informationsverarbeitungsprozesse, denen ihrerseits im Falle ihrer Formalisierbarkeit die Konzipierung von Datenverarbeitungsaufgaben entsprechen.

Auf der Bedeutungsebene des pragmatischen Verständnisses geht es somit um die Erarbeitung von Zielvorstellungen, die Entwicklung einer Entscheidungssteuerung für semantische Informationsprozesse sowie die Rückübersetzung von durchgeführten semantischen Operationen in pragmatische Bedeutungen zum Zwecke der Kontrolle der Zielstrebigkeit dieser Informationsverarbeitungsprozesse. Das Zusammenwirken der dritten und vierten Bedeutungsebene der Information kennzeichnet die Leistungsfähigkeit heuristischer Informationsverarbeitungsverfahren, die durch die Rückkopplung von Realisierungsoperationen mit konzipierenden Operationen gekennzeichnet sind. Die Spezifik dieser Zusammenhänge zwischen der dritten und vierten Bedeutungsebene der Information ist Ausdruck für die Leistungsfähigkeit des nichtformalisierbaren menschlichen Denkens.

Abbildung 32 verdeutlicht das prinzipielle Zusammenwirken von Konzipierungs-, Realisierungs- und Interpretationsoperationen auf den verschiedenen Ebenen der Struktur und Bedeutung der Information im Problembearbeitungs- und -lösungsprozeß (vgl. dazu auch die Abschnitte 5.14 und 5.15).

# 4. Datenstruktur und Datenorganisation

## 4.1. Allgemeine Bemerkungen zum Verhältnis von Datenstruktur und Datenorganisation

### 4.1.1. Beherrschbarkeit großer Datenmengen

Ein vorrangiges theoretisches Grundproblem der gegenwärtigen Datenverarbeitung ist nicht die physische Speicherung und die Entwicklung entsprechender Zugriffstechniken, sondern die logische Beherrschung großer Datenmengen zum Zwecke der Qualifizierung der vielfältigsten Formen der Problembearbeitung und -lösung.

Der Problemkreis der Beherrschbarkeit großer Datenmengen ist in seinem Verständnis ein wesentlicher Schlüsselpunkt für die Einschätzung insbesondere der organisatorischen Lösungen im Rahmen von Datenverarbeitungssystemen (vgl. die Kapitel VI und VII). Die Beherrschbarkeit großer Datenmengen wird vielfach unterschiedlich, ja oft ungenügend verstanden.

Unter Beherrschbarkeit von Datenmengen wird das Zusammenwirken von zwei Faktoren verstanden:

- Präzisierung des Informationsbedarfs für die Lösung von
  a) schematischen Aufgaben bzw.
  b) nichtschematischen Aufgaben.
- Realisierung des vorgenannten Informationsbedarfs (Zugriff, Vorbearbeitung und Bereitstellung)

Entsprechend der Differenzierung des ersten Bestimmungsfaktors für die Beherrschung von Informationsmengen unterscheiden wir statische und dynamische Formen der Beherrschbarkeit von Datenmengen.

Die Anwendung der EDV in der Leitung und Planung richtet sich gegenwärtig vor allem auf die Lösung schematischer Aufgaben. Gegenstand der Automatisierung ist damit der Teil der geistig-produktiven Tätigkeiten, bei dem die formalisierbare Routine eine relativ selbständige Funktion besitzt und der infolge seines immer wieder gleichen schematischen Ablaufes in fest programmierbaren Prozeßabläufen vollständig in einer EDVA nachgebildet werden kann. In diesen von uns als statisch bezeichneten automatisierten Informationsverarbeitungsprozessen sind infolge ihrer genau definierten Aufgabenstruktur und des sich daraus ergebenden Informationsflusses sowohl der Informationsbedarf als auch die Integrationsformen automatisierter Informationsprozesse in komplexe semantische Informationsverarbeitungsprozesse des Informationssystems des jeweiligen Anwendungsgebietes festgelegt. Die Beherrschbarkeit der für das automatisierte System organisierten Datenmengen reduziert sich auf ihre Verwendung in der definierten Kette von abzuarbeitenden Datenverarbeitungsaufgaben. Die Funktion des Nutzers wird darauf beschränkt, ständig auf die gleichen Ergebnisinformationen zurückzugreifen, um sie in dieser Form weiteren semantischen Informationsverarbeitungsprozessen zugrunde zu legen bzw. erforderliche Primärdaten nach festgelegten Organisationsprinzipien zu erfassen. Die automatisierten Informationsverarbeitungsprozesse werden auf diese Weise mit den projektierten Arbeitsabläufen des Nutzers starr verkoppelt. Diese starre Kopplung widerspiegelt sich in den für längere Zeiträume festgelegten Ein- und Austrittspunkten, die das EDV-System mit den komplexen Informationsprozessen des Nutzers verbindet. Die möglichen Ein- und Austrittspunkte in das EDV-System werden auch als seine Schnittstellen mit dem Nutzer bezeichnet. Die beiderseitige Determiniertheit des Zusammenwirkens zwischen dem fixierten Informationsbedarf des Nutzers für die Abarbeitung eines Systems von schematischen Aufgaben und der programmtechnischen Realisierung dieser definierten Aufgabenstruktur im EDV-System ist die Voraussetzung für die Funktionsfähigkeit und die Integration statischer automatischer Informationsverarbeitungsprozesse in komplexe gesellschaftliche Informationsverarbeitungsprozesse. Diese Determiniertheit ist auch letztlich die Voraussetzung für die Beherrschbarkeit der Datenmengen durch den Nutzer in Form eines definierten Systems von schematischen Aufgaben (statische Beherrschbarkeit).

Die Beherrschung von Datenmengen für nichtschematische Aufgaben, die über Problembearbeitungsprozesse präzisiert werden, erfordert variable Schnittstellen zum EDV-System, um auch neue Informationsflüsse (Eingangs- und Ergebnisdaten) erzeugen zu können, die nicht von vornherein projektiert worden sind. Aus dem organisierten Datenbestand müssen problembezogen die Informationen auswählbar sein, die den formulierten nichtschematischen Aufgaben genügen. Aus dem Operationsfonds müssen weiterhin die Programme generierbar sein, die dem gewünschten Verarbeitungsprozeß zugrunde gelegt werden sollen. Diese höheren Anforderungen an den Nutzer, den organisierten Datenbestand auch problembezogen zu beherrschen, führen zur Notwendigkeit eines variablen (dynamischen) Bindegliedes zwischen Nutzer und EDV-System, durch das die starre Kopplung zwischen beiden aufgehoben wird und die programmtechnische Steuerung der Funktionen des EDV-Systems auch für variable Problembearbeitungs- und Problemlösungsprozesse realisiert wird. Wir nennen dieses Bindeglied zwischen Nutzer und EDV-System *Informationszentrale,* in der auf der Grundlage einer problembezogenen Nutzerberatung die Präzisierung nichtschematischer Aufgaben und ihre Umwandlung in Generierungsanweisungen für die Erzeugung von abarbeitungsfähigen Programmen erfolgt. Voraussetzung dafür ist die multiaspektive Strukturierung des Datenbestandes (Aufbau virtueller Datenstrukturen für die verschiedenartigen Problemfelder), um problemabhängige Schnitte im Datenbestand erzeugen zu können. Dadurch werden die möglichen problemrelevanten Daten in einer geeigneten Struktur dem Prozeß der Präzisierung des problemabhängigen Informationsbedarfs des Nutzers zugrunde gelegt.

Beherrschbarkeit eines Datenbestandes für die Lösung nichtschematischer Aufgaben bedeutet also:

1. Präzisierung des Informationsbedarfs für die Problembearbeitung und -lösung mit dem Ziel, die Möglichkeiten des organisierten Gesamtdatenbestandes für die Lösung eines Problems umfassend zu nutzen, wobei unter umfassender Nutzung sowohl die volle Ausschöpfung der inhaltlichen Potenzen des zur Zeit vorhandenen Datenbestandes als auch seine ständige Erweiterung und Verbesserung zu verstehen ist.
2. Formulierung eines umkehrbar eindeutigen Identbegriffes für jedes einzelne Element der Datenmenge.
3. Bereitstellung der Daten der ausgewählten Menge in einer entsprechend den Forderungen der Problemsituation hinreichend kleinen Zeit bei minimalem Aufwand.

Die Fragen der Beherrschbarkeit großer Datenmengen werden nicht nur in ihrer statischen, sondern vor allen in ihrer dynamischen Form zu einem vorrangigen theoretischen und praktischen Grundproblem moderner Datenverarbeitung, denn die gesellschaftlichen Informationsverarbeitungsprozesse sind, wie bereits an anderer Stelle dargestellt wurde, in ihrer Mehrzahl Informationsverarbeitungsprozesse, bei denen die formalisierbare Routine keine relative Selbständigkeit besitzt. Solange es nur um die Konzipierung statischer automatisierter Informationsverarbeitungssysteme ging, war die sich aus einem System definierter schematischer Aufgaben ergebende statische Beherrschung großer Datenmengen durchaus ausreichend. Die statische automatisierte Informationsverarbeitung ist jedoch nur ein Spezialfall automatisierter Informationsverarbeitung überhaupt. In dem Moment jedoch, wo an die automatisierte Informationsverarbeitung höhere Anforderungen gestellt werden, wo es darum geht, die den Bedingungen des Problembearbeitungsprozesses entsprechenden EDV-Systeme zu schaffen, werden dynamische Formen der Beherrschbarkeit großer Datenmengen unumgänglich.

Damit ergeben sich für die Beherrschbarkeit (vgl. S. 199) folgende Aspekte:

zu 1. inhaltlich-organisatorischer Aspekt
zu 2. }
zu 3. } technisch-organisatorischer Aspekt

so daß Beherrschbarkeit eines Datenbestandes bedeutet:

[Überschaubarkeit der Datenmenge] ⊕ [technische Funktionsfähigkeit bzw. Manipulierbarkeit mit den Daten]

Demnach ist es falsch, die Beherrschbarkeit auf die Entwicklung technisch funktionsfähiger Datenbestände zu reduzieren, sondern es ist organisationstheoretisch von größter Bedeutung, darüber hinaus die Überschaubarkeit der organisierten Datenmengen durch den Nutzer zu fordern, ansonsten ist die organisierte Datenmenge nicht für die Unterstützung des Problembearbeitungs- und -lösungsprozesses geeignet.

Daraus resultiert, daß die Datenmenge — sollen obige Forderungen erfüllt werden — keine amorphe Menge sein darf, sondern in sich eine definierte Struktur aufweisen muß, die der Ausgangspunkt ihrer Nutzung sein kann.

### 4.1.2. Unterscheidung von Datenstruktur und Datenorganisation

Die Aufgaben einer derartigen Strukturierung von Datenmengen, wie sie im Abschnitt 4.1.1. charakterisiert wurden, sind in zweifacher Hinsicht zu sehen:

a) sie ist Grundlage für den Nutzer zur Übersicht über die in die organisierte Datenmenge eingegliederten Elemente und ermöglicht ihm deren Identifikation;
b) sie ist Ausgangspunkt für die Bereitstellung ihrer Elemente auf Grund der Identifikationsmittel für die manuelle bzw. maschinelle Manipulation mit den Daten.

Die erstere Aufgabe spricht die logische Formalisierung des Informationsinhaltes an, das heißt die Abbildung der Semantikelemente der formalisierbaren Informationen auf Extensionalitätsbereiche, also spezifische Aufgaben der Datenstrukturierung.

Die letztere Aufgabe stellt unmittelbar die Belange der Datenorganisation heraus, die wir auffassen möchten als logisch und physisch formalisierte Informationen zum Zwecke des Einspeicherns und Wiederauffindens.

Auf diese Weise entsteht in der Strukturierung der Menge formalisierbarer Informationen das „Bindeglied“ zwischen Nutzer und physisch realisierter Datenmenge, also der „Schnittpunkt“ zwischen Datenverarbeitungssystem und Umwelt des Systems.[1] Bei Datenmengen geringen Umfangs erfolgt vielfach unbewußt eine Strukturierung durch den Menschen, das heißt, er ist bei nicht allzu umfangreichen Mengen durchaus in der Lage, die Strukturierungsprizipien in Einheit mit dem konkreten Inhalt (das heißt semantisch gesteuert) zu beherrschen.

In der Datenverarbeitungspraxis werden bisher diese beiden Aufgaben als untrennbare Einheit gesehen und für diese Vorgänge die Termini Datenstruktur oder Datenorganisation weitgehend gleichberechtigt nebeneinander benutzt. Bisher wurde keinerlei bewußte und explizite Begriffsdifferenzierung vorgenommen, sondern Datenstruktur und Datenorganisation werden weitgehend als Synonyme verwendet, wie das aus dem Wörterbuch der Kybernetik auch bezüglich der Begriffsfestlegung von Struktur und Organisation ersichtlich ist: „Struktur (Organisation): Menge der die Elemente eines Systems miteinander verbindenden Relationen und aller dazu isomorphen Relationsgefüge.“[2] „Organisation (Struktur): Ordnung bzw. Struktur der Elemente eines Systems.“[3]

Es wird lediglich festgestellt, daß „unter den Gesichtspunkten der kybernetischen Abstraktion die Begriffe der Organisation und der Struktur nicht unterscheidbar sind . . . Üblicherweise verbindet man mit dem Begriff Organisation stets auch ein quantitatives Moment . . ., während dies beim Begriff der Struktur . . . (in der Regel — die Verf.) nicht der Fall ist.“

Ursul hebt hervor, daß „die Struktur eine Art Invariante des Systems ist, . . . wir beziehen nicht die gesamte Vielfalt der Elemente, Verbindungen und Beziehungen des Systems, sondern lediglich das Beständige und Bleibende ein.“[4]

In der Datenverarbeitungspraxis wird (vgl. beispielsweise Wedekind, Noltemeier und andere) überwiegend von Problemen der *Datenorganisation* gesprochen: „Unter Datenorganisationen versteht man die Anordnung von gespeicherten Daten zum Zwecke ihrer schnellen Wiederauffindung. Mit der Verarbeitung der Daten kann begonnen werden, wenn das Suchen nach den gewünschten Daten erfolgreich war . . . . diese Talente (wie sie der Mensch ermöglicht — die Verf.), sich in einer chaotischen Umwelt zurechtzufinden, können. . . bei dem automatischen Prozeß des Wiederauffindens nicht genutzt werden. Für die Datenorganisation . . . müssen Ordnungsprinzipien (= Strukturierungen — die Verf.) gefunden werden, die mit der vorhandenen Computertechnologie realisiert werden können.“[5]

[1] Vgl. Wedekind, H., Datenorganisation, Berlin (West) 1970, S. 6.
[2] Klaus, G., Wörterbuch der Kybernetik, Berlin 1968, S. 625.
[3] Ebenda, S. 469.
[4] Ursul, A. D., Information — eine philosophische Studie, Berlin 1970, S. 75.
[5] Wedekind, H., Datenorganisation, a. a. O., S. 5.

Ansatzpunkte einer Differenzierung der Begriffe findet man bei Noltemeier. Er schreibt: „Bei der Beschreibung und Analyse von Datenmengen größeren Umfangs zerlegt man gewöhnlich . . . in . . . Teilmengen . . . bis man auf . . . unzerteilbare Bestandteile stößt. Üblicherweise benutzt man dabei . . . (eine) Begriffshierarchie . . . Die Begriffshierarchie legt nahe, daß eine Datei in ihrer logischen Struktur . . . beschrieben werden kann. . . . Eine derartige Beschreibung sieht von den Inhalten der einzelnen „Dateiteile" vollständig ab ... *Neben der logischen Struktur* und „Semantik" einer Datei *muß* zur vollständigen Beschreibung *ferner definiert sein, wie man* zu den einzelnen Teilen der Datei *zugreifen kann.*"[6]

Wir meinen, daß es unumgänglich notwendig ist, sorgfältig zwischen Datenstruktur und Datenorganisation zu unterscheiden, da hier offenbar — wie oben im Zitat deutlich herausgestellt — voneinander verschiedene Sachbezüge angesprochen werden. Es hat theoretisch wie praktisch keinen Sinn, Unterschiede zu verwischen, sondern es fördert das Verständnis, wenn klar herausgestellt wird, welche Unterschiede bestehen und wie die Zusammenhänge zu sehen sind. Insbesondere ist es unser Anliegen herauszustellen, daß mit der Festlegung der Datenstruktur bereits die Möglichkeiten der Datenorganisation weitgehend festgelegt werden. Dies ist auch noch aus einer anderen bereits diskutierten Sicht von Belang. Maschinen betreiben allein Strukturverarbeitung und keine Bedeutungsverarbeitung wie der Mensch, so daß hierfür, wenn Informationsverarbeitungsprozesse der Maschine überantwortet werden sollen, eine umkehrbar eindeutige Abbildung der Informationen auf Strukturen eine notwendige Voraussetzung wird. Dabei müssen die entsprechenden Extensionalitätsbedingungen erfüllt sein. Das ist unseres Erachtens auch gemeint, wenn im Wörterbuch der Kybernetik von struktureller Information gesprochen wird, „bei der . . . nicht der Inhalt, die Bedeutung erfaßt wird, sondern nur ihre Struktur . . .". Dies ist bei der technischen Realisierung der Übertragung von Bedeutung, denn es „werden zunächst weder Bedeutungen noch Inhalte, sondern nur Strukturen übertragen."[7] Wobei unseres Erachtens dem Terminus „zunächst" die ganze Problematik der Extensionalität und Formalisierung anhaftet, die den Zusammenhang der Informationsverarbeitung mit der Strukturverarbeitung widerspiegelt, wenn man von Datenverarbeitung spricht.

Auf diese Weise wird also die Strukturierung der Informationen zu Daten entscheidender als deren speichertechnische Realisierung. Dies gilt insbesondere auch im Hinblick auf die Einspeicherungs- und Wiederauf-

[6] Noltemeier, H., Datenstrukturen und höhere Programmiertechniken, Berlin(West) 1972, S. 17 ff. (Hervorhebungen von uns — die Verf.)

[7] Wörterbuch der Kybernetik, a. a. O., S. 627.

findeverfahren, die ja erst auf einer Strukturierung der Datenmenge aufbauend funktionieren können, wie dies auch Noltemeier deutlich herausstellt, ohne daraus jedoch die notwendigen Konsequenzen in bezug auf eine klare Abgrenzung beider Begriffe zu ziehen.

Letztlich stellt die Datenstruktur die extensional erfolgte Fixierung des Inhaltes der formalisierten Information dar, ihre logische Formalisierung, auf der aufbauend die physische Formalisierung der Wertgrößenspeicherung vorgenommen wird, indem eine Speicherplatzzuordnung erfolgt.

Von dem konkreten Inhalt kann aber auf Grund der Extensionalität für den maschinellen Nachvollzug abstrahiert werden. Für die Nutzung durch den Menschen ist es jedoch unumgänglich, den Inhalt zu berücksichtigen, da der jeweiligen Problem- bzw. Aufgabensituation inhaltlich adäquate Datenmengen gebildet (das heißt ausgewählt und benutzt) werden und dementsprechende Informationsverarbeitungsprozesse ablaufen müssen. Dieser Sachverhalt ist auch in der Eigenschaft der Überschaubarkeit der Beherrschbarkeitsdefinition zum Ausdruck gebracht. Das ist die eine Seite der Bindegliedfunktion der Datenstruktur, auf die keinesfalls verzichtet werden kann, sollen die organisierten Datenmengen zielstrebig genutzt werden.

Hier ist jedoch darauf aufmerksam zu machen, daß — wie bereits dargestellt — die allein semantisch orientierte, also allein aus dem Gedächtnis erfolgende Beherrschung großer Datenmengen bis ins Detail faktisch zwar nicht möglich ist, aber doch gefordert werden muß, soll das organisierte Datenpotential effektiv ausgenutzt werden. Das ist auch mit umfassenden Informationskatalogen in den Händen aller Nutzer —wie die Praxis der Vergangenheit gezeigt hat — nicht ohne weiteres möglich, da stets die Übersicht über die Gesamtheit der Daten gefordert ist. Die Datenstruktur kann als Hilfsmittel zur Beherrschung großer Datenmengen genutzt werden. Dazu bedarf es weiter der Entwicklung allgemeingültiger Verfahren, die es ermöglichen, problembezogen den organisierten Datenbestand zu durchmustern und das diesbezüglich Angebotene geeignet zu selektieren.

### 4.1.3. Zusammenhang von Datenstruktur und Datenorganisation

Den allgemeinen Zusammenhang von Datenstruktur und Datenorganisation widerspiegelt zusammenfassend Abbildung 33. Wir fassen Daten gemäß Kapitel III als eine spezielle Teilmenge der Informationen auf, das heißt, Daten sind spezielle formalisierte Aussagen. Es erfolgt dabei ein bestimmter Prozeß der Abbildung der Semantikelemente der Aussagen auf Extensionalitätsbereiche. Da diese Abbildung mit dem Ziel erfolgt, die Aussagen der maschinellen Verarbeitung zugänglich zu machen, müssen bereits in diesem Stadium die Möglichkeiten der Strukturorganisation des Automaten geeignet Berücksichtigung finden (vgl. Abschnitt 4.3.). Diese Strukturorganisation basiert auf einer logischen Hierarchie von Aussagen (vgl. Spalte 1 der Abbildung 33), die sich als solche relativ natürlich ergibt, und sich dann im weiteren zwangsläufig im Rahmen der Bildung der Datenstruktur bis hin zur Datenorganisation fortsetzt.

Die Probleme der Datenverarbeitung weisen auf zwei miteinander verbundene Aufgabenstellungen bei Aufbau von Datenverarbeitungssystemen hin:

a) die zweckmäßige Strukturierung von Datenmengen,
b) die Herausbildung eines solchen Verarbeitungssystems, das die Potenzen der strukturverarbeitenden Maschine voll nutzt.

Die erste Aufgabenstellung ist — wie bereits herausgestellt — gewissermaßen der Schnittpunkt zwischen den Interessen des Nutzers (Überschaubarkeit als wesentlichste inhaltliche Seite der Beherrschbarkeit der Datenmenge und ihrer Struktur) und den Möglichkeiten einer effektiven maschinellen Verarbeitung (geeignete Formen der Speicherung, des Zugriffs zu den Informationen und der Einfachheit des Programmiersystems). Die Datenstruktur als rationelle Fixierung der Semantik der Daten und gleichzeitig rationelle Nutzung der Strukturorganisation der Maschine ist somit die entscheidende Grundlage für den Aufbau wirkungsvoller Datenverarbeitungssysteme.

Das Zusammenwirken zwischen den Extensionalitätsbereichen, auf die die Semantik der Daten abgebildet wird, und der Strukturorganisation der Maschine wird durch die Datenorganisation in solcher Weise hergestellt, daß den formalen Elementen der Extensionalitätsbereiche einerseits die Elemente der konkreten Datenmenge und andererseits die Elemente der Strukturorganisation der Maschine zugeordnet werden. Durch die Datenorganisation nehmen die Daten als Aussagen die Form strukturierter Wertgrößen an. Die Datenorganisation kann somit als die Umwandlung einer Menge formalisierter Informationen in ein System strukturierter Wertgrößen aufgefaßt werden, deren physische Repräsentation die konkrete Dateienstruktur der organisierten Daten darstellt. Die Datenorganisation ist somit das Ziel der Datenstrukturierung zum Zwecke der Realisierung der Datenverarbeitung als Strukturverarbeitung.

Konkrete Aussagenmengen erfordern nicht nur die Abbildung ihrer Semantikelemente auf formale Strukturelemente, sondern auch die Berücksichtigung von konkreten Informationsbeziehungen, in denen sich die Zusammenhänge widerspiegeln, die zwischen den Aussagen bestehen. Bei der Abbildung von Datenmengen auf ein System strukturierter Wertgrößen müssen also ebenfalls die Beziehungen zwischen den Daten geeignet be-

| FORMALISIERBARE INFORMATIONEN | DATENSTRUKTUR (Abbildung der Semantikelemente der formalisierbaren Informationen auf Extensionalitätsbereiche) = logische Formalisierung des Informationsinhaltes | WERTGRÖSSEN = formalisierter Informationsinhalt | SPEICHER-STRUKTUR = physische Formalisierung der Wertgrößenspeicherung | DATEN-ORGANISATION (logisch und physisch formalisierte Informationen (= Daten) zum Zwecke des Einspeicherns und Wiederauffindens) |
|---|---|---|---|---|
| 1 | 2 | 3 | 4 | 5 |
| Einzelaussage über ein Objekt $O_i$ | Strukturmatrixelement $D_{ij}$ (wobei $1 \leqq i \leqq m$ für Objekte$_i$ $1 \leqq j \leqq n$ für Merkmal | Wertgröße (inhaltliche Belegung = Substitution von $D_{ij}$ durch Wertgröße) | Feld | Datum (in Speicherstruktur organisierte Einzelaussage, inhaltliche Interpretation von $D_{ij}$) |
| Aussagengruppe zu einem Objekt $O_i$ (r Einzelaussagen) | Strukturmatrixelementefolge $D_{ij_1}, \ldots, D_{ij_r}$ | Wertgrößengruppe | Segment | Datengruppe |
| Aussagenkomplex zu einem Objekt $O_i$ (Gesamtheit von Aussagen zu einem Objekt) | Strukturmatrixzeile (logische Datensatzstruktur) | Wertgrößensatz | physische Satzstruktur (= Segmentgruppe) | Datensatz (Wertgrößensatz in einer physischen Satzstruktur) |
| Menge von Aussagenkomplexen zu einer Gesamtheit von Objekten $O_1, \ldots, O_m$ | Strukturmatrix (logische Dateistruktur) | Folge von Wertgrößensätzen | physische Dateistruktur | Datei |
| Gesamtheit von Aussagen | Gesamtheit von Strukturmatrizen | Gesamtheit von Wertgrößen | Datenspeicher einer Datenbank | Datenbestand (Gesamtheit von Dateien) |

Abb. 33.: Datenstruktur und Datenorganisation formalisierbarer Informationen

rücksichtigt werden. Da im Rahmen der Datenverarbeitung nur extensionale Informationsbeziehungen Berücksichtigung finden können, ist es möglich, diese Zusammenhänge auf logische und/oder mathematische Verfahren abzubilden, denen die Strukturelemente unterworfen werden müssen, um den Beziehungen zwischen den Aussagen gerecht zu werden.

Die Beziehungen zwischen den Daten gliedern sich in:

a) Gruppierungsbeziehungen,
b) Abhängigkeitsbeziehungen,

Bei den Gruppierungsbeziehungen geht es darum, die Daten in geeigneten mengenmäßigen Gruppierungen zusammenzufassen.

Die Grundformen der Gruppierungsbeziehungen sind:

1. Datenmengen als Ausdruck eines Teils oder der Gesamtheit von Aussagen, die zu einem Objekt gemacht werden (*Datengruppe*),
2. die Verkettung von Datenmengen als Ausdruck der Bildung von Mengen zusammengehöriger Objekte in bezug auf einen speziellen konkreten Verarbeitungsprozeß (*Objektgruppe*),
3. die Datenklassen als Ausdruck sogenannter Matrixeigenschaften von Daten einer Datei (das heißt Beziehungen semantisch gleichartiger Wertgrößen in bezug auf verschiedene Objekte der gleichen Datei — *Objektklasse*).

Die Abhängigkeitsbeziehungen gliedern sich in:

1. Abhängigkeiten zwischen Daten einer Gruppe, das heißt Abhängigkeit einer Aussage über ein Objekt von anderen Aussagen über das gleiche Objekt (*Deduktoren*),
2. Abhängigkeit von Daten einer Datenklasse (spezifische Aggregation bezüglich gleichartiger Wertgrößen — *Generalisatoren*),
3. sonstige Abhängigkeiten zwischen den Daten auf Grund der Spezifik der konkreten Datenmenge (Beziehungen zwischen den organisierten Dateien im Sinne von Datenverarbeitungsprojekten, deren Ergebnisse einen definierten Platz im Datenbestand haben — *Aggregatoren*).

Datenstruktur, Datenorganisation und Programmiersystem bilden damit einen untrennbaren Zusammenhang, der die Effektivität des Gesamtsystems mit bestimmt.

Die Strukturierung von Datenmengen erfordert stets die Zugrundelegung von Aufgabenprofilen, für die eine möglichst effektive Struktur gesucht wird. Aus den Aufgabenprofilen werden diese Beziehungen zwischen den Daten abgeleitet. Je klarer sich das Aufgabenprofil herausarbeiten läßt, um so eindeutiger läßt sich die Strukturierung einer Datenmenge vornehmen. Sind die Aufgabenprofile wesentlich voneinander verschieden, erweist es sich in der Regel als notwendig, gleichzeitig verschiedene Aspekte der Strukturierung der Datenmenge zugrunde zu legen.

Da die Datenorganisation als physische Realisierung der Datenstruktur im allgemeinen nicht mehreren Aspekten gleichzeitig Rechnung tragen kann, ergeben sich hier die bekannten Grundprobleme des Aufbaus zweckmäßiger Datenorganisationen (zum Beispiel Entscheidung für die zweckmäßigste Sortierfolge einer Datei). Wie später noch ausführlicher begründet werden wird, erfordern insbesondere Problembearbeitungsprozesse die Nutzung von Datenmengen mit multiaspektiver Strukturierung. Das führt zum Problem realer und virtueller Datenorganisationen als Ausdruck für die Vielfalt der Aspekte, nach denen strukturiert werden muß, um einer universellen Nutzung der in einer Datenmenge enthaltenen potentiellen Informationsbeziehungen gerecht werden zu können. Wie später noch gezeigt werden soll, ergibt sich daraus die Notwendigkeit, die Speicherung von multiaspektiven Beziehungen zwischen den strukturierten Wertgrößen von der physischen Speicherung dieser Wertgrößen selbst abzuspalten.

## 4.2. Datenstrukturierung[8]

### 4.2.1. Datenstrukturierung als Hauptproblem moderner Datenbankanwendungen

In der Vergangenheit mußten häufig überspitzte Erwartungen an die EDV-zurückgedrängt werden. Ein realistischer Standpunkt hat sich durchgesetzt, der die EDV als Mittel zum Zweck, als ein modernes, aber doch kompliziertes *Hilfs*mittel betrachtet. Nur auf dieser Basis läßt sich ein automatisiertes Informationsverarbeitungssystem konzipieren, das menschliche und maschinelle Fähigkeiten zweckmäßig miteinander verbindet. Im Zentrum eines solchen Informationsverarbeitungssystem steht eine Datenbank. Der Aufbau einer den wesentlichen Erfordernissen entsprechenden Datenbank ist als eine Kernfrage der modernen EDV-Anwendung zu bezeichnen.

Die Grundproblematik ist mit wenigen Sätzen beschrieben. Die Entwicklung begann mit Datenbanken relativ geringer Speicherkapazität. Der geringe Umfang an Daten war jederzeit noch mit relativ einfachen Mitteln beherrschbar. Mit der erfolgten Entwicklung von Großraumspeichern er-

[8] Zur Abfassung dieses Abschnitts wurde der Dissertationsentwurf von M. Doms, Probleme und Vorschläge zur Systematisierung großer Datenmengen zwecks Erstellung anpassungsfähiger Datenstrukturen, Humboldt-Universität zu Berlin, Sektion Wissenschaftstheorie und -organisation (1974) herangezogen.

gibt sich die Möglichkeit, den gespeicherten Datenbestand beträchtlich zu vergrößern. Diese größeren Datenmengen sind aber nicht mehr mit den gleichen Mitteln beherrschbar (vgl. Abschnitt 4.1.). Das äußert sich darin, daß der Daten-Wiederauffindungsprozeß im allgemeinen immer aufwendiger und/oder länger wird. Mit anderen Worten: Je größer der Datenbestand wird, desto unrentabler kann es werden, die gesuchten Daten in der gewünschten Form bereitzustellen. Es geht deshalb nicht nur darum, die bereits vorhandenen Projekte technisch zu verbessern. Neue Organisationsformen müssen entwickelt, erprobt und bei Bewährung in die Praxis umgesetzt werden. Wie noch nachzuweisen sein wird, ist der Kernpunkt der gesamten Problematik beim heutigen Stand der Rechentechnik die Frage nach dem geeigneten Ordnungssystem der Daten im Massenspeicher. Es ist — wie wir bereits gesehen haben — erstaunlich, wie stark diese Problematik bisher wissenschaftlich vernachlässigt wurde. So konnte Wedekind noch 1970 feststellen, daß bisher keine geschlossene Darstellung über die Datenorganisation im deutschsprachigen Raum existiert.[9] Bei seinem Bemühen, diese Lücke zu schließen, werden jedoch u. E. die sachliche (semantische) und die logische (syntaktische) Datenstruktur gegenüber der physischen noch vernachlässigt. Das vom Kombinat Robotron angebotene SAWI löst die Fragen der physischen Datenstruktur, überläßt es aber ebenfalls der Entscheidung des Benutzers, wie er die vorgelagerten Problemlösungen mit den angebotenen Elementen der physischen Datenstruktur in Übereinstimmung bringt.[10] Diese Situation zeigt die Schwierigkeit — aber auch die Bedeutung — einer theoretischen und praktischen Beherrschung dieser Problematik.

Die Entwicklung von Datenstrukturen erfordert die Beantwortung von drei Fragenkomplexen:

a) Wohin entwickeln sich die Bedürfnisse des Benutzers?
b) Welche Tendenzen existieren für die Rechnerentwicklung?
c) Was leisten die bisher entwickelten Datenstrukturen?

Zu diesen Fragen sollen noch einige weitere Aussagen gemacht werden.

In bezug auf die Entwicklung der Bedürfnisse des Nutzers wird angestrebt:

— eine multivalente Verarbeitung der Daten bei schneller Befriedigung der Informationsbedürfnisse zu erreichen,
— den Erfassungs- und Wartungsaufwand zu minimieren und
— den Aufwand-Nutzen-Quotienten zu verbessern.

[9] Vgl. Wedekind, H., Datenorganisation, a. a. O., S. 5.

[10] Vgl. Kurzbeschreibung der vom VEB Kombinat Robotron entwickelten Systemunterlagen, in: Rechentechnik/Datenverarbeitung, 1. Beiheft 1972, S. 20.

Die Tendenz für die Entwicklung der Rechentechnik ist charakterisierbar durch:

- eine Erhöhung der Operationsgeschwindigkeit,
- eine Vergrößerung des externen und internen Speicherplatzes und
- die Bereitstellung umfangreicher Systemunterlagen.

Durch diese Entwicklung können heute noch uneffektive, aber doch prinzipiell funktionierende Methoden zukünftig durchaus rationell und effektiv arbeiten. Die Situation erfordert es sogar, Fortschritte der Rechentechnik ins Kalkül mit aufzunehmen. Ungeachtet dessen müssen auch mit der jetzigen Rechentechnik tragfähige Systeme aufgebaut werden, wobei ihr erreichter Leistungsstand keineswegs als gering eingeschätzt werden darf.

Da es keine universelle Methode der Datenstrukturierung gibt, kann die Leistungsfähigkeit der heute existierenden Methoden nicht absolut, sondern nur jeweils in Relation zu ihrem Anwendungsgebiet eingeschätzt werden. Stuft man die Datenbankeinsatzgebiete entsprechend ihres Umfanges an verschiedenartigen Aufgaben (bezeichnet als Aufgabenbreite) ein, so sind folgende Aussagen möglich:

- Der datenverarbeitungstechnische Aufwand für die eingesetzten Projekte wächst mit steigender Aufgabenbreite der Anwendungsgebiete.
- Der Entwicklungsaufwand für die Datenstrukturierung steigt mit zunehmender Aufgabenbreite stark an.
- Die projektierten EDV-Systeme entfernen sich mit wachsender Aufgabenbreite des Anwendungsgebietes zunehmend von Ideallösungen.

Es bieten sich somit folgende Schlußfolgerungen an:

Besonders bei Informationssystemen für Leitungs- sowie Forschungs- und Entwicklungsprozesse ist die Tendenz der Zunahme der Aufgabenbreite zu erkennen. Wir kommen also nicht umhin, uns ernsthaft mit allen damit im Zusammenhang stehenden Fragen zu beschäftigen.

Von der Rechentechnik sind Fortschritte zu erwarten, die jedoch allein keine Lösung der Gesamtproblematik bringen können. Meldungen über neue Speicher (zum Beispiel auf Laser- und Kristallbasis) mit vergleichsweise phantastischen Kenngrößen weisen auf eine qualitativ neue Rechentechnik hin, die jedoch gegenwärtig noch nicht für den breiten Einsatz zur Verfügung steht.

In der zweckmäßigen Gestaltung der Datenstruktur und darauf aufbauender organisatorischer Lösungen liegen somit die entscheidenden Potenzen zur Lösung der Datenbankproblematik. Fortschritte können erreicht werden, wenn wir alle bisher entwickelten Methoden erfassen und systematisieren und es gelingt, für jedes Einsatzgebiet die geeignetste von diesen Methoden zu bestimmen. Ein zweiter Weg führt zur Entwicklung neuer Lösungsansätze für Anwendungsgebiete mit sehr großer Aufgabenbreite.

Den Schlußfolgerungen entsprechend wird im folgenden der Versuch unternommen, wichtige Methoden der Datenstrukturierung zu erfassen und zu systematisieren.

### 4.2.2. Der Prozeß der Datenstrukturierung

#### 4.2.2.1. Semantische Informations(Daten-)strukturierung

Die semantische Informationsstrukturierung besitzt zunächst keinen unmittelbaren Zusammenhang mit der maschinellen Informationsverarbeitung. Es handelt sich hier vielmehr um ein Verfahren der logischen Systematisierung von Informationsmengen. Die Einordnung von Informationen in ein System von Kenntnissen und Erkenntnissen wird zu einem Bestandteil der Information selbst. Die Systematik verkörpert somit einen Abstraktionsaspekt der Informationen, der Informationsmengen miteinander in Beziehung setzt und somit ihre Identität und ihren Unterschied gleichermaßen zum Ausdruck bringt.

Die Systematisierung von Informationen verkörpert eine spezifische Fähigkeit menschlicher Denkleistungen, Informationen nicht nur als isolierte Abbilder von Sachverhalten zu begreifen, sondern diese Sachverhalte gleichzeitig in Zusammenhänge einzuordnen und diese Zusammenhänge für die Bewertung der Sachverhalte zu nutzen.

Da die Dinge und Erscheinungen in den vielfältigsten objektiven Zusammenhängen stehen, werden sie beim Widerspiegelungsprozeß in die vielfältigsten Systematiken eingeordnet. Die Semantik einer Information erweist sich somit als relativ und besitzt einen Doppelcharakter: sie unterstellt einmal die Semantik des Zusammenhangs, der als Ordnungsaspekt der Informationsmenge zugrunde gelegt wird. Zum anderen verkörpert sie die Semantik der speziellen Information, die sie von anderen in bezug auf den zugrunde gelegten Zusammenhang unterscheidet.

Die semantische Strukturierung einer Informationsmenge besteht folglich in der Fixierung der Semantik, die diese Menge von Informationen zu einem System macht (Systematisierungsaspekt). Sie besteht weiterhin darin, die Einzelinformation mit Hilfe des zugrunde gelegten Systematisierungsaspekts in die Gesamtheit der Informationen einzuordnen. Das heißt, sie stellt eine solche Beziehung zwischen den Informationen her, daß jede Information in ihrer Spezifik einen definierten Platz im Gefüge der semantischen Beziehungen einnimmt. Die semantische Informationsstrukturierung schließt somit die Informationen zu einer Gesamtheit zusammen und kennzeichnet gleichzeitig den daraus resultierenden Zusammenhang zwischen den Informationen.

### 4.2.2.2. Syntaktische Datenstrukturierung

Diese allgemeine Funktion der Strukturierung von Informationsmengen gilt auch für die formalisierten Informationen. Hier ist jedoch zu beachten, daß die semantische Strukturierung der formalisierten Informationen nur den ersten Schritt im Prozeß der Datenstrukturierung darstellt. Das widerspiegelt sich darin, daß die semantische Strukturierung formalisierter Informationen mit solcher Präzision erfolgen muß, daß der Übergang zur syntaktischen Datenstrukturierung möglich wird. Das bedeutet vor allem, daß der Systematisierungsaspekt explizit angegeben werden muß und die Anwendung dieses Systematisierungsaspektes (Ordnungsbegriff) zu eineindeutigen Entscheidungen über die Einordnung jeder einzelnen Information in das System führt. Dadurch entstehen handhabbare Informationsbeziehungen, über deren Inhalt keine Mißverständnisse möglich sind.

Nur wenn die semantische Datenstrukturierung diese Bedingungen erfüllt, ist der Übergang zur syntaktischen Datenstrukturierung möglich.

Die syntaktische Datenstrukturierung unterstellt einen funktionsfähigen und auf alle Informationen anwendbaren Systematisierungsbegriff und interpretiert ihn als eine syntaktisch fixierbare Ordnungsrelation. Auf diese Weise ist der eine Teil der Semantik einer Information auf eine Syntax abgebildet worden, deren konkrete Struktur entweder in Anlehnung an die semantische Datenstrukturierung als deren unmittelbare Verschlüsselung oder aber unabhängig davon gebildet werden kann. Die unabhängig von der semantischen Datenstruktur gebildete syntaktische Datenstruktur unterstellt lediglich, daß die semantisch strukturierten formalisierten Informationen eine geordnete Menge darstellen. Die syntaktische Datenstruktur wird gewissermaßen verallgemeinert zu einer universellen syntaktischen Struktur für geordnete Informationsmengen. Dieses Vorgehen ist gerechtfertigt, weil jede semantische Datenstrukturierung zu einer Ordnung führt. Wenn nun von der Spezifik der jeweiligen semantikbedingten Ordnung abstrahiert wird, entsteht die Vorstellung von einer allgemeinen Ordnung der Informationen.

Für die Zwecke der Datenverarbeitung haben sich Systematiken bewährt, die durch Zweifachordnung gekennzeichnet sind. Es wird unterstellt, daß die Informationen (Aussagen) immer wieder in gleichartigen objektbezogenen Aussagengruppen vorliegen, die die gleiche semantische Struktur besitzen (Datensatz). Die Menge an Merkmalen, die für eine Aussagenmenge charakteristisch ist, kennzeichnet gewissermaßen die eine Dimension dieser zweifachen Ordnung. Die auf einen Ordnungsbegriff hinzielende Systematisierung der Informationsmenge erfordert unter dieser Voraussetzung nur noch eine Ordnungsrelation für die Objekte, die als die zweite Dimension dieser zweifachen Ordnung aufgefaßt werden kann. Dadurch vereinfachen sich die Informationsbeziehungen recht erheblich. Während die Merkmals- bzw. Charakteristikmengen als starr fixiert unterstellt werden, erweist sich das Objekt als das einzig variable Element im Ordnungssystem.

Die Reduzierung der Variabilität einer Ordnungsrelation auf eine Dimension erleichtert die Abbildung einer solchen semantischen Datenstruktur auf eine Syntax.

Auf dieser Ebene der Datenstrukturierung wird nun häufig das Problem von linearen und nichtlinearen Datenstrukturen diskutiert. Diese Fragestellung enthält drei unterschiedliche Problemkreise.

Der erste Problemkreis bezieht sich auf die syntaktische Strukturierung von semantisch vielfach strukturierten Datenmengen. Die nebeneinander stehenden semantischen Systematisierungsaspekte bestimmen jeweils andere Ordnungsrelationen. Daraus folgt, ob und wie man diese mehrfachen Ordnungsbegriffe auf eine syntaktische Struktur abbilden kann. Das eine Verfahren besteht darin, jedem Objekt als dem Träger der Ordnungsrelation so viele Ordnungsbegriffe nebeneinanderstehend zuzuordnen, wie die semantische Mehrfachstrukturierung erfordert. Da beim Übergang von der syntaktischen zur physischen Datenstruktur diese Menge an Ordnungsbegriffen jedoch fixiert werden muß und der Datenverarbeitungsprozeß durch die Existenz vieler Ordnungsbegriffe schwerfälliger wird, entscheidet man sich in der Praxis für möglichst wenige solcher Mehrfachstrukturierungen.

Es muß jedoch beachtet werden, daß bei wachsender Aufgabenbreite eine auftretende Diskrepanz zwischen den bereits syntaktisch berücksichtigten semantischen Datenstrukturen und den durch neue Aufgabenstellungen geforderten unvermeidlich ist. Das Verfahren, semantische Mehrfachstrukturierungen syntaktisch durch nebeneinander gestellte Ordnungsbegriffe zu berücksichtigen, löst somit die eigentliche Schwierigkeit nicht. Es wird vielmehr ein Verfahren der syntaktischen Datenstrukturierung erforderlich, das gegenüber weiteren semantischen Strukturierungen der zugrunde gelegten Informationsmenge offen ist, somit eine Potenz für beliebig viele semantische Mehrfachstrukturierungen besitzt. Das ist nur möglich, wenn die syntaktische Datenstruktur keinen speziellen Ordnungsbegriff enthält, sondern die Darstellung des aus der semantischen Datenstrukturierung resultierenden Ordnungsbegriffes als Operation der syntaktischen Datenstruktur hinzufügt. In diesem Falle erweist sich die syntaktische Datenstruktur als stabil gegenüber weiteren semantischen Strukturierungen der Informationsmenge. Sie regelt lediglich so viele operative Ergänzungen, wie neue semantische Datenstrukturen in bezug auf neue Aufgabenstellungen auftreten.

Der zweite Problemkreis der nichtlinearen Datenstruktur weist auf verzweigte Informationsbeziehungen hin, die die zugrunde gelegte Ordnungsrelation erzeugt. Die einzelnen Datenelemente besitzen damit nicht mehr nur einen einzigen Vorgänger bzw. Nachfolger wie in der linearen Struktur, sondern mehrere. Um eine Eindeutigkeit dieser nichtlinearen Informationsbeziehungen zu erreichen, müssen in der syntaktischen Datenstruktur und darauf aufbauend vor allem in der physischen Datenstruktur die Verzweigungen explizit angegeben werden. Das geschieht durch Adreßverkettung und syntaktisch beschreibbare Kriterien für die Bedingungen, unter denen sie zur Anwendung kommen.

Auch bei dieser Form der nichtlinearen Datenstruktur ist das Grundverfahren zur Bildung der syntaktischen Datenstruktur von Bedeutung. Während bei der semantikabhängigen Bildung syntaktischer Ordnungsrelationen die nichtlinearen Informationsbeziehungen zu einem Merkmal der syntaktischen Information selbst werden, ist bei semantikunabhängigen syntaktischen Datenstrukturen auch diese Art der Informationsbeziehungen von der syntaktischen Datenstruktur als eine spezifische Operation abtrennbar. Dadurch erhält die semantikfreie Syntaxstruktur neben der Potenz, beliebige Systematisierungsaspekte berücksichtigen zu können, eine weitere Potenz für die Darstellung nichtlinearer Zusammenhänge zwischen den syntaktischen Informationen als Bestandteil einer im operativen Sinne verstandenen Suchlogik. In diesem Falle müssen neben der Abbildung der syntaktischen Datenstruktur auf die physische auch die jeweils zu berücksichtigenden nichtlinearen Informationsbeziehungen als gesonderte Struktur (zum Beispiel die Struktur der Verbindungsdateien) erfaßt und abgebildet werden.

Der dritte Problemkreis, der mit den nichtlinearen Datenstrukturen zusammenhängt, übersteigt die Möglichkeiten der Datenverarbeitung. Er beinhaltet die dialektischen Beziehungen zwischen den Systematisierungsaspekten selbst. Der durch einen konkreten Systematisierungsaspekt hergestellte Zusammenhang zwischen den Informationen steht selbst in einem größeren Zusammenhang. Die Zusammenhangsabhängigkeit des Systematisierungsaspekts bewirkt, daß er unter konkreten Bedingungen in andere Systematisierungsaspekte umschlägt. Dieser Dynamik kann bei einer Abbildung auf eine syntaktische Datenstruktur nicht Rechnung getragen werden.

Die syntaktische Datenstruktur erzeugt aus der semantisch strukturierten Menge an formalisierten Informationen eine Menge von syntaktischen Informationen. Dieser Übergang ist dadurch möglich, daß die oben genannte doppelte Semantik der Informationen auf das syntaktische Ordnungssystem abgebildet wurde, und die Positionierung der Informationen in dieser zweidimensionalen Ordnung ihre spezielle Semantik repräsentiert. Die Bedeutung, die diese syntaktische Information besitzt, wird durch die Struktur widergespiegelt, in die sie eingeordnet wird. Die formalisierte Information reduziert sich dadurch auf die syntaktische Darstellung ihrer Wertgröße. Auf diese Weise werden die formalisierten Aussagen, die zunächst ihre Semantik noch selbst tragen, durch den Prozeß der syntaktischen Datenstrukturierung strukturierte Wertgrößen.

#### 4.2.2.3. Physische Datenstrukturierung

Die syntaktische Datenstrukturierung enthält somit zugleich eine rein syntaktische Suchlogik, die es ermöglicht, jede einzelne Information auf Grund ihrer Positionierung zu identifizieren. Dieser Zugriff zu den Informationen ist deshalb zunächst ein nur logischer, weil die syntaktische Datenstruktur ein rein gedankliches Gebilde ist, nicht aber eine wirklich physische Anordnung der Daten selbst. Dazu würden Festlegungen gehören, in welcher Weise die strukturierten Wertgrößen so anzuordnen sind, daß die Konstruktion eines Mechanismus ermöglicht wird, der den Zugriff zu den Daten in eindeutig entscheidbarer Weise zu realisieren vermag.

Diese Aufgabenstellung kennzeichnet die physische Datenstrukturierung. Aus der syntaktischen Suchlogik wird ein physischer Zugriffsmechanismus, und aus den strukturierten Wertgrößen müssen solche Elemente werden, die dem physischen Zugriffsmechanismus adäquat sind. Dazu ist erforderlich, daß die die Semantik der formalisierten Informationen tragende syntaktische Struktur eineindeutig auf Adressierungsverfahren abgebildet wird, während die syntaktischen Informationen auf eine bestimmte Form ihrer syntaktischen Darstellung reduziert werden. Beide Gesichtspunkte gehen von den Möglichkeiten der Datenverarbeitungsanlage aus. Die syntaktische Darstellung von Informationen erfolgt hier durch eine Codierung in Bitkombinationen, wobei durch geeignete Elemente der Organisationsstruktur der Maschine die Einheit der syntaktischen Information gewährleistet sein muß.

Die maschinellen Zugriffsmechanismen sind nicht logische, sondern Verfahren zur Adressierung von Strukturelementen für die syntaktische Darstellung von syntaktischen Informationen. Die in der syntaktischen Datenstruktur repräsentierten Bedeutungen der Wertgrößen werden in gesonderter Weise als sogenannte Datenbeschreibungstafeln oder ähnliches in den maschinellen Datenverarbeitungsprozeß integriert. Sie werden ebenfalls als organisierte Bitkombinationen, das heißt als rein syntaktische Darstellungen an bestimmter Stelle in das maschinelle System aufgenommen, um den rein syntaktischen Prozeß der Verarbeitung der auf diese Weise gewonnenen physischen Daten zu steuern und die Rückübersetzung von Syntaxverarbeitungen in eine für den Menschen verständliche Sprache zu ermöglichen.

Die physische Datenstruktur ist somit die Abbildung der syntaktischen Datenstruktur auf die Elemente des Maschinensystems, wobei alle Aspekte der syntaktischen Datenstruktur Berücksichtigung finden müssen.

Bildlich gesprochen, muß das schöne Gebäude, das durch die semantische Datenstrukturierung entsteht, nach ihrer Abbildung auf eine syntaktische Datenstruktur eine winzige Tür passieren, um ins Innere der EDVA zu gelangen. Es ist nun die Kunst des Baumeisters, sein Werk so zu formen, daß es ein Maximum an Gebrauchswert besitzt, aber an dieser Tür nicht zerschellt, ähnlich wie wir die besten Gedanken, die wir dem anderen mitteilen wollen, der Modulation von Schallwellen anvertrauen müssen, in der Hoffnung, daß die Struktur des Empfängers genügend differenziert ist, um diese Gedanken reproduzieren zu können. Wir haben uns daran gewöhnt und finden es selbstverständlich, daß uns für die Kommunikation letztlich nur der einfache Signalkanal zur Verfügung steht.

Durch den Einsatz von EDVA wird dieser Signalkanal gleichsam so erweitert, daß eine Signalverarbeitung möglich wird, die von ihren Ergebnissen her als Informationsverarbeitung interpretiert werden kann. Voraussetzung dafür ist, daß die Informationen, die maschinell verarbeitet werden sollen, in umkehrbar eindeutiger Weise über die drei Schritte der Datenstrukturierung auf maschinell modellierbare, rein syntaktische Informationsverarbeitungsprozesse (= Datenverarbeitungsprozesse) abgebildet werden können.

### 4.2.3. Zusammenhang der Stufen der Datenstrukturierung

Die Datenstruktur ist das Ergebnis des bereits geschilderten Prozesses der Datenstrukturierung (vgl. Abbildung 34).

Die Datenstrukturierung erfolgt in drei Stufen:

- semantische (intensionale) Datenstrukturierung,
- syntaktische (extensionale) Datenstrukturierung,
- physische Datenstrukturierung.

Die physische Datenstrukturierung ist die dritte und letzte Stufe des Gesamtprozesses und bewirkt gewissermaßen die endgültige Festlegung der morphologischen Seite der Datenstruktur. Dieser Prozeß wurde in der Literatur bisher sehr umfangreich und detalliert beschrieben, so daß sehr

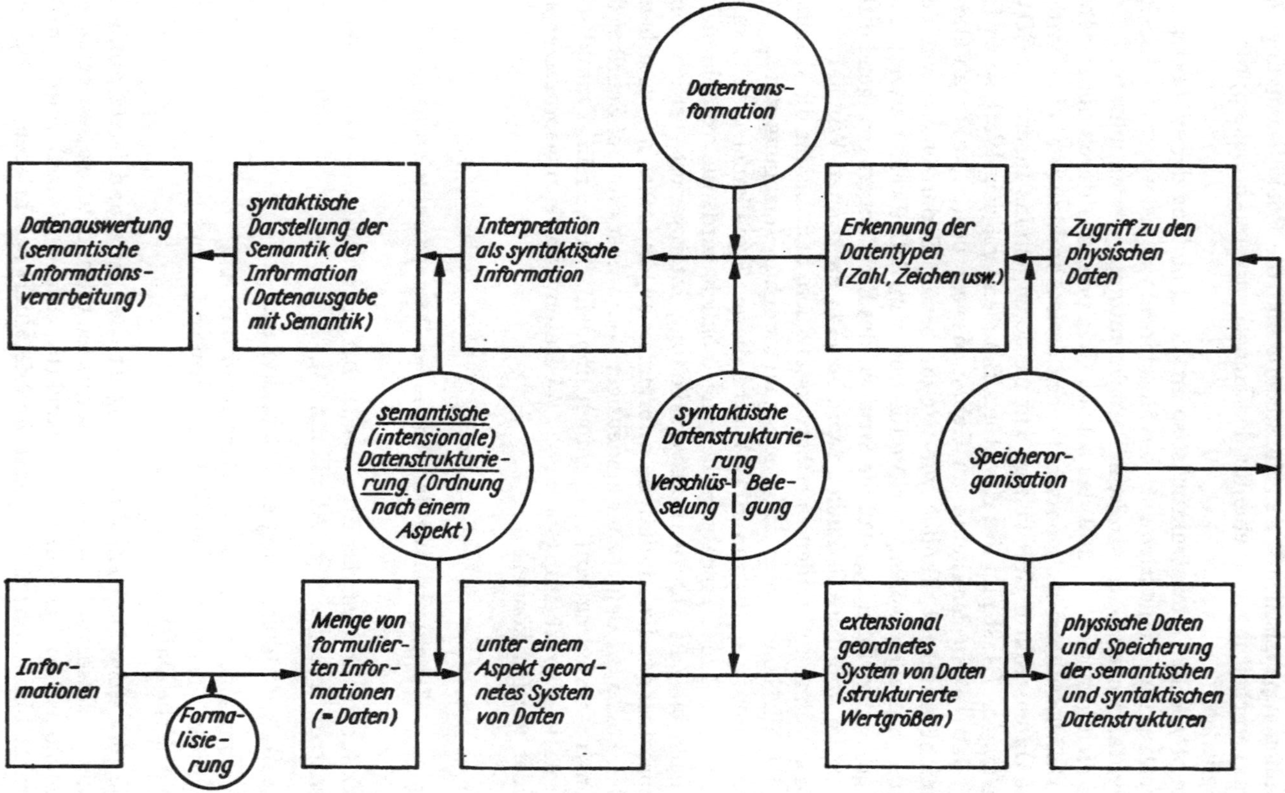


Abb. 34: Stufen der Datenstrukturierung

leicht der Eindruck entstehen kann, daß es sich hier um die wichtigste Seite der Datenstrukturierung überhaupt handelt.

Von dem Aspekt der maschinellen Datenverarbeitung her gesehen, ist die physische Datenstrukturierung in der Tat die präzise und detaillierte Herausarbeitung der Möglichkeiten, die der maschinellen Datenverarbeitung zugrunde gelegt werden müssen. Zu diesem Themenkreis gehören solche datenorganisatorischen Bestimmungen, wie Feld, Segment, Datensatz, Datei, die die physisch strukturierten Daten als codierte Bitkombinationen aufnehmen und auf dem Wege der Adressierung solcher datenorganisatorischer Elemente dem maschinellen Verarbeitungsprozeß zugänglich machen. Dazu gehören weiterhin die verschiedenartigen Formen der Adressierung und Zugriffsmethoden, mit deren Hilfe die maschineninternen Manipulationen mit diesen physischen Daten durchgeführt werden. Wir haben diese bekannten Fakten im Abschnitt 4.3. ausführlicher dargestellt.

Die inhaltliche Seite der Datenstrukturierung, die Fixierung der semantischen und syntaktischen Datenstruktur, bleibt hierbei zunächst außerhalb der Betrachtung. In bezug auf ihre Stellung zur physischen Datenspeicherung handelt es sich hier um die externen Formen der Datenstrukturierung. Die syntaktische Datenstrukturierung stellt in den drei Stufen der Datenstrukturierung die Vermittlung zwischen der semantischen und der physischen Strukturierung der Daten dar.

Die semantische Strukturierung verkörpert die Systematik der Daten und beinhaltet damit den klassifikatorischen Aspekt, nach dem die Daten in eine bestimmte Ordnung gebracht werden. Diese Ordnung repräsentiert die Beziehungen, die zwischen den Daten auf Grund des gewählten Ordnungsaspektes bestehen. Die semantische Datenstrukturierung ist somit das oberste Ordnungssystem, dem abgeleitete untergeordnete Ordnungskriterien eingegliedert sein können. Die semantische Datenstruktur besitzt eine inhaltliche und eine morphologische Seite. Die morphologische Seite ist häufig der Ausgangspunkt für den Übergang von der semantischen Datenstrukturierung zur syntaktischen. Die morphologische Seite der semantischen Datenstruktur enthält die syntaktische Darstellung der semantisch geordneten Daten. Beispielsweise läßt sich eine Materialdatei nach Materialarten ordnen. Die Unterscheidung der Daten nach Materialarten wäre hier der inhaltliche Aspekt der semantischen Datenstrukturierung. Die Materialarten müssen nun aber konkret aufgezählt werden und treten als Zeichenfolgen in Erscheinung, die die syntaktische Darstellung der Bedeutung der jeweiligen Materialart repräsentieren. Die Darstellung durch Zeichenfolgen ist folglich die morphologische Seite der im Ergebnis der semantischen Datenstrukturierung entstehenden Datensystematik.

Die syntaktische Datenstrukturierung widerspiegelt die Logik des Suchprozesses, der unter Zuhilfenahme allein syntaktischer Verfahren die

Auffindung eines Datums in systematisierten Datenmengen gestattet, wenn das gewählte Ordnungskriterium darauf angewendet wird. Die semantische Datenstruktur wird gewissermaßen auf einen Extensionalitätsbereich abgebildet, wodurch die inhaltlichen Ordnungskriterien in syntaktische Verfahren des Umgangs mit den formalen Elementen des Extensionalitätsbereichs umgewandelt werden. Die syntaktische Datenstruktur erfordert und ermöglicht die eindeutige Identifizierung der Daten der geordneten Menge.

Die üblichen Verfahren der Umsetzung einer semantischen Datenstruktur in eine syntaktische bestehen darin, den Ordnungsbegriff zu verschlüsseln. Diese Verschlüsselung kann eine einfache oder eine hierarchische sein, jeweils in Abhängigkeit von dem zugrunde gelegten Ordnungsaspekt. Die Schlüsselnummer als ein rein syntaktisches Gebilde repräsentiert jetzt die inhaltliche Bedeutung des Ordnungsaspektes.

Die Umsetzung aller semantischen Beziehungen in rein syntaktische Formen ist eine der wichtigsten Voraussetzungen für den Übergang zur physischen Datenstrukturierung, weshalb wir die syntaktische Datenstrukturierung als Bindeglied zwischen der semantischen und physischen Datenstruktur bezeichnet hatten.

Von Interesse ist eine wesentlich andere Auffassung von der Bildung der syntaktischen Datenstruktur und ihrer Funktion im maschinellen Informationsverarbeitungsprozeß. Danach wird die syntaktische Datenstruktur gegenüber der semantischen Datenstruktur verselbständigt. Sie erscheint nicht mehr als die Verschlüsselung einer konkreten Ordnungsrelation, sondern als eine universelle syntaktische Ordnung der Datenmenge.

Der mit ihrer Hilfe gebildete syntaktische Identbegriff für die Daten enthält keinen aufweisbaren Bezug auf die Ordnungsrelation, die der semantischen Datenstrukturierung zugrunde gelegt wird. Dieser scheinbare Nachteil wird dadurch ausgeglichen, daß er gleichsam eine nicht festgelegte Potenz für die Herstellung einer konkreten Beziehung zu einer gewählten Ordnungsrelation in einer semantischen Datenstruktur besitzt. Diese Potenz äußert sich darin, daß der Bezug auf eine semantische Datenstruktur durch eine Zuordnung der syntaktischen Identbegriffe zu konkreten Bedeutungen erfolgen muß. Es wird hier gewissermaßen der umgekehrte Weg beschritten: *nicht die semantische Datenstruktur ist die Grundlage und Voraussetzung für die syntaktische Datenstruktur, sondern die syntaktische Datenstruktur wird jeder beliebigen semantischen Datenstruktur vorgegeben,* wobei durch einen Zuordnungs- bzw. Belegungsprozeß der jeweils konkrete Bezug hergestellt werden muß.

Diese Vorgehensweise ist nur dann anwendbar, wenn eine objektbezogene Strukturierung[11] der Datenmenge gewählt wird. Prozeßbezogene

[11] Vgl. Abschnitt 4.1.3.

Datenstrukturierungen in Orientierung auf Projekte für die automatisierte Abarbeitung schematischer Aufgabenkomplexe eignen sich deshalb nicht für eine syntaktische Datenstrukturierung durch Belegung, weil die hier durch erhöhten Organisationsaufwand erkauften Grundlagen für eine Potenz zu einer multiaspektiven semantischen Datenstrukturierung wirkungslos bleiben müssen. Für Projekte sind gewissermaßen die zu wählenden Ordnungsaspekte für die semantische Datenstrukturierung eindeutig fixiert, so daß ihre direkte Verschlüsselung rationeller und vorteilhafter ist. Erst wenn der Übergang zum Aufbau von Datenbanken mit der Zielstellung erfolgt, das System der organisierten Daten für die verschiedenartigsten Projekte nutzbar machen zu wollen, entsteht das Problem einer erforderlich werdenden semantischen Mehrfachstrukturierung der Daten, wobei man sich nach vorn offenbleibende, das heißt erweiterungsfähige Systeme wünscht, weil neu hinzukommende Datenverarbeitungsaufgaben zu berücksichtigen sind.

Der Übergang zu einer neuen Form der syntaktischen Datenstrukturierung erweist sich somit als ein objektives Erfordernis für den Aufbau leistungsfähiger Datenbanksysteme. Es wird gegenwärtig noch nicht genügend erkannt, daß die langjährig erprobten Verfahren zur Bildung syntaktischer Datenstrukturen durch Verschlüsselung nicht verabsolutiert werden dürfen, sondern qualitativ neuartige Verfahren entwickelt werden müssen.

### 4.2.4. Klassifikationssysteme

Als Aspektivität eines Klassifikationssystems, einer Systematik, soll die Anzahl der berücksichtigten Aspekte bezeichnet werden. Der Grenzfall, die monoaspektive Klassifikation, berücksichtigt nur einen Aspekt, der in einer Hierarchie von untergeordneten Aspekten entfaltet werden kann. Zwischen den untergeordneten Aspekten besteht ein gleicher sachlicher Bezug, jedoch eine unterschiedliche Abstraktionsebene. Multiaspektive Klassifikationssysteme enthalten Aspekte mit unterschiedlichen sachlichen Bezügen, wobei zusätzlich für einige Aspekte auch untergeordnete Aspekte auftreten können.

Der Aspektivität der semantischen Datenstruktur entspricht die Dimensionalität der physischen Datenstruktur. Wegen der notwendigerweise linearen Anordnung der Daten im Speicher darf die physische Datenstruktur letztlich nur eindimensional sein. Durch Anwendung der Verweiskettenmethode kann die physische Datenstruktur zweifach eindimensional werden. Jedes Datum hat in dem einen Falle einen Vorgänger und einen Nachfolger und in einem zweiten Fall mittels der Verweiskette ein anderes Nachbarnpaar. Dieser Effekt ließe sich auch durch eine Zweifachspeicherung der Daten erreichen. Dreifache Eindimensionalität verlangt ein zweites, von der ersten unabhängig funktionierendes Verweisketten-system bzw. Dreifachspeicherung der Daten usw.

Der Zusammenhang zwischen der Aspektivität der semantischen Datenstruktur und der Dimensionalität der physischen Datenstruktur zeigt die entstehenden Schwierigkeiten. Die beim Aufbau der physischen Datenstruktur zu treffende Entscheidung über die Dimensionalität fixiert damit gleichzeitig die möglichen Aspekte, die für eine semantische Datenstrukturierung zugelassen werden. Das Auftreten eines neuen Aufgabenprofils, das für die organisierte Datenmenge zugleich einen neuen Klassifikationsaspekt erzeugen würde, sprengt dann den Rahmen der bestehenden physischen Datenstruktur. Um solche Aufgaben dennoch lösen zu können, wäre eine äußerst aufwendige Programmierarbeit notwendig, um die Daten einzeln über die Strukturen, die realisiert sind, aufzurufen und damit die neue Struktur gleichsam zu simulieren. Die Realisierung einer Datenstruktur durch eine bestehende andere ist sowohl logisch als auch programmierungstechnisch ein aufwendiger Umweg.

Die Beschränkung auf eine bestimmte Aspektivität als Klassifikationssystem, das durch die Entscheidung für eine bestimmte Datenstruktur erzwungen wird, berücksichtigt eine darauf fußende Aufgabenbreite, versagt jedoch bei einer Vergrößerung dieser Aufgabenbreite, worin sich anschaulich die Grundproblematik des Aufbaus von Datenbanken widerspiegelt. Geht man von einem fixierten Projektsystem aus, so genügt es offensichtlich, die diesen Projekten entsprechende Aspektivität des Klassifikationssystems der physischen Datenstrukturierung zugrunde zu legen. Dabei wird in Kauf genommen, daß darüber hinausgehende Aufgaben nur mit relativ großem Programmieraufwand lösbar sind.

Sieht man die Funktionen der Datenbank in Hinsicht auf bestimmte Anwendungsgebiete dagegen darin, für eine im Laufe der Zeit wachsende Aufgabenbreite programmiertechnisch stabil zu bleiben, so muß zwangsläufig eine physische Datenstruktur angestrebt werden, die immer wieder neue lineare Datenkettungen ermöglicht, ohne selbst geändert werden zu müssen. Diese paradoxe Forderung ist nur realisierbar, wenn die Konstituierung einer neuen Dimension für die Datenverkettung als gesonderte Struktur der bestehenden physischen Datenstruktur nur hinzugefügt wird. Die auf diese Weise leistungsfähigere physische Datenstruktur ermöglicht die sukzessive Aufnahme weiterer Klassifikationsaspekte und damit das Anwachsen der Aspektivität der semantischen Datenstruktur.

Wir hatten schon an anderer Stelle darauf hingewiesen, daß hierbei die syntaktische Datenstruktur nur dann stabil bleiben kann, wenn sie die Aspektivität der semantischen Datenstruktur als im operativen Sinne gesonderte Strukturen einer semantikunabhängigen syntaktischen Grundstruktur hinzufügt. Nur auf diese Weise kann die Weiterentwicklung der Aspektivität der semantischen Datenstruktur in stabil bleibenden syntaktischen und physischen Datenstrukturen berücksichtigt werden.

Beim Aufbau von Datenbanken ist folglich eine Grundsatzentscheidung zu treffen, ob die Funktion der Datenbank lediglich einem System von bekannten Projekten dienen soll oder ob mit einer anwachsenden Aufgabenbreite und damit einer Erhöhung der Aspektivität der semantischen Datenstrukturierung zu rechnen ist.

Für die Beschränkung auf eine definierte Aspektivität spricht, daß auf diese Weise die durch die Datenbank zu beliefernden Projekte relativ günstig gestaltet werden können, neue Projekte jedoch einen höheren Aufwand nach sich ziehen.

Für die Entscheidung im zweiten Sinne spricht, daß sowohl für die bekannten als auch für die unvorhersehbaren neuen Aufgabenstellungen programmierungstechnisch und datenbankorganisatorisch der gleiche Aufwand erforderlich ist.

Es hängt somit vom Verhältnis zwischen bekannten und unbekannten Aufgaben ab, welcher Variante man den Vorzug gibt. Man könnte diese beiden Datenbanksysteme auch als „geschlossene" bzw. „nach vorn offene" Systeme bezeichnen.

Nach dem Klassifizierungssystem, das der semantischen Datenstrukturierung zugrunde gelegt wird, können damit die Datenstrukturen in monoaspektive und multiaspektive gegliedert werden. Die multiaspektiven Datenstrukturen sind jedoch nach der Art der zugrunde gelegten syntaktischen und physischen Datenstruktur weiter zerlegbar in die statisch multiaspektiven und die dynamisch multiaspektiven Datenstrukturen.

Statisch multiaspektive Datenstrukturen berücksichtigen lediglich eine fixierte Anzahl von Aspekten. Die Aufnahme neuer Aspekte würde den Aufbau neuer Datenstrukturen nach sich ziehen, weil der Rahmen der bestehenden Datenstrukturierung gesprengt wird.

Dynamisch multiaspektive Datenstrukturen sind dadurch gekennzeichnet, daß die Aspektivität nicht starr festgelegt ist, sondern erweitert werden kann, ohne die Stabilität der syntaktischen und physischen Datenstruktur in Frage zu stellen. Dynamisch multiaspektive Datenstrukturen sind somit besonders für Programmiersysteme zur Bewältigung nichtschematischer Aufgaben, die eine anwachsende Aufgabenbreite repräsentieren, geeignet.

## 4.3. Organisationsstrukturen physisch strukturierter Wertgrößen

Während die logische Formalisierung der Informationen und damit die Fragen der Bildung von Datenstrukturen im wesentlichen unabhängig von den technischen Gegebenheiten später beim Aufbau des Datenbestandes verwendeter Rechner erfolgt, muß die Datenorganisation diese technischen Belange geeignet berücksichtigen. Die Möglichkeiten der physischen Speicherstruktur beeinflussen in nicht unwesentlicher Weise die konkreten Realisierungen der zugrunde gelegten Datenstruktur. Sie bestimmen die Art und Weise der physischen Realisierung der Wertgrößenspeicherung entscheidend mit. Die durch entsprechende Hardware und die zugehörige Software des Rechnersystems gebotenen Möglichkeiten üben einen nicht zu unterschätzenden Einfluß auf die Zugriffsmechanismen zum Zwecke des Einspeicherns und Wiederauffindens der Wertgrößen im Rahmen der Datenorganisation aus.

Die dafür erforderlichen Lösungsprinzipien gelten für alle Typen von automatisierten Informationsverarbeitungssystemen unabhängig von ihren qualitativ unterschiedlichen organisatorischen Potenzen zur Fixierung von Informationsverarbeitungsprozessen für die Abarbeitung auf der EDVA. Auch dynamische automatisierte Informationsverarbeitungssysteme werden keine andersartigen technisch-organisatorischen Lösungen erfordern, als sie für statische und flexible automatisierte Informationsverarbeitungssysteme in der Praxis bereits ausgebildet sind. Sie basieren also alle auf den gleichen programmierungstechnischen und datenorganisatorischen Prinzipien, wie sie für moderne Rechnersysteme bekannt sind. Dynamische automatisierte Informationsverarbeitungssysteme nutzen darüber hinausgehend lediglich die mit bestimmten Organisationsprizipien — zum Beispiel die durch die Parametersteuerung für Organisationsfunktionen — angebotenen Möglichkeiten im Rahmen der organisatorischen Lösungen in der Mensch-Maschine-Kombination konsequent aus. Deshalb werden wir nachfolgend die maschinenbedingten Ebenen von Organisationselementen der Speicherstruktur und ihre Organisationsformen, wie sie für Rechner der ESER-Familie als typische Vertreter der 3. Rechnergeneration charakteristisch sind, unter Auswertung bekannter Literatur[12] überblicksmäßig darstellen.

### 4.3.1. Ebenen von Organisationselementen der Speicherstruktur

Es können folgende, sich hierarchisch aufbauende Ebenen von Organisationselementen der Speicherstruktur unterschieden werden:

[12] Vgl. zu dieser Problematik u. a.: Autorenkollektiv, Programmierung und Nutzung von Rechenanlagen, Teil 5: Voraussetzungen für die Anwendungen der EDV, Berlin 1974; Ahrens, F., Walter, H., Datenbanksysteme, Berlin(West)-New York 1971; Wedekind, H., Datenorganisation, a. a. O.

— Bit,
— Zeichen,
— Feld,
— Segment,
— physische Satzstruktur,
— physische Dateistruktur,
— Datenspeicher.

Diese Hierarchie von Organisationselementen der Speicherstruktur (vgl. Abbildung 35) entspricht den heute praktizierten Vorgehensweisen und wird in der Regel auch durch die Systemunterlagen, insbesondere die Betriebssysteme, genutzt. Sie ist vom Prinzip her gemäß den bestehenden organisatorischen Anforderungen reduzierbar oder erweiterbar.

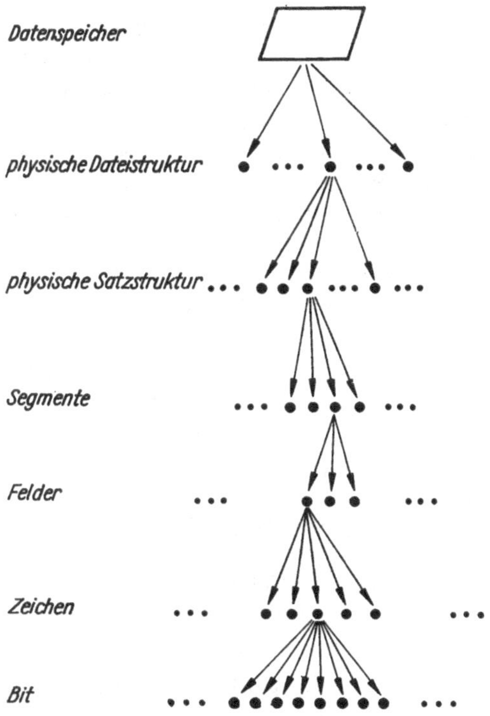

Abb. 35: Hierarchie von Organisationselementen der physischen Speicherstruktur

Es ist herauszustellen, daß diese Organisationselemente rein formaler Natur sind und von dem materiellen Inhalt, der in ihnen beispielsweise in Form von Wertgrößen gespeichert werden kann, zu unterscheiden sind. Die Einheit beider ergibt die Organisationseinheiten der Datenorganisation (vgl. Abschnitt 4.3.3.), die logisch *und* physisch formalisierten Informationen.

Die Organisationselemente der physischen Speicherstruktur abstrahieren jedoch von den konkreten Gegebenheiten ihrer physikalischen Realisierung. Sie sind in etwa in der Weise aufzufassen, wie man auch in der Programmierung von formalen Parametern spricht.

Wenn die Gesetzmäßigkeiten, nach denen diese Organisationselemente gebildet werden können, angegeben werden sollen, so kann man folgende Möglichkeiten nutzen:

(1) Festlegung der Anzahl der möglichen Werte bzw. Zustände, die ein Organisationselement aufnehmen kann.
(2) Festlegung der in das zu definierende Organisationselement eingehenden Organisationselemente niedrigerer Ebenen.

In der Regel erfolgt bei höheren Ebenen die Festlegung eines gemeinsamen Oberbegriffs zur Bezeichnung des betreffenden Organisationselementes.

Das niedrigste Organisationselement der Speicherstruktur eines Digitalrechners ist das *Bit*. Es ist aus organisatorischer Sicht in der Lage, zwei Werte anzunehmen. Dabei ist die konkrete physikalische Realisierung für diesen Zusammenhang ohne Belang. Von Bedeutung ist lediglich, daß das Bit als Organisationselement den einen oder anderen Wert repräsentieren kann (gemäß (1)).

Das Zeichen umfaßt gemäß (2) mehrere Bits. Dabei sind die unterschiedlichsten Kombinationen üblich. Am gebräuchlichsten ist die Bytestruktur, indem 8 Bits (ohne Prüfbit) zu einer (auch von der maschinentechnischen Arbeitsweise beachteten) Einheit zusammengefaßt werden.

Bestimmten Belegungskombinationen dieser Bits werden ganz bestimmte Bedeutungen in Form von „Zeichen" zugeordnet. Auf diese Weise kann auch umgekehrt durch Angabe der zulässigen „Zeichen" das Organisationselement Zeichen gemäß (2) definiert werden.

Der zulässige Zeichensatz einer Anlage untergliedert sich in der Regel in:

a) numerische Zeichen } alphanumerische Zeichen
b) alphabetische Zeichen }
c) Sonderzeichen,

die gemäß der Anlagenspezifik abgespeichert werden können. In der Regel werden nicht einmal alle Möglichkeiten, die die Bitstruktur zuläßt, durch die Zuordnung von „Zeichen"-Bedeutungen im Rahmen der jeweiligen Codierungsvorschrift ausgeschöpft (vgl. ESER-Code). Die Zusammenfassung mehrerer Zeichen zu einem größeren Organisationselement konstituiert gemäß (2) das *Feld*, dem in der Regel zur Charakterisierung seines Inhaltes ein Feldname zugeordnet wird, zum Beispiel NAME, BRUTTO, AB-

ZUEGE, NETTO usw. Felder dienen damit zur Aufnahme von Zeichenreihen, bei denen verschiedene Typen unterschieden werden können: Zeichenketten, Bitketten usw. Die Anzahl der eingehenden Zeichen wird als Feldlänge bezeichnet. Vielfach wird eine derartige Zeichenreihe auch als „Wort" bezeichnet, was die mehr verarbeitungs- oder speichertechnisch orientierte Einheit zum Ausdruck bringt und in der Regel als Synonym zum Feld aufgefaßt wird.

Ein *Segment* ist als Zusammenfassung mehrerer Felder zu einem Organisationselement zu charakterisieren (2). Ein zugeordneter Oberbegriff dient als Segmentname. Die Anzahl der Felder definiert die Segmentlänge.

| | | | | |
|---|---|---|---|---|
| **Beispiel: Segmentname** | GEHALTSDATEN | | | |
| **Feldnamen** | NAME | BRUTTO | ABZUEGE | NETTO |
| | Feld 1 | Feld 2 | Feld 3 | Feld 4 |

Als *physische Satzstruktur* wird eine Segmentgruppe bezeichnet, also die Zusammenfassung einer Menge von Segmenten gemäß (2) zu einem höheren Organisationselement, dem möglicherweise wiederum ein Satzname als Oberbegriff der eingehenden Segmente zugewiesen wird.

| | | | |
|---|---|---|---|
| **Beispiel:** | | | |
| **Name des physischen Satzes** | PERSONALDATEN | | |
| **Segmentnamen** | PERSONEN-ANGABEN | ANSCHRIFT | GEHALTS-DATEN |

Die weitere Zusammenfassung mehrerer physischer Sätze definiert das Organisationselement *physische Dateistruktur*, die wiederum durch Zusammenfassung den *Datenspeicher* einer Datenbank bilden. Diese Hierarchie von Organisationselementen läßt zu, daß auch sogenannte entartete Organisationselemente auftreten. Sie entstehen dadurch, daß allein *ein* Organisationselement einer bestimmten Ebene als Organisationselement der nächst höheren Ebene aufgefaßt wird.

Für die Praxis der Gestaltung von Datenorganisationen wird erst die Organisationselementeebene „Feld" interessant, wie Abbildung 33 zeigt.

### 4.3.2. Grundformen der Verbindung von Organisationselementen der Speicherstruktur zu komplexeren Strukturen des Speichers

Die im Abschnitt 4.3.1. dargestellten Organisationselemente der verschiedenen Ebenen werden im Rahmen des Aufbaus von Datenbeständen durch geeignete Verbindungen zu komplexen Strukturen zusammengefaßt, innerhalb derer durch passende Zugriffsmechanismen einzelne Organisationselemente angesprochen werden können. Die Verbindung ist also die Basis der physischen Wiedergewinnung von Organisationselementen. Es können zwei Arten von Verbindungen unterschieden werden:

a) *logisch orientierte Verbindung von Organisationselementen*

Sie ist dadurch charakterisiert, daß lediglich die Art und Weise des Zueinander-in-Beziehung-Setzens der Organisationselemente herausgestellt wird. Dabei können unterschieden werden:

— Querverbindung,
— hierarchische Verbindung.

Die *Querverbindung* ist dadurch charakterisiert, daß Organisationselemente gleicher Ebene miteinander in Beziehung gebracht werden, zum Beispiel mehrere Felder zu einer Einheit zusammengefaßt werden. Man könnte somit die Bildungsart (2) für Organisationselemente als Querverbindung ansehen.

Die *hierarchische Verbindung* setzt Organisationseinheiten unterschiedlicher Ebenen zueinander in Beziehung und impliziert Beziehungen der Unter- bzw. Überordnung von einzelnen Organisationseinheiten.

Als Beipiel wären die Feldvereinbarungen bzw. Strukturen aus PL/1 zu nennen.

b) *physisch orientierte Verbindung von Organisationselementen*

Diese Verbindung bezieht sich auf die Möglichkeit des physischen Zugriffs zu den miteinander in Beziehung gesetzten Organisationselementen. Es wird bei Organisationseinheiten unterschieden in:

— selbständige Verbindung,
— unselbständige Verbindung.

Eine Verbindung mehrerer Organisationselemente heißt *selbständig*, wenn jedes Organisationselement für sich angesprochen werden kann, das heißt, wenn jedem Organisationselement direkt oder indirekt eine Speicheradresse zugeordnet werden kann, die als Ausgangspunkt des physischen Zugriffs dient.

Dementprechend ist eine Verbindung mehrerer Organisationselemente *unselbständig*, wenn ein beliebiges dieser Organisationselemente nicht losgelöst von den anderen angesprochen werden kann, das heißt, wenn nicht jedem Organisationselement eine direkte oder indirekte Speicheradresse zugewiesen ist. Dabei ist die konkrete Art der Fixierung der Speicheradressen nicht von Interesse. Es muß also das gesamte umfangreichere

Organisationselement bereitgestellt und dann zum betreffenden untergeordneten übergegangen werden.

In der Praxis treten stets beide Verbindungsarten miteinander kombiniert auf, das heißt, man kann von selbständigen oder unselbständigen Querverbindungen oder hierarchischen Verbindungen sprechen (vgl. Abbildung 36).

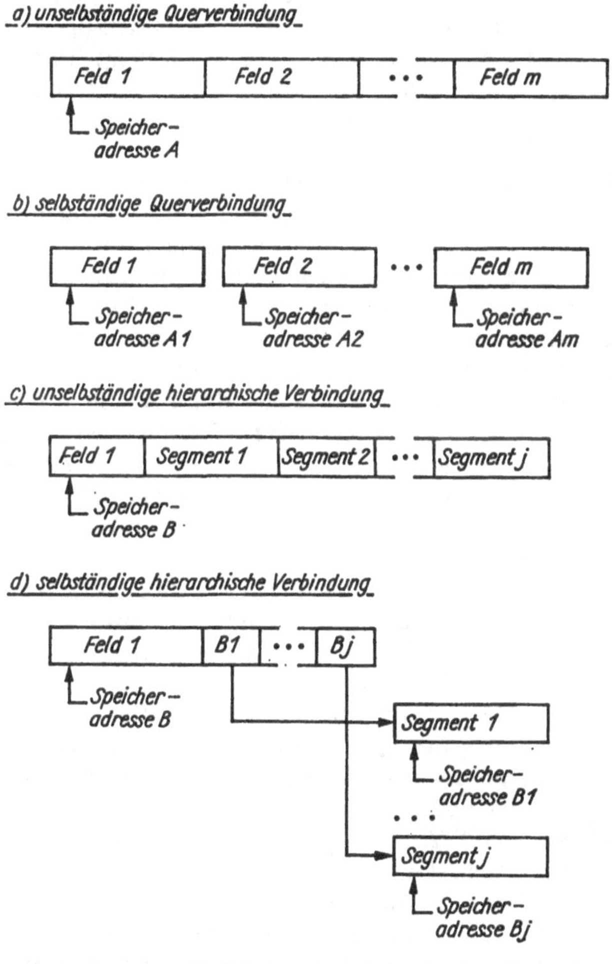


Abb. 36: Arten der Verbindung von Organisationselementen

Theoretisch kann man diese Formen der Verbindung von Organisationselementen auf allen Ebenen realisieren. In der gegenwärtigen Praxis wird insbesondere auf der Segment- und Satzebene gearbeitet.

Bei diesen Darstellungen der physischen Speicherstruktur spielte das Speichermedium nur in bezug auf seine prinzipielle Adressierbarkeit eine Rolle. Wir wollen nachfolgend die Verbindung von Organisationselementen der physischen Speicherstruktur in bezug auf die Ein- und Ausgabeoperationen analysieren, das heißt, die physischen E/A (Ein- und Ausgabe)-Satzformate betrachten.

Dabei bezeichnet man als einen *physischen E/A-Satz* diejenige Menge miteinander verbundener Organisationselemente der physischen Speicherstruktur, die mittels einer physischen E/A-Operation bewegt werden. Eine derartige Verbindung wird in der Literatur vielfach auch nur als physischer Satz bezeichnet (im Gegensatz zum logischen Satz, den wir als Segmentgruppe charakterisiert haben).

Ein physischer E/A-Satz kann durchaus mehrere Organisationselemente einer bestimmten Ebene, zum Beispiel mehrere physische Satzstrukturen, umfassen bzw. nur Teile eines Organisationselements einer bestimmten Ebene, zum Beispiel einige Segmente einer bestimmten physischen Satzstruktur. Letzteres ist etwa dann der Fall, wenn mehrere Lochkarten eine physische Satzstruktur bilden.

Wenn ein Organisationselement aus mehreren physischen E/A-Sätzen besteht, haben diese in der Regel die gleiche Länge. Man bezeichnet diese Form in der Literatur vielfach als „segmentierte Sätze"[13]. Damit beschränkt sich die Länge von Organisationselementen — beispielsweise von physischen Satzstrukturen — nicht mehr unbedingt auf den durch einen physischen E/A-Satz bestimmten Umfang. Beide Formen werden in differenzierter Weise von den Betriebssystemen berücksichtigt.

Das in der Praxis oft realisierte Zusammenfügen mehrerer physischer Satzstrukturen zu einem physischen E/A-Satz bezeichnet man als *Blokkung*. In der Literatur wird gelegentlich auch vom „Mehrfachsatz" gesprochen. Die Anzahl der eingehenden physischen Satzstrukturen ist stets ganzzahlig und wird als Blockungsfaktor bezeichnet. Die Blockung bewirkt eine günstigere Ausnutzung des Speichermediums. Dies ist von besonderem Vorteil bei der Magnetband- und Magnetplattenarbeit, wobei bei letzterer in der Regel in der Spur geblockt wird.

Einen geblockten physischen E/A-Satz kann man als unselbständige Querverbindung von Organisationselementen charakterisieren. Global bezüglich eines bestimmten Speichermediums gesehen, sind selbst ungeblockte physische Satzstrukturen, bei denen keine Adressierung möglich ist, als unselbständige Querverbindungen anzusehen; zum Beispiel trifft dies beim Magnetband zu.

[13] Vgl. u. a.: Kern, L., Schubert, W., Übersicht über das EDV-System ES 1040, in: Reihe AUTOMATISIERUNGSTECHNIK, Bd. 150, Berlin 1973, S. 71.

Für die praktische Arbeit sind Speicherumfangsermittlungen vielfach von großer Bedeutung. Sie können bereits, wie aus der Charakterisierung der verschiedenen Organisationselemente ersichtlich, aus der physischen Speicherstruktur abgeleitet werden, indem die Länge der jeweils betrachteten Organisationseinheiten ermittelt wird.

Grundsätzlich kann man bezüglich der Länge beliebiger Organisationseinheiten unterscheiden:

a) definierte Länge,
b) undefinierte Länge, bei der die Länge nicht direkt angegeben werden kann, da sie undefiniert variabel ist.

In Hinblick auf die definierte Länge kann noch weiter untergliedert werden in

1) feste Länge,
   wofür typisch ist, daß alle betrachteten Organisationselemente dieselbe Länge haben, sie also in dem Organisationselement nicht gesondert anzugeben ist, da sie als standardisiert für die betreffende Struktur aufgefaßt werden kann.
2) variable Länge,
   bei der die Länge von Organisationselement zu Organisationselement in der Regel unterschiedlich festgelegt ist, was zur Konsequenz hat, daß sie für irgendwelche Verarbeitung im Organisationselement ange geben werden muß, damit sie geeignet berücksichtigt werden kann.

Diese Formate von Organisationselementen können ungeblockt bzw. geblockt auftreten (vgl. Abbildung 37).

Man bezeichnet auch Verbindungen von Organisationselementen, die einen äquivalenten Aufbau aufweisen, als *formatierte* Verbindungen, während bei *unformatierten* Verbindungen die Organisationselemente und deren Bestandteile keinen feststehenden Aufbau bzw. kein besonderes Format ihrer Bestandteile aufweisen, sondern undefiniert variabel sein können.

### 4.3.3. Formen der physischen Speicherorganisation und entsprechende Verarbeitungsmöglichkeiten

#### 4.3.3.1. Allgemeine Bemerkungen zur Datenorganisation

Eine wichtige Aufgabe der Datenverarbeitung ist die Speicherung großer Datenmengen und die Entwicklung geeigneter Verfahren zu ihrer Beherrschung (vgl. Abschn. 4.1.1.). Dabei sind zwei Komponenten zweckmäßig

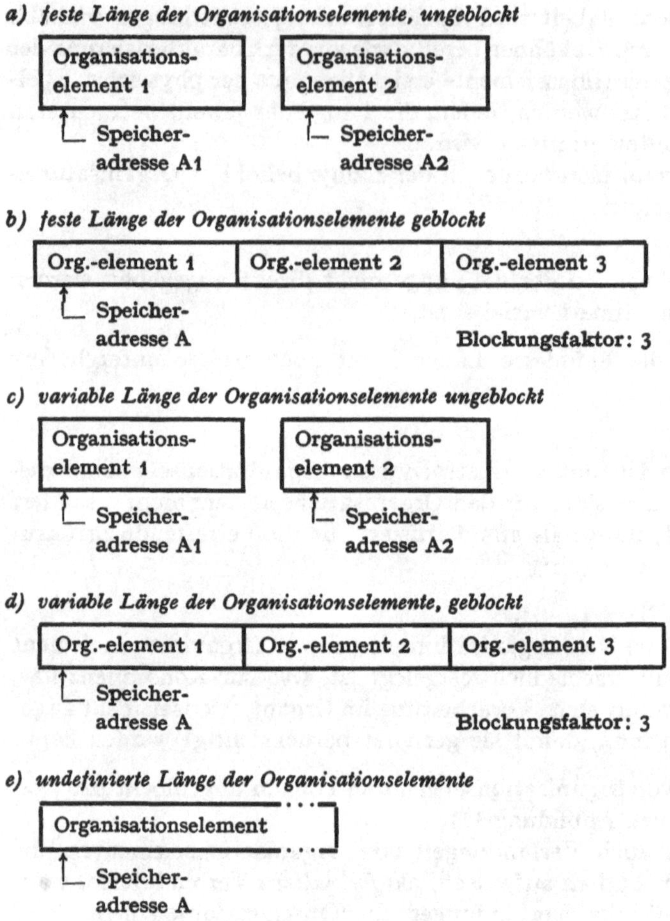


Abb. 37: Überblick über Formate von Organisationselementen

aufeinander abzustimmen: die inhaltlich-organisatorischen und die technisch-organisatorischen Maßnahmen. Letztere sind Gegenstand der Datenorganisation, die wir als logische und physische Formalisierung der Informationen zum Zwecke des Einspeicherns und Wiederauffindens charakterisiert haben.

Damit ergibt sich die Datenorganisation als Einheit physisch strukturierter Speicher und entsprechender Zugriffsmechanismen zum Zwecke der Einspeicherung bzw. Bereitstellung der gespeicherten Wertgrößen, die wir als formalisierten Informationsinhalt auffassen. Grundlage dafür ist die logische Formalisierung der Informationen, das heißt die Datenstruktur. Sie ist der Ausgangs- und Angelpunkt der Beherrschung von Datenmengen, auf deren Ergebnissen aufbauend dann die eigentliche physische Einspeicherung bzw. Wiederauffindung der konkreten Wertgrößen erfolgt:

Datenstruktur $\oplus$ physische Speicherstruktur $\oplus$ Zugriffsmechanismen $\Rightarrow$
$\Rightarrow$ Datenorganisation

Als Zugriffsmechanismus wird ein Mechanismus zur Übertragung (das heißt Identifikation des Ortes auf dem Speichermedium sowie physische Bewegung) von Daten zwischen Speichermedien auf der Basis einer zulässigen (geeigneten) Speicherorganisation bezeichnet.

Die Organisationseinheiten eines Speichers werden gebildet durch die Einheit von Organisationselementen der Speicherstruktur und den in ihnen gespeicherten formalisierten Informationsinhalten. In Verbindung mit den bezüglich der Speicherstruktur gewählten Hierarchien, die sich auf Grundlage der logischen Hierarchie formalisierter Informationen ergeben (vgl. Abbildung 33), ist zu unterscheiden:

- Datum,
- Datensatz,
- Datei,
- Datenbestand.

Damit erweist sich das *Datum* als eine Organisationseinheit, deren Inhalt eine Einzelaussage über ein Objekt zum Gegenstand hat, das heißt eine in einer physischen Speicherstruktur organisierte Einzelaussage, eine bestimmte Wertgröße als Feldinhalt. Als *Datengruppe* wird die entsprechende Zusammenfassung von Einzelaussagen zu demselben Objekt bezeichnet. Sie enthält also eine in einem Segment gespeicherte Wertgrößengruppe, deren Verbindung mit anderen Datengruppen zu demselben Objekt als *Datensatz* bezeichnet wird, was also einen Wertgrößensatz in einer physischen Satzstruktur darstellt, die einen Aussagenkomplex zu einem Objekt umfaßt. Die nächsthöhere praktizierte Aggregationsstufe stellt die *Datei* dar, die einer Menge von Aussagenkomplexen zu einer Gesamtheit gleichartiger Objekte entspricht, die wir in dieser Arbeit auch als Objektklasse bezeichnen. Eine Gesamtheit von Dateien ergibt schließlich den *Datenbestand*, der einer Gesamtheit organisierter, physisch gespeicherter Wertgrößen (Datenspeicher einer Datenbank) eines bestimmten Bereiches oder Sachgebiets entspricht, so daß hier die Gesamtheit in einem bestimmten Zusammenhang logisch und physisch formalisierter Informationen über einen bestimmten Teilbereich der objektiven Realität angesprochen ist. Damit charakterisieren wir als *Daten* die auf Grund einer Datenstrukturierung logisch formalisierten Informationen, die als Wertgrößen auch physisch geeignet angeordnet sind. Somit hat es nur Sinn, von Daten zu sprechen, wenn es sich um eine Menge logisch und physisch formalisierter Informationen handelt.

In Abschn. 4.3.2. wurden die Grundformen der Verbindung von Organisationselementen der Speicherstruktur dargelegt. Sie bilden die Grundlage, auf der aufbauend spezifische Formen der Speicherorganisation von Datenmengen gestaltet werden können, indem bestimmte Niveauebenen von Organisationseinheiten des Speichers zum Ausgangspunkt bestimmter Verbindungsformen gewählt werden. Die Zugriffsmechanismen werden in ihren Möglichkeiten entscheidend von der Speicherorganisation beeinflußt, die von den Möglichkeiten der Automaten bestimmt sind.

### 4.3.3.2. Grundlegende Organisationsformen von Datenmengen

Es haben sich eine Reihe unterschiedlicher Formen der Speicherorganisation herausgebildet, die mehr oder weniger komplex durch die verschiedensten Betriebssysteme unterstützt werden und der Verarbeitung der Daten dienen. In der Praxis werden diese Formen entweder rein oder miteinander kombiniert angewendet. Man unterscheidet dabei zwei Grundtypen: lineare und nichtlineare Speicherorganisationsformen.

Die *lineare Organisationsform* ist dadurch gekennzeichnet, daß es sich um Querverbindungen der Organisationseinheiten handelt, das heißt, es gibt keine Verbindungen zu strukturell unter- oder übergeordneten Organisationseinheiten. Sie sind als gerichtete lineare Graphen beschreibbar, deren Knoten die Organisationseinheiten darstellen und deren Kanten die Verbindungsrichtung zwischen den einzelnen Organisationseinheiten repräsentieren. Dabei werden Anfangs- und Endknoten ausgezeichnet, sie können im Extremfall zusammenfallen; jeder von ihnen verschiedene Knoten (zum Beispiel Datensatz) ist eindeutig durch seinen Vorgänger und Nachfolger bestimmt, zum Beispiel:

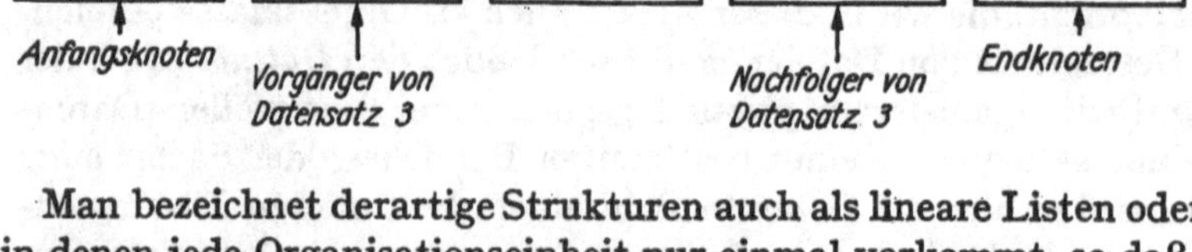


Man bezeichnet derartige Strukturen auch als lineare Listen oder Ketten, in denen jede Organisationseinheit nur einmal vorkommt, so daß die Vorgänger- bzw. Nachfolgerrelation bis auf die Anfangs- und Endknoten zutrifft.

Ein typisches Beispiel dafür stellt der mathematische Begriff des Vektors dar.

Eine lineare Liste, deren Anfangs- und Endknoten identisch sind, bezeichnet man als Ring oder Zyklus (Schleife):

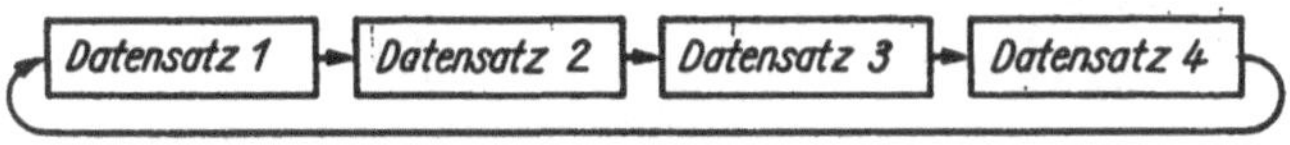


Die *nichtlineare Organisationsform* ist dadurch zu kennzeichnen, daß hierarchische Verbindungen von Organisationseinheiten realisiert sind, deren Strukturgraphen nicht mehr linear sind. Es treten also zwischen den Organisationseinheiten Beziehungen der Unter- bzw. Überordnung auf, so daß Organisationseinheiten unterschiedlicher Stufen zu unterscheiden sind.

Typische Beispiele für nichtlineare Organisationsformen sind Baumstrukturen, zum Beispiel die Leitungsstruktur eines ORZ (Abbildung 38).

Nachfolgend werden wir uns auf die Betrachtung der *linearen Organisation* eingrenzen, weil die heutigen physischen Speicher die Linearisierung erfordern.

Bei der Verarbeitung linearer Datenorganisationen können zwei Grundformen unterschieden werden:

a) *sortierte bzw. starr fortlaufende (auch sequentielle) Verarbeitung.*

Das bedeutet, daß die Organisationseinheiten der betreffenden Menge (Bestandsdaten) linear angeordnet sind und vollzählig bzw. teilweise in der gleichen Reihenfolge (Bewegungsdaten) zur Verarbeitung herangezogen werden. Sie sind in gleicher Weise sortiert, das heißt, daß der Graph der Bewegungsdaten selbst linear ist und die Menge seiner Knoten eine Teilmenge der Knoten des Bestandsdatengraphen bildet:

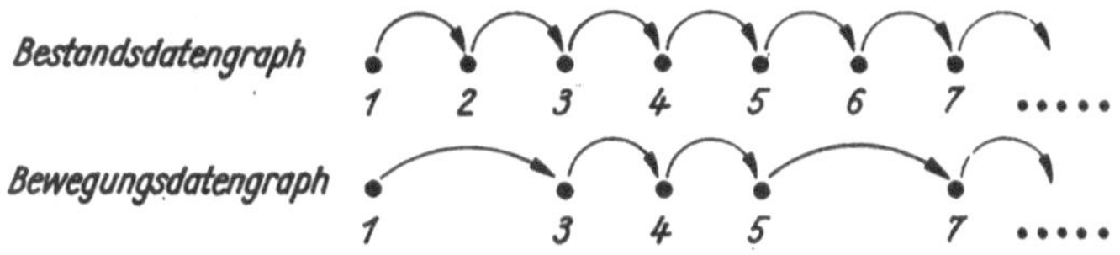


b) *unsortierte bzw. logisch fortlaufende (auch wahlfreie) Verarbeitung*

Hierfür ist typisch, daß die Sortierfolgen nicht übereinstimmen, sondern die Organisationseinheiten im Bewegungsdatenbestand in beliebiger Reihenfolge anfallen.

Als Beispiel für diese beiden Verarbeitungsformen seien Bewegungen von Gehaltskonten einer Sparkasse angeführt. Sortiert verarbeitet würde hier bedeuten, die Abbuchungen zu sammeln und dann auf- oder absteigend nach Kontennummern sortiert vorzunehmen, während die Abbuchung in der Reihenfolge der Ankunft der Kunden am Schalter ein Beispiel für die unsortierte Verarbeitung wäre.

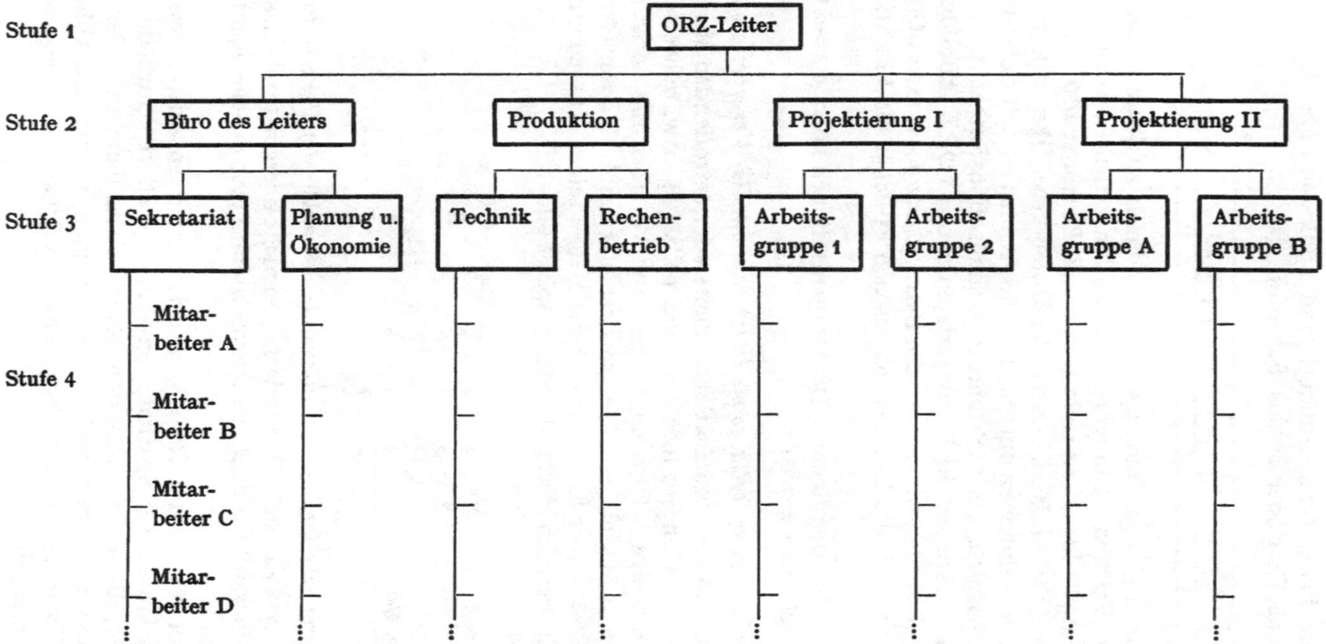


Abb. 38: Beispiel einer nichtlinearen Organisationsform

### 4.3.3.3. Formen der linearen Datenorganisation

Bei der linearen Organisation von Daten werden folgende Arten angewendet:
- sequentielle Organisation,
- indexsequentielle Organisation,
- gekettete Organisation,
- gestreut gespeicherte Organisation,
- untergliederte Organisation.

#### 4.3.3.3.1. Sequentielle Organisationsform

Bei dieser Form sind die Organisationseinheiten physisch nacheinander fortlaufend auf einem Speichermedium gespeichert. In der Regel verfügt jede Organisationseinheit über einen Sortierbegriff, nach dem sie fortlaufend sortiert sind. Die Ordnungsbegriffe sind in der Regel nicht „dicht", es können in der konkreten Nutzung gegenüber den Möglichkeiten zur Ausnutzung Lücken auftreten. Es besteht zumeist keine Beziehung zwischen dem Ordnungsbegriff und einer eventuellen (Anfangs-)Adresse der betreffenden Organisationseinheit, so daß ein Arbeiten mit dem Ordnungsbegriff zur Identifikation der Organisationseinheit vielfach unumgänglich wird.

Die sequentielle Organisation ist die einfachste Organisationsform einer linearen Liste. Sie ist die für eine Kapazitätsauslastung des Speichers rationellste Form, da keinerlei zusätzlicher Speicherplatz für die Verbindungsrealisierung zwischen den Organisationseinheiten benötigt wird. Sie läßt sich auf allen Speichermedien realisieren, das heißt auf Speichern mit indirektem (zum Beispiel Magnetband), halbdirektem (zum Beispiel Magnetplatte) oder direktem (zum Beispiel Kernspeicher) Zugriff.

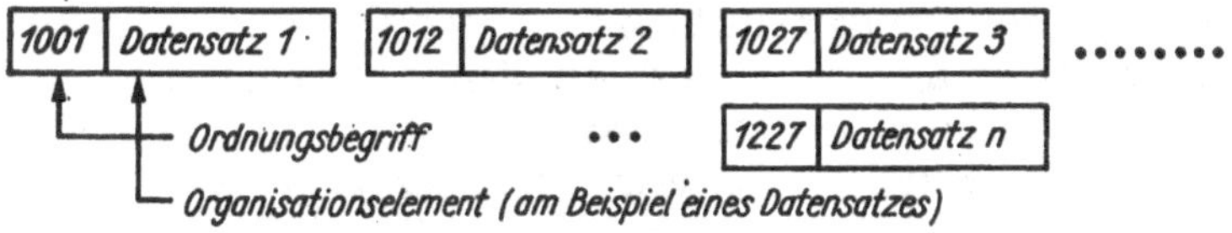


Hinsichtlich der Verarbeitung sind Unterschiede bezüglich der sortierten und unsortierten Verarbeitungsform in Abhängigkeit vom Charakter des Speichermediums festzustellen (Tabelle S. 236).

Da die Verarbeitung auf dem Sequenzprinzip der Bestandsdatei basiert, bedeuten beispielsweise Zu- und Abgänge stets ein generelles Umspeichern der gesamten Organisationseinheitenfolge (im Falle der indirekten Speicher)

| Verarbeitungsform | Speichermedium | | |
|---|---|---|---|
| | indirekt (Band) | halbdirekt (Magnetplatte) | direkt (Kernspeicher) |
| sortiert | Zugriff zu allen Organisationseinheiten und Auswahl gemäß Ordnungsbegriff | bzgl. der Spuren direkt, innerhalb der Spur indirekt | bei formatierten Organisationseinheiten Sofortzugriff, falls Ordnungsbegriff direkt umrechenbar in Adresse; sonst Vergleich der Ordnungsbegriffe notwendig, wenn Teilfolge verarbeitet wird. |
| unsortiert | nicht sinnvoll (bzw. mit sehr hohem Aufwand) | relativ aufwendige Suchverfahren, falls Ordnungsbegriff nicht in Adresse umrechenbar. | |

bzw. ein geeignetes Verketten zu einer quasi-physischen Reihenfolge. Das führt im Falle des direkten und indirekten Zugriffs zu erhöhtem Aufwand und erfordert von Zeit zu Zeit eine Reorganisation, das heißt Herstellung der echten physischen Reihenfolge.

### 4.3.3.3.2. Indexsequentielle Organisationsform

Die Gesamtheit der Organisationseinheiten wird physisch sequentiell gespeichert. Zusätzlich werden Organisationsmechanismen entwickelt, die ein schnelleres Zugreifen zu den gesuchten Organisationseinheiten ermöglichen, als es im Falle eines direkten sequentiellen Durchmusterns des Gesamtbestandes gegeben wäre. Der Gesamtbestand wird dafür sinnvoll in Teilbestände gegliedert, was sich ebenfalls in der (in der Regel hierarchischen) Gestaltung des Ordnungsbegriffes der Organisationseinheiten widerspiegelt. So können beispielsweise die Elemente einer Matrix zeilen- oder spaltenweise zusammengefaßt werden. Über die Reihenfolge der Teilbestände wird in einer sogenannten Indextabelle „Buch geführt" und bei einem Zugriff zunächst gemäß dem Ordnungsbegriff sequentiell der übergeordnet aufgebaute Organisationsmechanismus, die Indextabelle, durchmustert, bis der entsprechende Teilbestand gefunden ist. Von dieser Stelle der Indextabelle wird unmittelbar zu dem Teilbestand verzweigt, der dann selbst wieder sequentiell durchmustert wird, bis die gesuchte Organisationseinheit in ihm gefunden wurde (vgl. Abbildung 39).

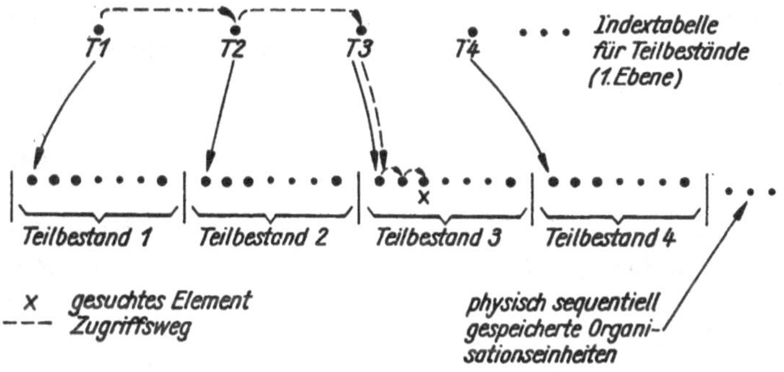


**Abb. 39: Indexsequentielle Organisation mit eindimensionalem Index**

Um große Organisationseinheitenmengen rationell durchmustern zu können, werden vielfach hierarchisch organisierte (mehrdimensionale) Indextabellen angelegt, so daß erst über mehrere Indexebenen, die sich im Ordnungsbegriff geeignet widerspiegeln, der Zugriff zum physisch sequentiell gespeicherten Bestand erfolgt. Von Ebene zu Ebene erfolgt die Verkettung jeweils durch entsprechende Anker, das sind Adreßverweise, die den betreffenden Indextabellenteil oder Teilbestand speichertechnisch anschließen.

Durch die Indextabellen unterschiedlicher Ebenen mit ihren Ankeradreßfeldern wird zusätzlicher Speicherplatz benötigt. Diese Speicherorganisationsform ermöglicht jedoch einen ungleich schnelleren Zugriff zu den einzelnen Organisationselementen als die sequentielle Organisationsform.

Aus der Gestaltung der Organisation ist abzuleiten, daß sie mit halbdirekten oder direkten Speichern realisierbar ist und sowohl sortierte als auch unsortierte Verarbeitung betrieben werden kann. Besonders häufig werden für den Aufbau von indexsequentiell organisierten Datenbeständen Magnetplatten genutzt, mit denen zwei- oder höherdimensionale indexsequentielle Organisationen betrieben werden können. Recht günstig läßt sich hier der Änderungsdienst gestalten, indem über freie Plätze Buch geführt wird bzw. Einfügungen in einen Überlaufbereich eingetragen werden. Werden die Zugriffszeiten jedoch zu groß, so muß eine Reorganisation vorgenommen werden. All diese Maßnahmen werden durch spezielle Standardroutinen der Betriebssysteme entsprechend unterstützt. Die indexsequentielle Organisationsform ermöglicht die Verwendung geblockter und ungeblockter Organisationseinheiten.

## 4.3.3.3.3. Gekettete Organisationsform

Bei der geketteten Organisation stimmen logische (das heißt aufgabenbedingte) und physische Reihenfolge der gespeicherten Organisationseinheiten nicht notwendig überein. Die logische Reihenfolge wird durch Adreßverweis (Zeigerfeld in der betreffenden Organisationseinheit) auf die folgende Organisationseinheit hergestellt. Diese Fortsetzungstechnik durch Adreßverweis erzeugt eine Adreßkette, durch die die logische Reihenfolge (zum Beispiel durch aufsteigendes Ordnungskriterium bestimmt) realisiert wird.

Diese Organisationsform benötigt in jeder Organisationseinheit zusätzlichen Speicherplatz, da die Verweisadressen (Zeiger) geeignet gespeichert werden müssen. Es ist speziell möglich, die Organisationseinheiten bei einmaliger physischer Speicherung in vielfältiger Weise logisch miteinander zu verketten. Für jede Kette wird in der Organisationseinheit ein Zeigerfeld benötigt, was dann natürlich bei Mehrfachverkettungen den Speicherplatzaufwand im Vergleich zum Speicherplatz für den Inhalt der Organisationseinheit erhöht. Es gibt zwei Formen von Ketten: Verkettung zum Nachfolger bzw. zum Vorgänger der jeweiligen Organisationseinheit.

Im ersten Fall verweist der Inhalt des Zeigerfeldes auf die Anfangsadresse der logisch folgenden Organisationseinheit usw., beispielsweise:

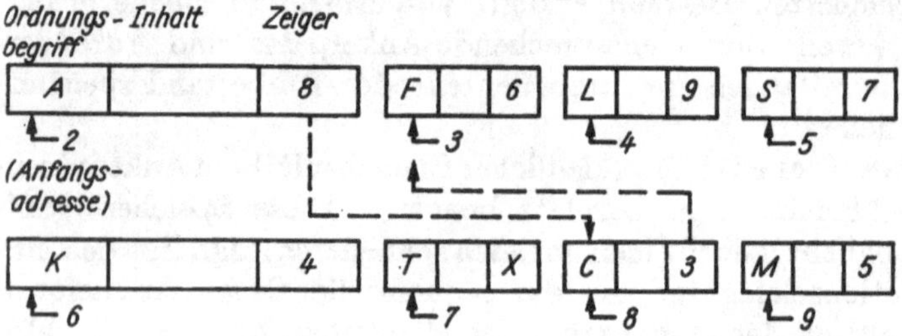


Diese Organisationseinheiten sollen lexikographisch nach ihren Ordnungsbegriffen geordnet werden. Es entsteht die Adreßkette:

$$2 \rightarrow 8 \rightarrow 3 \rightarrow 6 \rightarrow 4 \rightarrow 9 \rightarrow 5 \rightarrow 7 \rightarrow X.$$

Die Organisationseinheit mit der Anfangsadresse 2 ist der Anker der Kette, diejenige mit der Adresse 7 der Schluß (markiert mit X im Zeigerfeld). Durch Eintragen der Ankeradresse im Schlußzeigerfeld entsteht ein Zyklus. Man bezeichnet diese Form auch als *einfach gekettete* Organisation.

Im zweiten Fall verweist der Zeiger auf die logisch vorangehende Organisationseinheit.

Als *doppelt gekettete* Organisation wird die Kettung bezeichnet, die über eine Verkettung zum logischen Vorgänger *und* zum logischen Nachfolger verfügt. Die Grundstruktur einer derartigen Organisationseinheit ist folgende:

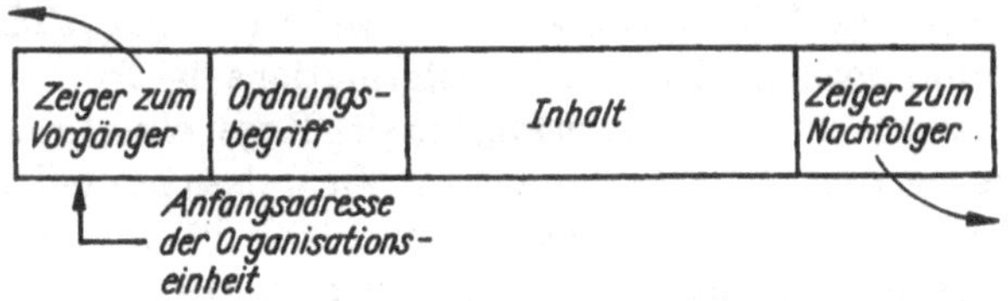


Hier können ebenfalls Ankeradressen und Kettenabschlüsse markiert werden sowie zyklische Vor- und Rückwärtsverkettungen erfolgen. Der Vorteil dieser doppelten Kettung ist, daß man in der Sortierfolge des Ordnungsbegriffs sowohl aufsteigen als auch absteigen sowie gegebenenfalls zyklisch arbeiten kann.

Mehrfach gekettete Organisationen (> 2) setzen weitere als Ordnungsbegriffe genutzte Felder der Organisationseinheit voraus und steigern somit den erforderlichen Speicheraufwand.

Bei einer geketteten Organisation kann der Änderungsdienst relativ einfach erfolgen. Es bedarf jeweils nur der geeigneten Veränderungen in den Zeigerfeldern, um die Kette zu erweitern oder zu kürzen.

Voraussetzung für diese Arbeitsweise sind halbdirekte oder direkte Speicher. Diese Organisationsform ist gut für eine sortierte Verarbeitung geeignet. Sie zeigt hier die Züge der sequentiellen Organisation. Im Falle einer unsortierten Verarbeitung muß jedoch, wie bei der sequentiellen Organisation, der Datenbestand jeweils von Anfang an sukzessiv durchmustert werden.

#### 4.3.3.3.4. Gestreute Organisationsform

Im Rahmen der bisher diskutierten Organisationsformen dominierte bezüglich des Wiederauffindens das sequentielle Element. Die Zeit für das Wiederauffinden einer Organisationseinheit war hier reihenfolgeabhängig. Das bedeutete für die unsortierte Verarbeitungsweise stets größeren Aufwand gegenüber einem unmittelbaren direkten Zugriff zu den Organisationseinheiten.

Das Prinzip der gestreuten Organisation realisiert die Abspeicherung jeder Organisationseinheit auf adressierbaren Speicherplätzen, so daß indirekte Speicher (zum Beispiel Magnetband) für die Realisierung dieser Organisationsform ausscheiden und vorrangig auf Magnetplatte und Großraumspeicher im direkten Zugriff orientiert wird.

Ausgangspunkt für die Speicherplatzzuweisung bleibt ein Ordnungsbegriff, der den Organisationseinheiten zugehörig ist. Es wird nicht mehr in einer bestimmten Reihenfolge Speicherplatz zugeordnet, wie es bei den bisher behandelten Formen üblich ist, sondern die Zuordnung erfolgt auf der Grundlage einer Speicherabbildungsfunktion „gestreut". Der Ordnungsbegriff wird auf Grund eines geeigneten Transformationsalgorithmus in eine Speicheradresse umgerechnet. Dabei erfolgt in der Regel eine Komprimierung der Ordnungsbegriffspotenz (Ordnungsbegriffe weisen bezüglich ihrer Belegung Lücken auf) auf den Umfang des etwa tatsächlichbenötigten Speicherplatzes. Beispielsweise könnte ein 5-stelliger numerischer Ordnungsbegriff $10^5$ verschiedene Organisationseinheiten identifizieren, treten aber beispielsweise nur 2000 tatsächlich auf, dann wäre es Speicherplatzverschwendung, eine 1 : 1-Zuordnung von Ordnungsbegriffswert und Speicherplatz vorzunehmen. Deshalb erfolgt die Anwendung einer geeigneten Speicherabbildungsfunktion $f$:

$$\begin{matrix}\text{Speicheradresse der}\\ \text{Organisationseinheit}\end{matrix} \Leftarrow f \begin{pmatrix}\text{Ordnungsbegriff der}\\ \text{Organisationseinheit}\end{pmatrix}$$

Der Charakter der Abbildung kann sein:

a) umkehrbar-eindeutig (*direkte Adressierung*).

Hierfür ist typisch, daß jedem Ordnungsbegriff genau eine Speicheradresse entspricht und umgekehrt, also keine Mehrfachbelegungen auftreten. Dazu ein Beispiel: Ordnungsbegriffe numerisch fortlaufend bei 0 beginnend, Länge der Organisationseinheit sei $l$, dann wäre eine mögliche Speicherabbildungsfunktion:

$$\text{Speicheradresse} = A + l \times \text{Schlüsselwert},$$

wobei $A$ eine geeignete Anfangsadresse für den Datenbereich wäre.

b) eindeutig (*indirekte Adressierung*)

In diesem Fall kann es zur Mehrfachbelegung einer Speicheradresse dadurch kommen, daß verschiedene Ordnungsbegriffe durch den Transformationsalgorithmus auf dieselbe Speicheradresse führen. Diese Verfahrensweise neigt also zur Synonymbildung. Die erste Organisationseinheit wird oft als„ Haussatz" bezeichnet. Es kann hier also nicht mehr direkt von der Speicheradresse auf den unmittelbar zugehörigen Ordnungsbegriff geschlossen werden. Weiterhin muß das Abspeichern so organisiert sein, daß kein Überschreiben von Organisationseinheiten erfolgt, die jeweils zur gleichen Speicheradresse führen. Deshalb werden derartige Speicheradressen zu Ankeradressen von Kellern oder Listen. Sie sind lineare Speicherbereiche zur Aufnahme mehrerer Organisationseinheiten (vgl. Abbildung 40) und sie werden gemeinsam mit den Haussätzen geblockt.

Damit die Synonyme exakt im Keller identifiziert werden können, muß bei der indirekten Adressierung stets der Ordnungsbegriff mit abgespeichert werden, was bei der direkten Adressierung nicht erforderlich war. Die Haussätze werden direkt adressiert, und in den Kellern erfolgt an Hand eines Vergleiches mit den Ordnungsbegriffen eine sequentielle Durchmusterung.

Ein typisches Speichermedium für eine indirekte Adressierung im Rahmen der gestreuten Organisation stellt die Magnetplatte (als Vertreter der Klasse der halbdirekt adressierten Speichermedien) dar. Die Betriebssysteme der verschiedenen Rechner unterstützen in unterschiedlichem Maße diese Speicherorganisationsform. In gleicher Weise ermöglichen die problemorientierten Programmierungssprachen in sehr differenzierter Weise die Verwendung der gestreuten Organisationsform.

Zur Erzeugung der Speicheradressen gemäß der indirekten Adressierung existiert eine ganze Palette unterschiedlichster Methoden, die in Abhängigkeit von den konkreten Gegebenheiten des Datenmassivs nach geeigneten Kriterien auszuwählen sind. Ziel ist dabei, stets zu erreichen, daß die Speicheradressen im gegebenen Speicherbereich liegen und nahezu gleich verteilt sind.

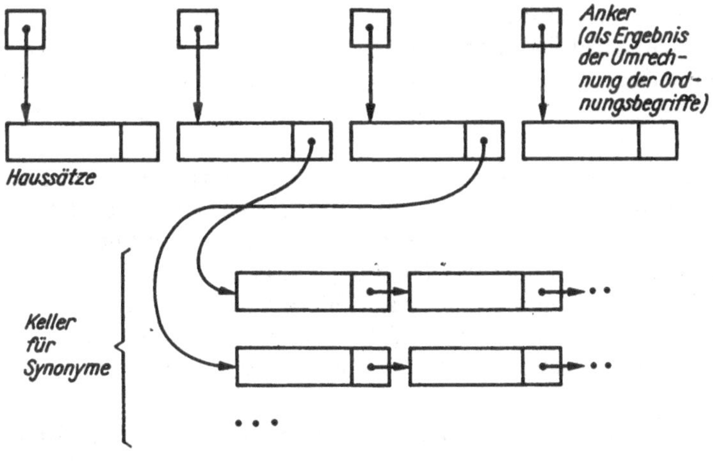


Abb. 40: Beispiel einer indirekten Adressierung

Die gebräuchlichsten Verfahren sind.:

- Divisions-Rest-Verfahren (Quotientenverfahren),
- Stellenauswahlverfahren,
- Faltung,
- Basistransformation,
- Ziffernanalyse,
- Multiplikationsverfahren und andere mehr.

Darstellungen der einzelnen Verfahren findet man in der Literatur.

Der Änderungsdienst und anderes ist bei dieser Speicherorganisation auch relativ gut beherrschbar und wird durch die Betriebssysteme geeignet unterstützt.

### 4.3.3.3.5. Untergliederte Organisationsform

Sehr umfangreiche Datenmengen werden zu ihrer besseren Handhabung in voneinander relativ unabhängige Teile zerlegt, die als *Bestände*"[14] bezeichnet und sequentiell angeordnet werden. Jeder Bestand dieser Datenmenge erhält einen Namen, der gemeinsam mit seiner zugehörigen Anfangsadresse in ein Verzeichnis aufgenommen wird. Dieses Verzeichnis, in dem die Namen lexikographisch angeordnet sind, während die Bestände in der Reihenfolge ihrer Einfügung in den Gesamtbestand gespeichert sind, wird zum Aufsuchen der Bestände verwendet, die vom Nutzer über ihre Namen angesprochen werden können. Sequentielle Anordnung der Bestände bedeutet nicht, daß die Bestände selbst sequentiell organisiert sein müssen.

Die in diesem Abschnitt dargestellte Organisationsform findet ihre Anwendung beim Aufbau von Datenspeichern und Datenbanken im Rahmen der linearen Datenorganisation, wo in der Regel die einzelnen Formen miteinander kombiniert verwendet werden, um — soweit wie möglich — ihre Vorzüge jeweils geeignet miteinander zu verbinden. Zur Gestaltung nichtlinearer Datenorganisationen können diese Organisationslösungen ebenfalls genutzt werden. Details dazu findet man in der angegebenen Literatur.

Diese Organisationsverfahren stellen — wie an verschiedenen Stellen bereits angedeutet wurde — Bestandteile der Systemunterlagen dar, die zur technisch-organisatorischen Komponente der Beherrschung großer Datenbestände gehören. Sie müssen aber geeignet ergänzt und mit der inhaltlich-organisatorischen Komponente abgestimmt werden, so daß die verschiedenen Formen der Organisation von Datenmengen nicht von den Belangen der Anwendung losgelöst werden können. Über die diesbezüg-

[14] Vgl. Kern, L., Schubert, W., Übersicht über das EDV-System ES 1040, a. a. O., S. 75ff.

lichen Möglichkeiten befindet bereits die zugrunde gelegte Datenstruktur, die in gleicher Weise auch die Möglichkeiten der Gestaltung von Verarbeitungsprozessen beeinflußt. Die Datenstruktur beeinflußt in wesentlicher Weise die Leistungsfähigkeit der Daten- und Programmorganisation und damit die Effektivität des betreffenden EDV-Anwendungssystems, das wir als Einheit von inhaltlich-organisatorischen und technisch-organisatorischen Lösungen ansehen.

# 5. Problembearbeitung und Problemlösung

## 5.1. Der Einsatz der EDV zur Problembearbeitung und -lösung im Leitungsprozeß

Eines der Hauptanwendungsgebiete moderner Informationsverarbeitungstechnik ist der Leitungsprozeß.[1] Die sozialistische Leitung ist eine objektiv notwendige Funktion des sich arbeitsteilig vollziehenden Reproduktionsprozesses.

Zu den Aufgaben für die theoretische und praktische Arbeit auf dem Gebiet der Leitung, wie zum Beispiel die weitere Entfaltung der sozialistischen Demokratie, die weitere wissenschaftliche Fundierung der Arbeit mit den Menschen, die rationelle und effektive Gestaltung von Leitungsprozessen und Leitungsstrukturen usw., um nur einige zu nennen, gehört auch die Herausarbeitung der informationsverarbeitenden Aspekte der Leitungstätigkeit einschließlich der Analyse der Leitung und der Leitungssysteme unter dem Aspekt der Informationsverarbeitung. Diese Aufgabe schließt die effektive Nutzung moderner Informationsverarbeitungstechnik — und hier vor allem die effektive und rationelle Nutzung der elektronischen Datenverarbeitung — ein. Der zunehmende Umfang und die wachsende Komplexität der zu leitenden Prozesse sowie der hiermit einhergehende Vergesellschaftungsprozeß der Leitungstätigkeit führen notwendig dazu, daß der Koordinierungsaufwand zunimmt und die Fragen der Reaktionszeit, der Zuverlässigkeit, der Genauigkeit und der Qualitätsanforderungen im Hinblick auf die notwendigen Informationsverarbeitungsprozesse eine immer größere Bedeutung erlangen.[2] Der Einsatz moderner Informationsverarbeitungstechnik wird damit zu einem Moment der Qualifizierung der Leitungstätigkeit.

Bei der Aufgabe, leitungsgerechte automatisierte Informationsverarbeitungssysteme zu schaffen, geht es unter anderem darum, die Leitungstätigkeit als schöpferische Tätigkeit zu betrachten. Das bedeutet, daß

[1] Vgl. u. a. Gvišiani, D. M., Management — Eine Analyse bürgerlicher Theorien von Organisation und Leitung, Berlin 1974; Afanasjew, W. G., Wissenschaftlich-technische Revolution, Leitung, Bildung, Berlin 1974.

[2] Maiminas, E. S., Planungsprozesse — Informationsaspekt, Berlin 1972; Steuer, K.-H., EDV-Handbuch für den Leiter, Berlin 1974.

unter dem Aspekt der Informationsverarbeitung die Leitungstätigkeit vorwiegend als ein Problembearbeitungs- und -lösungsprozeß angesehen werden muß, bei dem schematische Aufgaben nur in relativ geringem Umfang anfallen (vgl. Abbildung 41). Routineprobleme, die im Prozeß ihrer Bearbeitung und Lösung wenigstens zum Teil auf eine Reihe von Aufgaben zurückzuführen sind, führen in keiner Weise zu schematischen Aufgaben, weil erst in der Phase der Problembearbeitung und -lösung präzisiert werden kann, welche Kombinationen von Daten nach welchem Algorithmus zu verarbeiten sind, um zu einer Lösung zu gelangen. Diese Feststellung ist für die Strukturierung von automatisierten Informationsverarbeitungssystemen von entscheidender Bedeutung. In der Literatur begnügt man sich leider meist mit einer einfachen Gegenüberstellung von schöpferischer und schematischer geistiger Tätigkeit. Die Anwendung von EDVA reduziert sich demnach in diesem Bereich — wenn man dieser Auffassung folgen will — auf die Zielstellung, geistige Tätigkeiten zu schematisieren, weil das als Voraussetzung für ihre Automatisierung angesehen wird. Auf dieser Grundlage entstanden lebensfremde Modellkonstruktionen für die Leitungstätigkeit, die nicht nur an ihrem Perfektionismus scheiterten, sondern auch einen verfehlten theoretischen Ansatz über das Wesen der Leitungstätigkeit enthielten. Sie ließen keinen Raum für die Vermittlung zwischen schöpferischer und schematischer Tätigkeit. Die schöpferische und die schematische geistig-produktive Tätigkeit wurden einander unvermittelt gegenüber gestellt.

Während die eine Tendenz also darin besteht, schöpferische Tätigkeiten zu schematisieren, wird von den Anhängern der entgegengesetzten Richtung — jedoch auf der Grundlage desselben theoretischen Ansatzes — die These verkündet, daß man heutigen digitalen Rechenautomaten das Schöpferische beibringen müsse, um die Leitungstätigkeit automatisieren zu können. Ein derartiger Zweckoptimismus über entsprechende Fähigkeiten der Computer soll über die theoretische wie praktische Unhaltbarkeit dieser These hinwegtäuschen. All diese Auffassungen besitzen einen erklärt spekulativen Charakter. In der populärwissenschaftlichen Literatur entstand auf dieser Basis bedauerlicherweise der Mythos der wundertätigen, ja sogar schöpferischen Denkmaschinen.

Auf diese Weise wirken beide sich aus der gleichen falschen theoretischen Voraussetzung ableitenden extremen Richtungen in eigenartiger Form zusammen. Das eine Extrem simplifiziert und verkleinert die menschlichen Fähigkeiten, da ja alle wesentlichen Probleme im Prinzip schematisiert werden könnten. Das andere Extrem hingegen übertreibt die Fähigkeiten und Potenzen der Maschine. Auf diese Weise nähern sich die Bilder von den menschlichen Denkleistungen und den Leistungen und Möglichkeiten eines Computers einander an. Beide Extreme erweisen sich als Spielarten des Technizismus.

| | Aufgabentypen A schematisch | B nichtschematisch | C konstruktiv |
|---|---|---|---|
| genormtes Aufwandsverhältnis der Aufgabentypen | 1 | 5 | 25 |
| angenommene Aufgabenverteilung [in %] Prozeß I | 80 | 19 | 1 |
| Prozeß II | 50 | 45 | 5 |

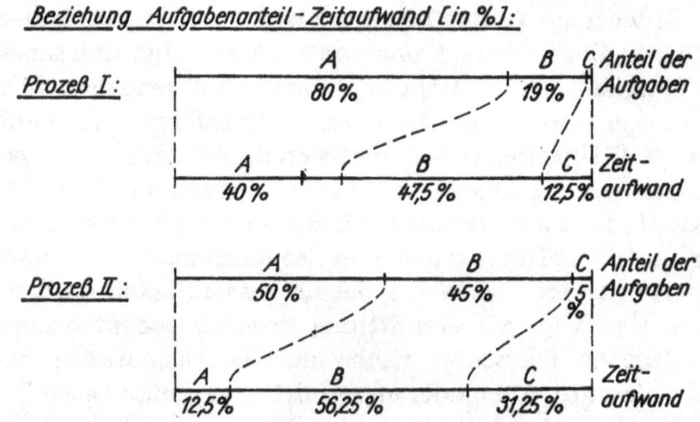


**Abb. 41: Beziehungen zwischen Aufgabenanteil und Verhältnis des Zeitaufwandes (Beispiele)**

Naturgemäß wirken sich derartige Verzerrungen ungünstig auf die Zielstellungen und die zu ihrer Erreichung entwickelten Methoden der Einsatzvorbereitung für Informationsverarbeitungsanlagen aus.

Eine realistische Automatisierungskonzeption muß berücksichtigen, daß von den formalisierbaren Operationen je nach dem Charakter des Arbeitsprozesses nur ein Teil schematisierbar ist. Es wird oft übersehen, daß nicht die *Anzahl* der Aufgaben (Anzahl vergleichbarer geistiger Operationen), sondern vor allem der zu ihrer Lösung erforderliche *Zeitaufwand* als Maßstab für erzielte Rationalisierungsergebnisse dienen kann. Analysen ergaben, daß sich der Zeitaufwand für schematische, nichtschematische und konstruktive Aufgaben wie 1:5:25 verhält, vgl. Abbildung 41. Bestehe nun ein weitestgehend nach einem Schema ablaufender Prozeß (zum Beispiel Verwaltungsprozeß) zu 80% aus Aufgabenstellungen, die man — ohne nachdenken oder besondere Situationen berücksichtigen zu müssen — in festgelegter Weise zu lösen hat (Prozeß I), so werden doch nur 40% des Zeitfonds benötigt. Für Tätigkeiten ausgeprägt schöpferischer Natur sind Entscheidungsprozesse (Berücksichtigung neuer Bedingungen und Situationen) sowie Problembearbeitungs- und -lösungsprozesse (Tätigkeiten, für die kein vorgefertigtes Schema existiert) charakteristisch. Obwohl wir für solche Arbeitsprozesse im Beispielprozeß II sogar 50% schematisierbare Aufgaben unterstellt haben, werden fast 90% der Zeit für die Lösung von nichtschematischen und konstruktiven Aufgaben benötigt. Daher erlangt — neben der Automatisierung schematisierbarer Tätigkeiten — die EDV-Unterschützung für die Lösung nichtschematischer bzw. konstruktiver Aufgaben immer größere Bedeutung. Wir sehen an diesen Beispielen, daß die lebensfremde und abstrakte Gegenüberstellung von schöpferischen und schematisierbaren geistigen Tätigkeiten nicht vermag, der EDV-Anwendung genügend differenzierte Ziele zu stellen.

Wir wollen versuchen, diese metaphysische Gegenüberstellung zu überwinden und die beiden Seiten in ihrer widersprüchlichen Einheit begreiflich zu machen; denn es gibt Tätigkeiten, die weder schöpferisch noch schematisch, sondern beides zugleich sind.

Die *Vermittlung zwischen der schöpferischen und der formalisierbaren Tätigkeit* ist in der *Routinetätigkeit* zu sehen, wobei die formalisierbare geistige Tätigkeit sowohl die schematischen als auch die nichtschematischen Aufgaben einschließt.

Die Routinetätigkeit umfaßt alle geistigen Tätigkeiten, die dadurch gekennzeichnet sind, daß bewährte Methoden und Verfahren der menschlichen Informationsverarbeitung (das heißt sowohl Verknüpfung von Deskriptionen als auch Daten) zielstrebig ausgewählt und angewandt werden. In der Kybernetik und Psychologie spricht man in diesem Zusammenhang auch vom „inneren Modell der Außenwelt“. Routine erweist sich dann aus dieser Sicht als eine „bloße Anwendung“ des inneren Modells.

Routine ist insofern schöpferisch, als die zum Ziele führenden Methoden und Verfahren zweckmäßig ausgewählt und kombiniert werden müssen, bevor sie zu der betreffenden konkreten Situation „passen“. Sie ist nicht schöpferisch, soweit dabei Teilschritte auftreten, die sich auf die Nutzung algorithmierter Verarbeitung von Daten beziehen. In diesem Sinne spricht man beispielsweise von der „Routine des erfahrenen Leiters“, wobei man damit keineswegs ausdrückt, daß die aus der Erfahrung geprägte Tätigkeit des Leiters eine schematische sei.

Eine Analyse der Routine ist nicht nur von theoretischem Interesse, sondern auch von großer ideologischer und praktischer Bedeutung. Die Tätigkeit des Menschen ist fast vollständig Routinetätigkeit. Sie ist nur deshalb rationell und effektiv gestaltbar, weil eine Minimierung des Aufwandes möglich ist, der zur Erreichung eines beabsichtigten Zielzustandes führt.

„Routine" mit „unschöpferisch" zu identifizieren, bedeutet daher zwangsläufig Diffamierung einer Vielzahl von Tätigkeitsbereichen, in denen das Entwicklungstempo unserer gesellschaftlichen und individuellen Entwicklung nachhaltiger entschieden wird als in einer sich davon abgrenzenden Haltung elitärer Selbstüberhebung. Produktiv werdendes Schöpfertum stützt sich stets auf die Routine (virtuose Beherrschung der zum Ziele

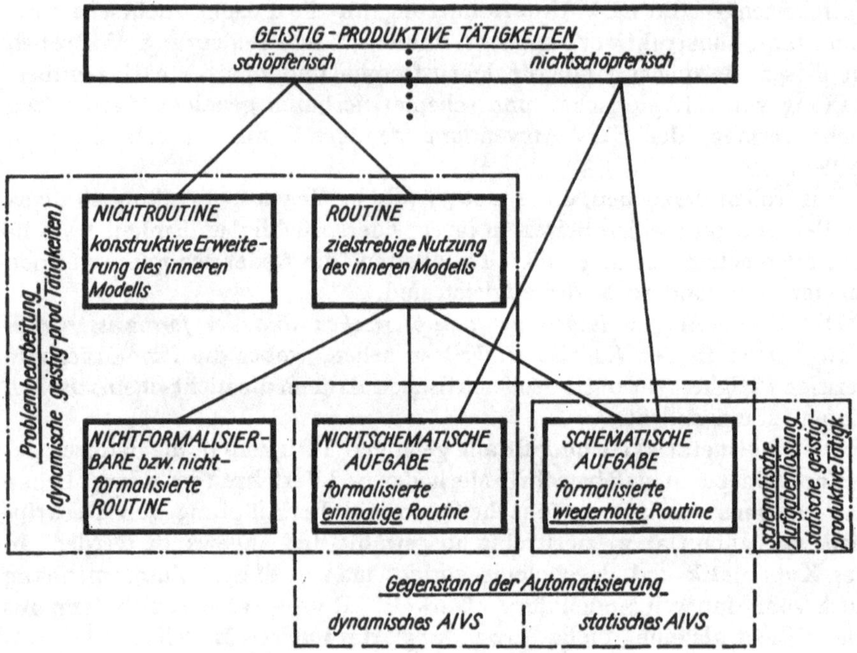


Abb. 42: Gliederung der geistig-produktiven Tätigkeiten unter informationellem Aspekt (aus: Deutsche Zeitschrift für Philosophie, Berlin, Sonderheft 1973)

führenden Methoden, Nutzung der Routineoperationen anderer im arbeitsteiligen Prozeß) und führt zu neuer Routine, das heißt, es schlägt selbst wieder in Routine um. Je nachhaltiger das geschieht, um so produktiver ist die Vergegenständlichung des Schöpferischen. Die Routine ist gewissermaßen das aufbewahrte und dadurch den praktischen Lebensprozeß bestimmende Schöpferische der Menschheitsentwicklung.

Im Gegensatz zur Routinetätigkeit vertieft, verändert oder erweitert die *Nichtroutinetätigkeit als konstruktive Tätigkeit* unser gesellschaftlich bedingtes systematisches Abbild der Umwelt, wobei es sich um grundlegende Veränderungen dieses Abbildes oder um Details im Sinne einer konkreten

Problembearbeitung handeln kann, für die ein entsprechender Lösungsweg bisher nicht bekannt war.

Die Nichtroutinetätigkeit nutzt in spezifischer Weise sowohl den Widerspruch zwischen objektiver Realität und geistigem Abbild (innerem Modell) als auch die dialektischen Widersprüche des inneren Modells als Triebkraft, um Neues hervorzubringen. *Sowohl der schöpferische Charakter der Routine als auch der Routinecharakter des Schöpferischen sind eine wesentliche Grundlage für die Leistungsfähigkeit menschlichen Denkens und Handelns in Problemsituationen* (vgl. Abb. 42).

Hierbei ist der konstruktive Anteil als ein Bestandteil der schöpferischen geistigen Tätigkeit die revolutionäre, vorantreibende Komponente, die die bestehende Gesamtheit der Routinen erweitert und verändert und dadurch in Routine auf höherem Niveau umschlägt. Diese ständige Umwandlung konstruktiver Tätigkeit in Routinetätigkeit kennzeichnet die Dynamik menschlicher Informationsverarbeitung. Die so verstandene Routine besitzt in der Regel auf jeder Stufe ihrer Entwicklung formalisierbare Anteile, die Gegenstand der Algorithmierung werden können, um leistungsfähige Methoden und Verfahren zu objektivieren und unter bestimmten Bedingungen sogar zu automatisieren. Die formalisierten Routineprozesse sind daher sowohl Bestandteil des einheitlichen und untrennbaren Prozesses der dynamischen geistig-produktiven Tätigkeit (Problemlösung) als auch Ausgangspunkt für vom dynamischen Prozeß abspaltbare geistige Tätigkeiten, die als ein Grenzfall der formalisierten Routine schematische geistig-produktive Tätigkeiten sind.

Es gibt tatsächlich geistig-produktive Tätigkeiten, bei denen ein geistig-schematischer Anteil auf Grund seiner relativ selbständigen Funktion (überwiegend extensionale Zusammenhänge) aus dem Rahmen der Gesamtheit der geistigen Tätigkeiten herausgelöst und in dieser Form für sich zum Gegenstand von Automatisierungsmaßnahmen gemacht werden kann. Die zweckmäßigste und effektivste Form der Automatisierung von derartigen geistig-produktiven Tätigkeiten soll als statisch bezeichnet werden. Weil diese Tätigkeiten immer wieder in der gleichen Weise schematisch ablaufen, können sie in fest programmierbaren Prozeßabläufen vollständig im Automaten nachgebildet werden.

Dort, wo die formalisierte Routine keine relativ selbständige Funktion besitzt, sondern ein notwendiges Element im schöpferisch-geistigen Prozeß darstellt (vorwiegend intensionale Zusammenhänge), treten wesentlich ander eProbleme der Automatisierung auf. Obwohl auch hier allein die formalisierbaren Anteile der dynamischen geistig-produktiven Tätigkeit Gegenstand der Automatisierung sind, müssen sie jedoch hinsichtlich ihrer Funktion im schöpferischen Gesamtprozeß gesehen und dementsprechend behandelt werden. Da es — wie deutlich gemacht werden sollte — keine zu einem selbständigen Prozeß abspaltbare rein schöpferische geistige Tätigkeit gibt, weil jede schöpferische Tätigkeit sich notwendig auf Routine stützen muß, besteht die Funktion der Routine in diesem Falle im wesentlichen in der Vorverarbeitung und Bereitstellung gerade solcher Informationen und Verarbeitungsverfahren und -methoden, wie sie für die Lösung einer betreffenden Problemstellung notwendig sind. Diese Bereitstellung ist im Laufe des Problemlösungsprozesses mehrfach erforderlich. Die Routine leitet sich aus der Spezifik der jeweils zu lösenden Probleme ab. Damit haben die formalisierbaren Anteile der Routine eine andere Funktion als die formalisierte schematische Arbeit, bei der ja gerade der unmittelbare Zusammenhang mit der schöpferischen geistigen Tätigkeit aufgehoben ist. Diese formalisierte Routine stellt eine Potenz für viele konkret festgelegte Routineprozesse dar. Je nachdem, welche der Problemstellungen aus einem bestimmten Problemfeld in Angriff genommen wird, entstehen konkrete Aufgabenstellungen für die formalisierbare Routine, deren Überführung in nichtschöpferische geistige Arbeit somit nur in engem Zusammenhang mit der konkret vorliegenden Problemstellung selbst möglich ist.

Wenn es gelingt, die formalisierte Routine selbst zum Gegenstand der Automatisierung zu machen, sind die Grundlagen für eine rationelle Informationsverarbeitung gelegt, die den Bedingungen des Problembearbeitungsprozesses angepaßt ist. Wegen des untrennbaren Zusammenhanges dieser Routine mit den anderen Bestandteilen der schöpferischen geistig-produktiven Tätigkeit kann eine derartige Automatisierung nur als Mensch-Maschine-Kommunikation verstanden werden. *Der ständige, für die Automatisierung notwendige Umschlag von formalisierter Routine in automatisierte Abarbeitung kann nur durch den steuernden Eingriff des Menschen erfolgen,* der in Abhängigkeit von seiner konkreten Problemstellung die erforderlich werdende Konkretisierung der Routine auslöst. Eine derartige automatisierte Informationsverarbeitung nennen wir dynamisch, weil aus einer im Automaten vorhandenen großen Potenz von Informationen und Programmbausteinen immer wieder neuartige konkrete Informationsverarbeitungsprozesse kombiniert und generiert werden können.

Während man also in der ökonomischen Massendatenverarbeitung als einer typischen Form der statischen Informationsverarbeitung immer wieder denselben Informationsverarbeitungsprozeß wiederholt realisiert, wird in der dynamischen Informationsverarbeitung der konkrete Abarbeitungsprozeß erst im Verlaufe des Mensch-Maschine-Dialogs präzisiert und so gesteuert generiert. Die dynamische Informationsverarbeitung beinhaltet somit zwangsläufig automatisierte organisatorische Elemente, die den durch den Dialog gesteuerten Übergang von der formalisierten Routine zur schematischen Abarbeitung im Automaten ermöglichen.

Durch die multivalente Nutzbarkeit der dem Automaten zur Verfügung stehenden Informationen und Programmbausteine wird der Rationalisierung der geistig-produktiven Tätigkeit ein wesentlich größerer Anwendungsbereich erschlossen, als dies im Rahmen der statischen Informationsverarbeitung möglich war. Insbesondere stellt die Leitungstätigkeit als eine Form der schöpferischen geistig-produktiven Tätigkeit an die Informationsverarbeitung Anforderungen, die nur im Rahmen der dynamischen Informationsverarbeitung lösbar sind.

Aus den angeführten theoretischen und praktischen Erwägungen heraus scheint uns die Realisierung einer leistungsfähigen Konzeption für die dynamische Informationsverarbeitung ein Grunderfordernis bei der Erschließung neuer Anwendungsbereiche der EDV-Technik und ihrer rationellen Nutzung zu sein, die in den Gesamtrahmen der Intensivierung der produktiven Tätigkeiten zur schnelleren Steigerung der Arbeitsproduktivität gestellt werden muß. Dieser Zusammenhang von Intensivierung und Rationalisierung der geistig-produktiven Tätigkeit überhaupt und dynamischer Informationsverarbeitung erweist sich in der Tat als kein bloß äußerlicher, sondern hat seine tiefere Bewandtnis in der inneren Einheit der aufgeführten Bestandteile der geistig-produktiven Tätigkeit. Die Automatisierung der formalisierbaren Informationsverarbeitung ist somit nur ein Teilaspekt bei der primär von inhaltlichen Fragen abhängenden Steigerung der Produktivität der geistigen Tätigkeit.

## 5.2. Hauptaspekte der Problembetrachtung

Demokrit, Plato und Aristoteles bezeichneten das Problem als „Wissen vom Nichtwissen". Dieser *philosophisch-erkenntnistheoretische Aspekt* ist bis auf den heutigen Tag in der gleichen Intention lebendig geblieben.[3]

[3] Vgl. hierzu u. a.: Sydow, H., Zur Klassifikation von Problemen und Lösungsprozeduren, in: Kybernetik — Forschung, Berlin 1972, S. 11; Weber, B., Formalisierungsansätze in der systematischen Heuristik, in: Kybernetik — Forschung, Berlin 1972, S. 28; Banerji, R. B., Theory of problem solving — An approach to artifical intelligence, New York 1969; Lin, S., Heuristic techniques for solving large combinatorial problems on a computer, in: R. B. Banerji and M. D. Mesarovič, Berlin-München-Heidelberg 1970; Florath, F., Heuristische Techniken und Automatenprogramme — Forschungsbericht zum Thema Problemlösen der WK Kybernetik 1971, in: Kybernetik — Forschung, S. 178; Klix, F., Vorbereitende Untersuchungen zur kybernetischen Analyse des Problemlösungsverhaltens, in: Bericht über den 25. Kongreß der Deutschen Gesellschaft für Psychologie, Göttingen 1967.

So wird meist das Problem wie folgt charakterisiert: „Wissen eines Individuums oder einer Menschengruppe darüber, daß das von ihm (ihr) beherrschte Wissen nicht genügt, ein durch die Praxis gefordertes Ziel erreichen zu können und daß dieses Wissen deshalb entsprechend erweitert werden muß."[4] Um die Grundtendenz dieser Definition (Erarbeitung *neuen* Wissens) noch genauer herauszuheben, wird ergänzt, daß bei einem „Problem im engeren Sinne" das gesuchte Wissen nicht schon bei anderen Gesellschaftsmitgliedern vorhanden sein darf bzw. ein Algorithmus existiert, der den festgestellten Wissensmangel behebt. Noch schärfer wird diese Tendenz von Parthey und Wächter betont, wenn sie den Begriff des Problems wie folgt definieren: „Ein System von Fragen und Aussagen, das Aussagen über Gegebenes und über Bedingungen eines Zieles sowie Fragen nach einem Ziel menschlicher Tätigkeit enthält, ist ein Problem, wenn kein Algorithmus bekannt ist, mit dessen Hilfe das erfragte Ziel in einer endlichen Anzahl von Schritten erreicht werden kann. Ist eine solcher Algorithmus bekannt, liegt eine Aufgabe vor."[5]

„Seiner gedanklichen Struktur nach stellt jedes Problem ein System von Aussagen und Fragen dar. Durch Aussagen werden im Rahmen des Problems die ihm entsprechende Problemsituation und die Bedingungen ihrer Beseitigung abgebildet .... Das Erkennen von Problemsituationen sowie die Bearbeitung und Lösung von Problemen sind ein dominierendes Merkmal wissenschaftlicher Forschung. An Hand dieses Merkmals lassen sich folgende Stadien wissenschaftlicher Forschungsprozesse unterscheiden:

a) Erkennen der Problemsituation und Darstellung des Problems (*Stadium der Problemstellung*);
b) Analyse der Bedingungen und Methoden, die eine Problemlösung gestatten (*Stadium der Problembearbeitung*);
c) Aufstellung von Hypothesen und ihre Überprüfung in der Praxis (*Stadium der Problemlösung*)."[6]

Aus dieser zweifellos richtigen Kennzeichnung des Problems als zielgerichteter Komplex geistiger Aktivitäten wird der Zusammenhang mit der Struktur und Organisation von Informationsverarbeitungsprozessen sichtbar.

[4] Philosophisches Wörterbuch, Hrsg. G. Klaus/M. Buhr, Leipzig 1971, S. 875.

[5] Parthey, H., Wächter, W., Das Problem und seine Struktur in der wissenschaftlichen Forschung, in: Rostocker Philosophische Manuskripte, 3/1966, S. 31; vgl. auch: Klix, F., Information und Verhalten, Berlin 1971, S. 640 ff.

[6] Philosophisches Wörterbuch, a. a. O., S. 876.

Auf dieser sehr hohen Abstraktionsstufe der philosophisch-erkenntnistheoretischen Analyse des Problems wird jedoch offensichtlich

— von der Spezifik informationsverarbeitender Prozesse während der Problembearbeitung und -lösung abstrahiert und

— das Problem nur in seiner für die Menschheitsgeschichte wesentlichen, das heißt informationsvermehrenden Bedeutung betrachtet.

Ein anderer Aspekt, unter dem Probleme untersucht werden, ist der *logische Aspekt*. Danach ist ein Problem ein System von Fragen und Aussagen. Entweder wird für das Verständnis der Funktion der Fragen eine neuartige Logik gefordert (Interrogativlogik), die im Zusammenwirken mit der Aussagenlogik, denen die Aussagen des Problems genügen, zum Verständnis der sogenannten Problemlogik beitragen soll, oder die Fragen werden als Aussagenfunktionen mit Individuen und/oder Prädikatenvariablen in die Aussagenlogik integriert.

Es existiert bereits eine umfangreiche Literatur zum „problem solving", doch die recht unterschiedlichen Standpunkte, die vertreten werden, sowie die vorgenommenen Abstraktionen zur Aufdeckung der „logischen Struktur" von Problemen scheinen eine baldige Nutzanwendung dieser Art von Theorien nicht in Aussicht zu stellen.

Ein weiterer, unser Anliegen in gewisser Weise ebenfalls tangierender Gesichtspunkt für das Problemverständnis ist der *psychologische Aspekt*. Hier wird die Problemsituation als Herausforderung für die Entwicklung eines geeigneten Verhaltens interpretiert. Die psychologische Stimulierung (Warum lösen wir überhaupt Probleme?) und Steuerung (Wie wird der beste Lösungsweg gefunden?) der Problembearbeitung bei Mensch und Tier wird experimentell und theoretisch untersucht. Dabei wird sichtbar, daß sehr wirkungsvolle Strategien durch Steuerungsmechanismen entwickelt werden, die wir technisch nicht modellieren und nachahmen können. Ohne uns in die Grundsatzdebatte einmischen zu wollen, ob diese Mechanismen nun grundsätzlich neuartige Eigenschaften besitzen oder nicht, haben wir aus Gründen einer immer umfangreicher werdenden EDV-Anwendung sehr scharf zwischen der (menschlichen) semantischen Informationsverarbeitung und der (maschinellen) syntaktischen Datenverarbeitung unterschieden.

Über diese drei Aspekte (die unseres Erachtens die bisherigen Hauptaspekte der Problemanalyse darstellen) hinausgehende Gesichtspunkte (zum Beispiel die wissenschaftstheoretische Analyse der Entwicklung des Problemdenkens in verschiedenen Fachdisziplinen) verstehen sich selbst von vornherein als spezielle, treten also nie mit dem Anspruch auf, allgemeine Problemtheorien zu entwickeln.

## 5.3. Bestimmung des Problems unter dem Aspekt der Informationsverarbeitung

Unter dem Begriff „Problem" verstehen wir die Einheit von drei qualitativ verschiedenartigen Prozessen.

Der erste Prozeß, der — wie wir sehen werden — besonderen Gesetzmäßigkeiten unterliegt, ist der Prozeß der *Zielfindung* für eine Problemlösung, deren Realisierung durch ein detailliertes System von Informationsverarbeitungsprozessen noch nicht berücksichtigt, wohl aber für prinzipiell möglich gehalten wird.

Darauf aufbauend ist der Inhalt des zweiten Prozesses die Umsetzung des fixierten Zieles in die *Konzipierung eines Systems von Informationsverarbeitungsprozessen*, von deren Realisierung man sich die Lösung des Problems erhofft.

Der dritte Prozeß schließlich besteht in der *Durchführung der konzipierten Informationsverarbeitungsprozesse.*

Im Anschluß daran erfolgt eine Analyse der im Rahmen der Informationsverarbeitungsprozesse erzielten Ergebnisse in Konfrontation mit der erarbeiteten Zielstellung und schließlich die Synthese der Ergebnisse des Informationsverarbeitungsprozesses zur Problemlösung. *Das Problem kann folglich definiert werden als ein durch Ziele strategisch gesteuerter Prozeß der Konzipierung und Realisierung eines Systems von Informationsverarbeitungsprozessen.*

Im Mittelpunkt dieser Definition steht eine geordnete Menge von Informationsverarbeitungsprozessen. Während wir im bisherigen uns lediglich mit der Struktur der Informationsverarbeitungsprozesse an sich beschäftigt haben, stehen wir jetzt vor der Aufgabe, eine Menge von Informationsverarbeitungsprozessen so zusammenzufügen, daß ein zielstrebiger und auf einen bestimmten Zweck ausgerichteter Gesamtprozeß der Informationsverarbeitung möglich wird. Das Problem erweist sich somit als das Grundelement einer vollständigen geistigen Tätigkeit. Schon Marx verdeutlichte, daß sich die menschliche Tätigkeit dadurch auszeichnet, daß sie planmäßig auf ein Ziel hinarbeitet, dessen geistige Vorwegnahme die Operationen, die zur Erreichung dieses Zieles führen sollen, steuert.[7] Diese Art der Steuerung soll im folgenden als strategische Steuerung bezeichnet werden, weil die Bewertungskriterien für die im Laufe des Prozesses erzielten Zwischenergebnisse unter dem Gesichtspunkt ihrer Bedeutung für die Zielerreichung bestimmt werden.

Ziele hängen mit der Fähigkeit des Menchen zusammen, Fragen zu stellen. Daraus ergibt sich die besondere Stellung der Frage im Rahmen der

7 Vgl. Marx, K., Das Kapital, Bd. 1, in: MEW, Bd. 23, Berlin 1962, S. 193.

menschlichen Kommunikation. Fragen implizieren somit eine besondere Form semantischer Informationsverarbeitungsprozesse, deren Spezifik bisher wenig analysiert wurde. Es sind zur Zeit keine universell gültigen Formalisierungsmethoden bekannt, die die Erzeugung von Fragen zum Gegenstand haben.

Wir konnten zeigen, unter welchen Bedingungen Informationen und Operationen als Elemente von Informationsverarbeitungsprozessen formalisiert werden können und somit ganze Komplexe von Informationsverarbeitungsaufgaben der automatisierten Abarbeitung zugeführt werden können. Bei diesem Herangehen wurde immer unterstellt, daß die Aufgaben, um deren automatisierte Abarbeitung es sich handelt, bereits formuliert sind. Warum es jedoch zur Formalisierung von Informationsverarbeitungsaufgaben kommt, wurde noch nicht untersucht.

Die Informationsverarbeitung selbst ist ja wiederum nur ein Hilfsmittel für die Realisierung menschlicher Tätigkeiten und muß daher in den Gesamtzusammenhang zweckgerichteter menschlicher Tätigkeiten eingeordnet werden. Die Verbindung zwischen einem System von Informationsverarbeitungsprozessen und einem Zweck, dem sie dienen, ist Gegenstand der weiteren Untersuchung.

## 5.4. Zur allgemeinen Klassifizierung von Problemen

Aufbauend auf der im Abschnitt 5.1. dargelegten Auffassung des Verhältnisses von schöpferischer und schematischer geistiger Tätigkeit kann auch eine Klassifizierung der Probleme unter informationellem Aspekt vorgenommen werden. Der informationelle Aspekt der Problembearbeitung und -lösung abstrahiert vom konkreten Inhalt des Problems. Er umfaßt im wesentlichen nur den Zusammenhang von Informationen und Regeln zu ihrer Verknüpfung. Der Klassifizierung von Problemen unter informationellem Aspekt liegen demzufolge solche Gesichtspunkte zugrunde — wobei nur die wichtigsten genannt sein sollen — wie

- die spezifische Art und Weise der Bildung von Informationsmengen zur Problembearbeitung und -lösung, bei der ein spezieller Informationsbedarf hervorgerufen wird,
- die Berücksichtigung der Differenzierung der Informationen im Hinblick auf ihre Arten und die sich hieraus ergebenden Konsequenzen für ihre Verarbeitung und die Spezifik ihrer Verknüpfungsmöglichkeiten,
- die Beachtung und Nutzung der Prinzipien und Regeln, die den Weg der Problembearbeitung und -lösung angeben,

— die Berücksichtigung der Zusammenhänge zwischen der Organisation der Informationsmenge und den sich hieraus ergebenden Konsequenzen bzw. Prinzipien und Regeln der Informationsverknüpfung,
— die Beachtung der Gemeinsamkeiten zwischen den einzelnen Problemen auf der Grundlage der zuvor genannten Zusammenhänge.

Ausgehend hiervon lassen sich unter informationellem Aspekt die Probleme zunächst in die Hauptklassen

a) der Nichtroutineprobleme und
b) der Routineprobleme

unterteilen (vgl. Abbildung 43).

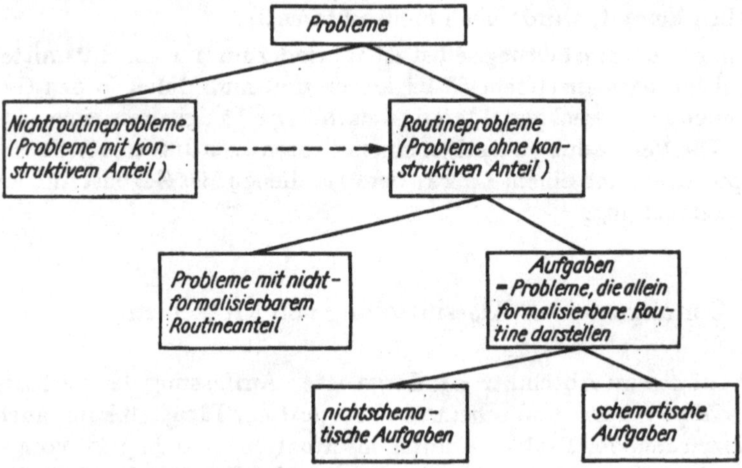


Abb. 43: Problemklassifizierung unter informationellem Aspekt

*Nichtroutineprobleme* enthalten einen „konstruktiven" Anteil, der durch Aufdeckung neuer objektiver Zusammenhänge, die Entwicklung neuer Methoden und Verfahren bzw. die Neuordnung von Erkenntnis- und Methodensystemen gekennzeichnet werden kann. Zu ihrer Lösung wird damit eine Erweiterung, Vertiefung oder Veränderung des inneren Modells der Umwelt erforderlich. Die Kennzeichnung als Nichtroutineproblem schließt ein, daß den Problemobjekten neue Eigenschaften bzw. neue semantische Interpretationen ihrer Eigenschaften zugeordnet werden, was sich in der Bildung bzw. Präzisierung von Informationen niederschlägt. Nachdem die zum Ziel führende Verarbeitung der Gesamtmenge an Informationen allgemeingültig fixiert ist, so daß bei ähnlichen Problemen erneut darauf zurückgegriffen werden kann, wechselt das Problem seinen Typus: die Problemlösung ist objektiviert und kann von anderen nachvollzogen werden. Die Nichtroutineprobleme und ihre Lösung erweitern unser Reservoir an Methoden und Verfahren. Auf diese Weise schlagen Nichtroutineprobleme in Routineprobleme um.

*Routineprobleme* sind durch die Anwendung allgemeiner Lösungsverfahren auf ähnliche Probleme gekennzeichnet. Die Bearbeitung von Routineproblemen ist keineswegs ein nichtschöpferischer Akt. Es handelt sich hier um eine zielstrebige Auswahl von geeigneten Methoden und Verfahren zur Lösung der Problemstellung. Die schöpferische Nutzung der Erfahrung (Routine des Problembearbeiters) besteht gerade darin, daß jeweils die schnell zum Ziele führenden semantischen und/oder auch formalisierbaren Operationen ausgewählt und zum Gesamtlösungsweg verkettet werden. Hierbei bekommen die mitunter nicht objektivierbaren Erfahrungen des Problembearbeiters (oft auch als eine Form der Intuition bezeichnet) eine wesentliche Funktion. Diese intuitive Sicherheit beim Fällen einer Entscheidung ist typisch für den schöpferischen Charakter der Lösung von Routineproblemen. Das Schöpferische ist in dieser Form selbst Routine, weil das Neue des gewählten Lösungsweges nicht die Erweiterung des inneren Modells bewirkt, wohl aber bekannte Strategien in neuer Weise ausgewählt, verbunden und angewendet werden. Weder die Strategien selbst noch das angewandte Verfahren der Auswahl einer Strategie sind durch Algorithmen darstellbar. Die sogenannte intuitive Sicherheit, mit der solche geistigen Prozesse ablaufen, ist nur eine andere Bezeichnung dieses Sachverhaltes.

*Strategien als semantisch fixierte Anweisungen für die Ausführung einer Kette von Operationen* sind in der Regel eine Mischung von rein semantischen Operationen und formalisierbaren Operationen. Die für die Problembearbeitung und -lösung vom inneren Modell ausgehend bereitzustellenden Strategien hängen wesentlich von den Problemobjekten selbst ab, das heißt, in welchem Umfang die Problemobjekte durch Merkmale gekennzeichnet werden können bzw. durch welche semantischen Verfahren die Bestimmung von Eigenschaften erforderlich wird, um die Problemstellung zu lösen. Obwohl es also für die Eigenschaft keinen definierten Wertevorrat gibt, verfügt der Mensch durch das innere Modell doch über Bildungsverfahren zur Bestimmung solcher Eigenschaften, wobei diese Bildungsverfahren das Ergebnis semantischer Operationen sind, denen die Problemobjekte unterworfen werden.

Hinsichtlich der Informationsarten und den darauf anwendbaren Operationen können die Routineprobleme weiterhin in

a) Probleme mit nichtformalisierbarem Routineanteil (semantische und syntaktisch-semantisch gemischte Probleme, siehe Abschnitt 5.8.1.)
b) Aufgaben (rein syntaktische Probleme)

unterteilt werden.

Die Existenz eines nichtformalisierbaren Routineanteils besagt, daß die Problemlösung Operationen enthält, die selbst nicht formalisiert bzw. nicht formalisierbar sind. Das hängt in erster Linie damit zusammen, daß die Auswahl und Verbindung solcher Strategien durch semantische Operationen erfolgt. Probleme mit nichtformalisierbarer Routine haben die Bildung und Verarbeitung nicht formalisierter Informationen zum Gegenstand, beinhalten also die zielstrebige Verarbeitung von Deskriptionen, das heißt die semantische Verknüpfung von Bedeutungen auf Grund ihrer wesentlichen Zusammenhänge. Im Unterschied zur Aufgabenabarbeitung bezeichnen wir diese Form der Verarbeitung als Argumentation.

*Aufgaben* sind der Grenzfall des Problems. Sie umfassen nur formalisierbare Routineanteile. Bei der Bearbeitung von Aufgaben handelt es sich um die Verarbeitung von Daten nach fixierbaren Algorithmen. In diesen Fällen nimmt der Algorithmus die Form wohlfixierter Folgen mathematisch-logischer Verknüpfungen an, nach denen die definierten Daten zu verarbeiten sind. Für diese Daten ist natürlich ihre Semantik festlegbar. Die Art der betreffenden Daten entscheidet auch gleichzeitig den möglichen mathematischen Apparat zur Verknüpfung dieser Informationen.

Eine weitere Unterscheidung bringt die schon des öfteren erwähnte Differenzierung der Aufgaben in schematische und nichtschematische Aufgaben, die nachfolgend in bezug auf bzw. durch die Routine charakterisiert werden sollen: *Gegenstand der Automatisierungsmaßnahmen* im Rahmen von Informationsverarbeitungsprozessen *ist allein die Abarbeitung von Aufgaben.* Die Formulierung derartiger Aufgaben — so können wir aus den bisher dargelegten Sachverhalten ableiten — ist in jedem Falle ein schöpferischer Prozeß, der über die Routine entweder zum Aufbau eines Schemas für die wiederholte Realisierung derartiger Datenverarbeitungsprozesse (schematische Aufgaben) oder im Rahmen eines Problembearbeitungs- und Problemlösungsprozesses zur Formulierung einer einmaligen Datenverarbeitungsaufgabe (nichtschematische Aufgabe) führt. Hinsichtlich der Automatisierbarkeit kann ausgehend vom Charakter beider Aufgabentypen im Hinblick auf den schöpferischen Prozeß festgestellt werden, daß die eingangs dieses Abschnittes formulierte Aussage gilt:

Während die schematischen Aufgaben nach der Aufstellung des Schemas vom schöpferischen Denkprozeß abgespalten werden können, weil voll objektiviert und daher der Vollautomatisierung zugänglich, bleibt die nichtschematische Aufgabe untrennbar mit dem Problembearbeitungs- und -lösungsprozeß verbunden und kann nur in der Form des Mensch-Maschine-Dialogs, wie ihn dynamische automatisierte Informationsverarbeitungssysteme ermöglichen, automatisiert werden.

Die dargelegte Gliederung der Probleme in Hauptklassen ist so zu verstehen, daß in der Regel die jeweils umfassendere Klasse von Problemen die weniger umfassenden Problemklassen als Teilschritte im Prozeß der Problembearbeitung enthält. Jede höhere Form der Problembearbeitung schließt somit die niederen Formen in sich ein und nutzt sie bei der Erzielung von Teillösungen im komplexen Problembearbeitungsprozeß, wenn Erfordernisse und Bedingungen für die Anwendung der niederen Formen gegeben sind (Hierarchiestruktur der Problembearbeitung und -lösung). Die jeweils niedere Form ist stets ein Spezialfall der übergeordneten. So enthalten zum Beispiel die Nichtroutineprobleme im allgemeinen Routineprobleme als Teilprobleme und das im wesentlichen auf jeder Stufe der Problembearbeitung und -lösung.

Einen Überblick über die Klassifizierung der Probleme unter informationellem Aspekt gibt die Abbildung 43. Die Abbildung verdeutlicht weiterhin, daß die alleinige Interpretation des Problemlösens als Transformation des Problems in eine Aufgabe im allgemeinen nicht richtig sein kann. Derartige Auffassungen unterschätzen die Problematik semantischer Verknüpfungen im Problembearbeitungsprozeß, indem angenommen wird, daß auch semantische Verknüpfungen prinzipiell algorithmisierbar sind.

Im Gegensatz dazu vertreten wir die Auffassung, daß — wenn man von dem Grenzfall der Aufgabe absieht — Probleme nicht algorithmierbar sind, wohl aber Teilprobleme enthalten können, die in nichtschematische Aufgaben überführbar sind. Diese Tatsache bildet den Ausgangspunkt für das Bemühen, leistungsfähige automatisierte Informationsverarbeitungssysteme für die Unterstützung des Problembearbeitungs- und -lösungsprozesses zu entwickeln. Ein hinreichendes Kriterium für die Einschätzung, in welchem Umfang Nichtroutineprobleme und Routineprobleme Teile enthalten, die letztlich auf nichtschematische Aufgaben reduziert werden können, ist die Feststellung, inwieweit Merkmale der Problemobjekte in der Problemlösung berücksichtigt werden müssen und angegeben werden können.

In den bisherigen Analysen über Möglichkeiten, Probleme wenigstens teilweise auf Aufgaben zu reduzieren, spielte der Algorithmusgedanke die entscheidende Rolle. Man spekulierte primär darüber, ob es für diesen oder jenen Teilschritt der Problemlösung einen Algorithmus geben könnte und übersah dabei, daß Algorithmen stets die Existenz von Daten voraussetzen. Es ist unseres Erachtens daher zunächst viel wesentlicher, zu analysieren, ob im Prozeß der Problembearbeitung und -lösung überhaupt Daten auftreten können, denn Daten sind prinzipiell mit Hilfe von Algorithmen verknüpfbar, so daß die Frage nach dem konkreten Algorithmus sekundär wird.

Problemobjekte ohne Merkmalsstruktur (und daher ohne Ansatzpunkte für die Verarbeitung von Daten) werden im allgemeinen überhaupt nicht auf die Lösung von Aufgaben als Teilschritte bei der Problemlösung reduzierbar sein.

## 5.5. Funktion der Frage bei der Konzipierung von Informationsprozessen

Unter Frage verstehen wir hier die Formulierung eines Zielgegenstandes für einen Informationsverarbeitungsprozeß im Rahmen einer Zielklasse. Diese Definition unterstellt die Existenz qualitativ verschiedenartiger Zielklassen. Wir haben in der Tat Anlaß, eine solche Differenzierung der Ziele vorzunehmen, weil sonst die Funktion der Frage für die Konzipierung hierarchischer Informationsverarbeitungsprozesse nicht hinreichend genau herausgearbeitet werden kann.

Die Struktur der Frage beinhaltet eine spezifische Beziehung zwischen dem Zielgegenstand und dem Zielinhalt.

Der Zielinhalt ist durch folgende Zielklassen gekennzeichnet, auf die sich die Frageklassen beziehen:

a) Zielvorstellung,
b) Zielfindung,
c) Zielrealisierung.

Es gibt unseres Erachtens drei Hauptklassen von Fragen, die im Rahmen der strategischen Steuerung von Informationsverarbeitungsprozessen eine völlig unterschiedliche Bedeutung besitzen:

a) Zielfindungsfragen,
b) Zielumsetzungsfragen,
c) Zielrealisierungsfragen.

Bei Fragen im Rahmen der Zielklasse *Zielvorstellungen* geht es darum, Begründungen für eine Zielvorstellung zu ermitteln. Fragen zu dieser Zielklasse berücksichtigen noch nicht die konkreten Wege für eine Problemlösung, sondern unterstellen in globaler Form die Möglichkeit, solche Wege zu finden. Ihr Interesse liegt vor allem in der möglichst präzisen Fixierung des Zielgegenstandes als geistig vorweggenommene Problemlösung. Die Antworten auf Fragen dieser Zielklasse repräsentieren gewissermaßen die Erwartungen, die man an die Problemlösung stellt, sowie die Bedeutung, die man der Problemlösung zuschreibt.

Nachdem die Fragen der ersten Klasse zur *Zielfindung* beigetragen haben und somit das Ziel für den Problembearbeitungs- und -lösungsprozeß fixiert ist, ergeben sich neue Fragen, die der zweiten Klasse zuzuordnen sind. Dies sind Fragen des Typs „Wie kann man das gesteckte Ziel erreichen?", das heißt, wie muß man ein System von Informationsverarbeitungsprozessen konzipieren, so daß man von definierten Ausgangspunkten ausgehend durch einen schrittweisen Informationsverarbeitungsprozeß die Zielstellung erreicht. Die Fragen der zweiten Klasse zielen also auf die

*Konzipierung eines realisierbaren Systems von Informationsverarbeitungsprozessen*, von deren Realisierung man annimmt, daß sie ins Zielgebiet führen. Die Antworten auf die Fragen der zweiten Klasse sind daher konstituierende Bestandteile für die Systembildung, deren Elemente Informationsverarbeitungsprozesse darstellen. Es erfolgt somit eine Umsetzung des fixierten Ziels in Wegvorstellungen zur Realisierung des Ziels.

Nach der Fixierung der Vorstellungen für mögliche Lösungswege ergeben sich Fragen der dritten Klasse, die gewissermaßen auf die detaillierte Realisierung der Voraussetzungen für die Problemlösung zielen. Die Antworten zu den Fragen dieser Klasse dienen der Bereitstellung all jener Informationen und Operationen, die für die *Durchführung der konzipierten Informationsverarbeitungsprozesse* als notwendig erachtet werden. Typische Fragen dieser Klasse sind zum Beispiel: Ist diese oder jene Information bzw. Operation vorhanden? Wie sollte man diese Elemente des Informationsverarbeitungsprozesses erfassen und bereitstellen? Welche Termine sind für diese Bereitstellungsoperationen realistisch?

Abbildung 44 kennzeichnet den Zusammenhang zwischen den drei Zielklassen und den drei Klassen von Fragen.

Die Zielfindungsfragen haben die Funktion, aus ersten Zielvorstellungen eine begründete Zielfindung zu erarbeiten. Die Zielumsetzungsfragen unterstellen die Richtigkeit des gesetzten Ziels und suchen nach Wegen für die

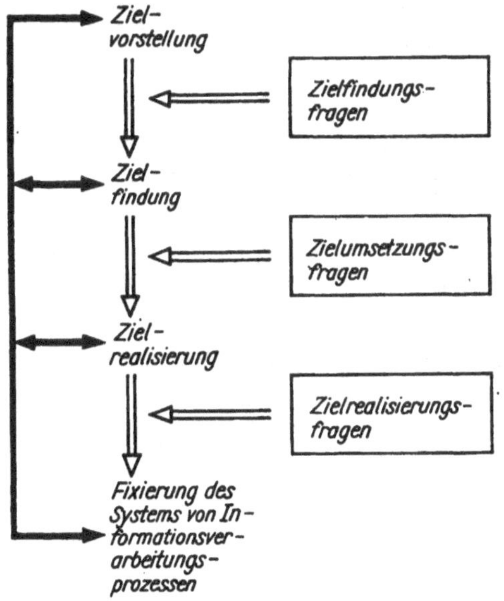


Abb. 44: Prinzipskizze der hierarchischen strategischen Steuerung für die Fixierung des Systems von Informationsverarbeitungsprozessen

Realisierung des Ziels. Die Zielrealisierungsfragen unterstellen die Existenz eines Lösungsweges und ermöglichen die konkrete Fixierung jenes Systems von Informationsverarbeitungsprozessen, von deren Realisierung man die Problemlösung erwartet.

Die Zielklassen verkörpern somit ein hierarchisches System von strategischen Steuerungen zur Fixierung eines Systems von Informationsverarbeitungsprozessen. Die Abarbeitung der Fragen dieser drei Klassen in der angegebenen hierarchischen Rangfolge kennzeichnet den Problembearbeitungsprozeß.

Der Problemlösungsprozeß beginnt mit der Auslösung des ersten Informationsbearbeitungsprozesses des fixierten Systems von Informationsverarbeitungsprozessen.

Bei komplexen Problembearbeitungs- und -lösungsprozessen beobachten wir häufig eine Zerlegung des ursprünglichen Problems in mehrere Teilprobleme. Hierbei kann es vorkommen, daß es bei einem Teilproblem bereits zur Fixierung des zugehörigen Systems von Informationsverarbeitungsprozessen gekommen ist, während für andere Teilprobleme noch an der Zielfindung gearbeitet wird. Dennoch werden die vorgenannten Phasen der Problembearbeitung, die durch die Zielklassen und ihren Zusammenhang repräsentiert werden, immer wieder in gleicher Weise durchlaufen.

Zur Veranschaulichung der Zielklassen und ihrer Funktion sollen im folgenden zwei Beispiele angegeben werden.

1. Beispiel

*Zielvorstellung*: Entwicklung eines allgemeinen Anamnesebogens für die Vereinheitlichung der Erfassung von Patienteninformationen.

*Fragen der ersten Klasse*: Ist eine solche Zielstellung sinnvoll? Welche Bedeutung hätte die Lösung des Problems für Strategien unseres Gesundheitswesens? Lassen sich Erfordernisse der medizinischen Betreuung in dieser Weise vereinheitlichen?

*Zielfindung*: Der Anamnesebogen wird zur gesellschaftlich legitimierten Aufgabenstellung.

*Fragen der zweiten Klasse*: Welche Informationen gehören in den Anamnesebogen? Wie wird der Aufwand zur Erfassung dieser Informationen eingeschätzt? Welche Auswertungsoperationen werden angestrebt bzw. für notwendig gehalten?

*Zielrealisierung*: Das Konzept für den Anamnesebogen ist fertiggestellt.

*Fragen der dritten Klasse*: Worauf muß man bei der Informationserfassung achten? Wie müssen die Ärzte und Schwestern angeleitet werden?

Welche Informationswege für die Bereitstellung der erfaßten Daten sind die zweckmäßigsten? Wer übernimmt die Auswertung? Wem werden die Ergebnisse der Auswertung zur Verfügung gestellt?

Auf diese Weise wird ein System von Informationsverarbeitungsprozessen fixiert, das in diesem Falle die erfaßten Patienteninformationen nach festgelegten Auswertungsmethoden transformiert.

2. Beispiel:

*Zielvorstellung*: Analyse der Qualifikationsstruktur einer Abteilung.

*Fragen der ersten Klasse*: Ist die Analyse der Qualifikationsstruktur notwendig? Könnte man die beabsichtigte Analyse über die Lösung anderer Problemstellungen erreichen?

*Zielfindung*: Eine Analyse soll durchgeführt werden (Auftrag an die Abteilung).

*Fragen der zweiten Klasse*: Welche Informationen sind für eine derartige Analyse notwendig? Wie weit muß die zeitliche Entwicklung dieser Informationen verfolgt werden. Welchen Operationen müssen diese Informationen unterworfen werden, um zu einer aussagefähigen Analyse zu kommen?

*Zielrealisierung*: Es werden Vorstellungen über den Umfang der Informationen und die Art der Operationen entwickelt.

*Fragen der dritten Klasse*: Aus welchen Dateien können die notwendigen Informationen entnommen werden? Gibt es Verarbeitungsprogramme, die dem konzipierten Lösungsweg entsprechen? Welche Termine müssen für die Bereitstellung der Informationen und Operationen gesetzt werden? Wie ist der Bereitstellungsprozeß zu organisieren?

Wiederum entsteht im Ergebnis der Beantwortung der Fragen in der genannten hierarchischen Reihenfolge ein fixiertes System von Informationsverarbeitungsprozessen.

## 5.6. Struktur des Problems

Das Problem als ein in sich relativ abgeschlossener Komplex von geistigen Tätigkeiten enthält unter informationellem Aspekt drei Strukturelemente:

a) Die *Ziele* für die Problemlösung,
   die sich in die Hierarchie der Zielvorstellung, der Zielfindung und der Zielrealisierung gliedern.

b) Die *Voraussetzungen* für die Problemlösung,
die in der Bereitstellung der erforderlichen Informationen und Operationen bestehen und dem konzipierten Lösungsweg entsprechen.

c) Die *Informationsverarbeitungsprozesse* für die Problemlösung,
die durch ihre Realisierung die Voraussetzungen für die Problemlösung in die Problemlösung selbst umwandeln.

Die Struktur des Problems wird in Abbildung 45 dargestellt.

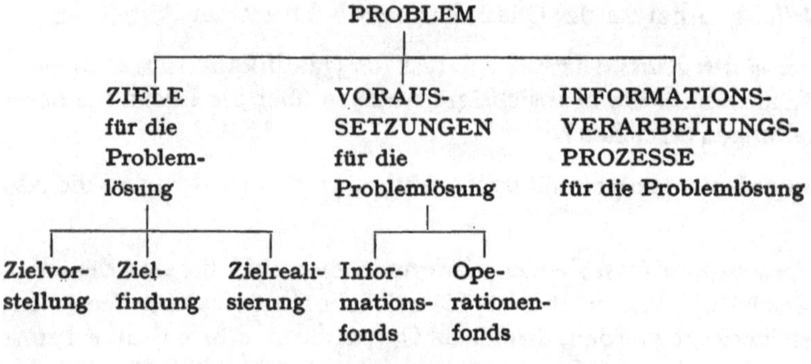


Abb. 45: Struktur des Problems

Im Rahmen der Struktur des Problems erweisen sich die Voraussetzungen für die Problemlösung als Vermittlung, als eine Art Bindeglied zwischen den Zielen und den Informationsverarbeitungsprozessen zur Realisierung der Problemlösung.

Obwohl die Voraussetzungen für die Problemlösung selbst wieder als ein System von Informationen und Operationen aufzufassen sind, nehmen sie gegenüber den Informationsverarbeitungsprozessen insofern eine Sonderstellung ein, als es sich um das Verhältnis des Systems von Informationen und Operationen zu den Zielen handelt. Informationen und Operationen erscheinen somit nicht als Elemente eines Informationsverarbeitungsprozesses, sondern als Ergebnis eines Zielstellungsprozesses und nur insofern als Anfangspunkt für Informationsverarbeitungsprozesse. Die Voraussetzungen für die Problemlösung werden durch die Zielstellung bestimmt und beinhalten die Formulierung eines möglichen Lösungsweges im Rahmen der Problemstellung. Die Informationsverarbeitungsprozesse dagegen unterstellen diesen Weg als gegeben und sind folglich als der schrittweise Realisierungsprozeß von Operationen aufzufassen. Es muß daher zwischen der Formulierung von Informationsverarbeitungsprozessen und der Abarbeitung formulierter Informationsverarbeitungsprozesse unterschieden werden. Während der Prozeß der Formulierung von Informationsverarbeitungsprozessen eine schöpferische geistige Tätigkeit darstellt, ist die Realisierung von Informationsverarbeitungsprozessen unter bestimmten Bedingungen ein nichtschöpferischer Prozeß (und zwar immer dann, wenn die Informationen und Operationen formalisierbar sind).

Aus dieser Struktur des Problems wird ersichtlich, daß bei einem Problem die jeweiligen Problemziele die Voraussetzungen für die Problemlösung determinieren und daher die Voraussetzungen für die Problemlösung problemspezifisch sind. Daraus ergibt sich ein jeweils problemspezifisches System von abzuarbeitenden Informationsverarbeitungsprozessen und somit auch aus dieser Sicht die Notwendigkeit einer Unterscheidung zwischen schematischen und nichtschematischen Aufgaben. Bei den schematischen Aufgaben bleiben gewissermaßen die einmal entwickelte Zielstellung und die sich daraus ergebenden Voraussetzungen für die Problemlösung konstant, werden zu einem Schema, weshalb die daraus resultierenden Informationsverarbeitungsprozesse (als sich ständig in der gleichen Weise wiederholend) einem Rationalisierungs- und eventuell Automatisierungsprozeß unterworfen werden können. Handelt es sich dagegen um Probleme, bei denen die Ziele variieren, werden vermittels der Voraussetzungen immer wieder neue Systeme von Informationsverarbeitungsprozessen konzipiert, die sich auf diese Weise als problemabhängig erweisen.

Wie kann nun angesichts dieser Darstellung der Problemsituation eine Unterstützung der Problembearbeitung und -lösung durch den Einsatz von Automaten erfolgen? Zur Beantwortung dieser Frage wenden wir uns zunächst der Verallgemeinerung der Voraussetzungen für die Problemlösung zu.

### 5.6.1. Allgemeine Voraussetzungen für die Problemlösung

Wir haben zu zeigen versucht, daß die jeweiligen Problemziele spezifische Voraussetzungen für die Problemlösung determinieren. Die Analyse vieler ähnlicher Probleme zeigt, daß sich die jeweils spezifischen Voraussetzungen (Informationen und Operationen) für die eine oder andere Problemlösung zu allgemeinen Voraussetzungen für die Problemlösung integrieren lassen (Informationen- und Operationenfonds).

Wenn man sich vorstellt, daß ein spezielles Problem einen bestimmten Informationen- und Operationenfonds als Voraussetzung für die Problemlösung impliziert, dann kann man erwarten, daß bei ähnlichen Problemen die Informationen- und Operationenfonds eine Reihe von gemeinsamen Elementen besitzen. Wenn nun der Informationen- und Operationenfonds genügend groß gewählt wird, werden spezielle Probleme die Voraussetzungen für die ihnen eigentümliche Problemlösung dadurch realisieren können, daß eine solche Selektion von Informationen und Operationen aus dem allgemeinen Fonds erfolgt, die den Bedingungen des Problems entspricht. *Dadurch wird der Prozeß der Schaffung von Voraussetzungen für die Problemlösung in gewisser Weise zu einer Selektion von Informationen und einer Selektion bzw. Generierung von Operationen vereinheitlicht.* Diese universellen Operationen zur Präzisierung der Voraussetzungen für die Problemlösung ermöglichen eine wesentliche Rationalisierung für die Konzipierung der Voraussetzungen für die Problemlösung und für die Konzipierung der Informationsverarbeitungsprozesse. Das ist jedoch nur der eine Aspekt einer möglichen Unterstützung für die Problembearbeitung. Der andere — unseres Erachtens noch wesentlichere Aspekt der Schaffung allgemeiner Voraussetzungen für die Problemlösung — liegt in der Anregung zur möglichst vollständigen Nutzung der Potenzen dieses allgemeinen Fonds, woraus sich eine Rückwirkung auf die Qualifizierung der Zielstellung für die Problemlösung ergibt. In diesem Zusammenhang wird die praktische Bedeutung der Beherrschbarkeit organisierter großer Datenmengen nochmals sichtbar. In der Praxis ist häufig zu beobachten, daß vom Problem geforderte Zielstellungen abgeschwächt werden müssen, weil die Voraussetzungen für die Problemlösung nicht geschaffen werden können. Die Ursachen dafür sind insbesondere der Mangel an Informationen und Operationen in Form von Verarbeitungsprogrammen. Abgeschwächte Zielstellungen mindern jedoch die Qualität des Problembearbeitungs- und -lösungsprozesses in ganz erheblicher Weise. Umgekehrt ist es denkbar, daß die im Rahmen einer Problembearbeitung erarbeiteten Zielstellungen anspruchsvoller gemacht werden können, weil die Voraussetzungen für die Problemlösung anspruchsvollere Zielstellungen ermöglichen.

Die Unterstützung der Problembearbeitung ist also keineswegs nur auf die rationellere Durchführung der konzipierten Informationsverarbeitungsprozesse zu reduzieren. Sie beginnt bereits bei der Ermöglichung anspruchsvollerer Zielstellungen bei möglichst vollständiger Nutzung der Potenzen der allgemeinen Voraussetzungen für die Problemlösung in Form eines universell nutzbaren Fonds an Informationen und Operationen.

### 5.6.2. Klassifizierung der Voraussetzungen für die Problemlösung

Die als Informationen- und Operationenfonds erforderlichen Voraussetzungen für die Problemlösung können entweder *existent* oder *nichtexistent* sein. Diese beiden Grundklassen für die Voraussetzungen bewirken verschiedenartige Operationen in der Phase der Zielrealisierung, das heißt der Konzipierung eines Systems von Informationsverarbeitungsprozessen für die Problemlösung (über die Phasen der Problembearbeitung siehe Abschnitt 5.7.). Wenn die Voraussetzungen als existent unterstellt werden können, vereinfachen sich die organisatorischen Operationen für die Vorbereitung der abzuarbeitenden Informationsverarbeitungsprozesse im Rahmen der Problemlösung.

Wir unterscheiden hierbei wiederum zwei Unterklassen für die existenten Voraussetzungen.

Die erste Unterklasse bilden die *standardisierten Voraussetzungen*. Sie zeichnen sich dadurch aus, daß Informationen und Operationen in genau der Form vorliegen, wie sie für die konzipierten Informationsverarbeitungsprozesse erforderlich sind. Das wird in der Regel allerdings nur dann zu erwarten sein, wenn das Problem selbst ein Standardproblem ist, das heißt immer wieder in der gleichen Weise auftritt. Die einzelnen Problemlösungen unterscheiden sich dann lediglich nach der Aktualität der verarbeiteten Informationen.

Wir haben an anderer Stelle zu zeigen versucht, daß wir bei automatisierten Systemen hierbei auf die sogenannten schematischen Aufgaben stoßen. EDV-Prozesse für schematische Aufgaben werden ein für allemal festgelegt und konstituieren somit ein Schema, das nur noch abgeändert werden muß, wenn sich der Inhalt der diesem Schema zugrunde liegenden informationsverarbeitenden Tätigkeiten ändert (Dynamik des Aufgabeninhaltes).

Die zweite Unterklasse der existenten Voraussetzungen ist die *Voraussetzungsselektion und -generierung* aus allgemeinen Voraussetzungen, die als existent unterstellt werden. Wie bereits der Name für diese Klasse von Voraussetzungen zum Ausdruck bringt, handelt es sich darum, die Voraussetzungen für die Problemlösung erst zu erzeugen, wobei jedoch auf die allgemeinen Voraussetzungen zurückgegriffen wird. Die Elemente dieser allgemeinen Voraussetzungen sind in Abhängigkeit von der jeweiligen Spezifik des Problems so zu selektieren und eventuell zu generieren, daß die organisatorischen Voraussetzungen für die Formulierung der für die Problemlösung erforderlichen Informationsverarbeitungsprozesse gegeben sind und die notwendigen Informationen und Operationen bereitgestellt werden.

Die Voraussetzungsselektion und -generierung ist zugleich auch eine Unterklasse der nichtexistenten Voraussetzungen. Ihre Mittelstellung erklärt sich daraus, daß einerseits allgemeine Voraussetzungen als existent unterstellt werden, andererseits die speziellen Voraussetzungen für ein spezielles Problem jedoch nicht unmittelbar vorliegen. Sie müssen aus diesen allgemeinen Voraussetzungen erst erzeugt werden.

Eine weitere Unterklasse der nichtexistenten Voraussetzungen ist die *Voraussetzungskonstruktion*. Sie zeichnet sich dadurch aus, daß die für die konzipierten Informationsverarbeitungsprozesse notwendigen Informationen in mehr oder weniger großem Umfang erst zu definieren und zu erfassen sind und die Operationen, denen diese Informationen unterworfen werden sollen, ebenfalls erst konzipiert und formuliert werden müssen (Erweiterung des Fonds an erforderlichen Informationen und/oder Operationen).

Die Klassifizierung der Voraussetzungen zeigt die Abbildung 46.

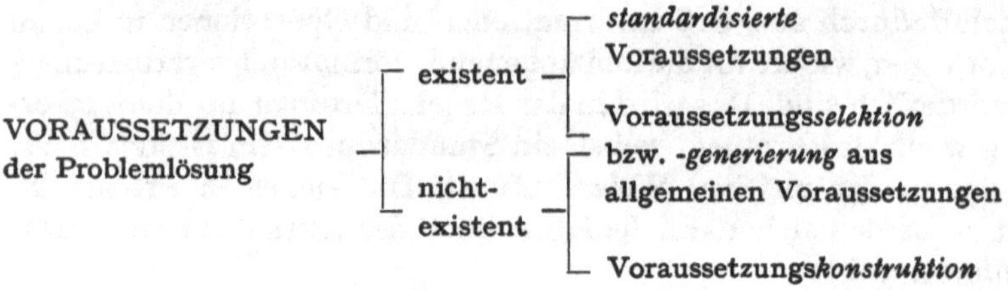


Abb. 46: Voraussetzungen für die Problemlösung

Alle Nichtroutineprobleme zeichnen sich dadurch aus, daß die Voraussetzungen für ihre Problemlösung erst konstruiert, das heißt durch einen schöpferischen geistigen Prozeß entwickelt werden müssen. Routineprobleme dagegen ermöglichen in der Regel die Konzipierung und Realisierung allgemeiner Voraussetzungen im vorangehend erläuterten Sinne. Wie der Name schon sagt, zeichnen sich Routineprobleme durch eine Reihe von wiederholbaren, immer wieder in der gleichen Weise auftretenden Elementen aus. Der Unterschied zwischen konkreten Routineproblemen beruht vor allem auf der verschiedenartigen Kombination der Elemente der zu konzipierenden problemspezifischen Informationsverarbeitungsprozesse. Nur für Routineprobleme ist es daher sinnvoll, allgemeine Voraussetzungen für die Lösung spezieller Routineprobleme zu schaffen. Dieser Sachverhalt soll im weiteren detaillierter untersucht werden, wobei wir den Begriff der hierarchischen Problemfelder und Problemfeldkombinationen herausarbeiten weren.

## 5.7. Phasen der Problembearbeitung und Problemlösung

Es lassen sich vier Phasen der Problembearbeitung und vier Phasen der Problemlösung unterscheiden (Abbildung 47).

Die *erste Phase der Problembearbeitung* ist die Entwicklung von *Zielvorstellungen.* Diese Zielvorstellungen stellen das Problem in den Gesamtzusammenhang mit einer Reihe anderer, in der Regel umfassenderer, geistiger

Tätigkeiten. Aus diesem Zusammenhang erwachsen Begründungen für die Notwendigkeit der Behandlung der sogenannten Problemsituation. Zielvorstellungen implizieren erste wünschenswerte und mögliche Varianten für die Untersuchung des Problems. Typisch für diese Phase ist die Beantwortung von Fragen der ersten Zielklasse.

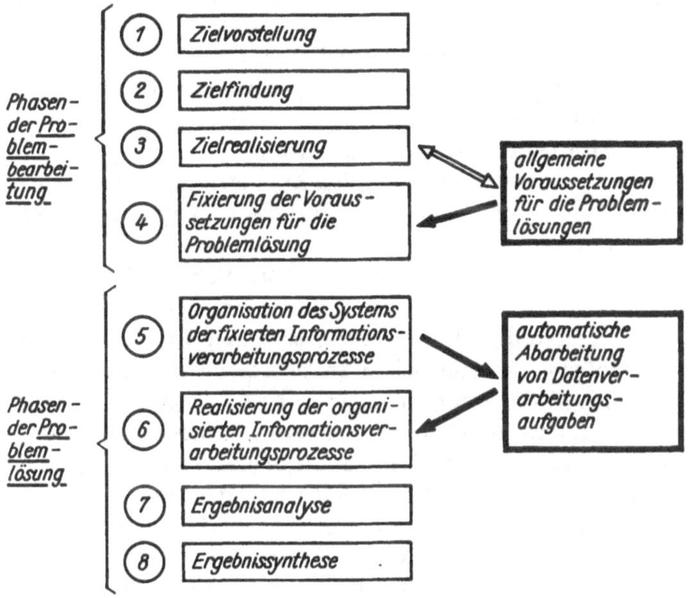


Abb. 47: Phasen der Problembearbeitung und -lösung

Die *zweite Phase der Problembearbeitung* ist die *Zielfindung*. Aus den noch relativ vagen Zielvorstellungen haben sich im Ergebnis der ersten Phase der Problembearbeitung viele zunächst in Augenschein genommene Möglichkeiten als unzweckmäßig herausgestellt. Es hat gewissermaßen eine Zielverdichtung, eben eine Zielfindung, stattgefunden. Unter diesem Aspekt werden jetzt die Konturen möglicher Problemlösungsprozesse untersucht und diskutiert. Die geeignetsten Lösungswege werden ausgewählt, ohne jedoch in dieser Phase bereits ins Detail zu gehen und die einzelnen Informationsverarbeitungsprozesse exakt zu formulieren. Für diese zweite Phase der Problembearbeitung sind die Zielumsetzungsfragen charakteristisch (Fragen der zweiten Zielklasse). Diese Phase der Problembearbeitung ist dann abgeschlossen, wenn man sich für einen Lösungsweg bzw. Varianten des Lösungsweges entschieden hat.

Auf diesem Ergebnis aufbauend, wird in der *dritten Phase der Problembearbeitung*, der *Zielrealisierung*, der Lösungsweg weiter detailliert. Es werden jetzt die möglichen Informationsverarbeitungsprozesse untersucht, von denen man sich einen Beitrag zur Problemlösung verspricht. Charakteristisch für diese Phase der Problembearbeitung ist die Beantwortung von Zielrealisierungsfragen.

Die *vierte* und abschließende *Phase der Problembearbeitung* führt zur präzisen *Fixierung der Voraussetzungen für die Problemlösung*. In dieser Phase der Problembearbeitung konzentriert sich das Interesse auf die Untersuchung der Informationen und Operationen, die für das zu konzipierende System der Informationsverarbeitungsprozesse erforderlich sind. Die Voraussetzungen für die Problemlösung müssen so weit präzisiert worden sein, daß die Problemlösung als Abarbeitung einer Menge von formulierten Informationsverarbeitungsprozessen in Angriff genommen werden kann. Dieser Endpunkt der Problembearbeitung ist zugleich der Ausgangspunkt für die Problemlösung.

Die *erste Phase der Problemlösung* ist die *Organisation des Systems der fixierten Informationsverarbeitungsprozesse*. In dieser Phase wird festgelegt, in welcher Form die arbeitsteilige Realisierung einzelner Informationsverarbeitungsprozesse erfolgen soll. Hierbei ist zu berücksichtigen, daß einige der formulierten Informationsverarbeitungsprozesse voneinander unabhängig sind, während andere miteinander zusammenhängen. Zwei Informationsverarbeitungsprozesse sollen dann und nur dann als voneinander abhängig genannt werden, wenn die Ergebniswerte des ersten Informationsprozesses Bestandteil der Eingangswerte des zweiten Informationsverarbeitungsprozesses sind. Auf diese Weise entsteht eine Verkettung von Informationsverarbeitungsprozessen, die bei der organisatorischen und terminlichen Planung des Ablaufs der Informationsverarbeitungsprozesse berücksichtigt werden muß. Das organisierte System der Informationsverarbeitungsprozesse für die Problemlösung besteht also aus einer Menge voneinander unabhängiger Informationsverarbeitungsprozesse und einer Menge verketteter Informationsverarbeitungsprozesse. Die erste Phase der Problemlösung ist abgeschlossen, wenn zur Realisierung des organisierten Systems der Informationsverarbeitungsprozesse übergegangen werden kann.

Die *zweite Phase der Problemlösung* ist folglich die *Realisierung der organisierten Informationsverarbeitungsprozesse*. Es handelt sich hier um eine reine Abarbeitungsphase, bei der für Deskriptionen semantische Informationsverarbeitungsprozesse und beim Vorliegen von Daten syntaktische Informationsverarbeitungsprozesse ablaufen. In dieser Phase werden folglich Datenverarbeitungsaufgaben abgearbeitet und/oder durch die Entwicklung von Argumentationen aus Eingangsinformationen Thesen und Hypothesen abgeleitet.

Die *dritte Phase der Problemlösung* ist die *Ergebnisanalyse* der einzelnen Informationsverarbeitungsprozesse. In dieser Phase wird kontrolliert, ob der organisierte Informationsverarbeitungsprozeß ordnungsgemäß abgelaufen ist und die erzielten Ergebnisse im Sinne der Zielstellung für den Problemlösungsprozeß verwendbar sind.

Es ergibt sich hierdurch eine gewisse Rückkopplung zum konzipierten Lösungsweg, den man natürlich nach Ablauf der Informationsverarbeitungsprozesse wesentlich genauer beurteilen kann.

Ist die Ergebnisanalyse für die Informationsverarbeitungsprozesse zufriedenstellend abgeschlossen, erfolgt der Übergang zur *vierten* und letzten *Phase der Problemlösung*, nämlich zur *Synthese der Ergebnisse* der Informationsverarbeitungsprozesse. Diese Ergebnissynthese wird oft auch als Problemlösung bezeichnet, wobei in diesem Falle zu unterscheiden wäre zwischen Problemlösung als Prozeß und Problemlösung als Ergebnis dieses Prozesses. Die Ergebnissynthese wird am Problemziel gemessen, wobei möglicherweise (wenn die Ergebnissynthese als unzureichend empfunden wird) einige Phasen der Problembearbeitung bzw. der Problemlösung erneut durchlaufen werden müssen.

## 5.8. Klassifizierung der Probleme nach der Problemstruktur

### 5.8.1. Klassifizierung der Probleme nach dem Charakter der Informationsverarbeitungsprozesse

Die im Rahmen der Problemlösung auftretenden Informationsverarbeitungsprozesse lassen sich auf Grund ihrer Spezifik in drei Klassen einteilen (Abbildung 48):

— Deskriptionenverarbeitung,
— Datenverarbeitung,
— Datenauswertung.

| Charakter der Informationen | Methoden der Informationsverarbeitung | |
|---|---|---|
| | formalisiert (Algorithmen) | nichtformalisiert (semantische Verfahren) |
| nichtformalisiert *Deskriptionen* | ——— | Deskriptionen-verarbeitung |
| formalisiert *Daten* | Datenverarbeitung (Aufgabenabarbeitung) | Datenauswertung |

Abb. 48: Klassifizierung der Informationsverarbeitungsprozesse

Die *Deskriptionenverarbeitung* ist dadurch gekennzeichnet, daß die Informationen als Deskriptionen vorliegen und die Verarbeitungsmethoden nichtformalisierbar sind. Wir sprechen in diesem Falle oft auch von einer semantischen Informationsverarbeitung, weil die Bedeutung der Informationen den unmittelbaren Gegenstand des Verarbeitungsprozesses darstellt. Die Informationstransformation ist in diesem Falle gewissermaßen eine Bedeutungstransformation, die ihren Niederschlag in Ergebnisthesen oder Hypothesen des Verarbeitungsprozesses findet. Der Transformationsweg bei der Deskriptionenverarbeitung ist die Argumentation nach Kriterien, die in verbaler Form vorliegen und auf der Grundlage wissenschaftlicher Erkenntnisse objektiviert wurden. Die Argumentation ist also eine nachvollziehbare und somit begründete Verkettung von Deskriptionen und nichtformalisierten Operationen (Verfahren).

Ein Problemlösungsprozeß, dessen System von Informationsverarbeitungsprozessen nur aus Deskriptionenverarbeitung besteht, kennzeichnet aus diesem Grunde eine Problemklasse, die als rein semantisches Problem bezeichnet werden soll.

Aus der Charakteristik der Phasen der Problembearbeitung und -lösung wird ersichtlich, daß es einen prinzipiellen Unterschied zwischen der Problembearbeitung und dem Prozeß der Problemlösung gibt. Die Problembearbeitung ist vorrangig durch semantische Informationsverarbeitungsprozesse zur Konzipierung von Abarbeitungsprozessen gekennzeichnet. Die hierbei wirksam werdenden Formen von geistigen Aktivitäten verkörpern eine andere Art von Operationen und damit verbundenen Entscheidungsprozessen als wir es im Kapitel zur Differenzierung der Informationen und Operationen analysiert haben.

Die Unterscheidung von konzipierenden und realisierenden Operationen besitzt eine fundamentale Bedeutung für die Charakterisierung von Informationsverarbeitungsprozessen. So gesehen ist der Problembearbeitungsprozeß ein durch konzipierende Operationen gesteuerter Prozeß, während in der Problemlösung einzig und allein Durchführungsoperationen auftreten. Auf den dialektischen Zusammenhang von konzipierenden und realisierenden Operationen werden wir im Abschnitt 5.12. zurückkommen, wobei zu zeigen sein wird, daß konzipierende Operationen stets realisierende Operationen einschließen, aber der Charakter eines solchen Informationsverarbeitungsprozesses im wesentlichen durch die konzipierenden Operationen geprägt wird. Diese Unterscheidung von konzipierenden und realisierenden Operationen besitzt für die Beurteilung von Einsatzmöglichkeiten des Automaten zur Rationalisierung von Informationsverarbeitungsprozessen Bedeutung.

Die Erfahrung zeigt, daß hierbei die zur Anwendung kommenden Verfahren ebenfalls klassifiziert werden können, wobei die Prinzipien ihrer sinnvollen Anwendbarkeit verallgemeinert werden. Auf diese Weise entsteht ein Fonds an bewährten Verfahren mit einer Beschreibung der Anwendungsbedingungen.

In den letzten Jahren hat sich insbesondere die systematische Heuristik um die Aufhellung des Zusammenhangs zwischen einer gegebenen Problemsituation und den am effektivsten anzuwendenden Verfahren beschäftigt. Die hierbei gewonnenen Erfahrungen haben zu Rationalisierungseffekten bei einer ganzen Reihe von Problembearbeitungsprozessen mit einer spezifischen Zielstellung geführt.[8]

*Datenverarbeitung* liegt immer dann vor, wenn die zu verarbeitenden Informationen (Aussagen) Daten sind und die Operationen formalisiert werden können und somit mathematische und/oder logische Algorithmen darstellen. Das Ergebnis der Datenverarbeitung sind transformierte Daten. Der Transformationsweg ist die Aufgabenabarbeitung. An die Stelle der Argumentation tritt also bei der Datenverarbeitung eine algorithmengesteuerte schrittweise und rein syntaktisch faßbare Transformation der Eingangsdaten. Die Ergebnisdaten erweisen sich somit als Ableitungen aus den Eingangsdaten. Die Datenverarbeitung ist der eigentliche Gegenstand der EDV-Anwendung im Rahmen von Informationsverarbeitungsprozessen.

Ein Problemlösungsprozeß, dessen System von Informationsverarbeitungsprozessen einzig und allein aus Aufgaben besteht, für deren Abarbeitung Algorithmen definiert sind, weist auf eine Problemklasse hin, die rein syntaktisches Problem genannt werden soll.

Die *Datenauswertung* ist ein Informationsverarbeitungsprozeß, bei dem die Informationen als Daten vorliegen, die Verarbeitungsoperationen jedoch nicht formalisiert werden können. Es handelt sich hierbei, wie bei der Deskriptionenverarbeitung, um einen semantischen Informationsverarbeitungsprozeß. Als Beispiel für diese besondere Form der semantischen Informationsverarbeitung denke man an die Schlußfolgerungen, die zum Beispiel ein Leiter nach der Vorlage umfangreicher Listen von Ergebnisdaten zieht. Er vergleicht in diesem Falle die Ergebnisdaten unterschiedlicher Sachgebiete mit seinen komplexen Kenntnissen und Erfahrungen über die konkrete Situation, die durch diese Daten abgebildet wird. Er ordnet gewissermaßen die Ergebnisdaten als einen Bestandteil in die Erarbeitung eines Gesamtbildes über die Sachverhalte ein. Obwohl er also seinen Überlegungen Daten zugrunde legt, betreibt er selbst nicht

[8] Vgl. Müller, J., Ansatz zu einer systematischen Heuristik, in: DZfPh, 6/1968; Müller, J., Grundlagen der systematischen Heuristik, Berlin 1970; Programmbibliothek zur systematischen Heuristik für Naturwissenschaftler und Ingenieure, Band 97, 98, 99 der Schriftenreihe des Zentralinstituts für Schweißtechnik (ZIS).

wieder Datenverarbeitung, sondern semantische Informationsverarbeitung.

Soweit also im Rahmen des Problemlösungsprozesses eine Synthese von Ergebnisdaten zu einer Problemlösung durch Datenauswertung erfolgt, kann die dazugehörige Klasse von Problemen nicht mehr als rein syntaktisch angesehen werden.

In der Wirklichkeit treten in der Regel weder rein semantische noch rein syntaktische Probleme auf. Problemstellungen die zu einem System von Informationsverarbeitungsprozessen führen, die zum Teil aus Deskriptionenverarbeitung und Datenauswertung, zum Teil jedoch auch aus Datenverarbeitungsprozessen bestehen, sollen zur Klasse der syntaktisch-semantisch gemischten Probleme gerechnet werden. Insbesondere werden Routineprobleme, die im Rahmen der Leitungstätigkeit auftreten, den Charakter von gemischten Problemen aufweisen. Somit ergeben sich als Grundklassen für die Probleme unter dem Aspekt der durchzuführenden Informationsverarbeitungsprozesse:

a) rein semantische Probleme,
b) rein syntaktische Probleme,
c) syntaktisch-semantisch gemischte Probleme.

### 5.8.2. Klassifizierung der Probleme nach den Arten der Voraussetzungen

Man kann die Probleme nach den unterschiedlichsten Aspekten klassifizieren. Wenn wir im folgenden der Problemklassifizierung die Arten der Voraussetzungen (Abb. 46) zugrunde legen, so deshalb, weil sie das Bindeglied zwischen der konzipierenden geistigen Tätigkeit des Problembearbeiters und der Formulierung von Informationsverarbeitungsprozessen darstellen.

Problemstellungen mit standardisierten Voraussetzungen können deshalb als schematische Probleme bezeichnet werden, weil durch die *standardisierten Voraussetzungen* bereits ein System von Informationsverarbeitungsprozessen für die Problemlösung vorgegeben ist. Bei dieser Art von Problemen handelt es sich also einzig und allein darum, mit jeweils aktuellen Werten die definierten Informationsverarbeitungsprozesse abzuarbeiten. Die Grundlage für diese nach einem Schema erfolgende Abarbeitung bilden die standardisierten Voraussetzungen für die Problemlösung.

Bei der *Voraussetzungsselektion bzw. -generierung* handelt es sich darum, eine problemspezifische Auswahl von Informationen und Operationen aus allgemein vorgegebenen Voraussetzungen so zu treffen, daß ein problemspezifisches System von Informationsverarbeitungsprozessen definiert werden kann. Problemstellungen, die über eine Voraussetzungsselektion zum Aufbau eines Systems von Informationsverarbeitungsprozessen gelangen, sollen als nichtschematische Probleme bezeichnet werden, weil es kein Schema für gewissermaßen präformierte Informationsverarbeitungsprozesse gibt, sondern aus der Problemspezifik dieses System abgeleitet werden muß. Andererseits muß jedoch hervorgehoben werden, daß die Voraussetzungen nicht erst durch die Gewinnung von Daten oder die Erarbeitung von Operationen geschaffen werden müssen, sondern durch Auswahl bereits vorhandener Daten und Generierung von Verarbeitungsprozessen die Problemlösung in Angriff genommen werden kann.

Bei einer *Voraussetzungskonstruktion* sind die für die Problemlösung erforderlichen Informationen und/oder Operationen nicht vorhanden bzw. nicht in der geforderten Vollständigkeit vorhanden. Bevor der Problemlösungsprozeß beginnt, müssen daher erst entsprechende Voraussetzungen geschaffen werden. Wir wollen daher Problemstellungen, die zu einer Voraussetzungskonstruktion führen, konstruktive Probleme nennen.

Wenn wir nun die drei Problemklassen nach dem Charakter ihrer Informationsverarbeitungsprozesse mit den drei Problemklassen nach ihren Voraussetzungen kombinieren, erhalten wir neun Problemklassen, die aus Abbildung 49 ersichtlich sind.

| Informations-verarbeitungs-prozesse | Voraussetzungen der Problemlösungen | | |
|---|---|---|---|
| | *standardisierte Voraussetzungen* | *Voraussetzungs-selektion bzw. -generierung aus allgemeinen Voraussetzungen* | *Voraussetzungs-konstruktion* |
| *Aufgabeu* | schematische syntaktische Probleme | nichtschematische syntaktische Probleme | konstruktive syntaktische Probleme |
| *Argumentationen* | schematische semantische Probleme | nichtschematische semantische Probleme | konstruktive semantische Probleme |
| *Aufgaben und Argumentationen* | schematische syntaktisch-semantisch gemischte Probleme | nichtschematische syntaktisch-semantisch gemischte Probleme | konstruktive syntaktisch semantisch gemischte Probleme |

Abb. 49: Gliederung der Problemklassen unter dem Gesichtspunkt der Voraussetzungen der Problemlösung

Von besonderer Bedeutung in dieser Klassifizierung der Probleme sind die schematischen syntaktischen Probleme und die nichtschematischen syntaktisch-semantisch gemischten Probleme.

Im ersten Fall handelt es sich um einen Spezialfall des Problems, nämlich um die schematische Aufgabe, die sich aus einer Reihe präformierter Informationsverarbeitungsprozesse zusammensetzt und in dieser Form für eine relativ lange Zeit stabil bleibt. Im zweiten Fall dagegen handelt es sich um die typische Form der im Rahmen der operativen Leitungstätigkeit auftretenden Problemstellungen, bei denen sowohl semantische Informationsverarbeitungsprozesse (Einschätzungen, Bewertungen, Argumente) als auch Datenverarbeitungsaufgaben auftreten. In der Praxis fehlt gegenwärtig ein System allgemeiner Voraussetzungen für die Lösung von Problemen dieses Typs, so daß eine Voraussetzungsselektion nicht durchgeführt werden kann. Diese Probleme werden daher wie die konstruktiven syntaktisch-semantisch gemischten Probleme behandelt, das heißt, es erfolgt jeweils neu eine Zusammenstellung der für die Problemlösung notwendigen Daten und Operationen.

Von Interesse sind weiterhin die konstruktiven syntaktischen Probleme, die sowohl zur Erfassung neuartiger Daten Anlaß geben als auch die Erarbeitung bisher nicht vorhandener Algorithmen bewirken. Diese Problemstellung wird oft auch als Erarbeitung algorithmischer Modelle bezeichnet (zum Beispiel Operationsforschungsmodelle).

Die rein semantischen Probleme sind für viele Formen der gesellschaftswissenschaftlichen Forschung (zum Beispiel philosophisch-erkenntnistheoretische Analysen), der politischen Beurteilung von Situationen und Zusammenhängen sowie des geistig-kulturellen Lebens charakteristisch.

## 5.9. Einfache und kombinierte Problemfelder in der Menge der organisierten Daten

Um die Möglichkeiten für eine Unterstützung von Problembearbeitungs- und Problemlösungsprozessen durch die Existenz eines organisierten Fonds an Daten und Verarbeitungsprogrammen sichtbar zu machen, soll im folgenden eine formalisierte Darstellung der problembezogenen Voraussetzungsselektion gegeben werden, die der Überführung von Problembearbeitungsprozessen in die Formulierung eines Systems von Informationsverarbeitungsprozessen dient.

Der Gesamtdatenbestand $\mathfrak{M}$ wird in ein System von $s$ Dateien gegliedert

$$\mathfrak{M} = \bigcup_{\sigma=1}^{s} \mathfrak{M}^{\sigma}; \quad 1 \leqq \sigma \leqq s .$$

Nun existieren jedoch für jedes $\mathfrak{M}^\sigma$ verschiedene Strukturen (andere Sortierfolgen, Teilmengen), um die Daten so organisiert bereitstellen zu können, wie es dem jeweils zu lösenden Problem am nächsten kommt. Natürlich kann man den Datenbestand nicht für jedes einzelne Problem neu organisieren. Das ist auch nicht nötig, weil sich viele Probleme auf einen jeweils gleichartigen Teildatenbestand beziehen. Das legt folgende Definition eines Problemfeldes nahe:

*Wenn zwei Probleme bei der Voraussetzungsselektion vom gleichen Teildatenbestand (Datei) ausgehen und dieser Teildatenbestand die gleiche Struktur besitzt, gehören sie einem Problemfeld an.*

Bezeichnen wir nun diesen strukturierten Teildatenbestand mit $\mathfrak{M}^\sigma_{\mu_\sigma}$, dann ergeben sich folgende Beziehungen für jedes dieser $\mathfrak{M}^\sigma_{\mu_\sigma}$:

$$\mathfrak{M}^\sigma_{\mu_\sigma} \subseteq \mathfrak{M}^\sigma ,$$

wobei $i_\sigma$, mit $1 \leqq \mu_\sigma \leqq i_\sigma$, die Anzahl der Strukturen der Datei $\mathfrak{M}^\sigma$ bezeichnen möge, während $r^\sigma$ die Anzahl der Elemente in $\mathfrak{M}^\sigma$ angibt. $r^\sigma_{\mu_\sigma} \leqq r^\sigma$ ist dann nur eine Konsequenz der obigen Beziehung.

Auf Grund der gemachten Voraussetzungen erhalten wir

$$i = \sum_{\sigma=1}^{s} i_\sigma$$

Problemfelder in der Menge $\mathfrak{M}$.

Nun wird jedoch für den Datenbestand $\mathfrak{M}$ ein problemunabhängiges Basisdatenverarbeitungssystem definiert, das zu jeder der $\mathfrak{M}^\sigma_{\mu_\sigma}$ eine bestimmte Zahl von Generalisatorendateien erzeugt, die selbst wieder Problemfelder sind.

Es handelt sich hierbei um verallgemeinerte Werte für ganze Gruppen von Objekten mit ihren Datensätzen (Aggregationen). Sie sollen mit $\mathfrak{M}^\sigma_{\mu_\sigma \nu_{\mu_\sigma}}$ bezeichnet werden, wobei $0 \leqq \nu_{\mu_\sigma} \leqq n_{\mu_\sigma}$. $\nu_{\mu_\sigma} = 0$ soll für das Fehlen einer Generalisatorendatei stehen. $n_{\mu_\sigma}$ gibt die Zahl der Generalisatorendateien für $\mathfrak{M}_{\mu_\sigma}$ an. Die Gesamtzahl der Generalisatorendateien für $\mathfrak{M}$ ergibt sich aus $n = \sum_{\sigma=1}^{s} \sum_{\mu=1}^{i_\sigma} n_{\mu_\sigma}$.

Damit wächst die Zahl der Problemfelder in $\mathfrak{M}$ auf $i + n$. Die Besonderheit der Generalisatordatei $\mathfrak{M}^\sigma_{\mu_\sigma \nu_{\mu_\sigma}}$ besteht darin, daß jedes ihrer Elemente $x^\sigma_{\mu_\sigma \nu_{\mu_\sigma}}$ eine Funktion von Elementen aus der Menge $\mathfrak{M}^\sigma_{\mu_\sigma}$ ist.

$$\forall x \{x \in \mathfrak{M}^\sigma_{\mu_\sigma \nu_{\mu_\sigma}} : x^\sigma_{\mu_\sigma \nu_{\mu_\sigma}} = f([x^\sigma_{\mu_\sigma}])\}$$

$$j = 1, \ldots, k; \quad k = card\, I; \quad I = \{1, \ldots, r^\sigma_{\mu_\sigma}\}$$

Die Funktion $f$ repräsentiert die Generalisatoren.

Eine Reihe von Problemen erfordert die Bereitstellung von Daten aus unterschiedlichen Dateien in verschiedener Struktur. Daher führen wir den

Begriff eines kombinierten Problemfeldes ein, das — wie der Name schon sagt — nichts anderes als eine mögliche Kombination der Problemfelder darstellt.

Die Zahl der kombinierten Problemfelder $u$ ergibt sich aus

$$u = \sum_{\tau=2}^{i+n} \binom{i+n}{\tau}.$$

Eine formalisierte Darstellung der Grundzusammenhänge ermöglicht nun eine Nutzanwendung für die Problemanalyse.

Nehmen wir an, ein Nutzer arbeitet am Problem $P$. Die Selektion der Voraussetzungen aus der Menge $\mathfrak{M}$ beginnt mit einer Selektion der möglichen problemrelevanten Daten, das heißt mit der Auffindung des Problemfeldes bzw. kombinierten Problemfeldes, dem $P$ angehört. Aus $P$ wird dadurch ein $P^{\sigma}_{\mu_\sigma \nu_{\mu_\sigma}}$. Aus dieser Menge $\mathfrak{M}^{\sigma}_{\mu_\sigma \nu_{\mu_\sigma}}$ werden dann die wirklich problemrelevanten Daten selektiert und die dazu geeigneten Operationen bestimmt.

Im allgemeinen Fall, wenn $P$ zu einem kombinierten Problemfeld gehört, ergibt sich dieses kombinierte Problemfeld aus

$$\bigcup_{\varkappa=1}^{k} \bigcup_{\lambda=1}^{l} (\mathfrak{M}^{\sigma}_{\mu_\sigma \nu_{\mu_\sigma}})_{\varkappa\lambda},$$

wobei

$$\varkappa = 1, \ldots, k; \quad k = card\, J_k; \quad J_k = \{1, \ldots, k\}$$
$$\lambda = 1, \ldots, l; \quad l = card\, J_l; \quad J_l = \{1, \ldots, l\}.$$

In diesem Falle müssen also alle $\sigma$, $\mu_\sigma$ und $\nu_{\mu_\sigma}$ präzisiert werden, aus denen sich das kombinierte Problemfeld zusammensetzt, um die Vereinigungsmenge zu bilden.

## 5.10. Unterstützung des Problembearbeitungs- und Problemlösungsprozesses

### 5.10.1. Unterstützung des Problembearbeitungsprozesses durch Bereitstellung allgemeiner Voraussetzungen für den Problemlösungsprozeß

Die ersten Phasen der Problembearbeitung (Zielvorstellung und Zielfindung) verkörpern den schöpferischen Prozeß der Herausarbeitung einer Zielstellung. Sie sind von den jeweils vorliegenden Sachverhalten abhängig und bedürfen der Erfahrungen und Fähigkeiten des Problembearbeiters. Die Diskussionen, die es in diesen Phasen bis zur Zielfindung gibt, haben die Aufgabe, zu einem tieferen Verständnis der Problemsituation beizutragen und die allseitige Bedeutung der Problemlösung in größere Zusammenhänge einzuordnen.

Mit der Phase der Zielrealisierung beginnt jedoch die Suche nach geeigneten Lösungswegen und damit die Präzisierung von Voraussetzungen für die Problemlösung. Es hängt nunmehr alles davon ab, inwieweit geeignete Voraussetzungen für die Realisierung des fixierten Zieles geschaffen werden können. Die Erkenntnis, daß sich einige Vorstellungen für die Ermittlung eines Lösungsweges als unzureichend herausstellen, führt in der Regel zu einer Abschwächung der gesteckten Ziele. Die Voraussetzungen erweisen sich somit als eine Art Prüfstein für die Realisierbarkeit von Zielsetzungen für den Problemlösungsprozeß. Insofern entscheidet gerade diese Phase der Problembearbeitung über das Niveau des Problemlösungsprozesses. Darum ist es notwendig, eine Unterstützung insbesondere für die dritte und vierte Phase der Problembearbeitung vorzusehen, um zu vermeiden, daß durch Schwierigkeiten bei der Realisierung von Voraussetzungen für die Problemlösung der Problembearbeitungsprozeß zu vereinfachteren Zielstellungen führt, als im Interesse der Sache erforderlich wäre. In der Praxis geht es bei der Lösung von Problemen nicht nur um die Lösung wünschenswerter Problemstellungen überhaupt, sondern auch um die Ermittlung von Terminen für Problemlösungsprozesse und die Minimierung des Aufwandes, der dafür getrieben werden soll. Die Einbettung der Problembearbeitungs- und -lösungsprozesse in Arbeitsabläufe erfordert ganz einfach die Umformulierung von wünschenswerten Problemstellungen in die „machbaren" Problemstellungen. Dieser Druck des praktischen Arbeitsprozesses auf Qualität, Umfang und Tempo der Problemstellung wirkt sich auf das Niveau der Problembearbeitungs- und -lösungsprozesse aus.

Wenn man dieser Situation Rechnung trägt, kommt der Schaffung allgemeiner Voraussetzungen für die verschiedenartigsten Problemlösungsprozesse eine ganz besondere Bedeutung zu. Durch die Bereitstellung allgemeiner Voraussetzungen vereinfacht sich die dritte und vierte Phase der Problembearbeitung zur Voraussetzungsselektion. Der Prozeß der Voraussetzungsselektion besitzt charakteristische methodische und technologische Besonderheiten. Es handelt sich hier gewissermaßen um einen spezialisierten geistigen Hilfsprozeß für die Erarbeitung von Problemstellungen, die mit überschaubarem und kalkulierbarem Aufwand realisiert werden können.

Wir hatten bei den bisherigen Erwägungen nur die negativen Auswirkungen des Fehlens allgemeiner Voraussetzungen für die Problemlösung diskutiert. *Unter der Voraussetzung der Existenz allgemeiner Voraussetzungen für die Problemlösung (Informationen- und Operationenfonds) ergeben sich jedoch auch Stimulierungen für die Qualitätserhöhung von Problemstellungen und Problemlösungsprozessen.*

Das Vorhandensein eines hinreichend großen Fonds von Informationen und Operationen regt zweifellos zur Überprüfung der Zielstellung für den

Problemlösungsprozeß an, weil unter Berücksichtigung der reichhaltigeren Möglichkeiten der zu fixierenden Lösungswege Rückwirkungen auf eine Verbesserung der ursprünglichen Zielstellung nicht ausbleiben. In diesem Falle wirken also die Wege zur Realisierung von Zielstellungen produktiv auf die Zielfindung zurück und führen zu dem Ergebnis, daß die gesamte Potenz, die in den organisierten allgemeinen Voraussetzungen enthalten ist, im Interesse einer Qualifizierung der Zielfindung genutzt werden kann.

Die allgemeinen Voraussetzungen verkörpern somit eine Art Angebotsfunktion für vielfältige problembezogene Lösungswege.

Wenn es gelingt, ausgehend von der Problemstellung, einen problembezogenen Schnitt in den allgemeinen Voraussetzungen zu erzeugen, der die möglichen, für das Problem bedeutungsvollen Voraussetzungen von den übrigen Teilen des organisierten Systems zu unterscheiden gestattet, wäre ein Ausgangspunkt für die weitere Präzisierung der so ermittelten allgemeinen Voraussetzungen zu den konkreten, problembezogenen Voraussetzungen geschaffen.

Dieser Prozeß kennzeichnet die Auswahl der wirklichen Voraussetzungen für einen Lösungsweg, zu dem man sich entschieden hat. Dabei erfolgt eine Abtrennung der übrigen Voraussetzungen, die möglicherweise für die Präzisierung des Lösungsweges ebenfalls hätten von Bedeutung sein können.

Diese Zusammenhänge der dritten und vierten Phase der Problembearbeitung und die Existenz allgemeiner Voraussetzungen für den Problemlösungsprozeß kennzeichnen die Anforderungen, die ein System erfüllen muß, wenn es den Anspruch erhebt, Problembearbeitungs- und -lösungsprozesse unterstützen zu wollen. Die Realisierung dieser Anforderungen führt nach unserer gegenwärtigen Überzeugung zu der Notwendigkeit, einen spezialisierten Arbeitsprozeß zu konstituieren, der die Funktion eines allgemeinen Hilfsprozesses für Problembearbeitungsprozesse besitzt. Im Zentrum dieses Hilfsprozesses steht die Organisierung eines Systems allgemeiner Voraussetzungen für die Problemlösung in Form der Speicherung und Bereitstellung eines genügend großen Fonds an Informationen und Operationen. Die zunächst logische Bereitstellung problembezogener Informationen und Operationen erfordert eine solche Ordnung und Überschaubarkeit der allgemeinen Voraussetzungen, daß problembezogene Schnitte im Daten- und Operationenbestand möglich werden. Das führt zu informationsorganisatorischen Problemen einer multiaspektiven Strukturierung des Fonds der Informationen.

Unter multiaspektiver Strukturierung verstehen wir dabei die Bereitstellung solcher logischen Informationsstrukturen, die zur Bildung geordneter Teilmengen im gesamten Informationsfonds führen und in dieser Form die möglichen problemrelevanten Informationen verkörpern. Ein

Selektionsprozeß aus diesen logischen Informationsstrukturen führt dann zu den für die Problemlösung notwendigen Informationen in einer solchen Ordnung, daß sogar sequentielle Informationsverarbeitungsprozesse möglich werden.

Diese logischen Informationsstrukturen kennzeichnen die sogenannten Problemfelder. Derartige Strukturen sind gleichermaßen auf Probleme anwendbar, die auf Grund ihrer Ähnlichkeit zu gleichartigen spezialisierten allgemeinen Voraussetzungen führen.

Die Bereitstellung logischer Informationsstrukturen aus den allgemeinen Voraussetzungen auf der Grundlage definierter Problemfelder erfordert die Kommunikation des Problembearbeiters mit dem in diesem Sinne gekennzeichneten spezialisierten Hilfsprozeß, für den wir auch den Terminus Informationszentrale verwenden.

Diese Art der Kommunikation ist nicht automatisierbar und stellt daher einen Informationsaustausch zwischen Menschen im organisierten arbeitsteiligen Prozeß der geistigen Tätigkeiten dar.

Zusammenfassend gelangen wir zu der Schlußfolgerung, daß eine Unterstützung der Problembearbeitung möglich ist, wenn ein organisiertes System allgemeiner Voraussetzungen für verschiedenartige Problemlösungsprozesse geschaffen und dieses System multiaspektiv strukturiert wird.

Die dabei erreichbaren Effekte sind

- Qualifizierung der Zielsetzung der Problembearbeitung,
- Qualifizierung und Beschleunigung der Fixierung des Systems problemrelevanter Informationsverarbeitungsprozesse (durch Voraussetzungsselektion),
- Erhöhung der Sicherheit in der Technologie der Bereitstellung von Informationen und Operationen, weil diese Technologie mit dem organisierten System der allgemeinen Voraussetzungen unmittelbar verbunden ist.

Der Einsatz von EDVA zur Unterstützung der Problembearbeitung und -lösung erfordert somit, ein leistungsfähiges Gesamtsystem an organisatorischen Lösungen zu schaffen, das der Spezifik der Problembearbeitung und -lösung entspricht.

### 5.10.2. Unterstützung des Problemlösungsprozesses durch die automatisierte Abarbeitung von nichtschematischen Aufgaben

Das problembezogene System von Informationsverarbeitungsprozessen wird in der Regel (bei syntaktisch-semantisch gemischten Problemen) eine

Reihe von Datenverarbeitungsprozessen enthalten. Bei der Erarbeitung einer Technologie für die Abarbeitung von Informationsverarbeitungsprozessen kommt es nun darauf an, die Teilmenge von unabhängigen oder miteinander verketteten Datenverarbeitungsaufgaben herauszufiltern, deren Abarbeitung einem automatisierten System überantwortet werden kann.

Dieses automatisierte System wurde auf der Grundlage der automatisierten Potenz der allgemeinen Voraussetzungen entwickelt und ist daher für spezielle Probleme, soweit sie Elemente definierter Problemfelder sind, anwendbar. Die Projektierung problembezogener Informationsverarbeitungsprozesse vereinfacht sich daher zur Präzisierung der Funktionen des automatisierten Gesamtsystems, die den spezialisierten Anforderungen entsprechen. Im Gegensatz zu den üblichen Datenverarbeitungsprojekten entfallen in diesem Falle die Erfassung und Organisierung von Datenmengen und die Programmierung von Grundalgorithmen. An ihre Stelle treten universelle Zugriffsmechanismen zum Datenbestand und zu einer Programmbibliothek. Die Programmierung der Informationsverarbeitungsprozesse, die sich für die Datenverarbeitung als geeignet erwiesen haben, erfolgt in einer Informationszentrale unter Einbeziehung der angedeuteten Hilfsmittel, die das automatisierte System selbst bereitstellt. Die Ergebnisdaten jedes dieser der automatisierten Abarbeitung zugeführten Informationsverarbeitungsprozesse werden über die Informationszentrale dem Problembearbeiter (Nutzer) zur Verfügung gestellt, damit er eine Analyse dieser Zwischenergebnisse vornehmen und sie in die Synthese der Ergebnisse aller Informationsverarbeitungsprozesse zur Problemlösung eingliedern kann. Die Unterstützung des Problemlösungsprozesses erfolgt also in der fünften und sechsten Phase, deren Ablauf durch die Nutzung des automatisierten Systems rationalisiert wird. Diese Unterstützung bewirkt eine Beschleunigung und Qualitätserhöhung des Problemlösungsprozesses.

Eine schematische Übersicht der Funktionen der Unterstützung der Problembearbeitung und -lösung zeigt die Abbildung 47.

Die Unterstützung ganz bestimmter Phasen des Problembearbeitungs- und -lösungsprozesses ist relativ zu verstehen, das heißt bezogen auf das konkrete Problem, für das das System in Anwendung gebracht wird. Die in der Regel komplexen Probleme erzeugen in allen Phasen der Problembearbeitung Sekundärprobleme, die ihrerseits wieder die gleiche Struktur der Phasen besitzen. Wenn beispielsweise bei einem Primärproblem in der ersten Phase der Problembearbeitung Informationsverarbeitungsprozesse erforderlich werden, um die Zielfindung zu präzisieren, so wird in dieser ersten Phase ein weiteres, ein Sekundärproblem induziert, für das wiederum die gleichen Bedingungen der Unterstützungsmöglichkeiten zur Anwendung kommen wie bei Problemstellungen überhaupt. Bezogen auf dieses

Sekundärproblem, können wiederum die dritte und vierte sowie die fünfte und sechste Phase durch ein automatisiertes System unterstützt werden. Bezogen auf das Primärproblem wäre das dann eine indirekte Unterstützung der ersten Phase.

### 5.10.3. Dynamische Kopplung von semantischen und syntaktischen Informationsverarbeitungsprozessen

Wir haben in den vergangenen Kapiteln wiederholt die Forderung nach der Entwicklung dynamischer automatisierter Informationsverarbeitungssysteme anklingen lassen. Im Zusammenhang mit der Unterstützung des Problembearbeitungs- und -lösungsprozesses durch den Einsatz von elektronischen Datenverarbeitungsanlagen zeigen sich die hierbei auftretenden Fragestellungen besonders deutlich. Die dynamische Informationsverarbeitung ist kein Terminus zur Bezeichnung neuartiger Methoden sowie Projektierungs- und Programmiertechniken der Datenverarbeitung selbst, sondern kennzeichnet eine besondere Form des Zusammenwirkens von semantischen Informationsverarbeitungsprozessen bei der Formulierung von Datenverarbeitungsaufgaben mit syntaktischen Informationsverarbeitungsprozessen bei der automatisierten Abarbeitung dieser Aufgaben.

Bei allen Formen schematisierbarer geistiger Tätigkeiten reduziert sich der Aufwand an semantischer Informationsverarbeitung auf die Herausarbeitung eines möglichst rationellen und effektiven Schemas, nach dem die Abarbeitung von Datenverarbeitungsaufgaben erfolgen kann. Das widerspiegelt sich in der Praxis vor allem in der zeitlichen Aufeinanderfolge von Projektierungsarbeiten und der sich daran anschließenden Phase der Einführung abgeschlossener Projekte in den Arbeitsprozeß. Die Projektierung regelt gewissermaßen ein für allemal — und deshalb statisch — die Organisation der Eingangsdaten und die Verteilung der Ergebnisdaten.

Bei der dynamischen Informationsverarbeitung vertauschen Projektierung und Abarbeitung ständig ihren Platz und sind selbst Bestandteil eines organisierten Systems, das von der Nutzerberatung (und damit der Formulierung von Datenverarbeitungsaufgaben) über die Generierung von Programmen bis zur Bereitstellung der Ergebnisdaten reicht. Dynamisch bezeichnet also vor allem jene Eigenschaft des Systems, von der Logik des Problembearbeiters ausgehend mit der Formulierung der Datenverarbeitungsaufgabe bereits einen stets zum Erfolg führenden Weg der Generierung eines entsprechenden Programms zur Lösung der formulierten Datenverarbeitungsaufgabe einschlagen zu können und somit ein leistungsfähiges Programmiersystem in den Dienst der semantisch gesteuerten Formulierung und rein syntaktischen Abarbeitung von Datenverarbeitungsaufgaben zu stellen. Der nahtlose Übergang der semantisch gesteuerten Formulierung einer Datenverarbeitungsaufgabe zur Generierung entsprechender Programme ermöglicht eine dynamische Kopplung des automatisierten Informationsverarbeitungssystems mit dem Problembearbeitungs- und -lösungsprozeß selbst. Die Kopplung muß deshalb dynamisch sein, weil erst während der Problembearbeitung problemspezifische Aufgaben sichtbar werden, die problemspezifische Schnittstellen mit dem automatisierten Informationsverabeitungssystem bedingen. Dieser dynamische Wechsel von Schnittstellen und damit die Beherrschung semantisch gesteuerter Ein- und Austrittspunkte für das automatisierte Informationsverarbeitungssystem erfordert ein Bindeglied zwischen dem eigentlichen Problembearbeitungs- und -lösungsprozeß und der Realisierung von Datenverarbeitungsaufgaben durch eine EDVA. Wir haben dieses Bindeglied als Informationszentrale bezeichnet, in der der Umschlag der Aufgabenformulierung in die Steuerung der Projektierung und Programmierung von maschinellen Leistungen erfolgt (vgl. Kapitel 7).

*Die Dynamik als eine qualitativ neue Eigenschaft des diskutierten automatisierten Informationsverarbeitungssystems bezieht sich daher auf das Gesamtsystem, wobei seine Elemente (Informationszentrale, Programmiersystem, Datenbank) so gestaltet sind, daß die Funktion des Gesamtsystems effektiv realisiert werden kann.*

## 5.11. Informationsbedürfnis und Informationsbedarf für Problembearbeitungs- und Problemlösungsprozesse

Bei schematischen syntaktischen Problemen führt der Problembearbeitungsprozeß zur Projektierung eines Lösungsweges, der als ein System miteinander verketteter Datenverarbeitungsprozesse zum Gegenstand der Programmierung wird. Das problembezogene Informationsbedürfnis und der Informationsbedarf fallen hierbei deshalb zusammen, weil mit der Entscheidung für das Schema des Lösungsweges alle Eingangsinformationen für die konzipierten Informationsverarbeitungsprozesse definiert werden müssen.

Der Unterschied zwischen Informationsbedürfnis und Informationsbedarf kann offensichtlich nur in der Phase der Problembearbeitung in Erscheinung treten, solange der Prozeß der Zielfindung und der Umsetzung des Ziels in einen Lösungsweg noch nicht abgeschlossen ist. Die Zielfindung impliziert zunächst Vorstellungen über wünschenswerte Lösungswege, die ihrerseits entsprechende Informationen voraussetzen. Die konzipierten Lösungswege repräsentieren somit das problembezogene

Informationsbedürfnis, das in Konfrontation mit den realisierbaren Lösungswegen zum Informationsbedarf präzisiert wird.

Der Informationsbedarf unterstellt also die Entscheidung für einen realisierbaren Lösungsweg und damit die Existenz eines fixierten Systems von Informationsverarbeitungsprozessen, durch deren Abarbeitung die Problemlösung ermittelt werden soll. Der Informationsbedarf orientiert daher auf die Erfassung und Bereitstellung aller für den Lösungsweg erforderlichen Informationen.

Während also das Informationsbedürfnis die volle Realisierbarkeit der Bereitstellung von Informationen, die diesem Bedürfnis genügen, noch in Frage stellt, stellt der Informationsbedarf die Übereinstimmung zwischen den für die Problemlösung wünschenswerten und den tatsächlich bereitstellbaren Informationen dar.

Das problembezogene Informationsbedürfnis des Problembearbeiters ergibt sich somit aus der Zielfindung für die Problemlösung und gliedert sich so lange in einen fiktiven und einen realen Informationsbedarf, solange Entscheidungen über den wirklich einzuschlagenden Lösungsweg noch nicht endgültig gefällt wurden. Der fiktive Informationsbedarf enthält all jene Informationen, deren Nutzung dem Problembearbeiter für eine bestimmte Lösungsvariante wünschenswert erscheint, deren Bereitstellung jedoch — wie eine konkrete Analyse der Voraussetzungen für die Problemlösung zeigt — nicht organisiert werden kann.

Der reale Informationsbedarf hingegen ist dadurch gekennzeichnet, daß die Zielfindung durch die Entscheidung für konkrete Voraussetzungen für die Problemlösung ergänzt wird, deren Realisierung mit vertretbarem Aufwand in dem für die Problemlösung gestellten Zeitraum die Bereitstellung der geforderten Informationen für das konzipierte System von Informationsverarbeitungsprozessen ermöglicht. Von einem realen Informationsbedarf kann man also nur im Zusammenhang mit einem konkreten System von Informationsverarbeitungsprozessen sprechen.

Wir hatten bereits bei der Unterstützung der Problembearbeitung darauf hingewiesen, daß die Realisierbarkeit von Informationsanforderungen das entscheidende praktische Kriterium für die Erfüllbarkeit von Zielsetzungen ist. Insofern widerspiegelt sich im realen Informationsbedarf erst endgültig die reale Zielstellung für die Problemlösung. Natürlich bemüht sich der erfahrene Problembearbeiter stets um rationelle Wege zur Auffindung einer realen Zielstellung für die Problemlösung. Das zeigt sich vor allem in der Formulierung eines realen Informationsbedarfs. Der reale Informationsbedarf ist somit eine zweistellige Relation. Er steht in Beziehung sowohl zum Problem als auch zum System der für die Problemlösung konzipierten Informationsverarbeitungsprozesse. Bei syntaktisch-semantisch gemischten nichtschematischen Problemen — wie sie vor allem in der Leitungstätigkeit auftreten — beobachten wir ständig den Prozeß des Umschlagens von Informationsbedürfnissen in Informationsbedarf durch Aussonderung des fiktiven Informationsbedarfs im Prozeß der Entscheidung für realisierbare Lösungswege. Die Dialektik von Informationsbedürfnis und Informationsbedarf ist für alle Problembearbeitungsprozesse charakteristisch und unaufhebbar.

Die Existenz eines organisierten Systems allgemeiner Voraussetzungen für die Problemlösung stellt unter diesem Aspekt eine allgemeine Potenz des realen Informationsbedarfs dar. Die Ermittlung des fiktiven Informationsbedarfs im Rahmen des Zielumsetzungsprozesses in Vorstellungen über Lösungswege gestaltet die Umwandlung des Informationsbedürfnisses in den Informationsbedarf konfliktfreier und sicherer. Das Informationsbedürfnis paßt sich gewissermaßen schneller dem realisierbaren Informationsbedarf an und nutzt zugleich die Potenzen für die Erarbeitung eines solchen Informationsbedarfs, die einer möglichst vollständigen und tiefgründigen Lösung des Problems dienen. Das Informationsbedürfnis wird somit durch die allgemeine Potenz für einen Informationsbedarf gewissermaßen gesteuert und kanalisiert. Obwohl — logisch gesehen — der Informationsbedarf eine Präzisierung des Informationsbedürfnisses darstellt, wird jetzt der Informationsbedarf in Form des organisierten allgemeinen Systems von Voraussetzungen für die Problemlösung dem Informationsbedürfnis übergeordnet. Das Informationsbedürfnis entwickelt sich sinnvollerweise so weit im Rahmen des bereits organisierten realen Informationsbedarfs, wie es für die Problemlösung überhaupt vertretbar ist. Der reale Informationsbedarf wird daher zu einer Grundlage für die Entwicklung von problembezogenen Informationsbedürfnissen. In dem Maße, wie es gelingt, die allgemeinen Voraussetzungen für die Problemlösung umfassender zu gestalten, wachsen die Möglichkeiten für die Realisierung von Informationsbedürfnissen. Die Erweiterung der Informationsbedürfnisse erweist sich somit als eine direkte Funktion der Erweiterung der allgemeinen Voraussetzung für die Problemlösung. Es sind also nicht in jedem Falle neuartige Problemstellungen und die aus ihnen resultierenden Informationsbedürfnisse erst abzuwarten, um den Informationsbedarf zu realisieren, sondern es erfolgt gewissermaßen eine Vorwegnahme des potentiellen Informationsbedarfs vor dem Informationsbedürfnis. Dadurch stimuliert der potentielle Informationsbedarf in Form des organisierten Systems der allgemeinen Voraussetzungen für die Problemlösung die Entwicklung von Informationsbedürfnissen.

Dieser scheinbar logische widersinnig Zusammenhang ist aber deshalb von besonderer Bedeutung, weil er über die Gestaltung leistungsfähiger Informationsverarbeitungssysteme für Problembearbeitungs- und -lösungsprozesse auf Möglichkeiten zur Niveauerhöhung der Leitungstätigkeit hinweist, ohne diese Leitungstätigkeit selbst modellieren zu müssen. Die Modellierung von Leitungsprozessen geht immer davon aus, daß zunächst ein verbessertes System von geistigen Arbeitsprozessen entwickelt werden muß, um die daraus resultierenden Informationsbedürfnisse befriedigen zu können. Diese Vorgehensweise stellt nicht in Rechnung, daß der Aufbau von Informationsverarbeitungssystemen möglich ist, die ihrerseits erst verbesserte Leitungstätigkeit ermöglichen und stimulieren.

Ein solcher Weg setzt in der Tat in bestimmtem Grade die Unabhängigkeit zwischen potentiellem Informationsbedarf und Informationsbedürfnis voraus. Das Informationsverarbeitungssystem für Problembearbeitungs- und -lösungsprozesse orientiert sich voll und ganz auf die Konzipierung und Realisierung eines sich ständig erweiternden Systems von Informationen zur Befriedigung eines potentiellen realen Informationsbedarfs.

## 5.12. Frage und Operation

Die Frage besitzt hinsichtlich ihrer informationellen Struktur eine gewisse Ähnlichkeit mit der Operation. Wie wir bei der Operation zwischen Formulierung der Operation (Aussage) und Durchführung der Operation (Operation als Prozeß) unterschieden haben, so muß man auch bei der Frage die Fixierung der Frage von der Auslösung des Antwortprozesses unterscheiden. Wir sprechen deshalb von Fragedeskriptionen, die eine spezielle Art der Aussagen bilden, soweit es sich lediglich um das Verständnis der formulierten Fragen handelt. Die Frage selbst provoziert jedoch einen geistigen Prozeß, an dessen Ende die Antwort auf die Frage steht. Die Frage löst also ebenfalls eine Art Operation aus, die sich jedoch von den bisher behandelten Operationen unterscheidet. Wir haben sie strategische Operation oder auch Konzipierungsoperation genannt, weil ihre Grundfunktion darin besteht, in einem schrittweisen und hierarchisch gestuften Prozeß solche Systeme von Informationsverarbeitungsprozessen zu konzipieren, deren Abarbeitung dann zur Problemlösung führt.

Während bisher allein die Abarbeitung von konzipierten Informationsverarbeitungsprozessen im Mittelpunkt der Betrachtungen stand, geht es beim Verständnis der Frage darum, den Entstehungsprozeß solcher konzipierten Informationsverarbeitungssysteme zu analysieren. Hierbei zeigt sich, daß der Begriff „Informationsverarbeitungsprozeß" mehrdeutig wird, denn zweifellos sind auch geistige Operationen zur Konzipierung von Informationsverarbeitungsprozessen selbst wieder Informationsverarbeitungsprozesse. Die Einteilung der Informationsverarbeitungsprozesse in konzipierende und realisierende erweist sich somit als relativ.

Jeder Informationsverarbeitungsprozeß besitzt im allgemeinen eine konzipierende und realisierende Funktion in der Hierarchie der Informationsverarbeitungsprozesse. Die realisierende Funktion jedes Informationsverarbeitungsprozesses bezieht sich auf die vorgegebene Zielfunktion, die durch einen hierarchisch darüber liegenden Informationsverarbeitungsprozeß ermittelt wurde. Sie besitzt dann ebenfalls eine konzipierende Funktion, wenn die Realisierung der Informationsverarbeitungsprozesse zugleich neue Informationsverarbeitungsprozesse konzipiert.

Dieser Zusammenhang widerspiegelt sich darin, daß die Beantwortung von Fragen stets neue Fragen auslöst. Hierbei wird nach Beantwortung der Fragen einer Zielklasse folgerichtig zur Auslösung von Fragen der nächst niederen Zielklasse übergegangen. In den Fragen widerspiegelt sich der Aufforderungscharakter zur Durchführung solcher Informationsverarbeitungsprozesse, die dem Charakter der Frage gemäße Antworten liefern. Es gehört zu den Besonderheiten menschlicher Denkleistungen, Fragen in diesem Sinne zu verstehen und in angemessene geistige Aktivitäten umzusetzen. Wir bezeichnen die Steuerung der durch Fragen ausgelösten Informationsverarbeitungsprozesse deshalb als strategisch, weil in ihnen in globaler und komplexer Weise allgemeine Kriterien für die Antizipation der Problemlösung und die günstigste Auswahl der Lösungswege den Prozeß der Antwortfindung auf jeder Hierarchiestufe bestimmen. Es handelt sich hierbei in Analogie zu philosophischen Termini um eine Art von Finalsteuerung, für deren Umsetzung in Algorithmen zur Zeit keinerlei Grundlagen vorhanden sind. Diese Art von Steuerung kann in Automaten nicht nachgebildet werden.

Im Gegensatz zu diesen Finalsteuerungen (strategische bzw. konzipierende Operationen) stehen die kausal gesteuerten Operationen (Realisierungsoperationen), deren Algorithmierung unter bestimmten Bedingungen möglich ist. Kausal gesteuerte Operationen sind also nur auf der letzten (der untersten) Hierarchiestufe der Informationsverarbeitungsprozesse anzutreffen. Man unterstellt darin, daß es auf irgendeine Art und Weise zur Formulierung dieser Informationsverarbeitungsprozesse als Aufgabenstellung gekommen ist und daß ihre Abarbeitung einen bestimmten Zweck erfüllt. Wie es zur Formulierung des jeweils speziellen Systems von Informationsverarbeitungsprozessen gekommen ist, bleibt dabei außerhalb der Betrachtung. Gerade dieses Vorfeld der geeigneten Auswahl von Informationsverarbeitungsprozessen mit dem Zweck, einen optimalen Beitrag für eine Problemlösung zu liefern, ist Gegenstand des Verständnisses der Frage und ihrer Funktion im Problembearbeitungsprozeß.

Der Zusammenhang zwischen Frage und Operation bleibt bis zur untersten Hierarchiestufe der Informationsverarbeitungsprozesse erhalten, wobei die Operationen in reine Realisierungsoperationen übergehen. Das zeigt sich darin, daß einfache Befehle (kausale oder realisierende Operationen) manchmal auch in der Form der Frage formuliert werden können (zum Beispiel „Wie alt sind Sie?" an Stelle von „Sagen Sie mir, wie alt Sie sind!").

## 5.13. Problem und Entscheidung

Die Besonderheiten des Problembearbeitungsprozesses bestehen darin, daß er von Entscheidungsprozessen durchsetzt ist, die ihrerseits die Konzipierung spezifischer Informationsverarbeitungsprozesse bewirken. Diese Informationsverarbeitungsprozesse dienen der schrittweisen Vorbereitung des Problemlösungsprozesses.

Wir wollen unter diesem Gesichtspunkt versuchen, etwas genauer zu kennzeichnen, was Entscheidungen sind und welchen Einflußfaktoren sie unterliegen.

Man sollte bei den Entscheidungen in Primär- und Sekundärentscheidungen unterscheiden.

*Primärentscheidungen* sind der relativ selbständige Ausgangspunkt für ganze Ketten von materiellen bzw. geistigen Operationen. Ihr Wesen besteht darin, Prozesse, Maßnahmen oder Verhaltensweisen unter der Berücksichtigung von Zielvorstellungen und Entscheidungsvoraussetzungen zu konzipieren.

*Sekundärentscheidungen* sind aus anderen Entscheidungen abgeleitet und bedürfen daher einer zusätzlichen Berücksichtigung der vorangegangenen Entscheidungen und der durch sie ausgelösten Prozesse, Maßnahmen oder Verhaltensweisen.

Aus diesen Wesensbestimmungen der Entscheidung wird sichtbar, *daß Entscheidungen in erster Linie eine konzipierende Funktion haben, das heißt zielstrebige Operationen vorbereiten.* Unseres Erachtens wurde gerade dieser Aspekt von Entscheidungsprozessen bisher vernachlässigt.

Wir werden uns im folgenden nur mit solchen Entscheidungsprozessen beschäftigen, die Informationen zum Gegenstand haben und deren konzipierende Funktion in der Antizipation von Informationsverarbeitungsprozessen besteht. Dafür wollen wir die Bezeichnung (*rein*) *informationelle Entscheidungen* verwenden.

Primäre informationelle Entscheidungen zielen auf die Konzipierung eines Systems von Informationsverarbeitungsprozessen unter Berücksichtigung sowohl angestrebter Ergebnisinformationen als auch von Voraussetzungen (Informationen und Methoden) für die Gewinnung dieser Informationen.

Sekundäre informationelle Entscheidungen sind demgegenüber dadurch ausgezeichnet, daß die aus vorangegangenen Entscheidungen resultierenden

Informationsverarbeitungsprozesse und ihre Ergebnisse als wesentliche Einflußfaktoren ebenfalls berücksichtigt werden müssen. Sekundäre informationelle Entscheidungen sind somit durch das Zusammenwirken von vier Einflußfaktoren ausgezeichnet. Diese Einflußfaktoren sind:

a) *die ganzheitliche Zielstellung*, in die der spezielle Entscheidungsprozeß eingebettet ist. Diese ganzheitliche Zielstellung wirkt als eine Art Entscheidungssteuerung auf die Gesamtheit der Entscheidungsprozesse.

b) *die aus der vorangegangenen Entscheidung resultierende Zielstellung*, die vor allem bewirkt, daß sich die spezielle Entscheidung sinnvoll in die Gesamtkette der Entscheidungen einordnet. Sie wirkt als eine präzisierte Zielstellung für den konkreten Entscheidungsakt, wobei die globale Zielstellung als Kriterium fungiert.

c) *die Ergebnisse der realisierten Informationsverarbeitungsprozesse*, die durch eine vorangegangene Entscheidung ausgelöst wurden. Daß diese Ergebnisse in eine neue Entscheidung einmünden, zeigt, daß sie selbst neben einer realisierenden auch eine konzipierende Funktion besitzen. Sie dienen somit der Entscheidungsvorbereitung.

d) *die Entscheidungsvoraussetzungen* in Form von Informationen und Methoden. Die Entscheidungsvoraussetzungen werden unter dem Gesichtspunkt der vorgenannten drei Faktoren so genutzt, daß es zur Konzipierung neuer Informationsverarbeitungsprozesse kommt.

*Die Entscheidungen erweisen sich somit als Knotenpunkte in der Kette der Informationsverarbeitungsprozesse.* Es gibt gewissermaßen keinen glatten Übergang von einem System von Informationsverarbeitungsprozessen zu einem anderen. Dieser Übergang muß durch einen Entscheidungsakt hergestellt werden. Es gehört zu den spezifischen Leistungen menschlichen Denkens, diese Übergänge unter Zuhilfenahme einer Entscheidungssteuerung, das heißt einer Zielorientierung, herzustellen. Überall dort, wo Entscheidungsprozesse unausweichlich sind, haben wir es mit schöpferischen Leistungen menschlichen Denkens zu tun.

Bei der Art und Weise der Nutzung der Entscheidungsvoraussetzungen für die Entscheidung treten im wesentlichen vier Formen der Bearbeitung der Entscheidungsvoraussetzungen auf:

a) *Auswahl*

Sie ist dadurch gekennzeichnet, daß aus einer definierten Menge von Informationen und/oder Methoden gerade diejenigen ausgewählt werden, aus denen die konzipierten Informationsverarbeitungsprozesse unter Berücksichtigung der anderen Einflußfaktoren zusammengesetzt werden sollen.

b) *Kombination*

Sie basiert auf der Auswahl. Es bedarf jedoch zunächst einer Kombination (Generierung) von Informationen und/oder Methoden, um die Forderungen, die die zu konzipierenden Informationsverarbeitungsprozesse stellen, zu erfüllen.

c) *Bewertung*

Sie unterwirft die bereitgestellte Menge an Informationen und Methoden einem geistigen Aufbereitungsprozeß, der unter einem bestimmten Gesichtspunkt vorgenommen wird. Dieser geistige Prozeß verändert die ursprünglichen Informationen und Methoden, indem sie unter einem bestimmten Aspekt betrachtet werden und das diesem entsprechende Wesen herausgearbeitet wird. Es handelt sich gewissermaßen um eine Maske, die über die ursprünglichen Informationen und Methoden gelegt wird, und eine anschließende Ordnung der jetzt wesentlich werdenden Elemente der Entscheidungsvoraussetzungen. Erst danach treten wiederum Auswahl- und Kombinationsprozesse für die Konzipierung von Informationsverarbeitungsprozessen in Aktion.

d) *Modifikation*

Ihr Wesen besteht darin, daß — wie bei der Bewertung — eine Maske über die Informationen und Methoden gelegt wird, jedoch darüber hinaus die wesentlichen Elemente der Entscheidungsvoraussetzungen modifiziert werden, um sie für die zu konzipierenden Informationsverarbeitungsprozesse anwendbar zu machen.

Aus dieser Darlegung der Struktur einer Entscheidung wird sichtbar, daß das Zusammenwirken der vier Gruppen von Einflußfaktoren nur dann formalisierbar und somit automatisierbar ist, wenn eine Reihe von Bedingungen erfüllt ist:

- die Elemente der Entscheidungsvoraussetzungen müssen in formalisierter Form vorliegen, die Informationen müssen also Daten, die Methoden Algorithmen sein;
- die Art der Nutzung der Entscheidungsvoraussetzungen beschränkt sich auf Auswahl und Kombination der Elemente der Entscheidungsvoraussetzungen;
- die Ergebnisse der der Entscheidungsvorbereitung dienenden Informationsverarbeitungsprozesse müssen Daten sein;
- die globale Zielstellung sowie die aus der vorangegangenen Entscheidung resultierende präzisierte Zielstellung für die Entscheidung müssen formalisierbar sein, das heißt, sie müssen die Form einer Zielfunktion annehmen;

— der Zusammenhang der bisher genannten drei Gruppen von Einflußfaktoren muß durch einen Algorithmus darstellbar sein;
— die aus der Entscheidung resultierende Konzipierung eines Systems von Informationsverarbeitungsprozessen muß zur Formulierung eines rein syntaktischen Problems führen.

Aus diesen Forderungen an die Formalisierbarkeit der Entscheidung wird sichtbar, daß nur eine relativ kleine Gruppe von Entscheidungsprozessen auf Automaten nachbildbar ist. Wenn darüber hinaus an Entscheidungsprozesse, beispielsweise in einem Leitungssystem, gedacht wird, muß weiterhin berücksichtigt werden, daß hier rein informationelle Entscheidungen mit anderen Entscheidungen zusammenwirken, so daß die dadurch entstehenden komplexen Entscheidungsprozesse prinzipiell nicht automatisierbar sind. Man denke in diesem Zusammenhang beispielsweise an die Entscheidungsbeeinflussung durch Emotionen sowie an Entscheidungen, die sich auf die materiellen Bedingungen des Arbeitsprozesses beziehen.

## 5.14. Klassifizierung der Entscheidungen bei der Problembearbeitung und Problemlösung

Wie die Informationsverarbeitungsprozesse selbst, sind auch die Entscheidungen mehr oder weniger komplex. Komplexe Entscheidungen können selbst einem oder mehreren Problembearbeitungs- und Problemlösungsprozessen übergeordnet sein. In diesem Falle erscheint die Lösung der aufgeworfenen Probleme als Grundlage für die zu treffende Entscheidung. Dadurch wird das gestufte System von Informationsverarbeitungsprozessen, das sich aus diesen Problembearbeitungs- und -lösungsprozessen ergibt, zu einem einzigen Komplex zusammengezogen und als Einflußfaktor für die zu treffende Entscheidung betrachtet.

Hierbei muß man sich darüber im klaren sein, daß derart komplexe Informationsverarbeitungsprozesse selbst mit einer Reihe von Entscheidungen niederer Komplexität durchsetzt sind. Es ist daher relativ, wenn man formulieren wollte, Problembearbeitungsprozesse sind Bestandteil eines Entscheidungsprozesses, oder umgekehrt, Entscheidungsprozesse sind Bestandteile des Problembearbeitungs- und -lösungsprozesses.

Im folgenden wollen wir uns mit den Entscheidungsprozessen beschäftigen, die im Rahmen eines Problembearbeitungsprozesses auftreten, und diese Entscheidungsprozesse klassifizieren. *Wir betrachten dabei die Entscheidung als einen Umschlagspunkt, der einen nachfolgenden Informationsverarbeitungsprozeß mit einem vorausgehenden verbindet.* Solche Verbindungen oder Kopplungen von Informationsverarbeitungsprozessen sind immer dann notwendig, wenn es keinen logisch zwingenden Zusammenhang zwischen dem Ablauf des einen Informationsverarbeitungsprozesses mit dem Ablauf des anderen gibt, sondern dieser Zusammenhang vielmehr durch die strategische Steuerung des gesamten Problembearbeitungs- und lösungsprozesses hergestellt wird. Dieses im Vorangehenden durch das Aufwerfen und Beantworten von Fragen gekennzeichnete Auftreten einer strategischen Steuerung kann ebensogut als Entscheidungssteuerung bezeichnet werden, weil — wie bei der Behandlung der Einflußfaktoren einer Entscheidung sichtbar gemacht wurde — die Übergänge von einer Entscheidung zu einer anderen mit dazwischen gelagerten Informationsverarbeitungsprozessen der Erreichung des durch die Problemstellung fixierten Zieles dient.

So wie wir Zielklassen unterschieden haben, um die Funktion der Fragen in den verschiedenen Phasen der Problembearbeitung zu differenzieren, soll im folgenden auch die Entscheidung klassifiziert werden:

a) Zielfindungsentscheidungen,
b) Zielumsetzungsentscheidungen,
c) Zielrealisierungsentscheidungen,
d) technologische und organisatorische Entscheidungen,
e) Entscheidungen im Rahmen von Algorithmen.

*Zielfindungsentscheidungen* gehören zu den Primärentscheidungen, weil sie relativer Ausgangspunkt für eine ganze Kette von nachfolgenden Entscheidungs- und Informationsverarbeitungsprozessen sind. Sie sind insofern niemals ein absoluter Ausgangspunkt, weil Zielvorstellungen als die wesentlichen Einflußfaktoren vorausgesetzt werden müssen. Diese Zielvorstellungen stehen ihrerseits im Zusammenhang mit anderen materiellen oder geistigen Tätigkeiten. Die für die Zielfindungsentscheidungen charakteristischen Entscheidungsvoraussetzungen bestehen in der Regel in vorliegenden oder zu erarbeitenden Kriterien für die Zielbewertung. Zielbewertungskriterien besitzen im allgemeinen eine außerordentlich komplexe Struktur, die nicht in ein angebbares System von Daten und Algorithmen auflösbar ist. Die aus Zielfindungsentscheidungen resultierenden Informationsverarbeitungsprozesse sind daher in der Regel semantische Informationsverarbeitungsprozesse, deren Funktion darin besteht, rationale Begründungen für die Notwendigkeit, Wichtigkeit und prinzipielle Realisierbarkeit von Zielstellungen für den Problembearbeitungs- und -lösungsprozeß zu erarbeiten. Auf Grund der verschiedenen Aspekte, unter denen Notwendigkeit, Wichtigkeit und Realisierbarkeit von Zielfindungen untersucht werden, entstehen eine Reihe von logisch unabhängigen Informationsverarbeitungsprozessen, die durch Entscheidungen zusammengeschlossen werden und in Entscheidungen der nächst niedercn Klasse (Zielumsetzungsentscheidungen) einmünden.

*Zielumsetzungsentscheidungen* sind deshalb sekundäre Entscheidungen, weil bei ihnen die Zielfindungsentscheidungen vorausgesetzt werden und von daher die Zielrichtung des Entscheidungsprozesses maßgeblich bestimmt wird (siehe Einflußfaktoren des Entscheidungsprozesses).

Weiterhin gehen in die Zielumsetzungsentscheidungen alle Überzeugungen über die Richtigkeit des gesetzten Zieles ein, die als Ergebnisse der Informationsverarbeitungsprozesse entstanden sind und durch die Zielfindungsentscheidungen ausgelöst wurden. Die Entscheidungsvoraussetzungen sind in diesem Falle die mehr oder weniger präzise vorliegenden Vorstellungen über mögliche Lösungswege. In der Regel liegen diese Lösungswege nicht als eine definierte Menge vor, aus der der richtige Weg nur auszuwählen wäre. Es treten vielmehr Probleme der Bewertung, der Modifizierung und der Konstruktion bei der Nutzung der Entscheidungsvoraussetzungen in Form von Wegvorstellungen beim Entscheidungsprozeß auf. Aus diesem Grunde führen auch die Zielumsetzungsentscheidungen zur Auslösung von in der Regel semantischen Informationsverarbeitungsprozessen. Diese Informationsverarbeitungsprozesse sind im allgemeinen dadurch gekennzeichnet, daß in verschiedener Weise ein Rückgriff, eine Modifizierung und Präzisierung erfolgt, so daß der durch die Zielumsetzungsentscheidung ausgelöste Informationsverarbeitungsprozeß nicht eindeutig von einer abgeschlossenen Nutzung der Entscheidungsvoraussetzungen abgegrenzt werden kann. Jeder Rückgriff bzw. jede Bearbeitung der ursprünglichen Entscheidungsvoraussetzungen setzt selbst eine Reihe von Entscheidungen voraus. Der Ablauf von Informationsverarbeitungsprozessen, die durch Zielumsetzungsentscheidungen ausgelöst werden, ist gewissermaßen nicht in sich geschlossen, sondern besitzt den Charakter des Sich-Herantastens an den richtigen Lösungsweg, dessen Entscheidung vorbereitet werden soll.

*Zielrealisierungsentscheidungen* setzen die Entscheidung für einen Lösungsweg voraus. Die Entscheidung für einen Lösungsweg ist somit der Endpunkt von Entscheidungsprozessen der zweiten Klasse und zugleich Anfangspunkt der Zielrealisierungsentscheidungen. Die Besonderheiten der Entscheidungsvoraussetzungen auf dieser Stufe des Gesamtentscheidungsprozesses sind im allgemeinen Informationen und Methoden, aus denen ein solches System von Informationsverarbeitungsprozessen aufgebaut oder konzipiert werden soll, von dessen Abarbeitung man sich die Problemlösung verspricht. Erst bei den Zielrealisierungsentscheidungen darf man daher erwarten, daß je nach dem Charakter des Problems Datenverarbeitungsaufgaben formuliert werden. Auf der Grundlage der anderen drei Einflußfaktoren erfolgt eine solche Auswahl, Generierung oder

Konstruktion von Informationen und Methoden, daß ein System von Informationsverarbeitungsprozessen konzipiert wird. Die durch die Zielrealisierungsentscheidungen ausgelösten Informationsverarbeitungsprozesse sind folglich zielstrebige Auswahl- und Konzipierungsprozesse, das heißt bewertende geistige Tätigkeiten, die Informationen und Methoden zum Gegenstand haben.

Das konzipierte System von Informationsverarbeitungsprozessen ist der Ausgangspunkt für *technologische und organisatorische Entscheidungsprozesse*. Sie sind deshalb notwendig, weil es in der Regel verschiedene Möglichkeiten für die Beschaffung oder Bereitstellung von Informationen und Verarbeitungsmethoden gibt. Um das konzipierte System von Informationsverarbeitungsprozessen zu einem abarbeitbaren umzuwandeln, müssen eine ganze Reihe von Erfassungs-, Weiterleitungs- und Bereitstellungsaktivitäten realisiert werden, damit aus dem zunächst rein logischen System ein physisches System der abarbeitungsbereiten Informationsverarbeitungsprozesse entsteht.

Dieser Zusammenhang zwischen der Konzipierung eines Systems von Informationsverarbeitungsprozessen als Ergebnis vorangegangener Entscheidungsprozesse und physischer Realisierung des konzipierten logischen Systems tritt im Prinzip auch bei den vorgenannten Entscheidungsklassen auf. Infolge der Besonderheiten der erstgenannten drei Entscheidungsklassen besteht jedoch eine so enge Wechselbeziehung zwischen der logischen Konzipierung von Informationsverarbeitungsprozessen und deren semantischer Realisierung, daß in der Regel kein arbeitsteiliges Auseinanderreißen der Konzipierung und Realisierung von Informationsverarbeitungsprozessen erfolgt. Der Problembearbeiter selbst vollzieht den ständigen Übergang von konzipierenden zu realisierenden Informationsverarbeitungsprozessen im Gefolge der zu treffenden Entscheidungen, denn alle diese Entscheidungen als Bestandteile des Problembearbeitungsprozesses dienen ja der Vorbereitung des eigentlichen Problemlösungsprozesses. Erst der Problemlösungsprozeß ist in der Regel so scharf in verschiedene Informationsverarbeitungsprozesse zerlegbar, daß eine Arbeitsteilung zwischen der Konzipierung von Informationsverarbeitungsprozessen und der Realisierung von Informationsverarbeitungsprozessen möglich und sinnvoll wird. Weiterhin läßt auch der Umfang der im Problemlösungsprozeß zu realisierenden Informationsverarbeitungsprozesse eine Arbeits- und Aufgabenteilung als ratsam erscheinen.

Die technologischen und organisatorischen Entscheidungen stellen somit eine Vermittlung zwischen dem eigentlichen Problembearbeitungsprozeß und dem nunmehr folgenden Problemlösungsprozeß dar, wobei der Problemlösungsprozeß als getrennte Auftragserteilung an entsprechende Ausführungsorgane vom Problembearbeitungsprozeß abgespalten wird.

*Entscheidungen im Rahmen von Algorithmen* vermitteln Verzweigungen beim Ablauf von Informationsverarbeitungsprozessen. Ein bestimmter Informationsverarbeitungsprozeß führt zu einem Zwischenergebnis, von dem aus verschiedene Möglichkeiten für die Fortführung des Informationsverarbeitungsprozesses als gegeben unterstellt werden. Wenn nun die Wahl für die eine oder andere Fortsetzungsmöglichkeit aus dem erreichten Zwischenergebnis selbst abgeleitet werden kann, also algorithmengesteuert erfolgt, haben wir es mit Entscheidungen im Rahmen von Algorithmen zu tun. Auch hier wird — formal gesehen — ein bestimmter Zweig des Prozeßablaufs mit einem vorangegangenen verbunden, die Entscheidung für diese Verbindung ist jedoch vorprogrammiert. Für die Darstellung von Entscheidungen im Rahmen von Algorithmen bedient man sich in Programmablaufplänen bestimmter Symbole (Fragekästchen oder Testoperationen). Auch das Zusammenwirken beispielsweise von Problemprogrammen und Betriebssystemen erfolgt über solche Entscheidungen im Rahmen von Algorithmen.

Der Problembearbeitungs- und -lösungsprozeß ist auf Grund der oben genannten Zusammenhänge durch eine Kette von Entscheidungen und Informationsverarbeitungsprozessen auf den verschiedenen Stufen der Problembearbeitung und -lösung charakterisiert. Das Durchlaufen dieser Kette, an deren Knotenpunkten jeweils die Entscheidungen stehen, erfolgt nun in der Regel nicht nur ein einziges Mal. Manche Entscheidungs- und Informationsverarbeitungsprozesse führen in eine Sackgasse. Um entsprechend der Entscheidungssteuerung das gesteckte Ziel doch zu erreichen, ist eine Rückkehr zu jeweils der Entscheidung nötig, bei der die ausweglose Entwicklung beginnt.

Insofern kann von jeder der auftretenden Entscheidungen zu jeder beliebigen der vorangegangenen Entscheidungen zurückgesprungen werden. Die Entscheidungssteuerung bewertet gewissermaßen das Auftreten von „Sackgassenentwicklungen" bei dem Problembearbeitungs- und -lösungsprozeß und bewirkt aus Rationalitätsgründen den Neubeginn der Überlegungen genau an der Stelle, die als noch richtig empfunden wird. Diese außerordentliche Dynamik und Beweglichkeit der Entscheidungssteuerung kann technisch nicht modelliert werden. Sie gehört zu den spezifischen Vorzügen menschlicher Denkleistungen.

# 6. Informationsverarbeitungssysteme

## 6.1. Struktur und Funktion von Informationssystemen

### 6.1.1. Bemerkungen zum Begriff Informationssystem

Unter dem Terminus Informationssystem werden verschiedenartige Vorstellungen subsumiert, die teils sehr eng, teils sehr weit das System der Informationen im Rahmen einer organisatorischen Ganzheit kennzeichnen.

Das Informationssystem ist zweifellos Bestandteil eines Systems von menschlichen Tätigkeiten, die ein relativ selbständiges Organisationssystem kennzeichnen. Auf diese Zusammenhänge werden wir später ausführlicher zu sprechen kommen. Dieser Bezug des Informationssystems auf Tätigkeiten und Tätigkeitsfelder ermöglicht die verschiedenartige Differenzierung von Informationssystemen, weil die Tätigkeitsfelder selbst nach den verschiedenen Gesichtspunkten geordnet werden können. Hierbei werden vorrangig die Leistungs- und Leitungsprozesse betrachtet, für deren arbeitsteilige und koordinierte Durchführung entsprechende Informationen benötigt werden. Eine strikte Trennung von Informationssystemen für Leistungsprozesse auf der einen Seite und Informationssystemen für Leitungsprozesse auf der anderen Seite ist aber nur bedingt möglich, weil die Informationen aus den und für die Leistungsprozesse untrennbar mit den Informationen zur Leitung und Planung dieser Leistungsprozesse verbunden sind. Es hängt von der Struktur und Funktion des jeweiligen Organisationssystems ab, welche Unterteilungen des Informationssystems zweckmäßig sind.

Das Informationssystem enthält alle direkten geistigen Operationen der Erfassung, Verarbeitung, Weiterleitung und Speicherung von Informationen, die für ein miteinander zusammenhängendes System von Leistungs- und Leitungsoperationen erforderlich sind. Direkte geistige Operationen werden in diesem Zusammenhang von indirekten deshalb unterschieden, weil zur Ausübung der im Leistungs- und Leitungsprozeß auftretenden materiellen und geistigen Operationen auch eine Informiertheit allgemeiner Art gehört (politische Informationen, Qualifizierung, Erfahrungsaustausch usw.). Die Einbeziehung aller Menschen in die Informations- und Kommunikationsprozesse dieser Art werden als indirekte geistige Operationen in bezug auf die Ausübung des eigentlichen Arbeitsprozesses bezeichnet. Die Berücksichtigung aller indirekten geistigen Operationen würde die Bestimmung eines Informationssystems unüberschaubar und unbeherrschbar machen. Die Beschränkung auf die direkten geistigen Operationen ist natürlich eine Abstraktion von den wirklichen Bedingungen, unter denen die Menschen ihre Arbeitsaufgaben lösen. Diese Abstraktion hat sich aber als sinnvoll und zweckmäßig erwiesen.

Unseres Erachtens sind die Termini „Informationssystem“ und „Informationsverarbeitungssystem“ identisch. Ein Informationssystem, das nicht die Verarbeitungsprozesse für die Gewinnung der Informationen in solcher Form, wie sie gebraucht werden, enthält, wäre ein bloßes Konglomerat von Primärinformationen.

Ein Informationsverarbeitungssystem dagegen, das von den Informationen getrennt wird, die verarbeitet werden müssen, um dem Organisationssystem zu dienen, wäre mit einer sich im Leerlauf befindlichen Maschinerie zu vergleichen. Wenn in der Literatur dennoch diese beiden Termini nebeneinanderstehend verwendet werden, so deshalb, weil man in dem einen Falle schwerpunktmäßig mehr auf das Gesamtsystem der Informationen orientiert und dabei die darin enthaltenen Informationsverarbeitungsprozesse als selbstverständlich unterstellt, während im anderen Falle die Gestaltung gerade dieser Informationsverarbeitungsprozesse ins Blickfeld gerückt werden soll.

### 6.1.2. Elemente des Informationssystems

Die Elemente des Informationssystems sind:

a) die Informationen in Form von Deskriptionen und Daten,
b) die Verarbeitungsmethoden in Form von Verfahren und Algorithmen,
c) die Informationsträger in Form von Deskriptionen- und Datenträgern,
d) die in sich relativ geschlossenen Informationsverarbeitungsprozesse in Form von Problembearbeitungs- und -lösungsprozessen (siehe Klassifizierung der Probleme),
e) die Informationskanäle.

Diese Elemente eines Informationssystems stehen nicht beziehungslos nebeneinander. So enthalten beispielsweise die Informationsverarbeitungsprozesse Informationen und Verarbeitungsmethoden als Elemente. Da jedoch diese gleichen Elemente in anderer Kombination völlig andere Problembearbeitungs- und -lösungsprozesse konstituieren können, besteht kein sich aus dem Element selbst ergebender logisch zwingender Zusammenhang zwischen den Informationsverarbeitungsprozessen einerseits und den Informationen und Verarbeitungsmethoden andererseits. Die Informationsverarbeitungsprozesse stellen gewissermaßen eine höhere Form einer spezifischen Einheit von Informationen und Verarbeitungsmethoden dar. Sie sind ihrerseits insofern Elemente eines Informationssystems, weil sie in Abhängigkeit von den Erfordernissen des Organisationssystems als Ganzes Bestandteil einer Kette aufeinander abgestimmter geistiger Operationen werden können.

Eine gegenwärtig viel diskutierte Problematik besteht darin, wie umfangreich diese Elemente sein dürfen, um in verschiedenen Organisationssystemen multivalent einsetzbar sein zu können. Es handelt sich hier um die sogenannten Aufgabenbausteine, durch deren geeignete Zusammenfügung verschiedenartige komplexe Verarbeitungsprozesse konstituiert werden (Typenlösungen für relativ elementare Informationsverarbeitungsprozesse). Der Informationsverarbeitungsprozeß steht somit als eine Art Bindeglied zwischen den Elementen und der Struktur des Systems. Einerseits setzt sich die Struktur des Informationssystems unter anderem aus relativ elementaren Informationsverarbeitungsprozessen zusammen, andererseits kann dieser zusammengesetzte Informationsverarbeitungsprozeß selbst wieder als Element mit einem höheren Komplexitätsgrad betrachtet werden.

### 6.1.3. Struktur des Informationssystems

Die Struktur des Informationssystems ist das festgelegte Zusammenwirken der vorgenannten Elemente des Systems. Die Struktur wird ihrerseits abgeleitet aus der Funktion des Systems. Die beiden Hauptformen der Struktur sind einmal die Konstituierung eines Informationsflusses, bei dem festgelegt wird, welche Informationen auf welchen Informationsträgern, über welche Informationskanäle, in welchem Rhythmus fließen müssen, um die rechtzeitige Versorgung mit Informationen an den verschiedenen Stellen des Informationssystems zu garantieren. Hierbei sind die jeweilig erforderlich werdenden Informationsverarbeitungsprozesse in das Informationsflußmodell eingegliedert. Weiterhin werden Festlegungen zur Informationssenke getroffen, das heißt zu den Formen der Informationsspeicherung.

Eine zweite Grundform der Struktur des Informationssystems ist der Aufbau eines Bestandes an nichtfließenden Informationen zu dem Zweck, einen an beliebiger Stelle auftretenden, nicht voraussehbaren und daher nicht planbaren Informationsbedarf zu decken. Dieses Informationsreservoir muß neben der Bereitstellung von Primärinformationen auch um eine Potenz zur Generierung von Verarbeitungsmethoden ergänzt werden, von der man annimmt, daß sie für eine vorverarbeitete und vorverdichtete

Bereitstellung von Informationen erforderlich werden könnte. In diesem Falle stehen gewissermaßen Verarbeitungsverfahren bereit, deren ständige und kontinuierliche Nutzung gar nicht vorgesehen ist. Diese Struktur des Informationssystems, die die beliebige Kombination der im Informationsreservoir erfaßten Primärinformationen ermöglicht, um sie dann einem relativ einmaligen Verarbeitungsprozeß zu unterziehen, ist immer dann notwendig, wenn das Organisationssystem, dem diese Struktur dienen soll, offen ist. Offene Organisationssysteme sind dadurch gekennzeichnet, daß die Gesamtheit der organisierten Tätigkeiten in Abhängigkeit von Umweltbedingungen variierbar ist. Die Tätigkeiten, aus denen sich das Organisationssystem zusammensetzt, sind nicht ein für allemal fixiert. Man spricht in diesem Zusammenhang oft auch von der Dynamik des Systems, von der Fähigkeit, das Profil der Tätigkeiten entsprechend den jeweils wechselnden Anforderungen in nicht absolut voraussehbarer Weise zu verändern.

Zusammenfassend kann somit festgestellt werden, daß die Strukturierung eines Informationssystems folgende Aktivitäten erfordert:

a) die Fixierung der Informationen, die Gegenstand des Informationsflusses bzw. des Informationsbestandes sind;
b) die Fixierung der Verarbeitungsmethoden, die für den Informationsfluß bzw. den Informationsbestand entwickelt und bereitgestellt werden müssen;
c) die Fixierung der schematischen Aufgaben, die Bestandteil des Informationsflußmodells werden und ihrerseits aus Typenlösungen für Elementaraufgaben zusammengesetzt sein können;
d) die rationelle Gestaltung der Informationsträger;
e) die Auswahl der geeignetsten Informationskanäle;
f) die Fixierung aller Formen der Informationsspeicherung.

### 6.1.4. Prozeßbedingte und nichtprozeßbedingte Informationsbeziehungen

Im Rahmen des Informationsflußmodells treten vor allem prozeßbedingte Informationsbeziehungen auf. Die Ursache dafür ist darin zu suchen, daß die Informationen auf ihren speziellen Verwendungszweck hin organisiert wurden. Diese Informationsbeziehungen repräsentieren einen immer wieder auftretenden, sich in dieser Form wiederholenden Zusammenhang zwischen den Informationen. Dieser Zusammenhang ist prozeßabhängig und folglich bezogen auf ein bestimmtes System von Informationsverarbeitungsaufgaben oder objektabhängig, weil unabhängig von den ablaufenden Prozessen die wesentlichen Aussagen über die Objekte nicht beziehungslos nebeneinander stehen.

Wenn Prozesse immer wieder in der gleichen Art ablaufen, dann werden auch die damit verbundenen Informationsprozesse dem Wesen nach gleichartig sein. Prozeßabhängige Informationsbeziehungen werden daher nur dort stabil bleiben, wo es die Prozesse selbst sind, die durch sie widergespiegelt werden. *Die sich darauf orientierenden Informationssysteme zeichnen sich daher durch eine aufgabenbezogene Organisation der Informationen und der sie kennzeichnenden Informationsbeziehungen aus.* Die Prozeßbezogenheit bestimmt in diesem Falle die Struktur des Informationssystems. Die in diesem System auftretenden Informationsbeziehungen erweisen sich daher als prozeßbedingt.

Der Aufbau eines Informationssystems, welches sich nicht primär auf die ablaufenden Prozesse bezieht, scheint zunächst widersinnig zu sein, weil ja das Informationssystem der Rationalisierung der geistigen Arbeitsprozesse dienen soll. Wenn man jedoch die reine *Objektbezogenheit des Informationssystems als eine Potenz für die Bildung prozeßbezogener Informationsverarbeitungsaufgaben* ansieht, so unterscheidet sich diese Struktur des Informationssystems von der vorher behandelten gerade dadurch, daß sie gegenüber der Neubildung von geistigen Arbeitsprozessen noch offen ist. Allerdings ist immer ein zusätzlicher Organisationsaufwand nötig, um aus einer objektbezogenen Struktur für den jeweils konkret vorliegenden Fall eine prozeßbezogene Struktur des Informationssystems zu erzeugen.

Die objektbezogene Strukturierung des Informationssystems ist also nur dort sinnvoll anwendbar, wo eine Vielfalt von häufig wechselnden und im einzelnen nicht voraussehbaren Informationsverarbeitungsprozessen notwendig wird, um den Anforderungen der spezifischen Arbeitsabläufe gerecht werden zu können. Wenn diese Situation jedoch vorliegt — wir sagten in anderem Zusammenhang, daß dann die Informationsverarbeitung vorrangig durch Problembearbeitungs- und -lösungsprozesse gekennzeichnet ist — ist eine objektbezogene Strukturierung des Informationssystems die einzige Möglichkeit, um neuartige Informationsverarbeitungsaufgaben als Bestandteil des organisierten Systems aufnehmen zu können.

Die Informationsbeziehungen in einem objektbezogenen Informationssystem sind aus den oben genannten Gründen von der Struktur einer konkreten Informationsverarbeitungsaufgabe unabhängig. Sie ergeben sich einzig und allein aus der Relation der Informationen zueinander im Hinblick auf ihre Funktion, das Objekt zu kennzeichnen, das unter einem bestimmten Aspekt durch die Information widergespiegelt wird. Die Informationsbeziehungen dieser Art wurzeln also einzig und allein im komplexen Wesen des Objekts selbst. Da es für längere Zeit als relativ stabil angesehen werden kann, vermögen die jeweiligen konkreten Informationsprozesse, in die die Objekte einbezogen werden, dieses Wesen nicht zu ändern, sondern lediglich in der Hinsicht zu bereichern, daß die im Informationsprozeß sichtbar werdenden, aufgabenbezogenen Informationsbeziehungen zu den objektbezogenen hinzutreten. Die prozeßbedingten Informationsbeziehungen sind somit gewissermaßen das Flüchtige, das relativ Zufällige, während die objektbezogenen Informationsbeziehungen stabil und unveränderlich bleiben.

Die Gegenläufigkeit der Stabilität der Prozesse und der Stabilität der Wesensbestimmung der Objekte wirft in der Regel komplizierte Entscheidungsfragen für die Strukturierung des Informationssystems auf. Das widerspiegelt sich in der Frage nach dem Verhältnis zwischen der Informationsintegration einerseits und der Integration der Verarbeitungsprozesse andererseits.

In dem Bemühen, redundanzarme Datenspeicher für die vielfältigsten Informationsverarbeitungsaufgaben zu schaffen, gewinnen die Aspekte des Aufbaus nutzerseitig und programmtechnisch beherrschbarer großer Datenmengen mehr und mehr an Bedeutung. Auf der anderen Seite führt das Bemühen, fixierte relativ stabile Systeme von Informationsverarbeitungsaufgaben so rationell wie möglich zu gestalten, zu der Forderung nach einer Integration der ablaufenden Informationsverarbeitungsprozesse und daher zur Forderung nach einer prozeßbezogenen Organisation der Informationen.

Beide Gesichtspunkte besitzen ihre Berechtigung. Es hängt von der jeweiligen Hauptfunktion des Informationssystems ab, ob der eine oder der andere Gesichtspunkt für die Strukturierung des Informationssystems bestimmend wird. Als allgemeine Orientierung kann zusammenfassend eingeschätzt werden, daß *Informationssysteme für stabile Komplexe miteinander verflochtener schematischer Aufgaben eine prozeßbezogene Strukturierung des Informationssystems erfordern, während Prozesse mit unvorhersehbaren Informationsverarbeitungsaufgaben eine objektbezogene Strukturierung bedingen*, um gegenüber der Fixierung neuartiger Informationsverarbeitungsaufgaben offen zu bleiben.

## 6.2. Charakterisierung von Organisationssystemen

### 6.2.1. Merkmale der Organisation

Die Informationsverarbeitung ist ein wichtiger Untersuchungsgegenstand bei der rationellen Gestaltung gesellschaftlicher Bereiche, denn die notwendige Intensivierung der Produktion erzwingt eine Optimierung des

Einsatzes aller Ressourcen und eine rationelle und effektive Leitung und Planung der Produktion auf allen Ebenen, angefangen bei der zentralen Leitung der Volkswirtschaft über die Wirtschaftszweige bis hinunter zu den einzelnen Betrieben. Die Effektivität der Leitung wird nicht allein durch das Vorhandensein und den Einsatz der elektronischen Rechentechnik bestimmt, „. . . sondern in erster Linie durch eine den Anforderungen entsprechende Gestaltung der Organisation und der Informationsflüsse sowie die Algorithmierung der (formalisierbaren — d. Verf.) Leitungsprozesse. Das heißt letztlich nichts anderes, als daß die Wahl einer rationellen Technologie der Leitungs- und Planungsprozesse entscheidend ist. Erst dann wird der Einsatz elektronischer Rechner als technische Basis den erwarteten Erfolg bringen."[1]

Komplexe Organisationssysteme, die sich aus den mehrdimensionalen vertikalen und horizontalen Verflechtungen der arbeitsteiligen Tätigkeiten mit objektiver Notwendigkeit herausbilden, erfordern die nur noch mit wissenschaftlichen Methoden beherrschbare Lenkung.

Diese Überlegungen sind in der Sowjetunion mit der Ausgangspunkt für die Gestaltung von automatisierten Systemen für die Leitung und Steuerung (ASU).[2]

Die Beherrschung gesellschaftlicher Organisationsgestaltung und -gliederung ist eine wesentliche Voraussetzung, um bewußt die dem sozialistischen Gesellschaftssystem innewohnenden Potenzen zur Wirkung zu bringen, wie bereits Lenin formulierte: „Die ökonomische Grundlage dieser revolutionären Gewalt, die Gewähr für ihre Lebensfähigkeit und ihren Erfolg besteht darin, daß das Proletariat einen im Vergleich zum Kapitalismus höheren Typus der gesellschaftlichen Organisation der Arbeit repräsentiert und verwirklicht".[3]

Es wird somit erneut deutlich, daß in der Gesellschaft der Begriff des organisierten Systems oder auch des Organisationssystems große praktische wie auch theoretische Bedeutung besitzt.[4]

Gesellschaftliche Bereiche stellen unter informationsorganisatorischen Aspekten hochkomplexe Strukturen dar, die sowohl durch allgemeine als auch spezifische Wesensmerkmale charakterisiert werden, von denen in der Praxis nicht abstrahiert werden darf. Einige der bedeutsamsten sind:

[1] Neumann, G., Reicher Erfahrungsschatz für den Einsatz der elektronischen Datenverarbeitung, in: Die Wirtschaft, 46/1973, S. 6.

[2] Martynov, W. W., Automatisierte Systeme zur Leitung von Industriebetrieben, in: Rechentechnik/Datenverarbeitung, 2/1974, S. 11.

[3] Lenin, W. I., Die große Initiative, in: Werke, Bd. 29, S. 408f.

[4] Vgl. Dobrov, G. M., Wissenschaftsorganisation und Effektivität, Berlin 1971; derselbe, Prognostik in Wissenschaft und Technik, Berlin 1971.

– In gesellschaftlichen Bereichen stellt das zielstrebige und bewußte Handeln der Menschen zur Veränderung der Natur, die im Sinne von Marx den Menschen als „neuartige Naturkraft“ einschließt, die entscheidende Qualität dar;
– gesellschaftliche Organisationsformen sind sozialökonomisch determiniert;
– gesellschaftliche Prozesse sind immer umfassender werdende *arbeitsteilige* Abläufe, so daß sich daraus die Notwendigkeit des Zusammenwirkens und der Kommunikation der betreffenden Teilbereiche ergibt;
– gesellschaftliche Bereiche sind durch das dialektische Zusammenwirken objektiver und subjektiver Faktoren charakterisiert;
– in der Regel erfolgt vielfach die Einordnung desselben Elementes bzw. Bestandteils in verschiedene Strukturierungen (Mehrfachstrukturierung, Polystruktur).

Diese Gesichtspunkte betont auch Engels, wenn er schreibt: „Darwin wußte nicht, welch bittre Satire er auf die Menschen und besonders auf seine Landsleute schrieb, als er nachwies, daß die freie Konkurrenz, der Kampf ums Dasein, den die Ökonomen als höchste geschichtliche Errungenschaft feiern, der Normalzustand des *Tierreichs* ist. Erst eine bewußte Organisation der gesellschaftlichen Produktion, in der planmäßig produziert und verteilt wird, kann die Menschen ebenso in gesellschaftlicher Beziehung aus der übrigen Tierwelt herausheben, wie dies die Produktion überhaupt für die Menschen in spezifischer Beziehung getan hat. Die geschichtliche Entwicklung macht eine solche Organisation täglich unumgänglicher, aber auch täglich möglicher. Von ihr wird eine neue Geschichtsepoche datieren, in der die Menschen selbst, und mit ihnen alle Zweige ihrer Tätigkeit, namentlich auch die Naturwissenschaft, einen Aufschwung nehmen werden, der alles Bisherige in tiefen Schatten stellt.“[5]

Organisationen lassen sich in der Regel durch kybernetische Systeme annähernd beschreiben. Hierbei können hinsichtlich ihres Verhaltens gegenüber der Umwelt verschiedene Denkmodelle unterschieden werden:

1. Systeme, deren Ziele und daraus resultierende Sollwerte von außen gesetzt werden und deren Verhalten allein von außen bestimmt wird (*gesteuertes Verhalten*)

Es erfolgt eine Verknüpfung von Informationen im Sinne einer Zuordnung zur Realisierung einfacher Identifizierungsleistungen und einer Klassifikation zur Auslösung von Operationen. Ein System, das ständig seine

[5] Engels, F., Dialektik der Natur, in: MEW, Bd. 20, Berlin 1973, S. 324.

Befehle von außen bekommt, Informationen aufnimmt, verarbeitet und weiterleitet, entspricht einem Automaten aus endlich vielen Gliedern mit festem Übertragungsverhalten (Informationstransformator).

2. Systeme, deren Ziele (zum Beispiel Sollwerte) von außen gesetzt werden, dabei jedoch ihr Verhalten so verändern können, daß diese Sollwerte erreicht werden (*geregeltes Verhalten*)

Es erfolgt eine Verknüpfung von Informationen nach mathematisch-logischen Prinzipien bei starr vorgegebener Struktur der Verarbeitungsprogramme zur Verbesserung des Verhaltens. Das entspricht den Möglichkeiten eines Automaten (Informationstransformator) aus endlich vielen Gliedern mit variablem Übertragungsverhalten.

3. Systeme, deren Ziele nicht allein von außen gesetzt werden, sondern die in der Lage sind, in Wechselbeziehung mit der Umwelt auf der Grundlage eines vorgegebenen Wertesystems Sollwerte selbst zu entwickeln (*formalisiertes Lernen*)

Es erfolgt eine Verknüpfung von Informationen nach mathematisch-logischen Prinzipien entsprechend vorgegebenen und erworbenen Programmen zur Verbesserung und Veränderung des Verhaltens. Dieses System ist fähig, Informationen zu speichern, um sie später zur Grundlage zielgerichteter Operationen zu machen. Dies entspricht einem adaptiven Automaten mit endlichem Gedächtnis (erweiterter Informationstransformator). Dieses Denkmodell zur Beschreibung von Organisationen kann deshalb nützlich sein, da es den Organisator darauf hinweist, daß die Fähigkeiten einer solchen Organisation wesentlich von der Güte der ‚Gedächtnisfunktion', der Geschwindigkeit des Abrufs aus dem Speicher abhängig ist und er sich um eine entsprechende Strukturierung der Datenbanken, eine zweckmäßige Archivierung der Informationen usw. mühen muß. Wenn ein System einen Mechanismus realisiert, der verschiedene Ziele und Algorithmen in Betracht zieht, wobei Informationen gesammelt, aufbewahrt und zur Gewinnung verbesserter Verhaltensweisen genutzt werden, dann ist eine solche Ebene der Dynamik und Variabilität erreicht, die der von Organisationen schon näher kommt. Die der Technik entlehnten Denkmodelle reichen jedoch nicht aus, um Organisationen in ihrer Dynamik und Entwicklung auf den verschiedenen Ebenen der Bewegungsformen der Materie in ihrer Dialektik von Teil und Ganzem, Fähigkeit zur Selbstbewegung und Selbstorganisation zu erfassen. Organisation ist im Gegensatz zur Informationstransformation technischer Systeme zur Informationsvermehrung befähigt. „Der entscheidende Schluß ist, daß, *wenn die Hypothese der Informationsvermehrung im Entwicklungsprozeß richtig ist, es dann diese Prozesse der Entstehung der Information sind, worin sich idie lebende Materie wesentlich von der nicht lebenden Materie unterscheidet.*"[6]

Organisationen sind in der Lage, Zielstellungen und Wertmaßstäbe selbst zu entwickeln und in Wechselbeziehung mit der Umwelt Modelle der Problemsituation aufzubauen und zu modifizieren (*schöpferisches Verhalten*).[7]

Nach der Grundfunktion der zweckmäßigen Gliederung einer komplexen Operation in ein zusammenhängendes System von Einzeloperationen (Gestaltung des organisatorischen Aspektes der Arbeitsteilung) und unter Berücksichtigung der Informationsprozesse gliedert sich ein Organisationssystem in

— Leistungssysteme und
— ein Leitungssystem für die Gesamtheit dieser Leistungssysteme.

### 6.2.2. Allgemeine Charakterisierung von automatisierten Informationsverarbeitungssystemen

Das Wesen von automatisierten Informationsverarbeitungssystemen kann wie folgt umrissen werden:

a) In automatisierten Informationsverarbeitungssystemen werden die formalisierten, und automatisierungswürdigen Informationsverarbeitungsprozesse zusammengeschlossen.

b) Die Gestaltung von automatisierten Informationsverarbeitungssystemen ist wichtiger Bestandteil und Mittel sozialistischer Rationalisierung, vor allem der Rationalisierung geistig-produktiver Tätigkeit. Sie dienen der Intensivierung der verschiedensten Arbeitsprozesse.

c) Automatisierte Informationsverarbeitungssysteme dienen als Hilfsmittel zur Beherrschung eines Teils der Informationsprozesse und orientieren auf eine zweckmäßigere und ökonomisch effektivere automatisierte Verarbeitung und Übertragung von Informationen. Die Realisierung eines Vollständigkeitsprinzips bei der Erfassung zu automatisierender Informationsprozesse ist dabei ebenso fehlerhaft wie die Orientierung auf die Realisierung allein nur nachweisbaren unmittelbaren ökonomischen Nutzen bringender EDV-Projekte.

[6] Fuchs-Kittowski, K., Probleme des Determinismus und der Kybernetik in der molekularen Biologie, Jena 1969, S. 26.

[7] Detailliertere Darlegungen zu dieser Problematik erfolgen in: Informatik und Automatisierung, Band 2.

d) Im Rahmen von automatisierten Informationsverarbeitungssystemen sind nicht nur definierte Informationsverarbeitungsprozesse in Form schematischer Aufgabenabarbeitung zu erfassen. Die Schaffung von Möglichkeiten zur automatisierten Realisierung von im voraus nicht genau angebbaren Informationsverarbeitungsprozessen ist von großer praktischer Bedeutung. Das qualitativ Neue dieser Forderung gegenüber den bisher konzipierten und realisierten integrierten Datenverarbeitungssystemen für die Massendatenverarbeitung besteht insbesondere darin, daß durch den Aufbau effektiver Formen der Mensch-Maschine-Kommunikation die EDV Anwendung auf die Unterstützung der Problembearbeitung ausgedehnt werden muß.

e) Automatisierte Informationsverarbeitungssysteme stehen in enger Wechselbeziehung mit dem Organisationssystem, durch das sie determiniert werden. Sie sind erweiterungs-, verbesserungs- und anpassungsfähig zu gestalten.

f) Ein automatisiertes Informationsverarbeitungssystem wird hinsichtlich seiner Struktur und Funktion durch den Charakter des jeweiligen Leitungsbereiches geprägt. Es vermittelt durch seine externen informationellen Beziehungen die Verbindung des Organisationssystems zur Umwelt.

g) Ein automatisiertes Informationsverarbeitungssystem besitzt selbst Systemeigenschaften, das heißt eine spezifische Funktion und Struktur. Die Systemelemente sind neben den erforderlichen technischen Mitteln zur Erfassung, Übertragung, Speicherung und Verarbeitung vor allem Informationen sowie die Strukturelemente ihrer Organisation und Verarbeitung. Die Struktur des Systems ist das geeignet untergliederte Netz der Beziehungen zwischen Informationsverarbeitungstechnik, Daten- und Programmorganisation. Sie wird durch die Spezifik des betreffenden Leitungsbereiches bestimmt und wird dementsprechend unterschiedlich gestaltet sein.

h) Jedes automatisierte Informationsverarbeitungssystem sollte sich in seinen Bestandteilen weitgehend aus typisierten Teillösungen in bezug auf Organisation, Programmierung und Gerätetechnik aufbauen lassen, um die Gestaltung seiner Bestandteile so rationell wie möglich zu realisieren.

i) Ein automatisiertes Informationsverarbeitungssystem ist ein nach verschiedenen Aspekten integrierbares bzw. integriertes System. Dabei kann nicht schlechthin von *der* Integration in Datenverarbeitungssystemen gesprochen werden, denn die Integration tritt in vielfacher Form auf, wie zum Beispiel

— der Integration der Erfassung von Primärdaten für ein Teilsystem, einen, mehrere oder alle Bestandteile des automatisierten Informationsverarbeitungssystems,

— der Integration der Zuordnungsoperationen in Form einer Zuordnung der erfaßten Daten zu Dateien,

— der Integration der Operationen zur Strukturierung (bzw. Umstrukturierung) der Datenorganisation,

— der Integration der Datenverarbeitungsaufgaben eines Teilsystems, eines oder mehrerer Bestandteile des automatisierten Informationsverarbeitungssystems und der dazu notwendigen Programme,

— der Integration der Informationsverarbeitungstechnik für einen, mehrere oder alle Bestandteile eines automatisierten Informationsverarbeitungssystems,

— der Integration von Modellsystemen und Informationsverarbeitungssystemen,

— der Integration von unterschiedlich strukturierten Bestandteilen des automatisierten Informationsverarbeitungssystems,

— der Integration von automatisierten Informationsverarbeitungssystemen zu horizontal und/oder vertikal gekoppelten automatisierten Informationsverarbeitungssystemen usw.,

um nur die wichtigsten Grundformen aufzuführen.

Aus der gegenseitigen Beeinflussung der einzelnen Integrationsformen untereinander ergibt sich die Notwendigkeit, die Grundanforderungen jedes einzelnen Bestandteiles des automatisierten Informationsverarbeitungssystems und seine Konsequenzen für die anderen Bestandteile bereits bei der Projektierung zu berücksichtigen. Daraus folgt, daß die einzelnen Bestandteile automatisierter Informationsverarbeitungssysteme, sollen sie als Ganzes adäquat im Organisationssystem funktionieren, nicht losgelöst voneinander entwickelt werden können.

Ein automatisiertes Informationsverarbeitungssystem für ein Organisationssystem ist kein perfektionistisches Informationsverarbeitungssystem, sondern in seiner Bestandteilstruktur insgesamt wie auch innerhalb dieser — wenn auch differenziert — anpassungs-, verbesserungs- und erweiterungsfähig, da es sowohl als Gesamtstruktur wie auch im Detail der inhaltlichen Dynamik des Organisationssystems gerecht zu werden hat.

## 6.3. Grundtypen von automatisierten Informationsverarbeitungssystemen

### 6.3.1. Zur Klassifizierung automatisierter Informationsverarbeitungssysteme

Automatisierte Informationsverarbeitungssysteme treffen wir heute in allen Bereichen der Gesellschaft. Sie sind durch die unterschiedlichsten Eigenschaften gekennzeichnet, wie zum Beispiel den sachlichen Inhalt der von ihnen zu verarbeitenden Informationen, die Frequenz der Informationsverarbeitung, die Datenorganisation, ihren Integrationsgrad, ihren strukturellen Aufbau, die eingesetzte Informationsverarbeitungstechnik usw., um nur einige aufzuzählen.

Bei einer möglichen Klassifizierung von Informationsverarbeitungssystemen interessieren stets nur ausgewählte und wesentliche Eigenschaften. Die Auswahl dieser Eigenschaften ist davon abhängig, unter welchem Aspekt die Informationssysteme betrachtet werden, wobei diese Aspekte ihrerseits wiederum durch den Gegenstand und das Ziel der jeweiligen Untersuchung determiniert sind.[8]

So geht zum Beispiel die Klassifizierung der automatisierten Informationsverarbeitungssysteme in Abrechnungssysteme, Dispositionssysteme sowie Leitungs- und Planungssysteme bzw. Spielarten dieser Klassifizierung, die noch differenzierter unterteilen (Abbildung 50), vor allem von dem konkret *sachlichen Inhalt* der zu *verarbeitenden Informationen* sowie den Beziehungen der Informationsverarbeitung zum Leitungssystem aus.

Andere Klassifizierungen der automatisierten Informationsverarbeitungssysteme beziehen sich vorwiegend auf *technische Eigenschaften des EDV-Systems*, wie zum Beispiel die Betriebsart des EDV-Systems[9], den Zeitaspekt des Datenverarbeitungsprozesses[10], die Speicherung der Daten[11],

[8] Vgl. Maiminas, E. S., Zur Klassifizierung der Information in der Ökonomie, in: Informationsströme in der Wirtschaft, Berlin 1971; Belke, W., Döhn, I.; Kasper, F., Zum Problem der Klassifikation von Informationen als Voraussetzung und Erfordernis einer rechnergestützten Informationsverarbeitung, in: Wissenschaftliche Zeitschr. d. TU Dresden, 22/1973, S. 53ff.; Programmierung und Nutzung von Rechenanlagen, Teil 5: Voraussetzungen für die Anwendung der EDV, Berlin 1974.

[9] Zu diesen Betriebsarten zählen: Multiprogrammarbeit, on-line-Betrieb, Echtzeitverarbeitung, Datenfernverarbeitung bis zu Teilhaber- und Teilnehmersystemen, Dialogverarbeitung usw.

[10] Stapelverarbeitung, Simultanverarbeitung ...

[11] Sequentiell, idexsequentiell, gestreut gespeichert ...

den Speicherbedarf usw. Diese technisch orientierte Betrachtungsweise ist gegenwärtig weit verbreitet. Sie ist vor allem dann zu beobachten, wenn es um die Charakterisierung technisch aufwendiger oder technisch modern ausgestatteter automatisierter Informationsverarbeitungssysteme geht, wie es in der Regel zum Beispiel datenbankorientierte Informationsverarbeitungssysteme sind.

| zeitlich | sachlich | | | |
|---|---|---|---|---|
| | Forschung/ Entwicklung | Technische Vorbereitung | Produktion | Arbeitskräfte |
| Prognose | | | | |
| langfristige Planung | | | | |
| mittelfristige Planung | | | | |
| kurzfristige Planung | | | | |
| Durchführung/ Lenkung | | | | |
| Kontrolle | | | | |
| Analyse | | | | |

Abb. 50: Abgrenzung von Leitungsaufgaben nach zeitlichen und sachlichen Gesichtspunkten (nach: Programmierung und Nutzung von Rechenanlagen, Teil 5: Voraussetzungen für die Anwendung der EDV, Berlin 1974, S. 118)

Undifferenziert an dieser Betrachtungsweise ist, daß das technische System mit dem automatisierten Informationsverarbeitungssystem gleichgesetzt wird. Diese Gleichsetzung von technischem System und Informationsverarbeitungssystem führt zwangsläufig zu einer Verwischung der durchaus nicht immer einheitlichen, sondern teilweise sogar konkurrierenden Anforderungen, die an beide Systeme gestellt werden. Die praktischen Konsequenzen dieser vorwiegend sich an den Eigenschaften des Techniksystems ausrichtenden Betrachtungsweise sind in Hinblick auf die Art und Weise der EDV-Anwendung mitunter recht einschneidend. Sie unterstützen die noch häufig zu beobachtende Tendenz, die Leistungsfähigkeit und Qualität automatisierter Informationsverarbeitungssysteme als unmittelbare, primär von der EDV-Technik abhängige Funktionen zu betrachten und die Organisation als einen Faktor anzusehen, der sich den Belangen des Techniksystems unterzuordnen hat.[12] Diese Unterschätzung der Organisation wirkt sich dann vielfach so aus, daß Informationsverarbeitungssysteme konzipiert werden, deren Funktionsweise durch technischen Perfektionismus und Schnelligkeit der Datenauswertung und -bereitstellung vorerst besticht, bei denen aber die Fragen der zweckmäßigen Integration der EDV-Technik in den organisatorischen Ablauf der Informationsverarbeitungsprozesse meist einseitig vom Standpunkt der EDV gelöst und — was viel entscheidender ist — bei denen die Möglichkeiten der EDV-Technik in Hinblick auf die universelle und vielschichtige Auswertung und Bereitstellung problemrelevanter Daten nur ungenügend ausgeschöpft werden. Damit werden entscheidende Möglichkeiten der effektiven Unterstützung der Problembearbeitung und -lösung durch die EDV von vornherein vergeben.

Wird von einigen wenigen speziellen Anwendungsgebieten automatisierter Informationsverarbeitungssysteme, wie zum Beispiel der Prozeßsteuerung, den Platzbuchungssystemen, der Kontenführung im Bankwesen und ähnlichem, abstrahiert, so ist grundsätzlich zu verzeichnen, daß der *Menge* der zu verwaltenden Daten und der *Vielfalt* ihrer Auswertungsmöglichkeiten weit größeres Gewicht zukommt als der *Geschwindigkeit* der Auskunftserteilung und Datenauswertung. Diesem Sachverhalt muß bei der Konzipierung und auch bei der Leistungsbeurteilung automatisierter Informationsverarbeitungssysteme Rechnung getragen werden. Weiterhin gilt es zu berücksichtigen, daß der Schwerpunkt der Arbeiten bei der Konzipierung und Entwicklung automatisierter Informationsverarbeitungssysteme auf dem Gebiet der Organisation und weniger bei dem Techniksystem liegt. Diese Sicht ist dann gegeben, wenn man von dem konkret sachlichen Inhalt der Informationsverarbeitung sowie den konkreten Techniksystemen abstrahiert und die automatisierten Informationsverarbeitungssysteme unter den verallgemeinernden Gesichtspunkten der zweckmäßigen Organisation der Informationen und der Organisation der sie verarbeitenden Algorithmen betrachtet.

Der *organisatorische Aspekt* der Betrachtung automatisierter Informationsverarbeitungssysteme schließt die sehr komplexen Probleme der EDV-Technik, ihrer Betriebsarten und Betriebssysteme, der Systemunterlagen usw. sowie die zwischen ihnen bestehenden Wechselbeziehungen mit ein. Er stellt die Fragen der Automatisierung von schematischen und

[12] Vgl. Plesch, M., Griese, J., Eigenschaften von Datenbanksystemen — ein Vergleich, in: Angewandte Informatik, 11/1972; Vigier, G. J., Beurteilungskriterien für Datenbanksysteme, in: Bürotechnik und Automation, 5/1971, S. 290ff.

nichtschematischen Aufgaben, die Fragen der Datenstrukturierung, der Datenorganisation, der Programmorganisation sowie der Integration in den Mittelpunkt der Betrachtung. Ausgehend hiervon lassen sich folgende Grundtypen von automatisierten Informationssystemen unterscheiden:

1. statische automatisierte Informationsverarbeitungssysteme (statische AIVS),
2. flexible automatisierte Informationsverarbeitungssysteme (flexible AIVS),
3. adaptive automatisierte Informationsverarbeitungssysteme (adaptive AIVS),
4. dynamische automatisierte Informationsverarbeitungssysteme (dynamische AIVS).

Entsprechend den praktischen Zielsetzungen der EDV-Anwendung sowie in Abhängigkeit von der Art der zu automatisierenden Informationsverarbeitungsprozesse kommt allen aufgeführten Typen von automatisierten Informationsverarbeitungssystemen eine konkrete und zielgerichtete Funktion bei der Rationalisierung und Qualifizierung von Leistungs- und Leitungsprozessen zu.

Die statischen und die flexiblen automatisierten Informationsverarbeitungssysteme sind dadurch charakterisiert, daß die ihnen zugrunde liegenden Informationsverarbeitungsprozesse ausschließlich schematische Aufgaben sind. Beiden Grundtypen von automatisierten Informationsverarbeitungssystemen ist weiterhin gemeinsam, daß sie bei der syntaktischen Datenstrukturierung von einer Verschlüsselung der semantischen Ordnungsbegriffe ausgehen. Sie unterscheiden sich jedoch in Hinblick auf die Programmorganisation, die Art der Integration sowie die Rückwirkungen des EDV-Systems auf den Arbeitsprozeß im Anwenderbereich.

Während die Verarbeitungsprogramme des *statischen* automatisierten Informationsverarbeitungssystems jeweils nur zur Lösung der speziellen schematischen Aufgaben einsetzbar sind, für die sie entwickelt wurden, das heißt statische komplexe Operationen darstellen, lassen die Verarbeitungsprogramme der *flexiblen* automatisierten Informationsverarbeitungssysteme in bestimmtem Umfang eine Variabilität zu, so daß einander ähnliche Aufgaben mit dem gleichen Verarbeitungsprogramm lösbar sind. Flexible automatisierte Informationsverarbeitungssysteme sind also durch eine flexible Generierung komplexer Operationen aus einfachen Operationen (Programmvariabilität) gekennzeichnet.

Unter dem Grundtyp der *adaptiven* automatisierten Informationsverarbeitungssysteme werden die algorithmiert lernenden automatisierten Informationsverarbeitungssysteme zusammengefaßt. Adaptive automatisierte Informationsverarbeitungssysteme sind durch feste Programmgeneratoren charakterisiert, so daß sie in stark eingeschränktem Umfang eine Potenz zur Formulierung und Lösung nichtschematischer Aufgaben besitzen.

Der vierte Grundtyp automatisierter Informationsverarbeitungssysteme, die *dynamischen* automatisierten Informationsverarbeitungssysteme, unterscheiden sich wesentlich von den vorhergenannten Grundtypen automatisierter Informationsverarbeitungssysteme.

Die dynamischen automatisierten Informationsverarbeitungssysteme bauen nicht auf neuen Programmtechniken, Speicherungsformen, Algorithmierungsprinzipien und ähnlichem auf. Das qualitativ Neue bei den dynamischen automatisierten Informationsverarbeitungssystemen und damit auch die wesentlichsten Unterschiede zu den anderen automatisierten Informationsverarbeitungssystemen bestehen vor allem in der qualitativ neuen Integration von informationellem Organisationssystem und Datenverarbeitungssystem sowie der engen Kopplung von semantischer und syntaktischer Informationsverarbeitung und den sich hieraus ergebenden Konsequenzen für die Datenstrukturierung, die Programmorganisation, die Integrationsformen sowie den Rückwirkungen der EDV-Anwendung auf die Arbeitsprozesse im Anwenderbereich. Dynamische automatisierte Informationsverarbeitungssysteme stellen die Einheit von reinen Organisationselementen (Informationszentrale) sowie Datenbank- und Programmiersystem dar (vgl. Kapitel VII).

Bei den dynamischen automatisierten Informationsverarbeitungssystemen basiert im Unterschied zu den anderen Grundtypen die syntaktische Datenstrukturierung nicht auf der Verschlüsselung der semantischen Ordnungsbegriffe, sondern auf der Belegung vorgegebener syntaktischer Identbegriffe. Damit ist eine wichtige Voraussetzung sowohl für eine nahezu uneingeschränkte Potenz zur Bildung neuer aufgabenbezogener Dateien sowie für eine freie Programmgenerierung gegeben (vgl. Abschnitt 3.6.4.). Die dynamischen automatisierten Informationsverarbeitungssysteme besitzen damit die Potenz zur multiaspektiven Kombination und Auswertung der abgespeicherten Daten und infolge der freien Programmgenerierung auch die Potenz zur EDV-unterstützten Lösung von nichtschematischen Aufgaben.

Die Abbildung 51 zeigt, ausgehend von den möglichen Prinziplösungen der syntaktischen Datenstrukturierung und der Programmorganisation, welche qualitativen Unterschiede die einzelnen Grundtypen automatisierter Informationsverarbeitungssysteme in Hinblick auf ihre Potenzen zur Aufgabenformulierung kennzeichnen. Weitere unter dem Gesichtspunkt der Organisation wesentliche Unterscheidungsmerkmale der einzelnen Grundtypen von automatisierten Informationsverarbeitungssystemen sind die Form der Integration der Datenverarbeitung sowie die Art und Weise der Rückwirkungen der EDV-Systeme auf die Arbeitsprozesse im Anwenderbereich.

Folgende *Formen der Integration der Datenverarbeitung* lassen sich aus organisatorischer Sicht unterscheiden:

a) Aufgabenintegration
b) aufgabenbezogene Datenintegration
c) zweckbestimmte Datenintegration
d) reine Datenintegration.

Als *Aufgabenintegration* werden die Integrationsformen bezeichnet, die im wesentlichen bei einer Zusammenfassung von schematischen Aufgaben zu mehr oder weniger umfangreichen einheitlichen Verarbeitungskomplexen stehenbleiben.

| syntaktische Datenstruktur | Programmorganisation | | | |
|---|---|---|---|---|
| | feste Programme für komplexe Operationen | Programmvariabilität | fester Programmgenerator | freie Programmgenerierung |
| *Verschlüsselung* von semantischen Ordnungsbegriffen | statische AIVS | flexible AIVS | adaptive AIVS | — |
| *Belegung* von vorgegebenen syntaktischen Identbegriffen | — | — | — | dynamische AIVS |

Abb. 51: Klassifizierung der AIVS-Typen

Die *aufgabenbezogene Datenintegration* orientiert auf die Schaffung eines einheitlichen Datenbestandes, dessen Strukturierung vorrangig aus der Logik der zugrunde gelegten Projekte, denen er dienen soll, abgeleitet wird. Darüber hinaus ist der Aufbau neuer aufgabenbezogener Dateien aus dem Datenbestand durch Nutzung der die Strukturierung bestimmenden Logik möglich. Zusätzlich ist der Aufbau von einfachen Auskunftssystemen durch entsprechende Nutzung der im Datenbestand organisierten Daten realisierbar.

Die *zweckbestimmte Datenintegration*, wie sie für adaptive automatisierte Informationsverarbeitungssysteme charakteristisch ist, kennzeichnet ein

System von Meßdaten, die automatisch erfaßt und in der EDVA gespeichert werden. Die integrierten aktuellen und archivierten Meßdaten werden durch Anwendung algorithmierbarer Entscheidungen Verarbeitungsprozessen unterworfen, die durch Rückkopplung mit den Auswirkungen der Verarbeitungsergebnisse, die zu neuen Meßdaten führen, im Sinne eines algorithmierbaren Lernens verändert werden. Die Datenintegration dient somit einem spezifischen und konkreten Zweck, der sowohl dem Programmgenerator als auch der Strukturierung und Speicherung der Meßdaten zugrunde liegt. Dieser Zweck ist die Steuerung eines Prozesses.

Die *reine Datenintegration* ist weder auf eine oder mehrere konkrete Aufgaben noch auf einen konkreten Zweck orientiert. Da sie neuartige Aufgabenstellungen zulassen soll, darf der Datenbestand keine Datenstruktur besitzen, die sich aus der Logik der einen oder anderen konkreten Aufgabe ergibt. Die reine Datenintegration ist somit nur dann realisierbar, wenn der gerichtete Zusammenhang zwischen semantischer Datenstrukturierung und syntaktischer Datenstrukturierung aufgehoben wird (vgl. Kapitel IV). Die Strukturierung von Datenmengen nach den Prinzipien einer reinen Datenintegration erfordert daher neuartige Methoden und Verfahren.

Besonders charakteristisch für die Grundtypen der automatisierten Informationsverarbeitungssysteme sind die Unterschiede in den *Rückwirkungen der EDV-Anwendung auf den Arbeitsprozeß selbst*, dem die EDV-Anwendung dienen soll.

Folgende Formen der Rückwirkungen der EDV-Anwendung auf die Arbeitsprozesse im Anwenderbereich lassen sich aus organisatorischer Sicht unterscheiden:

a) statische Determination,
b) flexible Determination,
c) Ersetzung eines Steuerungsprozesses,
d) keine direkte Determination.

Unter der *statischen Determination* wird die Form der Rückwirkungen der EDV-Anwendung auf die Arbeitsprozesse im Anwenderbereich verstanden, bei welcher die EDV-Anwendung mit einer genau definierten Projektierung und Festlegung von Arbeitsprozessen einhergeht und Veränderungen im projektierten Ablauf nur im Zusammenhang mit Änderungen des Datenverarbeitungssystems möglich sind. Diese Form der Rückwirkung ist für die statischen automatisierten Informationsverarbeitungsprozesse charakteristisch. Die Automatisierung schematischer Aufgaben führt planmäßig zu einer Veränderung des Arbeitsablaufes in den betreffenden Fachabteilungen. Der Umfang sowie die Art der Veränderungen sind dabei abhängig von den konkret mit dem Einsatz der EDV angestrebten

Zielstellungen. Die Veränderungen erstrecken sich in der Regel nicht nur auf bestimmte Sachprozesse, sondern auch auf die diesbezüglichen Arbeitsabläufe. Diese Veränderungen finden ihren Niederschlag in der Neubildung von Aufgabengebieten, Strukturplänen, Funktionsplänen, Organisationsanweisungen usw.

Als *flexible Determination* wird die Form der Rückwirkungen der EDV-Anwendung auf die Arbeitsprozesse im Anwenderbereich verstanden, bei der bestimmte Änderungen der Arbeitsprozesse während der Laufzeit eines automatisierten Informationsverarbeitungssystems möglich sind. Eine derartige Flexibilität ist in bestimmtem, genau definiertem Umfang bei flexiblen automatisierten Informationsverarbeitungssystemen möglich.

Die *Ersetzung eines Steuerungsprozesses* liegt dann vor, wenn ein automatisiertes Informationsverarbeitungssystem an die Stelle eines manuell oder mit konventionellen Informationsverarbeitungstechniken ablaufenden Arbeitsprozesses tritt. Dieser Vorgang ist vielfach beim Einsatz der EDV für die Prozeßsteuerung zu beobachten. So tritt zum Beispiel bei adaptiven automatisierten Informationsverarbeitungssystemen das automatisierte System an die Stelle des ursprünglichen Arbeitsprozesses, wenn die ihn charakterisierenden Steuerungsprozesse auf formalisierbaren Funktionalen beruhen. Es geht hier folglich nicht um Rückwirkungen auf den Arbeitsprozeß, der Gegenstand der Automatisierung wurde, sondern um die Einordnung der vollautomatisierten selbst lernenden Steuerungen in das Gesamtsystem der Tätigkeiten.

*Keine direkte Determination* liegt vor, wenn der Einsatz der EDV nicht zwangsläufig zu organisatorischen Umstellungen der Arbeitsabläufe im Anwenderbereich führt. Das trifft im wesentlichen für die dynamischen automatisierten Informationsverarbeitungssysteme zu. Bei ihnen ist eine organisatorische EDV-Einsatzvorbereitung in den Anwenderbereichen in der Art, wie sie für die statischen und flexiblen automatisierten Informationsverarbeitungssysteme typisch und erforderlich ist, keine zwingende und notwendige Voraussetzung für den rationellen und effektiven Einsatz der EDV.

Einen zusammenfassenden Überblick über die charakteristischen Merkmale der Grundtypen der automatisierten Informationsverarbeitungssysteme zeigt die Abbildung 52. Die vorgenommene Aufgliederung nach Grundtypen ermöglicht eine die Leistungsfähigkeit und Rationalisierungsmöglichkeiten grundsätzlich differenzierende Einordnung und Beurteilung automatisierter Informationsverarbeitungssysteme.

Die Differenzierung erfolgt nach den für die Nutzer wesentlichen Kriterien, wie zum Beispiel der Programmpotenz, der Potenz zur Bildung und Bereitstellung von problembezogenen Datenmengen sowie hierin eingeschlossen der qualitativ unterschiedlichen Eignung der einzelnen Grund-

| AIVS-Grundtypen | Charakteristische Merkmale der AIVS | | | |
|---|---|---|---|---|
| | syntaktische Daten-strukturierung | Programm-organisation | Integrations-form | Rückwirkungen der EDV-Anwendung auf den Arbeitsprozeß |
| statische AIVS | *Verschlüsselung* der semantischen Ordnungsbegriffe | feste Programme für komplexe Operationen | Aufgaben-integration | statische Determination |
| flexible AIVS | *Verschlüsselung* der semantischen Ordnungsbegriffe | Programm-variabilität | aufgaben-bezogene Daten-integration | flexible Determination |
| adaptive AIVS | *Verschlüsselung* der semantischen Ordnungsbegriffe | feste Programm-generatoren | zweck-bestimmte Daten-integration | Ersetzung eines Steuerungs-prozesses |
| dynamische AIVS | *Belegung* der syntaktischen Identbegriffe | freie Programm-generierung | reine Daten-integration | keine direkte Determination |

Abb. 52: Charakteristische Merkmale der AIVS-Grundtypen

typen der automatisierten Informationsverarbeitungssysteme zur Problembearbeitung und -lösung.

### 6.3.2. Zur Entwicklung automatisierter Informationsverarbeitungssysteme

Die Entwicklung automatisierter Informationssysteme in der DDR ist eng mit der Entwicklung und dem Aufbau der Datenverarbeitungsindustrie der DDR verbunden.

Der Beginn der Serienproduktion programmgesteuerter digitaler Rechenautomaten reicht bis in die erste Hälfte der 60er Jahre zurück. Sie umfaßt die programmgesteuerten digitalen Rechenautomaten ZRA 1, SER 2 und D 4a. Der Grundstein für den Aufbau einer leistungsstarken Datenverarbeitungsindustrie sowie die breite und konzentrierte Anwendung der EDV wurde im Juni 1964 mit dem Ministerratsbeschluß über die

Entwicklung, Einführung und Durchsetzung der Datenverarbeitung in der DDR in den Jahren 1964—1970 gelegt. Im Ergebnis dieser hiermit eingeleiteten Entwicklung sowie weiterer, diesen Weg kontinuierlich fortsetzender Beschlüsse von Partei und Regierung erreichten die Elektrotechnik, die Elektronik und der wissenschaftliche Gerätebau in den Jahren 1966 bis 1970 mit 161 Prozent das höchste Entwicklungstempo aller Industriezweige der DDR. Seit dieser Zeit ist insbesondere bei elektronischen Datenverarbeitungsanlagen und peripheren Geräten eine stetig hohe Produktionssteigerung zu verzeichnen. Statische, flexible und adaptive automatisierte Informationsverarbeitungssysteme sind heute nebeneinander — entweder in ihrer klassischen Form oder als Mischtypen — in allen Bereichen unserer Gesellschaft anzutreffen.

Historisch betrachtet entstanden zuerst statische automatisierte Informationsverarbeitungssysteme. Die Entwicklung flexibler und adaptiver automatisierter Informationsverarbeitungssysteme begann etwa Mitte der 60er Jahre. Ihre breitere Anwendung ist etwa gegen Ende der 60er Jahre zu beobachten.

Kennzeichnend für den Einsatz der EDV in der DDR war und ist, daß der Prozeß der EDV-Anwendung nicht nur planmäßig erfolgt, sondern auch zielstrebig — ausgehend von den wirtschaftspolitischen Aufgabenstellungen — auf die Schwerpunkte der volkswirtschaftlichen Entwicklung ausgerichtet ist. Es wird vornehmlich eine schrittweise Automatisierung der auf neuen Technologien und Verfahren beruhenden Produktionsprozesse sowie von Informationsverarbeitungsprozessen zur Unterstützung der Leitungstätigkeit angestrebt.[13] In der Industrie liegt zum Beispiel der Schwerpunkt der Anwendung der EDV „... bei der Lösung von Aufgaben der Leitung, Planung, Kontrolle und Abrechnung des Reproduktionsprozesses. Ergebnisse sind eine kontinuierliche Produktion und damit höhere Leistungen, Senkung der Überplanbestände und Kosten, Verbesserung der Qualität der Erzeugnisse sowie Verminderung des manuellen Aufwandes in der Fertigung selbst, aber auch bei deren Leitung, Planung und Kontrolle".[14]

Gleiche Zielsetzungen liegen der EDV-Anwendung in der UdSSR zugrunde, wobei hier zugleich größere Maßstäbe und Dimensionen die ASU-Einsatzkonzeptionen kennzeichnen.[15]

[13] Gesetz über den Fünfjahrplan für die Entwicklung der Volkswirtschaft der DDR 1971—1975, Gesetzblatt, Teil I, Nr. 10 vom 24. 12. 1971, S. 180.

[14] Weihrauch, H., Erfahrungen zur wirksamen Anwendung der elektronischen Datenverarbeitung nutzen, in: Rechentechnik/Datenverarbeitung, 3/1974, S. 1.

[15] Vgl. Direktive zum Fünfjahrplan für die Entwicklung der Volkswirtschaft der UdSSR in den Jahren 1971—1975, Berlin 1971, S. 63; Martschuk, J. I., Einige Pro-

Wie zielstrebig die EDV-Anwendung in der UdSSR betrieben wird, zeigt sich daran, daß bis 1975 etwa 2700 automatisierte Systeme zur Leitung und Steuerung (ASU) unterschiedlichster Größenordnung und Zielsetzung in Betrieb genommen wurden und heute an den verbesserten ASU der 2. Generation gearbeitet wird.[16] Es wird intensiv an dem Aufbau eines automatisierten gesamtstaatlichen Systems der Informationserfassung und -verarbeitung zur Leitung und Planung der Volkswirtschaft gearbeitet.

Innerhalb dieses Systems wird zwischen automatischen und automatisierten Systemen unterschieden. Unter automatischen Systemen werden Systeme verstanden, die ihre Funktionen ohne Eingriff des Menschen ausführen können.[17] Sie werden in der Regel für die Automatisierung technologischer Prozesse entwickelt. Bei den automatisierten Systemen ist der Mensch mit seinen schöpferischen Fähigkeiten notwendiges organisches Glied dieser Systeme.[18]

Die technische Basis dieses gesamtstaatlichen automatisierten Systems der Informationserfassung und -verarbeitung bilden ein staatliches Netz von Rechenzentren und ein einheitliches automatisiertes Kommunikationsnetz.[19] „Das automatisierte gesamtstaatliche System der Leitung stellt einen Komplex technischer Geräte und Organisationsmittel dar, die die Lösung von Aufgaben der Leitung, Planung und statistischen Erfassung in der Volkswirtschaft im Interesse aller Leitungsorgane (vom Ministerrat der UdSSR bis zu den Rayonsowjets und den Leitungen der einzelnen Betriebe) sichern".[20]

**(Fortsetzung der Fußnote 15)**

bleme beim Aufbau automatisierter Systeme der Leitung, in: Rechentechnik/Datenverarbeitung, 2/1974, S. 7; Martynow, W. W., Automatisierte Systeme zur Leitung von Industriebetrieben, in: Rechentechnik/Datenverarbeitung, 2/1974ff., S. 1ff; Sinjak, W. S., Automatisierte Systeme der Leitung für Volkswirtschaftszweige, in: Rechentechnik/Datenverarbeitung, 2/1974, S. 20 ff.

16 Vgl. Moderne Methoden zur Rationalisierung der Leitung in der UdSSR mit Hilfe elektronischer Datenverarbeitungsanlagen, in: Die Wirtschaft, Sonderausgabe, November/Dezember 1972, Berlin, S. 11 ff.; Neumann, G., Reicher Erfahrungsschatz für den Einsatz der elektronischen Datenverarbeitung, in: Die Wirtschaft, Nr. 46 vom 14. 11. 1973, Berlin, S. 6 ff.

17 Vgl. Gluschkow, V. M., Dialogsystem in der Planung, in: Rechentechnik/Datenverarbeitung, 2/1974, S. 5.

18 Vgl. ebenda, S. 5.

19 Vgl. Bretschneider, G., Erkenntnisse sowjetischer Wissenschaftler systematisch zur sozialistischen Rationalisierung erschließen, in: Rechentechnik/Datenverarbeitung, 2/1974, S. 2.

20 Mjasnikow, W. A., Prinzipien für den Aufbau eines staatlichen Netzes von Rechenzentren — technische Grundlage für ein gesamtstaatliches automatisiertes System der Leitung, in: Rechentechnik/Datenverarbeitung, 2/1974, S. 8.

Weiterhin ist geplant, auf der Grundlage dieses komplexen automatisierten Informationsverarbeitungssystems eine einheitliche Informationsbasis zu schaffen sowie ein vollständiges gesamtvolkswirtschaftliches Modell zu entwickeln, mit dessen Hilfe von jeder beliebigen Ebene der Volkswirtschaft die schnelle Errechnung der Auswirkungen getroffener Entscheidungen möglich wird.[21]

Ähnliche Zielstellungen liegen der EDV-Einsatzkonzeption in der DDR zugrunde, die in Auswertung der gesammelten Erfahrungen ständig weiter präzisiert wird. Gegenwärtig sind mehr als 500 EDVA und 2000 Kleinrechner in unserer Volkswirtschaft eingesetzt. Die Zahl der Fachkräfte in Datenverarbeitungsstationen beträgt etwa 60000.[22]

Die ersten komplexeren automatisierten Informationsverarbeitungssysteme zur Unterstützung von Leitungs-, Planungs- und Abrechnungsaufgaben entstanden auf der Basis der EDVA der 2. Generation. Bei diesen EDVA handelt es sich im wesentlichen um die in der DDR Mitte der 60er Jahre entwickelte und produzierte Datenverarbeitungsanlage Robotron 300. Mit dieser EDVA wurden viele Erfahrungen zur effektiven Nutzung der EDV in allen Bereichen der Volkswirtschaft gesammelt.

Die bereits zu einem weit früheren Zeitpunkt eingesetzten EDVA der 1. Generation wurden vorwiegend zur Lösung wissenschaftlich-technischer Rechnungen eingesetzt. Es waren jedoch auch bereits Bestrebungen vorhanden, diese EDVA zur Lösung von ökonomischen Massendatenverarbeitungsaufgaben einzusetzen.

Bei diesen zuerst entwickelten EDV-Projekten handelte es sich in der Regel um Einzelprojekte zur Lösung inhaltlich in sich abgegrenzter schematischer Aufgaben mit nur geringen oder keinen Verbindungen zu benachbarten Arbeitsgebieten. Die EDVA wurden in dieser Entwicklungsetappe vornehmlich als Instrumente betrachtet, deren Bedeutung im ökonomischen Bereich vor allem in der sehr rationellen Verarbeitung von Massendaten liegt.

Ausgehend von diesem Aspekt der Betrachtung, wurde in der Regel auch die für die routinemäßig manuelle Bearbeitung der schematischen Aufgaben typische sequentiell und arbeitsteilig verlaufende Ablauforganisation übernommen, das heißt, die vorgefundene Ablauforganisation wurde in automatische Verarbeitungsabläufe überführt. Obwohl diese Form der EDV-Anwendung den traditionellen Formen der Organisation der Datenverarbeitung noch stark verhaftet blieb, ließen sich doch schon eine Reihe

[21] Vgl. ebenda, S. 8.

[22] Vgl. Weihrauch, H., Erfahrungen zur wirksamen Anwendung der elektronischen Datenverarbeitung nutzen, a. a. O., S. 1.

von bisher neuen Integrationseffekten und hiervon abgeleitet auch in bestimmtem Umfang Rationalisierungseffekte erzielen. Die Entwicklung noch komplexerer Organisationsformen (mit dem vorerst vordergründigen Ziel, diese über die Integration erzielten Rationalisierungseffekte noch auszuweiten), wie zum Beispiel die Zusammenfassung von bisher selbständigen Datenverarbeitungsaufgaben zu größeren Datenverarbeitungskomplexen mit weitestgehend automatisiertem Ablauf, wurde zwar bereits in dieser ersten Etappe der EDV-Anwendung angestrebt. Verallgemeinerungsfähige rationelle Lösungen konnten jedoch naturgemäß nur in Einzelfällen erreicht werden.

Echte Voraussetzungen für die Entwicklung von komplexeren Lösungen waren erst mit dem Einsatz der EDVA der 2. Generation gegeben. Auf der technischen Basis dieser EDVA entstanden sowohl statische als auch flexible automatisierte Informationsverarbeitungssysteme. Diese in der Regel als Einheit von statischer und flexibler Informationsverarbeitung konzipierten Informationsverarbeitungssysteme umfassen bei zweckmäßigem Verarbeitungsgrad und rationellem Informationsfluß ganze Komplexe meist inhaltlich zusammenhängender bzw. aufeinander aufbauender schematischer Aufgaben, das heißt die automatisierte Bearbeitung komplexer Organisationslösungen, wie zum Beispiel alle automatisierungswürdigen schematischen Aufgaben eines Leistungs- oder Leitungsbereiches.[23]

Die Zahl der automatisierten Informationsverarbeitungssysteme ist heute bereits recht hoch. Als Beispiele für automatisierte Informationsverarbeitungssysteme seien genannt: die durchgängig automatisiert ablaufenden Datenverarbeitungsaufgaben des Systems von Rechnungsführung und Statistik, wie Grundmittelrechnung, Materialrechnung, Lohnrechnung und hierauf aufbauend die gesamte Kostenrechnung, Durchführung der Kontokorrentrechnung einschließlich der Rechnungserteilung und Durchführung des Mahnwesens, die Produktionsplanung einschließlich der technologischen Planung usw. Kennzeichnend für die in dieser Etappe der EDV-Anwendung in der DDR entstandenen automatisierten Informationsverarbeitungssysteme ist die umfassende Anwendung der Operationsforschung in Form mathematisch-ökonomischer Methoden.[24] Die Kombi-

[23] Vgl. Leykauf, H., Winkelmann, J., Integrierte Datenverarbeitungssysteme. Staatsverlag der DDR, Berlin 1970; Baumbach, H., D., Tietzmann, H., Integriertes Datenverarbeitungssystem. Verlag Die Wirtschaft, Berlin 1971.

[24] Vgl. Autorenkollektiv, Typen-Grobprojekt für den Einsatz des Robotron 300 in der Textilindustrie, idv, Dresden 1968; Rehak, U., EDV-Baustein Robotron 300 „Verkaufsplanoptimierung“, Abschlußbericht des VEB Kombinat Robotron, Großforschungszentrum, Dresden 1969; Gerisch, M., Erzeugung von Modellen der linearen Optimierung mittels eines automatisierten Informationsverarbeitungssystems, in: Rechentechnik/Datenverarbeitung, 1/1973, S. 22ff.

nation von EDV-Technik und mathematisch-ökonomischen Methoden führt grundsätzlich zu einem höheren Integrations- und Automatisierungsgrad als er bei getrenntem Einsatz beider Techniken zu beobachten ist.[25]

Die Anwendung mathematisch-ökonomischer Methoden förderte die Formalisierung geistiger Prozesse.

Etwa gleichzeitig mit der Entwicklung der automatisierten Informationsverarbeitungssysteme im Leitungs- und Verwaltungsbereich begann auch die Anwendung von Prozeß- und Hybridrechnern zur Prozeßsteuerung und hiermit verbunden die Entwicklung von adaptiven automatisierten Informationsverarbeitungssystemen sowie ihre verstärkte Integration in die betriebliche Informationsverarbeitung.[26]

Diese Entwicklungstendenz wird konsequent fortgesetzt. So erfolgt zum Beispiel der Einsatz der EDVA ES-1040 in der DDR vielfach gekoppelt mit dem Prozeßrechnersystem Robotron 4000 und dem Kleinrechnersystem Robotron 4200.[27]

Im gewissen Sinne kennzeichnend für die Entwicklung automatisierter Informationsverarbeitungssysteme auf der technischen Basis der EDVA der 2. Generation war, daß die Anwender die problemorientierten Systemunterlagen zum Aufbau ihrer automatisierten Informationsverarbeitungssysteme noch selbst erarbeiten mußten.[28] Es erfolgte allein eine umfangreiche Unterstützung durch den Hersteller in Form der Bereitstellung von:

— maschinenorientierten Systemunterlagen (zum Beispiel MACRO—MOPS, Programme zur Magnetbandsortierung, zur Testung und Wartung der EDVA, Compilerprogramme und anderes)[29],
— EDV-Bausteinen für die EDVA Robotron 300,
— Systemunterlagen für die Anwendung mathematischer und statistischer Methoden sowie
— problemorientierten Systemunterlagen in Form von Typenprojekten usw.

[25] Vgl. Hellfors, S., Management-Datenverarbeitung-Operations Research, München-Wien 1967, S. 72f.

[26] Vgl. Autorenkollektiv, Methodik zur Vorbereitung des Einsatzes von Prozeßrechnern, Berlin 1970; Kieschke, R., Die Kontrolle und Lenkung der Teilefertigung unter den Bedingungen des Einsatzes von Prozeßrechnern, in: Rechentechnik/Datenverarbeitung, 9/1971, S. 15 ff.; Meinhard, H., Der Einsatz von Produktionskontroll- und -lenkungsanlagen und ihre Verbindung mit EDVA im off-line-Betrieb, in: Rechentechnik/Datenverarbeitung, 1/1973, S. 9 ff.

[27] Vgl. Sieber, W., Gewachsen mit unserem sozialistischen Staat, in: Rechentechnik/Datenverarbeitung, 10/1974, S. 9.

[28] Vgl. Autorenkollektiv, Programmierung und Nutzung von Rechenanlagen, Teil 5, Berlin 1974, S. 77f.

[29] Vgl. Maschinenorientierte Software für Robotron 300, in: Rechentechnik/Datenverarbeitung, 2. Beiheft 1968.

Ziel dieser Unterstützung war, den Projektierungsaufwand der Anwender zu senken. Ein entscheidender Durchbruch konnte jedoch nicht erreicht werden.[30] Das gilt insbesondere für die Anwendung der Typenprojekte. Es konnte beim Aufbau von automatisierten Informationsverarbeitungssystemen nur dort eine spürbare Reduzierung des Projektierungsaufwandes erreicht werden, wo die Typenprojekte unverändert bzw. mit geringen Änderungen übernommen werden konnten. Die Vielfalt der Produktionsbedingungen und notwendigen Organisationsformen machte dieses Vorgehen in der Regel jedoch unmöglich.

Der Aufbau automatisierter Informationsverarbeitungssysteme auf der technischen Basis der EDVA der 2. Generation war darum vielfach zwangsläufig durch Parallelentwicklungen von Projekten sowie durch relativ hohe Projektierungsaufwendungen gekennzeichnet. In diesem Prozeß wurden jedoch wertvolle Erfahrungen gesammelt und hochqualifizierte EDV-Kader herangebildet.[31]

Ausgehend hiervon wurde der Rationalisierung der EDV-Projektierung in der Folgezeit besondere Aufmerksamkeit beigemessen.[32] Der Schwerpunkt der Rationalisierung lag in der Vergangenheit vorwiegend auf dem Gebiet der Programmierung. Der rationellen Programmentwicklung und -gestaltung wurde dabei eine gewisse Schlüsselstellung eingeräumt.[33]

Die Weiterentwicklung der EDV-Technik, das immer umfassendere Angebot an Systemunterlagen und hiermit einhergehend die Bewältigung immer komplexerer Leitungs- und Planungsaufgaben ließen recht bald deutlich werden, daß die Qualität und Leistungsfähigkeit der EDV-Projekte (wenn der laufende Aufwand als Bewertungskriterium herangezogen wird) immer weniger von der programmtechnischen Umsetzung der einzelnen Anwenderprogramme abhängen.[34]

Als für die Effektivität der EDV-Anwendung immer entscheidender erwiesen sich die Fragen einer zweckmäßigen Organisation, angefangen

[30] Vgl. Autorenkollektiv, Effektivitätsuntersuchungen für EDV-Systeme, Warum — Wann — Wie?, Berlin 1974, S. 99.

[31] Vgl. Grässler, R., Möglichkeiten der Rationalisierung der Einsatzvorbereitung elektronischer Datenverarbeitungsanlagen durch sachgebietsorientierte Programmiersysteme für Probleme der Planung und Leitung von sozialistischen Industriebetrieben. Dissertation A., Technische Universität Dresden, 1971.

[32] Vgl. Beschluß zur Erhöhung der Effektivität und zur Durchsetzung der sozialistischen Rationalisierung bei der Einsatzvorbereitung für die EDV, GBl. Teil II, Nr. 60 vom 11. 8. 1971.

[33] Vgl. Bär, D., Bilden wir auf dem Gebiet der Programmierung richtig aus?, in: Rechentechnik/Datenverarbeitung, 7/1973, S. 13ff.

[34] Vgl. Schäfer, H., Geyler, L., Rechnergestützte Projektierung von Datenverarbeitungsaufgaben, in: Rechentechnik/Datenverarbeitung, 1. Beiheft 1974, S. 55.

| | ES 1010 (R 10) | ES 1020 (R 20) | ROBOTRON 21 (R 21) | ES 1021 (R 20 A) | ES 1030 (R 30) | ES 1040 (R 40) | ES 1050 (R 50) | ES 1060 (R 60) |
|---|---|---|---|---|---|---|---|---|
| Entwicklung/ Produktion | VR Ungarn/ UdSSR | VR Bulgarien/UdSSR | DDR | ČSSR | VR Polen/ UdSSR | DDR | UdSSR | UdSSR |
| Betriebssystem | OS/R 10 | DOS/ES OS/ES | DOS/ES | DOS/ES | DOS/ES OS/ES | OS/ES | OS/ES | OS/ES |
| Hauptspeicher/ Kapazität (in K Bytes) | 8, 16, 32, 64 | 64, 128, 256 | 64 | 16, 32, 64 | 128, 256, 512 | 256, 512, 1024 | 256, 512, 1024 | >1024 |
| Operationsgeschwindigkeit (Op/sec) | 10000 | 20000 | 20000 | 40000 | 100000 | 380000 | 500000 | 2000000 |
| Anzahl der Selektorkanäle | — | 2 | 1 | 2 | 3 | 6 | 6 | 6 |
| Anzahl der Subkanäle des Multiplexkanals | Spezialkanal | 40—104 | 128 | 16 | 128—256 | 128—256 | 192—256 | 192—256 |

Abb. 53: Überblick über die ESER-I-Rechner (nach: REIHE AUTOMATISIERUNGSTECHNIK, Bd. 140, 150; Rechentechnik/ Datenverarbeitung, 2. Beiheft 1974)

von einer rationellen und zweckmäßigen Organisation der Datenerfassung, der Datenprüfung und -weiterleitung bis hin zu den Fragen einer in Hinblick auf die Problembearbeitung und -lösung zweckmäßigen Datenstrukturierung und Programmorganisation.

Diesen aus der Praxis der Datenverarbeitung resultierenden Forderungen wird in der gegenwärtigen Etappe der EDVA-Anwendung weitestgehend Rechnung getragen. Durch die mit Beschluß der Regierungen der UdSSR, der VR Bulgarien, der VR Polen, der Ungarischen Volksrepublik, der ČSSR und der DDR im Dezember 1969 gemeinsam begonnene arbeitsteilige Entwicklung und Produktion elektronischer Rechenanlagen und entsprechender Programmiersysteme im „Einheitlichen System der elektronischen Rechentechnik" (ESER) wurde eine qualitativ neue Etappe der Entwicklung und Anwendung der Rechentechnik eingeleitet.

Mit dem Einsatz der Rechner der ESER-Serie haben die RGW-Länder auf breiter Ebene den planmäßigen und arbeitsteiligen Übergang zum Einsatz von EDVA der 3. Generation vollzogen.

Das ESER-System ist durch eine gemeinsame Grundkonzeption, eine nach Leistungsparametern abgestufte Reihe von Zentraleinheiten (Abbildung 53), ein abgestimmtes Sortiment an peripheren Geräten mit Anschlußmöglichkeiten an alle Zentraleinheiten, Programm- und Datenkompatibilität der einzelnen EDVA untereinander[35], die Benutzung einheitlicher Betriebssysteme sowie gemeinsam erarbeitete Anwenderprogrammpakete charakterisiert.

In den Prozeß der arbeitsteiligen Entwicklung von Typenelementen für „Automatisierte Systeme zur Leitung und Steuerung" (ASU) zur Gewährleistung des effektiven Einsatzes der ESER-Technik für die Rationalisierung der Leitungs- und Planungsprozesse ist auch die Entwicklung und Anwendung der dynamischen automatisierten Informationsverarbeitungssysteme einzuordnen. Sie ergänzen gewissermaßen die angestrebten Regelungen und Verfahrensweisen zur Erweiterung der Anwendungsbreite und Anwendungseffektivität der ESER-Technik und rücken eine Reihe zusätzlicher, vor allem langfristig wirkender Effektivitätsfaktoren in das Blickfeld der Rationalisierungsbestrebungen.

Im Unterschied zu den statischen, den flexiblen und den adaptiven automatisierten Informationsverarbeitungssystemen befinden sich dynamische automatisierte Informationsverarbeitungssysteme noch in der Phase der Entwicklung und Erprobung. Dynamische automatisierte In-

[35] In seiner ersten Etappe bestand das ESER-System aus 6 in seinen Leistungsdaten abgestuften Zentraleinheiten sowie ca. 80 Typen peripherer Geräte. Der Anteil der DDR an dieser ersten Etappe besteht vor allem in der Entwicklung der EDVA ES-1040, von Magnetbandspeichern, Druckern.

formationsverarbeitungssysteme sind auf der technischen Basis der EDVA der 2. Generation nicht realisierbar. Erst die EDVA der 3. Generation verfügen über solche Leistungsparameter, Systemunterlagen sowie Betriebssysteme, welche die technisch-technologischen Voraussetzungen dafür bieten, daß automatisierte Informationsverarbeitungssysteme entwickelt werden können, die neben den schematischen Aufgaben auch die vielfältigen im Leitungsprozeß auftretenden nichtschematischen Aufgabenstellungen rationell lösen.

### 6.3.3. Statische automatisierte Informationsverarbeitungssysteme (statische AIVS)

Die einfachste Form der Problemlösung ist die schematische Aufgabe. Sie ist ein Spezialfall der Aufgabenlösung überhaupt.

Die Lösung schematischer Aufgaben erfolgt nach einem fest vorgegebenen Schema. Aus diesem Grunde sind schematische Aufgaben auch von komplexeren Problemlösungsprozessen abtrennbar. Sie lassen sich verselbständigen, da das Ergebnis der Bearbeitung eines gleichartigen Problems keinen Einfluß auf das einmal erarbeitete Schema hat. Als verselbständigte Teilaufgaben sind die schematischen Aufgaben in ihrer Zielstellung der Zielstellung des Gesamtproblemlösungsprozesses untergeordnet.

Im gesellschaftlichen Arbeitsprozeß tragen eine Vielzahl von Informationsverarbeitungsprozessen den Charakter von schematischen Aufgaben. So handelt es sich zum Beispiel bei den in allen gesellschaftlichen Bereichen anzutreffenden Massendatenverarbeitungsprozessen fast ausschließlich um schematische Aufgaben. Beispiele hierfür sind die Auswertungen von medizinischen Reihenuntersuchungen nach bestimmten Kriterien, wie zum Beispiel die automatisierte EKG-Auswertung, die Auswertung von statistischen Erhebungen, die Kontenführung der Banken, die vielfältigen Abrechnungsaufgaben in der Volkswirtschaft und ähnliches.

Statische automatisierte Informationsverarbeitungssysteme werden für die Bearbeitung und Lösung schematischer Aufgaben entwickelt und eingesetzt.

Der Projektierung statischer automatisierter Informationsverarbeitungssysteme liegt eine streng aufgaben- bzw. prozeßbezogene Betrachtungsweise zugrunde. Diese Betrachtungsweise führt zu den für die statischen automatisierten Informationsverarbeitungssysteme typischen Organisationsformen, wie

- der Aufgabenintegration,
- der aufgabenbezogenen Datenerfassung, Datenstrukturierung und Datenspeicherung,

— der statisch aufgabenbezogenen Programmorganisation,
— der statischen Determiniertheit der Arbeitsprozesse.

Die Arbeitsstufen zum Aufbau statischer automatisierter Informationsverarbeitungssysteme zeigt die Abbildung 54.

Die statischen automatisierten Informationsverarbeitungssysteme repräsentieren eine Form der Organisation von Informationsverarbeitungsprozessen, in der die Informationsverarbeitungsprozesse in ihrer Struktur festgefügt und für längere Zeit unveränderlich, das heißt statisch sind. Die Informationsverarbeitungsprozesse in statischen automatisierten Informationsverarbeitungssystemen sind weiterhin in der Regel mit einer sta-

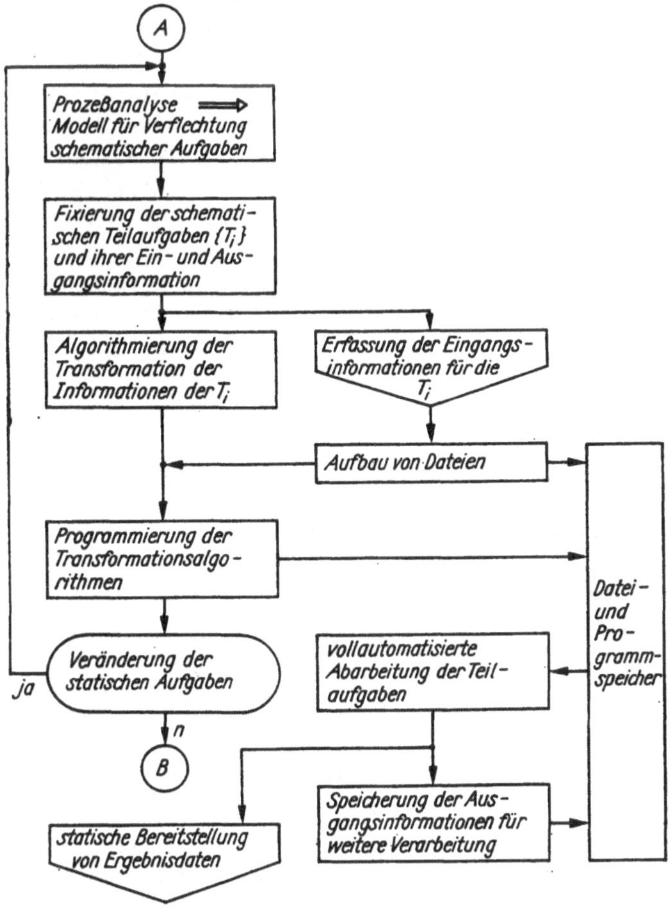


Abb. 54: Arbeitsstufen statischer AIVS

tischen Datenorganisation gekoppelt und tragen den Charakter wiederholt auszuführender Verarbeitungsprozesse.

Ausgehend hiervon ist zum Beispiel bei den statischen automatisierten Informationsverarbeitungssystemen die Stellung des Menschen dadurch gekennzeichnet, daß er sowohl die Informationsorganisation als auch die Verarbeitungsprogramme und ihre Organisation bis in das letzte Detail vorweg projektiert. Aus der Realisierung der Verarbeitungsfunktionen tritt er jedoch heraus. Die Aufgabenabarbeitung läuft weitestgehend automatisch ab. So findet zum Beispiel beim Aufbau statischer automatisierter Informationsverarbeitungssysteme zur Zeit der Projektierung eine Fixierung des Systems von schematischen Aufgaben statt, die im zu rationalisierenden Arbeitsprozeß enthalten sind. Nach der Automatisierung dieser schematischen Aufgaben erfordert sowohl die Erfassung der Primärdaten als auch die Nutzung der Ergebnisdaten, daß der Arbeitsprozeß als Ganzes in der projektierten Weise beibehalten wird. Jede Änderung des Arbeitsprozesses würde das fixierte System von schematischen Aufgaben ebenfalls ändern und somit das projektierte automatisierte System zum Einsturz bringen. Daher muß auch zwangsläufig bereits während der Projektierung die zweckmäßigste und rationellste Form des Arbeitsprozesses gefunden werden (keine Automatisierung des Istzustandes), weil nachträgliche Verbesserungen der Arbeitsorganisation nicht mehr berücksichtigt werden können, bzw. mit hohen Zeit- und Kostenaufwendungen erkauft werden müssen.

Durch das statische automatisierte Informationsverarbeitungssystem wird somit eine *statische Determination* des Arbeitsprozesses erzwungen, dessen Rationalisierung Gegenstand dieses Systems ist. Das führt in der Praxis zur Zementierung projektierter Arbeitsabläufe, weil der Aufbau solcher automatisierter Systeme außerordentlich aufwendig ist und in der Regel nur eine mehrjährige unveränderte Anwendung die Voraussetzung für den ökonomisch sinnvollen Einsatz der EDV ist. Statische automatisierte Informationsverarbeitungssysteme können überall dort mit hoher Effektivität eingesetzt werden, wo folgende Voraussetzungen gegeben sind:

- die zu verarbeitenden Daten sind Massendaten;
- die ihnen zugrunde liegenden schematischen Aufgaben besitzen den Charakter relativ selbständiger Teilaufgaben und sind in Hinblick auf ihren Inhalt und ihre Zielstellung genau definiert;
- die den schematischen Aufgaben als Arbeitsprozesse zugrunde liegenden Regelungen bleiben über einen längeren Zeitraum konstant, die Datenorganisation und die Verarbeitungsalgorithmen erfahren keine Veränderung;

— die Abarbeitung der Algorithmen wiederholt sich so häufig, daß die Kapazität einer geeignet gewählten EDVA zu einem wesentlichen Teil ausgelastet ist.

Wie eingangs bereits angedeutet, ist es für die statischen automatisierten Informationsverarbeitungssysteme typisch, daß ihre Datenstrukturen vorgebildet sind und nicht erst zum Zeitpunkt ihrer Verarbeitung erzeugt werden. Die Strukturierung der Daten ist aufgabenbezogen. Das bedeutet, daß die Ordnungsaspekte für eine semantische Datenstrukturierung eindeutig festgelegt sind und eine dynamische Mehrfachstrukturierung, als Voraussetzung der Nutzung dieser Daten für verschiedene Projekte, rationell nicht durchführbar ist. Die Umsetzung der semantischen Datenstruktur in eine syntaktische Datenstruktur kann unter diesen Voraussetzungen rationell nur erfolgen, wenn eine Verschlüsselung der semantischen Ordnungsbegriffe vorgenommen wird.

Eng verbunden mit diesen Problemen sind auch die Fragen der Programmorganisation der statischen automatisierten Informationsverarbeitungssysteme. Bei der Konzipierung der Verarbeitungsprogramme statischer automatisierter Informationsverarbeitungssysteme wird die Konstanz und Unveränderlichkeit der Algorithmen unterstellt. Ebenso wird davon ausgegangen, daß die Struktur jeder vom Programm angesprochenen Datei eindeutig fixiert ist. Ausgehend hiervon werden dann die einzelnen Verarbeitungsprogramme auf eine ganz konkrete Dateistruktur festgelegt. Dadurch entsteht eine Programmorganisation, die in dem Sinne statisch ist, als daß die Verarbeitungsprogramme zur Aufgabenwiederholung nur bei einer ganz bestimmten und keiner anderen Aufgabe einsetzbar sind. Die Verarbeitungsprogramme erlauben lediglich eine Variabilität in Hinblick auf die Datenmenge je Aufgabe sowie eine bestimmte definierte Variabilität in Hinblick auf Stelligkeit und Format der Wertgrößen.

Zu den statischen Verarbeitungsprogrammen zählen auch die für die EDVA der 2. Generation entwickelten Typenprojekte. Typenprojekte entstanden durch die Verallgemeinerung von Einzelprojekten zur Lösung schematischer Aufgaben, wie zum Beispiel der Arbeitskräfterechnung, der Grundmittelrechnung, der Materialrechnung usw. Die Typenprojekte enthielten die prinzipiellen Organisationslösungen. Eine Einsparung von Projektierungsleistungen konnte nur eintreten, wenn die Programme des Einzelprojektes, aus denen das Typenprojekt abgeleitet wurde, mit allen Schlüsseln, Stelligkeiten, Anwendung der gleichen Datenträger und Geräte für die Ein- und Ausgabe sowie Zwischenspeicherung, Datenträgeraufbau usw. übernommen wurden.[36]

[36] Vgl. Rationalisierung der Einsatzvorbereitung durch Anwendung vorgefertigter problemorientierter Systemunterlagen, Rechentechnik/Datenverarbeitung, 10/11/1972, S. 88f.

Die Entwicklung spezieller, jeweils auf die konkrete Aufgabe exakt ausgerichteter Verarbeitungsprogramme ermöglicht in der Regel eine sehr rationelle Nutzung der Rechentechnik, da alle Möglichkeiten der EDVA, ihrer peripheren Geräte, des Betriebssystems, der Systemunterlagen usw. ganz gezielt im Sinne einer Minimierung der Rechenzeit genutzt werden können. Ein entscheidender Nachteil dieser Programmorganisation besteht jedoch darin, daß Änderungen der Aufgabenstellung zwangsläufig auch Änderungen der Verarbeitungsprogramme nach sich ziehen. So erfordert zum Beispiel jede Veränderung der Dateistruktur die Überarbeitung bzw. Korrektur aller Programme, die mit dieser Datei arbeiten. Die für die statischen automatisierten Informationsverarbeitungssysteme charakteristische Aufgabenintegration führt dabei vielfach dazu, daß die Änderungen nicht nur auf ein Verarbeitungsprogramm begrenzt bleiben. Auf diese Weise werden ganze Ketten von Änderungen und Korrekturen ausgelöst. Durch die hohe Zahl der Programme, die im Rahmen einer Aufgabenintegration auf die gleiche Datei zurückgreifen, entsteht ein Aufwand, der in der Regel nicht tragbar ist. Veränderungen von Dateistrukturen sind damit bei statischen automatisierten Informationsverarbeitungssystemen praktisch unmöglich. Da statische automatisierte Informationsverarbeitungssysteme Aufgabenänderungen gegenüber nicht anpassungsfähig sind, wird bei ihnen von vornherein versucht, Änderungen möglichst auszuschließen.

Diese Bestrebungen sowie auch die Bemühungen, nicht nur Rationalisierungseffekte bei der Informationsverarbeitung, sondern auch im eigentlichen Reproduktionsprozeß auszulösen, führen zu der Tendenz, möglichst viele Daten zu erfassen und nach den unterschiedlichsten Gesichtspunkten auszuwerten. Weiterhin wird mit diesem Herangehen versucht, Änderungen von Aufgabenstellungen von vornherein zu entsprechen. Damit soll das Unvermögen der statischen automatisierten Informationsverarbeitungssysteme, gegenüber Veränderungen des Informationsbedarfs schnell reagieren zu können, kompensiert werden. Die praktischen Erfahrungen zeigen, daß dieser kalkulierte Effekt nicht oder nur unzureichend erreicht wird.

Statischen automatisierten Informationsverarbeitungssystemen wird außerdem die Funktion zugeschrieben, die Ergebnisdaten sowohl aufgaben- als auch funktionsbezogen bereitzustellen. Aufgabenbezogen bedeutet hierbei, daß die Gesamtheit der Ergebnisdaten nach vollständigen Listen geordnet dem Nutzer zur Verfügung gestellt werden. Als Funktion des Nutzers wird unterstellt, daß er in den verschiedensten Zusammenhängen seiner Tätigkeit die eine oder andere Teilmenge aus den ausgelisteten Ergebnisdaten für seine Kontroll- und Analysezwecke heranzieht. Insofern sollen die statisch bereitgestellten Daten einen variablen Informationsbedarf im Rahmen konkreter funktionsbezogener Problembearbeitungs- und -lösungsprozesse befriedigen. Die problembezogene Ordnung und möglicherweise Weiterverarbeitung von Problemdaten wird hierbei dem Nutzer überantwortet. Insofern haben die auf eine bestimmte Aufgabe bezogenen Ergebnisdaten hinsichtlich ihrer Nutzung und Weiterverarbeitung einen „Hof", wobei die Ergebnisdaten der schematisierbaren Aufgaben zu Eingangsdaten für funktionsbezogene Problembearbeitungs- und -lösungsprozesse werden.

Von der Ergebnisdatenmenge wird erwartet, daß sie zur Basis der Informationsbedarfsbefriedigung für Problembearbeitungsprozesse wird, obwohl sie dafür organisatorisch in keiner Weise geeignet ist, sondern nur gemäß einem vorher artikulierten festen Informationsbedarf gestaltet wurde. Sie verfügt über keine Potenzen, Kombinationen beliebiger Teilmengen von Informationen problemrelevant bereitzustellen.

Diese die gegenwärtige Praxis der Informationsbedarfsbefriedigung grob skizzierende Darstellung stellt einen Kompromiß dar zwischen auf definierte schematische Aufgaben ausgerichteten Informationsflußmodellen und auf Problembearbeitungsprozesse, das heißt nichtschematische Aufgaben orientierten Datenbeständen, die dann den konkreten Informationsbedürfnissen der Nutzer entsprechen sollen. Von der bereitgestellten Ergebnisdatenmenge wird erwartet, daß sie Reservoirfunktionen zeigen soll. Dieser Anforderung ist sie in keiner Weise gewachsen. Eine so konzipierte Ergebnisdatenmenge ist weder ein vollgültiges Reservoir, noch weist sie dessen Organisationsspezifik auf, da sie nicht vom Problembearbeitungsprozeß ausgehend organisiert wurde.

Diese von der Projektierungsmethodik unterstützte Herangehensweise, bewußt eine Informationsbedarfsbefriedigung für verwandte sowie für komplexere Problemsituationen einzukalkulieren, führt in der Praxis auch zu den Erscheinungen, die allgemein als „Überschütten" mit Informationen, Papierflut, Schaffung von Zahlenfriedhöfen und ähnliches charakterisiert und Gegenstand kritischer Einschätzungen der EDV wurden.

Ein weiteres Merkmal statischer automatisierter Informationsverarbeitungssysteme sind, wie ebenfalls schon kurz angedeutet wurde, die relativ einschneidenden Auswirkungen, die ihre Anwendung auf die Organisation und die Struktur des jeweiligen Anwender- bzw. Einsatzbereiches hat, das heißt die statische Determination der Arbeitsprozesse im Anwenderbereich.

Hierin unterscheiden sich die statischen automatisierten Informationsverarbeitungssysteme von den anderen Grundtypen automatisierter Informationsverarbeitungssyteme, vor allem aber von den dynamischen automatisierten Informationsverarbeitungssystemen.

Für die statischen automatisierten Informationsverarbeitungssysteme ist eine Determination der Systemstruktur der Informationsprozesse im Anwenderbereich charakteristisch. Die Schaffung dieser determinierten Systemstruktur sowie der organisatorischen Voraussetzung für die Integration der EDV ist eine der wichtigsten und zugleich auch kompliziertesten Fragen der Einsatzvorbereitung statischer automatisierter Informationsverarbeitungssysteme. Sie ist verbunden mit der datenverarbeitungsgerechten Neuorganisation der Informationsverarbeitungsprozesse, der Neufestlegung der Art und Weise der Informationserfassung, -verarbeitung und -weiterleitung, der Neufestlegung von Verantwortlichkeiten und Kompetenzen, der Festlegung des objektiv notwendigen Umfanges und der Art der Informationen auf den verschiedenen Leitungsebenen, der Sicherung einer effektiven Zusammenarbeit der Struktureinheiten, der Ausarbeitung einer rationellen Struktur des Leitungsapparates usw., einschließlich der Sicherung der Stabilität der neuen Organisation.[37]

Auf Grund der für die statischen automatisierten Informationsverarbeitungssysteme notwendigen Konstanz der Aufgabenabarbeitung müssen für diese Fragen Lösungen angestrebt werden, welche die Garantie dafür bieten, daß kein Glied die Funktionsfähigkeit des Gesamtsystems stört. Von der EDV werden hier unter anderem Fragen der elementaren Leitungsorganisation angesprochen, die nur in enger Zusammenarbeit mit der sozialistischen Leitungswissenschaft und der schöpferischen Mitarbeit der Werktätigen lösbar sind.

Statische automatisierte Informationsverarbeitungssysteme können als integrierte Datenverarbeitungssysteme gestaltet werden.

Die mögliche Form der Integration in einem automatisierten System der Informationsverarbeitung ist nicht nur eine Frage des Techniksystems.

Die Integration von Datenverarbeitungsprozessen ist nicht Selbstzweck. Die sie grundsätzlich bestimmenden Voraussetzungen sind im wesentlichen die Aufgabenstellung der Anwenderinstitution sowie Art, Umfang und Zielsetzung der Leistungs- und Leitungsprozesse des Anwenders, einschließlich der angestrebten rationellen Organisation und höheren Effektivität ihres Ablaufes. Auf der Grundlage dieser Voraussetzungen, verbunden mit Effektivitätsberechnungen, die sowohl den Leistungs- und Leitungsprozeß als auch die Zeit- und Kostenfaktoren des zu schaffenden Systems der automatisierten Informationsverarbeitungssysteme umfassen, erfolgen die Grundsatzentscheidungen über die mögliche Form der Integration sowie die Entscheidungen darüber, welche Formen der Daten-

[37] Zu den Fragen der EDV-Einsatzvorbereitung vgl. u. a. Rahmenmethodik der Datenverarbeitungsprojektierung, VEB Kombinat Robotron, Dresden 1973.

organisation und der Programmorganisation unter Beachtung der vorhandenen Techniksysteme anzustreben sind.

Ausgehend hiervon sind dann die angestrebte Daten- und Programmorganisation wesentliche Bestimmungsfaktoren für die zu realisierende Form der Integration. So läßt zum Beispiel eine streng aufgabenbezogene Datenstrukturierung in Verbindung mit festen Verarbeitungsprogrammen für komplexe Operationen aus Rationalitätsgründen nur eine Aufgabenintegration zu, das heißt die Zusammenfassung von schematischen Aufgaben zu einheitlichen Verarbeitungskomplexen. Die Aufgabenintegration kann dabei sowohl horizontaler als auch vertikaler Natur sein. Von einer horizontalen Aufgabenintegration wird immer dann gesprochen, wenn die Aufgabenzusammenfassung auf der gleichen Ebene der Leitungshierarchie erfolgt. Eine vertikale Aufgabenintegration liegt vor, wenn eine Zusammenfassung von Aufgaben über mehrere Hierarchiestufen hinweg vorgenommen wird.

Die Integration kann sich darüber hinaus auch noch auf die der eigentlichen Datenverarbeitung vor- oder nachgelagerten Arbeitsprozesse erstrecken, indem zum Beispiel die Datenweiterleitung und Datenerfassung in das automatisierte System der Informationsverarbeitung mit einbezogen werden. Beispiele für derartige Integrationsformen sind zum Beispiel der systemverbundene Datentransport mit Hilfe externer Eingabe- und Abfrageeinheiten, der systemverbundene Datentransport über das Telex- bzw. Telefonnetz und ähnliches. Besondere Bedeutung unter ökonomischen Aspekten kommt den Integrationsformen zu, bei denen Funktionen der Datenerfassung einbezogen werden. Beispiele hierfür sind die Anwendung des optischen Markierungslesens, die Verwendung von Zeichenlochkarten zur Datenerfassung, die automatische Aufzeichnung von Produktionsdaten mit Hilfe von Meßgeräten usw.

In Hinblick auf die weitere Anwendung statischer automatisierter Informationsverarbeitungssysteme ist festzuhalten, daß die Möglichkeiten des Einsatzes der EDV zur Abarbeitung schematischer Aufgaben noch nicht erschöpft sind. Diese Feststellung gilt im wesentlichen für alle gesellschaftlichen Bereiche.

Bekannte Beispiele für sich neu erschließende Möglichkeiten des Einsatzes der EDV zur Abarbeitung schematischer Aufgaben liefert, um nur einen wichtigen gesellschaftlichen Bereich herauszugreifen, die Medizin. Hier werden gegenwärtig — wie schon weiter oben erwähnt — zur Durchführung vorbeugender Massenuntersuchungen (wie dem Herz-Kreislauf-Screening, Diabetesuntersuchungen, der automatisierten Auswertung von Meß- und Analysedaten, dem Aufbau von automatisierten Patienteninformationssystemen usw.) komplexe statische automatisierte Informa tionsverarbeitungssysteme entwickelt.

### 6.3.4. Flexible automatisierte Informationsverarbeitungssysteme (flexible AIVS)

#### 6.3.4.1. Merkmale flexibler automatisierter Informationsverarbeitungssysteme

Die flexiblen automatisierten Informationsverarbeitungssysteme beziehen sich nicht auf grundlegend andere Typen von Informationsverarbeitungsprozessen als die statischen automatisierten Informationsverarbeitungssysteme. Sie dienen ebenso wie die statischen automatisierten Informationsverarbeitungssysteme der Automatisierung schematischer Aufgaben.

Die Zielstellung für flexible automatisierte Informationsverarbeitungssysteme ist die Erreichung einer höheren Anpassungsfähigkeit der automatisierten Informationsverarbeitungssysteme an Änderungen der schematischen Aufgaben sowie hiermit verbunden die Rationalisierung der Projektierungs- und Programmierungsarbeiten.

Die flexiblen automatisierten Informationsverarbeitungssysteme stellen im gewissen Sinne eine Weiterentwicklung der statischen automatisierten Informationsverarbeitungssysteme dar. Sie nehmen im Vergleich zu den statischen und den dynamischen automatisierten Informationsverarbeitungssystemen eine Zwischenstellung ein. Flexible automatisierte Informationsverarbeitungssysteme sind im allgemeinen gekennzeichnet durch:

— eine aufgabenbezogene Organisation der Primärdaten und hierauf aufbauend die Verschlüsselung der semantischen Ordnungsbegriffe bei der syntaktischen Datenstrukturierung,
— eine daten- und aufgabenbezogene Programmvariabilität,
— eine aufgabenbezogene Datenintegration,
— eine flexible Determination der Arbeitsprozesse im Anwenderbereich.

Am augenfälligsten wird die Zwischenstellung der flexiblen automatisierten Informationsverarbeitungssysteme an den Potenzen ihrer Verarbeitungsprogramme sichtbar. Im Unterschied zu den statischen automatisierten Informationsverarbeitungssystemen besitzen die Verarbeitungsprogramme der flexiblen automatisierten Informationsverarbeitungssysteme eine bestimmte Variabilität. Sie sind nicht an eine ganz bestimmte bzw. an nur eine schematische Aufgabe gebunden, sondern an die allgemeinere Form einer Aufgabenstellung. Während zum Beispiel bei den statischen automatisierten Informationsverarbeitungssystemen ein Verarbeitungsprogramm nur dann für eine gleiche bzw. ähnliche Aufgabenstellung einsetzbar ist, wenn neben dem Inhalt und der Form der Eingabe- und Ergebnisdaten auch sämtliche Schlüssel, Stelligkeiten, Art der Datenträger, Art der Ein- und Ausgabegeräte, Zwischenspeicherung, Datenträgeraufbau usw. identisch sind, entfallen die genannten Einschränkungen bei den flexiblen automatisierten Informationsverarbeitungssystemen weitestgehend. Die flexiblen automatisierten Informationsverarbeitungssysteme haben mit den statischen automatisierten Informationsverarbeitungssystemen gemeinsam, daß auch bei ihnen die syntaktische Datenstrukturierung auf der Verschlüsselung der semantischen Ordnungsbegriffe basiert. Bei den flexiblen automatisierten Informationsverarbeitungssystemen ist die Semantikstruktur der Daten ebenfalls noch an die Dateien gebunden. Sie ist nicht — wie bei den dynamischen automatisierten Informationsverarbeitungssystemen — zu einer selbständigen Struktur abgespalten.Dadurch bleibt die eigentliche Programmierung dateiabhängig. Die Verarbeitungsprogramme der flexiblen automatisierten Informationsverarbeitungssysteme beinhalten darum, ähnlich wie die Verarbeitungsprogramme der statischen automatisierten Informationsverarbeitungssysteme, noch die aufgabenspezifische Beschreibung der Datenstrukturen der Dateien. Im Unterschied zu den statischen automatisierten Informationsverarbeitungssystemen erfolgt jedoch bei ihnen die Beschreibung der Datenstrukturen mit Hilfe von Parametern, das heißt in einer allgemeineren Form. Damit wird in bestimmtem Umfang eine Verselbständigung des Dateibeschreibungsteiles gegenüber dem Problembeschreibungsteil in den Programmen erreicht. Die Verarbeitungsprogramme bleiben zwar aufgabenbezogen, sie lassen jedoch jetzt eine Variabilität der Daten in Hinblick auf die Struktur der logischen Sätze sowie der Parameter der Blöcke und Felder zu.

Weiterhin ist für die flexiblen automatisierten Informationsverarbeitungssysteme kennzeichnend, daß bei ihnen die Verarbeitungsprogramme aus Programmbausteinen eines Programmiersystems in der gewünschten Weise zusammengefügt werden können. Bei ihnen erfolgt der Aufbau der Programme nach dem Modularprinzip. Damit sind die Voraussetzungen für eine bestimmte Variabilität der Verarbeitungsprogramme flexibler automatisierter Informationsverarbeitungssysteme in Hinblick auf die zu bearbeitende schematische Aufgabe gegeben. Diese Variabilität wird durch die Möglichkeit der Auswahl von Algorithmen aus einer Zahl von Alternativlösungen, das Weglassen bzw. Austauschen von Moduln sowie das Hinzufügen von Verarbeitungsprogrammen realisiert.

Aus diesen Ausführungen wird deutlich, daß die Variabilität flexibler automatisierter Informationsverarbeitungssysteme im wesentlichen eine Programmeigenschaft ist. Weiterhin wird erkennbar, daß die Aufgabenvariabilität flexibler automatisierter Informationsverarbeitungssysteme sich nur auf einen genau definierten Problemumfang erstreckt. Dieser Problemumfang hängt unmittelbar von der Art und der Anzahl der zur Verfügung stehenden Moduln und Verarbeitungsprogramme ab.

Anders formuliert: die Grenzen der Variabilität flexibler automatisierter

Informationsverarbeitungssysteme werden im wesentlichen von der zur Verfügung stehenden Projektierungs- und Programmierkapazität bestimmt. Da die Entwicklung flexibler automatisierter Informationsverarbeitungssysteme äußerst arbeits- und zeitintensiv ist, sind diese Grenzen in der Regel recht eng. So besitzen zum Beispiel die sachgebietsorientierten Programmiersysteme (SOPS) des VEB Kombinat Robotron als typische Beispiele flexibler Informationsverarbeitung grundsätzlich einen in Hinblick auf die Aufgabenstellung festgelegten Problemumfang. Diese eingeschränkte Anwendbarkeit der sachgebietsorientierten Programmiersysteme resultiert einzig und allein daraus, daß der Programmieraufwand für die Erarbeitung der Systemunterlagen relativ hoch ist und infolge der begrenzten Entwicklungskapazität des Herstellers nur ein eingegrenzter Problemkreis bearbeitet werden kann.[38]

Die Variabilität der Verarbeitungsprogramme flexibler automatisierter Informationsverarbeitungssysteme ist in der Regel nur temporär vorhanden. Vorteilhaft ist jedoch, daß Änderungen in einem System schematisierbarer Aufgaben mit geringerem Aufwand und bei Gewährleistung der relativen Stabilität des Gesamtsystems leichter berücksichtigt werden können. Dadurch wird die Überlegenheit der flexiblen automatisierten Informationsverarbeitungssysteme gegenüber den statischen automatisierten Informationsverarbeitungssystemen sinnfällig zum Ausdruck gebracht.

Unterschiede zu den statischen automatisierten Informationsverarbeitungssystemen bestehen auch im Hinblick auf die von flexiblen automatisierten Informationsverarbeitungssystemen realisierten Formen der Integration. Während der Integrationsformen der statischen automatisierten Informationsverarbeitungssysteme im wesentlichen die Verknüpfung der logisch miteinander verbundenen Datenverarbeitungsprozesse zu komplexeren Formen zum Inhalt haben, treten bei den flexiblen automatisierten Informationsverarbeitungssystemen bereits Formen der Datenintegration auf. Bei den flexiblen automatisierten Informationsverarbeitungssystemen kommen Direktzugriffsspeicher mit großer Speicherkapazität zum Einsatz. Damit wird es möglich, große Datenmengen einschließlich der zwischen ihnen bestehenden Beziehungen abzuspeichern und eine Mehrfachauswertung dieser Daten vorzunehmen. Die flexiblen automatisierten Informationsverarbeitungssysteme lassen damit in bestimmtem Umfang Direktanfragen mit Merkmalskombinationen zu.

Die Variabilität der Verarbeitungsprogramme flexibler automatisierter Informationsverarbeitungssysteme führt weiterhin auch dazu, daß die

[38] Vgl. Grässler, R., Müller, D., Effektive Projektierung — Anwendung von POS und Rationalisierung der Projektierung, in: Rechentechnik/Datenverarbeitung, 6/1974, S. 6.

Art und Weise der Rückwirkungen der EDV-Anwendung auf die Arbeitsprozesse im Anwenderbereich weniger determiniert als bei den statischen automatisierten Informationsverarbeitungssystemen sind. Flexible automatisierte Informationsverarbeitungssysteme zeigen durch den Bausteincharakter des Systems von schematisierbaren Aufgaben eine Reihe von Möglichkeiten, bestimmte notwendig werdende Veränderungen der Arbeitsprozesse der Anwender während der Laufzeit des automatisierten Informationsverarbeitungssystems zuzulassen. Die einschränkende Bedingung hierbei ist jedoch, daß geänderte schematische Aufgaben, die zu einem neuen Programmbaustein führen, sich in das System der übrigen Bausteine widerspruchsfrei einordnen lassen müssen. Die flexiblen automatisierten Informationsverarbeitungssysteme erfordern somit nicht mehr eine so starre Fixierung des Arbeitsprozesses, wie das für statische automatisierte Informationsverarbeitungssysteme typisch ist. Bestimmte Änderungen des Arbeitsprozesses, die zur Formulierung neuer schematischer Aufgaben, zur Veränderung von Schlüsseln, Stelligkeiten, Formaten und Datenträgern führen, können vom flexiblen automatisierten Informationsverarbeitungssystem ohne Einbuße seiner Stabilität berücksichtigt werden. Damit ist es vielfach nicht mehr notwendig, den Ablauf der Arbeitsprozesse im Anwenderbereich organisatorisch so im Detail vorzuprojektieren, wie es beim Aufbau eines statischen automatisierten Informationsverarbeitungssystems notwendig geworden wäre. Das betrifft vor allem Änderungen der Betriebsstruktur, Veränderungen der Verantwortlichkeiten, der Beleggestaltung, der Betriebsorganisation usw.

#### 6.3.4.2. Die Nutzung von vorgefertigten problemorientierten Systemunterlagen

##### 6.3.4.2.1. Möglichkeiten der Rationalisierung der Projektierung und Programmierung durch die Anwendung von vorgefertigten Systemunterlagen

Mit der raschen technischen Weiterentwicklung der EDVA sowie ihrer immer breiteren Anwendung in allen gesellschaftlichen Bereichen gewinnen die Fragen der Bereitstellung von entsprechenden Hilfsmitteln für eine effektive Arbeit mit dem Techniksystem sowie für die Rationalisierung der Einsatzvorbereitung immer größeres Gewicht. Von den Herstellern von EDVA werden darum in zunehmendem Umfang Arbeiten zur Entwicklung von Systemunterlagen bzw. Softwarepaketen geleistet, die den Forderungen der Anwender nach Unterstützung bei der Einsatzvorbereitung sowie der rationellen Nutzung der Potenzen des Techniksystems Rechnung tragen. Die unter sozialistischen Produktionsverhältnissen grundsätzliche Übereinstimmung der Interessen der EDVA-Hersteller und der Anwender bieten die Voraussetzung dafür, daß das Sortiment der zu entwickelnden Systemunterlagen auch dem begründeten Bedarf der Anwender entspricht. Die Zusammenarbeit von Hersteller und Anwender ist im sozialistischen Lager nicht nur im nationalen Maßstab gewährleistet. So wird zum Beispiel im Rahmen der mehrseitigen Regierungskommission des ESER auch eine einheitliche Konzeption auf diesem Gebiet erarbeitet und realisiert.[39] Ebenso basiert die Entwicklung der problemorientierten Systemunterlagen (POS) für das OS/ES auf einer internationalen sozialistischen Zusammenarbeit aller am ESER beteiligten Länder.[40]

Bei den vom VEB Kombinat Robotron entwickelten Systemunterlagen ist zwischen maschinenorientierten Systemunterlagen (MOS) und problemorientierten Systemunterlagen (POS) zu unterscheiden (vgl. Abbildung 55). Die Systemunterlagen werden den Anwendern in Form von Einzelprogrammen und Programmiersystemen bzw. Programmgeneratoren zur Verfügung gestellt.

Die maschinenorientierten Systemunterlagen (MOS) dienen vor allem zur effektiven Nutzung der EDVA und zur rationellen Durchführung des Arbeitsablaufes im Anlagensystem. Sie unterstützen insbesondere die Realisierung eines effektiven Zusammenwirkens von Zentraleinheit und Peripherie, die maschinelle Steuerung der Programmabarbeitung sowie die Kommunikation der Bedienkräfte mit der EDVA. Entsprechend ihren Funktionen wird bei den MOS zwischen Steuer- und Verarbeitungspro-

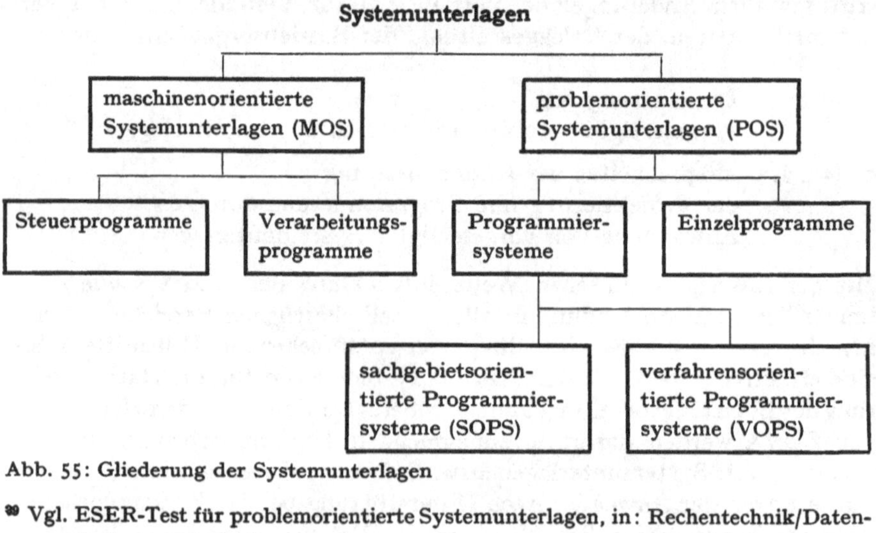


Abb. 55: Gliederung der Systemunterlagen

[39] Vgl. ESER-Test für problemorientierte Systemunterlagen, in: Rechentechnik/Datenverarbeitung, 6/1974, S. 1.

[40] Vgl. Günther, M., Internationale Gemeinschaftsarbeit bei der Entwicklung des ESER, in: Rechentechnik/Datenverarbeitung, 2/1974, S. 26 ff.

grammen unterteilt. Im Unterschied zu den MOS für die EDVA der 2. Generation weisen die für die ESER-Anlagen entwickelten MOS wesentliche Verbesserungen auf. Das zeigt sich zum Beispiel ganz augenfällig an den Betriebssystemen DOS/ES[41] und OS/ES[42] mit ihren erweiterten Möglichkeiten der Sprachübersetzung, der Programmverbindung, der Jobsteuerung usw.

Als typische Beispiele für eine flexible Informationsverarbeitung können, wie bereits ausgeführt, die vom VEB Kombinat Robotron entwickelten problemorientierten Systemunterlagen (POS) bezeichnet werden.

Mit der Forderung nach einer breiten Nachnutzung dieser Systemunterlagen wird eine Rationalisierung der Projektierung und Programmierung angestrebt.[43] Es wird versucht, mit ihrer Hilfe den für die EDVA der 3. Generation bedeutend höheren Aufwand für die organisatorische Einsatzvorbereitung im Rahmen der Gesamtvolkswirtschaft zu reduzieren. Weiterhin soll durch die Nachnutzung der vorgefertigten Systemunterlagen schneller ein ökonomischer Nutzen auf dem Gebiet der Massendatenverarbeitung erreicht werden. Der mit der Entwicklung der problemorientierten Systemunterlagen im Vergleich zu betriebsspezifischen Lösungen verbundene höhere Aufwand wird dabei zugunsten der zu erwartenden volkswirtschaftlichen Effekte bewußt hingenommen.

Ausgehend von den beim Einsatz der EDVA der 2. Generation gewonnenen Erfahrungen, wurden bei den problemorientierten Systemunterlagen Prinziplösungen angestrebt, die in bezug auf die Aufgabenstellung und die Datenbasis eine bestimmte aufgabenbezogene Variabilität aufweisen. So sind zum Beispiel die Programmiersysteme als universelle Programmgeneratoren konzipiert und enthalten Lösungen, die flexibel sind und aus denen individuelle Anwenderprogramme mit geringem Aufwand abgeleitet bzw. an die speziellen Bedingungen der Anwender angepaßt werden können. Diese Anpassung erfolgt weitestgehend maschinell mit Hilfe der EDVA.[44]

[41] Vgl. EDVA Robotron 21, in: Rechentechnik/Datenverarbeitung, 11/12/1971, S. 48

[42] Vgl. Robotron EDVA R 40, in: Rechentechnik/Datenverarbeitung, 10/11/1972, S. 57.

[43] Zu den Fragen der Anwendung von vorgefertigten Systemunterlagen sowie der Möglichkeit der Rationalisierung der Projektierung und Programmierung mit ihrer Hilfe vgl. Autorenkollektiv, Rechentechnik/Datenverarbeitung, 1. Beiheft, 1972; Grässler, R., Möglichkeiten der Rationalisierung der Einsatzvorbereitung elektronischer Datenverarbeitungsanlagen durch sachgebietsorientierte Programmiersysteme für Probleme der Planung und Leitung von sozialistischen Industriebetrieben. Dissertation A, Technische Universität Dresden, 1971.

[44] Vgl. Rationalisierung der Einsatzvorbereitung durch Anwendung vorgefertigter Systemunterlagen, in: Rechentechnik/Datenverarbeitung, Beiheft 1/1972, S. 2f.

Die problemorientierten Systemunterlagen werden in folgenden Formen angeboten:

— verfahrensorientierte Programmiersysteme (VOPS) und
— sachgebietsorientierte Programmiersysteme (SOPS).

Zu den problemorientierten Systemunterlagen werden darüber hinaus auch noch bestimmte, für die Nachnutzung entwickelte zweigspezifische Anwenderprogramme gezählt.[45]

Die VOPS sind für die Lösung ökonomischer Aufgabenstellungen sowie für wissenschaftlich-technische Rechnungen entwickelt, die mit Hilfe mathematisch-ökonomischer Methoden, der numerischen Mathematik oder der Ingenieurwissenschaften lösbar sind. Als Vorstufe der VOPS werden vom Hersteller auch verfahrensorientierte Programmpakete (VOPP) bereitgestellt. Diese Programmpakete besitzen noch nicht die Qualität von Programmiersystemen.

Einen Überblick über das bereitgestellte VOPP/VOPS-Sortiment gibt die folgende Zusammenstellung:[46]

| Titel des VOPP/VOPS | Inhalt |
|---|---|
| Optimierung (Simplex) | lineare Optimierung, parametrische lineare Optimierung, lineare Quotientenoptimierung u. a. |
| Optimierung (diskret) | 0—1 Optimierung, gemischt ganzzahlige Linearoptimierung u. a. |
| Transportoptimierung | Transportoptimierung, Tourenoptimierung, Rundfahrtoptimierung, Standortoptimierung u. a. |
| Statistik | statische Auswertungen, Varianzanalyse, Regression/Korrelation, Zeitreihenvorhersage u. a. |
| Simulation (VOPS) | Bedienungsprobleme, Reparaturprobleme, Variantenplanung |
| Numerik | Matrizenrechnung, Differentialgleichungen, Quadratur, nichtlineare Gleichungen u. a. |
| Netzplantechnik | Berechnung von Netzplänen nach CPM und PERT, Zeit-/Kostenplanung, Ressourcenbilanzierung u. a |
| Automatische Tragwerkberechnung (AUTRA) | Berechnung von Stab-Massen-Systemen, Flächentragsystemen, Maschinenelementen u. a. |

Die SOPS beinhalten vorwiegend Systemlösungen für ökonomische Aufgabenstellungen der Leitung und Planung von sozialistischen Industrie-

[45] Vgl. Einsatzvorbereitung für ES 1040 arbeitsteilig gelöst, in: Rechentechnik/Datenverarbeitung, 1/1974f.

[46] Vgl. Rationalisierung der Einsatzvorbereitung durch die Anwendung vorgefertigter problemorientierter Systemunterlagen, in: Rechentechnik/Datenverarbeitung, 10/11/1972, S. 90.

betrieben, wie zum Beispiel die Planung und Abrechnung der Arbeitskräfte, die Leitung, Planung und Steuerung der Produktion, die Kostenrechnung usw.

Weiterhin sind einige SOPS auch als allgemeine Datenbanklösungen konzipiert bzw. anwendbar. Entsprechend ihrem Anwendungsgebiet kommt den SOPS bei den Bestrebungen, die Projektierung und Programmierung beim Aufbau automatisierter Informationsverarbeitungssysteme zu rationalisieren, eine besondere Bedeutung zu. Die an sie hierbei gestellten Anforderungen sind:[47]

- größere Vereinheitlichung des Gesamtprozesses der Projektierung und Programmierung sowie der Dokumentation;
- Unterstützung der Anwender beim Aufbau automatisierter Informationsverarbeitungssysteme und hier speziell bei der Projektierung und Programmierung;
- hohe Anpassungsfähigkeit an spezielle Bedingungen der Anwender sowie an sich verändernde Aufgabenstellungen;
- Senkung des personellen und finanziellen Aufwandes für die Einsatzvorbereitung, das heißt Einsparung von Projektierungs- und Programmierkapazität;
- Verkürzung des Zeitaufwandes für die Einsatzvorbereitung sowie die Umstellung der Organisation;
- Automatisierung bestimmter bisher manuell bzw. teilweise mechanisiert durchgeführter Aufgaben bei der organisatorischen Einsatzvorbereitung der EDV.

Die mit Hilfe der SOPS angestrebten Rationalisierungseffekte beziehen sich vor allem auf die nach der herkömmlichen Herangehensweise der Einsatzvorbereitung[48] zu durchlaufenden Etappen der Grob- und Feinprojektierung, der Ausarbeitung von problemorientierten Programmablaufplänen sowie die Programmierung.

Weiterhin werden noch Nutzwirkungen dahingehend erwartet, indem die als Datenbanklösungen angebotenen SOPS als Datenbasis für die Verarbeitungsprogramme anderer SOPS bzw. von Eigenprogrammen ausgenutzt werden können.[49]

[47] Vgl. Autorenkollektiv, Effektivitätsuntersuchungen für EDV-Systeme, Berlin 1974, S. 101 ff.

[48] Vgl. Rahmenmethodik der Datenverarbeitungsprojektierung, VEB Kombinat Robotron, Dresden, März 1973.

[49] Vgl. Rationalisierung der Einsatzvorbereitung durch Anwendung vorgefertigter problemorientierter Systemunterlagen, a. a. O., S. 89.

Für den Aufwand in Arbeitskräftejahren (AKJ) werden für die Anpassung und Generierung der SOPS auf der Basis des Betriebssystems DOS/ES folgende Werte genannt:[50]

| SOPS | POS DOS/ES Aufwand in AKJ bei Anpassung von SOPS progr.-techn. Vorbereitung | organisatorische Vorbereitung | Generierung | gesamt |
|---|---|---|---|---|
| PLUS | 7,0 | 2,5 | 1,0 | 10,5 |
| BASTEI | 1,5 | 0,5 | 0,7 | 2,7 |
| MAWI | 4,0 | 3,0 | 1,0 | 8,0 |
| GRUMI | 1,0 | 1,0 | 0,3 | 2,3 |
| KOKO | 1,3 | 0,5 | 0,2 | 2,0 |
| SAWI | 0,09 | 0,09 | 0,02 | 0,2 |
| KOMPASS | 5,0 | 2,0 | 1,0 | 8,0 |
| KORAST | 2,0 | 1,8 | 0,7 | 4,5 |
| PAAK | 5,0 | 2,5 | 1,0 | 8,5 |
| ABSATZ | 2,5 | 1,5 | 1,0 | 5,0 |
| INVEST | 1,2 | 0,5 | 0,3 | 2,0 |
| AIDOS | 2,0 | 0,5 | 0,5 | 3,0 |

Die bisherigen Erfahrungen zeigen, daß diese Zahlenangaben nicht unproblematisch sind.[51] Die tatsächlich erzielten Einsparungen bzw. der tatsächlich benötigte Aufwand für die Anpassung und Generierung der SOPS schwanken in Abhängigkeit von der Art und der Komplexität der Aufgabenstellung sowie dem bei den SOPS-Anwendern vorgefundenen Organisations- und Qualifikationsniveau teilweise erheblich.[52]

Unabhängig davon, daß es sich bei diesen Zahlenangaben nur um Näherungswerte handelt, wird sichtbar, daß sich durch die Anwendung von problemorientierten Systemunterlagen gegenüber der herkömmlichen Herangehensweise bei der Einsatzvorbereitung, das heißt weitestgehend selbständigen Erarbeitung von Einsatzprojekten durch jeden Anwender, erhebliche Einsparungen erzielen lassen.

Gleichzeitig wird jedoch auch deutlich, daß auch den mit Hilfe der problemorientierten Systemunterlagen zu erzielenden Rationalisierungseffekten Grenzen gesetzt sind. Auch unter der rein hypothetischen Voraussetzung, daß die Anwender beim Aufbau von automatisierten Informa-

[50] Vgl. Grässler, R., Müller, D., Effektive Projektierung — Anwendung von POS und Rationalisierung der Projektierung, in: Rechentechnik/Datenverarbeitung, 6/1974, S. 6.

[51] Vgl. Autorenkollektiv, Effektivitätsuntersuchungen für EDV-Systeme, a. a. O., S. 103.

[52] Vgl. ebenda, S. 103.

tionsverarbeitungssystemen ausschließlich auf POS zurückgreifen, ist der Arbeitskräfteaufwand und hiermit in Zusammenhang der Zeitaufwand für die Einsatzvorbereitung noch relativ hoch. Damit ist es für die einzelnen Anwender nach wie vor nicht unproblematisch, mit einem ökonomisch vertretbaren Zeit- und Kostenaufwand auch nur annähernd eine volle Ausschöpfung der Leistungsfähigkeit und der Kapazität moderner ESER-Großrechner, wie zum Beispiel des ES 1040, zu garantieren.

Einen Überblick über die vom Hersteller zur Verfügung gestellten SOPS gibt die folgende Zusammenstellung:[53]

| Kurz-bezeichnung | Titel des SOPS | mögliche Rationalisierungseffekte |
|---|---|---|
| BASTEI | Bankspeicherung technischer Informationen (Bankspeicherung verketteter Dateien) | Verringerung aufwendiger Magnetbandsortierungen, wahlfreier Zugriff auf gespeicherte Informationen, optimale Zugriffszeiten zwischen logisch zusammengehörenden Dateien, vorprogrammierte Speicherabfragen |
| PLUS | Planung und Steuerung der Produktion | Steigerung der Arbeitsproduktivität im Anwenderbereich, Erhöhung des Auslastungsgrades der Grundfonds, Senkung der Umlaufmittelbestände |
| MAWI | betriebliche Materialwirtschaft | Rationalisierung der Lagerhaltung und der Materialdisposition, Senkung der Umlaufmittel |
| GRUMI | Grundmittel | Rationalisierung der Abrechnungsarbeiten, Verbesserung der Grundfondsökonomie, Erkennen von Störstellen durch statistische Auswertungen der unterschiedlichsten Art, Qualifizierung der Grundfondsplanung und -reproduktion |
| INVEST | Investitionsrechnung | exakte Kontrolle der Realisierung des Investitionsablaufs, Bereitstellung aktueller Informationen über Vertragsstand, Fertigstellungstermine, Fertigstellungsgrad, Finanzierung und Aktivierung der Investitionsmaßnahmen |

[53] Vgl. Rechentechnik/Datenverarbeitung, 1. Beiheft 1972, S. 20/21.

(Fortsetzung der Tabelle von S. 343)

| Kurzbezeichnung | Titel der SOPS | mögliche Rationalisierungseffekte |
|---|---|---|
| PAAK | Planung und Abrechnung der Arbeitskräfte | Verbesserung der Kaderarbeit, Durchführung von Variantenberechnungen zur Planung der Arbeitskräfte, der Arbeitszeit, des Lohnfonds |
| ABSATZ | Absatz | Verbesserung der Bestandsüberwachung sowie der Kontrolle des Absatzplanes |
| KORAST | Kostenrechnung | Verbesserung der Entscheidungsfindung durch Bereitstellung aktueller und detaillierter Informationen über den Ablauf der betrieblichen Leistungsprozesse |
| KOKO | Kontokorrentrechnung | Rationalisierung der Kreditoren- und Debitorenrechnung sowie des Mahnwesens |
| KOMPASS | komplexe Betriebsplanung | Qualifizierung der Planungsarbeit |
| SAWI | System zum Abspeichern und Wiederauffinden formatierter Datenbestände | Erreichung einer hohen Genauigkeit und Sicherheit abgespeicherter Datenbestände durch Prüf-, Umwandlungs- und Abfrageroutinen |
| AIDOS | Information und Dokumentation | Umfangreiche maschinelle Auswertungen und gezielte Recherchen |

Das gegenwärtig vorliegende SOPS-Sortiment reicht bei weitem noch nicht aus, um alle Belange der Anwender abdecken zu können. Die EDV-Anwender können darum nach wie vor auf eine Eigenprojektierung nicht verzichten. Die Eigenprojektierung muß jedoch so rationell wie möglich erfolgen. Eine Rationalisierung der konventionellen Herangehensweise bei der Einsatzvorbereitung der EDV für schematische Aufgaben ist in bestimmtem Umfang möglich durch

— die Typisierung des Gesamtprozesses der Datenverarbeitungsprojektierung,
— die Typisierung, Standardisierung und Normung von Teilen des Gesamtprozesses sowie
— die Anwendung von Typenelementen, die im ESER nach einheitlichen methodischen Regelungen entwickelt werden.

Wichtigste Hilfsmittel für diese angestrebte Typisierung des Gesamtprozesses der Datenverarbeitung sind die Rahmenmethodik zur Datenverarbeitungsprojektierung sowie die sie präzisierenden zweigspezifischen Methodiken.[54]

### 6.3.4.2.2. Variabilität der problemorientierten Systemunterlagen (POS)

Die breite Anwendung der POS setzt voraus, daß sie Lösungen darstellen, die eine Anpassung an die unterschiedlichsten Bedingungen der einzelnen Anwender ermöglichen. Außerdem erfordert die Projektierung komplexer automatisierter Informationsverarbeitungssysteme, daß die POS untereinander paßfähig sind.

Folgende Formen der Variabilität der POS werden vom Hersteller, dem VEB Kombinat Robotron, unterschieden:

a) Problemvariabilität,
b) Dateivariabilität.

Beide Formen sind entscheidende Voraussetzung für die breite Nachnutzung der POS. Die POS enthalten in der Regel eine bestimmte Anzahl von Programmabschnitten zur Lösung verschiedener schematischer Aufgaben sowie für bestimmte schematische Aufgaben auch eine Anzahl von Lösungsvarianten.

Die Problemvariabilität, oder präziser formuliert, die Anpassung der POS an unterschiedliche Varianten schematischer Aufgabenstellungen, erfolgt, indem der Anwender

— die für ihn geeigneten Lösungsvarianten aus mehreren in den POS enthaltenen Lösungsvarianten auswählt;
— einige Problemlösungen der POS durch eigene Programme ersetzt;
— nicht alle in den POS enthaltenen Lösungen der schematischen Aufgaben nutzt;
— bestimmte Lösungen schematischer Aufgaben gegen eigene Programme bzw. andere Bestandteile der POS austauscht.

Die Art und Weise des Vorgehens bei der Anpassung der POS ist durch die Dokumentation des Herstellers festgelegt, bzw. es werden die Bedingungen angegeben, die der Anwender bei der Eigenprojektierung zu beachten hat. Hinzu kommt weiterhin, daß der Hersteller auch bestimmte

[54] Vgl. Anordnung über die Verbindlichkeit der Rahmenmethodik der Datenverarbeitungsprojektierung, GBl. I, Nr. 7/1974, S. 70.

Makros zur Unterstützung und Erleichterung der Eigenprojektierung bereitstellt.

Die Dateivariabilität ist im wesentlichen eine Programmeigenschaft der POS.

Dateivariabilität bedeutet:

— Variabilität der Datenträger,
— Variabilität der Ein- und Ausgabegeräte,
— Variabilität des Speichermediums,
— Variabilität der Länge der Daten, ihrer Stellung im Datensatz und ihres Datenformates.

Diese Formen der Variabilität können je nach den Erfordernissen in den Systemunterlagen enthalten sein. Die Variabilität der Datenträger, der Ein- und Ausgabegeräte sowie der Speichermedien ermöglicht die Anpassung der POS an vorhandene Anlagenkonfigurationen, Datenträger und Programme. Dem Anwender wird damit die Entscheidung überlassen, welches Speichermedium und welche Ein- und Ausgabegeräte er einsetzt. Weiterhin wird es dadurch möglich, vorhandene Primärbelege und wesentliche Teile der Organisation der Primärdatenerfassung unverändert zu übernehmen bzw. die für den Anwender günstigste Variante zu realisieren.

Die Variabilität der Länge der Daten, ihrer Stellung im Datensatz und ihres Datenformats ermöglicht dem Anwender sowohl die Länge als auch die Stellung der Felder im logischen Satz frei festzulegen. Die Variabilität im Aufbau der logischen und physischen Sätze bedeutet weiterhin, daß auch die Länge der Sätze und Blöcke in den Systemunterlagen variabel ist. Die Variabilität des Datenformats führt dazu, daß in den POS weitgehend alle Datenformate zugelassen werden. Diese Programmeigenschaften der POS ermöglichen ihre Anpassung an vorhandene Erfassungsbelege und Datenbestände sowie die Ausgabe der Ergebnisse entsprechend den Anforderungen des Anwenders, das heißt auf beliebigen Datenträgern in der vom Anwender gewünschten Anordnung. Dem Anwender wird die Möglichkeit gegeben, die für ihn zweckmäßigste Variante der Informationsverarbeitung auszuwählen. Damit ist auch eine weitestgehende Anpassung der EDV an die vorhandene Betriebsorganisation gegeben. Außerdem wird eine Anpassung an vorhandene Programme möglich.

#### 6.3.4.2.3. Die Anwendung der problemorientierten Systemunterlagen

Die vom Hersteller gelieferten POS müssen — wie bereits ausgeführt — an die speziellen Bedingungen der Anwender angepaßt, das heißt, aus der variablen Rohform müssen erst die speziellen Anwendungsprogramme generiert werden. Mit der Anpassung geht auch die Festlegung aller noch variablen Größen einher.

Es werden vom Hersteller zwei Formen der Anpassung unterschieden:

a) die statische Anpassung,
b) die dynamische Anpassung.

Bei den SOPS überwiegt im allgemeinen die statische Anpassung. Die SOPS enthalten jedoch auch Teile, für die eine dynamische Anpassung möglich ist. Die verfahrensorientierten Programmiersysteme bzw. Programmpakete realisieren in der Regel die dynamische Anpassung.

Die statische Anpassung ist durch folgende Merkmale gekennzeichnet:

- Die Anpassung erfolgt einmalig. Eine Veränderung der hierbei erzeugten Programme erfolgt dann nicht mehr.
- Die Anpassung kann maschinell oder manuell erfolgen. Die maschinelle Anpassung wird mit Hilfe der EDVA über Hilfsprogramme durchgeführt. Das manuelle Anpassen wird in den Nutzerunterlagen des Herstellers detailliert beschrieben.
- Die generierten Anwendungsprogramme werden permanent katalogisiert und in einer Programmbibliothek unter festem Namen abgespeichert. Sie können bei Bedarf dann jeweils abgerufen werden.

Die dynamische Anpassung wird mit Hilfe von Steueranweisungen, die zu Beginn oder während der Verarbeitungsläufe eingegeben werden, durchgeführt. Sie weist folgende Merkmale auf:

- Die Anwendungsprogramme werden bei jeder neuen Abarbeitung neu modifiziert. Jeweils bei der Abarbeitung erfolgt eine Festlegung der noch variablen Größen.
- Das Katalogisieren der erzeugten Programme wird temporär vorgenommen. Die Abspeicherung der Anwendungsprogramme in einer Programmbibliothek erfolgt nur bis zu ihrer Abarbeitung.
- Die Anpassung wird während der Abarbeitung auf Grund eingegebener Parameter realisiert.

Die dynamische Anpassung ist für die Einführung komplexerer, miteinander in Verbindung stehender Projekte, nicht besonders geeignet. Das betrifft vor allem die Fälle, wo die vorhandene Primärdatenorganisation sowie spezifische betriebsorganisatorische Anforderungen berücksichtigt werden müssen.

Für ständig sich wiederholende schematische Aufgaben wird darum in der Regel eine statische Anpassung vorgezogen. Die statische Anpassung erfordert meist einen höheren Vorbereitungsaufwand. Vorteilhaft bei ihr ist jedoch, daß die Anschlußbedingungen zu anderen Projekten sowie die betriebsorganisatorischen Besonderheiten des Anwenders exakt und rechtzeitig berücksichtigt werden können.

Die erste Etappe der Anpassung besteht im *Studium der Unterlagen.* Das sind im wesentlichen die Problembeschreibung der POS, die Konzeption des Anwenders sowie die Forderungen der Fachabteilungen des Anwenders. An diese Etappe schließen sich die *Verträglichkeitsuntersuchungen*, das heißt die Untersuchung der Anwendbarkeit der POS an. Ausgehend von den Verträglichkeitsuntersuchungen ergeben sich die *Aufgaben für die Eigenprojektierung*, erste Anweisungen für die Primärdatenerfassung sowie ein Gesamtüberblick der durch die vorgefertigten Systemunterlagen zu lösenden Aufgaben. Weiterhin werden hier bereits die *Anforderungen an die Gerätekonfiguration* festgelegt. Auf der Grundlage dieser Arbeiten erfolgt dann die *organisatorische Vorbereitung der Anpassung*.

Die organisatorische Vorbereitung der Anpassung der POS umfaßt im wesentlichen die Eigenprojektierung, Programmieren der POS-Anpassung sowie die weitere Präzisierung der Primärdatenerfassung. Die Ergebnisse der organisatorischen Vorbereitungen werden in den anwenderspezifischen Ergänzungen zur Dokumentation der POS festgehalten. An diese Arbeiten schließt sich die programmtechnische Vorbereitung der Anpassung der POS an. Die hierzu notwendigen Arbeiten sind in den Programm- und Anwendungsbeschreibungen der POS ausführlich dargelegt. Sie bilden die Grundlage für die Erarbeitung der Anpassungsanweisungen. Gleichzeitig hierzu erfolgt die Erarbeitung der Eigenprogramme, die ebenso wie die Anpassungsanweisungen auf maschinenlesbare Datenträger übertragen werden. Die Generierung erfolgt — wie bereits ausgeführt — weitgehend mit Hilfe der EDVA. Die hierzu notwendigen Schritte sind in Handbüchern des Herstellers festgelegt. Nach Abschluß der Generierung kann mit der eigentlichen Nutzrechnung begonnen werden.

Der Aufbau automatisierter Informationsverarbeitungssysteme mit Hilfe vorgefertigter Systemunterlagen erfolgt am zweckmäßigsten stufenweise.

### 6.3.5. Adaptive automatisierte Informationsverarbeitungssysteme (adaptive AIVS)

Die wesentlichsten Merkmale adaptiver automatisierter Informationsverarbeitungssysteme unter organisatorischer Sicht sind:

— die Verschlüsselung der semantischen Ordnungsbegriffe bei der syntaktischen Datenstrukturierung,
— das Vorhandensein fester Programmgeneratoren,
— die zweckbestimmte Datenintegration sowie
— die Ersetzung von Steuerungsprozessen durch ein automatisiertes Informationssystem.

Die adaptiven automatisierten Informationsverarbeitungssysteme besitzen gegenüber der eingeschränkten Anpassungsfähigkeit der flexiblen automatisierten Informationsverarbeitungssysteme in bestimmtem Umfang die Fähigkeit, sich auch solchen Veränderungen der Umwelt anzupassen, die nicht vorhersehbar sind.

Die wichtigsten Voraussetzungen für die Realisierung dieser Fähigkeit sind:

a) Die Faktoren der Prozesse, um deren Beherrschung es beim Informationsverarbeitungsprozeß geht, müssen formalisierbar, das heißt durch Angabe ihrer Merkmalsstruktur und der ihnen entsprechenden Daten eindeutig charakterisiert sein.
b) Die Beziehungen zwischen diesen Faktoren müssen durch algorithmisierbare Beziehungen zwischen ihren Daten kennzeichenbar sein.
c) Der Informationsverarbeitungsprozeß „formalisiertes Lernen" muß eine Potenz besitzen, nichtschematische Aufgaben zu formulieren, zu lösen, die Lösungsergebnisse zu synthetisieren, sie zu bewerten, sich die Ergebnisse der Bewertungen zu merken und hieraus geeignete Steuerungsmaßnahmen zu entwickeln. Diese Potenz der Formulierung und Lösung nichtschematischer Aufgaben bezieht sich auf die Fülle an Kombinationsmöglichkeiten hinsichtlich der Beziehungen der Faktoren untereinander und den dazugehörigen Parameterwerten.

Es handelt sich also bei den adaptiven automatisierten Informationsverarbeitungssystemen um die Ersetzung eines vorgegebenen Schemas durch ein Bildungsgesetz für die Formulierung und Lösung von nichtschematischen Aufgaben. In Abhängigkeit von einer Analyse der sich in gemessenen Daten widerspiegelnden konkreten Umweltsituation strebt dabei dieses Bildungsgesetz auf der Grundlage vorgegebener Bewertungskriterien optimale Verhaltensweisen des gesteuerten Systems an.

Das Lernen, das durch die adaptiven automatisierten Informationsverarbeitungssysteme charakterisiert wird, ist auf die Menge der vorgegebenen Faktoren und deren Parameterbeziehungen eingegrenzt. Adaptive automatisierte Informationsverarbeitungssysteme besitzen damit nicht die Potenz zur Formulierung und Lösung beliebiger nichtschematischer Aufgaben. Ihre Potenz zur Formulierung und Lösung nichtschematischer Aufgaben bezieht sich auf solche Aufgaben, die im Rahmen der erfaßten Prozeßfaktoren und ihrer definierten Parameterbeziehungen liegen.

Für die Prozeßsteuerung wird die automatische Steuerung in Form formalisierter Lernprozesse immer wichtiger. Informationsverarbeitungsanlagen für die Prozeßsteuerung kommen gerade in Zusammenhang mit den adaptiven automatisierten Informationsverarbeitungssystemen zum

Einsatz. Hierbei ist die Anlage organisch in den geschlossenen Kreis der automatischen Regelung und Steuerung eingebaut und dient der optimalen Regelung des betreffenden Prozesses. Adaptive automatisierte Informationsverarbeitungssysteme haben die Fähigkeit, ihre Programme so zu generieren, wie es für die Lösung der auftretenden nichtschematischen Aufgaben erforderlich wird. Auf diese Weise wird — unter zielstrebiger Nutzung der Bewertungskriterien — eine optimale Prozeßsteuerung erreicht. Adaptive automatisierte Informationsverarbeitungssysteme können also Programme ermitteln und erproben sowie durch Speicherung der bei ihrer Anwendung erzielten Ergebnisse und deren Bewertung eine Verbesserung der Programme vornehmen. Die Anpassungsfähigkeit adaptiver automatisierter Informationsverarbeitungssysteme beruht auf einer Strukturpotenz des angewandten Algorithmensystems und ihrer zielstrebigen Nutzung. Den Ablauf des Informationsverarbeitungsprozesses für einen formalisierten Lernvorgang zeigt die Abbildung 56.

Die Struktur von Systemen mit formalisiertem Lernverhalten läßt erkennen, daß unter bestimmten Gegebenheiten die Voraussetzungen für ihre Anwendung auch bei komplexeren Prozeßsteuerungen realisierbar sind. Gleichzeitig wurde jedoch deutlich, daß diese Voraussetzungen im allgemeinen nicht für die Problembearbeitungs- und -lösungsprozesse, wie sie in der Leitungstätigkeit auftreten, vorgefunden werden.

Die auf der bekannten Labyrinthhypothese aufbauenden Vorstellungen über durchweg formalisierbares, maschinell realisierbares Problemlösungsverhalten in Form formalisierbarer Lernprozesse widerspiegeln bestimmte, jedoch kaum die Vielfalt der wirklichen geistigen Tätigkeiten des Menschen. Sie widerspiegeln nur die zielstrebige algorithmengesteuerte Verarbeitung von Daten, nicht aber ihre im tatsächlichen menschlichen Denkprozeß vorhandenen Verkettungen mit der Verarbeitung von Deskriptionen. Die Labyrinthhypothese ist in ihrer einfachsten Form ein Spezialfall des formalisierten Lernens. Die Potenz der im Rahmen dieses Lernprozesses anfallenden nichtschematischen Aufgaben ist auf ein einziges Aufgabenschema reduzierbar, das darüber hinaus nur zwei Lösungswerte enthält, nämlich einen von zwei möglichen Wegen im Labyrinth zu wählen. Nur eine ganz bestimmte Verkettung solcher Entscheidungen führt zu dem gewünschten optimalen Ziel, woraus rückwirkend die getroffenen Einzelentscheidungen bewertet werden. Das Lernen besteht hier darin, auf schnellstem Wege ein angestrebtes Ziel zu erreichen.

Wenn man an die Stelle des einen Aufgabenschemas eine Potenz von möglichen nichtschematischen Aufgaben setzt, deren Lösung von Schritt zu Schritt die Voraussetzung für weiter zu treffende Entscheidungen darstellt, haben wir es mit einer erweiterten Labyrinthhypothese zu tun, wobei das Charakteristische bei der Automatisierung die Beherrschung einer doppelten Potenz wird, nämlich einer Potenz von Entscheidungsketten und einer Potenz von nichtschematischen Aufgaben. Diese doppelte Potenz ermöglicht eine derartige Verkettung von Informationsverarbeitungsprozessen, daß die Zielstellung des Lernprozesses erfüllt wird.

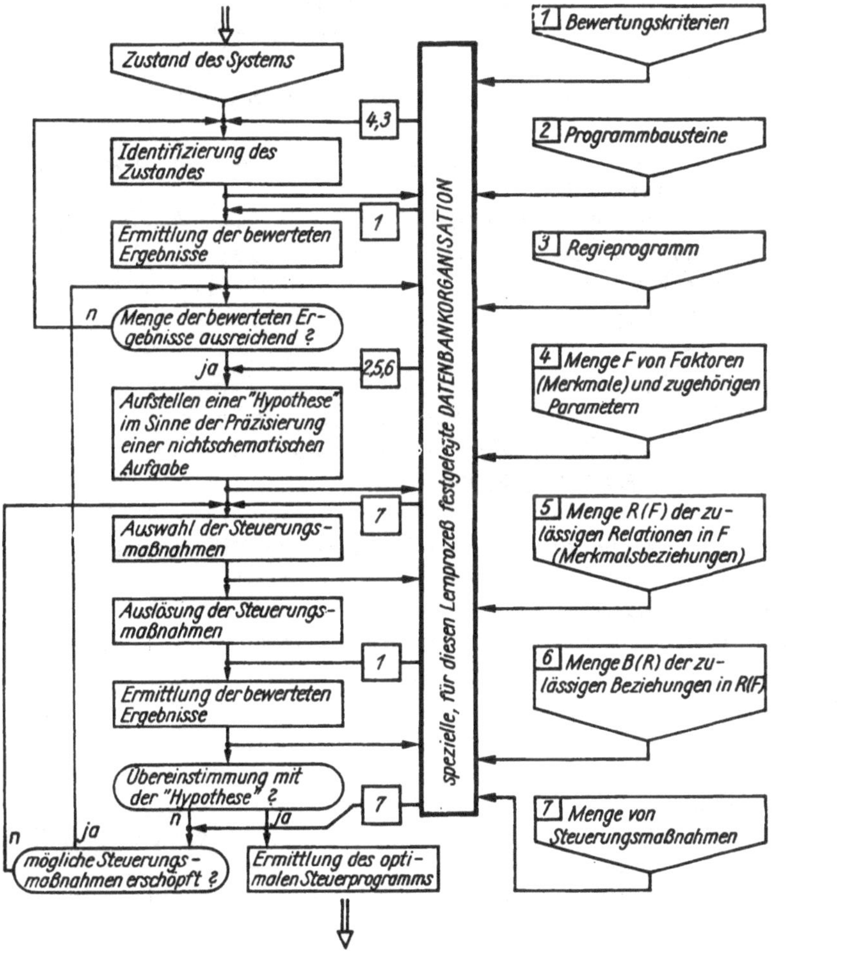


Abb. 56: Informationsverarbeitungsprozesse für einen formalisierbaren Lernvorgang

# 7. Mensch-Maschine-Kommunikation und dynamische automatisierte Informationsverarbeitung

## 7.1. Kommunikation und Automatisierung von Informationsverarbeitungsprozessen[1]

### 7.1.1. Bestimmung der Kommunikation und ihrer Formen

In der Literatur wird der Kommunikationsbegriff meist in einer undifferenzierten Form verwendet.

So definiert beispielsweise Klaus wie folgt: „Unter Kommunikation ist der Austausch von Informationen (Nachrichten) zwischen dynamischen Systemen oder Systemelementen zu verstehen, die in der Lage sind, Informationen abzugeben bzw. aufzunehmen, zu speichern und zu verarbeiten."[2]

Weiterhin wird unter Kommunikation im engeren Sinne der Austausch von Nachrichten zwischen Menschen verstanden, während der Austausch von Informationen zwischen Mensch und Maschine als Erweiterung des Kommunikationsbegriffs angesehen wird.[3]

Die Unterscheidung von Kommunikation im engeren und im weiteren Sinne beinhaltet keine theoretischen Aspekte für die Bestimmung des Wesens der einen oder anderen Kommunikationsform. Auf der Grundlage der im Kapitel II dargelegten Überlegungen der unterschiedlichen Ebenen der Sender-Empfänger-Relation lassen sich die Kommunikationsbeziehungen in eindeutiger Weise differenzieren.

Das Kommunikationsniveau wird in der Sender-Empfänger-Relation immer durch die Ebene bestimmt, auf der ein Informationsaustausch gerade noch durchgeführt werden kann. Verfügt beispielsweise der Empfänger nur über das Niveau der syntaktischen Aufnahme von Informationen, so ist der Sender gezwungen, sich auf dieses Niveau einzustellen. Es erfolgt in diesem Falle lediglich ein Austausch von syntaktischen Informationen, obwohl der Sender selbst zu einer höheren Form der Informationsverarbeitung befähigt ist.

[1] In diesem Abschnitt sind Ideen und Erkenntnisse von Herrn Lutz Kern, Schulungszentrum des VEB Kombinat Robotron ,verarbeitet, die er seinem Dissertationsentwurf (März 1974) zugunde legte.

[2] Klaus, G., Wörterbuch der Kybernetik, Berlin 1969, S. 305; vgl. auch v. Känel, S., Einführung in die Kybernetik für Ökonomen, Berlin 1971, S. 265.

[3] Vgl. Philosophisches Wörterbuch, Leipzig 1971, S. 585.

Um überhaupt einen Informationsaustausch realisieren zu können, muß der Sender die Struktur des Empfängers für die Informationsaufnahme, -verarbeitung und -ausgabe kennen. Dazu gehört als primitivste Form die Verwendung eines gemeinsamen Alphabets, um die übermittelten Signalstrukturen als Zeichen decodieren zu können. Dazu gehören weiterhin die Interpretation von Zeichenkombinationen als Sprachelemente und die Mechanismen des Transformierens einer Menge von Sprachelementen in eine andere Menge von Sprachelementen.

Bei einem Sender, der diese Struktur des Senders als ein Hilfsmittel für die Unterstützung der eigenen Informationsverarbeitungsprozesse betrachtet, kommt es nun darauf an, die semantischen Informationsverarbeitungsprozesse eindeutig auf syntaktische abzubilden und — nach Schaffung der entsprechenden Voraussetzungen — durch die Kommunikation mit einem zu syntaktischer Informationsverarbeitung befähigten System die entsprechenden Informationsverarbeitungsprozesse im Empfänger auszulösen. Die Ergebniswerte, zu denen der Empfänger gelangt, werden nun wieder vom ursprünglichen Sender als syntaktische Informationen aufgenommen, wobei ihnen jedoch eine Semantik zugeordnet wird. So gesehen ist das zu syntaktischer Informationsverarbeitung befähigte System zu einem Partner des Menschen geworden, und es scheint so, als ob hier ein auf gleicher Stufe stehender Informationsaustausch stattfindet.

Die Berücksichtigung der Informationsebenen führt zu folgenden drei Formen von Kommunikationsbeziehungen:

- Kommunikation auf der Ebene des Verständnisses und Begreifens (Mensch-Mensch-Kommunikation);
- Kommunikation auf der Ebene des Verstehens, das heißt der Abbildung semantischer Informationen auf syntaktische, des Austauschs syntaktischer Informationen und der Rückübersetzung syntaktischer Informationen in semantische (Mensch-Maschine-Kommunikation);
- Kommunikation auf der Ebene des Interpretierens, des Austauschs syntaktischer Informationen zwischen Systemen, die selbst nur zu syntaktischer Informationsverarbeitung befähigt sind (Maschine-Maschine-Kommunikation bzw. Kommunikation zwischen rein biologischen Systemen).

Die Kommunikation auf der Ebene des Verständnisses und Begreifens umfaßt alle Ausdrucksmöglichkeiten für semantische und pragmatische Informationen sowie deren Kombination. Auch die hierbei nicht immer vorhandenen Möglichkeiten, eineindeutige Abbildungen auf die Ebene der syntaktischen Informationen vorzunehmen, behindert keineswegs die Reproduktion dieser Informationen im Empfänger durch Interpretationen und Deutungen der übermittelten Signalstrukturen. Auf diese Befähigung des Menschen zu semantischer Informationsverarbeitung haben wir mehrfach hingewiesen.

Die Mensch-Maschine-Kommunikation könnte man auch als eine indirekte Mensch-Mensch-Kommunikation bezeichnen, weil die Maschine natürlich kein eigenständiger Kommunikationspartner des Menschen ist, sondern nur ein Hilfsmittel darstellt, eine Vergegenständlichung menschlicher Wesenskräfte.[4] Um der Maschine wenigstens annähernd die Fähigkeit zur Informationsverarbeitung zu vermitteln, müssen die Möglichkeiten und Grenzen maschineller Informationsverarbeitungssysteme berücksichtigt werden. Die Grenzen maschineller Systeme sind dadurch gekennzeichnet, daß nur syntaktische Informationsverarbeitungsprozesse technisch realisierbar sind. Das Bemühen des Menschen, die Potenzen derartiger maschineller Systeme so vollständig wie möglich zu nutzen, führt zu der Aufgabenstellung, die Informationsverarbeitung so weit wie nur irgend möglich zu formalisieren, um auf diese Weise semantische Informationsverarbeitungsprozesse auf syntaktische abbilden zu können. Daß hierbei übertriebene Einschätzungen über die Tragweite solcher Formalisierungsverfahren auftauchten, ist angesichts des hohen Entwicklungstempos beim Einsatz von EDVA nur allzu verständlich. In der gegenwärtigen Etappe der Erschließung immer neuer Einsatzgebiete für die automatisierte Informationsverarbeitung muß jedoch vor allem auf solche komplexen Informationsverarbeitungsprozesse orientiert werden, die eine Mischung von semantischen und syntaktischen Informationsverarbeitungprozessen verkörpern und wo die Semantiksteuerung dieser Prozesse nicht eliminiert werden kann. Solche Informationsverarbeitungsprozesse sind für alle Problembearbeitungs- und -lösungsprozesse typisch, wie im Kapitel V gezeigt wurde.

### 7.1.2. Voraussetzungen und Arten der Mensch-Maschine-Kommunikation

Um eine effektive Kommunikation zwischen zwei so verschiedenartigen Systemen, wie sie durch den Menschen und ein automatisiertes Informationsverarbeitungssystem repräsentiert werden, überhaupt realisieren zu können, muß einmal der Informationsaustausch zwischen Mensch und automatisiertem Informationsverarbeitungssystem durch spezielle Kommunikationsprogramme (Dialogsysteme), die zum Teil zum Bestand der Routineprozesse des verwendeten Betriebssystems gehören, und/oder durch spezielle Kommunikationsroutinen im jeweiligen Verarbeitungspro-

[4] Vgl. Marx, K., Grundrisse der Kritik der Politischen Ökonomie, Berlin 1974, S. 594.

gramm unterstützt werden. Zum anderen muß ein Kommunikationsgerät in Form eines Informationswandlers die technischen Potenzen des automatisierten Informationsverarbeitungssystems den menschlichen Fähigkeiten anpassen. Die Kommunikationsgeräte können eingeteilt werden in Eingabegeräte für das automatisierte Informationsverarbeitungssystem und Ausgabegeräte, die die syntaktischen Informationen des automatisierten Informationsverarbeitungssystems in einer solchen Darstellungsform dem Menschen zur Verfügung stellen, daß sie sofort aufgenommen und semantisch weiterverarbeitet werden können (visuell lesbare oder akustische Informationsausgaben). Weiterhin hängt die Kommunikation zwischen dem Menschen und einem automatisierten Informationsverarbeitungssystem stets vom jeweiligen konkreten Anwendungsfall ab und muß die Betriebsweisen des automatisierten Informationsverarbeitungssystems berücksichtigen.

In Abhängigkeit von diesen Aspekten der Betriebsweise eines automatisierten Informationsverarbeitungssystems sind für eine effektive Mensch-Maschine-Kommunikation unterschiedliche Kommunikationsverfahren erforderlich.

Bei der Mensch-Maschine-Kommunikation muß zwischen folgenden Arten unterschieden werden:

- Kommunikation mit dem Betriebssystem der eingesetzten EDVA,
- Kommunikation mit dem ablaufenden speziellen Verarbeitungsprogramm,
- Kommunikation mit dem automatisierten Informationsverarbeitungssystem selbst auf der Grundlage eines allgemeinen Kommunikationsprogramms (Dialogsystem).[5]

Während die Kommunikation des Bedieners bzw. Programmierers mit dem Betriebssystem der eingesetzen EDVA bzw. mit einem speziellen Verarbeitungsprogramm nur zur Steuerung des Programmablaufs im Rechenzentrum dient und deshalb hier nicht weiter betrachtet werden soll, besitzt die Kommunikation eines Problembearbeiters mit einem speziellen Verarbeitungsprogramm bzw. mit einem Kommunikationsprogramm eine wesentliche Bedeutung für die Rationalisierung der Lösung sowohl schematischer als auch nichtschematischer Aufgaben. Diese Zusammenhänge sollen im folgenden untersucht werden, um herauszuarbeiten, welche Anforderungen an den Nutzer gestellt werden müssen, um eine effektive Mensch-Maschine-Kommunikation zu realisieren.

[5] Unter dem Mensch-Maschine-Dialog ist eine alternierende Tätigkeit von Mensch und AIVS zum Zwecke eines gegenseitigen syntaktischen Informationsaustauschs auf der Grundlage einer speziellen Sprache (Dialogsprache) bzw. festgelegter Sprachelemente zu verstehen.

Einen zusammenfassenden Überblick über die Voraussetzungen und Arten der Mensch-Maschine-Kommunikation vermittelt die folgende Tabelle:

| Partner | Stufen | | Mittel | Ziel |
|---|---|---|---|---|
| Bediener und EDVA | mit dem Betriebssystem | | Jobsteuerung Bedienerverständigung | automatisches Laden, Starten und Steuern des Ablaufes von Verarbeitungsprogrammen |
| | mit einem speziellen Verarbeitungsprogramm | | EXIT-Programmierung | Steuerung des Ablaufes eines spezifischen Verarbeitungsprogrammes |
| Problembearbeiter und AIVS | auf Grundlage spezifischer Kommunikationsroutinen eines Verarbeitungsprogramms | | vorprogrammierte Routinen | Steuerung des Ablaufes einer spezifischen schematischen Aufgabenabarbeitung (Ein- und Ausgabe spezieller Daten, Entscheidung über Programmvarianten) |
| | auf Grundlage eines universellen Kommunikationsprogramms (Dialogsystem) | Auskunftssystem | einfache Dialogsprache | Abfrage bzw. Speichern von Daten aus/in eine(r) Datenbank |
| | | Verarbeitungssystem | erweiterte Dialogsprache | Lösung von nichtschematischen Aufgaben durch Auswahl bzw. Organisierung einer aufgabenspezifischen Datenmenge und Auswahl aus vorgefertigten Verarbeitungsprogrammen und/oder Generierung von Verarbeitungsprogrammen |

### 7.1.3. Möglichkeiten der effektiven Realisierung einer Mensch-Maschine-Kommunikation

Die Mensch-Maschine-Kommunikation wird in der Fachliteratur meist nur einseitig als ein direkter und unmittelbarer Informationsaustausch mittels geeigneter Kommunikationsgeräte zwischen dem Problembearbeiter und den automatisierten Informationsverarbeitungssystemen beschrieben. Dabei werden vor allem die technischen Möglichkeiten des Dialogs eingehend erörtert. In diesem Zusammenhang müssen jedoch unseres Erachtens auch die Kommunikationsverfahren ausführlicher betrachtet werden. Neben den programmtechnischen Lösungen einer Mensch-Maschine-Kommunikation mittels spezieller Kommunikationsroutinen im Verarbeitungsprogramm oder mittels eines allgemeinen Kommunikationsprogramms (Dialogsystem) müssen vor allem die organisatorischen Lösungen zur effektiven Realisierung einer Mensch-Maschine-Kommunikation untersucht werden.

Ausgangspunkt für den Versuch, allgemeingültige organisatorische Lösungen einer effektiven Mensch-Maschine-Kommunikation zu konzipieren, soll die Grundthese sein, daß aus ökonomischen und sachlichen Gründen die Mensch-Maschine-Kommunikation nicht einzig und allein als ein direkter und unmittelbarer Informationsaustausch zwischen dem Problembearbeiter und einem automatisierten Informationsverarbeitungssystem aufgefaßt werden darf. Die direkte und unmittelbare Beziehung zwischen Problembearbeiter und automatisiertem Informationsverarbeitungssystem mittels eines geeigneten Kommunikationsgerätes ist dann nur ein Anwendungsfall, wobei bestimmte Bedingungen erfüllt sein müssen, um diese spezielle Mensch-Maschine-Kommunikation als effektiv ansehen zu können. Die auf dem Gebiet der direkten Kommunikation zwischen Nutzer und automatisiertem Informationsverarbeitungssystem gesammelten Erfahrungen im Ausland und in der DDR beweisen, daß die Realisierung einer effektiven Mensch-Maschine-Kommunikation sowohl durch objektive als auch durch subjektive Faktoren erschwert wird. Mit dem vom VEB Robotron auf der Basis von Bildschirmeinheiten eingesetzten Organisationsprogramm „System automatisierter Leitungshilfen" (SAL) zur Rationalisierung von Leitungsprozessen wurde die Erfahrung gesammelt, daß insbesondere subjektive Faktoren, wie ungenügende Bereitschaft von Leitungskadern zur Nutzung der Mensch-Maschine-Kommunikation, eine gewisse Scheu vor dem Neuen und dem dazu notwendigen Umdenken sowie das Fehlen von Programm- und Systemkenntnissen zu einer ungenügenden Nutzung der Möglichkeiten der Mensch-Maschine-Kommunikation führten.[6]

Eine ähnliche Einschätzung wird in einem Untersuchungsbericht über Echtzeitverarbeitung für Leitungssysteme auf der Basis von Kommunikationsgeräten gegeben.[7]

In Auswertung dieser Erfahrungen soll die Fragestellung einer indirekten Mensch-Maschine-Kommunikation, das heißt die Zwischenschaltung

[6] Vgl. dazu Garbe, K., System automatisierter Leitungshilfen (SAL) — EDV zur Unterstützung der Leitungstätigkeit, in: Rechentechnik/Datenverarbeitung, 2/1972, S. 5f.

[7] Der Mythos der Leitungsinformation in Echtzeit, in: Sistemi e Automatismi, 13/1967, 76, S. 291 (Übersetzungsnr. 1077 des Instituts für Verwaltungsorganisation und Bürotechnik, Leipzig).

einer zentralen Kommunikations- bzw. Informationsstelle als Informationsmittler zwischen dem Nutzer und dem automatisierten Informationsverarbeitungssystem, eingehender untersucht werden (vgl. Abbildung 57).

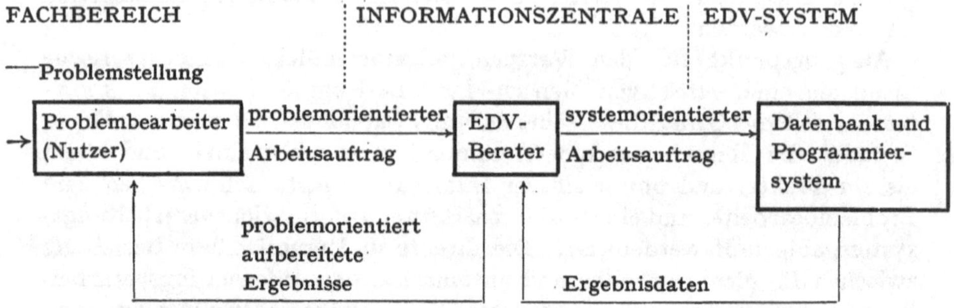


Abb. 57: Indirekte Mensch-Maschine-Kommunikation auf der Grundlage eines universellen Kommunikationsprogramms

Ausgehend von der genannten Grundthese, die Möglichkeiten der Informationsbeziehungen zwischen dem Nutzer und einem automatisierten Informationsverarbeitungssystem in direkte und indirekte zu unterscheiden, ergibt sich folgende Klassifizierung der Mensch-Maschine-Kommunikation:

a) *direkte Mensch-Maschine-Kommunikation*

Der Nutzer kommuniziert direkt mit dem automatisierten Informationsverarbeitungssystem, wobei der Kontakt zwischen Nutzer und automatisiertem Informationsverarbeitungssystem gegliedert werden kann in:

— on-line-Beziehungen; der Nutzer tauscht direkt und unmittelbar mittels eines entsprechenden Kommunikationsgeräts Informationen mit dem automatisierten Informationsverarbeitungssystem aus (Echtzeitbetrieb)
oder
— off-line-Beziehungen; der Nutzer trägt seine Aufgaben an ein Rechenzentrum heran (Ein- und Ausgabe der Informationen im Rahmen des normalen Stapelbetriebs).

b) *indirekte Mensch-Maschine-Kommunikation*

Der Nutzer unterhält lediglich direkte Informationsbeziehungen zu einer Informationszentrale. Der Informationsaustausch zwischen dem Nutzer und der Informationszentrale erfolgt in mündlicher (bzw. telefonischer) oder in schriftlicher (bzw. fernschriftlicher) Form auf der Grundlage von problemorientierten Arbeitsaufträgen an die Informationszentrale und

Rückübermittlung der Ergebnisse an den Nutzer. In der Informationszentrale erfolgt einerseits eine Beratung des Nutzers mit dem Ziel, den Prozeß der Problembearbeitung zu qualifizieren und den Arbeitsauftrag zu präzisieren, und andererseits die Formulierung des endgültigen Arbeitsauftrages in einer maschinenverständlichen Sprache. Die Informationszentrale steht mit dem automatisierten Informationsverarbeitungssystem in einem direkten Kontakt, der wiederum on-line- bzw. off-line-Charakter besitzen kann (vgl. Abbildung 58).

Die Bemühung um eine effektive organisatorische Lösung der Mensch-Maschine-Kommunikation muß von der Einheit von nur dem Menschen vorbehaltenen semantischen Informationsverarbeitungsprozessen und den formalisierbaren und daher syntaktischen maschinellen Informationsverarbeitungsprozessen ausgehen. Diese Einheit im konkreten Problembearbeitungs- und -lösungsprozeß führt zu immer wieder neuen nichtschematischen Aufgaben, deren Formulierung in maschinenverständlicher Sprache die genaue Kenntnis des automatisierten Informationsverarbeitungssystems voraussetzt. Die Belastung des Nutzers mit detaillierten Kenntnissen über die Wirkungsweise des Maschinensystems erweist sich keineswegs als eine notwendige Bedingung für die Realisierung einer effektiven Mensch-Maschine-Kommunikation zwischen Nutzer und automatisiertem Informationsverarbeitungssystem. Aus sachlichen Gründen bietet sich hier eine Arbeitsteilung zwischen dem Problembearbeiter und dem Mitarbeiter einer Informationszentrale an. Das geeignete Zusammenwirken zwischen dem Problembearbeiter, der auf Grund seines spezifischen Arbeitsprozesses mit immer wieder neuen Problemen konfrontiert wird, und dem Mitarbeiter der Informationszentrale, der in der Lage ist, die aufgeworfenen Probleme zu begreifen und auf Grund seiner detaillierten Sachkenntnisse über die Potenzen des automatisierten Informationsverarbeitungssystems in maschinenverständliche Aufgabenstellungen umzusetzen, führt somit zu einem insgesamt höheren Effekt, weil das organisatorisch so gestaltete System in der Lage ist, sowohl eine maximale Nutzerfreundlichkeit als auch gleichzeitig eine maximale Maschinenfreundlichkeit zu realisieren.

Bei einer direkten Kommunikation zwischen Nutzer und automatisiertem Informationsverarbeitungssystem müßte vom Nutzer im Falle einer umfassenden Mensch-Maschine-Kommunikation eine konkrete Systemkenntnis des automatisierten Informationsverarbeitungssystems und die Beherrschung einer Dialogsprache bzw. einer Menge bestimmter Sprachelemente gefordert werden. Daraus ergibt sich die Frage, ob es möglich und sinnvoll ist, ein solch umfassendes Kommunikationsprogramm und eine dazu gehörende problemorientierte Dialogsprache zu konzipieren, so daß der Nutzer nur geringfügige System- und Programmkenntnisse zu be-

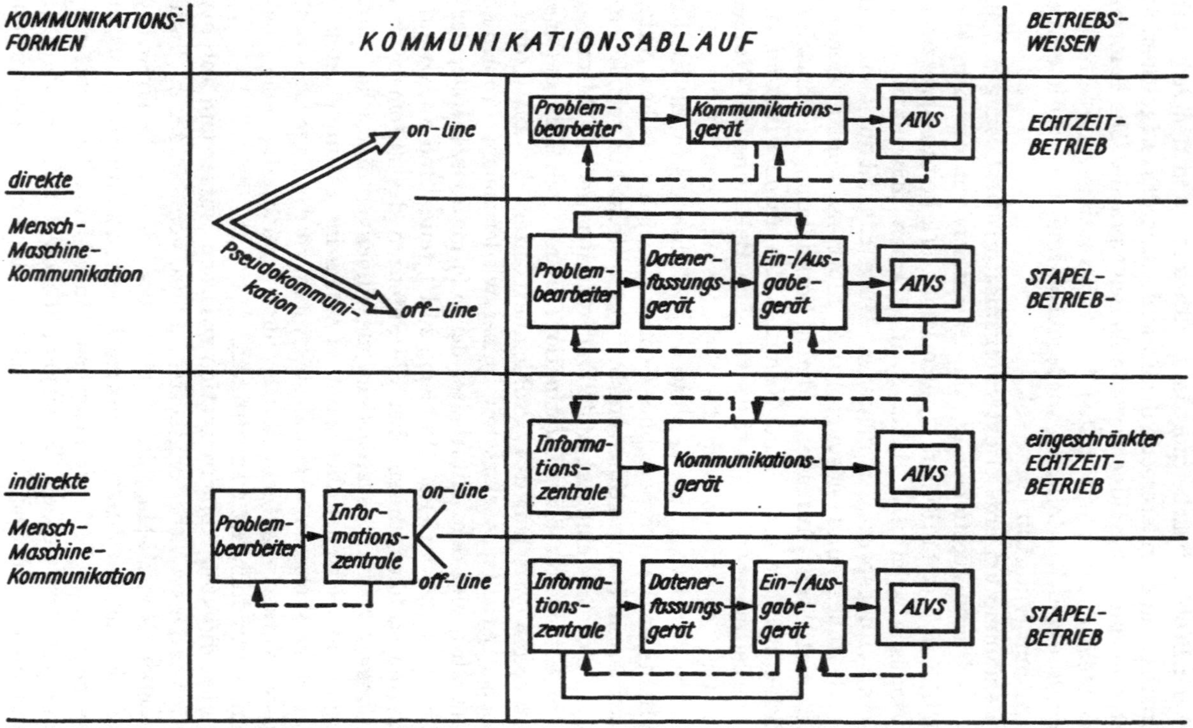


Abb. 58: Ablauf der Mensch-Maschine-Kommunikation

sitzen braucht, um eine beliebige Aufgabe einfach und zweckmäßig formulieren und lösen zu können. Die Konzipierung eines derart umfassenden und maximal nutzerfreundlichen Kommunikationsprogramms erscheint zwar möglich, jedoch sind der praktischen Realisierung schon aus technischen Gründen bestimmte Grenzen gesetzt. Aus Effektivitätsgründen ist es zur Zeit nur möglich, entweder allgemeine Kommunikationsprogramme und Dialogsprachen zu realisieren, die ein bestimmtes Maß an Systemkenntnissen durch den Nutzer voraussetzen, oder spezielle Kommunikationsprogramme für konkrete Aufgabenstellungen zu schaffen.

Die Systemkenntnis des Nutzers muß zur Realisierung einer umfassenden direkten Mensch-Maschine-Kommunikation mit dem automatisierten Informationssystem folgendes umfassen:

- die allgemeine Kenntnis des Aufbaus und der Betriebsweisen der eingesetzten EDVA,
- die Kenntnis bestimmter Faktoren des verwendeten Betriebssystems und der angewendeten problemorientierten Systemunterlagen,
- die Beherrschung der in einer Datenbank gespeicherten umfangreichen Datenmengen (zum Beispiel: welche Information ist in welcher Datei vorhanden und wie erhalte ich Zugriff zu ihr?),
- die Kenntnis einer Programmiersprache zur Formulierung einer Verarbeitungsaufgabe (nichtschematische Aufgabe), falls die verwendete Dialogsprache diese Möglichkeit nicht zuläßt,
- die Kenntnis spezieller, bereits vorhandener Programme und Programmbausteine, um sie für die konkrete Aufgabe nutzen zu können.

Allein die vom Nutzer zu fordernden Programmierkenntnisse sind vielfach so umfangreich, daß eine länger andauernde Qualifizierung als Voraussetzung für die direkte Mensch-Maschine-Kommunikation angesehen werden muß. Die Programmkenntnis gliedert sich in die Kenntnis des Ablaufs des speziellen Verarbeitungsprogramms, die Beherrschung der eventuell vorhandenen Möglichkeiten, die Programmabläufe den Bedürfnissen des Nutzers anzupassen, und die Kenntnis des zu verarbeitenden Datenbestandes.

Aus den genannten Gründen erscheint der Aufbau von direkten Mensch-Maschine-Kommunikationssystemen überall dort unsinnig zu sein, wo der Arbeitsprozeß des Nutzers zur Formulierung immer wieder neuartiger Aufgabenstellungen führt, wie es für einen Problembearbeitungs- und -lösungsprozeß charakteristisch ist. Insbesondere können EDV-Systeme, die der Unterstützung der im Leitungs- und Planungsprozeß stehenden Kader dienen sollen, nicht als direkte Mensch-Maschine-Kommunikationssysteme aufgebaut werden. Hier erscheint nur die indirekte Mensch-Maschine-Kommunikation als eine effektive Lösung, die die Bedürfnisse des

Nutzers mit den Potenzen des automatisierten Informationsverarbeitungssystems zu einem leistungsfähigen System zusammenschließt. Eine zusammenfassende Übersicht vermittelt Abbildung 59.

### 7.1.4. Möglichkeiten der effektiven Realisierung einer direkten Mensch-Maschine-Kommunikation

Die Differenzierung der Mensch-Maschine-Kommunikation in direkte und indirekte zeigte, daß bei einer direkten Mensch-Maschine-Kommunikation hohe Anforderungen an den Nutzer gestellt werden müssen, wenn ein umfassender Dialog beabsichtigt ist. Es gibt nun jedoch eine Reihe von Anwendungsgebieten, für die die direkte Mensch-Maschine-Kommunikation (Echtzeitbetrieb) unumgänglich ist, jedoch gleichzeitig auf detaillierte Systemkenntnisse seitens des Nutzers verzichtet werden kann. Es handelt sich hierbei um die Lösung schematischer Aufgaben mit immer wieder aktualisierten Daten, wobei die Ergebnisse der Aufgabenabarbeitung unverzüglich bereitgestellt werden müssen. Typische Anwendungsfälle für die Abarbeitung schematischer Aufgaben mit Echtzeitcharakter sind Platzbuchungssysteme, Disponententätigkeit, Auskunftssysteme und eventuell Kontenbearbeitung in Banken.

Der menschliche Kommunikationspartner benötigt in diesen Fällen keine speziellen Systemkenntnisse, da der (eingeschränkte) Dialog zwischen ihm und dem Verarbeitungsprogramm in vorher festgelegten und daher bekannten Formen abläuft. Er benötigt jedoch spezielle Programmkenntnisse und die Beherrschung spezieller Sprachelemente für den Informationsaustausch mit den Kommunikationsroutinen des Verarbeitungsprogramms. Weiterhin ist zu fordern, daß er das eingesetzte Kommunikationsgerät (zum Beispiel Bildschirmeinheit) sicher bedienen kann.

Die Einsatzmöglichkeiten für direkte Mensch-Maschine-Kommunikationssysteme sind daher immer dann auf die Abarbeitung schematischer Aufgaben beschränkt, wenn vom Nutzer keine detaillierten Systemkenntnisse verlangt werden dürfen, also auf die Beherrschung einer universellen Kommunikationssprache verzichtet werden muß.

Es gibt darüber hinausgehend jedoch einige Anwendungsmöglichkeiten für die direkte Mensch-Maschine-Kommunikation, bei der der Nutzer von der Gesamtpotenz des Systems Gebrauch machen muß, seine Aufgaben jedoch nicht einer Informationszentrale übertragen kann, weil ihre Lösung ein hohes Maß an spezialisiertem Fachwissen voraussetzen würde. Solche Anwendungsfälle sind beispielsweise das automatisierte Konstruieren oder die on-line-Erarbeitung von Programmen mit Hilfe dialogfähiger Compiler. Beim Programmierer kann unterstellt werden, daß er

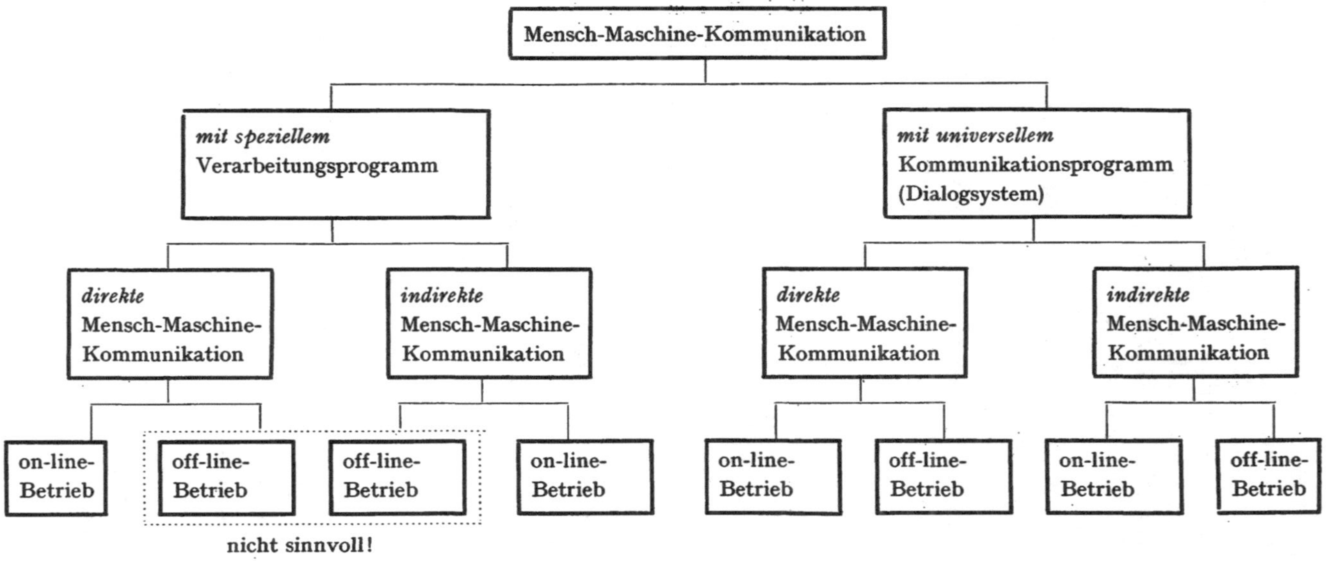


Abb. 59: Formen der Mensch-Maschine-Kommunikation

mit relativ geringem Aufwand in die Funktionsweise des betreffenden automatisierten Informationsverarbeitungssystems eingewiesen werden kann. Ihm kann das Erlernen einer universellen Kommunikationssprache zugemutet werden. Für einen Konstrukteur dagegen bedeutet der Übergang zu dieser Kommunikationstechnik eine umfangreiche zusätzliche EDV-Spezialisierung. Erst nach einigen praktischen Erfahrungen wird er fehlerfrei die Mensch-Maschine-Kommunikation für seine speziellen Zwecke beherrschen können.

Zusammenfassend läßt sich die direkte Mensch-Maschine-Kommunikation wie folgt kennzeichnen: Der Nutzer formuliert die zu lösenden Arbeitsaufgaben selbst, wobei er entweder die Kommunikationsroutinen eines Verarbeitungsprogramms nutzt oder sich einer universellen Kommunikationssprache bedient (Unterschied zwischen schematischen und nichtschematischen Aufgaben).

Der Nutzer muß weiterhin die Interpretation und Auswertung der Verarbeitungsergebnisse selbst vornehmen. Die direkte Mensch-Maschine-Kommunikation ist nur mit on-line-Charakter sinnvoll. Die direkte Mensch-Maschine-Kommunikation mit off-line-Charakter würde bedeuten, daß der Nutzer selbst ein Programm schreibt bzw. Programmparameter aktualisiert und sie dann zur Stapelverarbeitung an ein Rechenzentrum gibt. Diese Arbeitsweise fällt jedoch nicht unter Kommunikation im eigentlichen Sinne.

Für den Einsatz auf dem Gebiet der Rationalisierung der Leitungs- und Planungstätigkeit ist die direkte Mensch-Maschine-Kommunikation sowohl aus sachlichen als auch aus ökonomischen Gründen in der Regel uneffektiv und unzweckmäßig. Die Gründe dafür sind:

- jeder Nutzer müßte eine umfangreiche spezielle Ausbildung erhalten;
- sehr hohe Investitionskosten würden auftreten, um die erforderlich werdenden Kommunikationsgeräte und Übertragungsleitungen zu installieren;
- die notwendigerweise zu fordernde hohe Auslastung der Kommunikationsgeräte könnte nur bei schematischen Aufgaben mit einem hohen Wiederholungsgrad erreicht werden;
- die Nutzer würden durch die Forderung, die ständigen Veränderungen des Systems zu beherrschen, von ihrer eigentlichen Arbeit abgelenkt werden;
- die direkte Kommunikation des Nutzers mit dem automatisierten Informationsverarbeitungssystem verursacht sehr hohe Kosten für die Abarbeitung einer Informationsverarbeitungsaufgabe. Sie sind wesentlich größer als die Abarbeitung der gleichen Aufgabe im Stapelbetrieb;

— der Geheimnisschutz für wichtige Daten, die gegenüber unberechtigtem Zugriff zu schützen sind, ist äußerst problematisch, da die Sicherung des Zugriffs zu den gespeicherten Daten über Codewörter oder ähnliche Möglichkeiten sehr leicht umgangen werden kann.

Die Realisierung einer direkten und unmittelbaren (on-line) Kommunikation des Nutzers mit dem automatisierten Informationsverarbeitungssystem mittels geeigneter Kommunikationsgeräte sollte unter Berücksichtigung der oben genannten Erkenntnisse nur dann in Betracht gezogen werden, wenn

— die Notwendigkeit einer sofortigen Kommunikation des Nutzers mit dem automatisierten Informationsverarbeitungssystem aus zeitlichen Gründen besteht, also der Echtzeitcharakter gefordert werden muß,
— die bei den Nutzern installierten Kommunikationsgeräte durch eine ständige Abarbeitung eines oder mehrerer spezieller Verarbeitungs-

| Form der Kommunikation | | Art der Kommunikationssprache | |
|---|---|---|---|
| | | SPEZIELLES VERARBEITUNGS-PROGRAMM | UNIVERSELLES KOMMUNIKATIONS-PROGRAMM |
| DIREKT | off-line | ——— *) | ——— *) |
| | on-line | schematische Aufgaben im ECHTZEIT-BETRIEB (z. B. Platzbuchung) | nichtschematische bzw. konstruktive Aufgaben für reservierte Nutzer mit EDV Systemkenntnissen im ECHTZEIT-BETRIEB (z. B. Programmierer, automatisiertes Konstruieren) |
| INDIREKT | off-line | ——— *) | nichtschematische bzw. konstruktive Aufgaben im STAPELBETRIEB über Informationszentrale |
| | on-line | schematische Aufgaben im eingeschränkten ECHTZEITBETRIEB (Übergangslösung zum Echtzeitbetrieb) | nichtschematische bzw. konstruktive Aufgaben im ECHTZEITBETRIEB über Informationszentrale |

*) als Kommunikation nicht sinnvoll

Abb. 60: Anwendungsformen der Mensch-Maschine-Kommunikation

programme (schematische Aufgaben) eine sehr hohe Auslastung aufweisen oder die Nutzer die Kommunikationsgeräte auf der Grundlage eines universellen Kommunikationsprogramms zur Abarbeitung nichtschematischer bzw. konstruktiver Aufgaben ständig nutzen.

Liegt dagegen zwar die Notwendigkeit einer direkten und sofortigen Kommunikation des Nutzers mit dem automatisierten Informationsverarbeitungssystem vor, aber die zu realisierenden Informationsverarbeitungsaufgaben treten nicht ständig, sondern nur sporadisch auf, woraus eine geringere Auslastung der installierten Kommunikationsgeräte resultieren würde, dann sollten diese Aufgaben aus Effektivitätsgründen einer Informationszentrale übertragen werden (eingeschränkter Echtzeitbetrieb), wobei die Informationszentrale die direkte Mensch-Maschine-Kommunikation mit on-line-Charakter realisiert, für den Nutzer jedoch durch die Dazwischenschaltung einer Informationszentrale die Mensch-Maschine-Kommunikation zu einer indirekten wird.

Eine Übersicht über die Anwendungsformen der Mensch-Maschine-Kommunikation vermittelt Abbildung 60.

## 7.2. Datenbank- und Programmiersystem eines dynamischen automatisierten Informationsverarbeitungssystems

Ein dynamisches automatisiertes Informationsverarbeitungssystem besteht aus drei Strukturelementen:

- Informationszentrale,
- Programmiersystem
- Datenbanksystem.

Die Informationszentrale fungiert als Mittler und Bindeglied zwischen Nutzer und Datenbanksystem. Das Datenbanksystem ist so konzipiert, daß es den Bedingungen einer variablen Steuerung für die Generierung solcher Programme entspricht, wie sie für die Lösung problembezogener Datenverarbeitungsaufgaben erforderlich sind.

In dieser Einheit von Informationszentrale als Umschlagspunkt der semantisch gesteuerten Formulierung von Datenverarbeitungsaufgaben und ihrer Umsetzung in abarbeitungsfähige Automatenprogramme und dem eigentlichen Datenbanksystem liegt die neue Qualität des Gesamtsystems begründet. Der dynamische Charakter des Gesamtsystems wird durch die dynamische Kopplung der automatisierten Informationsverarbeitung mit dem Problembearbeitungs- und -lösungsprozeß selbst erreicht. Voraussetzung dafür ist, daß das Datenbanksystem den Bedingungen entspricht, die durch diese dynamische Kopplung gefordert werden. Das Datenbanksystem kann folglich nicht unabhängig von der Funktion des Gesamtsystems verstanden werden. Als reines Datenverarbeitungssystem basiert es auf den Erfahrungen und Ergebnissen moderner Programmier- und Speichertechniken (leistungsfähige Betriebssysteme, Programmiersprachen und komplexe Programmiersysteme). Die effektive Nutzung dieser Programmiertechniken setzt ihrerseits Datenverarbeitungsanlagen der 3. Rechnergeneration voraus. Die Zielstellung des dynamischen automatisierten Informationsverarbeitungssystems besteht darin, die mit dem Einsatz der ESER-Rechner gegebenen Möglichkeiten (Hardware und Software) in geeigneter Weise für den Aufbau eines Gesamtsystems zu nutzen, das mit minimalem Aufwand die Formulierung und Abarbeitung neuer Datenverarbeitungsaufgaben gestattet. Diese Fähigkeit des Systems hatten wir als eine Grundvoraussetzung dafür gekennzeichnet, daß Problembearbeitungs- und -lösungsprozesse durch EDV-Anwendung wirksam unterstützt werden können.

Wir betrachten den Aufbau dynamischer automatisierter Informationsverarbeitungssysteme als ein aktuelles Erfordernis moderner EDV-Anwendung, um sowohl neue Anwendungsgebiete erschließen, als auch höhere Effekte bei der EDV-Unterstützung vielfältiger Formen der Problembearbeitung (insbesondere Leitungstätigkeit) erzielen zu können.

### 7.2.1. Allgemeine Prinzipien der Entwicklung von Datenbanksystemen für dynamische automatisierte Informationsverarbeitungssysteme[8]

Datenbanksysteme sollten prinzipiell auf der Grundlage der bereitgestellten universell nutzbaren Betriebssysteme entwickelt werden, weil einerseits der Aufwand für die Entwicklung spezieller Betriebssysteme unverantwortlich hoch wäre und andererseits die Parallelnutzung einer Datenverarbeitungsanlage für andere Aufgabenstellungen durch die Nutzung gleicher Betriebssysteme begünstigt wird. Weiterhin können Datenbestände in der Regel nur dann in verschiedenen Datenverarbeitungssy-

[8] An der Humboldt-Universität wird an der Realisierung eines dynamischen automatisierten Informationsverarbeitungssystems gearbeitet. Die in den nächsten Abschnitten folgende Darstellung der ersten Entwicklungsstufe des Datenbanksystems für ein dynamisches automatisiertes Informationsverarbeitungssystem erfolgt auf der Grundlage von Ausarbeitungen von Dipl.-Math. D. Bertholdt, vorgetragen auf dem II. Wissenschaftlichen Kolloquium zur Organisation der Informationsverarbeitung „Datenbanken für Problembearbeitung", Berlin, Januar 1975.

stemen ausgetauscht werden, wenn auf der Grundlage eines gemeinsamen Betriebssystems gearbeitet wird.

Das Betriebssystem OS, das für ESER-Anlagen zur Verfügung steht, ist das erste genügend leistungsfähige Betriebssystem, das der Projektierung von Datenbanken zugrunde gelegt werden kann. In dem Maße, wie weitergehende Betriebssysteme für die Dialogverarbeitung und die Steuerung von Rechnernetzen bereitgestellt werden, wird man auch der Projektierung von Datenbanken die entsprechenden Möglichkeiten zugrunde legen.

Wir betrachten das als Prinzip der kontinuierlichen Weiterentwicklung von Datenbanksystemen und der darauf aufbauenden Programmiersysteme. Das entwickelte Grundsystem muß auf weiterentwickelte Betriebssysteme übertragbar sein, die durch neue Betriebssysteme bereitgestellten neuen Möglichkeiten eingliedern, das Programmiersystem schrittweise ergänzen und erweitern und gegenüber Struktur- und Umfangsänderungen der Datenbestände stabil bleiben.

Aus diesem Prinzip folgt, daß ein dynamisches automatisiertes Informationsverarbeitungssystem in mehreren Ausbaustufen realisiert wird, die durch den Grad der Beherrschung der vorgenannten Faktoren gekennzeichnet sind. Unter den gegenwärtigen Bedingungen der Hard- und Softwareentwicklung ist der Aufbau dynamischer automatisierter Informationsverarbeitungssysteme in einer ersten Entwicklungsstufe möglich und ist als ein Erfordernis der Praxis der Datenverarbeitung anzusehen. Betriebssysteme und der gegenwärtige Stand der Programmierungstechniken bestimmen die mögliche Leistungsfähigkeit der Datenbanksysteme, die heute real in Angriff genommen werden können.

Ein ebenso zu beachtendes Prinzip der Entwicklung von Datenbanken ist die Berücksichtigung des erreichten Standes der Programmiersprachen, der Compiler und der Möglichkeiten der rationellen Programmierung. Die zur Zeit laufenden Forschungsarbeiten zur automatischen Programmierung und zur Entwicklung von Mehrsprachencompilern werden in der Zukunft zweifellos leistungsfähigere Formen der Programmierung erschließen, wobei schon jetzt die Erfordernisse der Entwicklung leistungsfähiger Datenbanken zu berücksichtigen sind. Heutige Datenbankkonzepte sollten jedoch auf die erprobten Programmiersprachen zurückgreifen, um die zusätzliche Entwicklung von Compilern für spezielle Sprachen zu vermeiden. Aus diesem Prinzip ergeben sich weitere einschränkende Bedingungen für die Konzipierung praktisch realisierbarer Datenbanksysteme.

Aus den genannten Gesichtspunkten ergibt sich notwendig ein gestufter Entwicklungsprozeß für die Projektierung dynamischer automatisierter Informationsverarbeitungssysteme, wobei bereits die Übergänge zur nächsthöheren Stufe in Rechnung gestellt werden müssen, um eine Neukonzipierung des Gesamtsystems zu vermeiden.

Als erste Entwicklungsstufe der Projektierung von Datenbanksystemen für dynamische automatisierte Informationsverarbeitungssysteme ist aus den genannten Gründen erst das Betriebssystem OS/ES geeignet, wobei dann zunächst nur auf eine Stapelverarbeitung bzw. Stapelfernverarbeitung orientiert werden kann. Nach unseren praktischen Erfahrungen ist diese Zielstellung ausreichend, um — verglichen mit dem gegenwärtigen Stand der Problembearbeitung — wesentliche Rationalisierungseffekte zu erzielen. Eine große Zahl von Problembearbeitungs- und -lösungsprozessen erfordert keineswegs die Echtzeitverarbeitung. Vielfach wird die Entwicklung von Echtzeitverarbeitungssystemen als Voraussetzung für die Schaffung von leitungsgerechten automatisierten Informationsverarbeitungssystemen angesehen. Charakteristisch — vor allem für Leitungsprobleme — ist jedoch in der Regel, daß für die Problembearbeitung und -lösung nur in Ausnahmefällen ein Zwang zur sofortigen Aktion besteht.

Innerhalb dieser ersten Entwicklungsetappe der Konzipierung und Realisierung von Datenbanksystemen für dynamische automatisierte Informationsverarbeitungssysteme ist weiterhin aus Effektivitätsgründen der schrittweise Aufbau des Systems vorzusehen, um bereits mit Teilergebnissen sehr schnell praxiswirksam werden zu können. Dieser schrittweise Aufbau bezieht sich sowohl auf den Aufbau des Datenbestandes als auch auf die Entwicklung des Systems von Auswertungsprogrammen. Um Parallelentwicklungen von Datenbanksystemen für dynamische automatisierte Informationsverarbeitungssysteme zu vermeiden, muß das Programmiersystem von der konkreten Struktur der jeweils zugrunde gelegten Datenmenge völlig unabhängig sein. Nur dadurch bleibt es gegenüber beliebigen Erweiterungen des Datenbestandes stabil und reduziert sich die Nachnutzung eines Datenbanksystems für das dynamische automatisierte Informationsverarbeitungssystem beim Anwender auf die Organisation der Datenmenge. Hierbei sind vorhandene Dateien und Datenstrukturen ohne Änderung übernehmbar. Damit entfällt wesentlicher Umstellungsaufwand in der Primärorganisation und Datenbereitstellung.

Der schrittweise Aufbau eines von den konkreten Datenstrukturen unabhängigen Programmiersystems ist auch deshalb notwendig, weil die Gewinnung abgeleiteter und verdichteter Daten nach einem universell anwendbaren Schema erfolgen muß. Auf diese Weise können die den jeweils konkreten Datenstrukturen entsprechenden Abhängigkeiten zwischen den Daten berücksichtigt werden. Sie werden zu einer parametergesteuerten Funktion des allgemeinen Programmiersystems der Datenbank des dynamischen automatisierten Informationsverarbeitungssystems. Das Datenbanksystem enthält ein Basisverarbeitungssystem, das mit Hilfe universeller Verarbeitungsroutinen aus den Primärdaten eines Datensatzes abgeleitete Daten erzeugt und wie Primärdaten in den Datenbestand aufnimmt (Deduktoren) bzw. Aggregationen von gleichartigen Einzeldaten einer Datei in einer solchen Weise erzeugt, wie es dem Inhalt dieser Daten entspricht (Generalisatoren). Die Basisverarbeitung im Datenbanksystem ist quasi die Realisierung einer statischen Informationsverarbeitung im Rahmen der dynamischen, jedoch ohne ihren speziellen Charakter. Die Potenz, beliebige abgeleitete und verdichtete Daten zu bilden, ist im Programmiersystem der Datenbank enthalten. Da die Ergebnisse der Basisverarbeitung zu den Elementen des organisierten Datenbestandes gerechnet werden, ergeben sich relativ einfache Formen der vom System unterstützten Weiterverarbeitung beliebiger Datenkombinationen (freies Verarbeitungssystem). Die Funktionsweise des Datenbanksystems eines dynamischen automatisierten Informationsverarbeitungssystems wird auf diese Weise mehrfach genutzt. Der schrittweise Aufbau des Datenbanksystems ermöglicht die Abspaltung der kontinuierlichen Entwicklung des Programmiersystems vom Aufbau konkreter Datenbestände und damit von der Organisation und Projektierung von Nutzungsmöglichkeiten dieses Datenbestandes.

### 7.2.2. Struktur des Datenbank- und Programmiersystems eines dynamischen automatisierten Informationsverarbeitungssystems

Das Datenbanksystem eines dynamischen automatisierten Informationsverarbeitungssystems wird in der 1. Etappe unter der Regie des Betriebssystems OS der ESER-Anlagen laufen.

Es werden folgende Möglichkeiten des OS/ES genutzt, die das DOS/ES nicht bietet:

- Die Möglichkeit des dynamischen Aufrufs der wichtigsten Komponenten des Betriebssystems, wie Assembler, Compiler, Linkage-Editor usw. vom Problemprogramm aus.
- Die Möglichkeit, in Problemprogrammen mit untergliederten Dateien zu arbeiten. Das wird beim Arbeiten mit den Verzeichnissen des Datenbanksystems genutzt.

Das Datenbanksystem kann in der ersten Ausbaustufe nach dem Prinzip der Stapelverarbeitung bzw. Stapelfernverarbeitung betrieben werden. Die Stapelverarbeitung wird für den gegenwärtigen Zeitpunkt deshalb als zweckmäßig angesehen, weil auch kleinere ESER-Anlagen (wie ES 1020) für den Aufbau derartiger Datenverarbeitungssysteme genutzt werden. Um solche kleineren Anlagen nicht länger als für die Aufgabenlösung notwendig durch das Datenbanksystem der dynamischen automatisierten Informationsverarbeitungssysteme zu blockieren, erweist sich eine Echtzeitverarbeitung als zu aufwendig. Bei größeren Anlagen unter Steuerung des Betriebssystems OS/ES (MVT) verliert dieser Gesichtspunkt an Bedeutung.

Neben Programmen für Einspeicherung, Wartung, Archivierung und für den Zugriff zu den Daten werden auch Programme zur Auswertung und zur Druckaufbereitung von Daten als Bestandteile des Datenbanksystems angesehen. Diese Programme stellen sogar den Schwerpunkt bei der Erarbeitung des Systems dar, denn die Nutzung des Datenbestandes wird durch die Möglichkeiten der Auswertung bestimmt. Vielfältige Druckaufbereitungsmöglichkeiten erleichtern dem Nutzer die Arbeit mit den Daten. Demgegenüber stellen Einspeicherung, Wartung, Archivierung und Zugriff aus der Sicht des Nutzers Selbstverständlichkeiten dar, obwohl sie die notwendigen Voraussetzungen für die Auswertung bilden.

Es wird kein Wert auf völlige Redundanzfreiheit der Daten gelegt. Es wird vielmehr vom System unterstützt, auch abgeleitete Daten ins System aufzunehmen. Das Problem der Änderung solcher abgeleiteter Dateien wird durch geeignete Maßnahmen bei der Datenarchivierung gelöst.

Um mit möglichst geringem Aufwand eine leistungsfähige und anwenderfreundliche Nutzersprache zu realisieren (wobei hier die Sprache gemeint ist, in der die Informationszentrale mit dem System verkehrt), werden vor allem die Makrosprache des Assemblers für die Übermittlung von Parametern und PL/1 für die Formulierung von Algorithmen verwendet.

Durch die Makrosprache des Assemblers werden die Parameter dem System in einer Form mitgeteilt, wie sie bei der Übergabe der Jobsteuerinformationen an das Betriebssystem üblich sind. Bei der Übermittlung von Algorithmen bietet sich PL/1 wegen seiner bequemen Formulierungsmöglichkeiten an. In einer späteren Ausbaustufe des Systems sind weitere Vervollkommnungen der Kommunikation zwischen Nutzer und Datenbanksystem vorgesehen.

Das programmtechnische Konzept des Datenbanksystems eines dynamischen automatisierten Informationsverarbeitungssystems ist — wie bereits erwähnt — unabhängig vom Umfang und von der Struktur des verwalteten Datenbestandes sowie von den vorhandenen Auswertungsprogrammen. Das soll heißen, daß ein Hinzufügen oder Entfernen von Dateien oder Auswertungs- und Druckaufbereitungsprogrammen ohne Einfluß auf die verbleibenden Programme des Systems ist. Die Programme des Systems, insbesondere die Auswertungsprogramme, nehmen also keinerlei Bezug auf den Inhalt und auf die konkrete Struktur der verwalteten Daten. Eine dem System neu hinzugefügte Datei kann wie eine schon länger gespeicherte behandelt werden. Es ist also keinesfalls so, daß zum gegebenen Datenbestand ein festes System von Auswertungsprogrammen erzeugt wird. Die Auswertungsprogramme werden vielmehr im allgemeinen erst zum Zeitpunkt der Datenauswertung generiert. Es gibt allerdings Möglichkeiten, häufig benötigte Programme nicht stets neu zu generieren, sondern nach einer einmaligen Generierung im System zu belassen.

Das System enthält folgende, in Dateien zusammengefaßte Bestandteile:

— Nutzerdaten,
— Dateibeschreibungen,
— Strukturdaten,
— Nutzungsbeschreibungen,
— Programme.

*Nutzerdaten* sind entweder Stammdaten, das heißt im allgemeinen mit Hilfe von Belegen erfaßte Primärdaten, oder aus diesen abgeleitete Sekundärdaten, verdichtete Daten.

*Dateibeschreibungen* enthalten die Angaben zu einer Nutzerdatei, die notwendig sind, damit die Auswertungsprogramme mit dieser Datei arbeiten können. Da die Auswertungsprogramme selbst unabhängig vom Datenbestand sind, stellen die Dateibeschreibungen neben den durch das Betriebssystem erstellten Kennsätzen die einzige Quelle dar, um die notwendigen Angaben zur Struktur der Daten zu erhalten. Die Dateibeschreibung zu einer Datei enthält die Datensatz- und Merkmalsbeschreibung, das heißt die Angaben zu Typ, Format und Anordnung der Datenelemente im Datensatz. Weitere Bestandteile sind Verweise auf zugehörige Strukturdateien, abgeleitete Daten und spezielle Angaben zur Datei.

*Strukturdaten* sind Daten des Systems. Durch Strukturdaten werden bestimmte, den Nutzerdaten eigene Strukturen zum Zwecke einer besonders effektiven Bearbeitung der Daten explizit dargestellt. Dem einheitlich syntaktisch strukturierten Datenbestand wird durch diese Daten eine spezifische, durch ein Problemfeld determinierte Struktur aufgeprägt, die für bestimmte, inhaltlich zusammengehörende Datenverarbeitungsprozesse relevant ist. Diese Struktur muß in den Daten allerdings bereits implizit vorhanden sein. Durch Löschen oder Hinzufügen von Strukturdaten kann also die jeweilige Struktur des Datenbestandes den Erfordernissen der Auswertung dynamisch angepaßt werden.

*Nutzungsbeschreibungen* dienen hauptsächlich dem Schutz der Daten vor unbefugtem Zugriff. Für jede Gruppe von Nutzern des Datenbestandes

des Systems mit jeweils gleichen Kompetenzen wird eine Nutzungsbeschreibung angelegt, die alle Angaben für die Nutzungsberechtigung enthält. Jeder Nutzergruppe wird eine Nutzungsnummer zugeordnet, mit deren Hilfe die zugehörige Nutzungsbeschreibung gefunden werden kann. Die Nutzungsnummer hat nichts mit einer Auftragsnummer zu tun. Eine Auftragsnummer zur statistischen Erfassung und Abrechnung eines Auftrages existiert zusätzlich.

Bei den *Programmen* sind zu unterscheiden:

- Systemprogramme,
- Wartungsprogramme,
- Abrechnungsprogramme,
- Auswertungsprogramme,
- Druckaufbereitungsprogramme.

*Systemprogramme* sind Programme, die die Aufträge des Nutzers entgegennehmen, analysieren und den Funktionsablauf steuern, einschließlich der Routinen für den Zugriff zu den Daten.

*Wartungsprogramme* sind Programme zur Wartung und Archivierung des Datenbestandes.

*Abrechnungsprogramme* dienen zur statistischen Auswertung und Abrechnung der Arbeiten des Datenbanksystems. Sie bilden gleichzeitig die Grundlage für Effektivitätsuntersuchungen zum Zwecke einer Verbesserung des Systems.

Die Gewinnung von Ergebnisdaten wird von deren Druckaufbereitung getrennt.

Es werden zwei Typen von *Auswertungsprogrammen* unterschieden:

- parametergesteuerte Programme,
- algorithmengesteuerte Programme.

*Parametergesteuerten Programmen* werden zur Ausführungszeit Parameter mitgeteilt, die den Programmablauf modifizieren. Parametergesteuerte Programme stellen beim gegenwärtigen Stand der Programmiertechnik den Normalfall dar. Ein Programm wird im allgemeinen nicht für einen einzigen Anwendungsfall geschrieben, wobei es natürlich Ausnahmen gibt. Es wird vielmehr für eine Reihe von Anwendungen programmiert und muß folglich zur Ausführungszeit noch gewisse Informationen über den Anwendungsfall enthalten. Diese Informationen sind die Parameter, die dann das Programm steuern. Beispiele für parametergesteuerte Programme sind im Betriebssystem die Sprachübersetzer und Dienstprogramme.

Durch die von parametergesteuerten Programmen übernommenen Informationen, die Parameter, wird im allgemeinen nicht die Befehlsreihe des Programms selbst verändert, sondern nur ihr Durchlaufen modifiziert. Deshalb können diese Programme als Lademodule im System gespeichert werden.

Abgesehen von den Informationen, die aus den Dateibeschreibungskarten (den sogenannten DD-Karten) entnommen werden können, finden beim Betriebssystem OS/ES zwei Arten der Parameterübergabe Verwendung:

— die Angabe der Parameter in der Jobsteuerkarte, mit der das Programm aufgerufen wird, das heißt mit Hilfe der Angabe PARM in der EXEC-Karte. Hier können nur geringe Informationsmengen, nämlich bis zu 100 Zeichen, übergeben werden,
— mit Hilfe einer besonderen Parameterdatei, die gewöhnlich mit dem Namen SYSIN bezeichnet wird, wobei dann größere Informationsmengen übergeben werden können.

Die erste Art findet bei den Compilern Verwendung, die zweite bei den Dienstprogrammen. Beide Arten der Parameterübergabe können gleichzeitig benutzt werden.

Wir verwenden bei Auswertungs- und Druckaufbereitungsprogrammen hauptsächlich die Parameterdatei. Bei der Formulierung der Parameterangaben wird die Makrosprache des Assemblers genutzt. Die Parameter sind dabei wie in Makro-Aufrufen zu formulieren, also in einer Form aufzuschreiben, wie sie auch bei den Dienstprogrammen des Betriebssystems und bei der Jobsteuersprache zu finden sind. Einem Schlüsselwort, das einen bestimmten Operationstyp kennzeichnet, werden die Parameter als Positions- oder als Schlüsselwortparameter nachgestellt, jeweils durch Komma getrennt. Bei einem Positionsparameter wird nur der Wert aufgeschrieben, da sich seine Bedeutung aus der Position relativ zum Schlüsselwort des Operationstyps ergibt.

Bei einem Schlüsselwortparameter sind Schlüsselwort und Wert des Parameters aufzuschreiben, beide durch ein Gleichheitszeichen verbunden. Die Bedeutung des Parameters wird durch das vorangestellte Schlüsselwort angezeigt.

Diese Form der Parameterangabe ist für den Nutzer bequem, da sie gut lesbar und demzufolge wenig fehleranfällig ist. Für den Programmierer des Anwendungsprogrammes dagegen sind die Parameter in dieser Form nicht für die Steuerung des Programms geeignet. Sie müssen deshalb entschlüsselt und in eine für das Auswertungs- oder Druckaufbereitungsprogramm zweckmäßige Form gebracht werden. Damit diese Arbeit nicht in allen Programmen geschehen muß, was einen bedeutenden Programmieraufwand erfordern würde, wird sie durch ein spezielles Datenbankprogramm übernommen. Dieses Programm nutzt die Makrosprache des

Assemblers, um die Informationen umzuformen. Der Programmierer des Auswertungsprogramms hat nur entsprechende Makrodefinitionen zu programmieren, die im allgemeinen recht einfach sind, und kann sich in seinem Programm auf eine solche Form der Parameter beziehen, die für ihn bequem ist (mit Programmierer ist hier dcr Systemprogrammierer für das Datenbanksystem gemeint, und nicht etwa der Nutzer oder der Mitarbeiter der Informationszentrale, der einen Auftrag an das System zu formulieren hat).

Zur Programmgenerierung für nichtschematische Aufgaben reichen jedoch die Möglichkeiten der Parametersteuerung eines Programms nicht aus. Vielmehr müssen Bedingungen geschaffen werden, um auch neue Algorithmen dem System übergeben zu können. Zwar könnten grundsätzlich Algorithmen auch in Parameterform behandelt werden, das würde aber zu beträchtlichen Komplikationen führen. Es wurde deshalb der Typ des algorithmengesteuerten Programms eingeführt.

*Algorithmengesteuerte Programme* müssen durch Hinzufügen von Algorithmen erst komplettiert werden. Diese neuen Algorithmen sind vom Nutzer bzw. von der Informationszentrale zu liefern. Sie werden als PL/1-Befehlsreihen formuliert und dürfen keine Ein- oder Ausgabebefehle enthalten. Von einem algorithmengesteuerten Programm liegt nur ein konstanter Rumpfteil vorgefertigt vor. Ein Teil des Rumpfes existiert als Quelltext und muß zusammen mit den neuen Algorithmen und den Strukturdeklarationen für die zu bearbeitenden Dateien compiliert werden. Der andere Rumpfteil, der Hauptteil des Programms, steht als Lademodul bereit und wird in einem anschließenden LINK-Lauf mit dem compilierten Objektmodul zu einem ausführbaren Programm verbunden. Bei einem algorithmengesteuerten Programm müssen also vor der Programmausführung stets eine Compilation und ein LINK-Lauf erfolgen. Algorithmengesteuerten Programmen können im allgemeinen auch Parameter übergeben werden.

### 7.2.3. Funktionsabläufe im Datenbanksystem

Bei der Arbeit mit dem System sind zu unterscheiden:

— Systemwartung,
— Datenwartung,
— Nutzung.

Die *Systemwartung* umfaßt die Korrektur, Verbesserung und Erweiterung der Systemprogramme. Diese Arbeiten werden von speziell damit beauftragten Programmierern durchgeführt. Weiterhin sind eine ständige

Verbesserung und Erweiterung des Bestandes an Auswertungs- und Druckaufbereitungsprogrammen sowie eine Korrektur, Verbesserung und Weiterentwicklung der Wartungsprogramme selbst erforderlich.

Während die Systemwartungsarbeiten einmal einen gewissen Abschluß erreichen, ist die Erweiterung des Bestandes an Auswertungsprogrammen eine ständige Forderung an die Systemprogrammierer. Bei der Wartung des Systems wird vor allem mit den Dienstprogrammen des Betriebssystems gearbeitet. Die Systemwartung ist gleichbedeutend mit einer Weiterentwicklung des Systems. Sie ist unabhängig von der Nutzung und von der Pflege des Datenbestandes.

Unter *Datenwartung* sind Aufnahme, Änderung und Löschen von Dateien zu verstehen. Löschen bedeutet dabei logisch aus dem System entfernen, und nicht physisch mit Null oder Leerzeichen beschreiben. Die Dateien, die zu warten sind, können Nutzerdaten, Strukturdaten und Datenbeschreibungen enthalten. Die Datenwartung wird von der Informationszentrale durchgeführt. Sie ist mit der Nutzung des Systems verbunden, denn die Aufgaben der Datenwartung ergeben sich aus der Nutzung des Datenbestandes. Die Datenwartung wird mit Hilfe der Wartungsprogramme durchgeführt und durch diese kontrolliert. Unter Ändern der Datei sind Neuaufnahme, Löschen und Verändern von Sätzen der Datei zu verstehen, das sogenannte UPDATE. Einer Änderung der Struktur der Datensätze hingegen entspricht ein Löschen der alten und eine Neuaufnahme der veränderten Datei. Ebenfalls gehört das Archivieren von Daten zur Datenwartung. Archiviert werden neben kompletten Dateien mit Nutzerdaten auch zugehörige Änderungsdateien. Diese Änderungsdateien enthalten die im Verlaufe einer Änderung der Datei gelöschten und die neu aufgenommenen Sätze.

Um einen lückenlosen Nachweis über den Datenbestand zu haben, werden bei der Einspeicherung und bei Veränderung von Nutzerdateien die Daten gelistet, bei Veränderung nur die veränderten Datensätze. Diese Listen werden ebenfalls archiviert.

Die wichtigste Arbeit mit dem System ist die Nutzung. Die dem System übertragenen Aufgaben sollen „Anfragen" genannt werden, die Antworten des Systems „Auskünfte". Jede Anfrage wird mit der entsprechenden Auftragsnummer versehen. Alle Angaben zu einer Anfrage werden in Steuerkarten eingetragen. Die Anfragen werden in der Informationszentrale gesammelt und zu einem Eingabestrom für das Datenbanksystem zusammengestellt. Der Eingabestrom wird durch das Eingabeprogramm gelesen und analysiert. Die Zusammenstellung des Eingabestroms und die Eingabe für das Datenbanksystem stellen eine gewisse Analogie zur Zusammenstellung des Jobstromes des Betriebssystems und dessen Eingabe dar. Für das Betriebssystem stellt die Eingabe eines Eingabestroms für das Datenbanksystem und dessen Analyse und Umformung nur einen Jobstep dar. Der Eingabestrom des Datenbanksystems ist für das Betriebssystem eine ganz gewöhnliche Datei.

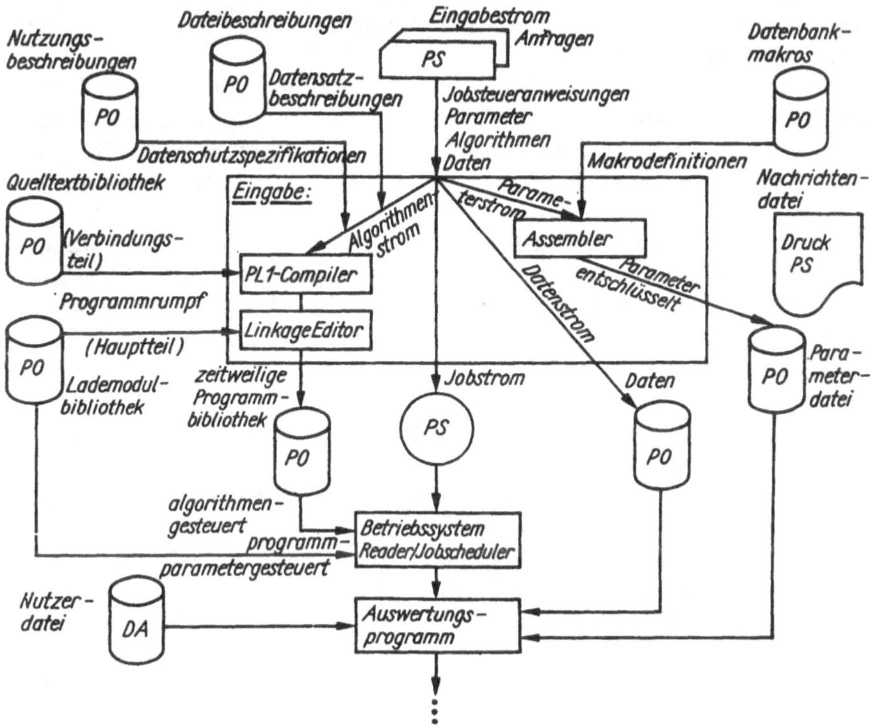


Abb. 61: Funktionsablauf des Datenbanksystems

Im wesentlichen sind vier Arten von Informationen im Eingabestrom des Datenbanksystems zu unterscheiden (vgl. Abbildung 61):

— Jobsteuerinformationen,
— Parameter für das Auswertungsprogramm,
— Algorithmen für das Auswertungsprogramm,
— Daten für das Auswertungsprogramm,

wobei hier anstelle von Auswertungsprogramm auch Druckaufbereitungsprogramm gemeint sein könnte.

*Jobsteuerinformationen* werden in der im OS/ES üblichen Form codiert.

*Parameter* werden wie Makros in einem Programm oder wie Steuerkarten für ein Dienstprogramm behandelt.

*Algorithmen* werden in PL/1 formuliert.

Für *Daten* bestehen keine Einschränkungen.

Das Eingabeprogramm trennt diese vier Arten von Informationen. Dabei werden sie auf formale Richtigkeit und Datenschutz überprüft sowie durch bestimmte im System gespeicherte Angaben ergänzt. Es entstehen ein Jobsteuerstrom, ein Parameterstrom, ein Algorithmenstrom und ein Datenstrom.

Der *Jobstrom* enthält die Jobsteuerinformationen für die zum Einsatz gelangenden Auswertungs- und Druckaufbereitungsprogramme. Er stellt einen normalen System-Eingabestrom für das Betriebssystem OS/ES dar und wird in einer späteren Phase durch das Betriebssystem gelesen und abgearbeitet.

Die Parameter, die zunächst in der Form von Makroaufrufen vorliegen, werden zu einem Parameterstrom zusammengefaßt und dem Assembler als primäre Eingabedatei übergeben. Mit Hilfe des Assemblers werden die Parameter in ein festes Format umgeschlüsselt und zur späteren Verfügung für die Programme des erzeugten Jobstromes abgespeichert.

Der *Algorithmenstrom* bildet den Quelltext für einen PL/1-Compilerlauf. Er enthält die vom Nutzer angegebenen Algorithmen, ergänzt durch Angaben, die im System gespeichert sind.

Der *Datenstrom* enthält Daten, die den Auswertungsprogrammen in unveränderter Form zur Verfügung gestellt werden.

Nach der Eingabephase erfolgt die schon erwähnte Compilation der Algorithmen und deren anschließende Verbindung mit den als Lademodule vorliegenden konstanten Teilen der Auswertungsprogramme zu ausführbaren Programmen. Die so generierten Programme werden in einer Bibliothek gespeichert. Damit ist die Vorbereitungsphase abgeschlossen: Programme, Parameter (in entschlüsselter Form) und Daten stehen für die eigentliche Verarbeitungsphase bereit.

Die durch die Auswertungsprogramme auszugebenden Auskünfte werden zunächst in einer Datei zwischengespeichert. Von dieser Datei werden sie dann durch ein Druckaufbereitungsprogramm abgerufen, zum Druck aufbereitet und über eine Ausgabeklasse des Betriebssystems (SYSOUT) ausgegeben. Sie können aber auch als abgeleitete Informationen in der Form, in der sie zwischengespeichert sind, ins System aufgenommen werden.

### 7.2.4. Struktur der Daten

Die im Informationssystem zu speichernde Datenmenge wird in Objektklassen eingeteilt. Innerhalb einer solchen Objektklasse treten gleichartige Informationen auf. Für jede Objektklasse wird dabei eine Datei angelegt, die Stammdatei genannt wird. Für jedes Objekt der Objektklasse wird ein Objektsatz gebildet. Die im Objektsatz enthaltenen Informationen sind die Merkmale des Objekts. Neben den Primärdaten können in einer Stammdatei auch abgeleitete Daten gespeichert werden. Es sind viele Klassen abgeleiteter Daten denkbar. Vom System werden jedoch nur zwei Arten behandelt: Deduktoren und Generalisatoren.

*Deduktoren* sind Merkmale eines Objekts, die sich aus anderen Merkmalen (den Grund- oder Erfassungsmerkmalen — Primärdaten) desselben Objekts nach einem Algorithmus bestimmen lassen. Deduktoren werden bei der Dateneingabe gebildet und in den zu speichernden Objektsatz aufgenommen. Sie werden dann vom System wie Grundmerkmale behandelt und treten formal nicht gesondert in Erscheinung. Mit der Aufnahme von Deduktoren werden Redundanzen innerhalb eines Satzes in Kauf genommen. Sie sind jedoch für die Wartung des Datenbestandes unproblematisch, weil sie bei der Dateneingabe bzw. bei der Änderung der Datensätze durch Neubildung leicht behandelt werden können. Andererseits ist die Möglichkeit der direkten Bezugnahme auf solche abgeleiteten Werte für den Nutzer recht bequem.

*Generalisatoren* sind Merkmale von Objektgruppen, die sich aus den Merkmalen der zugehörigen Objekte ergeben. Beispiele sind Extremwerte oder aggregierte Werte (die Kapazität des größten Hörsaals in einem Gebäudeteil, die Gehaltssumme einer Struktureinheit).

Generalisatoren der gleichen Objektgruppe werden zweckmäßigerweise zu einem Satz zusammengefaßt, wenn sie in einem einzigen Programmablauf gebildet werden können. Alle diese Sätze der verschiedenen Objektgruppen können dann — zu einer Generalisatordatei vereinigt — im System gespeichert werden. Zu einer Stammdatei können mehrere Generalisatordateien gebildet werden. Generalisatordateien lassen sich weitgehend wie Stammdaten behandeln. Generalisatordateien werden nur bei Bedarf gebildet. Sie werden bei einer Änderung der zugehörigen Stammdatei nicht automatisch fortgeschrieben. Das Datenbanksystem beachtet also die durch Generalisatoren gegebene Redundanz der Daten nicht. Seine Begründung findet dieses Verfahren darin, daß die Bildung von Generalisatoren beträchtliche Rechenzeiten erfordert, die man nur beim tatsächlichen Bedarf und einmalig aufwenden möchte.

Stammdateien und Generalisatordateien werden als Nutzerdateien bezeichnet.

Innerhalb einer Nutzerdatei sind die Sätze im Prinzip lückenlos fortlaufend numeriert. Auf diese Weise ist jedem Objekt des Datenbestandes ein *syntaktischer Identbegriff* zugeordnet, der sich aus der Angabe der Objektklasse oder Datei und aus der Datensatznummer des Objektsatzes innerhalb der Datei zusammensetzt.

Zu jeder Nutzerdatei gibt es eine Dateibeschreibung. Die Dateibeschreibung zum gesamten Datenbestand werden in einer untergliederten Datei zusammengefaßt. Die Dateibeschreibungen enthalten neben speziellen Angaben zu den Dateien, wie etwa Nummer des letzten Satzes oder Art des Datenträgers, auch die Datensatzbeschreibungen für die zugehörigen Nutzerdateien, ferner Verweise auf zugehörige Struktur- und Generalisatordateien. Die Datensatzbeschreibung einer Datei setzt sich aus einer verkürzten PL/1- Strukturdeklaration für den Datensatz und aus einem Strukturbeschreibungsblock zusammen. Wenn Algorithmen des Nutzers compiliert werden müssen, wird die Strukturdeklaration als PL/1-Quelltext automatisch durch das System hinzugefügt. Der Nutzer kann sich somit auch in seinen Algorithmen auf die Namen der Daten des betreffenden Datensatzes beziehen, ohne selbst eine Deklaration schreiben zu müssen. Der Strukturbeschreibungsblock enthält eine Darstellung der Struktur des Datensatzes sowie des Typs und Formats der in ihm enthaltenen Merkmale in Form von Beschreibungsblöcken, wie sie der PL/1-Compiler zur internen Verständigung der PL/1- Programmoduln erzeugt. Diese Form der Datenbeschreibung benutzen vor allem parametergesteuerte Programme, da bei diesen Programmen keine Compilation vorausgeht, die den Quelltext der Strukturdeklaration passend umformt.

Die Struktur des Datenbestandes (gemeint ist hier die Grobstruktur, das heißt die Beziehungen zwischen den einzelnen Sätzen der Datei und nicht, wie oben besprochen, die Struktur der einzelnen Sätze) kann durch zusätzliche Daten (sogenannte Strukturdaten) besonders hervorgehoben werden. Strukturdaten sind Adreßdaten. Sie stellen mit Hilfe von Adreßverweisen eine Verbindung zwischen verschiedenen Objekten der gleichen oder verschiedenen Objektklassen her. Strukturdaten werden nach Bedarf angelegt oder wieder aus dem System entfernt.

Es werden zwei Arten von Strukturdaten unterschieden: Sortierfolgedaten und Verbindungsdaten (vgl. Abbildung 62).

*Sortierfolgedateien* werden auch als Kataloge (inverse Dateien) bezeichnet. Mit Hilfe von Sortierfolgedateien können verschiedene Sortierfolgen einer Datei beschrieben werden. Eine Nutzerdatei kann dann in einer gewünschten Sortierfolge bearbeitet werden, ohne daß sie physisch in dieser Weise sortiert werden muß.

Zu jeder Nutzerdatei kann eine *Verbindungsdatei* angelegt werden. Mit ihrer Hilfe lassen sich direkte Verbindungen in Form von Adreßverweisen von den Objektsätzen der betrachteten Datei zu Objektsätzen einer anderen oder auch der gleichen Datei schaffen. Bei Verwendung von Strukturdaten erfolgt der Zugriff der Programme zu den Nutzerdaten mit Hilfe spezieller Zugriffsroutinen des Datenbanksystems. Diese Routinen gestatten die bequeme Handhabung komplizierter Datenstrukturen.

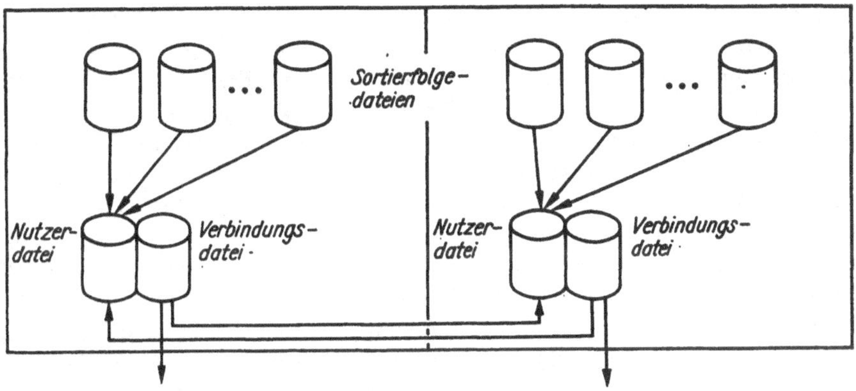


Abb. 62: Nutzerdaten, Strukturdaten

### 7.2.5. Speicherungsform und Änderung des Datenbestandes

Nutzerdaten sind direkt organisiert. Sie können damit sequentiell oder direkt aufgerufen werden. Die direkte Verarbeitung verwendet die relative Satzadressierung. Die Objektnummer eines Objektsatzes stellt diese relative Satzadresse dar, dient also unmittelbar der Adressierung. Von den Organisationsformen für Dateien mit wahlfreiem Zugriff bietet die gewählte direkte Organisationsform sowohl schnellste sequentielle Bearbeitungsmöglichkeiten als auch schnellste wahlfreie Verarbeitung der Datei. Die Satzlänge der Nutzerdaten ist entweder fest oder variabel. Feste Satzlänge erfordert keine besonderen Maßnahmen. Bei variabler Satzlänge wird der Satz in Segmente gleicher Länge rein formal zerlegt. Das letzte Segment eines Satzes ist dabei eventuell nicht voll belegt. Die Segmente stellen dann logische Sätze bezüglich des Betriebssystems dar. Die Segmentlänge ist innerhalb einer Nutzerdatei konstant. Fortlaufend numeriert werden in diesem Falle nicht die Sätze, sondern die Segmente innerhalb der Datei. Als syntaktische Adresse des Satzes wird die Nummer seines ersten Segments verwendet. Diese ist dann wieder eine relative Satzadresse bezüglich des Betriebssystems. Bei Änderung einer Nutzerdatei (UPDATE) wird wie folgt verfahren: Sätze, die logisch aus dem System entfernt wurden, werden rückwärts gekettet. In der Datenbeschreibung wird jeweils die Adresse des zuletzt gestrichenen Satzes gespeichert, in diesem Satz die Adresse des zuvor gestrichenen usw. Hinzufügungen von Sätzen können entweder am Dateiende oder durch Neubelegung gestrichener Sätze erfolgen.

Die zur Zeit verfügbaren Speicher sind stückweise sequentiell aufgebaut, so daß sie besonders für eine sequentielle Arbeitsweise geeignet sind. Deshalb werden bei der Dateneingabe die Objekte der Datei in einer Weise sortiert und sequentiell gespeichert, die einer häufig vorkommenden Bearbeitungsfolge für die zu erwartenden Datenverarbeitungsprozesse entspricht. Auf diese Weise werden die Eigenschaften des Datenträgers genutzt. Zu bemerken ist dabei, daß das Datenbanksystem auf diese physische Sortierung einer Datei nicht Bezug nimmt, weil diese infolge von Änderungen der Datei nach einiger Zeit stellenweise durchbrochen ist. Trotzdem ergibt sich bei Bearbeitung der Datei mit Hilfe einer Sortierfolgedatei eine günstige Verarbeitung, wenn diese Sortierfolge vollständig oder teilweise mit der ursprünglichen Sortierung der Nutzerdatei übereinstimmt.

Sortierfolgedateien werden indexsequentiell organisiert. Sie enthalten den Sortierbegriff und die angeführte Objektnummer des Satzes der Nutzerdatei, auf den verwiesen wird, als Schlüssel. Im Satz sind keine weiteren Informationen enthalten. Die Sätze haben feste Satzlänge und werden stets geblockt. Die Sätze von Sortierfolgedateien sind recht kurz. Es ist demzufolge nicht allzu speicheraufwendig, wenn man in eine Sortierfolgedatei von vornherein einige zusätzliche Sätze aufnimmt, die nur zur Platzreservierung für künftige neu aufzunehmende Sätze gedacht sind. Eine solche Möglichkeit, die in einer entsprechenden Markierung solcher Sätze besteht, wird vom Betriebssystem vorgesehen. Man vermeidet dann, daß bei Neuaufnahmen von Sätzen sofort Überlaufbereiche belegt werden müssen, was die Effektivität der Arbeit mit der Datei herabsetzen würde.

Sortierfolgedateien werden zugleich mit der zugehörigen Nutzerdatei aktualisiert (durch UPDATE).

Verbindungsdateien sind direkt organisiert. Sie werden sequentiell oder direkt aufgerufen. Die Satzlänge ist fest oder variabel. Bei Vorhandensein einer Verbindungsdatei gehört zu jedem Satz der Nutzerdatei genau ein Satz der Verbindungsdatei. Der Satz der Verbindungsdatei wird bei direktem Zugriff durch relative Satzadressierung unter Verwendung eines Schlüssels erhalten. Als Schlüssel dient dabei die Objektnummer, das heißt die relevante Satzadresse des zugeordneten Satzes der Nutzerdatei. Die Verbindungsdatei belegt die gleichen Zylinder des externen Speichers wie ihre zugehörige Nutzerdatei, ähnlich wie bei Verwendung des Parameters SPLIT in den DD-Karten bei sequentiellen Dateien. Die Sätze der Verbindungsdatei stehen dabei jeweils auf dem gleichen Zylinder wie die zu ihnen gehörigen Sätze der Nutzerdatei. Die gewählte Organisation bietet folgende Vorteile: Um einen Nutzersatz und seinen zugehörigen Verbindungssatz zu lesen, muß der externe Speicher nur eine einzige Bewegung des Zugriffarmes ausführen, da beide Sätze auf dem gleichen Zylinder stehen. Ist die relative Satzadresse des Nutzersatzes bekannt, so ist durch eine einfache Rechnung auch die relative

Spuradresse des zugehörigen Verbindungssatzes zu ermitteln. Sein Schlüssel ist ebenfalls bekannt, da er gleich der relativen Satzadresse des Nutzersatzes ist. Das Lesen von Nutzersatz und Verbindungssatz kann also gleichzeitig eingeleitet werden, während bei anderen Organisationsformen erst der Nutzersatz gelesen werden muß, um ihm die Adresse des Verbindungssatzes zu entnehmen.

Durch Verbindungsdateien lassen sich nur solche Dateien miteinander verbinden, deren Daten bereits implizit zueinander in Beziehung stehen.

Die Objekte, auf die mit Hilfe einer Verbindungsdatei verwiesen wird, werden semantisch und syntaktisch identifiziert. Der Zugriff mit Hilfe einer Verbindungsdatei geht so vor sich, daß zunächst mit der syntaktischen Adresse der zugeordnete Satz aufgesucht wird. Danach wird auf Grund der semantischen Identifikation überprüft, ob der Verweis noch aktuell ist, das heißt, ob der gefundene Satz der richtige ist. Stimmt der Verweis nicht mehr, so wird der richtige Satz mit Hilfe der semantischen Identifikation gefunden. Der Verbindungssatz wird dann entsprechend aktualisiert und zurückgeschrieben. In einer Verbindungsdatei müssen stets Sortierfolgedateien vorhanden sein, durch die eine semantische Identifikation der Datensätze erfolgen kann, auf die verwiesen wird.

Bezüglich der Objekte, auf die verwiesen wird, erfolgt die Aktualisierung einer Verbindungsdatei beim Zugriff. Bezogen auf die Objekte, von denen der Verweis ausgeht, wird dieser Teil der Verbindungsdatei zusammen mit der Nutzerdatei aktualisiert.

Bei Aktualisierung der Nutzerdatei werden gleichzeitig auch die Verbindungsdateien auf den neuesten Stand gebracht.

Dagegen werden zugehörige Generalisatordateien nur bei Bedarf aktualisiert.

Bei Änderungen der Nutzerdaten werden vier Änderungsarten angewandt:

1. Löschen einer Gruppe von Datensätzen,
2. Löschen eines Datensatzes,
3. Austauschen eines Datensatzes,
4. Neuaufnahme eines Datensatzes.

Das Ändern von Merkmalen wird durch ein spezielles Programm auf das Austauschen eines Datensatzes zurückgeführt.

Bei Änderung einer Stammdatei wird zusätzlich eine Datei erzeugt, die für eventuelle Änderungen der Generalisatordateien und für die Archivierung vorgesehen ist. Diese Datei besteht aus den alten Sätzen der Stammdatei, die entfernt bzw. geändert wurden (entsprechend den Änderungsarten 1, 2 oder 3) und den neu aufgenommenen bzw. veränderten Sätzen (entsprechend den Änderungsarten 4 oder 3).

Das Ändern einer Generalisatordatei mit aggregierten Werten kann mit Hilfe dieser Änderungsdatei einfach so erfolgen, daß zum aggregierten alten Wert der entsprechende Zahlenwert eines Satzes der Änderungsdatei entweder positiv oder negativ addiert wird, je nachdem, ob der Satz als „neu" oder als „alt" markiert ist.

## 7.3. Die Informationszentrale

### 7.3.1. Paradoxien des Aufbaus und der Nutzung von Datenbeständen für die Problembearbeitung

Das Charakteristische der im Problemprozeß anfallenden nichtschematischen Aufgabe ist ihre direkte und unmittelbare Kopplung mit dem semantikbestimmten Problembearbeitungsprozeß selbst. Sie kann daher nur in Form einer Mensch-Maschine-Kommunikation der Automatisierung zugänglich gemacht werden. Daraus ergibt sich die Notwendigkeit, diese Kommunikation unter organisatorischen Aspekten zu untersuchen.

Im Abschnitt 7.1. haben wir bei der Klassifizierung der Mensch-Maschine-Kommunikation die Stellung der Informationszentrale im Rahmen einer indirekten Mensch-Maschine-Kommunikation herausgearbeitet. Es wurde nachgewiesen, daß der Aufbau einer Informationszentrale keineswegs nur eine Not- oder Übergangslösung ist, sondern ein notwendiger Bestandteil eines dynamischen automatisierten Informationsverarbeitungssystems, das der Unterstützung der Problembearbeitung und -lösung für solche qualifizierten Nutzer dienen soll, denen eine universelle Kommunikationssprache und eine detaillierte Systembeherrschung nicht zugemutet werden kann. Die Entlastung des Nutzers von derartigen Spezialkenntnissen wird häufig auch als Nutzerfreundlichkeit des Systems bezeichnet.

Es gibt jedoch darüber hinausgehend noch eine Reihe von weiteren zwingenden Gründen dafür, daß die Informationszentrale ein wesentlicher Bestandteil eines automatisierten Systems der Informationsverarbeitung sein muß, wenn es rationell und effektiv für die Problembearbeitung und -lösung eingesetzt werden soll. Diese Gründe sollen, da es sich hierbei um einander widersprechende Anforderungen an automatisierte Systeme der Informationsverarbeitung handelt, zur besseren Verdeutlichung zunächst als Paradoxien formuliert werden:

a) Paradoxie der Beherrschbarkeit großer Datenmengen,
b) Paradoxie der Effektivität der Problembearbeitung,
c) Paradoxie der Stabilität des Systems.

### 7.3.2. Paradoxie der Beherrschbarkeit großer Datenmengen

Die zunehmende Komplexität und der wachsende Umfang der Verantwortungsbereiche, die aus der gesellschaftlichen Entwicklung der Arbeitsteilung resultieren, erfordern die inhaltliche Beherrschung ständig größer werdender Datenmengen durch den einzelnen. Nachgewiesenermaßen versagt die menschliche Kapazität bei der Forderung nach detaillierter semantischer Beherrschung von Datenmengen ab einer bestimmten Größenordnung. So können zum Beispiel Datenmengen mit einem durchschnittlichen Differenziertheitsgrad nur in einem Umfang von einigen zehntausend, bestenfalls einigen hunderttausend Daten semantisch beherrscht werden. Die Überschaubarkeit und damit die Beherrschbarkeit von vielen Millionen Daten ist damit für einen einzelnen Nutzer faktisch unmöglich (Paradoxie der Beherrschbarkeit großer Datenmengen). Die Praxis der Informationsverarbeitung führt aber schnell zu derartig umfangreichen Datenmengen.

Dieser Erkenntnis, daß große Datenmengen semantisch nicht mehr beherrschbar sind, trägt zum Beispiel die moderne Pädagogik dahingehend Rechnung, indem sie zunehmend vom Vermitteln von Faktenwissen zur Darbietung von Zusammenhängen sowie Arbeits- und Erkenntnismethoden in Kombination mit Wissens- und Faktenspeichern übergeht.

Die Beherrschbarkeit großer Datenmengen besitzt für die Einschätzung der organisatorischen Lösungen im Rahmen dynamischer automatisierter Informationsverarbeitungssysteme eine Schlüsselstellung.

Die Effektivität einer Technologie zur Beherrschung großer Datenmengen hängt wesentlich davon ab, welche Organisationsformen für diese Datenmengen gewählt werden. Bei großen Datenmengen wächst der Kompliziertheitsgrad solcher Technologien schnell an.

Daraus folgt, daß an den Nutzer immer höhere Anforderungen hinsichtlich der Handhabung solcher Technologien gestellt werden müssen. Der Nutzer darf jedoch durch die Einbeziehung von Hilfsmitteln (Technologien für die Beherrschung von Datenmengen) nicht so belastet werden, daß er erst umfangreiche Kenntnisse und Fertigkeiten des betreffenden Systems erwerben muß, um das Hilfsmittel überhaupt zur Unterstützung seiner eigenen Sachprozesse anwenden zu können.

Diese Problematik ist nicht nur beim Aufbau dynamischer automatisierter Informationsverarbeitungssysteme zu berücksichtigen, sondern hat sich generell in der Praxis als ein weitreichendes Hemmnis für die schnelle Anwendung der EDV erwiesen. Wenn unter diesem Aspekt die Qualifizierung der Nutzer für die EDV-Anwendung vorurteilsfrei analysiert wird, so ist festzustellen, daß zum Teil recht komplizierte, den eigentlichen

Arbeitsprozeß der Nutzer meist nicht tangierende Kenntnisse gefordert werden, um die EDV in die Rationalisierung der Arbeitsaufgaben einbeziehen zu können. Das ist unter dem Blickpunkt der zunehmenden Anforderungen an die inhaltlichen Aspekte der jeweiligen Problembearbeitungsprozesse besonders negativ zu werten. Das bisherige Vorgehen bei der EDV-Nutzung bedeutet damit für den Anwender oft eine Belastung mit Fertigkeiten, die mit dem Inhalt seiner Tätigkeiten kaum etwas zu tun haben, aber zur Anwendung dieses modernen Hilfsmittels unbedingt erforderlich sind. Dadurch entstanden und entstehen Aversionen gegenüber der EDV, weil die jeweilige konkrete Problembearbeitung eher verkompliziert als erleichtert wird. Das macht dann leicht für die echten Effekte der EDV-Anwendung blind.

Die Forderungen einer nutzerfreundlichen Umsetzung von Informationsverarbeitungsaufgaben und einer nutzerfreundlichen Aufbereitung der Ergebnisse ist ein ernstes organisatorisches Problem, von dessen Lösung maßgeblich der Effekt der EDV-Anwendung abhängt.

Wie bereits erläutert, bedeutet die Beherrschbarkeit eines Datenbestandes nicht die Bereitstellung dieser Informationen schlechthin. Beherrschbarkeit eines Datenbestandes bedeutet die Bereitstellung der problemrelevanten Daten. Die im Rahmen eines Problembearbeitungsprozesses notwendige Präzisierung des Informationsbedarfs ist so vorzunehmen, daß die Möglichkeiten des Gesamtdatenbestandes umfassend genutzt werden. Dazu ist die Formulierung eines umkehrbar eindeutigen Identbegriffes für jedes einzelne Element der Datenmenge unabdingbar, um die Bereitstellung der ausgewählten Daten veranlassen zu können. Damit wird deutlich, daß die Auswahl von Informationen das eigentliche Problem der Beherrschbarkeit ist. Diese bei jedem Maschinensystem vorausgesetzte abstrakte Funktionsfähigkeit ist gewissermaßen noch nicht auf den konkreten Prozeß der Entstehung des Informationsbedarfs beim Nutzer bezogen. Die Beherrschbarkeit einer großen Datenmenge erfordert vielmehr eine Unterstützung der Prozesse der Präzisierung der für einen konkreten Problembearbeitungsprozeß notwendigen Daten. Ohne diese Unterstützung (wenn also dem Nutzer allein die Last der Präzisierung des Informationsbedarfs aufgebürdet wird) kann ein EDV-System seine Funktion nicht voll erfüllen.

Die Beherrschbarkeit einer großen Datenmenge erfordert, alle vorhandenen Daten, die für die konkrete Problembearbeitung wesentlich sein könnten, auf ihre Verwendbarkeit hin zu prüfen, das heißt, in der Datenmenge einen Schnitt zu erzeugen, der die möglichen problemrelevanten Daten von den problemirrelevanten trennt. Nur so kann gewährleistet werden, daß nicht nur eine sporadische Ausnutzung des Datenbestandes in Abhängigkeit vom zufälligen Niveau des Problembearbeiters erfolgt, sondern die tatsächlichen Potenzen des Systems voll ausgenutzt werden.

Die Ausnutzung des Datenbestandes in so umfassender Weise wird jedoch nur möglich, wenn aus der Organisation der Daten des Bestandes heraus für die problembezogene Informationsverarbeitung ein Angebot entwickelt werden kann. Dieser Bezug auf das jeweils vorliegende Problem erfordert — wie wir an anderer Stelle zu zeigen versucht haben — die multiaspektive semantische Strukturierung der genutzten Datenmenge.

Das Angebot an möglichen problemrelevanten Daten, zu denen das organisierte System befähigt sein muß, haben wir auch als Überschaubarkeit der organisierten Datenmenge bezeichnet. Diese Überschaubarkeit drückt die Fähigkeit des Nutzers aus, alle für sein Problem relevanten Relationen, die im Datenbestand erfaßt sind, heranzuziehen.

Die Beherrschbarkeit großer Datenmengen umfaßt somit sowohl die Überschaubarkeit der Datenmenge als auch die Funktionsfähigkeit des Systems, die angeforderten Daten bereitzustellen und eventuell in weitere Verarbeitungsprozesse einzubeziehen.

Die Beherrschbarkeit großer Datenmengen ist jedoch nicht mit der absoluten Überschaubarkeit großer Datenbestände identisch.

Die praktischen Erfahrungen besagen, daß die absolute Überschaubarkeit für den einzelnen Nutzer unmöglich ist. Eine solche absolute Überschaubarkeit braucht vom Nutzer aber nicht gefordert zu werden, wenn das automatisierte Informationsverarbeitungssystem so organisiert ist, daß eine problembezogene und problemabhängige Überschaubarkeit des Datenbestandes realisiert werden kann. Eine problemabhängige Überschaubarkeit entspricht dem funktions- oder aufgabenbezogenen Informationsbedarf, wie er für statische bzw. flexible automatisierte Informationsverarbeitungssysteme charakteristisch ist. Hierbei muß jedoch berücksichtigt werden, daß beim aufgabenbezogenen Informationsbedarf die entsprechenden Aufgaben explizit angegeben sind, während die problemabhängige Überschaubarkeit die Beherrschbarkeit von jeweils anderen Teilmengen des Datenbestandes bedeutet, weil die zu lösenden Aufgaben variieren. Dadurch erweist sich die Beherrschbarkeit des Datenbestandes in einem dynamischen automatisierten Informationsverarbeitungssystem als eine Vielzahl von nicht vorhersehbaren Beherrschbarkeitsanforderungen an beliebig kombinierte Teilmengen des Datenbestandes.

Das dynamische automatisierte Informationsverarbeitungssystem muß folglich so organisiert sein, daß der Nutzer zur problemabhängigen Beherrschbarkeit des Datenbestandes des Systems befähigt wird, ohne hierbei die absolute Beherrschung des Systems in irgendeiner Weise vorauszusetzen (Dynamik des Informationsbedarfs im Rahmen der Problembearbeitung).

Diese Forderung an das System wird nur realisierbar, wenn an die Stelle einer bloßen Fixierung von Identbegriffen eine allgemein anwendbare Methode tritt, aus den jeweils konkreten Problemgegenständen zielstrebig die für das betreffende Problem relevanten Daten zu sichten und in einem Entscheidungsprozeß auszuwählen, um auf diese Weise den Prozeß der Präzisierung der Informationsanforderungen für spezifizierte Problemvarianten zu steuern. Das Interessante besteht darin, daß ein solches Verfahren es ermöglicht, den Nutzer von einer detaillierten semantischen Beherrschung des Gesamtbestandes zu entlasten. Sie reduziert sich auf die semantische Beherrschung der Grobstruktur des Systems, die dann durch ein syntaktisch gesteuertes Angebotsverfahren — gekoppelt mit den Entscheidungsvorgängen zur Präzisierung des Informationsbedarfs — ergänzt wird.

Der Zugriff zu den Daten wird somit zu einem Bestandteil der Methodik der Problembearbeitung und -lösung.

Wir konnten die Beherrschbarkeit von Datenbeständen in eine absolute und eine problemabhängige Beherrschung von Datenbeständen differenzieren, weil es im konkreten Problembearbeitungsprozeß überhaupt nicht um die absolute Beherrschung eines komplexen Datenbestandes geht. Insofern hat es auch gar keinen Zweck, dem Nutzer den vollständigen Katalog über den gesamten Datenbestand in die Hand zu geben. Ihm geht es nur darum, seinen Informationsbedarf für ein konkretes Problem aus dem Datenbestand so weit wie möglich zu decken, so als interessiert ihn das Komplemente an Informationen zum problemabhängigen Informationsbedarf (problemirrelevante Daten) überhaupt nicht. Es genügt daher, wenn lediglich die Informationszentrale über den vollständigen Objekt-, Merkmals- und Programmkatalog verfügt. Ihre Kader sind Spezialisten in der Handhabung dieser Organisationshilfsmittel sowie in der Kenntnis entsprechender Auswertungsverfahren.

Durch eine derartige Verfahrensweise beim Einsatz einer Informationszentrale wird die Problembearbeitung des Nutzers durch die fachkundige Beratung in Hinblick auf die Nutzung der Potenzen, die im Datenbestand und Programmfonds enthalten sind, qualifiziert. Durch den Aufbau einer Informationszentrale erfolgt eine sich homogen in den fortlaufenden Arbeitsprozeß eingliedernde problemabhängige Qualifizierung der Nutzer am Arbeitsplatz (Beratung bezüglich möglicher Daten und geeigneter Auswertungsmethoden).

Diese Sicht der Aufgaben einer Informationszentrale beinhaltet, daß in ihr nicht einfach Codierer und Decodierer einzusetzen sind, sondern hochqualifizierte Diskussionspartner für den Nutzer tätig sein müssen, die ihn sachbezogen während des Prozesses der Präzisierung der Informationsanforderungen und bei der Auswahl geeigneter Informationsverarbeitungsverfahren für die verschiedenen Problemvarianten unterstützen.

Durch die Realisierung dieser Forderung, die Überschaubarkeit in den Mittelpunkt der Systemgestaltung zu stellen, ergeben sich für die Konzipierung eines technisch funktionsfähigen Systems die Möglichkeiten der Ausnutzung der früher schon diskutierten durchgängig semantikunabhängigen syntaktischen Strukturierung des Datenbestandes.

Der Indentbegriff ist nicht mehr Ausgangspunkt der Mensch-Maschine-Kommunikation, sondern Ergebnis des Prozesses der Ermittlung des problemabhängigen Informationsbedarfs. Der syntaktische Identbegriff eines dynamischen automatisierten Informationsverarbeitungssystems verkoppelt gewissermaßen den semantisch gesteuerten Prozeß der Informationspräzisierung, das heißt die Arbeit mit den semantischen Datenstrukturen der Kataloge des dynamischen automatisierten Informationsverarbeitungssystems, mit der technischen Funktionsfähigkeit des Systems. Der syntaktische Identbegriff ist einerseits Ergebnis des Prozesses der Herausbildung des präzisierten Informationsbedarfs und andererseits Ausgangspunkt für die Prozesse des Suchens, Bereitstellens und Verarbeitens der für die jeweiligen Problembearbeitung benötigten Daten.

### 7.3.3. Paradoxie der Effektivität

Die breite Anwendung der EDV ist ein objektives Erfordernis der Entwicklung unserer Gesellschaft, weil die Anforderungen an Umfang und Qualität der zu verarbeitenden Informationen auf Grund der sich vertiefenden Arbeitsteilung und der sich in großen Dimensionen entwickelnden Verflechtungsbeziehungen exponentiell anwachsen. Die komplizierten und vielschichtigen Probleme der planmäßigen Gestaltung eines hocheffektiven gesellschaftlichen Reproduktionsprozesses sind untrennbar mit dem Aufbau effektiver Informationsverarbeitungssysteme verbunden. Die Bewertung der Effektivität eines Informationsverarbeitungsprozesses führt daher in der Regel über die unmittelbaren Grenzen der meßbaren Faktoren im jeweils speziellen Anwendungsgebiet hinaus. Das Problem der Effektivität der Anwendung von automatisierten Informationsverarbeitungssystemen wird unter den verschiedensten Aspekten untersucht, um handhabbare Nutzenskriterien zu erarbeiten. Die gegenwärtig Anwendung findenden Nutzenskriterien beschränken sich auf Teilaspekte der durch die EDV-Anwendung im gesamtgesellschaftlichen Maßstab erbrachten Rationalisierung. Wir wollen im folgenden nur die qualitativen Aspekte in ihrem wechselseitigen Verhältnis betrachten, ohne das Gesamtproblem der Effektivität der Datenverarbeitung lösen zu wollen.

Allein aus der Verallgemeinerung der praktischen Erfahrung wird sichtbar, daß die durch den Nutzer repräsentierten Interessen nach einer hocheffektiven Informationsverarbeitung auf der einen Seite und die durch den EDV-Spezialisten repräsentierten Möglichkeiten einer optimalen Nutzung der EDV-Technik auf der anderen Seite zwei keineswegs zusammenfallende Betrachtungsweisen der Effektivitätsproblematik darstellen. Der Nutzer bestimmt die inhaltliche Zielrichtung für die EDV-Anwendung, die letzlich immer ein Hilfsmittel für die Rationalisierung von gesellschaftlich determinierten Informationsverarbeitungsprozessen bleibt. Der EDV-Spezialist dagegen macht die durch den Stand der Technik und Programmiertechnik gesetzten Schranken für eine EDV-Anwendung geltend. Er bemüht sich daher, den vom Nutzer geforderten Zielen so nahe wie möglich zu kommen. Die Dynamik dieses Widerspruchs fordert vom Nutzer, sich gründlich mit den Anwendungsmöglichkeiten der EDV vertraut zu machen, um wenigstens diese in die rationelle Gestaltung von Informationsverarbeitungsprozessen integrieren zu können. Für den EDV-Spezialisten jedoch ist dieser Widerspruch Aufforderung und Veranlassung, die Möglichkeiten von automatisierten Informationsverarbeitungssystemen zu erweitern, um sich immer besser den Forderungen des Nutzers anpassen zu können. Die Mißachtung dieser Dialektik führt einerseits zu dramatisierten Enttäuschungen des Nutzers über die relativ engen Grenzen der Automatisierungswürdigkeit von Informationsverarbeitungsprozessen und andererseits zur großtuerischen Überbewertung der bereitgestellten automatisierten Informationsverarbeitungssysteme, denen der Nutzer angeblich „angepaßt" werden müsse. Die Effektivität von Informationsverarbeitungssystemen wird tatsächlich sowohl durch den Nutzer als auch durch die maximale Erschließung der Potenzen eines automatisierten Informationsverarbeitungssystems bestimmt. Wenn wir von einer Paradoxie der Effektivität sprechen, so meinen wir damit, daß weder allein die bloßen Forderungen des Nutzers nach rationeller Informationsverarbeitung noch allein die Forderung der EDV-Spezialisten nach EDV-gerechten Arbeitsabläufen der Maßstab für die Bewertung von automatisierten Informationsverarbeitungssystemen sein können.

Die Effektivität eines automatisierten Informationsverarbeitungssystems wird durch drei Haupteinflußfaktoren bestimmt:

— die Effektivität für den Nutzer,
— die Effektivität der Projektierung und Programmierung von Datenverarbeitungsaufgaben,
— die Effektivität der Nutzung der EDVA (Laufzeiten und ähnliches).

Die Paradoxie der Effektivität von automatisierten Informationsverarbeitungssystemen drückt vor allem aus, daß die Faktoren in einem widersprüchlichen Verhältnis zueinander stehen und dabei die Verbesserung der Effektivität eines Aspektes fast zwangsläufig die Verschlechterung der Effektivität eines anderen Aspektes nach sich zieht. Aus diesem Grunde sind einseitige Effektivitätsdiskussionen in der Regel wenig ergiebig. Beispielsweise ist eine Optimierung der Maschinennutzung meist mit einem erhöhten Aufwand in der Projektierung und Programmierung und einer Einschränkung der Freiheitsgrade des Nutzers bei der Anwendung des Systems verbunden. Oder, um ein anderes Beispiel zu nennen, wird die Nutzung bequemer Programmiersprachen (problemorientierte Sprachen) durch höhere Laufzeiten und uneffektivere Speicherplatznutzung erkauft. Der Anwender selbst kommt mit seinen Idealvorstellungen meist gar nicht erst zum Zuge, weil Projektierung, Programmierung und Nutzung der EDVA mit den sie bestimmenden Effektivitätskriterien als Fixpunkte gesetzt scheinen. Der Anwender kann nur im Rahmen der real erscheinenden Möglichkeiten des effektiven Einsatzes der EDV seine Interessen wahrnehmen, obwohl es letzlich um eine höhere Effektivität der Arbeitsprozesse geht, die der Nutzer verantworten muß.

Aus diesem Grunde kam beim Aufbau statischer und flexibler automatisierter Informationsverarbeitungssysteme nur die EDV-Anwendung für schematische Aufgaben in Betracht, weil der mit der 2. Rechnergeneration bereitgestellte Umfang an Hard- und Softwarenleistungen eine effektive EDV-Anwendung für andere Aufgabenstellungen illusorisch erscheinen ließ. Die Einschränkung der Position des Nutzers auf die Bereitstellung für lange Zeit stabil bleibender schematischer Datenverarbeitungsaufgaben, deren EDV-gerechte Aufbereitung, die dem Nutzer oft recht beschwerlich erscheinen muß (zum Beispiel EDV-gerechte Primärdatenorganisation), führte in der Regel dazu, daß viele Nutzerwünsche unerfüllt bleiben mußten. Dennoch soll keineswegs unterschätzt werden, daß die EDV-Anwendung für schematische Aufgaben beträchtliche Rationalisierungseffekte gebracht hat.

Die alleinige Anpassung des Nutzers an Forderungen, wie sie durch statische und flexible automatisierte Informationsverarbeitungssysteme gestellt werden müssen, ist unseres Erachtens jedoch nicht als Endpunkt der EDV-Anwendung selbst anzusehen. Wenn auch mit den Rechnern der 3. Generation nach wie vor die Forderungen nach einer hocheffektiven Projektierung, Programmierung und Rechnernutzung bestehen bleiben, so eröffnet die gegenwärtige Hard- und Softwareentwicklung doch neue Möglichkeiten, sich den Forderungen und Wünschen des Nutzers besser anzupassen, als das bisher der Fall war. Die Anpassungsfähigkeit eines automatisierten Informationsverarbeitungssystems an die umfassenden Nutzerwünsche, einschließlich einer EDV-Unterstützung der Problembearbeitungs -und -lösungsprozesse, wird mehr und mehr zum Hauptkriterium für die Leistungsfähigkeit eines automatisierten Informationsverarbeitungssystems. Da auch der heutige Stand der Hard- und Softwareentwicklung der Gestaltung von hochleistungsfähigen EDV-Systemen Grenzen setzt, kommt der Vermittlung zwischen den Nutzeranforderungen und der Funktionsweise einer Projektierungs- und Programmiertechnik zur effektiven Rechnernutzung eine entscheidende Bedeutung zu. Je mehr der Nutzer von Spezialkenntnissen zur Beherrschung einer EDV-gerechten Primärorganisation befreit werden soll, umso mehr wächst die Verantwortung für die Funktionsfähigkeit jenes Bindegliedes zwischen Nutzer und dem eigentlichen EDV-System, das wir als Informationszentrale gekennzeichnet haben.

Die Zielstellung eines dynamischen automatisierten Informationsverarbeitungssystems besteht unter den diskutierten Aspekten der Effektivität darin, dem Nutzer das Primat vor allen anderen Effektivitätskriterien einzuräumen und gleichzeitig der Forderung nach einer rechnerorientierten EDV-Organisation zu entsprechen, um auf diese Weise die Paradoxie der Effektivität der EDV-Anwendung zu mildern. Insbesondere kann die vorgenannte Paradoxie der variablen Nutzung großer Datenbestände seitens des Nutzers (vgl. Abschnitt 7. 3.2.) nur dann abgebaut werden, wenn ein automatisiertes Informationsverarbeitungssystem informationsorganisatorische Elemente enthält, die eine Objektivierung der Nutzung aller Möglichkeiten, die das EDV-System bietet, gewährleistet. Der Nutzer tritt dadurch dem automatisierten Informationsverarbeitungssystem nicht mehr mit der Subjektivität seiner Erfahrungen und seiner begrenzten Vorstellungen über den für ihn erforderlich erscheinenden Informationsbedarf gegenüber, sondern als Prototyp eines EDV-Anwenders, der die maximale Leistungsfähigkeit des automatisierten Informationsverarbeitungssystems in seinen Arbeitsprozeß integriert. Die organisatorischen Lösungen zur Kopplung des Nutzers mit den technischen und programmtechnischen Potenzen des Systems führen dadurch zur ständigen Qualifizierung des Nutzers und zur ständigen Verbesserung der Leistungsfähigkeit des EDV-Systems, ohne dessen Stabilität zu gefährden. Die Paradoxie der Effektivität kennzeichnet somit nicht den Zustand, sondern einen Prozeß der sich ständig vervollkommnenden Anpassungsfähigkeit des automatisierten Informationsverarbeitungssystems an die Forderungen des Nutzers durch die kontinuierliche Erhöhung der Leistungsfähigkeit und Effektivität des Gesamtsystems.

### 7.3.4. Paradoxie der Stabilität des Systems

Automatisierte Informationsverarbeitungssysteme unterliegen zwangsläufig ständigen Aktualisierungen, Erweiterungen und Änderungen. Die

Effektivität und rationelle Nutzbarkeit automatisierter Informationsverarbeitungssysteme ist in entscheidendem Maße davon abhängig, daß diese Änderungen die Arbeitsweise des Nutzers nicht beeinflussen. Das bedeutet, daß die zu schaffenden automatisierten Informationsverarbeitungssysteme eine derartige Stabilität aufweisen müssen, daß sie trotz ständiger Änderungen für den Nutzer unveränderlich aktuell bleiben (Paradoxie der Stabilität des Systems).

Die Beherrschung des Änderungsdienstes ist, wie die Praxis der Datenverarbeitung immer wieder zeigt, ein äußerst komplizierter Vorgang. Wir wollen im folgenden die Frage des Änderungsdienstes vor allem aus organisatorischer Sicht näher betrachten. Wir möchten hier mit dem Terminus „Änderungsdienst" die gesamte Palette der Probleme gefaßt wissen, die mit der Aktualisierung, Erweiterung und Archivierung — um nur die wichtigsten zu nennen — zusammenhängen.

Wie die Praxis vielfach zeigt, entscheidet die Qualität der organisatorischen Lösungen zur Bewältigung dieses Komplexes weitgehend die Haltung der Nutzer zur Anwendung des gesamten Systems. Für den Nutzer, der stets aktuell informiert sein will und muß, dürfen die Probleme der Sicherung der Aktualität der genutzten Daten- und Programmelemente nicht bemerkbar sein. Der Änderungsdienst zur Aktualisierung des Datenbestandes eines dynamischen automatisierten Informationsverarbeitungssystems ist allein Aufgabe der Informationszentrale, denn nur sie verfügt über die detaillierten Kataloge. Indem die Informationszentrale dem Nutzer die Aktualisierung garantiert, sind die diesbezüglichen Forderungen der Nutzer vollauf erfüllt.

Dadurch, daß vom Nutzer ohnehin nicht die explizite Beherrschung des Gesamtsystems gefordert wird, um die Potenzen des Systems nutzen zu können, bedeutet es für den Nutzer keinen Unterschied, ob sich das System zwischenzeitlich ändert oder nicht. Der Nutzer besitzt keinerlei Maßstäbe, um überhaupt entscheiden zu können, ob und an welchen Stellen sich das System geändert hat. Auf Grund dieser Organisation wird der Nutzer von der Last, die ständig erforderlichen Änderungen zu verfolgen, befreit.

Das hindert den Nutzer jedoch in keiner Weise daran, an der weiteren inhaltlichen Präzisierung des Datenbestandes in Zusammenarbeit mit der Informationszentrale mitzuwirken; diese Mitwirkung erfolgt sogar in mehrfacher Hinsicht:

— durch die ständige (implizite) Kontrolle, ob das System mit seinen organisierten Potenzen in der Lage ist, den jeweiligen konkreten problemabhängigen Informationsbedarf zu decken und
— durch die statistische Auswertung der Nutzung der Elemente des Systems (in der Informationszentrale).

Der Anwender trägt durch seinen Kontakt mit den Mitarbeitern der Informationszentrale zur Qualifizierung des Systems in einer Weise bei, die in seinen unmittelbaren Arbeitsprozeß selbst eingeschlossen ist und von ihm keine zusätzlichen Aktivitäten und Qualifizierungen fordert. Die Mitarbeiter der Informationszentrale, die ja eine zentrale Applikationsgruppe zur EDV-Anwendung darstellen, verallgemeinern diese Erfahrungen und nutzen sie zur Verbesserung des Gesamtsystems.

Diese Form der Lösung des Änderungsdienstes unter voller und alleiniger Verantwortlichkeit der Informationszentrale beugt auch falschen bzw. unberechtigten Eingriffen in das organisierte System vor, die sonst unter Umständen durch die Nutzer (beabsichtigt oder unbeabsichtigt) möglich wären.

Die vorangehenden Ausführungen sollten deutlich gemacht haben, daß ein dynamisches automatisiertes Informationsverarbeitungssystem effektiver organisatorischer Lösungen zu seiner Nutzung bedarf, die es gestatten, in der Kommunikation die im Datenbestand und im Programmfonds angelegten Potenzen maximal zu entfalten.

Je weiter sich eine Nutzungsform für EDVA von den eigentlichen Maschinenfunktionen entfernt, also nutzerfreundlicher wird, um so komplizierter und rechentechnisch (zeit-) aufwendiger, also maschinenunfreundlicher, wird ein Superprogrammsystem, das der Umsetzung der Nutzeranforderungen in Maschinenfunktionen dient, und desto umfangreicher wird die Nutzerorganisation.

Der Vorzug der Mensch-Maschine-Kommunikation besteht gerade in der über die Vollautomatisierung hinausgehenden Kopplung menschlicher mit maschinellen Potenzen, vor allem der echten Einbeziehung nichtformalisierter bzw. nicht formalisierbarer Bewertungsvorgänge in das System, in dessen Zentrum die Informationszentrale steht. Durch sie werden wirksame Beiträge zur Rationalisierung der Problembearbeitungsprozesse unter informationellem Aspekt möglich.

### 7.3.5. Funktionen einer Informationszentrale

Die Informationszentrale wirkt bei der Kommunikation zwischen Nutzer und automatisiertem Informationsverarbeitungssystem als Puffer. Ihre Funktionen sind so zu konzipieren, daß die oben formulierten Paradoxien abgebaut werden und die als indirekte Mensch-Maschine-Kommunikation entwickelte Organisation des Systems gleichzeitig möglichst nutzerfreundlich und maschinenfreundlich wird (vgl. Abbildung 63). Die Aufgaben, die durch eine Informationszentrale auf Grund der oben genannten Paradoxien zu lösen sind, lassen sich nicht durchgängig formalisieren. Sie enthalten eine Vielzahl organisatorischer Regelungen, die von der Umsetzung der Semantik des Nutzers bis zu den Nutzungsformen und dem effektiven EDV-Einsatz reichen. Die Informationszentrale verkörpert dem Nutzer gegenüber in konzentrierter Form die Leistungsfähigkeit des Gesamtsystems. Ihre Mittlerstellung zwischen Nutzer und EDVA ist eine der wesentlichsten Voraussetzungen für die umfassende Nutzung der Potenzen des organisierten Systems.

Eine Informationszentrale muß folgende Funktionen realisieren:

— die Beratung des Nutzers in den Phasen 3 und 4 seines Problembearbeitungsprozesses durch die Unterbreitung eines problembezogenen Angebots an möglichen problemrelevanten Daten aus dem organisierten Datenbestand,
— die Umsetzung der präzisierten Nutzerwünsche in generierte Auswertungsprogramme,
— die Entwicklung der Analyseprogramme mit dem Ziel, die im organisierten System vorhandenen Potenzen sichtbar zu machen und einen eigenständigen Beitrag zur Unterstützung der Leitungstätigkeit zu leisten,
— die Organisierung von wiederkehrenden Routineaufträgen (Auswertungsprojekte) zur planmäßigen Informationsversorgung von Leitungskadern mit Ergebnisinformationen,
— die Organisation der Datenbestände sowie ihre Aktualisierung und Archivierung,
— die Pflege und Weiterentwicklung des Programmiersystems,
— die Gewährleistung von Ordnung, Sicherheit und Geheimnisschutz für den organisierten Datenbestand.

Die *Nutzerberatung* beginnt mit einer Problemanalyse. Dabei kommt es darauf an, daß sich der Mitarbeiter der Informationszentrale in die Wünsche und Absichten des Nutzers und des von ihm aufgeworfenen Problems hineindenkt und im Dialog mit dem Nutzer die hierbei möglicherweise auftretenden Mißverständnisse klärt. Auf dieser Grundlage sucht der Mitarbeiter in seinem Informationskatalog nach den semantischen Datenstrukturen, die der aufgeworfenen Problemstellung am nächsten kommen. Anhand dieser Datenstrukturen wird der Nutzer über die gegliederten Objektmengen und die dazu gehörenden Daten informiert. Der Mitarbeiter der Informationszentrale berät nun den Nutzer auf der Grundlage seines Problemverständnisses, welche Daten zur Problemlösung herangezogen werden sollten. Er entwickelt weiterhin erste Vorstellungen über mögliche Verarbeitungsprozesse, denen man diese Daten unterwerfen könnte. In der Diskussion präzisiert der Nutzer seine Wünsche und trifft die erforderlichen Entscheidungen über die durchzuführenden Auswertungsprozesse. Damit ist die Beratung des Nutzers beendet.

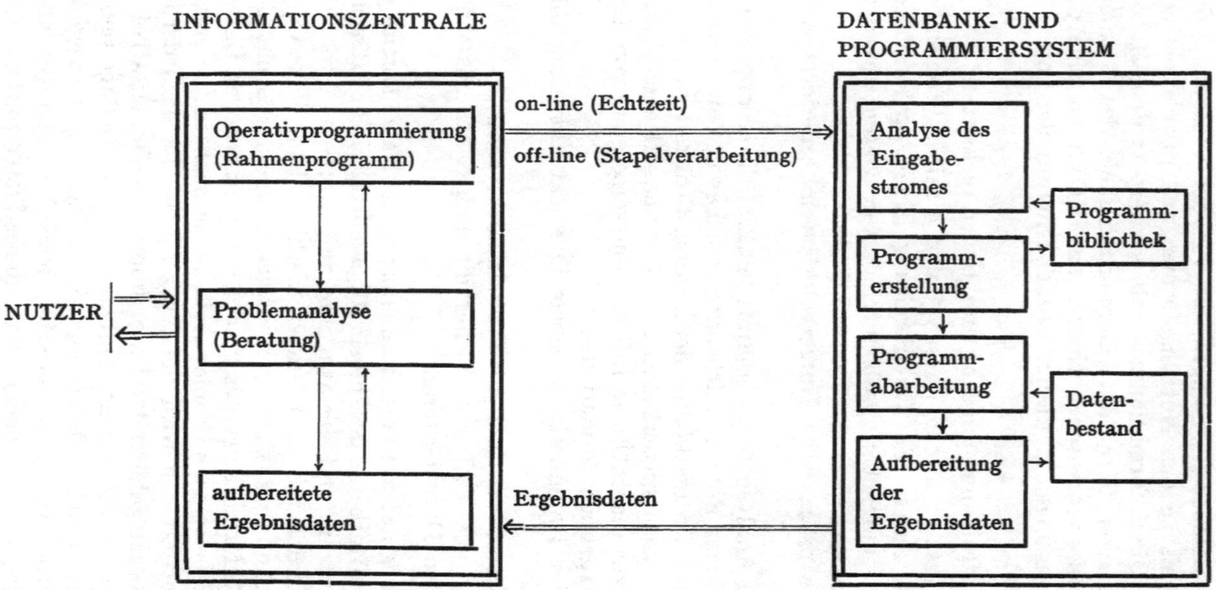


Abb. 63: Die Informationszentrale als Bestandteil eines dynamischen automatisierten Informationsverarbeitungssystems

Im Anschluß an die durchgeführte Beratung wird nun durch einen besonders dafür spezialisierten Mitarbeiter der Informationszentrale eine Anweisung für die gewünschte Programmierung geschrieben, der die ausgewählten Datenstrukturen und Verarbeitungsalgorithmen zugrunde gelegt werden. Hierbei werden gleichzeitig die Wünsche des Nutzers berücksichtigt, in welcher Form die Ergebnisdaten ausgegeben werden sollen (parameter- und algorithmengesteuerte Auswertungsprogramme). Die Anfertigung solcher Anweisungen ist relativ einfach, erfordert jedoch eine spezifische Systemkenntnis. Man könnte diese Funktion der Informationszentrale als *Operativprogrammierung einmaliger Nutzerwünsche* bezeichnen. Neben der Abarbeitung von Routineprojekten ergibt sich hier die Möglichkeit, in vielfältigster Weise variierende Nutzerwünsche für spezielle Informationsverarbeitungsaufgaben befriedigen zu können, weil der immer mehr als Engpaß erkennbare Mangel an Programmierkapazität dank der spezifischen Organisation des Systems überwunden werden kann.

Der organisierte Datenbestand enthält reichhaltige Möglichkeiten für die Herstellung von Beziehungen zwischen den Daten. Die in der Informationszentrale vorhandenen vielfältigen Möglichkeiten, solche Informationsbeziehungen herzustellen, werden nun zu einer eigenständigen Aufgabe für die Analysetätigkeit entsprechend spezialisierter Mitarbeiter. Diese Mitarbeiter müssen einen guten Überblick und umfangreiche Grundkenntnisse über die Funktion und die Struktur des Leitungsbereiches besitzen, um die organisierten Daten in ihrer Bedeutung für die Leitungstätigkeit erkennen zu können. Sie lassen sich in ihrer Arbeit davon leiten, aussagefähige Ergebniswerte zu ermitteln, um so einen Beitrag für die Einschätzungen zu leisten, die für den einen oder anderen staatlichen Leiter des Bereichs von Interesse sein könnten. Die Ergebnisse der Analysetätigkeit werden dann den entsprechenden Leitungsbereichen zur Verfügung gestellt. Durch die gemeinsame Diskussion wird geklärt, in welcher Richtung die Analysetätigkeit weiter verbessert werden könnte.

Neben der Befriedigung spezieller Nutzerbedürfnisse und der Durchführung einer eigenständigen analytischen Arbeit erfolgt auch eine kontinuierliche und durch die Abarbeitung von Routinetätigkeiten festgelegte *Versorgung der Leitungsbereiche mit notwendigen Informationen.* Hierzu gehören sowohl die Bereitstellung von als Arbeitsunterlagen dienenden Auslistungen bestimmter Dateien nach bestimmten Datenstrukturen (Sortierfolgen) und nach entsprechenden Aktualisierungen des Datenbestandes, als auch die Bereitstellung von Ergebnislisten nach der Abarbeitung von kontinuierlich zu wiederholenden Auswertungsprogrammen (Datenverarbeitungsprojekte).

In dieser Hinsicht übt die Informationszentrale die gleiche Funktion aus wie ein EDV-Einsatzkollektiv, das für bestimmte Aufgabenkomplexe ein Datenverarbeitungsprojekt entwickelt. Die Bedingung hierbei ist jedoch, daß die für das EDV-Projekt erforderlichen Daten im organisierten Datenbestand enthalten sind. Es hängt somit vom Umfang des organisierten Datenbestandes ab, inwieweit auch die sogenannten Projekte der Massendatenverarbeitung durch die Informationszentrale nach der gleichen Technologie bearbeitet werden können, wie sie für die Befriedigung von Nutzerwünschen typisch ist. Dabei wird allerdings in Kauf genommen, daß die Laufzeit von Datenverarbeitungsprojekten in dieser neuen Technologie größer ist als bei einem Projekt in der herkömmlichen Technologie. Dieser Nachteil wird jedoch durch den wesentlich geringeren Projektierungs- und Programmieraufwand weitestgehend kompensiert. Es hängt somit von den jeweils konkreten Bedingungen ab, welche Technologie einer Datenverarbeitungsprojektierung und -programmierung zugrunde gelegt wird. Wenn man berücksichtigt, daß die Operationsgeschwindigkeit der zum Einsatz kommenden EDV-Anlagen der 3. Generation immer größer wird und die Probleme der Datenerfassung überwunden werden können, wenn die für das Projekt erforderlichen Daten im organisierten Datenbestand enthalten sind, so darf erwartet werden, daß die durch die Informationszentrale praktizierte Technologie der rationellen Programmierung eine große Zukunft besitzt.

Eine der kompliziertesten und aufwendigsten Aufgaben in der Informationszentrale ist die Erarbeitung eines Systems von *Organisationsanweisungen für die Erfassung und Aktualisierung der Daten*, die in die Datenbank aufgenommen werden sollen. Es bedarf der verständnisvollen Zusammenarbeit mit den jeweiligen Fachabteilungen, um die geeignetsten Wege zur Lösung dieser Aufgabe zu finden. Die Informationszentrale wird daher über einen Mitarbeiterstab verfügen, der die Interessen der Fachabteilungen vertritt und an der Ausarbeitung der Organisationsrichtlinien und Organisationsanweisungen mitarbeitet. Den Fachabteilungen kann die Verantwortung für die gewissenhafte und pünktliche Erfassung sowie Aktualisierung der Daten nicht abgenommen werden. Von der Zuverlässigkeit der Erfassung und Aktualisierung der Daten hängt letztlich die Leistungsfähigkeit des Systems ab. In dem Maße jedoch, wie die Fachbereiche den Wert und Nutzen eines so organisierten Systems erkennen, wird ihre Bereitschaft wachsen, durch die eigene verantwortungsbewußte Mitarbeit die Funktionsfähigkeit des Systems zu fördern.

Das Datenbanksystem erfordert eine ständige *Wartung und Pflege seiner Programmelemente.* Durch die Nutzung des Systems wird ein Interesse an der zielstrebigen Weiterentwicklung des Systems sichtbar, das zu einer ständigen Weiterentwicklung und Ergänzung des Programmsystems führt. Hinzu kommen Anforderungen, dem Datenbanksystem umfassendere und leistungsfähigere Betriebssysteme zugrunde zu legen und sie für die speziellen Anforderungen des Datenbanksystems zu nutzen. Dazu gehören Betriebssysteme für Rechnerkopplungen, für die Steuerung von Rechnernetzen und andere. Die Erweiterung des Programmiersystems beeinträchtigt nicht die Stabilität des Gesamtsystems.

*Ordnung, Sicherheit und Geheimnisschutz* der Datenbestände umfassen im wesentlichen zwei große Problemkreise:

- Sicherheit der Datenbestände gegenüber Zerstörung,
- Sicherheit der Datenbestände gegenüber unberechtigtem Zugriff.

Für die Sicherheit der Datenbestände gegenüber Zerstörung gibt es vielfältig erprobte Verfahren, die hier nicht im einzelnen erläutert werden müssen.

Zur Sicherung des Schutzes der Daten gegenüber unberechtigtem Zugriff sind durch die Informationszentrale geeignete Maßnahmen zu ergreifen, die von der Erfassung vertraulicher Daten über den Datenschutz während der Auftragsbearbeitung bis zum Schutz der Ergebnis- und Archivdaten reichen.

## 7.4. Charakteristische Merkmale eines dynamischen automatisierten Informationsverarbeitungssystems

In Übereinstimmung mit der Abbildung 52 (siehe auch die Klassifizierung von automatisierten Informationsverarbeitungssystemen) sollen im folgenden die charakteristischen Merkmale eines dynamischen automatisierten Informationsverarbeitungssystems herausgearbeitet werden, wobei die bereits erfolgte ausführliche Darstellung der Elemente eines dynamischen automatisierten Informationsverarbeitungssystems berücksichtigt wird.

### 7.4.1. Formale Datenstrukturen und ihre praktische Funktion

Ein wichtiges charakteristisches Merkmal dynamischer automatisierter Informationsverarbeitungssysteme bezogen auf seine Funktion als EDV-Anwendungssystem ist die Belegung vorgegebener syntaktischer Identbegriffe zur Kennzeichnung einer Position eines Datensatzes in einer Datei sowie einer Information in einem Datensatz. Dieser rein strukturelle, das heißt semantikfreie Identbegriff hat sich deshalb als besonders effektiv erwiesen, weil er in relativ einfacher Weise die Entwicklung eines leistungsfähigen Programmier- und Datenbanksystems ermöglicht, das keinerlei Bezug auf die Datenmenge in ihrer konkreten Organisation nimmt und daher sowohl die Erweiterung der Datenbestände als auch die anpassungsfreie Nachnutzung garantiert.

Um beliebig strukturierte Datenbestände in ein dynamisches automatisiertes Informationsverarbeitungssystem übernehmen zu können, bedarf es lediglich einer Darstellung der konkreten Strukturen in den Dateibeschreibungen (die selbst normiert sind) und einer zusätzlichen Kennzeichnung der Datensätze durch ihre Positionsnummer in der Datei. Das ist der wesentliche Inhalt der Orientierung einer Datei für das dynamische automatisierte Informationsverarbeitungssystem. Auf diese Weise wird die Nutzung gleicher Datenbestände sowohl zur Unterstützung von Problembearbeitungs- und -lösungsprozessen im Rahmen dynamischer automatisierter Informationsverarbeitungssysteme als auch für erarbeitete Projekte im Rahmen statischer bzw. flexibler automatisierter Informationsverarbeitungssysteme, denen die konkreten Dateistrukturen zugrunde gelegt wurden, gesichert. Über die Datenmengen können somit statische und flexible automatisierte Informationsverarbeitungssysteme mit dynamischen automatisierten Informationsverarbeitungssystemen gekoppelt werden, ohne eine Umstrukturierung der Datei vornehmen zu müssen.

Der relativ geringe Aufwand der Organisation von Datenmengen für ein dynamisches automatisiertes Informationsverarbeitungssystem zeigt die große Anpassungsfähigkeit eines dynamischen automatisierten Informationsverarbeitungssystems an langjährig erprobte Primärorganisationen. Beim Aufbau neuer Datenbestände wird man natürlich bemüht sein, die Vorteile einer durchgängig objektbezogenen Erfassung von Informationen zu berücksichtigen, um auf dieser Grundlage Datenverarbeitungsprojekte mit den Hilfsmitteln zu realisieren, die das dynamische automatisierte Informationsverarbeitungssystem zur Verfügung stellt. Wir unterscheiden daher zwischen der Übernahme von Datenverarbeitungsprojekten, denen die Programmiertechnik von statischen bzw. flexiblen automatisierten Informationsverarbeitungssystemen zugrunde liegt, und der Entwicklung von neuen Datenverarbeitungsprojekten, die die vorgenannten syntaktischen Identbegriffe und die damit verbundenen Zugriffs- und Bereitstellungstechniken der dynamischen automatisierten Informationsverarbeitungssysteme nutzen. Zwischen den statischen und flexiblen automatisierten Informationsverarbeitungssystemen und dem Aufbau dynamischer automatisierter Informationsverarbeitungssysteme gibt es folglich fließende Übergänge. Die Datenstrukturierung als ein Hauptproblem der Entwicklung integrierter Datenverarbeitungssysteme wird durch die Entwicklung dynamischer automatisierter Informationsverarbeitungssysteme in einen völlig neuen Zusammenhang gestellt.

## 7.4.2. Die Programmgenerierung als Einheit von Projektierung und Programmierung

In den statischen und flexiblen automatisierten Informationsverarbeitungssystemen ist die Entwicklung von Programmen ein definierter Endpunkt der EDV-Einsatzvorbereitung. Im Rahmen dynamischer automatisierter Informationsverarbeitungssysteme verlieren die konkreten Datenverarbeitungsprogramme ihre Sonderstellung gegenüber anderen möglichen Programmen. Deshalb kann auf eine Dokumentation spezieller Datenverarbeitungsprogramme weitestgehend verzichtet werden. An ihre Stelle tritt die Fähigkeit des Systems, über dem organisierten Datenbestand beliebige Auswertungsprogramme generieren zu können. Die Dokumentation für den Nutzer eines dynamischen automatisierten Informationsverarbeitungssystems reduziert sich daher auf die Beschreibung der Generierungssteuerung. Wir haben im Abschnitt über das Datenbanksystem zu zeigen versucht, wie sowohl die parameter- als auch die algorithmengesteuerte Erzeugung abarbeitungsfähiger Programme vor sich geht. Die Objektivierung der Programmierung, die nicht mehr von den speziellen Fähigkeiten eines Programmierers abhängige Erzeugung eines abarbeitsfähigen Programms, reduziert die Testung von entwickelten Datenverarbeitungsprogrammen auf die Testung der Generierungssteuerung und senkt damit den Testaufwand ganz beträchtlich. Vorausgesetzt wird dabei natürlich, daß das System selbst fehlerfrei arbeitet und das Datenbanksystem in ausgetesteter Form zur Verfügung steht. Auf diese Weise wird eine wesentlich größere Sicherheit in der Beherrschung von Datenverarbeitungsprogrammen erreicht. Von der Formulierung einer Datenverarbeitungsaufgabe (Ausgangspunkt der Projektierung) bis zur Formulierung der Steuerung für eine Generierung und damit der Programmierung der Datenverarbeitungsaufgabe (Endziel der Projektierung und Programmierung) ist nur ein einziger Schritt zurückzulegen, weil die Organisation der Datenmengen und ihre programmtechnische Beherrschung unterstellt werden können. Deshalb verschmelzen in einem dynamischen automatisierten Informationsverarbeitungssystem Projektierung und Programmierung (Programmgenerierung nach einem universell anwendbaren Schema) zu einer unmittelbaren Einheit. Die vergleichsweise höheren Maschinenlaufzeiten für diese Art der Auffassung über das Wesen der Programmierung sind deshalb nicht allzu negativ in Rechnung zu stellen, weil die um mindestens eine Zehnerpotenz höher liegende Arbeitsproduktivität in der Projektierung und Programmierung und die auf ein Minimum reduzierten Austestungen von Datenverarbeitungsprogrammen diesen Nachteil mehr als kompensieren.

Die in der Hard- und Software von Datenverarbeitungsanlagen enthaltene Vergegenständlichung der menschlichen Arbeitskraft wird in dynamischen automatisierten Informationsverarbeitungssystemen damit in wesentlich höherem Maße genutzt als in statischen oder flexiblen automatisierten Informationsverarbeitungssystemen. Die erreichte höhere Anpassungsfähigkeit und die schnellere Lösung neuer Aufgabenstellungen bringen darüber hinaus beim Nutzer des Systems sehr wesentliche Rationalisierungseffekte, die im einzelnen schwer ausweisbar sind, weil sie von der Funktion der Problembearbeitungsprozesse im Rahmen von Entscheidungen abhängen. Wenn auch die Programmierung den vom System her vorgesehenen Normalfall darstellt, so wird dennoch nicht ausgeschlossen, daß einmal generierte Programme für die weitere Nutzung aufbewahrt werden können. Auf diese Weise entsteht wiederum ein Bindeglied zu den statischen und flexiblen automatisierten Informationsverarbeitungssystemen, in deren Rahmen von vornherein nur Datenverarbeitungsaufgaben mit einem hohen Wiederholungsgrad Gegenstand der EDV-Anwendung sind. Während die Programmiertechniken der flexiblen und statischen automatisierten Informationsverarbeitungssysteme nicht die Funktion, die ein dynamisches automatisiertes Informationsverarbeitungssystem fordert, erfüllen können, kann umgekehrt ein dynamisches automatisiertes Informationsverarbeitungssystem die Funktion eines statischen oder flexiblen automatisierten Informationsverarbeitungssystems mit wahrnehmen.

Hierbei muß jedoch auf eine einschränkende Bedingung hingewiesen werden, die darin besteht, daß die den Datenverarbeitungsprojekten zugrunde gelegten Datenmengen geeignet sind, in den Datenbestand eines dynamischen automatisierten Informationsverarbeitungssystems aufgenommen zu werden. Es gibt in der Praxis eine Vielzahl von Primärdaten, deren Verdichtung nur in einer ganz bestimmten festgelegten Weise sinnvoll ist und die daher nach ihrer Erfassung sofort einer zweckentsprechenden Verarbeitung unterworfen werden sollten.

So ist es zum Beispiel wenig sinnvoll, in einem Betrieb sämtliche Leistungslohnbelege eines Abrechnungsjahres, die detaillierte Bewegung auf allen materiellen und finanziellen Konten usw. als ständige Dateien in einem Datenbanksystem für Problembearbeitungsprozesse zu führen.

In diesen oder ähnlich gelagerten Fällen ist die Datenverarbeitung nach den Prinzipien eines statischen bzw. flexiblen automatisierten Informationsverarbeitungssystems zweckmäßiger und effektiver. Daraus folgt, daß die Einführung dynamischer automatisierter Informationsverarbeitungssysteme die Existenz der statischen und flexiblen Informationsverarbeitung nicht verdrängt. Nur in den Fällen, wo die statische bzw. flexible Datenverarbeitung auf Datenbestände zurückgreift, die auch die Grundlage für die Unterstützung von Problembearbeitungs- und -lösungsprozessen, also die Formulierung nichtschematischer Aufgaben bildet, kann ein dynamisches automatisiertes Informationsverarbeitungssystem entweder die Funktionen eines statischen bzw. flexiblen Systems übernehmen oder wenigstens Unterstützung für eine rationellere Realisierung der statischen bzw. flexiblen Datenverarbeitung geben.

### 7.4.3. Die Funktion der reinen Datenintegration für die variable Projektierung und Programmierung von Datenverarbeitungsaufgaben

Durch die Nutzung rein syntaktischer Identbegriffe für die einheitliche Strukturierung beliebiger Datenmengen werden die in der Semantik der Informationen liegenden natürlichen Beziehungen zwischen Daten und die durch konkrete Datenverarbeitungsaufgaben hergestellten Datenbeziehungen zunächst scheinbar ignoriert. Diese Konsequenz der Datenstrukturierung, wie sie dynamischen automatisierten Informationsverarbeitungssystemen zugrunde gelegt wird, wirkt auf den ersten Blick recht ungewöhnlich. Man muß jedoch berücksichtigen, daß angesichts der Möglichkeiten, neue Datenverarbeitungsaufgaben zu formulieren, vom System her spezielle Datenbeziehungen gegenüber anderen möglichen Datenbeziehungen nicht ausgezeichnet sein dürfen. Sowohl die faktischen als auch die potentiellen Datenbeziehungen stehen gleichberechtigt nebeneinander. Es muß somit im System einen universell handhabbaren Mechanismus geben, der aus den möglichen Datenbeziehungen die jeweils geforderten Datenbeziehungen erzeugt. Wir haben an anderer Stelle zwischen dem Basisdatenverarbeitungssystem und der freien Verarbeitung unterschieden. Die Basisdatenverarbeitung repräsentiert vom Standpunkt der Datenbeziehungen die aufgabenunabhängigen Beziehungen zwischen den Informationen, die den konkreten Datenmengen eigen sind, das heißt, die Deduktoren und Generalisatoren sind hinsichtlich der konkreten Algorithmen, durch die sie realisiert werden, natürlich vom konkreten Inhalt der Informationen abhängig. Zugleich sind sie jedoch als allgemeine Funktionselemente des Datenbanksystems ein universelles Schema der Programmiersystems. Die Spezifizierung der Deduktoren und Generalisatoren erfolgt durch die Steuerung ihrer Gewinnung als spezielle Programme. Auf diese Weise werden die aufgabenunabhängigen Datenbeziehungen konkreter Datenmengen durch Spezifizierung der Deduktoren und Generalisatoren realisiert.

Das freie Verarbeitungssystem repräsentiert die Herstellung aufgabenbezogener Datenbeziehungen, weil durch die Datenverarbeitungsaufgabe ganz bestimmte Daten miteinander verkettet werden. Grundlage für die Herstellung aufgabenabhängiger Datenbeziehungen sind die Mehrfachstrukturierung der im System organisierten Dateien und die darauf aufbauende Definition von Problemfeldern. Die Zahl der Problemfelder kann je nach den vorliegenden Erfordernissen beliebig erweitert werden, so daß aufgabenspezifische Datenbeziehungen durch den Aufbau virtueller Datenstrukturen und den Aufbau von Verbindungsdateien hergestellt werden können. Auch hier ist somit die Darstellung von aufgabenbezogenen Informationsbeziehungen nicht in den konkreten Dateien selbst angelegt, sondern zu verselbständigten und beliebig erweiterbaren Strukturen abgespalten, die das Datenbanksystem im Rahmen seiner Funktionsweise ausnutzt.

Die reine Datenintegration umfaßt somit nicht nur spezielle, sich aus der konkreten Struktur der Dateien und einem festen System von Programmen ergebende Informationsbeziehungen, sondern auch die potentiellen Informationsbeziehungen im Hinblick auf die Erweiterung sowohl der Basisverarbeitung als auch der freien Verarbeitung. Auf diese Weise werden Voraussetzungen geschaffen, Datenverarbeitungsprozesse zu integrieren, auch wenn diese Datenverarbeitungsprozesse zum Zeitpunkt des Aufbaus und der Strukturierung der Datenbestände noch nicht bekannt sind.

Für die Konzipierung und Realisierung hierarchisch gestufter komplexer Datenverarbeitungssysteme, die zweigliche und territoriale Gesichtspunkte in sich vereinigen, ist diese Eigenschaft dynamischer automatisierter Informationsverarbeitungssysteme von außerordentlich praktischer Bedeutung. Wie in dynamischen automatisierten Informationsverarbeitungssystemen an die Stelle der Programmierung die Programmgenerierung tritt, so ersetzt die reine Datenintegration die Forderung, Datenbestände für die vielfältigsten zweiglichen und territorialen Interessen abgestimmt und konkret zu strukturieren, damit zusammenpassende, in der Realität jedoch isoliert voneinander entwickelte Auswertungsabsichten funktionsfähig bleiben. Die Integration der Datenverarbeitungsprozesse über die reine Datenintegration erweist sich deshalb als so zweckmäßig, weil das System genügend Spielraum läßt, um Möglichkeiten, die sich aus späteren Erwägungen ergeben, zu realisieren.

### 7.4.4. Die Unabhängigkeit dynamischer automatisierter Informationsverarbeitungssysteme von der Arbeitsorganisation und dem Arbeitsablauf im Anwendungsbereich

Beim Aufbau dynamischer automatisierter Informationsverarbeitungssysteme ist, wie bereits an anderer Stelle ausgeführt wurde, keine Projektierung der Arbeitsabläufe im Anwenderbereich notwendig. Ebenso stellen diese Informationssysteme keine besonderen Anforderungen an die

Organisation des Arbeitsablaufes in den Anwenderbereichen. Der Arbeitsprozeß im Anwenderbereich wird als Quelle für die Erzeugung von Problemstellungen angesehen, die zur Formulierung schematischer und nichtschematischer Aufgaben führen. Unter den Bedingungen der Existenz eines zweckmäßig organisierten Datenbestandes ist es möglich, diese Aufgaben der automatisierten Abarbeitung zuzuführen. Der Arbeitsprozeß selbst kann im Laufe der Zeit in beliebiger Weise verändert und weiterentwickelt werden, ohne die Stabilität des automatisierten Systems in Frage zu stellen. Deshalb findert in diesem Falle durch das automatisierte System *keine direkte Determination* der ablaufenden Arbeitsprozesse statt.

Mit dem dynamischen automatisierten Informationsverarbeitungssystem wird das traditionelle Problem der Einsatzvorbereitung völlig verändert. Der wichtigste Bestandteil der bisherigen Einsatzvorbereitung war die statische oder flexible Determination von Arbeitsprozessen, um darauf aufbauend leistungsfähige und Rationalisierungseffekte bringende automatisierte Systeme aufbauen zu können. Insofern waren die EDV-Kader gezwungen, gemeinsam mit Leitungskadern Probleme der Arbeitsorganisation selbst in Angriff zu nehmen. Es ist nur zu verständlich, daß auf Grund dieser Zusammenhänge ein Perfektionismusstreben in Erscheinung trat, das der EDV-Anwendung selbst großen Schaden gebracht hat. Infolge des Fehlens eines fundierten Vorlaufes der Leitungswissenschaft und ihrer Anwendungsgebiete sind die Leitungskader in der Regel überfordert, wenn sie langjährige Entscheidungen für eine statische oder flexible Determination der von ihnen geleiteten Arbeitsprozesse treffen sollen. Sie halten sich daher oftmals nachträglich nicht mehr an die in der Projektierung festgelegten Arbeitsabläufe und betrachten dann die EDV als einen hemmenden Faktor bei der Verbesserung der Technologien ihrer Arbeitsprozesse.

Die gesammelten praktischen Erfahrungen scheinen zu bestätigen, daß die Leitungskader um so bereitwilliger an der Einführung automatisierter Systeme mitwirken, je mehr Freiheit ihnen nach der Inbetriebnahme des automatisierten Systems für die schöpferische Weiterentwicklung ihrer eigenen Arbeit gelassen wird. Auch insofern dürfte der Aufbau dynamischer automatisierter Informationsverarbeitungssysteme für die zukünftige EDV-Anwendung von Bedeutung sein.

## 7.5. Grundfragen der rationellen Entwicklung und Anwendung dynamischer automatisierter Informationsverarbeitungssysteme

Wir wollen im folgenden nicht die Gesamtheit der Rationalisierungseffekte behandeln, die sich durch EDV-Anwendung erzielen lassen. Grundsätzlich gelten auch für dynamische automatisierte Informationsverarbeitungssysteme die gleichen Kriterien, wie sie für statische und flexible Informationsverarbeitungssysteme geltend gemacht werden. Es sollen vielmehr die durch den Einsatz dynamischer automatisierter Informationsverarbeitungssysteme möglich werdenden neuen rationellen Formen der Einsatzvorbereitung, der Arbeitsteilung und der schrittweisen Überführung von erzielten Teilergebnissen in die Praxis hervorgehoben werden, um die daraus resultierenden Rationalisierungseffekte sichtbar zu machen.

Da das dynamische automatisierte Informationsverarbeitungssystem als ein erweiterungs- und verbesserungsfähiges Informationssystem konzipiert ist, ergibt sich die Möglichkeit, zunächst Teile des geplanten Datenbestandes und des Programmiersystems zum Gegenstand der Projektierung zu machen. Dieser schrittweise Aufbau eines dynamischen automatisierten Informationssystems beinhaltet, daß man anfangs mit einigen wenigen Daten beginnen kann, wenn hinreichend geklärt ist, daß die in den nächsten Schritten zu ergänzenden Dateien keine grundlegende Veränderung nach sich ziehen.

Die gleiche schrittweise Gestaltung kann auch für den Aufbau des Datenbanksystems angewandt werden.

Da in den statischen und flexiblen automatisierten Informationsverarbeitungssystemen die Integration fixierter Aufgaben der Ausgangspunkt der Systemgestaltung ist, beginnt die Projektierung dieser Informationsverarbeitungssysteme zwangsläufig mit der Konzipierung moderner und rationeller Methoden der Leitungstätigkeit selbst. In der Praxis hat sich gezeigt, daß infolge der Kompliziertheit der dabei zu lösenden Aufgabe effektive Gesamt- oder Teilsysteme nur in geringem Maße so entwickelt werden können, daß darauf aufbauend ein für längere Zeit beständiges statisches automatisiertes Informationsverarbeitungssystem gestaltet werden könnte. Im Gegensatz zu dieser Art des Herangehens an die Lösung der Probleme erfordert der Aufbau eines dynamischen automatisierten Informationsverarbeitungssystems keineswegs ein inhaltlich perfektioniertes System von Leitungstätigkeiten. Ausgangspunkt sind hier sowohl die Erfahrungen bisheriger Leitungstätigkeit als auch auf wissenschaftlicher Grundlage entwickelte Vorstellungen über neue Aufgaben und Formen der Leitungstätigkeit, aber nicht aufgefaßt als ein System von Aufgaben, sondern als ein System von möglichen Gegenständen und den für sie charakteristischen Informationen.

Obwohl die Leitungsaufgaben ständig verbessert werden können und müssen, gibt es eine relative Konstanz hinsichtlich der Gegenstände, auf die sich mögliche Leitungsentscheidungen beziehen. Wenn es folglich gelingt, diesen Gegenständen oder Objekten solche Merkmale zuzuordnen, die sowohl den bisher gesammelten Leitungserfahrungen entsprechen als auch den Anforderungen an eine wissenschaftliche Leitungstätigkeit — wie sie im einzelnen auch immer aussehen mag — gerecht werden, so enthält der aufgebaute Datenbestand eine Potenz, die über den Inhalt der gegenwärtigen Leitungstätigkeit weit hinausreicht.

Der Vorteil eines dynamischen automatisierten Informationssystems besteht also darin, daß es eine wichtige Grundlage für den Prozeß der schrittweisen Verbesserung der inhaltlichen Leitungstätigkeit legt. Die inhaltlich verbesserte Leitungstätigkeit würde sich in diesem System derart widerspiegeln, daß seine Potenz der vielfältigsten Informationsverknüpfungen immer besser genutzt wird. Umgekehrt wird sich herausstellen, daß die Konzipierung neuer Aufgabenstellungen, die der besseren leitungsmäßigen Beherrschung der komplexen Prozesse dienen, den Informationsbedarf präzisiert. Es wird sich herausstellen, daß die eine oder andere außerordentlich wesentliche Information über ein Objekt im ursprünglich konzipierten automatisierten Informationsverarbeitungssystem nicht enthalten ist. In diesem Falle ergibt sich die Notwendigkeit, das System entsprechend zu erweitern, was ja prinzipiell möglich ist, ohne die Funktionsfähigkeit des Systems zu beeinträchtigen. Zwischen der inhaltlichen Verbesserung der Leitungstätigkeit und der Weiterentwicklung des automatisierten Informationsverarbeitungssystems besteht daher eine Wechselwirkung, die sich auf die zielstrebige und kontinuierliche Rationalisierung der Leitungstätigkeit außerordentlich günstig auswirkt.

Der Zusammenhang zwischen Leitungstätigkeit und automatisiertem Informationsverarbeitungssystem zeigt noch einen anderen Aspekt. Durch das dynamische automatisierte Informationsverarbeitungssystem wird die Entwicklung von Algorithmen für die Verarbeitung von Informationen gefördert. Diese Zielstellung bewirkt, daß man sich sehr gründliche inhaltliche Gedanken über die jeweiligen Beziehungen der Merkmale zueinander machen muß. Im Zusammenhang der Merkmale widerspiegeln sich aber auch in gewisser Weise die Zusammenhänge zwischen den verschiedenartigen Objekten, um deren leitungsmäßige Beherrschung es geht. Diese Überlegungen sind gleichzeitig ein Ausgangspunkt für die Entwicklung von Modellen, die ganze Systeme von Zusammenhängen zwischen Merkmalen repräsentieren und den konzipierten Datenbestand als Grundlage besitzen.

Auch der immer wieder geforderte Übergang zu Normativen als einem Element der Leitung, Lenkung und Stimulierung komplexer Prozesse ist im Datenbestand potentiell vorgebildet. Umgekehrt ergibt sich auch aus der Entwicklung funktionstüchtiger Modelle und wirkungsvoller Normative eine weitere Präzisierung des Datenbestandes sowie der Beziehungen zwischen den Merkmalen. Das Niveau der Leitungstätigkeit widerspiegelt sich also im dynamischen automatisierten Informationsverarbeitungssystem in der Qualität der Auswertungsprogramme, weil erst dadurch eine automatengestützte Problembearbeitung von komplexeren und komplizierteren Leitungsaufgaben ermöglicht wird. Auf diese Weise wird die universelle Potenz des Datenbestandes voll nutzbar.

Die Schaffung des Programmiersystems des automatisierten Informationsverarbeitungssystems erfordert, daß es universell anwendbar sein muß. Für den jeweiligen Anwender konzentriert sich die Arbeit vor allem auf die Algorithmierung der Verarbeitungsprozesse und den Aufbau der Datenstrukturen des Informationsspeichers. Auf diese Weise verbindet sich der allgemeingültige Teil des Systems mit dem von jedem Anwender zu entwickelnden konkreten Inhalt der Datenstrukturen, Informationen und Auswertungen.

Das automatisierte Informationsverarbeitungssystem ist also eine dialektische Einheit von universell anwendbaren und funktionsfähig programmierten Grundsystemen und konkreter Informationsstrukturierung.

Damit reduziert sich der erforderliche Organisationsaufwand für jeden Anwender auf ein erforderliches Mindestmaß. Gleichzeitig wird dadurch die Kopplungsfähigkeit der automatisierten Informationsverarbeitungssysteme verschiedener Anwender erleichtert. Außerdem ergibt sich die Möglichkeit, auf derselben Großdatenverarbeitungsanlage mehrere automatisierte Informationsverarbeitungssysteme verschiedener Anwender zu realisieren, weil immer derselbe Programmspeicher genutzt werden kann, sofern dieser Programmspeicher die Integration aller erforderlichen Programmfunktionen für die verschiedenen Systeme ermöglicht.

Die Arbeitsteilung zur Schaffung von automatisierten Informationsverarbeitungssystemen bezieht sich aus den oben angeführten Gründen auf zwei ganz verschiedene Bereiche:

a) Die Arbeitsteilung zur Schaffung eines funktionsfähig programmierten Datenbanksystems ist deshalb relativ einfach zu organisieren, weil hierzu keinerlei Bezugnahme auf die konkreten Leitungsinhalte erforderlich wird. Durch diese Arbeitsteilung zwischen dem Erzeuger des Programmiersystems auf der einen Seite und den einzelnen Anwendern auf der anderen Seite ergibt sich die Möglichkeit, die inneren Vorzüge unserer sozialistischen Gesellschaftsordnung bei der Systemgestaltung für den Einsatz von Rechnern der 3. Generation voll zu nutzen.

b) Die Anwender könnten sich voll und ganz auf die Bewältigung der inhaltlichen Probleme ihrer Leitungstätigkeit konzentrieren. Hier entscheiden die Fixierung der wesentlichen Informationen, ihre Strukturierung und eine Analyse der Zusammenhänge zwischen den verschiedenen Objekten der Leitungstätigkeit über das Niveau des Inhaltes des aufzubauenden automatisierten Informationsverarbeitungssystems. Da vergleichbare Leitungsbereiche — wie zum Beispiel Kombinate eines Industriezweiges — hinsichtlich der Objekte der Leitungstätigkeit und ihrer Merkmale große Ähnlichkeit oder gar Identität aufweisen werden, ist auch auf diesem Gebiet der Einsatzvorbereitung eine inhaltliche Arbeitsteilung und Koordinierung der Projektierung notwendig und zweckmäßig, um bei relativ geringem Aufwand für die einzelnen Leitungsbereiche hohe Gesamteffekte zu erzielen. Der Vorteil dieser Vorgehensweise läge auch darin, für die übergeordneten Leitungsebenen — wie beispielsweise für eine VVB, ein Ministerium — durch eine einheitliche Gestaltung der automatisierten Informationsverarbeitungssysteme (das heißt unter anderem einheitlich gebildete Objektklassen auf der Basis gleicher Begriffsbestimmungen) Voraussetzungen für die zweckmäßige Gestaltung des übergeordneten automatisierten Informationsverarbeitungssystems zu schaffen. Damit wird sowohl die horizontale als auch die vertikale Kopplung der automatisierten Informationsverarbeitungssysteme gewährleistet.

Aus diesem Grunde erfolgt—zweckmäßigerweise unter Leitung des übergeordneten Organs — arbeitsteilig die schrittweise Entwicklung der automatisierten Informationsverarbeitungssysteme der einzelnen Anwender. Diese Einheit von zentraler und dezentraler Einsatzvorbereitung ist deshalb möglich, weil die Gestaltung des Systems von den Niveauunterschieden, Strukturen und besonderen Inhalten der Leitungstätigkeit bei den einzelnen Anwendern weitgehend unabhängig ist. Hierin unterscheidet sich die Arbeitsteilung beim Aufbau eines dynamischen automatisierten Informationsverarbeitungssystems grundlegend von der Arbeitsteilung für die Schaffung von Systemen der ökonomischen Massendatenverarbeitung auf der Basis von Typenprojekten und -programmen. Die dynamischen automatisierten Informationsverarbeitungssysteme in vergleichbaren Anwenderbereichen werden folglich in der Gestaltung ihres Inhaltes weitgehende Übereinstimmung besitzen, und viele Objektklassen werden nahezu identisch sein. Unterschiedlich sind vor allem die Objektlisten und insbesondere die entsprechenden Informationen selbst. Die Besonderheiten vergleichbarer Anwenderbereiche spiegeln sich in einigen Objektklassen wider, die im Rahmen anderer automatisierter Informationsverarbeitungssysteme nicht oder modifiziert auftreten. Auf der Grundlage der für alle vergleichbaren Anwender einheitlichen Objektklassen ist auch die Mehrzahl der zu entwickelnden Auswertungsprogramme einheitlich und damit in allen Bereichen anwendbar. Darin vor allem sehen wir die Basis für eine produktive Arbeitsteilung bei der inhaltlichen Gestaltung der konkreten automatisierten Informationsverarbeitungssysteme.

Die Informatik — wie wir sie in Hinblick auf ihre wesentlichen Aspekte und Problemstellungen sehen — erweist sich als eine neue Wissenschaftsdisziplin. Sie hat sich aus bestimmten Gebieten der Natur- und Gesellschaftswissenschaften herausgebildet und systematisiert und verallgemeinert die mit der Projektierung von EDV-Anwendungssystemen entwickelten Methoden der Organisations- und Systemanalyse.

Die Besonderheit der Informatik sehen wir vor allem darin, daß sowohl durchgängig formalisierbare Methoden zur Beschreibung der Untersuchungsgegenstände (kybernetische Modellierung, Programmierung) als auch nichtformalisierbares, semantisches Verständnis für die Struktur und Funktion der Organisation von Leistungs- und Leitungsprozessen in gesellschaftlichen Bereichen produktiv zusammenwirken müssen. Sie ist aus diesem Grunde die untrennbare Einheit mathematisch-naturwissenschaftlicher und gesellschaftswissenschaftlicher Betrachtungsweisen, gewissermaßen ein Grenzgebiet, das nicht nur unmittelbar benachbarte, sondern auch scheinbar miteinander unvereinbare Wissenschaftsgebiete zusammenschließt.

Die Informatik hat sich zunächst in enger Kopplung mit dem Werkzeug Datenverarbeitungsanlage herausgebildet und entwickelt. Doch es zeigt sich immer deutlicher, daß den Gegenstand der Informatik nicht die Beherrschung der Maschine und der durch sie bedingten Modellierungs- und Programmiertechniken allein darstellt, sondern das Verständnis der Information und der Entwicklungsstufen solcher Organisationen, die zur Erzeugung und Verarbeitung von Informationen befähigt sind, einzuschließen ist. Die Informatik muß unseres Erachtens so weit gefaßt werden, weil nur dadurch wissenschaftlich begründete Untersuchungen über die gegenwärtigen und zukünftigen Möglichkeiten, aber auch Grenzen des Ersetzens menschlicher Informationsverarbeitungsprozesse durch maschinelle sichtbar gemacht werden können.

In dem vorliegenden Band I haben wir uns vor allem mit der Phänomenologie der Struktur und Organisation von Informationsverarbeitungsprozessen beschäftigt und dabei die durch den Prozeß der EDV-Anwendung selbst aufgeworfenen Fragestellungen aufgegriffen. Diese im wesentlichen induktive Analyse des Informationsproblems soll im Band II durch theoretische Untersuchungen des Zusammenhanges zwischen Information, Organisation und Entscheidung ergänzt werden, um den wissenschaftlichen Gegenstand der Informatik noch umfassender herausarbeiten zu können.

# Literaturverzeichnis

Ackoff, R. L., Towards a Behavioral Theory of Communication, in: Managment Science Bd. 4, 1958.

Adam, A., Informatik — Probleme der Mit- und Umwelt, Opladen 1971.

Afanasjew, W. G., Wissenschaftlich-technische Revolution, Leitung, Bildung, Berlin 1974.

Ahrens, F., Walter, H., Datenbanksysteme, Berlin(West)-New York 1971.

Akčurin, I. A., Teorija elementarnych častic i teorija informacii, in: Filosofskie problemy fiziki elementarnych častic, Moskau 1964.

Anordnung über die Verbindlichkeit der Rahmenmethodik der Datenverarbeitungsprojektierung, Gbl. I, Nr. 7/1974.

Ashby, W. R., An Introduction to Cybernetics, London 1957.

Autorenkollektiv, Effektivitätsuntersuchungen für EDV-Systeme, Berlin 1974.

Autorenkollektiv, Typen-Feinprojekt für den Einsatz des Robotron 300 in der Textilindustrie, idv, Dresden 1969.

Autorenkollektiv, Typen-Grobprojekt für den Einsatz des Robotrons 300 in der Textilindustrie, idv, Dresden 1968.

Autorenkollektiv, Programmierung und Nutzung von Rechenanlagen, Teil 5: Voraussetzungen für die Anwendung der EDV, Berlin 1974.

Autorenkollektiv, Methodik zur Vorbereitung des Einsatzes von Prozeßrechnern, Berlin 1970.

Autorenkollektiv, EDV in der Gesundheitseinrichtung. Erfahrungen, Ergebnisse und Entwicklungsaspekte bei der automatisierten Informationsbearbeitung im Krankenhaus, Dresden 1974.

Banerji, R. B., Theory of problem solving — An approach to artifical intelligence, New York 1969.

Bar-Hillel, Y., An Examination of Information Theory, in: Language and Information, Reading (Mass.)-Palo Alto-London-Jerusalem 1964.

Bar-Hillel, Y., Carnap, R., Semantic Information, in: Brit. J. Phil. Science, Bd. 4, 14/1953.

Bar-Hillel, Y., Carnap, R., An Outline of a Theory of Semantic Information, in: Technical Report, Massachusetts Institute of Technology. Research Laboratory of electronics, 247/1952.

Bär, D., Bilden wir auf dem Gebiet der Programmierung richtig aus? In: Rechentechnik/Datenverarbeitung, 7/1973.
Baumbach, H. D., Tietzmann, H., Integriertes Datenverarbeitungssystem (Schriftenreihe Datenverarbeitung), Berlin 1971.
Belke, W., Döhn, I., Kasper, F., Zum Problem der Klassifikation von Informationen als Voraussetzung und Erfordernis einer rechnergestützten Informationsverarbeitung, in: Wissenschaftliche Zeitschrift der TU Dresden, 22/1973.
Belis, M., Guiasu, S., A quantitative-qualitative measure of information in cybernetic systems, in: IEEE Trans. on Inf. Theory, II, 14/1968.
Bericht über den 2. Kongreß der Gesellschaft für Psychologie in der DDR, Berlin 1969.
Beschluß zur Erhöhung der Effektivität und zur Durchsetzung der sozialistischen Rationalisierung bei der Einsatzvorbereitung für die EDV, Gbl. Teil II, Nr. 60 vom 11. 8. 71.
Bongard, M., Über den Begriff der „nützlichen Information", in: Probleme der Kybernetik, Band 6, Berlin 1966.
Bretschneider, G., Zu einigen Aufgaben bei der Koordinierung des Einsatzes elektronischer Datenverarbeitung, in: Rechentechnik/Datenverarbeitung, 4/1973.
Bretschneider, G., Erkenntnisse sowjetischer Wissenschaftler systematisch zur sozialistischen Rationalisierung erschließen, in: Rechentechnik/Datenverarbeitung, 2/1974.
Brillouin, L., Science and information theory, New York 1963.
Buhr, M., Kosing, A. (Hrsg.), Kleines Wörterbuch der marxistisch-leninistischen Philosophie, Berlin 1974.
Carnap, R., Einführung in die symbolische Logik, Wien 1967.
Carnap, R., Logical Foundation of Probability, Chicago 1950.
Carnap, R., Introduction to Semantics, Cambridge 1942.
Černjak, J., Die Methoden der ökonomischen Semiotik, in: Ökonomische Semiotik, Berlin 1972.
Chaitin, G. J., Information-Theorie Computational Complexity, in: IEEE Trans. on Inf. Theory, II, 20/1974.
Charkewitsch, A. A., Über den Wert der Information, in: Probleme der Kybernetik, Bd. 4, Berlin 1964.
Costa de Beauregard, O.; Triebus, M., in: Helv. Phys. Acta, 1974.
Der Mythos der Leitungsinformation in Echtzeit. Sistemi a Automatismi (1967), 76 (Übersetzungsnr. 1077 des Instituts für Verwaltungsorganisation und Bürotechnik Leipzig).
Direktive zum Fünfjahrplan für die Entwicklung der Volkswirtschaft der UdSSR in den Jahren 1971 bis 1975, Moskau-Berlin 1971.
Dobrov, G. M., Wissenschaftsorganisation und Effektivität, Berlin 1971.
Dobrov, G. M., Prognostik in Wissenschaft und Technik, Berlin 1971.
Doms, M., Probleme und Vorschläge zur Systematisierung großer Datenmengen zwecks Erstellung anpassungsfähiger Datenstrukturen, Dissertationsentwurf, Humboldt-Universität zu Berlin, Sektion WTO, 1974.
Dorfmann, J. G., Recenzija na knigu A. I. Michajlov, A. I. Černyi, R. S. Giljarevskij „Osnovy naučnoj informacii", in: Naučno-techn. inform. 1966, S. 46 ff.
Dworatschek, S., Managmentinformationssysteme, Berlin (West) 1971.
Eigen, M., Selforganization of Matter and the Evolution of Biological Macromolecules, in: Die Naturwissenschaften 10/1971.

Eigen, M., vgl. auch: in: Informatik, Nova acta Leopoldina, Bd. 37/1, Nr. 206, Leipzig 1972.
Engelbert, H., Bevor wir eine „Informationswissenschaft" entwickeln können, müssen wir die Informationswissenschaft aufbauen, in: Informatik, Jg. 20, 1/1973.
Engelbert, H., Die Informationsprozesse in der Wissenschaft erfordern eine eigene Wissenschaft, in: Die Technik, Jg., 28, 2/1973.
Engels, F., Dialektik der Natur, in: Marx/Engels, Werke, Bd. 20, Berlin 1973.
Esser, U., Skalierungsverfahren, in: Methoden der marxistisch-leninistischen Sozialforschung, Hrsg. W. Friedrich, Berlin 1971.
Florath, F., Heuristische Techniken und Automatenprogramme, in: Kybernetik — Forschung, Berlin 1972.
Frank, H., Kybernetische Analysen subjektiver Sachverhalte, Hamburg 1965.
Franz, P., Knijenburg, A., Entwicklung, Widerspiegelung und Information. Vortrag, gehalten auf dem Kolloquium „Philosophische Probleme der Evolution" der Polnischen Akademie der Wissenschaften, Warschau 1973 (unveröffentlicht).
Fuchs-Kittowski, K., Information, ihre Speicherung und Verarbeitung in biomolekularen Systemen, in: Philosophische und ethische Probleme der modernen Genetik, Berlin 1972.
Fuchs-Kittowski, K., Günther, K., Probabilistische Gesetzmäßigkeit, Selbstorganisation und Evolution, in: Philosophische und ethische Probleme der Molekularbiologie, Berlin 1974.
Fuchs-Kittowski, K., Probleme des Determinismus und der Kybernetik in der molekularen Biologie, Jena 1969 und 1976, 2. erw. Aufl., 1976.
Fuchs-Kittowski, K.; Wenzlaff, B., Zur Differenzierung der Information auf den verschiedenen Ebenen der Organisation lebender Systeme, in: IV. Kühlungsborner Kolloquium „Philosophische und ethische Probleme der Biowissenschaften", Berlin 1976.
Ganzhorn, K., Prinzipien in Rechnerstrukturen, in: Elektronische Rechenanlagen, 6/1973.
Garbe, K., System automatisierter Leitungshilfen (SAL) — EDV zur Unterstützung der Leitungstätigkeit, in: Rechentechnik/Datenverarbeitung, 2/1972.
Gavurin, M. K., O cennosti informacii, in: Vestnik LGU, serija matematiki, mechaniki astronomii, Bd. 4, 19/1963.
Gesetz über den Fünfjahrplan für die Entwicklung der Volkswirtschaft der DDR 1971 bis 1975, Gbl. I, Nr. 10 v. 24. 12. 1971.
Gerisch, M., Erzeugung von Modellen der linearen Optimierung mittels eines automatisierten Informationsverarbeitungssystems, in: Rechentechnik/Datenverarbeitung, 1/1973.
Gluškov, V. M., Myšlenie i kibernetika, in: Voprosy filosofii, Moskau 1/1963.
Gluschkow, V. M., Dialogsystem in der Planung, in: Rechentechnik/Datenverarbeitung, 2/1974.
Grässler, R., Möglichkeiten der Rationalisierung der Einsatzvorbereitung elektronischer Datenverarbeitungsanlagen durch sachgebietsorientierte Programmiersysteme für Planung und Leitung von sozialistischen Industriebetrieben, Dissertation A, Technische Universität Dresden, 1971.
Grässler, R., Müller, D., Effektive Projektierung — Anwendung von POS und Rationalisierung der Projektierung, in: Rechentechnik/Datenverarbeitung, 6/1974.

Grišanin, B. A., Učet stoimosti informacii v teorii cennosti informacii, in: Izv. AN SSR, Techničeskaja kibernetika, 1/1967.

Griškin, I. I., Ponjatie informacii, Moskau 1973.

Grochla, E., Betriebsinformatik und Wirtschaftsinformatik als notwendige anwendungsbezogene Ergänzung einer allgemeinen Informatik/Vorschläge zur Verbesserung der akademischen Ausbildung auf dem Gebiet der automatisierten Datenverarbeitung in der Bundesrepublik Deutschland, in: Elektronische Datenverarbeitung, 11/1969.

Grochla, E., Die Entwicklung computer-gestützter Informationssysteme als Herausforderung an Forschung und Praxis, in: AdL-Nachrichten, 82/1973.

Grochla, E.; Garbe, H.; Gillner, R., Gestaltungskriterien für den Aufbau von Datenbanken, Opladen 1973.

Groß, B., Information ohne Wahrscheinlichkeit — Gedanken zum Informationsbegriff, Diplomarbeit, Sektion Mathematik der Humboldt-Universität zu Berlin, 1973.

Gutjahr, W., Die Messung psychischer Eigenschaften, Berlin 1972.

Günther, M., Internationale Gemeinschaftsarbeit bei der Entwicklung des ESER, in: Rechentechnik/Datenverarbeitung 2/1974.

Gvišiani, D. M., Management — Eine Analyse bürgerlicher Theorien von Organisation und Leitung, Berlin 1974.

Hacker, W.; Skell, W.; Straub, W., in: Arbeitspsychologie und wissenschaftlich-technische Revolution, Berlin 1968.

Hager, K., Sozialismus und wissenschaftlich-technische Revolution, Berlin 1972.

Harrah, D., Communication: A Logical Model, Cambridge (Mass) 1967.

Hartley, R. V. L., Transmission of information, in: Bell System Technic Journal, 27/1948.

Hintikka, J., The varities of information and scientific explanation, in: Logic Methodology and Phil. of Science, Bd. 3, Amsterdam 1967/68.

Hintikka, J., Pietrainen, J., Semantic Information and inductive Logic, Aspects of inductive Logic, Amsterdam 1966.

Hellfors, S., Management — Datenverarbeitung — Operations Research, München-Wien 1967.

Ingarden, R. S., Urbanik, K., Information without Probability, in: Colloquium mathematicum, Bd. 9, 1/1962.

Jauch, B., in: Helv. Phys. Acta 1972.

v. Känel, S., Einführung in die Kybernetik für Ökonomen, Berlin 1971.

Kemeny, J. G., A New Approach to Semantics, In: Journal of Symbolic Logic, Bd. 21, 1956.

Kern, L., Zur Rationalisierung von Entscheidungsprozessen durch Mensch-Maschine-Kommunikation mittels Bildschirmeinheiten, Dissertationsentwurf, März 1974.

Kern, L., Ober, K., Schumann, J., ESER-Programmierung im Betriebssystem DOS/ES, in: REIHE AUTOMATISIERUNGSTECHNIK, Bd. 140, Berlin 1973.

Kern, L., Schubert, W., Übersicht über das EDV-System ES 1040, in: REIHE AUTOMATISIERUNGSTECHNIK, Bd. 150, Berlin 1973.

Kieschke, R., Die Kontrolle und Lenkung der Teilfertigung unter den Bedingungen des Einsatzes von Prozeßrechnern, in: Rechentechnik/Datenverarbeitung, 9/1971.

Klaus, G., Buhr, M. (Hrsg.), Philosophisches Wörterbuch, Leipzig 1971.

Klaus, G., Moderne Logik. Abriß der Modernen Logik, Berlin 1967.
Klaus, G., Semiotik und Erkenntnistheorie, Berlin 1973.
Klaus, G., Wörterbuch der Kybernetik, Berlin 1968 und 1969.
Klaus, G., Maschinen — Automaten — Kybernetik, in: Wissenschaft und Fortschritt 9/10/1960.
Klix, F., Information und Verhalten, Berlin 1971.
Klix, F., Vorbereitende Untersuchungen zur kybernetischen Analyse des Problemlösungsverhaltens, in: Bericht über den 25. Kongreß der Deutschen Gesellschaft für Psychologie, Göttingen 1967.
Klix, F. (Hrsg.), Organismische Informationsverarbeitung, Zeichenerkennung — Begriffsbildung — Problemlösung, Berlin 1974.
Koblitz, J., Die Stellung der Bibliothekswissenschaft und der Informations- und Dokumentationswissenschaft in der Informationswissenschaft, in: Zbl. für Bibl.-Wesen, Leipzig Bd. 83, 12/1969.
Kolman, E., Über philosophische und soziale Probleme der Kybernetik, in: Kybernetik und Praxis, Berlin 1963.
Kolmogorov, A. N., Problemy teorii verojatnostej i matematičeskoj statistiki, Vestnik AN SSSR, 5/1965.
Kolmogorov, A. N., Tri podchoda k opredeleniju ponjatija „količestvo informacii", in: Problemy peredači informacii, Bd. 1, Teil 1, 1965.
Kolmogorov, A. N., Neskol'ko teorem ob algoritmičeskoj entropii i algoritmičeskom količestve informacii, in: Usp. mat. nauk, Jg. 23, 2/1968.
Koreimann, D. S., Systemanalyse, Berlin (West)-New York 1972.
Koreimann, D. S., Anwendungsanalyse — ein pragmatischer Ansatz für den Entwurf komplexer Datenbankorganisationen, in: Angewandte Informatik, 1/1974.
Koslowa, O. W., Kusnezow, I. N., Die wissenschaftlichen Grundlagen der Leitung der Produktion, Berlin 1971.
Laue, R., Die „topologische Entropie" von Molekülen, in: Physikalische Grundlagen der Medizin — Abhandlungen aus der Biophysik, Leipzig, 6/1966.
Lenin, W. I., Die große Initiative, in: Werke, Bd. 29, Berlin 1961.
Leontjew, A. N., Dringende Aufgaben der Psychologie, in: Psychologie in unserem Leben, Berlin 1969.
Leykauf, H., Winkelmann, J., Integrierte Datenverarbeitungssysteme, Berlin 1970.
Lin, S., Heuristic techniques for solving large combinatorial problems on a computer, in: R. B. Banerji and M. D. Mesarovič, Theoretical Approaches to non-numerical problem solving, Berlin-München-Heidelberg 1970.
Loeser, F., Interrogativlogik, Berlin 1969.
Lutz, T., Die Mathematik der Datenbank (1), in: IBM-Nachrichten, Jg. 25, 225/1975.
Maiminas, E. S., Zur Klassifizierung der Information in der Ökonomie, in: Informationsströme in der Wirtschaft, Berlin 1971.
Maiminas, E. S., Planungsprozesse — Informationsaspekt, Berlin 1972.
Martschuk, J. I., Einige Probleme beim Aufbau automatisierter Systeme der Leitung, in: Rechentechnik/Datenverarbeitung, 2/1974.
Martynow, W. W., Automatisierte Systeme zur Leitung von Industriebetrieben, in: Rechentechnik/Datenverarbeitung, 2/1974.
Marx, K., Das Kapital, Band 1, in: Marx/Engels, Werke, Band 23, Berlin 1962.

Marx, K., Kritik des Gothaer Programms. In: K. Marx/F. Engels, Werke, Band 19, Berlin 1962.
Marx, K., Grundrisse der Kritik der Politischen Ökonomie, Berlin 1974.
Marx, K., Engels, F., Die Deutsche Ideologie, in: K. Marx/F. Engels, Werke, Bd. 3, Berlin 1973.
Meinhard, H., Der Einsatz von Produktionskontroll- und -lenkungsanlagen und ihre Verbindung mit EDVA im off-line-Betrieb, in: Rechentechnik/Datenverarbeitung, 1/1973.
Metzler, H., Information in kybernetischer und philosophischer Sicht, in: Deutsche Zeitschrift für Philosophie, 4/1962.
Michajlov, A. I., Černyj, A. I., Giljarevskij, R. S., Informatik, Grundlagen, Teil I, Berlin 1970.
Miles, W., The Measurement of Value of Scientific Information, in: Operations Research, in: Research and Development, New York-London 1963.
Mjasnikow, W. A., Prinzipien für den Aufbau eines staatlichen Netzes von Rechenzentren — technische Grundlage für ein gesamtstaatliches automatisiertes System der Leitung, in: Rechentechnik/Datenverarbeitung, 2/1974.
Moderne Methoden zur Rationalisierung der Leitung in der UdSSR mit Hilfe elektronischer Datenverarbeitungsanlagen, in: Die Wirtschaft, Sonderausgabe, Nov./Dez. 1972.
Morozov, K. E., Filosofskie problemy teorii informacii, in: Filosofija estestvoznanija, Moskau 1/1966.
Morris, Ch., Foundation of the Theory of Signs, in: Otto Neurath, Rudolf Carnap u. Charles Morris, International Encyclopaedy of Unified Science, Band I, Nr. 2, Chicago 1938.
Mowshowitz, A., Entropy and the complexity of Graphs, in: Bulletin of Mathematical Biophysics, Bd. 30, 1968.
Müller, J., Ansatz zu einer systematischen Heuristik, in: DZfPh, 6/1968.
Müller, J., Grundlagen der systematischen Heuristik, Berlin 1970.
Neumann, G., Reicher Erfahrungsschatz für den Einsatz der elektronischen Datenverarbeitung, in: Die Wirtschaft, 46/1973.
Nickel, K., Die Dualität Hardware—Software, in: Informatik 1972, Nova acta Leopoldina NF, Bd. 37/1, Nr. 206.
Noltemeier, H., Datenstrukturen und höhere Programmiertechniken, Berlin (West) 1972.
Novik, T., Negentropija i količestvo informacii, in: Voprosy filosofii, Moskau 6/1962.
Parthey, H., Wächter, W., Das Problem und seine Struktur in der wissenschaftlichen Forschung, in: Rostocker Philosophische Manuskripte, 3/1966.
Pawlow, T., Die Widerspiegelungstheorie, Berlin 1973.
Plesch, M., Griese, J., Eigenschaften von Datenbanksystemen — ein Vergleich, in: Angewandte Informatik, 11/1972.
Programmbibliothek zur systematischen Heuristik für Naturwissenschaftler und Ingenieure, Band 97, 98, 99 der Schriftenreihe des Zentralinstituts für Schweißtechnik (ZIS).
Rahmenmethodik der Datenverarbeitungsprojektierung, VEB Kombinat Robotron, Dresden 1973.
Rashevski, N., Life, Information Theory and Topology, in: The Bulletin of Mathematical Biophysics, Bd. 17, Nr. 3, Chicago 1955.

Rechentechnik/Datenverarbeitung (ohne Autor): 1. Beiheft 1972; 2. Beiheft 1972; ESER-Test für problemorientierte Systemunterlagen, 6/1974; EDVA Robotron 21, 11/12/1971; EDVA Robotron 40, 10/11/1972; Einsatzvorbereitung für ES 1020 arbeitsteilig gelöst, 1/1974. Maschinenorientierte Software für Robotron 300, 2. Beiheft 1968; Rationalisierung der Einsatzvorbereitung durch Anwendung vorgefertigter Systemunterlagen, Beiheft 1/1974; Rationalisierung der Einsatzvorbereitung durch die Anwendung vorgefertigter problemorientierter Systemunterlagen, 10/11/1972.

Rehak, U., EDV-Baustein Robotron 300 ‚Verkaufsplanoptimierung', Abschlußbericht des VEB Kombinat Robotron, Großforschungszentrum, Dresden 1969.

Reuß, K. H., Maskos, H., Vorwort zu: Ökonomische Semiotik, Berlin 1972.

Ricke, F., Vertrauenskrise zwischen Management und Computer, in: Output, Jg. 1, 3/1972.

Schäfer, H., Geyler, L., Rechnergestützte Projektierung von Datenverarbeitungsaufgaben, in: Rechentechnik/Datenverarbeitung, 1. Beiheft, 1974.

Schrödinger, E., Was ist Leben? München 1951.

Schulz, E., Hauptaufgabe des VIII. Parteitages und Anwendung der EDV, in: Rechentechnik/Datenverarbeitung, 6/1972.

Schulz, G., Informationsentropie mit Bewertung, in: Wissenschaftl. Zeitschrift der Humboldt-Universität zu Berlin, Math. Nat. Reihe, XX/1971.

Shannon, C. E., A Mathematical Theory of Communication, in: Bell System Technic Journal, 27/1948.

Shannon, C. E., Weaver, W., A Mathematical Theory of Communication, Urbana (Ill.) 1949.

Sherebin, W. M., Informationelle Gewährleistung von ASU (russ.), Moskau 1974.

Sieber, W., Gewachsen mit unserem sozialistischen Staat, in: Rechentechnik/Datenverarbeitung, 10/1974.

Sinjak, W. S., Automatisierte Systeme der Leitung für Volkswirtschaftszweige, in: Rechentechnik/Datenverarbeitung, 2/1974.

Sixtl, F., Meßmethoden in der Psychologie, Weinheim 1967.

Špataru, A., Theorie der Informationsübertragung-Signale und Störungen, Berlin 1973.

Šrejder, J. A., Ob odnoj modeli semantičeskoj teorii informacii, in: Problemy kibernetiki, Bd. 13, 1965.

Steinbuch, K., Modellentwürfe für Erkennen und Problemlösung, in: Biologische Modelle, Nova Acta Leopoldina, Bd. 33, Leipzig 1968.

Steinbuch, K., Mensch und Maschine, in: Informatik 1971, Nova Acta Leopoldina, Bd. 37/1, Nr. 206.

Štoff, V. A., Modell und Erkenntnis, Berlin 1968.

Stratonovič, R. L., O cennosti informacii, in: Izwestnik AN SSSR Techničeskaja kibernetika, 5/1965.

Sydow, H., Zur Klassifikation von Problemen und Lösungsprozeduren, in: Kybernetik — Forschung, Berlin 1972.

Szillard, L., Über die Entropieverminderung in einem thermodynamischen System bei Eingriffen intelligenter Wesen, in: Z. Physik, 53/1929.

Tarassenko, F. S., K opredeleniju ponjatija „informacija" v kibernetike, in: Voprosy Filosofii, Moskau, 4/1963.

Tembrock, G., Biokommunikation — Informationsübertragung im biologischen Bereich, Berlin-Oxford-Braunschweig 1971.

Thiel, G., Wodurch ist eine höhere Effektivität bei der Einsatzvorbereitung der EDV erreichbar? In: Rechentechnik/Datenverarbeitung, 1/1972.

Thiele, H., Zur Definition von Kompliziertheitsmaßen endlicher Objekte, in: Klix, F., Organismische Informationsverarbeitung, Berlin 1974.

Thiele, H., Einige Bemerkungen zur Weiterentwicklung der Informationstheorie, in: Informatik 1972, Nova Acta Leopoldina, NF, Bd. 37/1, Nr. 206.

Ukraincev, B. S., O vosmoznostjach kibernetiki v svete svojstva otobrazenija materii, in: Filosofskie voprosy kibernetiki, Moskau 1963.

Ursul, A. D., Information — eine philosophische Studie, Berlin 1970.

Vigier, G. J. Beurteilungskriterien für Datenbanksysteme, in: Bürotechnik und Automation, 5/11, 1971.

Weber, B., Formalisierungsansätze in der systematischen Heuristik, in: Kybernetik — Forschung, Berlin 1972.

Wedekind, H., Datenorganisation, Berlin (West) 1970.

Weihrauch, H., Erfahrungen zur wirksamen Anwendung der elektronischen Datenverarbeitung nutzen, in: Rechentechnik/Datenverarbeitung, 3/1974.

Weiss, P., Subjektive Unsicherheit und subjektive Information, in: Kybernetik 5/2, 1968.

v. Weizsäcker, C. F., v. Weizsäcker, E., Wiederaufnahme der begrifflichen Frage 'Was ist Information?', in: Informatik 1971, Nova Acta Leopoldina, Bd. 37/1, Nr. 206.

v. Weizsäcker, C. F., Die Einheit der Natur, München 1971.

v. Weizsäcker, E., Unterschiede zwischen genetischer und Shannonscher Information, in: Philosophische und ethische Probleme der modernen Genetik, Berlin 1972.

Wiener, N., Kybernetik — Regelung und Nachrichtenübertragung im Lebewesen und in der Maschine, Düsseldorf-Wien 1963.

Wolkow, J. E., Das System der Leitung der Gesellschaft und seine Entwicklung im Prozeß der Formierung kommunistischer gesellschaftlicher Verhältnisse, Dissertation, Moskau 1970.

Zeman, J., Kibernetika i filosofija, in: Filosofija i estestvoznanie, Moskau 1965.

Zemanek H., in: Angewandte Informatik, 4/1971.

Zemanek, H., Informale und formale Beschreibung, in: IBM Nachrichten, Heft 211/212.

Zvonkin, A. K., Levin, L. A., Složnost konečnych objektov i obosnovanie ponjatij, informacii i slučajnosti s pomoščju teorii algoritmov, in: Usp. mat. nauk, Jg. 25, 6/1970.

# Sachregister

# Personenregister

Kolibri 360 GmbH
Ferdinand-Jühlke-Straße 7
99095 Erfurt, Deutschland
produktsicherheit@kolibri360.de